武隆年鉴

WULONG NIANJIAN

2018

《武隆年鉴》编纂委员会　编纂

方志出版社
Publishing House of Local Records

图书在版编目（CIP）数据

武隆年鉴. 2018 / 《武隆年鉴》编纂委员会编. --
北京：方志出版社，2018.12
ISBN 978-7-5144-3505-4

Ⅰ. ①武… Ⅱ. ①武… Ⅲ. ①区(城市)-重庆-
2018-年鉴 Ⅳ. ①Z527.194

中国版本图书馆CIP数据核字（2019）第013465号

武隆年鉴（2018）

编　　者：《武隆年鉴》编纂委员会
责任编辑：李志瑜
出 版 人：冀祥德
出 版 者：方志出版社
地址　北京市朝阳区潘家园东里9号（国家方志馆4层）
邮编　100021
网址　http://www.fzph.org
发　　行：方志出版社图书经销中心
电话（010）67110500
经　　销：各地新华书店
印　　刷：重庆长虹印务有限公司
开　　本：889×1194　1/16
印　　张：35
字　　数：935千字
版　　次：2018年12月第1版　2018年12月第1次印刷
印　　数：0001～1000册
ISBN 978-7-5144-3505-4　定价：268.00元

《武隆年鉴》编纂委员会

名誉主任：黄宗华

主　　任：卢　红（女）

副 主 任：胡珍强　何　林

委　　员：陈　劲　田仁明　谢俐俐（女）　杨国兴　唐国梁　代林海
杨永雄　毛光佑　李永泰　蔡　琪（女）　余长江　王加红
任良生　肖朝旭　王廷均　刘　印　程建平　蒋　斌　罗　维
陈远川　贺　俊　徐　梅（女）　邓文光　刘　胜

《武隆年鉴》编辑部

主　　编：邓文光

副 主 编：熊　波　孔　琼（女）　杨尚志

执行主编：熊　波

责任编辑：李才东　谢　会（女）　但娇娇（女）

编　　辑：杨　钌（女）

摄　　影：王俊杰（《雨后初晴》封面）
代君君（《武隆夜景》封底）

《武隆年鉴（2018）》撰稿人员

（以姓氏笔画为序）

万小红	卫金明	马静静	文　燕	王　建	王　松	王　燕	王　蕾
王文爽	王延成	王　丽	王均伟	王俊淏	王　绫	邓贵川	邓雪丹
代伟生	冉杨扬	冉国民	冉金光	冉晓梅	冉瑞琼	叶　辉	田　军
田　丽	田维均	田意琳	白典波	皮秀琴	石万川	龙小飞	任在斌
任泉宇	任　静	刘万胜	刘小刚	刘小河	刘安海	刘建波	刘忠菊
刘宪臣	刘霜雪	印　权	朱　俊	江　华	江华容	许　萍	何茂玲
佘　芳	余　星	应正书	张　春	张　婷	张　城	张玲玉	张钰琳
李　玉	李　政	李　婷	李小红	李才东	李金阳	李保颖	李彦萱
李　轶	李素琼	李继东	李婷婷	李琴涛	李　霞	杨远舟	杨洪琼
肖怀琴	苏永胜	邵　兵	陈　文	陈　建	陈巧妮	陈永军	陈庆发
陈江容	陈红霞	陈岳峰	陈曾林	陈胜谷	周　旋	周　瑶	周书琴
周　露	郑小勇	罗　黎	罗玉函	郑　婕	郑小平	郑小勇	郑庆华
郑洋峰	金　玮	侯　恒	侯述溶	姚秋晴	姜小燕	段俊峰	胡东平
胡国民	胡耘侨	赵　杰	赵　倩	倪小评	徐　波	徐　英	秦　阳
贾　东	郭生权	钱　言	高　源	崔钟云	黄河春	黄森茂	彭　锦
彭俊夫	程光琼	董存良	蒋　毅	蒋　林	谢杨洋	谢佳玲	简　立
路　均	雷　涛	雷　雪	熊　勇	蔡　斌	蔡佳朋	蔡　秋	阚　惠
鲜　虹	潘伦亮	颜胡兴					

《武隆年鉴（2018）》审核人员

（以姓氏笔画为序）

马　灯	文　静	毛光佑	王　希	王　进	王　勇	王小明	王小铭
王元其	王东义	王　军	王其铭	王青松	王　艳	计　勇	邓安全
付渝江	代林海	代德祥	冉锵凤	冯志财	叶仲云	甘立志	田仁明
申　健	石彦雄	任家旺	刘　强	刘云东	刘加海	刘　玉	刘　胜
刘维华	吕建明	汤　勇	齐志国	佘　华	佘长江	佘忠明	佘将军
何　涛	吴　沛	吴　勇	吴显斌	张小鹿	张丽容	张树伦	张继红
张富伦	李　丹	李　克	李　松	李　鱼	李　勇	李　斌	李　锋
李中明	李发扬	李永泰	李芙蓉	李顺华	李晓华	李鹏程	杨　华
杨　勇	杨　霞	杨万良	杨永雄	杨冰封	杨国兴	杨晓峰	汪　洪
沈华平	肖怀吉	邵秋林	陈　灿	陈　斌	陈大业	陈云嘉	陈正炉
陈先伦	陈远川	陈廷才	陈朝均	陈登森	易建涛	林易乾	罗　刚
罗　玲	罗　雪	罗小波	罗永生	苟　力	姜　霞	胡　可	贺秋右
夏清明	徐　勇	栾丹丹	莫昌润	崔照文	梁　健	黄　伟	黄　迅
黄时明	黄秋枫	黄　猛	龚　文	彭　平	彭著波	彭福国	曾　伟
曾　诚	曾庆东	董　东	蒋　斌	蒋洪阳	谢怀斌	谢朝华	窦兴果
解　勇	路长江	雷华锋	熊　波	谭文洪	谭明源	魏小强	

编 辑 说 明

一、年鉴工作以马克思列宁主义、毛泽东思想、邓小平理论、“三个代表”重要思想、科学发展观、习近平新时代中国特色社会主义思想为指导，坚持辩证唯物主义和历史唯物主义的立场观点和方法，贯彻中共十九大精神，实事求是反映重庆市武隆区经济社会发展中取得的成就，体现时代特征、地方特色、年度特点。

二、本年鉴记述时限为2017年1月1日至2017年12月31日，部分内容、数据适当下延至2018年。

三、本年鉴设大事记、特辑、专记、特载、概述、政治、法治、军事、经济、文化、社会事业、乡镇、人物、荣誉等部目；卷末有统计资料、附录、索引等。

四、本年鉴主要记述形式为条目，体裁有述、记、图、表、录等。

五、本年鉴记载内容由区属各部门、乡镇人民政府及相关单位提供，并经供稿单位审核。统计资料由区统计局提供。2017年统计公报中部分数据为初步统计数，最终数据以《武隆统计年鉴（2017）》及部门或行业公报为准。

数 字 武 隆

★ 辖区面积	2889.3652平方公里
★ 年末总人口	41.27万人
★ 常住人口	34.72万人
★ 地区生产总值	160.49亿元
★ 人均生产总值	4.6万元
★ 地方财政总收入	22.3亿元
★ 地方财政总支出	57.65亿元
★ 规模以上工业企业总产值	47.39 亿元
★ 农业总产值	34.36亿元
★ 农业增加值	22.8亿元
★ 固定资产总投资	144.32亿元
★ 社会消费品零售总额	58.77亿元
★ 金融机构存款余额	215.23亿元
★ 金融机构贷款余额	190.54亿元
★ 旅游总收入	87.27亿元
★ 接待游客总人次	2802万人次
★ 居民人均可支配收入	20278元

武　隆

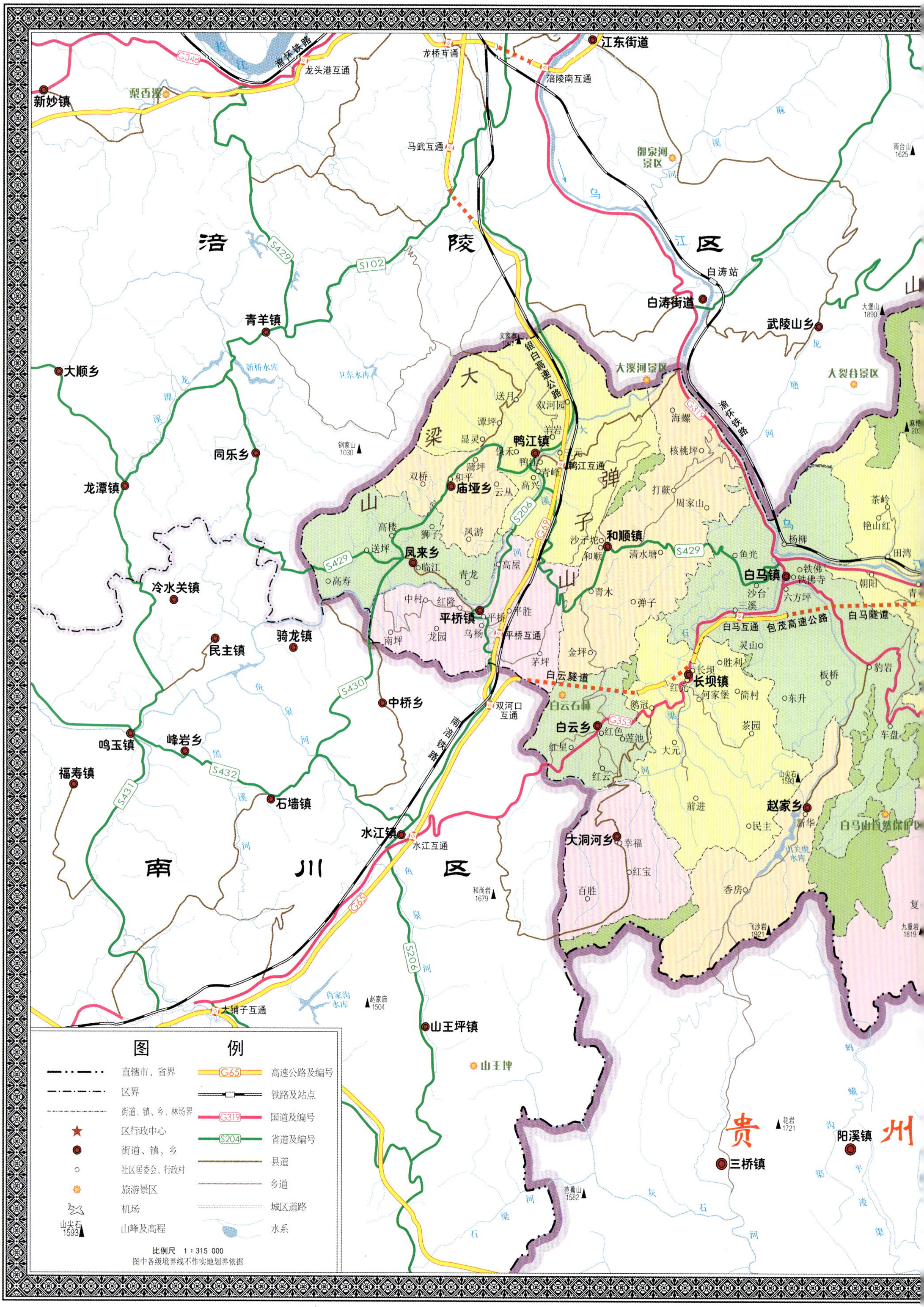

审图号：渝S(2018)058号

区地图

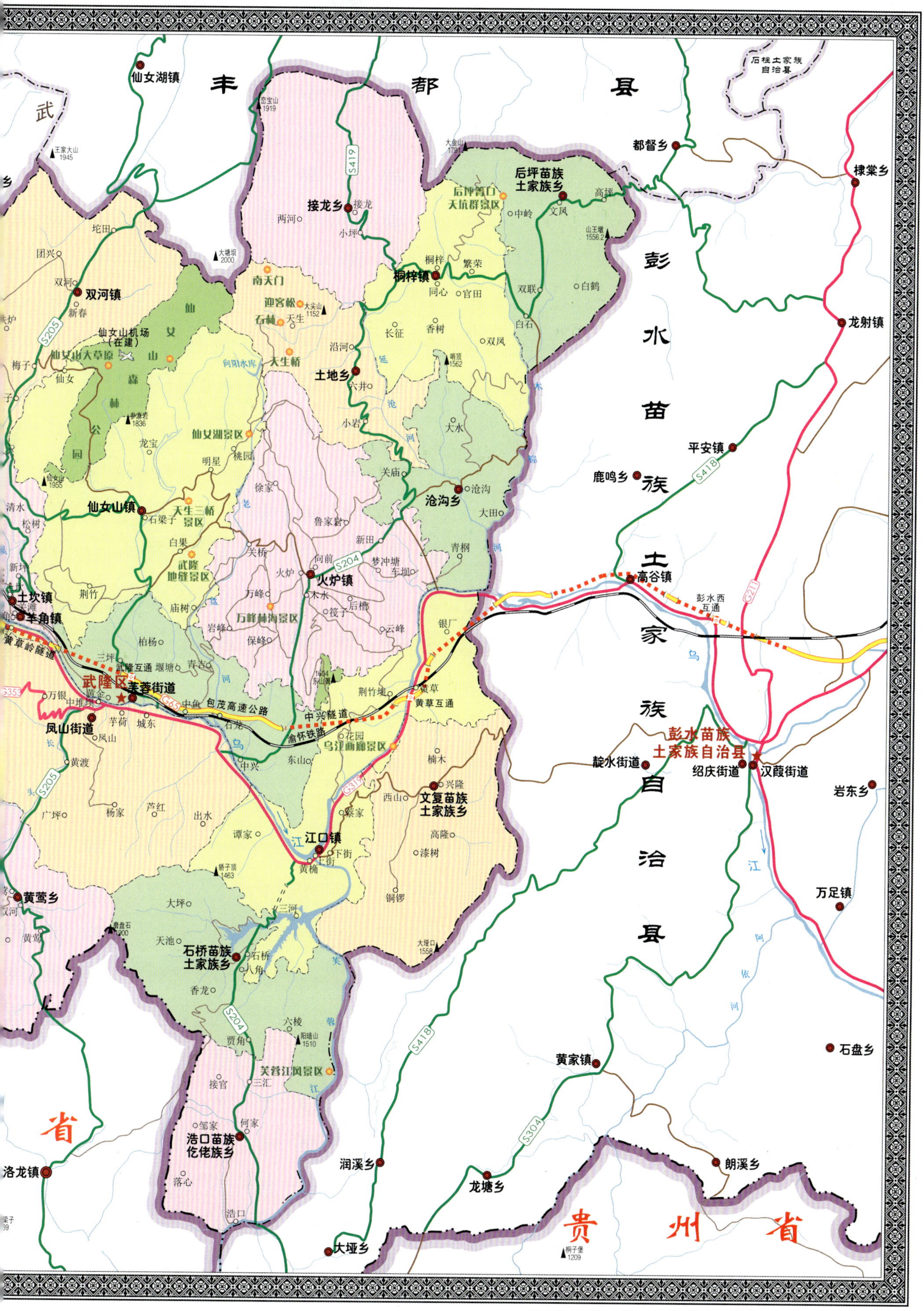

重庆市勘测院 编制 武隆区档案局 监制 二〇一七年十二月

重庆市武隆区旅游景区（景点）导视图

Wulong District of Chongqing Tourist Attractions Guide Map

AAAAA 国家级旅游景区 NATIONAL TOURIST ATTRACTION

国家级旅游度假区 National Tourist Holiday Resort

武隆——中国目前唯一同时拥有世界自然遗产、国家AAAAA级旅游景区和国家旅游度假区三块国际国内顶级金字招牌的重要旅游目的地。这是一个以峡谷、天坑、地缝、天桥、竖井、洞穴、伏流、高山草甸等多种喀斯特现象组合形成的地质、地貌演化的“时空隧道”，展现了地球在近260万年中发育演化的伟大杰作。

她拥有世界最大的天生桥群天生三桥，峡谷地质奇观龙水峡地缝，世界上目前唯一发现的冲蚀型天坑群后坪天坑群，亚洲最深的天星竖井群，“洞穴科学博物馆”芙蓉洞，水上喀斯特原始森林芙蓉江，“南国第一高山草甸”仙女山，山水画廊乌江……天坑、地缝、天桥、竖井和洞穴相连互通，宛如大自然在武隆打开的一条通往地球心脏的隐秘通道。

这片绝无仅有的奇幻地理：遍布瑰丽无比的地质奇观，梦幻原始的自然生态，云波诡谲的传奇人文，乡情浓浓的民俗雅味……构成了喀斯特的“天上人间”。来这里，观光、休闲、度假、越野、攀岩、穿峡、探穴、漂流、溪降、暴走、滑草、滑雪、纵马、追梦……无论以哪种方式融入其间，都注定是一场深入地心的激情之旅！

WULONG——It is the only tourism destination enjoying three international and domestic top-level gold-lettered signboards of World Natural Heritage, National AAAAA Scenic Spot and National Tourist Resort in China at present. It boasts canyons, doline, cracks, subterranean streams and alpine meadow, which is a "time tunnel" constituted by geological and geomorphologic features of the combination of various Karst phenomena, showing the great masterpieces of the earth developed and evolved in the past 2,600,000 years.

She has the world's largest natural bridge groups- the three natural bridges, the geological wonders of canyon- LongShuiXia rift, the only erosion doline group that has found in the world- Houping doline group, the Asia's deepest shaft group- Star shaft group, the "Cave Science Museum" - Furong cave, the aquatic Karst virgin forest - Furong river, the first Southern alpine meadow-Fairy mountain, the landscape gallery -Wujiang river...... Doline, rifts, bridges, shafts and caves connected with each other, just like a secret path to the heart of the earth opened by the nature in Wulong.

In this unprecedented fantasy place, magnificent geological wonders, fantastic and primitive ecology, unpredictable and legend human culture, deep provincialism of folk custom can be found anywhere, which constitute the "Karst paradise". Here, you can sightseeing, spending leisure time, crossing-country, rock climbing, passing through the gorge, exploring caves, rafting, canyoning, fast walking, grass skating, skiing, riding, chasing..... No matter what kind of way you integrate into, it is destine to be a passionate journey to enter the heart of the earth!

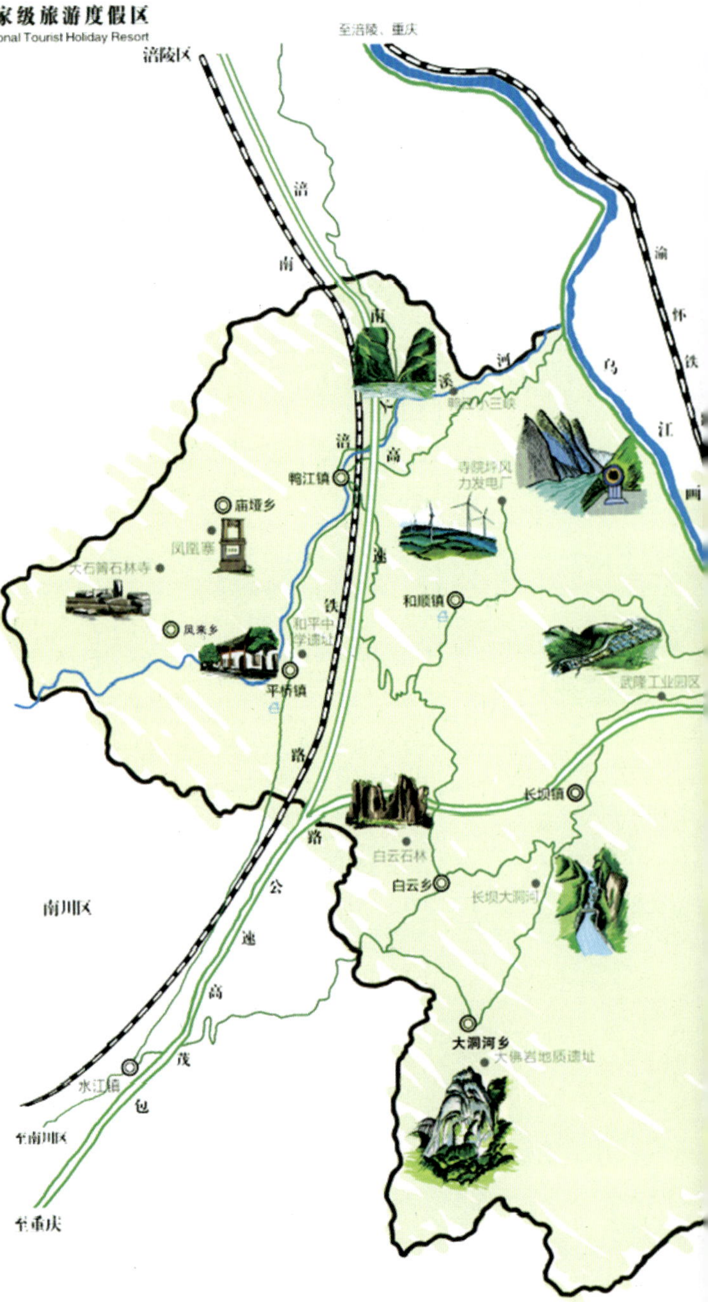

成都 —成南高速— 遂宁 —渝遂高速— 重庆	290公里
贵阳 —渝黔高速— 界石 —包茂（渝湘）高速— 武隆城区	476公里
重庆 —渝涪高速— 涪陵 —319国道— 武隆城区	188公里
重庆 —渝黔高速— 界石 —包茂（渝湘）高速— 武隆城区	128公里
重庆龙头寺火车站 —渝怀铁路— 武隆城区	167公里
重庆朝天门码头 —长江航道— 涪陵 —乌江航道— 武隆城区	199 公里
武隆城区 —二级公路— 芙蓉洞、芙蓉江	21公里
武隆城区 —二级公路— 仙女山	33公里
武隆城区 —二级公路— 天生三桥　龙水峡地缝游客接待中心	18公里
武隆城区 —二级公路— 仙女峡漂流	8公里

- 武隆城区
- 乡镇
- 已开发景区
- 未开发景区
- 河流及水库
- 高速公路
- 铁路
- 国道
- 干道公路
- 旅游公路
- 旅游专用车公路
- 乡村旅游接待点
- 在建机场
- 边界

自然的遗产 世界的武隆
武隆旅游
中国·重庆
PERFECT WONDERFUL WULONG

20 世纪 90 年代的武隆县城全景

2016 年末武隆城区全景 （区委宣传部　供图）

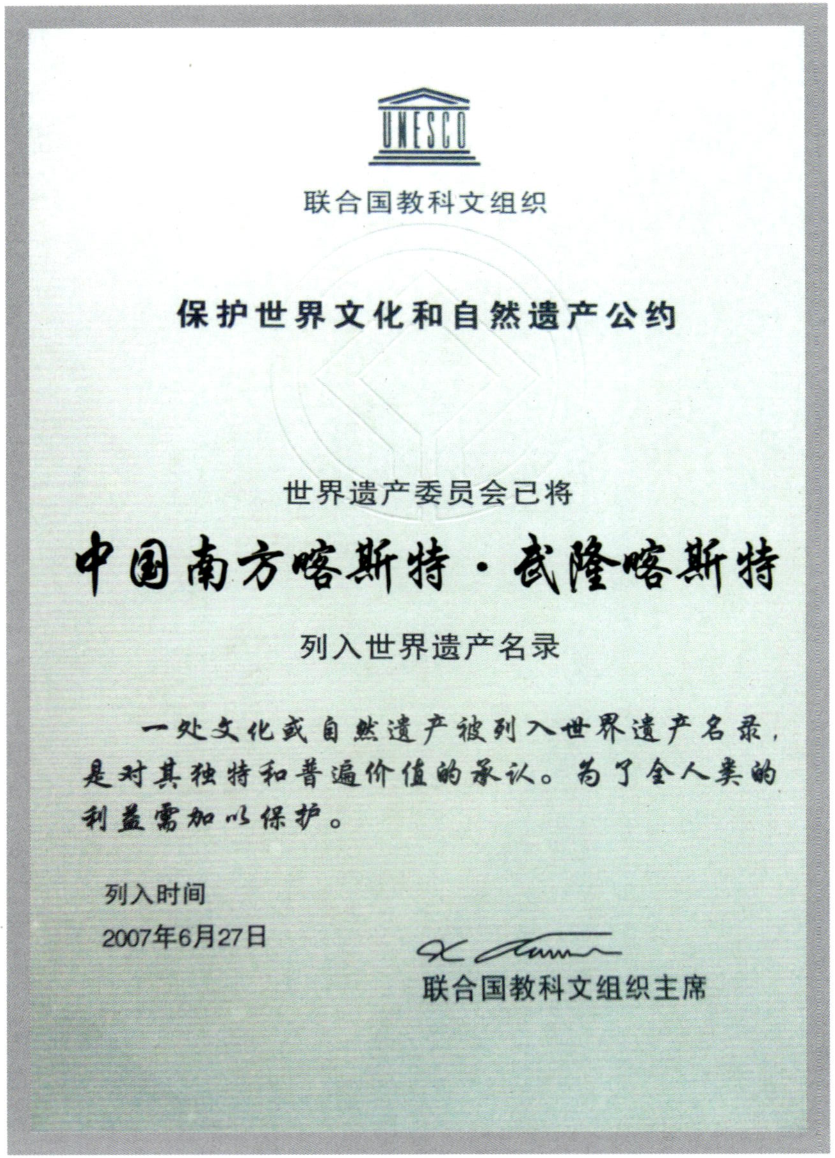

世界自然遗产证书——武隆喀斯特

目　录

专　记

特　载

概　述

政　治

法　治

军　事

经　济

文 化

社会事业

乡 镇

人　物

荣　誉

文　献

统计资料

附　录

索　引

2017 年 1 月 13 日，重庆市武隆区正式挂牌

2017 年 1 月 13 日，中共重庆市武隆区委、区纪委揭牌仪式现场

2017年1月13日，重庆市武隆区人大、政府、政协挂牌仪式现场

（区委办、区政府办 供图）

2017 年 10 月 11 日，“喜迎十九大劳模进园区宣讲会”在白马工业园区举行　（代娟　摄）

2017 年 10 月 25 日，武隆区巷口镇中山社区举行十九大精神院坝学习会　（代君君　摄）

2017 年 11 月 20 日，重庆市学习贯彻党的十九大精神“进农村”宣讲会在平桥镇平胜村举行　（徐强　摄）

2017 年 11 月 24 日，重庆市党的十九大精神进校园宣讲报告会在武隆中学举行　（代君君　摄）

2017 年 1 月 23 日，2016 年度感动武隆人物颁奖现场　（代君君　摄）

2017 年 1 月 23 日，2017 年“交通杯”迎春文艺晚会现场　（代君君　摄）

2017 年 1 月 25 日，武隆区 2017 年春节团拜会现场　（田熙琪　摄）

2017 年 4 月 13 日，“情暖武隆 一路有您”扶贫济困晚会现场　（代君君　摄）

2017 年 4 月 29 日至 5 月 1 日，2017 仙女山国际风筝季在仙女山大草原举行　（代君君　摄）

2017 年 7 月 28 日至 29 日，2017 仙女山国际音乐季举行　（代君君　摄）

2017 年 9 月 25 日，2017 首届中国武隆航模表演赛举行　（张再行　摄）

2017 年 12 月 1 日，武隆区首届运动会在武隆中学开幕　（代君君　摄）

武隆城区　（代君君　摄）

仙女山旅游度假区　（武隆日报　供图）

白马山杜鹃花海　（王俊杰　摄）

石桥湖　（王俊杰　摄）

芙蓉洞景点之巴山夜雨 （王俊杰 摄）

芙蓉洞景点之火箭待发 （王俊杰 摄）

芙蓉洞景点之巨帘飞瀑　（王俊杰　摄）

芙蓉洞景点之松柏会仙　（王俊杰　摄）

芙蓉江

仙女山大草原

白马山茶山

火炉万峰林海

龙水峡地缝之峰回路转

龙水峡地缝之银河飞瀑

大事记

DASHIJI

武隆年鉴

大事记

1月

3日

▲ 元旦小长假武隆区共接待游客16.17万人次，同比增长3.36%；实现旅游收入5026.47万，同比增长5.1%。

4日

▲ 区政府办印发《武隆区“十三五”农业发展规划》。

▲ 武仙路沿线提档升级汇报会召开。

5日

▲ 区委、区政府印发《关于重庆市武隆区党政机构设置的实施意见》。

▲ 区委工作部门8个、部门管理机构2个；区政府工作机构26个、派出机构3个、其他机构2个（档案局、供销社）；区人大、政协机构各1个；群团机构9个；设置处级事业单位26个（正处12个、副处14个）。

▲ 全区羊角场镇危岩滑坡防治工作领导小组第七次会议在区会议中心二会议室召开，专题审议和研究羊角场镇危岩滑坡防治工作相关事宜。

▲ 县长卢红在县政府三楼会议室主持召开第97次常务会，研究审议《武隆区安全生产“黑名单”管理制度的汇报说明（送审稿）》《武隆区“十三五”工业和信息化发展规划（送审稿）》《羊角食品工业园企业用地规划方案（送审稿）》等相关工作议题。

▲ 区政府印发《关于严格控制在姜家溪水库工程占地区和淹没区新增建设项目与迁入人口的通告》《关于严格控制在龙宝塘水库工程占地区和淹没区新增建设项目与迁入人口的通告》。

6日

区政府办印发《武隆区扶贫济困医疗基金实施方案》。明确救助对象、救助政策、救助办法和流程、管理与监督、保障措施。

▲ 全区“四上”企业培育领导小组第一次会议召开，审议和研究《武隆区“四上”企业培育扶持办法》。

▲ 土地乡“溶洞上的犀牛寨·中国醉美古村落”摄影大赛作品展在区人民广场举行。

7日至9日

▲ 中国人民政治协商会议重庆市武隆区第九届委员会第一次会议在区人民大礼堂召开。

8日至10日

▲ 区第十八届人民代表大会第一次会议在

2017年1月8日，重庆市武隆区第十八届人民代表大会第一次会议开幕　（代君君　摄）

2017年1月10日，新当选的区人大常委会成员向国旗进行宪法宣誓　（代君君　摄）

2017年1月10日，新当选的区政府成员向国旗进行宪法宣誓　（代君君　摄）

区人民大礼堂召开。选举杨国权为区人大常委会主任；卢红为区人民政府区长。

10日

▲ 全区市“两会”暨春节期间安全稳定工作会议召开。

12日

▲ 十四届区委第二次常委会在区会议中心二会议室召开。传达学习全国全市安全生产电视电话会议精神、中组部《关于印发〈党委（党组）讨论决定干部任免事项守则〉的通知》精神；审议《武隆区生产安全事故责任追究办法（送审稿）》《武隆区工业发展（集团）公司与重庆祥龙天然气有限公司投资合作协议（送审稿）》《云暖香浓养生养老旅游综合项目投资协议（送审稿）》等相关工作议题。

▲ 区政府党组在区政府三楼会议室召开“两学一做”学习教育民主生活会。

▲ 全区公序良俗建设现场会在火炉镇召开。

13日

▲ 武隆举行“撤县设区”挂牌仪式。区领导共同为中共重庆市武隆区委员会、重庆市武隆区人民代表大会常务委员会、重庆市武隆区人民政府、中国人民政治协商会议重庆市武隆区委员会、中共重庆市武隆区纪律检查委员会揭牌。

▲ 全区老干部座谈会召开。

▲ 区政府第一次常务会在区政府三楼会议室召开。研究区政府领导班子工作分工有关事宜；审议《重庆市武隆区人民政府工作规则》《武隆区政府“三重一大”议事决策规则》《武隆区人民政府常务会议规则》等相关工作议题。

16日

▲ 全区村（居）委会主任培训班在区委党校四楼开班。

17日

▲ 全区2016年学术技术带头人培养管理工作总结表彰会召开。

18日

▲ 区工业发展（集团）公司与重庆祥龙天然气有限公司签署投资合作协议。该项目总投资1.6亿元，最大输气能力达12亿～18亿立方米。

19日

▲ 2017仙女山旅游度假区开发企业座谈会在重庆举行。

20日

▲ 全区2017年教育工作会在区第二实验小学校多功能会议厅召开。

21日

▲ 区政府印发《重庆市武隆区人民政府工作规则》，共十七章九十条。

22日

▲ 中共重庆市委常委、政法委书记刘学普到武隆区巷口镇，走访慰问贫困党员和困难群众。

▲ 区政府第二次常务会在区会议中心二会议室召开，审议《政府工作报告任务分解（送审稿）》《武隆区“四上企业”培育扶持办法（送审稿）》《武隆区2017年财政收入任务分解（送审稿）》，研究左岸城区（大木桥段）防洪护岸综合治理工程设计变更有关事宜等相关工作议题。

▲ 区人大常委会主任杨国权带队到白马镇、长坝镇看望慰问工业园区企业职工、留守老人、困难党员。

23日

▲ 区委、区政府印发《关于全面推进精准脱贫后续扶持工作的意见》。

▲ 十四届区委第三次常委会召开，传达学习市四届人大五次会议精神和市政协四届五次会议精神，审议《第二届感动武隆人物拟表彰人选名单（送审稿）》《武隆区2016年度党（工）委书记落实全面从严治党责任述职评议考核实施方案（送审稿）》等有关工作议题。

▲ 晚 由区委、区政府主办，区交通委员会承办的2017年“交通杯”迎春文艺晚会在区体育馆内举行，并给2016年度感动武隆人物颁奖。

▲ 卢红一行到城区重要安全点，就春节前安全生产工作安排部署、责任落实、应急管理等情况及食品安全、隐患排查治理等工作进行检查。

▲ 卢红到巷口镇、白马镇，走访慰问离退休干部、困难党员、驻武部队和工业园区企业职工。

▲ 杨国权带队看望慰问离退休老干部冉茂华、何梗生、李志顺、周金良及区看守所、武警中队的干警官兵。

24日

▲ 全区用好涉农政策暨深化农村土地承包经营权确权登记颁证工作动员会在区政府二楼一会议室召开。

▲ 致公党重庆市委专职副主委谭净一行到巷口镇万银村，看望慰问结对帮扶的贫困户。

25日

▲ 全区2017年春节团拜会在区会议中心一会议室举行。

1月

▲ 重庆乌江白马电航枢纽可行性研究报告审议通过。

▲ 住建部公布《第四批美丽宜居小镇、美丽宜居村庄示范名单》，武隆区羊角镇永隆村上榜。

2月

3日

▲ 区政府印发《关于加强野生动植物资源保护的通告》。

▲ 春节七天假期，全区各旅游景点共接待游客105.42万人次，同比增长15.56%；旅游收入32977.24万元，同比增长17.23%。

3日至4日

▲ 区委书记何平到武隆中学新址、中堆坝小学施工现场，专题调研教育重点项目建设情况。

7日

▲ 区政府第1次区长办公会召开。

▲ 卢红一行就发展改革相关工作进行专题调研。

▲ 区委常委、宣传部部长石强桢一行到长坝镇、白云乡、和顺镇，实地调研基层宣传思想文化工作。

8日

▲ 马奇柯一行到羊角场镇新址建设现场，调研羊角场镇新址建设维稳情况，并召开座谈会。

9日

▲ 全区2017年第1次规委会在区会议中心二会议室召开，研究审议《羊角危岩避险搬迁艺术景观规划设计方案》《仙女山度假区室内恒温游泳馆项目规划设计方案》《中心城区城市规划区范围》等议题。

▲ 区政府第三次常务会在区政府三楼会议室召开，审议并原则通过《重庆市武隆区新能源汽车推广及充电基础设施建设战略合作协议（送审稿）》《武隆区脱贫攻坚后续产业扶持政策（送审稿）》等议题。

10日

▲ 重庆市政协副主席，台盟重庆市委主委李钺锋一行到土地乡，看望慰问当地留守儿童及困难群众。

▲ 2017年全区经济社会发展动员部署会召开。

▲ 全区2016年度干部选拔任用“一报告两评议”测评工作会召开。

13日

▲ 十四届区委第四次常委会在区会议中心二会议室召开。传达学习市纪委四届七次全体会议精神；听取2016年全区平安稳定形势分析；审议《武隆区人民政府、西南大学年度合作方案、管理办法、技术开发合同（送审稿）》《武隆区“四上”企业培育扶持办法（暂行）（送审稿）》等工作议题。

▲ 区政协干部大会在区政协三楼会议室召开。区委常委、组织部部长金鸿宣布区政协党组副书记、副主席徐正菊主持区政协工作。

▲ 全区招商引资专题会召开。

14日

▲ 区委印发《关于撤县设区党的组织机构设置及有关工作的通知》。

▲ 全区2016年度党（工）委书记落实全面从严治党责任述职会在区会议中心一会议室举行。

▲ 卢红在区政府三楼会议室与重庆金联陶瓷有限公司董事长石崇华一行，就企业在武隆投资建设新型陶瓷建材和汽车发动机总成生产项目进行交流。

15日

▲ 区第十四届纪律检查委员会第二次全体会议召开。

▲ 卢红在区政府四楼会议室主持召开专题会，研究讨论瓦厂坝体育公园项目建设推进等事宜。

15日至19日

▲ 第20届泰国出境旅游博览会在泰国首都曼谷举行，中国仅有两个展位，分别是国家旅游局和重庆武隆。

16日

▲ 卢红到工业园区鸭江、平桥、长坝、白马四组团调研生态工业强区工作推进情况。

17日

▲ 2017年全区党的建设工作会在区会议中心一会议室召开。

20日

▲ 白马山旅游度假区建设工作领导小组2017年第一次会议召开。

▲ 武仙路提档升级专题会在区政府三楼会议室召开。

▲ 水利部财务司司长叶建春一行到武隆实地调研水利扶贫工作建设情况，并召开水利扶贫工作座谈会。

21日

▲ 区机构编制人事委员会2017年第一次全体会议在区委常委楼四楼会议室召开，专题研究和审议机构编制及人事调整有关工作议题。

▲ 区第十八届人大常委会第一次会议在区政府二楼会议室召开。

22日

▲ 全区2017年扶贫开发领导小组第一次专题会议在区会议中心二会议室召开。听取《关于全区扶贫攻坚工作推进情况的汇报》；审议《关于印发全区2017年扶贫攻坚工作要点（送审稿）》《关于到开展春耕生产干部帮扶月活动的通知（送审稿）》《关于到开展科技扶贫行动的实施方案（送审稿）》《2017年迎接国家脱贫总验收暨扶贫春耕行动动员大会会议方案》《关于大病医疗救助工作实施方案（送审稿）》《关于调整扶贫集团对口帮扶乡镇的方案（送审稿）》《关于进一步加大农村基础设施和公共服务设施后续建设管护的实施方案（送审稿）》《关于进一步加快生态扶贫搬迁的实施方案（送审稿）》《关于脱贫人口素质提升工作方案（送审稿）》《关于农村特殊贫困人口救助工作实施方案（送审稿）》《关于健康扶贫工作实施方案（送审稿）》等相关工作议题。

▲ 何平、卢红在区会议中心二会议室与工商银行重庆分行行长刘亚干一行，就进一步加强合作交换意见。

▲ 区政府印发《武隆区“四上”企业培育扶持办法（暂行）》，共七章二十八条，分别对扶持方式及标准、申报、界定及发放、服务保障、监督管理、工作机制等进行规定。

▲ 区政府第四次常务会召开，审议研究《“两区一地”创建工作的意见（送审稿）》《2017年安全生产工作要点（送审稿）》等议题。

23日

▲ 何平、卢红一行到白马工业园区，专题调研生态工业经济强区建设工作。

▲ 卢红在区政府三楼会议室主持召开中银汇金创意文化产业城项目推进座谈会。

▲ 卢红在区政府四楼会议室与上海宝冶集团副董事长、党委副书记陈刚一行，就全区基础设施建设项目合作事宜交换意见。

▲ 区直属党组织书记落实全面从严治党责任述职评议考核会在区会议中心一会议室召开。

24日

▲ 何平、卢红一行到重庆机场集团有限公司，就仙女山机场建设各项工作推进情况与重庆机场集团有限公司董事长谭平川等召开联席会。

▲ 何平、卢红一行到重庆，就武隆交通工作推进情况等与市交委主要领导座谈交流。

▲ 区委副书记王频到工业园区白马组团，调研非公党建工作和党群服务中心建设情况，并召开座谈会。

27日

▲ 羊角场镇危岩滑坡防治工作领导小组第八次会议在区会议中心二会议室召开，专题研究

审议羊角场镇危岩滑坡避险搬迁新址建设相关事宜。

▲ 仙女山国家级旅游度假区发展工作领导小组第二次会议在区会议中心二会议室召开。听取度假区管委会2017年项目建设用地问题情况的汇报；审议《度假区2017年工作要点（送审稿）》《度假区2017年开发建设投资项目清单（送审稿）》《度假区管委会关于加强度假区城市管理的意见（送审稿）》《2017年度假区开发建设十周年相关活动方案（送审稿）》等议题。

▲ 区委常委、常务副区长胡珍强与意大利翁布里亚大区文化厅厅长费南达·切科尼一行会谈，就旅游、文化、艺术等领域的相关合作事宜进行交流。

28日

▲ 十四届区委第五次常委会在区会议中心二会议室召开。传达学习全市统战部长会议精神；研究芙蓉江游船采购事宜、市管领导班子专题民主生活会有关情况；审议《武隆区基础设施建设项目战略合作框架协议（送审稿）》《2017年武隆区招商引资工作方案（送审稿）》等议题。

▲ 全区2017年第二次规委会在区会议中心二会议室召开，研究和审议《芙蓉洞景区声光改造工程设计方案》《白马电航枢纽工程库区武隆区城段防护工程（北岸苏家河口至乌江三桥）规划设计方案》《武隆区救灾物资储备库、儿童福利院项目选址》《武隆复烤厂迁建项目选址》《白马山公路管理站概念性设计方案》等工作议题。

▲ 市委网信办副主任吴勇军一行到武隆报社、武隆旅游网等地，实地了解武隆印象APP、武隆旅游网的建设运营情况，并召开座谈会。

2月

▲ 后坪苗族土家族乡文凤村天池坝组、沧沟乡大田村大田组、浩口苗族仡佬族乡浩口村田家寨和平桥镇红隆村4村落列入重庆市规划局、重庆市地理信息中心《重庆传统村落地图》。

▲ 世界著名品牌大会(WFBA)第10届年度峰会在纽约召开，大会公布《2016中国最具投资潜力特色魅力示范县200强名单》，武隆列入其中。

3月

1日

▲ 全区迎接国家精准脱贫验收暨春耕帮扶行动动员大会在区人民大礼堂召开。

▲ 区委办印发《全面落实区纪委向区一级党和国家机关派驻纪检机构的方案》。

2日

▲ 全区学雷锋活动暨志愿服务先进典型表彰大会在区人民广场举行，大会对荣获重庆市“最美扶贫志愿者”“学雷锋示范岗位代表”“最佳志愿服务组织代表”的3人、2016年度“优秀志愿服务组织”10个、2016年度“优秀志愿者”20人进行表彰。

3日

▲ 区政府第五次常务会在区政府三楼会议室召开。传达学习中央财经领导小组第十五次会议精神、全市脱贫攻坚工作会议精神；审议《2017年民生实事任务分解（送审稿）》《关于区喀斯特（集团）公司2017年旅游宣传营销工作

方案（送审稿）》等议题。

▲ 全区举行“三八”国际妇女节表彰大会。

▲ 全区召开2016年度非公党组织书记述职会。

4日

▲ 早晨 央视《朝闻天下》播出题为“提升农业抵御风险的能力和竞争力”“武隆改革发展经验”的新闻。人民网在题为“实施‘三大工程’助推农民增收致富”的报道中，报道“武隆思路”。

6日

▲ 全区迎接国家精准脱贫验收暨春耕帮扶行动动员会在和顺镇召开，研究部署今年的扶贫巩固工作和春耕生产帮扶工作。

▲ 区委办、区政府办印发《武隆区重点项目推进工作议事规则》，共八条。

7日

▲ 全区改善农村人居环境工作专题会在区政府三楼会议室召开。听取《武隆区改善农村人居环境工作情况汇报》；审议《武隆区改善农村人居环境工作整体规划（送审稿）》《武隆区2017年改善农村人居环境工作目标任务（送审稿）》《武隆区改善农村人居环境项目及资金管理办法（送审稿）》等工作议题。

▲ 区委常委、统战部部长陈劲到白马镇车盘村大泉移民搬迁点，走访慰问结对帮扶贫困户。

8日

▲ 区政府第六次常务会在区政府三楼会议室召开，审议《武隆区国家专项建设基金反担保物管理暂行办法（送审稿）》《白马山旅游度假区2017年政府投资项目投融资计划（送审稿）》《武隆区粮食安全行政首长责任制考核工作方案（送审稿）》等议题。

▲ 卢红走访慰问全区优秀妇女代表洪英和贫困妇女许燕家庭。

▲ 国家发展改革委宏观院副院长研究员王昌林一行到武隆，调研扶贫攻坚工作。

▲ 全区民政暨残疾人工作会议在区政府二楼一会议室召开。

9日

▲ 2017年全区重点项目第一次调度会在区政府二楼一会议室召开。

10日

▲ 全区300多名机关干部职工到巷口镇万银村，与当地群众一起开展全民义务植树活动。

▲ 市委统战部常务副部长周旭一行到武隆专题调研统战工作。

▲ 区委办、区政府办印发《2017年武隆区招商引资工作方案》。

13日

▲ 2017年全区土地房屋征收协调工作领导小组第一次会议在区政府三楼会议室召开，审议讨论《2017年“双百工程”土地房屋征收目标任务分解（送审稿）》《武隆区2017年土地房屋征收工作考核办法（送审稿）》等，并讨论征收工作有关问题处理建议。

14日

▲ 2017年第一季度全区经济形势分析研判会在区政府三楼会议室召开。

▲ 区政府第七次常务会在区政府三楼会议室召开，审议《武隆区森林防火道路规划（2017—2010）（送审稿）》《重庆市创建国家食品安全示范城市武隆区实施方案（送审稿）》《武隆区食品安全“十三五”规划（送审稿）》《到推进农业供

给侧结构性改革加快培育农业农村发展新动能的实施意见（送审稿）》等议题。

▲ 区政协第一次常委会在区政府二楼二会议室召开，学习全国政协十二届五次全会精神，通报区政协主席会成员分工、专委会联系部门乡镇委员小组及委员界别、2017 年工作要点情况，并审议通过区政协 2017 年重点工作安排情况、2017 年宣传信息工作实施意见、常委会工作规则、专委会工作规则、审议人事任免事项。

▲ 国务院三峡办资金司副司长任骁军率队到武隆，实地调研检查三峡后续工作进展实施情况和羊角危岩避险搬迁工作推进情况。

15 至 20 日

▲ 由区纪委牵头，区委组织部、区督查室、区扶贫办配合，抽调 25 名干部组成 5 个暗访督查组，对全区 26 个乡镇脱贫攻坚工作开展“回头看”督查。

15 日

▲ 仙女山机场建设项目协调会在区政府五会议室召开，听取仙女山机场建设项目推进情况及存在问题。

▲ 全区“3·15”国际消费者权益保护日主题宣传咨询活动在都市广场举行。

▲ 区政府副区长、公安局局长罗建国一行到土坎镇松树村走访慰问帮扶贫困户。

16 日

▲ 重庆·武隆（深圳）招商引资推介会在深圳市南山区举行。

▲ 区十八届人大常委会第二次会议在区政府二楼一会议室举行。审议通过区人大常委会主任会议关于提请审议人事任命、设立区十八届人大常委会代表资格审查委员会、常委会 2017 年工作安排意见（审议稿）、常委会议事规则等 11 项制度草案的议案；审议通过区政府关于《中华人民共和国环境噪声污染防治法》《重庆市城乡居民最低生活保障条例》实施情况执法检查报告审议意见的评议意见的报告；审议通过区政府关于城乡医疗卫生工作情况报告审议意见的办理情况报告；审议通过区国土局关于 2016 年重点工作评议意见的办理情况报告。

▲ 全区农业与扶贫示范基地建设推进会在区会议中心二会议室召开。

▲ 区委宣传部对新任命干部进行集体谈话。

2017 年 3 月 16 日，重庆武隆招商引资推介会在深圳举办

（李柏翠　摄）

17 日

▲ 区委办、区政府办印发《武隆区白管委 2017 年度工作要点》。

21 日

▲ 2017 年“两违”整治工作领导小组第一次会议在区政府三楼会议室召开，研究并原则通过《武隆区 2017 年度违法用地违法建设整治工作考核办法（送审稿）》。

▲ 区直机关 2017 年第一期普通党员培训班在党校四楼多功能厅举行。全区 86 个单位部门的 157 名党员参加为期两天的培训。

▲ 全区首次公租房摇号配租在区体育馆

举行。

▲ 全区领导干部个人有关事项报告工作专题培训会在区会议中心一会议室举行。

22日

▲ 2017年区土地招拍挂领导小组第一次会议在区政府三楼会议室召开，研究和审议《WL2014-1-3号地块挂牌出让方案（送审稿）》《武隆区环境监测执法业务用房建设项目划拨土地供应方案（送审稿）》《武隆区中堆坝小学校扩建运动场项目划拨土地供应方案（送审稿）》《武隆区桐梓镇中心幼儿园和教师周转宿舍建设项目土地供应方案（送审稿）》《武隆区桐梓镇中心小学校拓展用地项目划拨土地供应方案（送审稿）》《全区欠交土地出让价款有关情况的报告》《全区批而未供和闲置土地有关情况的报告》《羊角场镇危岩滑坡综合防治与避险搬迁新址项目划拨土地供应方案（送审稿）》《武隆区大河沟水库工程建设项目划拨土地供应方案（送审稿）》等相关工作议题。

▲ 市委党校第65期市级机关处长进修班53名学员到武隆区仙女山镇，实地调研绿色发展之路。

▲ 财政部驻重庆专员办财政扶贫资金专项检查组一行到武隆，检查财政扶贫专项资金安排和使用情况。

▲ 区移民局、区工商局、区环保局等23个单位在都市广场开展"安全知识"为主题的宣传活动。

23日

▲ 十四届区委第六次常委会在区会议中心二会议室召开。传达学习中央新修订的《领导干部报告个人有关事项规定》和《领导干部个人有关事项报告查核结果处理办法》；研究收购冠恒农业资产及组建农业开发公司有关事宜；审议《关于到推进农业供给侧结构性改革加快培育农业农村发展新动能的实施意见（送审稿）》《"国家全域旅游示范区、国家级旅游业改革创新先行区、中国国际喀斯特旅游目的地"创建工作的意见》《实施方案》和《任务分解表》（送审稿）等相关工作议题。

24日

▲ 区委2017年党建工作领导小组会议在区会议中心二会议室召开。听取2017年第一次基层党建工作督查情况的汇报；审议《武隆区全面从严治党责任深化年实施方案（送审稿）》《中共重庆市武隆区委党建工作领导小组工作制度（送审稿）》《进一步加强和改进离退休干部工作的实施意见（送审稿）》等议题。

27日

▲ 2017年第三次规委会在区会议中心二会议室召开，审议《武仙路两线（沿线、复线）提档升级规划设计方案》《仙女山森林生态资源展示厅选址及概念性规划设计方案》《土坎狮子危岩搬迁安置点概念性设计方案》《鸭江镇总体规划（修改）》等相关工作议题。

▲ 区第278期干部培训班在区委党校开班，各乡镇部门的90余名团干部参加培训。

28日

▲ 市政府副市长屈谦一行到武隆区工业园区白马组团、土坎中学改扩建施工现场、实验二小、仙女山镇食药监所，实地调研全区教育保障和食品安全等工作。

▲ 市委督查组一行到武隆督查武隆政治风险、经济风险、稳定风险排查防控工作，并召开座谈会。

▲ 市民龚英淑上榜第56期"重庆好人榜"名单。

29日

▲ 区委、区政府印发《关于加快推进国家全域旅游示范区、国家级旅游业改革创新先行区、中国国际喀斯特旅游目的地创建工作的意见》《关于加快仙女山国家级旅游度假区发展的意见》。

▲ 区委办、区政府办印发《武隆区创建国家级旅游业改革创新先行区工作实施方案》《武隆区创建国家全域旅游示范区实施方案》。

▲ 全区“三大富民工程”建设工作领导小组会议在区会议中心二会议室召开。专题研究全区“三大富民工程”建设，安排部署2017年相关工作；审议《2017年农业与扶贫示范基地建设工作要点》《农业与扶贫示范基地拟调整、取消、新增项目》《2017年度农业与扶贫示范基地建设专项资金分配建议方案》等议题。

▲ 区政府廉政工作会暨全区“两违”整治工作会议召开。

▲ 全区安全生产、食品药品、消防安全工作视频会在区政府二楼一会议室召开。

30日

▲ 全区创建“国家全域旅游示范区、国家级旅游业改革创新先行区和中国国际喀斯特旅游目的地”动员大会召开。

▲ 区委中心组2017年第一次集中（扩大）学习会在区会议中心一会议室召开。

▲ 区纪委印发《关于加强清明五一端午期间作风建设监督执纪问责的通知》。

31日

▲ 区政府第八次常务会在区政府三楼会议室召开。传达贯彻市政府关于国务院安委会来渝开展安全生产巡查相关工作电视电话会议精神；审议《2017年区领导联系重点项目用地保障方案（送审稿）》《武隆区关于进一步健全特困人员救助供养制度实施方案（送审稿）》《关于统筹整合使用财政涉农资金工作和农业项目财政补助资金股权化改革任务分解方案（送审稿）》《武隆区第二届劳动模范（先进工作者）评选表彰方案（送审稿）》《武隆区全民科学素质行动计划纲要实施方案（送审稿）》《到推进领导干部接访下访群众工作的通知（送审稿）》等相关工作议题。

▲ 全区开展“12331”食品药品安全投诉举报、创建国家食品安全示范城市、食品安全“我承诺，我负责”宣传活动。

3月

▲ 武隆入围由中国国土经济学会推选的“2017百佳深呼吸小城”名单。

4月

1日

▲ 十四届区委第八次常委会在区会议中心二会议室召开。传达学习国务院安委会到渝开展安全生产巡查相关工作电视电话会议精神；研究干部人事相关事宜；审议《2017年第一轮脱贫攻坚工作专项督查情况的报告》《区委常委会2017年工作要点（送审稿）》等相关工作议题。

▲ 区发改委按照相关要求对全区行政事业性收费情况进行清理规范，并取消或停征41项行政事业性收费。

5日

▲ 全区“三大富民工程”建设工作领导小组

会议在区会议中心二会议室召开，专题审议《关于加快推进高山有机茶叶发展的实施方案》《关于加快推进高山蔬菜产业发展的实施方案》《乡村旅游“十亿级”产业链工作实施方案》《电子商务“十亿级”产业链规划与实施方案》《武隆区电子商务进农村综合示范项目专项资金管理办法》《关于加快推进特色林果产业发展的实施方案》《关于加快发展草食畜牧产业链的实施方案》等议题。

▲ 清明假期，全区各大景区接待游客14.11万人次，同比增长15.21%，旅游收入4402.32万元，同比增长17.08%。

6日

▲ 区扶贫开发领导小组2017年第二次专题会召开。传达学习全市迎接国家脱贫验收会议精神，通报国家脱贫验收程序及办法；全面排查全区农村住房安全情况和农村集体经济发展排查情况汇报。审议《2017年全面解决贫困村所有农户及非贫困村贫困户人饮困难工作方案（送审稿）》和《全区脱贫攻坚工作纪律督查方案（送审稿）》等议题。

7日

▲ 市政协副主席李钺锋带领市委干部接访下访群众工作第七督导组到武隆区督导干部下访群众暨信访稳定工作，并召开座谈会。

▲ 全区召开专题会议，安排部署迎接国务院安委会巡查组到渝到武开展安全生产巡查的相关工作。

▲ 全区2016年度土地矿产卫片执法监督检查约谈暨整改工作推进会在区会议中心一会议室召开。

▲ 全区扶贫工作警示约谈会在区委会议中心二会议室召开，对扶贫攻坚工作不力的9个单位负责人、2名贫困村第一书记进行集中警示谈话，并对2017年第一轮脱贫攻坚工作专项督查情况进行通报。

10日

▲ 区委常委会讨论，同意设立中共重庆市武隆城乡建设发展（集团）有限公司委员会，设党委委员5名，其中党委书记1名（由董事长担任）、副书记2名（1名由总经理担任，1名为专职副书记负责党建工作），由区委直接管理；设立中共重庆武隆水务（集团）有限公司委员会，设党委委员7名，其中党委书记1名（由董事长担任）、副书记2名（1名由总经理担任，1名为专职副书记负责党建工作），由区委直接管理；中共重庆市武隆喀斯特旅游（集团）有限公司委员会配备1名专职副书记负责党建工作，委员减少1名（党委委员仍为7名，其中党委书记1名、副书记2名、委员4名）。

▲ 区纪委派驻区教委纪检组召集全区130名中小学校校（园）长，在实验二校学术报告厅，开展集体廉政谈话会议。

11日

▲ 市政协副主席周克勤率市政协区县工作联络委部分成员一行到武隆，走访调研政协工作。

▲ 全区改善农村人居环境工作领导小组第一次会议在区会议中心二会议室召开。听取区人居办关于改善农村人居环境整治工作情况汇报；审议《武隆区改善农村人居环境工作整体规划（送审稿）》《武隆区第一批改善农村人居环境工作目标任务（送审稿）》《武隆区改善农村人居环境项目及资金管理办法（送审稿）》等有关议题。

▲ 中宣部理论局研究处副处长侯军带调研组到武隆，调研全区基层理论宣讲工作开展情况。

12日

▲ 区委全面深化改革领导小组第五次全

体会议在区会议中心二会议室召开。听取全区2016年全面深化改革工作情况汇报、综合经济体制改革专项小组关于全区供给侧结构性改革推进情况的汇报；审议《武隆区2017年全面深化改革工作要点及分工方案（送审稿）》《关于进一步深化国资国企改革的实施意见（送审稿）》等议题。

▲ 2017年扶贫开发领导小组第三次专题会议在区委会议中心二会议室召开，听取和研究当前全区脱贫攻坚相关工作议题。

▲ 重庆金联陶瓷有限公司和重庆嘉卡变速箱有限公司联合投资建设的年产20万套汽车发动机动力总成、变速箱、零部件暨年产1500万平方米新型陶瓷建材生产项目，正式签约入驻工业园区长坝组团。项目总投资5.5亿元，分二期建设。

▲ 区全覆盖培训党支部书记第一期专题培训班开班典礼在党校四楼举行，全区186个村支部书记、24个社区支部书记、26个乡镇组织委员参加培训。

▲ 国家开发银行扶贫区域局副局长顾刚一行到武隆调研风险补偿金管理和运行情况，并召开座谈会。

13日

▲ 2017年全区第一次人才领导小组会在区会议中心二会议室召开。审议《武隆区高层次人才引进暂行办法（送审稿）》《武隆区名优副校长及优质教师引进方案（送审稿）》《2017年考核招聘紧缺急需人才工作方案（送审稿）》《武隆区优秀人才评选暂行办法（送审稿）》《武隆区第三届“贡献奖”和“十佳人才”人选建议名单（送审稿）》等人才工作相关议题。

▲ 由区委、区政府主办的“情暖武隆 一路有您”扶贫济困晚会在区大礼堂举行。共募集善款1390余万元。

▲ 何平在区常委楼三楼会客厅与大唐国际发电股份有限公司重庆分公司总经理、党组副书记孙广春一行，就推动白马电航枢纽建设交换意见。

▲ 区政府第九次常务会在区政府三楼会议室召开，审议《武隆区安全生产风险隐患管理办法（送审稿）》《2017年土地房屋征收目标任务分解（送审稿）》《2017年土地房屋征收工作考核办法（送审稿）》等相关工作议题。

▲ 区委办、区政府办印发《关于进一步加强脱贫攻坚工作督查的通知》。

▲ 全区“渝安2号”打击整治专项行动誓师大会在人民广场举行。

▲ 国家开放大学党委书记李凌一行到重庆广播电视大学武隆分校，调研全区开放教育实施、师资队伍建设、教学改革等情况。

14日

▲ 全区迎接国家脱贫总验收进行再动员再部署大会在区人民大礼堂召开。

▲ 全区深入推进全面从严治党责任深化年大会召开，安排从严治党工作。

▲ 市林业局党组书记、局长吴亚一行到武隆，检查调研白马山杜鹃花海建设情况及白马山自然保护区修编情况。

▲ 哈尔滨工程大学及该校重庆校友会一行到武隆中学，开展爱心友好捐赠活动。

▲ 重庆市规划局、重庆市地理信息中心推出《重庆采茶地图》，武隆区白马山天尺坪采茶场入选。

▲ 央视财经频道《生财有道》栏目组到武隆白马山天尺坪、羊角豆干厂等地，探访武隆的风土民情、特色美食和旅游产业。

15日

▲ 全国人大常委会副委员长向巴平措率全国人大民族委员会调研组到武隆专题调研民族乡镇经济社会发展情况。

17日

▲ 卢红率队到白马山旅游度假区望仙崖景区月亮湾、望仙台、浪漫天街、原始森林景区等地了解各项目建设推进情况并进行现场办公。

17日至19日

▲ 区委组织部、区委政法委、区委党校、区综治办联合举办的2017年政法综治干部专题培训班在区委党校举行。

18日

▲ 由全国政协常委、提案委员会副主任，九三学社中央专职副主席赖明带领的全国政协提案委调研组一行到武隆，实地调研“完善房地产调控有序推进新型城镇化重点提案”。

▲ 区政协召开干部大会，传达区政协主要领导的任职决定：经区委研究，潘晓成任区政协党组书记；市委提名潘晓成为区政协主席候选人。

18日至5月10日

▲ 区纪委开展机关费用支出专项清查工作。

19日

▲ 财政部监督检查局副局长赵军带领财政扶贫资金专项检查督导组一行到武隆，专项督查区财政扶贫资金使用情况。

20日

▲ 区政府第十次常务会在区政府三楼会议室召开，审议《全国首个“文化和自然遗产日”暨武隆喀斯特申遗成功十周年纪念活动总体方案（送审稿）》《武隆区金融发展“十三五”规划（送审稿）》《第二十届中国（重庆）国际投资暨全球采购会武隆代表团参展方案（送审稿）》《武隆区人民政府与龙浩集团有限公司战略合作协议（送审稿）》等相关议题。

▲ 区政府办机关支部开展“如何做好一名合格党员”主题党日活动。

▲ 中国关心下一代工作委员会常务副主任兼秘书长杨志海一行到武隆，在仙女山镇中心小学举行“中华魂”书屋捐赠仪式。

21日

▲ 市委政法委扶贫集团2017年度对口扶贫工作会在区会议中心一会议室召开。

▲ 十四届区委第十次常委会在区会议中心二会议室召开，审议《2017年土地房屋征收目标任务分解和土地房屋征收工作考核办法（送审稿）》《重庆市武隆区新能源汽车推广及充电基础设施建设战略合作协议（送审稿）》等议题。

22日

▲ 100余名澳门游客抵达重庆江北国际机场，到武隆、乌江画廊参加为期4天的旅游活动。

24日

▲ 国务院安委会第六巡查组到武隆开展安全生产巡查工作，并在区会议中心一会议室召开座谈会。

▲ 区政协九届第二次常委会在区政府二楼二会议室召开，就有关议题进行审议。

25日

▲ 芙蓉洞景区在近三个月的闭园升级打造后，以全新面貌对外重新开放，并迎来第一批游客。

▲ 国务院安委会第六巡查组到仙女山镇，实地巡查旅游安全生产工作，并召开座谈会。

▲ 卢红在巷口镇复兴社区会议室主持召开区政府办扶贫集团对口帮扶巷口镇工作会，指导巷口镇脱贫攻坚迎检工作。

26日

▲ 全区扶贫开发领导小组2017年第四次（扩大）会议在会议中心一会议室召开。

▲ 市委、市政府作出关于表彰重庆市劳动模范和先进工作者的决定，武隆区陈明亿（武隆区电商运营服务有限公司副总经理）、谢莉苹（武隆区鑫凤鸽子养殖专业合作社理事长）、杨金鱼〔重庆市武隆喀斯特旅游（集团）有限公司职工〕被评为重庆市劳动模范；徐鑫（武隆区公安局刑事侦查大队侵财中队中队长）被评为重庆市先进工作者。

27日

▲ 中国人民政治协商会议重庆市武隆区第九届委员会第二次会议在区人民大礼堂召开。大会应到委员193人，实到委员165人，符合政协章程规定。会议审议通过《中国人民政治协商会议重庆市武隆区第九届委员会第二次会议选举办法（草案）》《中国人民政治协商会议重庆市武隆区第九届委员会第二次会议总监票人、监票人名单（草案）》，选举潘晓成为中国人民政治协商会议重庆市武隆区第九届委员会主席。

▲ 市高级人民法院党组书记、代院长杨临萍一行到武隆区调研指导法院工作。

▲ 全区2017年应急管理工作暨突发事件趋势分析会商会在区政府二楼一会议室召开。

▲ 区总工会在区委会议中心二会议室召开劳模座谈会，向全区劳动模范致以崇高的敬意，向全区广大职工和劳动群众致以节日的问候。

▲ 农行武隆支行营业部高级客户经理傅小康被中华全国总工会授予“全国五一劳动奖章”，同时被中国金融工会全国委员会授予“全国金融五一劳动奖章”，被中国农业银行股份有限公司授予“第五届中国农业银行劳动模范”。

28日

▲ 十四届区委第十一次常委会在区会议中心二会议室召开，审议《第二十届中国（重庆）国际投资暨全球采购会武隆代表团参展方案（送审稿）》《武隆区2017年城市（旅游）形象宣传方案（送审稿）》等工作议题。

30日

▲ 央视《新闻直播间》以《景区迎客流高峰 多举措疏导分流》为题聚焦武隆旅游接待盛况。

4月

▲ 被称为“体育界达沃斯”的2017年第12届斯迈夫全球体育产业大会暨国际体育消费展在北京国家会议中心开幕。武隆受邀参加大会主会场“政府资源对话”，推介武隆运动旅游发展方向和优势，并在中国户外运动产业峰会就武隆国际山地户外运动公开赛做经典案例交流。

▲ 浩口苗族仡佬族乡浩口村、后坪苗族土家族乡文凤村、石桥苗族土家族八角村入选第二批“中国少数民族特色村寨”名单。

▲ 在全国知名品牌创建示范区建设暨2016年区域品牌价值评价结果发布会上，“重庆武隆”潜在品牌价值达628.42亿元。

▲ 重庆市旅游局编制的春季版《重庆市乡村旅游电子地图》出炉，白马镇天尺坪、赵家乡白院子乡村旅游示范点、双河镇木根村3处景点入选。

▲ 在杭州举行的2017中国“互联网+”数字经济峰会上，喀斯特公司获得2016年度“互联网+”旅游智慧创新奖。

▲ 第四届“相约北京”全国文学艺术大赛评选揭晓，区老年大学学员张忠群的诗集《交通巨变》获文学类一等奖。

▲ 经国家标准化管理委员会批准，比丰水产养殖专业合作社发展的“鳅田稻”水稻种植基地列为第九批国家农业标准化示范项目。

5月

1日

▲ 由国际风联、欧洲风联、亚洲风联主办，潍坊工艺美术研究所和重庆市武隆喀斯特旅游（集团）有限公司承办的国际顶级风筝赛事——“2017 仙女山国际风筝季”，在仙女山大草原结束，德国队获得头奖，仙女山风筝队获得第六名。

2日

▲ 十四届区委第十二次常委会在区会议中心二会议室召开，审议《武隆区作风大整顿专项行动工作方案（送审稿）》《武隆区政府与国兴人寿保险关于总部经济项目投资框架协议（送审稿）》等相关工作议题。

▲ 区政府第十一次常务会在区政府三楼会议室召开，专题审议《财政扶贫资金专项检查反馈问题整改方案（送审稿）》《武隆区全面推行河长制工作方案（送审稿）》等相关工作议题。

▲ 杨国权、潘晓成到和顺镇，组织召开脱贫攻坚验收迎检工作推进会，就扶贫攻坚推进情况开展督查指导。

3日

▲ 五一小长假期间，全区共接待游客 67.19 万人次，同比增长 10.59%；实现旅游收入 20667.91 万元，同比增长 12.32%。

4日

▲ 湖北省政协主席张昌尔一行到武隆区白马工业园区和仙女山旅游度假区考察生态工业。

▲ 区政府党组（扩大）会在区政府三楼会议室召开，安排部署第二季度各项工作。审议《武隆区人民政府党组工作规则（送审稿）》《武隆区人民政府党组 2017 理论学习计划（送审稿）》。

▲ 全区五四青年节座谈会在区青少年活动中心召开。

▲ 区工业园区 2017 年一季度经济形势分析会召开。

▲ 全区五四青年节“我爱祖国、党在我心中”诵读比赛在实验小学学术报告厅举行，武隆中学选送的《时空·记忆》获得一等奖。

5日

▲ 白马山旅游度假区建设工作领导小组 2017 年第二次会议在区会议中心二会议室召开，专题研究和审议《望仙崖景区游客接待中心室内装修设计方案（送审稿）》《水晶茶厂室内设计方案（送审稿）》《茶博物馆室内装饰及展陈设计方案（送审稿）》《爱情魔方室内装修设计方案（送审稿）》《真爱礼堂室内装修设计方案（送审稿）》等有关议题。

6日至7日

▲ 2017 武隆百公里越野赛在仙女山镇举行，来自国内外 600 余名运动员参赛。

8日

▲ 潘晓成一行到浩口苗族仡佬族乡、石桥苗族土家族乡，实地调研乡村旅游、场镇建设、基础设施、特色产业、脱贫攻坚等工作。

11日

▲ 杨国权率市四届人大武隆代表小组一行调研城区医院建设推进情况。

▲ 羊角镇党委、人大、政府、纪委揭牌仪式在羊角新址举行。

▲ 人民银行重庆营业管理部在武隆召开全市金融扶贫推进会。

12日

▲ 十四届区委第十三次常委会在区会议中心二会议室召开，审议《武隆区“两学一做”学习教育常态化制度化实施方案及相关通知（送审稿）》《关于国有企业落实全面从严治党的实施意见（送审稿）》等当前相关工作议题。

▲ 海南省旅行社、媒体记者、摄影协会、旅游协会以及嗨皮旅行社共102人组成旅游考察团到武隆，对仙女山景区、天生三桥景区和印象武隆进行实地考察。

15日

▲ 全区推进“两学一做”学习教育常态化制度化工作会在区会议中心一会议室召开。

▲ 全区医药卫生体制改革领导小组第一次会议在区政府三楼会议室召开。传达学习2017年全国医改工作电视电话会议精神及全市医改工作要求；审议《武隆区2017年综合医改重点工作任务（送审稿）》《健康武隆2030规划（送审稿）》《关于成立重庆市武隆区公立医院管理委员会的通知（送审稿）》等相关工作议题。

▲ 农业部生态总站副站长高尚宾率农业部督导组到武隆，检查指导大溪河流域农业面源污染综合治理试点建设情况，并召开座谈会。

▲ 全区2017年打击非法金融活动领导小组专题会召开，审议通过《2017年非法集资专项治理工作方案》。

16日

▲ 区委办、区政府办印发《武隆区作风大整顿专项行动工作方案》的通知。

▲ 全区扶贫资金自查自纠问题整改专题会在区政府四楼会议室召开。

▲ 区政府与民生能源集团投资项目推进会在区政府三楼会议室召开，双方就合作相关事宜进行洽谈。

▲ 卢红在区政府三楼会议室主持召开参加央视《魅力中国城》竞演活动工作筹备会，安排部署相关工作。

▲ 区政协九届第四次主席会召开，协商审议羊角场镇新址建设推进情况和“两违”整治工作推进情况。

▲ 区委政法委在常委楼一楼会议室召开2017年第二次全体会议。

▲ 区工商局组织行政审批人员到鸭江镇指导农村集体经济组织公司注册事宜，积极推动镇域村级集体经济建设。鸭江镇是第一个全面实现村级集体经济建设全域覆盖的镇。

17日

▲ 区政府性债务管控专题会在区政府四楼会议室召开，要求健全“借、管、用、还”良性机制，严控总额、积极化债，切实防范债务风险。

▲ 区政府第十二次常务会在区政府三楼会议室召开。传达学习全市旅游环境集中综合整治工作动员部署会议精神；研究武仙路及复线提档升级改造事宜；审议《重庆市武隆区人民政府与中青旅控股股份有限公司旅游发展战略合作协议（送审稿）》等相关工作议题。

▲ 市政府安委办到武隆督查安全生产工作，并召开汇报会。

▲ 2017年区文明委第一次会议在会议中心二会议室召开。

18日

▲《魅力中国城》重庆武隆启动仪式在仙女山天生三桥景区玻璃眺台举行。

▲ 卢红与“魅力中国城”营销策划团队在

渝湘高速武隆服务区会议室座谈，双方就“魅力中国城”活动营销方案相关工作交换意见。

▲ 马奇柯带领区信访办、区公安局等部门负责人到巷口镇，看望慰问部分特殊困难群众。

18日至19日

▲ 交通运输部副部长戴东昌一行到武隆，督查调研交通扶贫工作。

22日

▲ 仙女山机场建设协调指挥部第四次协调会在区政府五楼会议室召开，听取仙女山机场建设项目推进情况。

▲ 全区长江经济带市场准入负面清单指标核对会召开。

▲ 全区参加中央电视台《魅力中国城》筹备座谈会在区政府三楼会议室召开。

23日

▲ 江西省上饶市党政代表团到武隆考察学习旅游和城市建设。

24日

▲ 区第十八届人大常委会第三次会议在区政府二楼二会议室召开，审议《〈中华人民共和国农业技术推广法〉实施情况的报告》《区政府关于企业减负工作情况的报告》《重庆市教育督导条例实施情况的报告》等工作议题。

25日

▲ 全区2017年“五创”工作第一次工作例会在区会议中心二会议室召开。

▲ 国家发展改革委发展规划司副巡视员马强一行到武隆调研生态建设和生态经济发展情况。

▲ 央视10套科教频道栏目组拍摄并制作表现武隆天坑寨子自然风光、土家族苗族原住民的原始生活场景以及非物质文化遗产的《“仙鬼”奇坑》纪录片于晚17:43分在CCTV10（科教频道）播出。

26日

▲ 十四届区委第十四次常委会在区会议中心二会议室召开。传达学习《中共中央关于部分纪检监察干部违纪案件及其教训警示的通报》《重庆市环境保护监察反馈意见》；审议《新形势下加强政法队伍建设的实施意见（送审稿）》《关于进一步加强和改进离退休干部工作的实施意见（送审稿）》等议题。

▲ 卢红在区政府三楼会议室主持召开《魅力中国城》武隆竞演策划方案专题会。

▲ 区政府发出《关于对319国道黄家沟桥东桥头南侧滑坡实施应急处置的通告》，规定应急处置的范围、险区内的经营户和人员撤离时间等。

▲ 王频到区畜牧局和实验二小，看望、慰问高级兽医师、区畜牧技术推广站站长张广权和实验二小机器人工作室及培训团队负责人李勇。

▲ 仙女山旅游度假区召开“两学一做”学习教育工作推进会。

▲ 市移民局督查组到武隆开展三峡后续项目实施情况督查，并召开督查工作会。

27日

▲ 区委中心组2017年第二次集中（扩大）学习会在区会议中心一会议室召开。

▲ 全区第三届中学生规范汉字听写大赛决赛在区实验小学学术报告厅举行。土坎中学代表队获得团队冠军；土坎中学学生栾丽萍获得“听写大王”桂冠。

31日

▲ 区第二届劳动模范评选表彰活动工作会在区会议中心二会议室召开，研究部署劳模评选工作。

▲ 端午期间，全区共接待游客40.18万人次，同比增长28.16%；实现旅游总收入12441.32万元，同比增长30.08%。

5月

▲ 仙女山国家森林公园、火炉万峰村、白马山市级自然保护区上榜市规划局、市地理信息中心推出的《重庆森林氧吧地图》。

▲ 喀斯特（集团）公司获评市级消费维权诚信单位。

▲ 市规划局、市地理信息中心推出《重庆杜鹃花地图》，白马镇白马山和大洞河乡赵云山上榜。

▲ 经市科协评审研究，巷口镇复兴社区被评为第六批“重庆市科普示范社区”。

▲ 住建部、文化部等七部门公布2017年列入中央财政支持范围和2018年拟列入中央资金支持范围中国传统村落名单，重庆8个中国传统村落中武隆区平桥镇红隆村列入其中。

▲ 财政部公布的2016年钢铁煤炭去产能拟激励省份名单，重庆入围煤炭去产能“先进”省份之列。武隆区作为重庆市13个退出乡镇煤矿的区县之一，截至2016年，已完成煤炭行业的整体退出。5年关停14家煤矿退出为全区化解过剩产能78万吨。

▲ 重庆市规划局、重庆市地理信息中心发布《重庆雕塑地图》，标注全市60处雕塑，仙女山镇仙女山广场雕塑群上榜。

6月

1日

▲ 区政府第十三次常务会在区政府三楼会议室召开，审议《武隆区职业健康分类分级监管实施办法》《武隆区第三届“贡献奖”和“十佳人才”推荐人员名单》《武隆区社会力量招商引资服务兑现办法》等相关工作议题。

▲ 卢红一行到巷口镇芙蓉中路社区看望慰问部分困难家庭儿童及困难家庭残疾儿童。

2日

▲ 区扶贫开发领导小组2017年第五次（扩大）会议在区会议中心一会议室召开。

3日至4日

▲ 香港特区全国政协委员考察团一行到武隆考察生态旅游发展情况，并就推进旅游业发展听取意见和建议。

5日

▲ 区政府第十四次常务会在区政府三楼会议室召开，审议《重庆市武隆区“十三五”脱贫攻坚规划（送审稿）》《武隆区2017年精准脱贫涉农资金整合后续扶持项目实施计划的通知（送审稿）》等工作议题。

▲ 全区“六五”世界环境日活动在区人民广场举行。

6日

▲ 国务院三峡办规划司司长罗元华一行到羊角场镇建设新址，调研羊角场镇整体避险搬迁安置情况，并召开座谈会。

▲ 市人大法工委主任刘春焱携调研组一行

到武隆，调研完善制定《重庆市公路管理条例》，并召开座谈会。

▲ 重庆市工商行政管理局武隆区分局旅游市场管理局挂牌成立。

7日

▲ 2017年第四次规委会在区会议中心二会议室召开。讨论《武隆区公园明珠项目概念性设计方案》《白马山“巴蜀贡茶”景观节点设计方案》《后坪苗族土家族乡公共服务中心方案设计》等方案设计并提出建议。

▲ 2017年高考首日，卢红到武隆中学高考考点进行巡视。

▲ 石强桢一行到武隆中学和实验中学两个高考考点，检查巡视高考情况。

▲ 懒坝国际文化艺术公园项目主体工程开工建设。“中国武隆·懒坝LAB项目”总投资30亿元，该项目连续三年被重庆市列为市级重点建设项目。

8日

▲ 卢红一行，到仙女山镇、双河镇、土坎镇、巷口镇实地调研仙女山机场、土坎乌江大桥、北环西线项目等全区重大项目建设情况。

▲ 区社会科学界联合会第一届委员会第一次常委会在区委宣传部会议室召开。按照章程规定，会议选举吴沛为区社科联第一届委员会主席，杨雨、皮秀琴当选为社科联第一届委员会副主席。

9日

▲ 城区学校布局调整工作会在区会议中心二会议室召开，专题研究、安排部署学校布局调整和小学划片招生相关工作。

▲ 区安监局、公安局、文化委、总工会等部门联合各乡镇、企事业单位及群众代表，在人民广场联合举行“安全生产月”暨安全知识“十进”活动启动仪式。

10日

▲ 全国首个“文化和自然遗产日”，武隆喀斯特申遗成功和仙女山度假区建设10周年。全区在天生三桥景区举行“文化和自然遗产日”暨中国世界遗产30年纪念活动，并启动武隆喀斯特世界自然遗产保护志愿者行动。

12日

▲ 2017年区财经工作领导小组第一次会议在区会议中心二会议室召开。

▲ 全区二季度经济形势分析研判会在区政府三楼会议室召开。

13日

▲ 全国深化简政放权放管结合优化服务改革电视电话会议召开，武隆区及时组织收听收看。卢红要求，全区上下要认真贯彻落实会议精神，提出具体落实措施，有力有序有效推进简政放权、放管结合、优化服务改革。

▲ 潘晓成带队到正信四联集团、久味夙食品有限公司、实验小学、中堆坝小学及幼儿园等地，调研生态工业经济发展情况和教育“五大工程”建设推进情况，并在区工业园区管委会会议室主持召开区政协九届第五次常委会。

▲ 全区作风大整顿专项行动领导小组第一次会议召开，审议全区作风大整顿专项行动督查工作方案，并作出安排。

14日

▲ 区机构编制人事委员会2017年第二次全体会议在区委常委楼四楼会议室召开，专题研究和审议机构编制及人事调整相关工作议题。

▲ 哈尔滨银行重庆分行与武隆银政合作业务交流座谈会在区会议中心二会议室举行。

16日

▲ 全区推进“两学一做”学习教育常态化制度化工作会议在会议中心二会议室召开，专题研究和部署相关工作。

▲ 卢红到江口镇花园村、荆竹村，随机走访农户，调研指导脱贫攻坚迎检工作。

▲ 至19日 国家旅游局副局长王晓峰一行到武隆调研旅游业发展工作。

19日

▲ 区政府第十五次常务会在区政府三楼会议室召开。传达学习《关于加强融资平台公司管理有关工作的通知（渝府办发〔2017〕74号）》；审议《武隆区到贯彻落实重庆市人民政府〈关于进一步规范国有资产投资项目招投标活动的通知〉的通知（送审稿）》等工作议题。

▲ 区编委2017年第2次全体会议研究同意，撤销“重庆市武隆区旅游执法大队”，设立“重庆市武隆区旅游综合执法支队（挂重庆市武隆区全域旅游游客服务中心牌子）”。

20日

▲ 市国土房管局局长董建国率市委市政府防汛防地灾工作专项督查组到武隆，专项督查防汛防地灾工作。

▲ 十四届区委第十五次常委会在区会议中心二会议室召开。学习《关于甘肃祁连山国家级自然保护区生态环境问题督查处理情况及其教训的通报》；审议《武隆区到学习宣传贯彻市第五次党代会精神工作方案（送审稿）》《武隆区全面推行河长制工作方案（送审稿）》《武隆区高山生态扶贫搬迁融资资金分配方案（送审稿）》《武隆喀斯特世界自然遗产保护管理先进集体和先进个人名单（送审稿）》《武隆区仙女山国家级旅游度假区先进集体和先进个人名单（送审稿）》《2017年度区委理论学习中心组学习计划（送审稿）》《武隆区纪念建党96周年活动方案（送审稿）》《武隆区高层次人才引进暂行办法（送审稿）》《关于明确干部管理权限有关问题的通知（送审稿）》等工作议题。

▲ 上海新希辰公司董事长程连英一行到武隆考察阳光童年项目，并就合作建设“重庆仙女山国际酒店管理学院”项目进行交流。

22日

▲ 第二十届渝洽会在重庆悦来国际会展中心开幕。武隆区组团参加并设立展台，通过视频、资料、实物等方式，向各界宣传展示武隆的历史文化、特色物产、投资营商环境等。

▲ 全区“渝安2号”打击整治专项行动推进会在区公安局会议室召开。

23日

▲ 区委、区政府决定对武隆喀斯特世界自然遗产保护管理作出成绩的区人民政府办公室等10个先进集体，任良生、卫中华等10名先进个人给予通报表彰；同时对仙女山国家级旅游度假区建设作出成绩的区委办公室等10个先进集体，黄亚军、郑德良等10名先进个人给予通报表彰。

26日

▲ 市政府副市长谭家玲一行到武隆调研旅游、卫生等方面工作。

▲ 武隆喀斯特世界自然遗产保护暨全域旅游提档升级大会在区人民大礼堂召开。会上，武隆区与中青旅控股股份有限公司签订《旅游发展战略合作协议》。市政府副市长谭家玲出席会议并讲话

▲ “神奇山水·绿色华章”绿色发展武隆国际研讨会在仙女山国家级旅游度假区举办。会议围绕绿色发展主题，就世界自然遗产保护管理和

科学利用，以及国家级旅游度假区可持续发展进行研究和探讨，并签署和发表《国际绿色发展宣言（中国・武隆）》。

▲ 市国土房管局党组成员黄涛率领市局第一巡查组进驻武隆区国土房管局，开展为期一个月的巡查工作。

▲ 重庆市武隆区旅游局旅游综合执法支队、区公安局旅游警察支队、区工商分局旅游市场管理局、区旅游纠纷人民调解委员会、区人民法院旅游巡回法庭等一批旅游执法机构成立。

▲ 至28日 市委副书记唐良智一行到武隆仙女山镇游客接待中心、双河镇木根村，了解乡村旅游扶贫、农村电商扶贫和农业产业扶贫的推进情况，走访看望贫困户；实地察看武隆羊角场镇整体避险搬迁工程。

27日

▲ 区委、区政府决定，建立武隆区产权保护工作联席会议制度。

▲ 至28日 市委常委、市纪委书记陈雍一行到武隆区仙女山游客接待中心、山地户外运动展览馆、景区数字化管理中心、寻味武隆O2O电商体验馆、仙女天街、羊角场镇新址、仙女山镇桃园村村活动室，实地调研全区经济社会发展情况、脱贫攻坚工作和党风廉政建设并召开座谈会。

28日

▲ 区委常委会同意：撤销公路局党组、地方海事处党组、仙女山国家森林公园管理处党组。公路局、地方海事处由交委党组管理，仙女山国家森林公园管理处由林业局党组管理。

▲ 武隆、重庆新华书店集团公司在常委楼三楼会客厅座谈深化地企合作事宜。

▲ 区工业园区管委会召开建党96周年庆祝大会。

▲ 区委办、区政府办印发《关于进一步加强和改进离退休干部工作的实施意见》。

29日

▲ 何平、卢红、潘晓成、王频到火炉镇、巷口镇、双河镇等走村入户，走访慰问老党员、困难党员、贫困群众。

30日

▲ 全区推进山水园林旅游新城项目专题会召开。

▲ 区政府办召开庆祝建党96周年组织生活会暨七月主题党日活动。

▲ 区直机关组织生活会召开。

6月

▲ 2017年全国“最美家庭”揭晓会在北京人民大会堂举行。区国土资源和房屋管理局职工吴小燕荣获2017年全国“最美家庭”称号。

▲ 中国通用航空旅游联盟在山东青岛成立，武隆区作为全国16个首批通用航空示范工程项目之一，加入联盟。

▲ 住房城乡建设部公布全国第一批绿色村庄名单，土地乡天生村、后坪苗族土家族乡文凤村等2个村上榜。

▲ 重庆市规划局、市地理信息中心推出《重庆赏荷地图》，标注全市71处赏荷地。凤来乡高楼村荷花园、文复苗族土家族乡西山村荷花基地、平桥镇红隆村上榜。

▲ 全区永久基本农田划定成果已通过市级专家评审组的评审验收。

▲ “2017重庆市第二届非遗博览会最受市民欢迎的非物质文化遗产50强”评选活动结束，武隆羊角豆干上榜。

▲ 由区城乡发展集团公司实施建设的桐梓污水处理厂建成并投入使用。

7月

3日

▲ 区委印发《关于明确干部管理权限有关问题的通知》。

▲ 全区再次召开脱贫攻坚工作推进会，对脱贫攻坚工作进行再部署，确保限时打赢脱贫攻坚战。

▲ 全区全面推行河长制动员会在会议中心一会议室举行。

4日

▲ 区政府第十六次常务会在区政府三楼会议室召开。传达学习贯彻国务院安委会安全生产巡查意见反馈会议精神并研究问题整改方案；研究武隆区依法行政工作和建立法律顾问团有关事宜、羊角场镇危岩滑坡避险搬迁及土坎镇狮子岩避险搬迁；审议《武隆区政府安委会工作制度（送审稿）》《武隆区三级服务中心服务场所标准化建设实施方案（送审稿）》等工作议题。

5日

▲ 全区防汛防地灾专题工作会在区政府三楼会议室召开。

▲ 至11日 区卫计委组织疫情巡查小组，到仙女山、双河、木根、赵家、和顺等旅游重点领域开展疫情巡查工作。

6日

▲ 区残联、区人民医院在沧沟乡卫生院开展白内障免费筛查行动。

7日

▲ 十四届区委第十六次常委会在区会议中心二会议室召开。审议《武隆区“十三五”脱贫攻坚规划（送审稿）》《武隆区2017年精准脱贫涉农资金整合后续扶持项目实施计划（送审稿）》《武隆区推荐市级扶贫先进集体和先进个人名单（送审稿）》《2017年仙女山国际露营音乐节活动方案（送审稿）》《武隆区首届“乡贤”评选表彰活动方案（送审稿）》等议题；研究羊角场镇危岩滑坡避险搬迁及土坎镇狮子岩避险搬迁等相关议题。

▲ 至9日 仙女山国家级旅游度假区作为全国首批17家国家级旅游度假区到澳门威尼斯人会展中心参加第五届澳门国际旅游（产业）博览会。

10日

▲ 区委、区政府印发《关于落实全面两孩政策改革完善计划生育服务管理的意见》。

▲ 卢红到芙蓉江流域武隆段，履行河长职责，巡查了解芙蓉江水质、水环境等相关情况，并现场查找问题、研究对策。

▲ 胡珍强一行到区旅游综合执法支队、儿童福利院、五洲商贸物流园、大木桥（左岸城区防洪护岸综合治理工程）、复烤厂等项目建设现场，了解项目建设推进情况进行专题调研。

▲ 12：45 重庆卫视播出以武隆区火炉镇“当代愚公”申建忠为蓝本的典型事迹片《“桃李”满乡村》。申建忠，火炉镇筏子村人，共产党员。2015年，获“全国劳动模范”称号。

11日

▲ 何平以乌江流域武隆段河长的身份，带领区水务局、区交委等相关部门，履行河长职责，对城区至白马河段开展巡河工作，了解河道目前存在的问题，并召开座谈会，安排部署工作。

▲ 2017 全区安全生产工作半年总结会召开。

12 日

▲ 中国民主同盟重庆市委员会武隆区支部委员会成立大会召开。民盟重庆市人大常委、民盟市委专职副主委黄燕苹出席大会。

▲ 四川省阆中市党政代表团一行到武隆考察旅游发展。

2017 年 7 月 12 日，民盟重庆市武隆区支部委员会成立大会召开　（区委统战部　供图）

13 日

▲ 卢红一行到后坪苗族土家族乡、桐梓镇、接龙乡，督查脱贫攻坚迎检准备工作。

14 日

▲ 仙女山旅游度假区优化旅游环境工作会召开。

▲ 从是日起，全区开展为期半年的机动车非法营运专项整治行动。

17 日

▲ 区委、区政府印发《武隆区高层次人才引进暂行办法》。

▲ 区政府出台《关于清理规范 59 项区级行政审批中介服务事项的决定》。

▲ 1 至 6 月全区正式签约项目 7 个，签约总额 129.5 亿元。

20 日

▲ 全区积极收听收看全国、全市安全生产电视电话会并部署相关工作。

22 日

▲ 第三届仙女山 C-MART 露营集市在仙女山大草原开市，是全球首创的一个以创意分享、亲子互动、自然修心为主题的草坪露营集市。

25 日

▲ 何平、卢红一行到南滨广场、龙山公园、城区游客接待中心等地实地调研山水园林旅游新城重大项目建设推进情况，并召开座谈会。

▲ 区政府办印发《武隆区职业健康分类分级监管实施办法》，共五章二十一条。

▲ 羊角镇水陆派出所举行揭牌仪式，正式入驻新址。

26 日

▲ 十四届区委第十八次常委会在会议中心二会议室召开。传达学习全市党外知识分子统战工作座谈会精神；研究举办第二届仙女山国家级旅游度假区啤酒节事宜；审议《武隆区工业和总部经济社会力量招商引资服务费兑现办法（送审稿）》《武隆区深化区管企业负责人薪酬制度改革实施方案（送审稿）》《武隆区第三届“贡献奖”和“十佳人才”推荐人员名单（送审稿）》等议题。

▲ 区政府第十七次常务会召开。传达学习全国全市安全生产工作会议精神及全国金融工作会议精神；审议《武隆区 2017 年消防工作意见（送审稿）》《2017 年全区重点国有企业融资方案（送审稿）》《2017 年农业与扶贫示范基地建设专项资金使用建议方案（送审稿）》等相关议题。

27 日

▲ 2017 年全区扶贫开发领导小组第七次

（扩大）会议在会议中心一会议室，安排下阶段扶贫工作。

▲ 市政府安委会主任、市安监局局长冉进红一行到武隆开展2017年大排查大整治大执法督查工作，并召开意见反馈会。

▲ 区委办、区政府办印发《关于加强近期森林防火工作的紧急通知》。

28日

▲ 区委常委会（扩大）会议在会议中心一会议室召开，听取全区上半年经济形势分析和重点项目推进情况汇报，安排下阶段相关工作。

▲ 至29日 2017仙女山国际音乐季在仙女山草原举行。3万观众参与观看。

31日

▲ 区全域旅游服务中心、区旅游综合执法支队成立。

▲ 酉阳土家族苗族自治县政府考察团到武隆区考察脱贫攻坚工作，交流脱贫攻坚工作经验。

▲ 全区2017年夏秋季征兵工作会在区政府二楼一会议室召开。

7月

▲ 区文化馆美术干部张琰的作品《春日暇游》入围“第二十二届全国作品展览”。

▲ 重庆市卫生和计划生育委员会办公室发布《关于第一轮艾滋病筛查实验室复评审结果的通报》，区疾控中心一次性通过复评审。

▲ “寻找重庆新名片”大型全媒体行动颁奖典礼在重庆市劳动人民文化宫举行，现场揭晓5大类别50张“重庆新名片”获奖名单，仙女山国家级旅游度假区获得“十大地标名片”殊荣。

▲ 武隆区在国家卫生城市复审工作中顺利通过全国爱国卫生运动委员会办公室复审，并被公开表扬。

▲ 区教委获得2016年重庆市“义务教育质量监测工作先进单位”表彰。

▲ 人民网舆情监测室旅游大数据中心发布“全国AAAAA级景区双微运营效果排行榜”，武隆喀斯特旅游区位列第21名。

8月

1日

▲ 在中国人民解放军建军90周年之际，区四大家领导前往区人武部、区公安消防大队、区武警中队，看望慰问驻武部队及部分军休干部、复员军人、伤残军人。

▲ 全区庆祝建军90周年军政座谈会暨议军会在会议中心二会议室召开，通报全区上半年经济社会发展情况。

▲ 区旅游综合执法支队组织开展第一次旅游市场秩序集中整治行动。

▲ 全区对城区和仙女山旅游度假区的天然气销售价格进行调整，开始实行城区居民生活用气价格阶梯气价。

2日

▲ 仙女山国家级旅游度假区迎峰度夏专题会在会议中心二会议室召开，研究部署度假区旅游高峰期各项保障工作。

▲ 区第十八届人大常委会第五次会在区政府二楼会议室召开。审议通过区政府《关于2017

年1—6月国民经济和社会发展计划执行情况的报告》《关于2017年1—6月区级财政预算执行情况的报告》《关于2016年县级财政预算执行和其他财政收支的审计工作报告》；审查区政府《关于2016年县级财政决算（草案）的报告》；批准《2016年县级财政决算》；审议通过区人大法制委《关于2017年度规范性文件备案审查工作情况的报告》等议题。

▲ 区政府发布《森林防火禁火令》。从是日起至2017年8月30日为森林防火禁火期。

▲ 区环保督查整改办公室召开座谈会，讨论即将完成销号的10个整改问题。

▲ 市林业局检查组到武隆调研指导国家森林城市创建暨森林防火工作。

3日

▲ 市四届人大代表武隆小组成员集中现场了解武隆龙山公园A区、南滨路堤防加高工程、游客接待中心建设项目（一期）、瓦厂坝体育公园、北滨广场及停车场等地，并召开专题座谈交流会。

▲ 2017年"流动文化进基层"送文化下乡精准扶贫巡演活动启动。整个活动持续到8月下旬，覆盖全区26个乡镇。

4日

▲ 区委中心组2017年第四次集中（扩大）学习会在区会议中心一会议室召开。传达学习习近平总书记在省部级主要领导干部"学习习近平总书记重要讲话精神，喜迎党的十九大"专题研讨班上的重要讲话精神，以及市委召开领导干部会议学习贯彻习近平总书记在省部级主要领导干部专题研讨班上的重要讲话精神。

▲ 区总工会第十三届五次全体委员（扩大）会议在召开。会议选举产生区总工会第十三届委员会主席：何太余；常务副主席：黄平；副主席：牟元辉、严杰（挂职）、周俊宏（挂职）、傅咏（兼职）、刘波（兼职）。

▲ 全区公安工作推进会在区公安局8楼会议室举行。

▲ 至6日"千杯仙女山·17来狂欢"2017武隆仙女山国家级旅游度假区雪花啤酒节在仙女天街举行。

▲ 至11日 全国工商联党外人士考察团一行到武隆实地考察生态旅游发展情况。

5日

▲ 由"明星村长"李锐主持的一档"素人"亲子体验游真人秀"村长夏令营"，第一站到武隆区仙女山大草原拍摄，来自全国各地的200余名"素人"参与。

▲ 羊角场镇危岩滑坡防治工作领导小组第九次会议在会议中心二会议室召开，专题研究部署羊角场镇避险搬迁安置工作。会议听取《羊角搬迁安置房分配方案（送审稿）》《羊角搬迁安置房集中分配组织实施方案（送审稿）》、土坎镇狮子危岩避险搬迁安置房向安置户收款标准事宜、土坎征地拆迁户安置区二次场平及筏板、条形基础等基础工程处置费事宜、规划建设手续办理事宜和羊角搬迁安置房建设资金支付事宜等。

9日

▲ 区政府第十八次常务会在区政府三楼会议室召开。传达学习全市深化简政放权放管结合优化服务改革工作会议精神，重庆市推动"一带一路"和长江经济带发展领导小组全体会议精神，全面推开公立医院综合改革工作动员部署电视电话会议及培训会议精神等；审议《武隆区开放性现代商贸服务业发展"十三五"规划（送审稿）》《武隆区地方志工作管理办法（送审稿）》等议题。

▲ 全区五创工作协调会在会议中心二会议

召开，审定《武隆区参评全国县级文明城市迎检工作方案》《武隆区创建国家卫生城区工作实施方案》《武隆区创建重庆市生态园林城市工作实施方案》《武隆区创建市级双拥模范城（县）实施意见》《五创工作重难点任务推进实施意见》。

▲ 全区党外知识分子联谊会第三届第一次会员大会在区会议中心一会议室召开，选举产生武隆区党外知识分子联谊会第三届领导班子。

▲ 亚洲开发银行专家团队朱秀杰一行到武隆考察亚行贷款长江绿色廊道生态项目社会与移民安置调查工作情况，并召开座谈会。

▲ 由仙管委、仙女山镇政府举办的首届仙女山度假区群众文艺会演在仙女天街啤酒节现场举行。

▲ 至10日 水利部财务司巡视员高军率调研组一行到武隆区巷口镇、黄莺乡、白马镇和羊角镇等地调研水利定点扶贫工作开展情况，并召开座谈会。

10日

▲ 市政协副主席燕平在武隆主持开展市政协四届四十六次“主席接待委员日”活动。

▲ 全区乡村旅游发展工作领导小组会议在会议中心二会议室召开，专题研究全区乡村旅游部分示范点策划思路及方案等。

11日

▲ 十四届区委第二十次常委会在区会议中心二会议室召开，审议《2017年全区重点国有企业融资方案（送审稿）》《2016年区级部门和乡镇综合目标考核结果（送审稿）》等议题。

▲ 2017年全区党政领导干部应急管理专题讲座在区委党校四楼会议室举行。

13日

▲ 历时10天的“干杯仙女山·17来狂欢”2017武隆仙女山国家旅游度假区雪花啤酒季在仙女天街落幕。

15日

▲ 区全面推进依法治区领导小组第三次全体会议在区会议中心二会议室召开。学习习近平总书记在中共中央政治局第三十七次集体学习时关于《坚持依法治国和以德治国相结合 推进国家治理体系和治理能力现代化》的重要讲话；审议《武隆区2017年全面推进依法治区工作要点及分工方案（审议稿）》《武隆区2017年大力推进全民普法守法工作要点（审议稿）》等议题。

▲ 全区“四上”企业培育领导小组第二次会议在区政府三楼会议室召开。截至当日，全区共有“四上”存量企业157户。上半年，全区“四上”企业完成增加值26.86亿元，占GDP比重达43.3%。

▲ 全区召开创建全国科普示范区工作推进会。

▲ 位于武仙路青杠坪的物理降温池建成并投入使用。

▲ 至16日 市第二届建设行业技能大赛第六片区赛在武隆举行，共有武隆等6个区县的17支建筑行业队伍参赛。

16日

▲ 十四届区委第二十一次常委会在区会议中心二会议室召开。传达学习全面推开公立医院综合改革工作动员部署电视电话会议及培训会议精神等；审议《武隆区迎接十九大安全稳定工作方案（送审稿）》《中国共产党重庆市武隆区委员会工作规则（送审稿）》等议题。

▲ 区医药卫生体制改革领导小组第二次会议在区政府三楼会议室召开，研究武隆区医疗卫生体制综合改革有关工作。审议《武隆区全面推开公立医院综合改革实施方案（送审稿）》《武

隆区全面推开公立医院综合改革重点任务分工实施方案（送审稿）》《武隆区全面推开公立医院综合改革医疗服务价格项目调整方案（送审稿）》等议题。

▲ 安徽省金寨县党政代表团一行到武隆区仙女山景区、仙女山国家级旅游度假区游客接待中心数字化指挥中心、天生三桥等地考察旅游发展。

▲ 土地乡犀牛寨栖云山馆正式挂牌成为冯玉祥诗书画院创作基地。冯玉祥诗书画院成立于2016年6月6日，现有58名知名一线顶级画家。诗书画院院长由爱国将领冯玉祥长孙冯文中担任。

17日

▲ 武隆区与上海东方明珠房地产有限公司签订战略合作框架协议。

▲ 区政府第十九次常务会在区政府三楼会议室召开。传达学习市委书记陈敏尔在分析上半年经济形势部署下半年经济工作时的讲话精神；审议《武隆区全面推开公立医院综合改革实施方案及分工实施方案（送审稿）》《加快开放型经济发展的意见（送审稿）》《关于加快实施质量品牌建设促进“绿色崛起、富民兴区”的意见（送审稿）》等议题。

▲ 区人大常委会“主任接待日”活动座谈会在土地乡举行。

2017年8月17日，九三学社重庆市武隆区支社委员会成立大会召开　（区委统战部　供图）

▲ 九三学社重庆市武隆区支社委员会成立大会在瑜珠17楼会议室举行。选举武隆区支社委员会主委、委员，现场进行授牌、授印。九三学社重庆市委专职副主委杨开奎出席大会。

21日

▲ 十四届区委第二十二次常委会在会议中心二会议室召开。审议《武隆区全面推开公立医院综合改革实施方案及重点任务分工实施方案（送审稿）》《武隆区第33个教师节拟表彰优秀教育工作者和优秀教师名单（送审稿）》《武隆区仙女山度假区管委会与重庆贵尔达房地产开发有限公司的补充协议（送审稿）》《重庆市武隆区“美丽乡村创新基地”运营服务合作项目协议（送审稿）》等议题。

▲ 羊角场镇危岩滑坡避险搬迁安置入住动员部署会在区政府二楼一会议室召开。

22日

▲ 全区义务教育发展基本均衡区创建工作专题会在区政府三楼会议室召开。

▲ 卢红率区政府办、区经信委、区交委及相关乡镇负责人到龙溪乌江大桥、乌江沿途码头等地对全区交通重点项目开展调研，并召开交通重点项目推进会。

▲ 区政府办印发《武隆区全面推开公立医院综合改革实施方案》。改革范围：区人民医院、区中医院、区妇幼保健院3家区级公立医院。

▲ 至23日，市委常委、政法委书记，市政府副市长刘强率市委政法委帮扶集团成员单位一行到后坪苗族土家族乡调研指导脱贫攻坚工作。

▲ 至23日，由市委宣传部组织的“把总书记的重要讲话精神落实在重庆大地上”全媒体大型主题报道活动走进武隆，《重庆日报》、重庆电视台、重庆之声等9家市级媒体的全媒体记者，

到仙女山镇、火炉镇等乡镇专题采访“生态保护发展”“脱贫攻坚”等工作情况，详细了解全区贯彻落实习近平总书记重要讲话精神的具体举措和生动实践。

23日

▲ 全区全面推开公立医院综合改革工作动员部署电视电话会在区政府二楼一会议室召开。会议发布《武隆区全面推开公立医院综合改革实施方案》《武隆区全面推开公立医院综合改革重点任务分工实施方案》。

24日

▲ 2017年全区扶贫开发领导小组第八次专题会议在会议中心二会议室主持召开。传达学习市委书记陈敏尔在“8·18”全市深化脱贫攻坚工作电视电话会上的讲话精神；传达市委常委、政法委书记，市政府副市长刘强在武隆调研扶贫工作座谈会上的讲话精神；传达全市深化脱贫攻坚“1+4”工作方案（《中共重庆市委、重庆市人民政府〈关于深化脱贫攻坚的意见〉》《中共重庆市委办公厅、重庆市人民政府办公厅〈关于调整市扶贫开发领导小组组成人员的通知〉》《中共重庆市委办公厅、重庆市人民政府办公厅关于印发〈调整我市国家扶贫开发工作重点区县脱贫摘帽计划的方案〉〈深度贫困乡（镇）定点包干脱贫攻坚行动方案〉〈全市脱贫攻坚问题整改工作方案〉的通知》）。

▲ 全区棚户区改造及房地产工作专题会在区政府三楼会议室召开，专题审议和研究相关工作议题。

▲ 2017年全区现代烟叶农业建设暨烟叶收购工作会在区政府二楼会议室召开。

25日

▲ 中共重庆市武隆区第十四届委员会第二次全体会议在会议中心一会议室举行。应到区委委员33名，实到委员30名；应到区委候补委员7名，实到区委候补委员6名，符合规定人数。审议重庆市武隆区巷口镇撤镇设街道有关事宜；审议通过《中国共产党重庆市武隆区第十四届委员会第二次全体会议关于撤销巷口镇建制设置两个街道的决议》。

▲ 2017年第五次规委会在区会议中心二会议室召开，审议《重庆市武隆区仙女山改善农村人居环境市级示范片规划方案》《瓦厂坝地块规划设计调整方案》议题。

28日

▲ 2017年第六次规委会在会议中心二会议室召开，审议《武隆区仙女山文化公园概念性设计方案》《白马山度假区天尺坪片区后槽、长坪居民聚居点规划设计方案》等议题。

▲ 区政府第二次区长办公会在政府三楼会议室召开。传达学习市委书记陈敏尔在“8·18”全市深化脱贫攻坚工作电视电话会上的讲话精神，市委常委、政法委书记、市政府副市长刘强在武隆调研扶贫工作座谈会上的讲话精神，组织学习《重庆市运用监督执纪“四种形态”办法（试行）》。

▲ 2017年区党政办公室主任培训班在区委党校开班。

29日

▲ 区政协九届第六次主席会召开。传达学习习近平总书记“7·26”重要讲话精神；审议《区政协常委会视察全区水利重点工程建设推进情况的方案》《武隆区第九届政协委员2017年集中培训方案》；审议通过区政协九届第六次常委会议程。

30日

▲ 全区迎十九大安全稳定工作推进会召开。

▲ 市移民局督查组一行到武隆区开展三峡后续项目实施情况第二轮督查，并召开督查工作会。

8月

▲ 武隆喀斯特旅游区获得由国家旅游局、国家发改委、民用航空局，国家体育总局共同遴选确定“全国通用航空旅游示范单位”。

▲ 重庆市规划局、重庆市地理信息中心推出《重庆云海地图》，白马山、和顺镇寺院坪上榜。

▲ 《重庆爱情景点地图》出炉，重庆16个区县的20个景点入选“爱情文化圣地”，仙女山和白马山上榜。

▲ 中国最大新能源汽车分时租赁平台EVCARD落户仙女山国家级旅游度假区。

9月

1日

▲ 区委中心组2017年第五次集中（扩大）学习会在区会议中心一会议室召开，传达学习渝东南片区各区县工作座谈会会议精神。

▲ 武隆中学开学典礼暨城区新建学校投用仪式在新校区举行。

▲ 全区创建国家园林县城宣传迎检工作会召开，部署创建国家园林县城宣传工作。

4日

▲ 区纪委关于贯彻落实中央八项规定精神制度培训暨“三公”经费问题交办会在区委党校召开。

▲ 在“寻找重庆慈孝榜样”公益活动中，火炉镇向前村，江口小学学生张思璐、羊角群众程阳绪分别荣获“慈孝村居”“孝心少年”“慈父慈母”荣誉称号。

5日

▲ 武隆区与国网重庆市电力公司签订《新能源汽车推广及充电基础设施建设战略合作协议》。

▲ 2017年全区扶贫开发领导小组第九次专题会议在区会议中心二会议室召开，专题研究全区深化脱贫攻坚相关工作议题。审议《区级重点贫困乡镇、区级重点贫困村深化脱贫攻坚“定点包干”方案》《土地复垦及“一户一宅”管理工作方案》《区扶贫开发领导小组组成人员调整方案》《后坪乡深化脱贫攻坚组织机构组建方案》《扶贫对象动态监测工作方案》《疑似不安全住房的排查和整治方案》《疑似不安全饮水的排查、解决及后续管护机制方案》《农村道路交通建设及后续管护机制方案》等议题。

6日

▲ 区综治委2017年第二次全体（扩大）会议在区会议中心一会议室召开。传达学习市委政法委员会2017年第二次全体（扩大）会议精神，学习《关于进一步规范和严格重大敏感事件报告制度的通知》，审议《武隆区2017年社会治安综合治理工作考核办法（送审稿）》等工作。

7日

▲ 区委、区政府决定授予黎正伟等10名“武隆区优秀教育工作者”荣誉称号，授予向明芬等20名“武隆区教学骨干”荣誉称号，授予晏妮等10名“武隆区教坛新秀”荣誉称号，授予况万奎等10名“武隆区优秀乡村教师”荣誉

称号。

▲ 石柱土家族自治县党政代表团一行到武隆考察旅游产业和城市建设发展情况。

▲ 区政府办印发《武隆区地方志工作管理办法》，共十九条。

8日

▲ 全区第33个教师节庆祝活动在区会议中心一会议室举行，表彰在全区教育战线涌现出的先进工作者，安排部署教育发展工作。

▲ 何平、杨国权、潘晓成到城区中小学校，慰问优秀教师和教育工作者。

▲ 区人大常委会开展《重庆市水资源管理条例》执法检查。

▲ 全区公立医院综合改革启动工作专题会在区政府三楼会议室召开，安排相关工作。9月9日0时起，全区推开公立医院综合改革，区人民医院、中医院、妇幼保健院三家公立医院将全部取消药品加成，并调整439项医疗服务项目价格。

11日

▲ 区河长制领导小组第一次会议在区会议中心二会议室召开。听取区河长办关于河长制推进情况汇报；审议《武隆区2017年河长制工作要点》《武隆区全面推行河长制工作职责》《武隆区全面推行河长制工作制度》《武隆区河长制办公室职能职责及工作人员组成方案》《武隆区河长制公示牌制作安装方案》等工作议题。

▲ 全区迎接国家园林县城检查工作会在区会议中心二会议室召开。

12日

▲ 区委、区政府决定对2016年度市级考核指标对在重庆市排位1 ~ 10名的单位，渝东南组排位第1名的单位通报表彰，对渝东南组排位倒数第1名的单位通报批评。

▲ 区委办印发《武隆区2017年意识形态工作要点》《武隆区意识形态工作责任制考核办法》。

▲ 区政府第二十次常务会在政府三楼会议室召开，专题研究和审议《武隆区社会信用体系建设合作协议》《武隆区2017年全面解决农村饮水安全工作方案》《武隆区仙女山景区自驾车营地项目合作协议（送审稿）》《武隆区仙女山改善农村人居环境市级示范片项目建设方案》等议题。

▲ 全区迎接国务院安委会第二次安全生产大检查督导工作部署会召开。

13日

▲ 重庆市首期市级文艺家协会会员（文艺骨干）武隆培训班开班。

▲ 山东省济南市高层次人才代表团团长凌沛学率20名代表团成员到武隆考察调研东西部协作扶贫工作。

▲ 全区招商引资专题培训班在区委党校开班。

14日

▲ 第六届重庆文化产业博览会在重庆国际博览中心开幕，开幕式后，市委常委、宣传部部长张鸣一行到武隆展馆检查指导，了解武隆区文化产业发展及文旅特色产品展示情况。

▲ 全区市、区两级人大代表一行到仙女山镇和土坎镇辖区的重点项目施工现场，了解重点项目建设推进情况，并座谈。

▲ 市信访办副厅级督查专员史强一行到武隆白马镇综治中心、羊角场镇危岩滑坡点、羊角场镇新址、巷口镇中山社区、区信访办等地，检查综治一体化建设、网格化管理、羊角场镇搬迁工作、信访稳定和党的十九大安全稳定工作落实等情况进行督查。

▲ 全区2017年三季度经济形势分析研判会在区政府三楼会议室召开。

15日

▲ 区人大常委会“主任接待日”活动座谈会在白马镇举行。

▲《后坪乡深度脱贫攻坚规划（征求意见稿）》征求意见会在区会议中心二会议室召开，听取意见建议。

▲ 重庆库区建设征地移民安置蓄水验收组一行到武隆，对芙蓉江浩口水电站下闸蓄水阶段征地移民安置工作进行检查验收。

17日至18日

▲ 国务院安委会督查组到武隆，综合督查大检查组织部署情况、监管执法情况、风险管控和隐患排查整改情况、重点行业领域专项治理情况和追责问责情况，并召开工作汇报会。

18日

▲ 全区2017年第十四期老干部党校培训班开班。

19日

▲ 区政府召开专题会议，审议讨论《上海东方明珠房地产有限公司白马山高端文化休闲度假小镇项目投资开发协议（送审稿）》。

▲ 区政府办印发《武隆区开放型现代商贸服务业发展“十三五”规划》。

20日

▲ 中石化华东油气分公司副总经理、副局长姚红生一行到武隆，就页岩气勘探开发等相关工作举行会谈。

▲ 市档案局局长李华强一行到武隆，开展档案安全专项督查。

▲ 区民生实事推进会在区政府三楼会议室召开。

▲ 区第九届政协委员专题培训班在区委党校四楼开班。

▲ 第三届武隆大闸蟹秋捕节在火炉镇开幕，武隆大闸蟹正式向市场供货。

21日

▲ 后坪乡深度脱贫攻坚专项规划专题会在区中心二会议室召开。

22日

▲ 2017年全区扶贫开发领导小组第十次会议在区会议中心二会议室召开，传达学习市委书记陈敏尔在石柱县中益乡脱贫攻坚工作座谈会上的讲话及中央农办调研报告《脱贫攻坚要谨防“急躁症”——重庆市脱贫攻坚调研思考》，审议《武隆区深化脱贫攻坚的实施意见》《深化脱贫攻坚全面开展动态监测的实施方案》等工作议题。

▲ 十四届区委第二十三次常委会在区会议中心二会议室召开，听取黄莺乡党委全面从严治党工作情况汇报、2016年度县管领导班子和领导干部年度考核结果汇报，传达学习习近平总书记在文艺工作座谈会上的重要讲话。

23日至24日

▲“飞越世界自然遗产”2017首届中国武隆航模表演赛在仙女山大草原、天生三桥举行。北京航空航天大学将武隆确定为“重庆航模飞行基地”并授牌。

24日

▲ 区十八届人大常委会第七次会议在区政府二楼会议室召开，审议《区政府关于办理区十八届人大一次会议代表建议的工作报告》《区

法院关于解决执行难的工作报告》《法律援助条例实施情况执法检查报告的审议意见》等工作议题。

25日

▲ 全区政法维稳系统社会主义核心价值观融入法治建设报告会在区人民大礼堂举行。

▲ 全区 2017 年“中秋、国庆”黄金周旅游安全工作专题会召开。

▲ 至 26 日，区政府副区长何林一行，到和顺镇、桐梓镇、白云乡等乡镇调研电子商务进农村推进情况。

26日

▲ 渝东南片区党校系统第八届理论研讨会在武隆区委党校四楼举行。

27日

▲ 区委、区政府印发《关于深化脱贫攻坚的实施意见》。

▲ 区政府党组（扩大）会在区政府三楼会议室召开。专题学习习近平总书记关于推进“两学一做”学习教育常态化制度化、信访稳定、深度贫困地区脱贫攻坚等系列重要讲话精神；学习市委书记陈敏尔在石柱县中益乡脱贫攻坚工作座谈会上的讲话；研究意识形态工作，书面传达贯彻《武隆区落实中央巡视“回头看”对意识形态反馈意见整改实施细则》；研究聘请区政府特邀监察员有关事宜；研究《武隆区政府党组全面从严治党责任实施方案（送审稿）》；通报中央党校第 2 期市地党政主要领导干部任职培训班学习情况。

▲ 乌江白马电航枢纽工作推进会召开。

▲ 创建国家全域旅游示范区工作推进会在区政府二会议室召开。

▲ 区委办、区政府办印发《武隆区深度贫困乡（镇）、重点贫困乡（镇）、重点贫困村定点包干脱贫攻坚行动方案》。

28日

▲ 全区深化脱贫攻坚动员会在区人民大礼堂召开。

▲ 区政府第二十一次常务会在区政府三楼会议室召开，审议《上海东方明珠房地产有限公司白马山高端文化休闲度假小镇项目投资开发协议》《武隆区中药材发展规划》等议题。

2017 年 9 月 28 日，全区深化扶贫攻坚动员大会召开
（代君君　摄）

29日

▲ 十四届区委常委会第二十四次会议在区会议中心二会议室主持召开，传达学习市委书记陈敏尔在重庆市深化脱贫攻坚工作电视电话会议上的讲话精神及在石柱县中益乡脱贫攻坚工作座谈会上的讲话精神，审议《上海东方明珠房地产有限公司白马山高端文化休闲度假小镇项目投资开发协议（送审稿）》《区级领导及部门联系离退休老干部工作方案（送审稿）》等工作议题。

▲ 区委召开 2017 年党外人士暑期谈心会，通报武隆区上半年经济社会发展情况，听取各民主党派、无党派人士和党外知识分子代表对当前工作的意见建议。

▲ 卢红一行到城区部分超市、建筑工地及

旅游景区等地督查国庆中秋期间安全生产工作。

30日

▲ 全区在革命烈士陵园举行烈士纪念日公祭活动。

▲ 区物流仓储分拨中心建成投入使用，由区供销社控股企业区电商运营服务公司具体承建。

9月

▲ Asiabrand（亚洲品牌网）、中国亚洲经济发展协会、香港大公文汇传媒集团主办、商务部国际商报社等权威机构联合主办的“第12届亚洲品牌盛典”上，重庆武隆喀斯特旅游（集团）有限公司在本届盛典上荣获中国（行业）十大领军品牌荣誉称号，公司董事长吕劲松荣获中国（行业）品牌十大创新人物大奖。

▲ 中国茶叶学会承办的第十二届“中茶杯”全国名优茶评比获奖名单揭晓，重庆沐树农业开发有限公司选送的“蜀桐牌”武隆高山茶荣获一等奖。

▲ 全区传统音乐类：平桥薅秧号子传承人张文渊；石桥木叶吹奏传承人张麒麟；传统技艺类：羊角豆腐干传统制作技艺传承人张奎林；羊角老醋传统制作技艺传承人彭绪兵；火炉药膳羊肉传统制作技艺传承人蒋斗琼；白马天然蜂蜜传统酿制技艺传承人张梅；民俗类：凤来大石箐香会传承人刘明忠等7名传承人入选重庆市文化委第五批市级非物质文化遗产项目代表性传承人名单。

▲ 重庆市首届“最美医务工作者”候选人名单公布，全市提名60人，区人民医院护理部主任夏红入围“最美护士”候选人。

▲ 武隆高山特色老鹰茶（又名老荫茶）参加第十五届中国国际农交会。

10月

7日

▲ 卢红带队检查国庆期间安全生产工作并慰问坚守一线的值班值守工作人员。

9日

▲ 全区基础设施招商引资项目专题会在区政府三楼会议室召开。

10日

▲ 市建委党组成员、总经济师余晓斌率队到后坪苗族土家族乡，调研人居环境综合整治助推脱贫攻坚。

▲ 中秋、国庆黄金周期间，全区累计接待游客141.60万人次，旅游收入72987.68万元，同比分别增长11.76%、13.35%。

11日

▲ 市政府副市长刘桂平一行到武隆巷口镇、火炉镇、仙女山镇，调研电商、物流、金融及脱贫攻坚等方面工作开展情况。

▲ 全区乡村旅游发展工作领导小组会议在区会议中心二会议室召开，专题研究全区乡村旅游部分示范点策划思路及方案。

▲ 全区中央环保督察反馈问题整改暨环保监察执法部署会在区政府三楼会议室召开。

▲ 全区人大代表专题培训班在区委党校四楼会议室举行开班典礼。

▲ 区委宣传部、总工会、工业园区总工会和白马镇总工会在白马镇党群服务中心联合举办“喜迎十九大劳模进园区”宣讲会，邀请全国劳模、党的十九大代表申建忠和“全国五一劳动

奖章”获得者罗旦华进行宣讲。

▲ 区工业园区召开2017年前三季度经济形势分析暨安全生产工作例会。

▲ 羊角豆干上榜市规划局、地理信息中心发布的《重庆零食地图》。

12日

▲ 十四届区委常委会第二十六次会议在区会议中心二会议室召开，传达学习市委书记陈敏尔相关工作时的讲话；审议《武隆区信访工作责任制度实施细则（送审稿）》；研究兑现隆泰稀土优惠政策及修改部门招商引资协议条款有关事宜等议题。

▲ 市卫生计生委党委书记、主任黄明会一行到武隆区人民医院和白马镇三溪村卫生室、渔光村卫生室、镇中心卫生院，调研卫生计生工作情况。

▲ 全区生态保护红线划定方案专题研讨会在区政府三楼会议室召开。

▲ 全区疾病应急救助工作培训会在城区宏福饭店召开。

13日

▲ 全区迎接十九大平安稳定暨当前重点工作部署会在区会议中心一会议室召开。

▲ 区委中心组2017年第六次集中（扩大）学习会在区会议中心一会议室召开，邀请市国安局专家对国家安全形势作专题报告。

▲ 第28个“国际减灾日”。区政府应急办、公安局、人民医院、消防大队等22个部门分组在都市广场、世纪广场、人民广场开展防灾减灾宣传活动。

16日

▲ 全区决战决胜党的十九大安保战前誓师大会在区人民广场举行。

▲ 甘肃省副省长、省政协副主席郝远率考察团一行到武隆区游客接待中心、天生三桥景区和芙蓉洞景区，考察景区规划、旅游管理、旅游产品开发、旅游活动设计等。

▲ 区财经领导小组2017年第二次会议在区会议中心二会议室召开，审议全区2018年区级预算编制方案、全区2017年新增债券安排、全区财政部门征收经费安排方案等议题。

▲ 全区组织党外代表人士考察教育事业发展情况。

17日

▲ 全区重点项目建设调度会在区政府二楼一会议室召开。

▲ 区委党校校长王频在党校四楼会议室向290期副职领导干部培训班、291期中青年干部培训班学员授课。

▲ 全区2017年预算编制执行及2018年预算编制工作会在区委党校四楼会议室召开。

▲“喜迎‘十九大’永远跟党走”广场舞展示活动在区体育馆举行，来自人民广场、世纪广场等11支队伍参赛。

18日

▲ 中国共产党第十九次全国代表大会在北京开幕。区委办、人大办、政府办、政协办以及各部门、乡镇、各村社区、党员干部群众通过电视、网络等平台，第一时间收听收看开幕会直播盛况，第一时间学习了解党代会内容。

▲ 区委中心组召开2017年第七次集中（扩大）学习会，集中收听收看中国共产党第十九次全国代表大会开幕。

▲ 经区机构编制委员会研究，并报市机构编制委员会同意，将“重庆市武隆区旅游局”更名为“重庆市武隆区旅游发展委员会”。

▲ 区委办、区政府办印发《关于2016年县管

领导班子和领导干部年度考核优秀等次的通报》。

▲ 区政府决定授予陈臣等10名青少年“第四届武隆区青少年科技创新区长奖”、杨贵川等10名青少年“第四届武隆区青少年科技创新区长奖提名奖”，并对获奖人员予以表彰。

▲ 区政府办印发《关于优化行政审批流程促进行政审批提质增效的通知》。

▲ 至20日，市脱贫攻坚专项督查组第三督查组组长石樵率督查组一行到武隆，专项督查深化脱贫攻坚开展情况。

19日

▲ 十四届区委常委会第二十八次会议在区会议中心二会议室召开，听取区城乡建委党组全面从严治党工作情况汇报；审议通过《后坪乡深度贫困脱贫攻坚规划（送审稿）》《关于实施抓基层党建“书记项目”的通知（送审稿）》《武隆区专项检查清理收缴党费使用方案（送审稿）》等议题。

▲ 区政府第二十二次常务会在区政府三楼会议室召开，审议《武隆区后坪乡深度脱贫攻坚规划（送审稿）》《关于离退休党组织工作经费及党务工作者工作补贴的通知（送审稿）》《年产10万套汽车整车线束总成项目投资协议（送审稿）》《武隆区第七届运动会总体方案（送审稿）》等工作议题。

23日

▲ 区旅游发展委员会正式揭牌成立。

▲ 区政府安委会例会暨国务院安委会安全生产大检查督导反馈问题整改专题会在区政府三楼会议室召开。

▲ 区委办、区政府办印发《武隆区党政领导干部生态环境损害责任追究实施细则（试行）》，共五章二十五条。

▲ 市人大代表、区人大常委会主任杨国权率领市、区两级人大代表30余人视察武隆区页岩气项目推进情况，并座谈。

24日

▲ 羊角场镇危岩滑坡避险搬迁工作汇报会在区政府三楼会议室召开。

25日

▲ 区委、区人大、区政府、区政协机关及全区各乡镇部门积极组织干部职工，通过电视、网络、手机、广播等渠道收看收听十九届中共中央政治局常委同中外记者见面会实况。

▲ 区机构编制人事委员会2017年第三次全体会议在区委常委楼四楼会议室召开，专题研究和审议《关于推进城市执法体制改革有关机构编制调整建议方案》《关于贯彻落实中央环保督察反馈意见整改有关机构编制事项》等议题。

▲ 2017年第七次规委会召开，审议《羊角文物搬迁选址及概念性设计方案》《江口镇场镇风貌改造设计方案》《武隆区规划初审会议事规则》《武隆区规委会议事规则》《火炉镇场镇风貌改造设计方案》等议题。

▲ 区委办、区政府办印发《武隆区创建全国科普示范区实施方案》。

26日

▲ 区委中心组第八次集中（扩大）学习会在区会议中心一会议室召开，原文学习党的十九大报告。

▲ 区委宣传部、区文明办组织考察学习长坝镇大元村、鸭江镇青峰村区级示范村创建工作，并召开公序良俗建设现场推进会，部署区级示范村创建工作。

▲ 2017年全区旅游服务技能竞赛举行。

▲ 至27日 区委领导分别看望慰问杜宪武、郎以学、田校荣、冉茂林、杨首林、雷定美、周金良等部分退休老干部。

27日

▲ 纪念中国老年节五周年暨全区老体协成立三十周年表彰大会在区体育馆举行。

▲ 区政府第二十三次常务会在区政府三楼会议室召开，传达学习全市公立医院综合改革经验总结推广现场会议精神；审议《武隆区危险化学品“十三五”布局规划（送审稿）》《羊角整体避险搬迁还建房施工单位诉求解决方案（送审稿）》等议题。

▲ 区委办、区政府办印发《武隆区国家机关工作人员外事工作和因公临时出国管理办法》。

28日

▲ 区政府党组（扩大）会议在区政府三楼会议室召开，学习党的十九大精神，传达市委书记陈敏尔在市第二十六次常委会部署近期重点工作时的讲话精神和市委市政府《关于印发全市上半年经济形势和做好下半年经济工作的建议》。

30日

▲ 卢红到黄莺乡莺翅峡观景平台、龙洞百年老校、黄莺村山羊养殖场、大河坝乡村旅游示范点等地，调研深度脱贫攻坚工作中的基础设施建设、产业发展、农房风貌打造等情况。

▲ 区委办印发《关于实施抓基层党建“书记项目”的通知》。

▲ 区机构编制委员会印发《关于变更部分事业单位机构名称的通知》《关于完善全区安全生产监管体制机构编制事项的通知》。

▲ 经区编委2017年第3次全体会议研究，同意设立重庆市武隆区芙蓉江黑叶猴自然保护区管理处、重庆市武隆区阳水河湿地自然保护区管理处、重庆武隆芙蓉湖国家湿地公园管理处、重庆市武隆区白马山自然保护区管理处。

▲ 至31日，潘晓成一行到城区油房沟片区、老城江南片区、瓦厂坝片区以及沧沟乡大水村、大田村，实地视察城区拓展区、棚户区改造规划建设实施推进情况和沧沟乡深化脱贫攻坚、传统村落保护与乡村旅游试点推进工作开展情况，并在沧沟乡主持召开区政协九届第七次常委会。

31日

▲ 区政府发出《关于开展西山水库工程建设征地实物调查工作的通告》。

▲ 2017“春雨工程”全国文化志愿者边疆行·齐风鲁韵大舞台到武隆演出。

▲ 全面落实河长制暨木棕河保护开发协调会在区政府三楼会议室召开。

▲ 2017年“快乐星期8”重庆体彩健康公益行暨“中国梦·巴渝风·武隆情”第六届社区广场舞大赛在区体育馆举行。

10月

▲ 仙女山旅游度假区管委会旅游营销集团代表武隆参加在广西桂林市国际会展中心举办的2017中国—东盟博览会旅游展。

▲ 白马工业园区重庆市隆泰稀土新材料有限责任公司和重庆穗通新能源汽车制造有限公司两家企业被科技部认定为高新技术企业。

▲ 后坪苗族土家族乡入围重庆市第一批历史文化名村预备名录。

▲ 仙女天街被授予“十大特色重庆夜市文化名街”称号，区商务局获“2017重庆夜市文化节组织奖”。

▲ 住建部发布《关于2017年国家生态园林城市、国家园林城市、县城和城镇拟命名名单的公示》，武隆上榜国家园林县城名单。

▲ 江口镇、火炉镇获评“商贸强镇”“重庆市乡镇商贸综合服务中心”

▲《土坎镇志》由北京燕山出版社公开出版，是全区历史上第一部乡镇地方志。

11月

1日

▲ 十四届区委常委会第二十九次会议在区会议中心二会议室召开，传达学习市委党的十九大精神传达提纲和陈敏尔在重庆市传达贯彻党的十九大精神领导干部大会上的讲话等；审议《武隆区第七届运动会总体方案（送审稿）》等工作议题。

▲ 卢红到巷口镇芙蓉西路社区活动室、石龙村老鹰茶培育基地、石龙村鑫泰园生猪养殖合作社等处，调研后进基层党组织整顿转化工作，并召开座谈会，传达学习党的十九大精神。

▲ 国务院扶贫办党组成员夏更生在国务院扶贫办新闻发布会上宣布。全国9省份的26个贫困县，包括重庆市武隆区，顺利通过国家专项评估检查，近期将由省级人民政府陆续批准退出贫困县。

▲ 第十八届区人大常委会党组第十次集中（扩大）学习会召开，学习党的十九大报告。

▲ 后坪苗族土家族乡深度脱贫攻坚工作专题会议在区会议中心二会议室召开。

▲ 至11日，全区寻味武隆2017年双十一电商狂欢购物节暨电商精准扶贫活动举行。

2日

▲ 十四届区委常委会第三十次会议在区会议中心二会议室召开，传达市纪委对张晓江案情的通报；部署全区党风廉政和反腐败工作。

▲ 2017年全区扶贫开发领导小组第十一次专题会议在区会议中心二会议室召开。传达学习《习近平总书记在中纪委对河北省张家口市脱贫攻坚工作暗访督查通报的批示》；通报《武隆区退出贫困县专项评估检查情况》《市扶贫开发领导小组办公室关于召开万州区、黔江区、武隆区、丰都县、秀山县退出评估检查工作会议的情况》；审议通过《武隆区扶贫集团调整方案》《国家第三方评估反馈问题整改方案》等方案。

▲ 全区土地房屋征收协调工作领导小组会在区政府三楼会议室召开。

▲ 潘晓成主持召开政协机关党员干部大会。传达中共重庆市纪委关于对武隆区政协原党组书记、主席张晓江严重违纪被开除党籍和公职的决定；部署进一步加强区政协系统党风廉政建设和反腐败工作。

▲ 全区学习宣传贯彻党的十九大精神专题会召开。

▲ 全区民族工作推进专题会在石桥苗族土家族乡召开，学习宣传党的十九大精神，落实“乡村振兴战略”。

▲ 区党外代表人士学习会在区会议中心四会议室召开，专题学习党的十九大精神，安排部署统战工作。

3日

▲ 区政府发出《关于划定禁止使用高排放非道路移动机械区域的通告》。

▲ 石强桢到沧沟乡走访调研、宣讲党的十九大精神。

4日至16日

▲ 全区农村电子商务扶贫培训班在实验小学多功能厅举行。

6日

▲ 区委中心组2017年第九次中心组集中

（扩大）学习会召开，学习新华社评论文章。

▲ 全区2017年第四季度经济运行暨脱贫攻坚工作推进会在区会议中心一会议室召开；传达市委常委会（扩大）会议精神。安排部署第四季度全区经济运行工作。

▲ 市政府教育督导室常务副主任刘先海率调研组到武隆专题调研督导全区义务教育基本均衡发展工作，并召开座谈会。

8日

▲ 区委政法委员会2017年第四次全体会议在区委常委楼一楼召开。

▲ 区总工会召开会员代表会议，选举重庆市工会第五次代表大会代表。

▲ 至10日，区纪检监察干部培训在区委党校四楼会议室举行。

9日

▲ 区政府第二十四次常务会在区政府三楼会议室召开，传达义务教育发展基本均衡区县国家督导认定工作会议精神，通报市教育督导认定组模拟验收结论和安排部署全区迎检准备情况；审议《重庆市武隆区秋季旅游惠民活动优惠措施》等议题。

▲ 区政府办党支部11月主题党日活动在区政府二楼会议室举行，以“主题党日+”为活动载体，学习党的十九大精神。

▲ 全区非公经济人士学习党的十九大精神专题会在区委党校四楼举行。

▲ 区科委、区畜牧局邀请市农委专家到沧沟乡开展板角山羊养殖技术培训。

10日

▲ 区委印发《关于认真学习宣传贯彻党的十九大精神的通知》。

▲ 怀化市鹤城区委书记熊安台、区长向秀亮率党政代表团一行到武隆考察旅游发展、小城镇建设等工作。

13日

▲ 区政府办印发《武隆区2017年全面解决农村饮水安全工作方案》。

14日

▲ 讲述凤来乡陈明亿种水稻养泥鳅创业之路的节目《帅小伙田里藏宝贝》在央视七套《致富经》栏目播出。

15日

▲ 区委、区政府印发《关于推进防灾减灾救灾体制机制改革的实施意见》。

▲ 区委常委会（扩大）会议在区会议中心一会议室召开，集中学习市委五届三次全会主题报告《拥抱新时代 践行新思想 实现新作为——把党的十九大精神全面落实在重庆大地上》，学习《中共重庆市委关于把党的十九大精神全面落实在重庆大地上的决定》。

▲ 至16日，卢红率区考察团赴浙江省桐庐县、安吉县，考察学习美丽乡村建设工作。

▲ “中国体育彩票”2017年武隆区首届运动会广场健身操（舞）比赛在区体育馆举行，火炉镇代表队和区国土房管局代表队分别获得乡镇组和城区组冠军。

16日

▲ 区全面深化改革领导小组第六次全体会议在区会议中心二会议室召开，传达学习中央第三十八次、市委第二十次改革领导小组会议精神，审议《关于深化国资国企改革的实施意见（送审稿）》等议题。

▲ 全区新的社会阶层人士学习贯彻十九大精神座谈会召开。

▲ 至21日，区党史陈列馆迎来仙女山度假区、江口镇人民政府、国税局、档案局、职教中心、《武隆日报》社、扶贫办等支部党员15批次500余人参观，重温入党誓词。

17日

▲ 全体在家市管党员领导干部瞻仰武隆革命烈士纪念碑，缅怀革命先辈，重温入党誓词。

▲ 全市学习贯彻党的十九大精神“进企业”宣讲分队成员市经济信息委员会党组成员、纪检组长张文强到武隆，为工业园区白马组团干部职工和重庆市罡阳机械制造有限公司员工宣讲党的十九大精神。

▲ 至18日 卢红率队赴巫山县考察城市建设和旅游发展。

20日

▲ 全市学习贯彻党的十九大精神专题培训班第一期集中培训在市委党校举行。何平，卢红在重庆主课堂参加培训。其余在家市管领导干部，区级各部门、区属国有重点企事业单位党政主要负责人和各乡镇党委书记、乡（镇）长、人大主席近200人在武隆分课堂参加同步视频连线培训。

▲ 全市学习贯彻党的十九大精神“进农村”宣讲分队到武隆开展为期三天的宣讲，其间宣讲分队将分成三个小组到6个乡镇辖区内16个村开展集中宣讲。

▲ 市委农工委副书记、市农综办党组书记郭忠亮带领调研组到武隆区平桥镇高屋村桑葚基地、平胜村砂仁基地和黄莺乡黄莺村美丽乡村建设调研农业农村工作并召开座谈。

21日

▲ 区政府办印发《关于2017年全区促进微型企业提质发展工作的通知》。

23日

▲ 据中国地震台网测定，17时43分，武隆区发生M5.0级地震，震中位于北纬29.40度，东经107.94度（武隆区火炉镇和沧沟乡之间），震源深度10公里。据武隆地震抗震救灾指挥部消息，全区14个乡镇受灾，其中火炉镇、沧沟乡、江口镇受灾较重，全区因灾受伤6人（均无生命危险）。此次灾害，全区涉及1945户房屋受损，涉及人数8080人，加之校舍、交通、水利、电力、通讯、在建工程、养殖业等不同程度损失，初步估算共造成直接经济损失约2914.39万元，间接经济损失约1096.9万元。

地震发生后，中共中央、国务院高度重视，中央政治局常委、国务院副总理汪洋作出重要批示。市委书记陈敏尔第一时间作出重要指示，要求迅速了解核实灾情，研判震情趋势，确保人民群众生命财产安全。市长张国清要求科学组织，严防次生灾害。市领导刘强作出工作安排。市领导陈绿平立即赶赴市地震应急指挥中心，通过应急视频指挥系统，听取现场灾情报告，分析研判震情，对抢险救援工作作出调度和安排。区委、区政府成立抗震救灾指挥部，下设九个应急工作组，分别赶赴现场处置。

▲ 重庆工商大学党委常委、组织统战部长郑夕春一行到武隆区与石桥苗族土家族乡、浩口苗族仡佬族乡开展校地合作交流，贯彻落实党的十九大精神，并向两个民族乡授予“重庆工商大学社会实践基地”牌匾。

▲ 全区迎接国家义务教育均衡发展督导评估工作部署会召开。

▲ 全市学习贯彻党的十九大精神“六进”宣讲队“进农村”宣讲分队成员、市供销合作总社合作指导处副处长陈家庆到土地乡天生村，向基层党员群众宣讲党的十九大精神。

▲ 至24日，市职教调研组一行到武隆区调研职业教育发展情况，并召开贫困地区职业教育服务区域经济发展调研工作会。

24日

▲ 区“11·23”地震应急处置指挥部第二次会议召开，安排部署下一步灾害救援及恢复重建相关工作。

▲ 在23日连夜查灾救灾的基础上，区领导再次赶赴震区各乡镇查看受灾情况。

▲ 卢红在区政府二楼会议室主持召开“11·23”地震震情会商分析会议，再次汇总情况、研判措施，安排部署下一步灾害救援工作。

▲ 世界自然遗产天生三桥、芙蓉洞、仙女山等主要景区均未受地震影响，正常开放。

▲ 区委办、区政府办印发《关于做好抗震救灾各项工作的紧急通知》。

▲ 全市学习贯彻党的十九大精神“进校园”宣讲分队成员、南开中学党委书记姚显荣到武隆中学学术报告厅，向800余名老师和学生宣讲十九大精神。

27日

▲ 十四届区委常委会第三十三次会议在区会议中心二会议室召开，审议《区委十四届三次全会方案（送审稿）》《关于把党的十九大精神全面落实在武隆大地上的决定（送审稿）》《区委十四届三次全会主题报告（送审稿）》《区第十四次党代会以来区委常委会工作报告（送审稿）》《重庆市武隆区深化国家监察体制改革试点工作实施方案（送审稿）》等议题。

▲ 区政府第二十五次常务会在区政府三楼会议室召开，审议《关于到推进城市执法体制改革改进城市管理工作的实施意见（送审稿）》《重庆市武隆区突发事件总体应急预案（送审稿）》《武隆区财政预算调整方案（送审稿）》等议题。

▲ 重庆海威畜禽开发有限公司、重庆市武隆县羊角豆制品公司、重庆玉堂号豆制品有限公司三企业被定为全市首批食品工业农工商试点企业。

▲ 全区“世界艾滋病日”宣传活动启动。

▲ 全市第二期学习贯彻党的十九大精神专题培训班武隆分课堂在区委党校四楼多功能报告厅举行，乡镇及部门副职领导干部近150人参加为期5天培训。

▲ 区政府办下发《2017年退役士兵安置工作实施方案的通知》。

28日

▲ 按照重庆市委统一部署，学习宣传贯彻党的十九大精神市委宣讲团到武隆，在区人民大礼堂举行报告会。市委宣讲团成员、重庆工商大学党委副书记孟东方作专题宣讲报告。

▲ 国家督学，宁波市委教育工委原书记、教育局长沈剑光率国家督导专家组一行对武隆区创建国家义务教育发展基本均衡区进行督导认定并召开陈述答辩会。

▲ 全市学习贯彻党的十九大精神“进企业”宣讲分队成员，中共重庆市委党校教授、重庆行政学院《重庆行政》总编张新华到武隆区江口电站、银盘电站、民爆公司为企业职工宣讲党的十九大精神。

29日

▲ 区委办印发《全区学习贯彻党的十九大精神宣讲工作方案》。

▲ 区残疾人联合会第七次代表大会召开，选举出武隆区残疾人联合会第七届主席团委员和重庆市残疾人联合会第五次代表大会代表。

▲ 区科学技术协会五届三次全委会在区政府二楼会议室召开，选举景刚为区科协主席，谭中华、张川、甘立志为区科协副主席，选举产生

5位市科学技术协会第五次代表大会代表和1位委员会委员候选人。

▲ 国家旅游局政策法规司司长满宏卫率国家旅游局督导组一行到武隆，对武隆国家级旅游业改革创新先行区创建工作进行督导检查。

▲ 后坪苗族土家族乡文凤村入选市政府批准公布的第一批历史文化名村名录。

▲ 武隆区旅游凭“仙女山无顶图书馆”创意荣获首届IAI国际旅游奖媒介创意类金奖。

30日

▲ 区第十四届委员会第三次全体会议在区会议中心一会议室召开。何平主持学习贯彻党的十九大精神和市委五届三次全会精神，听取和讨论何平代表区委常委会作的讲话和工作报告，审议通过《中共重庆市武隆区委关于把党的十九大精神全面落实在武隆大地上的决定》和全会决议。

▲ 市民陈明亿荣登在河北廊坊举办全国道德模范与身边好人现场交流活动，发布的11月“助人为乐中国好人榜”。

▲ 区档案局在区委党校四楼会议室举办企业档案业务培训。

11月

▲ 仙女山旅游度假区录入重庆市规划局、重庆市地理信息中心《重庆旅游度假区地图》。

▲ 首届重庆文化惠民消费季“双百佳文化消费新领地”的评选结束，“印象武隆”被评选为重庆市“特色演出”。

▲ 区总工会率队参加重庆市总工会举办的2017年重庆市渝东南片区餐饮技能大赛暨武陵山区餐饮技能邀请赛。武隆区选手琥珀酒店韦惟取得餐厅服务员项目一等奖，并获重庆市五一劳动奖章，长松酒店毛俸连获三等奖；职教中心吴腾飞获中式烹饪项目二等奖，职教中心冉明亮、汤聚城方安其获三等奖；区总工会获优秀组织奖。

▲“喜庆十九大·共筑中国梦”第十八届重庆市美术书法摄影联展在铜梁区举行，武隆区共有17件美术、书法、摄影作品入选本次联展。市民张琰的美术作品版画《鸟鸣山更幽》获一等奖，李斌的油画《家音》获三等奖；张小伙的摄影作品《土家山寨摆手舞》获二等奖；李斌的油画作品《家音》、肖怡颐的国画《秋山寒泉图》荣获网络人气奖。

▲ 仙女山国家级旅游度假区，在山东济南召开的第十一届中国产学研合作创新大会暨第二十六届山东产学研展洽会上被授予2017年中国产学研合作促进奖。

▲ 武隆“神奇山水”参加由重庆市旅游局主办，在贵阳举办“山水之都·美丽重庆”旅游推介会 。

▲ 平桥镇获评“重庆最美小镇”称号。

▲ 继仙女山旅游度假区布局EVCARD共享汽车网点后，城区也布局区委、供电公司、供电公司营销部、凤山公园4个网点。

▲《重庆红叶地图（2017）》发布推荐仙女山为观赏地。

▲ 区档案馆馆藏历史档案数字化项目工程通过市级验收。

▲ 全区启动2017年度农村扶贫对象动态调整工作，对农村贫困人口进行精准识别。

▲ 区检察院、沧沟乡关庙村分别获“全国文明单位”“全国文明村镇”称号。

▲ 总投资5000万元，年产10万套汽车整车线束的重庆民康电器有限公司入驻工业园区白马组团4000平方米的6A栋。

▲ 全区第一届微型消防站比武竞赛在区消防大队举行。长松酒店荣获第一名。

12月

1日

▲ 全区2016年度综合目标考核总结表彰暨2017年度综合目标考核工作会在区会议中心一会议室召开。

▲ 区首届运动会在武隆中学开幕。本届运动会共设有篮球、网球、乒乓球、羽毛球、足球、钓鱼、象棋、田径、广场健身操（舞）、山地越野、跳绳、拔河等12个大项。

▲ 市政府批复：同意撤销巷口镇，设立武隆区凤山街道和芙蓉街道。调整后，武隆区从原来的辖13个镇、13个乡，变为辖2个街道、12个镇、13个乡。

▲ 全市2017年义务教育均衡发展国家督导认定意见反馈暨义务教育均衡发展工作推进会召开，武隆区通过国家督导专家组评估，达到义务教育发展基本均衡标准。

▲ 后坪乡深度脱贫攻坚工作专题会在区会议中心二会议室召开，专题研究后坪乡深度脱贫攻坚工作。

▲ 至2日，贵州省毕节市七星关区考察团一行到武隆区考察交流脱贫攻坚工作。

4日

▲ 区委办、区政府办联合印发《关于续修〈武隆县志（1996—2016）〉的通知》。

▲ 区委宣传部、区司法局、区普法办联合主办的“2017年‘12·4’国家宪法日法治宣传活动”在都市广场举行。

▲ 至8日，卢红率考察团前往贵州省遵义市、黔东南州、安顺市、毕节市及贵安新区等地，考察学习全域旅游、生态工业、脱贫攻坚、农村改革、城市建设等方面经验。

▲ 至5日，由市委宣传部、市文化委、市文联主办的“拥抱新时代、践行新思想、实现新作为”学习贯彻党的十九大精神“六进”文艺宣传活动到武隆区开展文艺宣传。

▲ 至6日，由区委宣传部、区文联、区文化委、区总工会、共青团重庆市武隆区委主办的“喜庆十九大 共筑中国梦”——武隆区美术书法摄影作品展在区人民广场举行。

5日

▲ 王频到仙女山镇杨叉岭，白果村曲家坝组，庙树村河坝组，白果村苏岭组，归原小镇等项目施工现场专题调研农村人居环境市级示范片及特色小镇项目建设推进情况。

6日

▲ 何平到羊角古镇新址各标段，实地调研羊角古镇建设及群众搬迁入住工作，并召开座谈会。

▲ 区首届运动会在区体育馆闭幕，巷口镇和区教委分别获得乡镇组、机关组团体总分第一名。

7日

▲ 区政府安委办联合区安监局、区教委、区食药监局等部门，在都市广场开展全区第一个《中华人民共和国安全生产法》宣传周活动。

8日

▲ 全区农业农村改革工作专题会在会议中心二会议室召开，审议《武隆区开展农村“三变”改革试点促进农民增收产业增效生态增值的工作方案（讨论稿）》，加强村民自治工作方案以及创建“新时代讲习所”等实施方案。

▲ 区政府同意命名土地乡天生村为“武隆区土地乡天生村乡村旅游微型企业特色村”。

▲ 区政协召开学习贯彻党的十九大精神宣讲报告会。

▲ 区红十字会第二次会员代表大会在区会议中心一会议室召开，听取《重庆市武隆区红十字会 2018—2022 年发展规划（草案）》；审议通过《重庆市武隆区红十字会第二次会员代表大会理事会、监事会选举办法（草案）》和《重庆市武隆区红十字会第二次会员代表大会总监票人和检票人员名单（草案）》；选举产生新一届区红十字会会长：黄昕，常务副会长：刘玉，副会长：陈建林，及常务理事。

▲ 全区农村电商发展暨电商精准扶贫工作会在区政府三楼会议室召开，总结安排部署全区农村电商发展工作。

10 日

▲ 市扶贫办一行到后坪苗族土家族乡，组织开展“榜样面对面”党的十九大精神暨基层脱贫攻坚先进事迹宣讲会。

▲ 武隆浩口水电站 220 千伏送出线路正式投入运行，全长 33.285 公里，共建设铁塔 78 基，投入资金 4100 万元。

11 日

▲ 区委作出《关于把党的十九大精神全面落实在武隆大地上的决定》。

▲ 区委同意设立中共重庆市武隆区旅游发展委员会党组，撤销中共重庆市武隆区旅游局党组。

▲ 全区党的十九大精神“进校园”宣讲报告会在武隆中学学术报告厅举行。

▲ 至 12 日，区十八届人大常委会第八次会议在区政府二楼会议室召开，审议《区政府关于白马山度假区核心景区和基础设施建设情况的报告》《区政府关于 2017 年度环境状况和环境保护目标完成情况的报告》等议题。

12 日

▲ 区委 2017 年党建工作领导小组会第二次会议在区会议中心二会议室召开，审议《关于加强村（社区）组织运转经费保障工作的通知（送审稿）》《关于加强城市基层党建工作的实施意见（送审稿）》《关于健全干部测评机制开展干部大测评工作的实施方案（送审稿）》等议题。

▲ 区政府第二十六次常务会在区政府三楼会议室召开，传达学习全国、全市消防安全专题视频会议精神，审议《武隆区开展农村三变改革试点促进农民增收产业增效生态增值的工作方案（送审稿）》等议题。

▲ 区委宣传部扶贫集团在浩口苗族仡佬族乡会议室召开工作会，听取浩口乡 2017 年脱贫攻坚工作情况汇报，安排部署 2018 年精准扶贫工作。

▲ 全区民营经济协会首届会员代表大会在区工商局会议室举行，审议并通过重庆市武隆区民营经济协会首届理事会筹备委员会二次会议决议关于“重庆市武隆区民营经济协会首届理事代表资格审查”的说明；选举并产生协会首届会长、常务副会长、副会长和秘书长、常务理事和理事等，并举行授牌仪式，王永华当选为协会会长。

13 日

▲ 2017 年区委理论学习中心组第十次集中（扩大）会议在区会议中心一会议室召开，传达学习市委理论学习中心组（扩大）专题学习会精神和市委书记陈敏尔讲话精神。

▲ “青少年创造发明教育的体系构建与教学实践研究”课题成果报告会在区教委会议室举行。

▲ 区危治办联合羊角镇政府组织召开避险搬迁安置入住工作会。

14日

▲ 十四届区委常委会第三十四次会议在区会议中心二会议室召开。传达《中共中央办公厅印发习近平总书记关于进一步纠正“四风”加强作风建设重要批示的通知》；听取浩口乡党委全面从严治党工作情况汇报；审议《武隆区开展农村“三变”改革试点促进农民增收产业增效生态增值工作方案（送审稿）》等议题。

▲ 2018年全区经济工作座谈会在区政府三楼会议室召开。

▲ 区委办、区政府办印发《武隆区加强村民自治工作方案》《武隆区开展农村“三变”改革试点促进农民增收产业增效生态增值工作方案》。

▲ 全区2017年综合应急救援队伍集结演练在白马工业园区举行，区综合应急救援支队、区抗洪抢险应急救援队、和顺镇民兵应急分队等21支应急队伍参加演练。

15日

▲ 全区农业农村改革工作动员部署会在区会议中心一会议室召开。

▲ 羊角场镇危岩滑坡避险搬迁安置选房入住动员会召开。

▲ 区机构编制委员会《印发重庆市武隆区城市管理局主要职责内设机构和人员编制规定的通知》。撤销重庆市武隆区市政园林管理局，组建重庆市武隆区城市管理局（简称区城管局），加挂重庆市武隆区城市管理综合行政执法局（简称区城管执法局）牌子，为区政府工作部门。

▲ 区机构编制委员会印发《关于区城市管理综合行政执法支队机构编制事项的通知》。重庆市武隆区城市管理综合行政执法支队为重庆市武隆区城市管理局（重庆市武隆区城市管理综合行政执法局）管理的综合行政执法机构。

16日

▲ 区委、区政府决定授予冯意成等13人“武隆区劳动模范”荣誉称号，授予李贵等7人“武隆区先进工作者”荣誉称号。

▲ 区委、区政府决定授予孙晓英等7人武隆区第三届“贡献奖”荣誉称号；授予闫宝全等45人武隆区第三届“十佳人才”荣誉称号。

18日

▲ 区第三届人才表彰暨第二届劳动模范和先进工作者表彰大会在区人民大礼堂举行。

▲ 山东省济南市人大常委会党组书记、主任殷鲁谦一行到武隆白马镇天尺坪，考察调研东西部扶贫协作重点援助项目白马片区高山生态扶贫搬迁安置点、茶山小镇，交流扶贫协作工作，与武隆区签订10项《扶贫协作框架协议》。

▲ 2017年全区青少年科技创新区长奖颁奖活动在区政府二楼一会议室举行。

▲ 由区委统战部主办的2017年少数民族文化骨干人才专题培训班在贵州道真县委党校开班。石桥、文复、后坪、浩口4个民族乡的52名学员参训。

▲ 市移民局调研组一行到武隆调研三峡后续工作。

19日

▲ 十四届区委常委会第三十五次会议在会议中心二会议室召开，传达全市组织部长座谈会精神，研究驻村第一书记选派有关事宜。

▲ 区机构编制人事委员会2017年第四次全体会议在常委楼四楼会议室召开，审议《关于撤销巷口镇设立街道办事处有关机构编制调整建议方案》《加强区委巡察工作有关机构编制调

整建议方案》。专题研究和审议当前机构编制及人事调整相关工作。

▲ 黄莺乡深度脱贫攻坚工作专题会在区政府三楼会议室召开，审议《武隆区黄莺乡深度脱贫攻坚规划（2017—2020年）（送审稿）》《武隆区黄莺乡2018年深度脱贫攻坚工作要点（送审稿）》《武隆区黄莺乡深度脱贫攻坚工作指挥部（送审稿）》等议题。

▲ 市人大代表、区人大常委会党组书记，主任杨国权，率市、区人大代表前往羊角场镇新址视察避险搬迁安置建设和回迁工作，并召开座谈会。

▲ 全区2017年松材线虫病防控工作动员大会在鸭江镇召开。

▲ 区委办、区政府办印发《武隆区深化律师制度改革实施意见》。

20日

▲ 区委办机关党支部在后坪苗族土家族乡开展“宣讲十九大精神、以实际行动助力脱贫攻坚”主题党日活动。

▲ 区人社局组织重庆民康电器有限公司以及山东省济南市的五家公司在区体育馆举行现场招聘会。

▲ 仙女山国家森林公园入选在北京举行的首届中国绿色时报年度峰会暨2017中国森林氧吧论坛，首次发布的“2017中国森林旅游年度成长力旅游地”榜单。

▲ 武隆至水江高速公路白云隧道荣获2016—2017年度国家优质工程奖。白云山隧道全长7120米，为武水路第一长隧道，是重庆三大特长隧道之一，是国家重点控制性工程。

21日

▲ 济南市、武隆区东西部扶贫协作联席会在济南市召开，双方就推进东西部扶贫协作进行座谈。

▲ 以“学习贯彻十九大，自强不息奔小康”为主题的“身边的脱贫故事”微访谈到后坪苗族土家族乡白石村堡兴组访谈村民吴启伦如何脱贫致富。

22日

▲ 全区深化脱贫攻坚推进工作大会在区会议中心一会议室召开，安排当前及下一阶段全区脱贫攻坚推进工作。

▲ 区委办、区政府办印发《关于撤销巷口镇设立两个街道期间严肃有关纪律的通知》。

23日

▲ 重庆·仙女山2017首届西南地区冰雪运动会在仙女山室外滑雪场开幕。

25日

▲ 市委巡视组副组长、扶贫成效市级交叉检查工作组组长黄成洪率工作组到武隆检查脱贫工作。

▲ 区财经工作领导小组2017年第三次会议在区会议中心二会议室召开，听取2018年经济工作计划情况汇报；审议《武隆区2018年本级财政收支预算方案（送审稿）》《武隆区2017年融资平衡计划调整方案（送审稿）》等议题。

▲ 潘晓成到沧沟乡青杠村、大田村，调研精准扶贫工作，并召开专题会。

▲ 区机构编制委员会印发《中共重庆市武隆区委巡察工作领导小组办公室主要职责内设机构和人员编制规定的通知》。同意设立中共重庆市武隆区委巡察工作领导小组办公室，为区委工作机构，设在区纪律检查委员会。

26日

▲ 卢红在区政府三楼会议室主持召开政府

工作报告讨论会，区政府经济发展中心汇报《政府工作报告（送审稿）》，并就起草情况进行说明；区发改委汇报2018年计划报告（草案）；区财政局汇报2018年财政预算草案和2017年财政决算报告。

▲ 至29日，羊角场镇避险搬迁集中抽签选房在羊角场镇新址举行。1163户搬迁户参与选房，选房率达到94%。

27日

▲ “武隆区新时代讲习所”启动仪式暨火炉镇万峰村“新时代讲习所”授牌仪式在火炉镇万峰村便民服务中心举行。

▲ 区政府第二十七次常务会在区政府三楼会议室召开，审议《喀斯特（集团）公司上市工作方案（送审稿）》《关于加强村（社区）组织运转经费保障工作的通知（送审稿）》等议题。

28日

▲ 全区“舞动新时代、逐梦青春行”首届舞蹈专场展演活动在区人民大礼堂举行。

▲ 全区2017年贯彻十九大精神暨民族团结进步宣传周启动仪式在石桥苗族土家族乡举行。

29日

▲ 十四届区委第三十六次常委会在区会议中心二会议室召开，传达学习市委书记陈敏尔在市委党的建设工作领导小组会议上的讲话精神，审议《区喀斯特（集团）公司上市工作方案（送审稿）》《政协重庆市武隆区第九届委员第三次会议方案（送审稿）》《武隆区第十八届人民代表大会第二次会议方案（送审稿）》等议题。

▲ 全区2018年元旦春节慰问活动暨冬春生活救助集中发放启动仪式在人民广场举行。

12月

▲ 全区2016年第二批农田水利设施建设高效节水灌溉项目，通过项目验收。项目于2016年12月开始施工，完成投资396.60万元。

▲ 白马山游客接待中心主体工程完成。

▲ 区工业园区的重庆穗通新能源汽车制造有限公司自主研发的新能源纯电动城市公交车成功上市，并在园区内与湖南省怀化富达公交公司完成首批50辆交车。

▲ 羊角场镇新址房屋主体工程完工，于2016年3月开工建设，共建设房屋484栋、1936套，总建筑面积27.6万平方米。

▲ 浩口水电站首台6.25万千瓦机组通过72小时试运正式并网发电。

▲ 浩口苗族仡佬族乡中心校（非遗项目：仡佬族蜡染、仡佬族竹竿舞、仡佬族篾鸡蛋）、后坪苗族土家族乡中心校（非遗项目：后坪山歌）、巷口镇青吉小学（非遗项目：青吉棕编）、石桥苗族土家族乡中心校（非遗项目：石桥木叶吹奏）等4所小学被命名为重庆市第三批非物质文化遗产传承教育基地。羊角豆制品有限公司（非遗项目：羊角豆干传统制作技艺）、武隆区蜜园蜂蜜专业合作社（非遗项目：白马天然蜂蜜传统酿制技艺）、重庆市蓝群食品有限公司（非遗项目：鸭江老咸菜传统制作技艺）等3家企业被命名为重庆市第三批非物质文化遗产生产性保护示范基地。

▲ 浩口苗族仡佬族乡中心小学校入选为重庆市民族教育特色学校。

▲ 武隆区获评“2017重庆旅游年度总评榜”十大最受关注全域旅游区县。

特辑

TEJI

武隆年鉴

脱贫攻坚历程

2017年1月，武隆通过市级脱贫“摘帽”验收。

2017年2月22日，全区扶贫领导小组第一次专题会议研究部署迎接国家精准脱贫验收工作、春耕帮扶工作、科技扶贫工作、易地扶贫搬迁工作、农村特殊贫困人口救助工作、大病医疗救助工作；调整扶贫集团对口帮扶乡镇。

2017年3月1日，全区迎接国家精准脱贫验收暨春耕帮扶行动动员大会在区人民大礼堂召开，安排部署迎检准备工作。

2017年3月1日，全区迎接国家精准脱贫验收暨春耕帮扶行动动员大会召开　（徐强　摄）

2017年4月6日，全区扶贫开发领导小组第二次专题会议明确迎接国家精准脱贫验收工作的各项工作要求；审议《关于全区脱贫攻坚工作纪律督查方案》，会议要求区纪委要按照“每周一督查、10天一通报”的要求，常态化开展明察暗访。

2017年4月14日，全区迎接国家验收评估集中攻坚专项行动动员大会召开　（代君君　摄）

2017年4月12日，全区扶贫开发领导小组第三次专题会议审议《关于在脱贫攻坚中严格考核奖惩有关事项的通知》，会议强调要抓好脱贫攻坚正反典型，严格考核奖惩逗硬。

2017年4月14日，全区迎接国家验收评估集中攻坚专项行动动员大会召开。

2017年4月，按照“两个全覆盖”要求实施农村不安全住房改造，对全区186个行政村、村民小组、每户农户开展逐户走访排查，消除农村不安全住房隐患。

2017年4月26日，全区扶贫开发领导小组第四次（扩大）专题会议专题听取长坝镇、文复苗族土家族乡、区财政局、区城乡建委关于接受国家脱贫验收评估近期工作推进情况的汇报；强调部署脱贫攻坚下一步工作。

2017年5月，全区对所有贫困户饮水问题进行整改。

2017年6月，全区迎接国家脱贫验收评估动员大会召开，全面部署迎检工作。

2017年7月，全区迎接国家贫困县退出第三方评估检查。

2017年9月，通过《市级深度贫困乡镇、区级重点贫困乡镇、区级重点贫困村深化脱贫攻坚“定点包干”方案》《区扶贫开发领导小组组成人员调整方案》《后坪乡深化脱贫攻坚组织机构组建方案》《扶贫对象动态监测工作方案》《农村疑似不安全住房的排查和整治方案》《土地复垦及“一户一宅”管理工作方案》《农村道路交通建设及后续管护机制方案》；对照“一达标、两不愁、三保障”等重要指标开展动态监测。9月27日，区委、区政府印发《关于深化脱贫攻坚的实施意见》；区委办、区政府办印发《武隆区深度贫困乡（镇）、重点贫困乡（镇）、重点贫困村定点包干脱贫攻坚行动方案》。9月28日，全区深化脱贫攻坚动员会在区人民大礼堂召开。

2017年11月9日，经国务院扶贫开发领导小组和重庆市人民政府批准，武隆区正式退出国家扶贫开发工作重点县。

2017年11月，调整武隆区扶贫集团；对国家第三方评估检查反馈的问题落实整改方案。

（区扶贫办）

脱贫攻坚

【概况】 2017年3月，设置重庆市武隆区扶贫开发办公室，为区政府工作部门；机关内设机构6个，即综合科、财务科、项目计划科、社会扶贫科、监督检查科、产业发展科；机关行政编制10名，其中：主任1名、副主任3名。内设机构领导职数6名。机关后勤服务人员事业编制2名。

是年，全区75个市级贫困村全部脱贫销号，脱贫人口总计14133户、49938人，贫困发生率从建卡时的14.8%下降到1.64%，脱贫人口人均可支配收入从建卡时的2215元增长到6842元，全区城乡面貌发生巨大变化，农民生活水平显著提高。2017年1月，顺利通过市级脱贫“摘帽”验收，7月顺利接受国家贫困县退出评估检查；经国务院扶贫开发领导小组和市政府批准，11月9日，正式退出国家扶贫开发工作重点县。

【全区扶贫工作会议】 是年，先后召开区扶贫开发领导小组会议11次，召开全区深化脱贫攻坚动员大会、全区深化脱贫攻坚推进大会等重要会议3次，以实际行动贯彻落实党的十九大精神和市委五届三次全会精神。

【脱贫攻坚决策部署】 加强组织领导。区委区政府党政主要领导任区扶贫开发领导小组组长，实行“双组长制”；办党组实行例会制度，对中央、市委、区委脱贫攻坚重大决策部署，做到第一时间传达学习，第一时间贯彻落实。明确全体市管领导干部作为对接联系乡镇脱贫攻坚的总负责人，明确扶贫集团、帮扶干部为结对帮扶贫困村、结对帮扶贫困户负帮扶责任；明确乡镇脱贫攻坚主体责任，乡镇党委书记和乡镇长为第一责任人，参照执行“双组长制”。

发挥参谋助手作用。发挥区扶贫开发领导小组办公室和业务主管部门的职能职责，深入开展调查研究，认真分析症结病因，为区委区政府脱贫攻坚决策部署提供重要参考；部署研究“1+11”脱贫攻坚方案，研究制定“1+13”后续政策体系，编制完善“1+3+N”深化脱贫攻坚配套方案；开展脱贫迎检集中攻坚月、春耕生产干部帮扶月、人居环境集中整治月、国家扶贫日干部帮扶活动周等系列重要活动，为推进贫困村精准销号、贫困户精准脱贫奠定基础。

强化干部结对帮扶。全区研究出台《明确市管领导干部脱贫攻坚责任》《扶贫集团结对帮扶方案》等系列重要文件，明确各级干部脱贫攻坚责任。全区39名市管领导干部对接联系26个乡镇，为乡镇脱贫攻坚负总责；123个机关企事业单位组建26个扶贫集团对口帮扶26个乡镇，8912名干部结对帮扶1.6万户建卡贫困户，为脱贫攻坚负帮扶责任；选派75名优秀干部到村担任“第一书记”、组建186个驻村工作队，实现结对帮扶“全覆盖”。

强化突出问题整改。对照市委巡视组对全市9个扶贫开发重点县专项巡视指出的问题，扶贫办党组严格对照通报，列出问题清单，坚持问题导向，开展自查自纠，切实对标对表中央、市委、区委要求，强化政治担当，细化整改措施，明确整改时限，做到条条整改、精准整改。

【精准施策，保障脱贫攻坚】 全年累计开展扶贫动态调整10余次，对扶贫对象按照“逐村、逐社、逐户、逐人”过筛子的原则，严格程序步骤精准识别，及时清退“六类人员”，确保“贫困人口一个不漏、非贫困人口一个不进”。研究出台30项到户扶持政策，涵盖“教育资助、医疗救助、住房补贴、产业扶持、特殊关爱、人居环境”等七大政策体系，精准解决贫困群众的实际困难和问题。统筹整合“十大扶贫攻坚”项目资金45.6亿元，精准实施扶贫项目3104个，其中2017年统筹整合财政涉农资金13.13亿元，实施后续扶持项目建设773个，改善贫困村的“路、水、电、讯、房”等基础设施条件，为贫困村脱贫、贫困户致富创造良好的发展条件。通过多次区级自查、接受市级督查、国家评估检查及第三方评估等评估检查20余次，针对历次反馈问题，实行挂单整改，保障工作成效，实现“扶贫工作务实、脱贫过程扎实、脱贫结果真实”。

【产业支撑，实现稳定增收脱贫】 全年以“三大富民工程”和“六大十亿级特色产业”为主要抓手，把农业供给侧结构性改革贯彻其中，统筹推进农业农村工作取得显著成效。

规划建设6条串连26个乡镇的特色产业精品线路，集中连片打造农业产业和扶贫产业示范基地，推进重点项目建设50个，形成以示范带为支撑骨架的优势产业集群，新培育市级示范农业合作社3家、示范家庭农场2家，带动贫困村脱贫、贫困户致富。

将乡村旅游作为发展全域旅游的第三战场，建成乡村旅游示范村（点）50个，新发展乡村旅游接待户552户，总接待户达到4583户，床位达到4.6万张，带动2万余贫困人口实现增收脱贫；2017年全区乡村旅游接待760万人次，综合收入达到14亿元。

建成“寻味武隆”O2O体验馆、电商运营中心、物流分拨中心和186个村级电商服务网点，完善农村电商三级服务体系，打造“寻味武隆”、“大巷口”、“凤来谷”等电商品牌，电商市场主体突破1000家，农产品销售额突破3亿元，带动贫困户户均增收500元以上，增加就业4000余人。

全区种植高山蔬菜2.6万公顷，产量58.5万吨；实现茶叶在地面积4000公顷，产量600吨；草食畜禽养殖220万头（只），产量5.6万吨；新增特色林果2000公顷。高山蔬菜、有机茶叶、草食牲畜、特色林果等特色主导产业，覆盖贫困群众80%以上，成为贫困群众脱贫增收致富的重要增长点。同时，稳步推进试点村资源变资产、资金变股金、农民变股东的“三变”改革和农业项目财政补助资金股权化改革等系列农业农村改革，让农民持续稳定增收。

【建立后续扶持长效机制】 是年，编制“1+13”后续扶持政策体系读本5万本、30项后续扶持政策宣传单6万份，实现扶贫政策宣传全覆盖。为所有贫困户按照100元/人的标准，购买精准脱贫保险，截至12月已兑付各类保险349.66万元，惠及贫困户494人。截止2017年12月，纳入低保保障对象共 11504 户 21133 人，其中城镇低保户 3029 户 4716 人，农村低保户 8475 户 16417 人；累计发放城乡低保金 8697.6 万元，其中城镇低保 2509.6 万元，农村低保 6188 万元。建立 3000 万元大病医疗救助专项资金和 1000 万元扶贫济困医疗救助基金，将城乡贫困居民全部纳入覆盖范围。是年底，全区医疗救助贫困人口共计 66441 人次 1889 万元，解决扶贫济困医疗救助 921 人次 184.4 万元，接受大病医疗救助 160 余人次，救助金额近 200 万元。与国开行、农发行进行合作，争取 130 亿元的信贷资金用于金融扶贫；设立 1000 万元金融扶贫贷款风险补偿金，全年发放贷款 1.638 亿元，惠及贫困家庭 3488 户。2016-2017 年完成易地扶贫搬迁建卡贫困人口 2042 户 8076 人，其中，2016 年完成建卡贫困人口搬迁 1289 户 5062 人，2017 年完成建卡贫困人口搬迁 753 户 3014 人。建立贫困大学新生入学托底资助 5000 元，武隆籍在校贫困大学生生活费每生每年补助 3000 元，贫困家庭儿童学前教育免受保教费、生活费等政策，全年共资助建档立卡贫困家庭大学新生 582 人 291 万元、中职生 3744 人次 281 万余元、普高生 4002 人次 352 万余元、义务教育 13079 人次 700 万余元、学前教育 1757 人次 190 万余元；发放助学贷款 2300 人次 1610 万余元。连续 3 年对贫困户按照 1500 元 / 户的标准，发放产业到户扶持资金，累计发放到户扶持资金 6519 万元；贫困户发展特色产业不受规模限制，可另享受实际发展的产业补助。支持高校贫困毕业生就业创业、参加暑期“带薪实习”不低于 1500 元 / 月，对贫困毕业生每人一次性发放求职创业补贴 800 元。开展“雨露计划”“一人一技能”等实用技术培训，2017 年农村建卡贫困户转移就业 7013 人，全年培训农村建卡贫困人口 2700 人次。针对全区 100 个产业薄弱村，派驻 115 名农林牧渔科技员，对 26 个乡镇各派驻 1 名科技顾问，对 75 个脱贫村各派驻 1 名科技特派员。争取水利部定点扶贫、济南东西扶贫协作、市委政法委扶贫集团、市八大民主党派和社会各界帮扶资金 8.6 亿元；连续两年举办扶贫济困募捐晚会，募集捐款 2600 余万元。

【完善后续扶持政策体系】 制定出台以《精准脱贫后续扶持工作的意见》为总纲，包括大病医疗救助、健康扶贫工程、公序良俗建设、财政涉农资金统筹、后续产业扶持、农村特殊贫困人口救助、脱贫人口素质提升等 13 个具体方案的“1+13”后续扶持政策体系。制定出台包括《深化脱贫攻坚实施意见》和《定点包干方案》《问题整改方案》《领导小组调整》，以及监督执纪问责、驻村工作队、第一书记选派、农村道路交通保障、安全饮水保障、住房整治、转移就业、文化扶贫等在内的“1+3+N”配套方案体系。针对深度（重点）贫困乡（村）深入实施贫困乡村、基础设施、特色产业、农村改革、保障政策、内生动力、基层组织战斗力等“七大深化提升工程”，全面解决贫困户“增收难、出行难、上学难、就医难、就业难”等问题；到 2020 年，稳定实现“两不愁、三保障”，贫困户年人均纯收入稳定超过国家扶贫标准。深入实施包括“交通扶贫提升、特色产业扶贫、生态旅游扶贫、电子商务扶贫、就业创业扶贫、易地扶贫搬迁、健康医疗保障、教育文化扶智、集体经济壮大、美丽乡村建设、金融精准扶贫、社会协作动员”等行动计划的“深化脱贫攻坚三年行动计划”，确保贫困群众高一格脱贫、快一步致富。

【精准识别深度贫困乡村】 全年精准识别 1 个市级深度贫困乡、3 个区级重点贫困乡、16 个区级重点贫困村，并选派精兵强将，加大帮扶力度。针对市级贫困乡后坪乡，形成“市领导挂帅 + 市级责任单位主要负责人 + 区县党政主要负责人 + 深度贫困乡镇党政主要负责人”的指挥体系，由刘强常委任后坪乡深度脱贫攻坚指挥长负责“定点包干”，区委、区政府主要负责人任副指挥长；研究出台《后坪乡深度脱贫攻坚规划》，策划重大项目 95 个，总投资 13.41 亿元，并对 2020 年以后可持续发展问题进行统筹考虑，策划包装 7 个产业和基础设施项目，估算投资 4.92 亿元。针对文复、黄莺、沧沟 3 个区级重点贫困乡，分别由区人大、区政府、区政协主要负责人负责“定点包干”；针对 16 个区级重点贫困村，由区委常委和区政府副区长负责“定点包干”，并在贫困乡（村）成立攻坚指挥部、设立驻乡（村）工作队、选派优秀干部担任“第一书记”。同时，编制《深度（重点）贫困乡（村）脱贫攻坚规划》，未来三年，区级财政每年向市级深度贫困乡安排项目资金 1000 万元以上，区级重点贫困乡安排 500 万元以上，区级重点贫困村安排 100 万元以上，做到不减存量、倾斜增量。

（区扶贫办）

【巷口镇脱贫攻坚】 2017 年，强力推进贫困村的基础设施、产业在建项目 12 个，涉及资金 534.2225 万元；规划实施贫困户生态扶贫搬迁 200 户 708 人；启动生态扶贫搬迁融资项目 3 个涉及资金 900 万元；区扶贫集团及镇级单位帮扶干部 591 名精准到贫困户家中开展帮扶，为帮扶贫困户送去慰问金、慰问款物 30 余万元；实施精准脱贫政策，全镇贫困户扶贫到户产业 1302 户，补助资金 195.3 万元，450 户贫困户小额扶贫信贷 2000 余万元，为 1363 户建卡贫困户 4508 人购买精准脱贫保险，为贫困大学生 41 人兑现资助 20.5 万元；为深度贫困村东山村、出水村因地制宜制定长期规划，力争在 2020 年前整村脱贫。

（巷口镇）

【白马镇脱贫攻坚】 是年，全镇累计投入资金 3052 万元，实施扶贫项目 41 个。全镇 10 个村（5 个市级贫困村）852 户全部达到脱贫标准，并顺利通过国家贫困县退出评估验收。

实施村社道路整治维修 113.2 公里、新建人行便道 29 公里、人行便桥 3 座，解决群众出行难问题；新建人饮水池 83 口、12240 立方米，安装管网 274 公里，解决 2915 户 12590 人（其中，贫困户 491 户 1700 人）的饮水问题。全面整治不安全住房，投资 1200 万元改造危旧房 168 户；改厕 947 户、改厨 262 户；对板桥村和车盘村实施农村环境连片整治，全镇人居生活环境显著改善。

发展以种植、养殖、务工为主的主导产业，发放产业扶持到户资金 136.5 万元，对全镇 911 户贫困户投入 9643.92 万元，年增收率达 10%；在车盘、杨柳、东升、灵山等村发展林果 200 公顷，带动 1200 户农户增收。全镇 866 名贫困学生享受教育资助 90.43 万元，通过教育资助实现脱贫 7 户 25 人；实施医疗救助 161.43 万元，发放贴息贷款 244 户 1048 万元，开展各类培训 500 余人次。

（白马镇）

白马镇三溪村青蛙养殖场

【仙女山镇脱贫攻坚】 2017 年共发放产业补助资金 38.25 万元，节日慰问金 20725 元，贫困学生补助 10 万元，春耕帮扶 3 万元，慰问物资折现 5 万元。累计 210 户 624 人实现脱贫，全镇贫困发生率下降到 1.45%。

（仙女山镇）

仙女山镇高山水果扶贫示范基地葡萄采摘园

【江口镇脱贫攻坚】 2017年底，全镇共减少贫困人口687户2494人，贫困发生率由原11.8%下降到1.3 %，通过国家贫困县退出评估验收。全年投入资金1080万元，推进荆竹坝主道公路加宽硬化、黄草银厂观光步道建设等4个扶贫项目。投入资金647万元对全镇8个村进行人居环境综合整治，硬化院坝7.12万平方米，改造厕所529个，厨房190个，房屋维修370幢、新建46幢，新建垃圾池48个。完成易地扶贫搬迁38户140人，D级危房改造13户28人。实施雨露计划，开展各类扶贫就业培训2258人次，资助贫困、低保大学生126人共47.9万元。开展扶贫“春耕生产帮扶月”活动和贫困户走访慰问活动。

（江口镇）

玉米丰收

【平桥镇脱贫攻坚】 2017年，经过482名帮扶干部与656户贫困户结对帮扶，顺利迎接国家评估验收，贫困发生率由建卡时的16%下降到1.12%；脱贫人口的人均可支配收入由建卡时的2316元增加到6845元，增幅达209.6%；新识别贫困户80户240人。全年投资100万余元完成51户D级危房改造；完成易地扶贫搬迁75户；投资800余万元，完成“改房、改厨、改厕、改院坝及环境卫生整治”项目。

（平桥镇）

平桥镇中村村千亩翠冠梨种植基地

【火炉镇脱贫攻坚】 全年整合资金4945.12万元，实施扶贫项目129个，实现1147户4343人脱贫越线，贫困发生率下降至1.61%，通过国家贫困县第三方评估验收以及国家扶贫开发成效考核。

实施精准管理，动态调整，2017年脱贫94户285人，新增30户121人，返贫4户13人；实施教育脱贫，对213名贫困大学生资助78.5万元；实施健康扶贫，实现公共卫生家庭医生签约服务全覆盖，对11户贫困户实施大病医疗救助16.55万元，对260名贫困群众临时救助59.84万元；实施产业扶贫，新增脆桃、脆甜蜜李、红芯猕猴桃、柑橘等林果3720公顷，发放产业扶持资金192.6万元；实施社会扶贫，筹集善款29.09万元；实施金融扶贫，对贫困户贷款136户680万元，支持互助协会发展，发展贷款1296.57万元。

（火炉镇）

火炉镇脆桃种植基地

【鸭江镇脱贫攻坚】 2017年，全镇有建卡贫困户94户242人，脱贫户557户1870人，贫困发生率1.21%。

精准谋划，精准帮扶，切实巩固脱贫成果。全镇成立领导小组，调整充实9个行政村扶贫工作队，实施定点包干制度，做到一包到底、不稳定脱贫不脱钩。明确驻村工作队及其队员的职责和任务，优化驻村帮扶力量，切实增强基层党组织的战斗力和凝聚力。落实800余位帮扶干部，坚持"因户施策"，实施"菜单式"精准帮扶。针对主要致贫原因，强化"六项"精准脱贫措施。加强脱贫后续监测管理。在全镇9个行政村成立以驻村干部、村社干部、义务监督员、人大代表、党员代表等组成的扶贫监测工作领导小组，按照现行贫困户评定标准，针对区域内农户采取拉网式排查，对徘徊在贫困线周边的农户，开展监测评定工作，建立特殊困难"临界对象"档外台账，提前进行预警和干预。对符合建档立卡条件的农户，严格按照精准识程序统一纳入系统管理。深化电子商务活农村工程。加强各村"寻味武隆"电商平台建设，加强各村电子商务从业人员专业化培训；提升"三中心"服务质量，在三元村打造集物流、仓储、冷链为一体的现代化电商商务服务平台。深化乡村旅游富农村工程。打好"乡村旅游"宣传牌，采取"点对点"宣传、平面媒体、网络等方式推动鸭江"小三峡"、青龙嘴"涂鸦村"等乡村旅游景点宣传，吸引游客前来体验，先后接待游客3000余人次，为农户带来旅游收入15万余元；加大旅游基础设施建设，完成青龙嘴"涂鸦村"和"小三峡"一期建设项目，计划投入150万元启动青龙嘴"涂鸦村"二期项目；投入400余万元推动鸭江"小三峡"二期项目建设；投入60万元对显灵梨园乡村旅游示范点进行升级改造。深化扶贫与示范基地强农村工程。通过强化龙头企业、农民合作社与贫困人口的利益联结，推广股份合作、联户经营、代养托管、订单生产等带动模式，推进"万亩林果、万头草食性牲畜、万亩红薯、万亩榨菜"四个一万产业发展。

（鸭江镇）

鸭江镇发展榨菜产业

【长坝镇脱贫攻坚】 全年投入518.6余万元，改造房屋248户，改厨改厕改院坝220户，整治环境死角100余处，实现脱贫摘帽。启动新一轮扶贫动态调整，稳定脱贫250户902人，脱贫74户237人，新增贫困户62户167人，返贫3户11人。全年累计争取项目资金1725万元，用于开展各村的基础设施建设和特色产业项目。全镇442名帮扶干部累计走访贫困户11000余次。资助25万元帮助贫困家庭70名学生入学。组织200余人参加组织建设、村集体经济、特色产业发展、电子商务等各类培训6次，组织1000余人参加农村实用技术、就业适应性培训5次。投入 245 万元完成异地扶贫搬迁 270 人。

（长坝镇）

长坝镇胜利村莲藕种植

【**羊角镇脱贫攻坚**】 全年累计投入 5100 万元，实施扶贫项目 96 个，3 个市级贫困村整村销号，减少贫困人口 607 户 2391 人，贫困发生率下降到 1.08%，先后多次接受国扶办、市、区扶贫办评估验收，摘掉“贫困帽子”，实现阶段性脱贫攻坚目标。同时，强化驻村工作队，第一书记行政村全覆盖，调整优化帮扶干部，建立脱贫临界人口动态监测体系，制定深度脱贫“1+3+N”攻坚方案，确保到 2020 年实现贫困人口高质量稳定脱贫，同步进入小康社会。

（羊角镇）

羊角镇花卉产业

【**土坎镇脱贫攻坚**】 2017 年全镇实现脱贫摘帽。精准施策，全镇 123 户 482 名贫困人口全部落实“一户一策”，确定产业发展扶持 231 人、易地扶贫搬迁扶持 49 人、低保政策兜底 86 人、医疗救助扶持 35 人、教育资助扶持 161 人的精准脱贫“大盘子”，制定中长期脱贫规划。坚持财政扶贫资金专款专用，重点开展产业扶贫、教育扶贫、金融扶贫、生态扶贫搬迁等“到人到户”行动，实施村社道路、饮水安全、危房改造等民生工程，鼓励银信部门投放小额贴息贷款 484 万元，多方促进贫困人口增收。精准管理，多次召开职工会、村社干部会专题安排部署脱贫攻坚工作。建立完善脱贫攻坚责任落实机制、考核奖惩机制，把责任落实到单位、村社及个人。向各村选派第一书记及驻村工作队，充实调整帮扶集团 156 名干部与贫困户“结对子”，开展结对帮扶活动。按照标准新识别贫困人口 11 户 36 人，清退 22 户 74 人，做到应进则进、应退尽退；截至年末，全镇共有 7 户 25 人未脱贫；扶贫系统数据录入准确率排名全区第一。

（土坎镇）

土坎镇红苕粉加工

【**桐梓镇脱贫攻坚**】 2017 年，全镇通过国家验收评估，完成既定工作目标，4 个市级贫困村 548 户 2042 人实现脱贫摘帽，贫困发生率从 18.9% 下降到 0.94%。2017 年底动态调整，共精准识别贫困户 43 户、120 人，脱贫 29 户、89 人。识别市级贫困动态监测对象 33 户。

（桐梓镇）

桐梓镇人饮工程施工现场

【和顺镇脱贫攻坚】 2017年，对全镇贫困户实行点对点的精准帮扶，产业资金全面兑现，通过国家验收。

全年召开扶贫专题会80余次，召开全镇村干部培训会、推进会50余次，召开户长会议、院坝会议100余次。发放扶贫政策宣传资料3500余份，在重要节点制作固定宣传标语90余幅、制作宣传专栏30余期、制作宣传展板18块；实施生态、易地扶贫搬迁270户988人，其中深度贫困户8户29人，现已全部建成完成搬迁入住。通过生态扶贫搬迁项目实施安置贫困户55户174人；将丧失劳动能力、不具有开发的67户140人孤寡、老弱、病残贫困人口全部转入低保兜底，实现农村扶贫和低保“两线合一”。通过合作医疗、精准脱贫保、大病医疗救助、民政救助1500余人次；组织70多人参加雨露计划培训，500多人参加产业技能培训，对14名新考入大中专院校和就读中高职的贫困家庭学生按标准进行资助，对39名义务教育阶段学生实施教育资助；通过“三改一建”农村环境综合整治，全镇完成农村危房改造457户、改厨199户、改厕610户、改院坝215户。新建垃圾收运池12口，评选文明示范户90余户；扎实开展3个市级贫困村后进基层党组织整顿转化工作，定时与不定时开展检查和督查通报。完成清水塘、周家山、海螺、金坪、青木池5个村级便民服务中心的改造。

（和顺镇）

和顺镇肉牛产业

【双河镇脱贫攻坚】 2017年，全镇有贫困人口29户75人；贫困发生率为0.73%，同比降低5.43%。

是年，累计投入资金502万元，新建和危房改造267户。累计投入资金200余万元，改厨202户、改厕286户、硬化院坝469户2万余平方米，拆除危房26间、猪圈16处、废弃烤房7间，新建垃圾池45口。

（双河镇）

双河镇农户新房

【凤来乡脱贫攻坚】 是年，全乡通过国务院第三方评估、市扶贫办第三方评估、国务院省际交叉考核检查。通过精准帮扶，实施精准脱贫，全乡共有504户1877人全部脱贫，至12月底，还有贫困户103户、332人，贫困发生率降低到1.9%。

全年投资300余万元完成两个村5个村民小组的农网升级改造；投资1100万元开展危旧房改造和人居环境整治；投资2600余万元的高楼、高寿村土地整治项目已进入收尾阶段；启动投资810余万元的青龙村水土保持项目。

（凤来乡）

凤来乡大湾堰渠

【庙垭乡脱贫攻坚】 全乡累计投入帮扶资金2000余万元，巩固全乡365户1282人贫困人口脱贫越线、市级贫困村双桥脱贫销号、全乡整体脱贫成效。2017年底，全乡未脱贫贫困户28户、91人，贫困发生率为0.71%；全年共计发放产业补助资金63万元，巩固贫困户产业发展脱贫致富的长效机制；完成贫困户易地扶贫搬迁225人，兑现易地扶贫资金225万元，实施农村危旧房改造和农村人居环境综合整治，危旧房改造投入资金308.84万元、农村环境卫生综合整治投入资金150.16万元，农村环境不断改善。

（庙垭乡）

庙垭乡老咸菜加工现场

【石桥苗族土家族乡脱贫攻坚】 全乡建卡贫困户417户1463人，通过扶贫帮扶，现已脱贫341户1247人。2017年未脱贫户76户216人，全乡贫困发生率1.95%。

全年实施“三改一补”（改厨、改厕、改院坝补漏）1063户，投资320余万元；完成73户D级危旧房和833户C级危房户改造项目，投资740余万元；实施生态扶贫搬迁101户335人，补助资金192.8万元，其中：贫困户搬迁30户112人，补助资金112万元。贫困户均已解决安全住房、饮水难问题，成为全区的资产收益扶贫试点乡镇。

（石桥苗族土家族乡）

石桥乡农户种植技术培训

【黄莺乡脱贫攻坚】 2017年全乡贫困人口45户146人，贫困发生率1.3%。通过国务院第三方评估验收、重庆市区县交叉检查、国家省级交叉检查。

在区委、区政府确定为“区级重点贫困乡镇”后，编制完成《武隆区黄莺乡重点脱贫攻坚规划（2017–2020）》。全年完成三改“改厨、改厕、改院坝”177户、628户、252户，完成D级危房改造126户，C级危房改建324户。

（黄莺乡）

黄莺乡大鲵养殖场

【沧沟乡脱贫攻坚】 2017年建卡贫困户490户1586人，其中未脱贫户65户187人，贫困发生率1.74%，属于区级重点贫困乡。

是年，全乡组织干部193名，实现贫困户干部帮扶100%。结合产业到户政策，帮扶贫困户发展产业，对收入不保障的89户贫困户纳入低保、五保兜底。开展大病医疗救助907人次，救助金额105.1万元。对3名学生开展上门送学，实施教育资助665人次，资助金额74.1万元，义务教育阶段无辍学现象。大力实施危旧房改造，投入资金863万元，完成贫困户搬迁169人，贫困户D级危房改造38户，实施人居环境整治新建房屋108户，维修房屋521户。投入人居环境整治资金167.4万元，硬化院坝7.5万平方米，改造厨房40个，新建卫生厕所195个。

（沧沟乡）

沧沟乡板角山羊

【文复苗族土家族乡脱贫攻坚】 全年，全乡开展“春耕生产帮扶月”、“扶贫攻坚月”等各项扶贫帮扶活动。动员组织264名帮扶干部指导对接贫困户作好脱贫项目规划，动员511户贫困户发展到户产业，兑付产业补助资金76.7万元。2017年，有贫困人口34户103人，帮助群众脱贫478户1710人，人均收入从2700元，增加到8844元。贫困发生率从2014年建档立卡时19.9%，脱贫摘帽时贫困发生率1.87%，截至12月底，贫困发生率为1.06%。巩固脱贫攻坚成果。积极探索农户环境卫生整治、公路环境保洁和走访等扶贫后续机制，通过每季度开展干部包社走访、集中研究、开群众会反馈和评比“美丽家园”的方式，实现扶贫动态管理。评选“美丽家园”251户，排查问题286件，解决106件，不能解决的申报上级主管部门纳入

文复乡万寿菊产业

规划解决。2017 年 10 月，文复乡经区委区政府研究，确定为区级重点贫困乡镇，已完成《文复乡深度脱贫规划方案（2018–2020 年）》，规划项目 115 个，计划投资 30226 万元。

（文复苗族土家族乡）

【土地乡脱贫攻坚】 2017 年，全乡实现脱贫。是年，动态调整脱贫贫困户 20 户 79 人，新增贫困户 3 户 12 人，调整后全乡有贫困户 43 户 115 人，贫困发生率为 2.1%。投入 67 万元，加宽改造天生村垭口至转堡公路 4.5 公里，投入 40 万元，维修整治六井村雪峰公路堡坎、涵洞、滑坡。实施贫困户宅基地复垦 23 户 9803 平方米。制定发展乡村旅游、农业与扶贫精品线、农村电商为平台的帮扶实施方案，全面完善脱贫成果巩固提升。全年兑付产业补助资金 42.42 万元，惠及贫困户 287 户。探索股权化改革，专业大户带动贫困户脱贫增收 5 户。

（土地乡）

土地乡易地扶贫搬迁集中安置点——天生小镇

【白云乡脱贫攻坚】 2017 年，先后召开党委会 39 次专题研究脱贫攻坚工作，结合实际精准制定脱贫攻坚的时间表、任务书和作战图，将责任层层压实；通过深化宣传，在全乡营造总攻脱贫攻坚战的浓厚氛围；严格按照贫困户识别标准、程序，精准识别建卡贫困户 269 户 932 人；针对不同村、不同贫困户存在的脱贫短板，因地制宜完成全乡 4 个行政村和 269 户贫困户脱贫规划；在全乡脱贫工作领导小组的统领下，成立以乡班子成员挂帅、村第一书记一线推动、驻社干部深化落实、结对帮扶干部全程跟进的脱贫攻坚 4 大战区，实现驻村工作队覆盖全部行政村、驻社干部覆盖所有农业社、结对帮扶干部覆盖全体贫困户的三个“全覆盖”，不定期走访帮扶，发放化肥、复合肥等春耕物资 75 吨，为贫困户送去大米、食用油等慰问物资 11 吨；投入资金 2028.3 万元，推进农村路、水、电等基础设施建设和人居环境改善，实现村社通畅率 100%、自来水入户率 100%、农田基本实现有效灌溉，农户住房全面得到保障；推进社会保障，城乡居民养老保险、医疗保险参保率达 95% 以上，城乡低保实现应保尽保，大病医疗贫困户参保全覆盖，教育资助全面落实；特色林果产业贫困户实现全覆盖，生猪、烤烟等传统优势产业不断巩固，农村电商突显作用，销售农特产品 100 余万元。比照标准查问题补短板，截至 2017 年底，完成全乡 213 户 775 人贫困户脱贫目标，贫困发生率降至 2.15%。

（白云乡）

白云乡——白云洞穆家洞风光

【后坪苗族土家族乡脱贫攻坚】 全乡贫困人口从 2014 年的 408 户 1630 人减少到 2017 年的 57 户 190 人，贫困发生率从 21.9% 降到 2.47%；贫困人口的收入从 2399 元增长到 7023 元，顺利接受国家扶贫办第三方评估，与全区一道实现脱贫目标。

2017年8月，后坪乡被列入全市18个深度贫困乡镇之一，组建以市委常委、政法委书记刘强为指挥长的战区指挥部，开展深度脱贫攻坚工作。由区发改委牵头编制完成《后坪苗族土家族乡深度脱贫攻坚总体规划》，围绕“七大提升”行动规划项目95个，项目总投资130587万元。

（后坪苗族土家族乡）

后坪乡厚朴示范园

【浩口苗族仡佬族乡脱贫攻坚】 2017年7月，浩口乡落心村、接官村代表全区接受国家第三方评估检查，通过国家评估验收；4个市级贫困村实现整体脱贫“摘帽”，393户1503人实现越线达标。

浩口乡发展杨梅产业

全年投入500余万元，实施C、D级危旧房改造814户。实施162户699人搬迁安置，兑付资金262万元。投入200多万元，改厨174户、改厕209户、改院坝693户5.69万平方米；深化农村环境连片整治，实行聚居点垃圾集中处理；新建污水处理厂1个。

（浩口苗族仡佬族乡）

【接龙乡脱贫攻坚】 2017年，全乡有贫困家庭410户1411人有369户、1270人实现脱贫越线，顺利“脱贫摘帽”。是年，新识别贫困户4户15人，贫困发生率从2014年的23.9%下降到2.1%。

全年投入59.8万元，为全乡14户特殊困难户新建安全住房。对120户C级危旧房屋进行修缮，对11户D级危房进行改造。实施易地扶贫搬迁56户235人；投入500余万元，对农村环境开展集中整治。投入268.73万元，对全乡786户木结构房屋装订板壁39135平方米；对864户房屋95670平方米壁、柱粉刷油漆。投入115.59万元，硬化院坝376户28705平方米、硬化室内109户216间、硬化台阶69户2276.17平方米，新建卫生厕所244间，改厨改灶59户，整修漏水房屋258户，拆除或改造危旧房131间。

（接龙乡）

接龙乡农房改造

【赵家乡脱贫攻坚】 全乡共有贫困人口261户908人，其中香房村为市级贫困村，新华村为区级贫困村，2015–2016年共实现脱贫243户832人，2017年实现脱贫7户19人，11户27人未实现脱贫，贫困发生率控制在0.51%以内。全乡第一书记、驻村工作队、163名帮扶干部等帮扶力量实施精准帮扶。扶贫资助52名赵家籍在校大学生。投入206.6万元精准实施环境卫生整治和不安全住房改造，改造不安全住房372户、改厨55个、改厕302个、庭院改造186个。实施易地扶贫搬迁44户172人，发展新华村集体接待经济。

（赵家乡）

【大洞河乡脱贫攻坚】 全乡累计整合投入资金1064万元，脱贫攻坚成果得到巩固，并通过国家评估检查验收。2017年全乡再次减贫13户45人，仅有11户29人未脱贫，贫困发生率仅为0.73%；推进扶贫政策精准落地，发放春节慰问金2.3万元，发放春耕生产化肥476袋，折合人民币3.9万元；完成C、D级危房改造27户，兑付补助资金56.7万元，完成生态扶贫搬迁24户140人，已兑付补助资金90万元，全乡11名贫困学生享受教育资助5.5万元，通过教育资助实现脱贫11户38人；实施医疗救助1.9万元，发放贴息贷款3户8万元，补助贴息金额3895元，开展各类培训300余人次。

（大洞河乡）

赵家乡扶贫工作队改善人居环境

大洞河乡农房改造

土地乡巴渝新居

专记

ZHUANJI

武隆年鉴

羊角场镇避险搬迁安置历程

【概况】 武隆羊角场镇新址位于仙女山国家旅游度假区和正在打造的白马AAAAA级景区的结合部，土坎乌江大桥贯通，渝湘高速土坎匝道正在加快推进建设中，乌江航道穿流而过。

地理位置优越的羊角场镇新址 （代娟 摄）

道路畅通的羊角场镇新址 （湛伟 摄）

【新址建设】 新址于2016年3月开工建设，至2017年12月，房屋主体工程全面完工。新址共建设房屋484栋，共1936套，总建筑面积27.6万平方米，总投资20余亿元。11月30日，羊角场镇新址道路建设完成，总长6.7公里，包括18480立方米的水温层铺设和61600平方米的油化作业。12月20日，区供电公司投入3123万元，新增18台美式箱变，新增变电容量9960千伏安，敷设高压电力电缆5.607公里，低压电力电缆59.782公里；重庆祥龙雅信天然气有限公司在羊角场镇避险搬迁新址安装燃气管网完工，一级管网8000米，二级管网6194米，三级管网15600米，完成调压箱安装18台，换成入户挂表1936户。12月26日，羊角场镇新址到污水处理厂进水池的污水处理管网贯通，达到厂区通水条件；路灯管网铺设完成，临时照明完工。

【搬迁安置】 2017年8月7日，全区羊角场镇危岩滑坡防治工作领导小组第九次会议在会议中心二会议室召开，专题研究部署羊角场镇避险搬迁安置工作。会议听取《羊角搬迁安置房分配方案（送审稿）》《羊角搬迁安置房集中分配组织实施方案（送审稿）》、土坎镇狮子危岩避险搬迁安置房向安置户收款标准事宜、土坎征地拆迁户安置区二次场平及筏板、条形基础等基础工程处置费事宜、规划建设手续办理事宜和羊角搬迁安置房建设资金支付事宜等。

2017年4月，羊角场镇新址施工现场 （徐强 摄）

2017年12月20日，羊角场镇新址房屋主体工程全面完工 （代君君 摄）

电缆线下地，场镇更美丽　（蒋颖　刘毅　摄）

8月21日，区长卢红在区政府二楼一会议室主持召开羊角场镇危岩滑坡避险搬迁安置入住动员部署会，安排部署羊角场镇危岩滑坡避险搬迁安置入住相关工作。12月13日，区羊角危岩整治办公室联合羊角镇政府组织召开避险搬迁安置入住工作会。12月15日，区政府召开羊角场镇危岩滑坡避险搬迁安置选房入住动员会。12月18日，区人大常委会主任杨国权率部分市、区人大代表到羊角场镇镇新址调研避险搬迁安置建设及回迁工作。12月20日，区长卢红到羊角场镇避险避险搬迁新址现场调研，并召开整体搬迁安置入住专题会。12月21日，区政协主席潘晓成率部分政协委员到羊角场镇新址调研。

12月26日，羊角场镇避险搬迁抽签选房第一天。抽签选房过程分为四联户抽签和散户抽签，每个抽签都有区党代表、区人大代表、区政协委员、区公证处等代表全程监督，并全程直播摄像，通过大屏幕向场外群众公开。是日，安置房D户型（150平方米）结构集中抽签选房有1位四联房户委托抽签代表和62户散户代表参与抽签。12月27日，房源为60平方米的A户型结构集中抽签选房举行，共有519套住房。12月28日，面积为90平方米的B户型房屋集中抽签选房举行，共970套住房。12月29日，面积为120平方米的C户型集中抽签选房举行，共有381套住房。为保障搬迁群众顺利选房，区危治办和羊角镇党委政府安排登记验证、现场秩序维护和安保、宣传报道等15个保障组，现场投入1500余人为搬迁群众服务。

（源自《武隆日报》）

12月26日，抽签选房选房现场　（代君君　摄）

12月28日，抽签选房现场　（刘毅　摄）

12月26日，羊角场镇避险搬迁安置抽签选房现场
（陈然　摄）

抓阄选房　（代君君　摄）

拿到抽签顺序号，王延珍老人笑开了花　（徐强　摄）

干净整洁的羊角场镇新址　（王露　摄）

中国传统村落——浩口乡浩口村田家寨

特载

TEZAI

武隆年鉴

政府工作报告

——2018年1月12日在重庆市武隆区第十八届人民代表大会第二次会议上

重庆市武隆区人民政府区长　卢　红

一、2017年工作回顾

过去的一年，是武隆撤县设区的开局之年。一年来，我们以党的十九大精神、习近平新时代中国特色社会主义思想和视察重庆重要讲话精神为指引，在市委、市政府和区委的坚强领导下，在区人大、区政协的监督支持下，团结依靠全区广大干部群众，全面贯彻落实新发展理念，坚定信心、克难奋进、主动作为，扎实做好稳增长、促改革、调结构、惠民生、防风险各项工作，较好地完成了区十八届人大一次会议确定的目标任务。预计全年实现地区生产总值159.2亿元，增长9%左右；税收收入8亿元，增长8.5%左右；固定资产投资144.3亿元，增长10%左右；社会消费品零售总额59亿元，增长12%左右；居民人均可支配收入20240元，增长11%左右；城镇常住居民人均可支配收入32585元，增长9.7%左右；农村常住居民人均可支配收入11765元，增长10.5%左右。经济社会发展稳中有进、进中向好。

一年来，我们持之以恒抓产业、重培育、促转型，发展质量不断提升。一、二、三产业增加值分别增长4.8%、11.7%、7.8%，三次产业结构比为14 ∶ 40 ∶ 46。**攻坚旅游“三大战场”。**全年接待游客2800万人次，增长14%。成功创建国家级旅游业改革创新先行区、国家体育旅游示范基地，荣获“全国通用航空旅游示范单位”等称号。完成《大溪河流域旅游发展总体规划》及15个乡村旅游示范点等规划。成功举办“申遗”10周年和仙女山度假区建设10周年等系列活动；归原艺术农业旅游对外试营业；星际未来城、懒坝国际文化艺术主题公园、阳光童年等项目加快建设。白马山度假区累计完成投资4.41亿元。望仙崖景区主体工程基本完工；度假区配套项目、公共基础设施项目加快完善；成功引进东方明珠集团总投资50亿元的项目落户白马山。7条乡村旅游精品线路有序推进，完成城区至杨叉岭路段绿化和房屋风貌升级改造，双河木根铺、土地犀牛寨、火炉凉水井、赵家白院子等一批乡村旅游示范点初具规模，新增农家乐320家，涉旅农户达到1.8万户。加强商旅融合，住宿餐饮营业额增长16.5%；批发零售业销售额增长15.5%；电商交易额突破15亿元；五洲商贸物流园加快建设；仙女天街成功创建市级特色商业街，江口镇被评为市级商贸强镇，火炉镇被评为市级商贸综合服务中心。**培育工业主导产业。**预计工业增加值增长11.5%；完成工业投资17.9亿元；新培育规模以上工业企业4户。润成动力（一期）、久味夙等项目建成投产，新金联（一期）、天誉环保等项目加快建设。工业园区长坝组团三标段完成场平建设；白马组团污水处理厂完成主体工程建设；白马货运码头完成进港道路和217平台建设；黄荆坝中央商城（一期）开工建设。页岩气开发完成投资2.4亿元，开钻评价井12口；页岩气实现商业试采，城区民用天然气价格每立方米直降0.93元；白马电航枢纽进入核准程序；罗洲坝水电站并网发电；浩口水电站3台机组发电。**推进三大富民工程。**乡村旅游接待游客760万人次，收入14亿元。农村电商三级服务体系加快完善，快递物流实现全覆盖，市场主体突破1000家，农产品销售额突破3亿元；接龙乡被评为市级电子商务示范乡。50个农业与扶贫示范基地重点项目有序推进，农业大地艺术、沙台林果基地、双凤绿茶基地等12个基地示范效应凸显。播种粮食4.93万公顷、产量18.7万吨；播种蔬菜2.58万公顷、产量58.9万吨；种植烤烟0.37万公顷、产量12.35万担；畜禽出栏186.5万头（只）。新培育市级示范农业合作社3家、示范家庭农场2家；博航畜禽养殖等5个农民合作社被评为全国示范社；鳅田稻被列为第九批国家级水稻种植标准化示范区；全区"三品一标"达到33个。

一年来，我们统筹推进抓建设、提品质、强功能，发展基础不断夯实。城乡建设加快推进。完成投资46.5亿元，预计实现建筑业增加值增长11.8%，建成区面积达到22.4平方公里。城市总规进入市政府审批程序，完成凤来、赵家等4个乡规划、184个村规划编制审查。山水园林旅游新城加快建设，北滨广场即将投用；左岸堤防、南滨路加高、中堆坝广场等项目主体工程加快建设；北滨路乌江二桥至三桥段堤防工程开工建设；复烤厂片区、老车站片区等开发项目前期工作加快推进；成功创建国家园林县城，全国文明城区、国家卫生城区等创建工作有序推进。加快把仙女山度假区升级打造成国际知名旅游度假区；白马生态工业新城提质建设；羊角古镇初具形象；仙女山镇被评为全国特色景观旅游名镇；打造人居环境市级示范片1个，建设美丽宜居村庄3个。**基础设施建设加快推进。**完成交通投资16.6亿元。土坎乌江大桥、武仙路复线建成投用；仙女山机场、渝怀铁路复线、龙溪乌江大桥、G65土坎互通、城区北环西线、白马山旅游环线等项目加快建设；渝湘高铁、垫丰武及武道高速、城区综合客运枢纽等项目前期工作有序推进；完成农村公路通畅工程270公里，实现181个行政村通客。完成水利投资7.9亿元。接龙水库成功蓄水，核桃、大河沟2座水库完成大坝主体工程；仙女山、河心等水库加快建设；沙河、沙坝、花园、木根4座水库启动建设，姜家溪、万峰、铜鼓、西山、车盘5座水库完成项目前期工作。**生态文明建设加快推进。**完成国家生态文明建设示范区创建规划和24个乡镇生态文明建设规划。深入实施"环保五大行动"，空气质量优良天数331天；地表水满足水域功能要求；集中式饮用水水源地水质达标率100%。完成各类营造林0.97万公顷，森林覆盖率62.6%。全面落实"河长制"，常态化开展水质断面联合监测和巡查。城区污水处理厂迁建项目试运行、扩建项目加快建设；建筑弃渣填埋场建成投用；生活垃圾处理厂开展选址论证；实施50个行政村农村环境连片综合整治。

一年来，我们众志成城抓脱贫、攻搬迁、克难关，发展短板加快补齐。脱贫攻坚是全区发展中的最大短板，羊角搬迁是最大难关，我们举全区之力、集全民之智，奋力攻坚，成效显著。**脱贫"摘帽"顺利实现。**坚持把脱贫攻坚作为首要政治任务和最大民生工程，健全完善"七大政策体系"，强力实施"十大攻坚行动"，累计投入45.6亿元，实施扶贫项目3104个，75个市级贫困村整村脱贫，减少贫困人口14133户49938人，贫困发生率下降到1.64%，顺利通过国家贫困县退出评估验收，摘掉了武隆15年的"贫困帽子"，实现了阶段性目标。出台"1+3+N"深度脱贫攻坚方案，持续推进深度脱贫攻坚，确保到2020年实现高质量稳定脱贫。**羊角搬迁基本完成。**加快推进羊角场镇避险搬迁早搬、快搬、全搬。按照"城区副中心、旅游古镇"定位，坚持"人员机具最大化、24小时全饱和"作业，全力推进新址建设，484栋1936套搬迁安置房全面完工，风貌装饰、道路管网、水电气等配套工程加快完善。机关事业单位全部入驻；成立14

个搬迁安置助推集团，积极稳妥做好分房工作，累计分房1925套，确保搬迁群众在春节前后有序搬进新居。同时，土坎征地拆迁安置区、狮子危岩搬迁安置区、食品工业园加快建设。

一年来，我们蹄疾步稳抓改革、扩开放、促创新，发展活力持续迸发。深化供给侧结构性改革。有效化解过剩产能，全面完成全区煤炭企业关闭退出工作；开展“僵尸企业”处置，清理注销企业219户。积极化解房地产库存，销售商品房4573套32.4万平方米。推动“涉企35条”“营改增”等系列政策落地，累计为企业减负2.5亿元以上。**推进行政体制改革。**顺利完成撤县设区机构调整，优化调整全区党政群机构、事业单位设置，优化完善全区安全生产监管体制。成立区旅游管理委员会，将区旅游局改革为区旅游发展委员会，强化统筹协调职能。设立区全域旅游游客服务中心，建立旅游综合执法支队、旅游警察支队、旅游工商分局、旅游巡回法庭，构建“1+3+N”的旅游综合执法体系。将区市政园林局改革为区城市管理局（区城市管理综合行政执法局），理顺执法体制，城市管理水平有效提升。巷口镇撤镇设街道获市政府批复。**锁定重点领域改革。**推进公立医院改革，实施药品采购“两票制”，全面取消公立医院药品加成、药事服务费，调整医疗服务项目价格439项，同步调整医保报销政策，调升项目全部纳入医保报销。完成全国异地就医联网结算，开展生育保险与医疗保险合并实施试点，启动实施机关事业单位养老保险实收实支工作。推进农业项目财政补助资金股权化改革试点，实施扶持发展农村集体经济试点项目10个，积极探索农村集体经济经营管理模式和有效实现形式。公务用车、户籍制度等改革同步推进。**加快推进开放发展。**新引进各类产业项目30个，正式签约80亿元，到位投资40亿元；实施全球大营销，境外游客占比达到4.8%；实际利用外资738万美元，利用内资41亿元；外贸出口总额700万美元，服务外包205万美元。**加快创新驱动发展。**新培育科技型企业40家、累计达到52家；新认定国家高新技术企业2家，市级高新技术产品5个。建成凤来谷市级众创空间，签约企业123家，入驻企业49家。完善知识产权服务体系，搭建了知识产权服务平台。申请专利213件，授权专利126件，分别增长150.6%、85.3%。

一年来，我们不忘初心抓民生、办实事、促和谐，发展成果持续共享。社会事业全面发展。城镇新增就业4944人，城镇失业人员、就业困难人员就业4455人，城镇登记失业率下降到1.96%。将21534人纳入城乡低保；社会保险参保65万人次，发放社会保险待遇8.9亿元。建成社区养老服务站2个。顺利通过国家义务教育发展基本均衡区督导认定；武隆中学、实验小学凤溪校区及凤溪幼儿园、江北幼儿园、土坎中学、土坎小学、仙女山希望学校、白马第二小学及幼儿园、白马中学（一期）、职教中心（一期）9所新建和改扩建学校建成投用；资助贫困学生3.9万人次3135万元。中医院门诊住院综合楼完成主体工程；妇幼保健院妇产科建成投用；全年无重大传染病疫情发生。实施农民体育项目12个，新建乡镇健身广场4个，建成农村登山步道和健身路径37条；成功举办全区首届运动会。区图书馆顺利通过全国评估定级验收；完成“百县万村”示范点建设26个；成功申报市级非物质文化遗产5项；开展文化服务进村1240场次。**努力办好民生实事。**完成易地扶贫搬迁3995人；改造农村危房1000户；新增城区停车位2590个；完成老旧居民建筑消防设施改造17栋；实施农村义务教育学生营养改善计划4.1万人；江口、鸭江、火炉中心校改扩建工程加快推进；完成村级卫生室标准化设备配置50个；完成殡仪馆建设；完成油房沟农贸市场主体工程；完成农村公路通畅工程270公里；巩固提升农村人饮安全4.6

万人；整治山坪塘100口；完成棚户区改造350户；完成农村适龄妇女“两癌”免费筛查22476人次。

一年来，我们正风肃纪抓效能、严规矩、强执行，发展环境不断优化。强化党的建设。认真落实全面从严治党各项要求，牢固树立“四个意识”，扎实推进“两学一做”学习教育常态化制度化，坚决清除孙政才恶劣影响和薄熙来、王立军流毒，以党的建设新成效促进政务水平新提升。**强化依法行政。**坚持重大事项向人大报告和政协通报制度，自觉接受人大法律监督、工作监督和政协民主监督，认真办理人大代表建议和政协委员提案，办理质量不断提升；完善政府工作规则、项目管理办法、招投标细则、政府采购等制度，发挥财政、监察、审计等职能作用。**强化廉政建设。**严格落实中央八项规定精神，坚决整治“四风”，驰而不息抓公务人员廉洁从政从业。查处各类违纪案件68件，党纪政纪处分87人、组织处理2人。**提升服务效能。**积极推进行政审批制度改革，累计减少行政审批项目41项；完成行政许可标准化建设，对272项行政审批事项进行标准化流程打造；建立招商引资项目并联审批制度，办结时限从117个工作日压缩到37个工作日内。**加强社会治理。**开展“护航2号”“渝安2号”行动，大力整治治安重点地区和突出问题，依法防范和惩治各类违法犯罪活动，连续13年实现命案侦破率100%；推进“七五”普法，开展“阳光信访”，依法规范信访秩序，全区“十九大”期间安保维稳工作被通报表彰为全市优秀；安全生产市上考核控制指标事故起数下降55.6%、死亡人数下降57.9%，连续40个月未发生较大及以上生产安全事故；创建国家食品安全示范城市有序推进，食品药品安全事故零发生。**加强要素保障。**提升发展保障能力，着力改善运行环境，实现本级财政收入22.3亿元；争取上级转移支付31.6亿元；争取各类建设用地指标240公顷；引进各类人才252名。金融机构年末存款余额203.87亿元，增长5.7%；贷款余额193.56亿元，增长10%。与此同时，国防建设、民族、宗教、外事、侨务、对台、新闻、统计、调查、物价、档案、气象等工作扎实推进，工会、工商联、人防等工作持续加强，老龄、青年、妇幼、残疾人、红十字会、社科联等事业取得新进展。

2017年我们风雨兼程、克难奋进，实现了新一届政府的良好开局。这一年，面对艰巨繁重的改革发展任务，我们在“五位一体”“四个全面”下寻找坐标，笃定前行方向，经济质量效益持续提升，全区发展迈上新台阶。这一年，面对创新驱动新趋势，我们向改革要动力、向创新要活力，加快转型提档升级，实现了结构优化、动力转换的新突破。这一年，面对人民群众新需求，我们以扶贫攻坚和羊角搬迁为统揽，举全区之力持续加大投入，努力改善民生，回应了生活提质、幸福加码的新期盼。这一年，面对突如其来的地震灾害，我们科学部署、迅速行动，努力将灾害损失降到最低，从容应对了新考验。这一年，面对激烈竞争新态势，我们大力发扬“武隆精神”，获得国家、市级各类荣誉称号103项，夯实了砥砺前行的新动能。这些成绩的取得，是党中央国务院正确领导、定向导航的结果，是市委市政府倾情关爱、大力支持的结果，是区委统揽全局、科学谋划的结果，是区人大、区政协监督支持、合力助推的结果，是全区干部群众敢想敢干、实干快干的结果！在此，我代表区人民政府，向为武隆建设付出辛勤劳动的全区人民，向给予政府工作大力支持的人大代表、政协委员、党外人士、离退休老同志、驻武部队官兵、公安政法干警，向民主党派、工商联、人民团体，向所有关心支持武隆发展的各界朋友，表示衷心的感谢！

当前，我们正处于“转型提质”的关键阶段。在“转”与“提”的过程中，仍面临不少困难和挑战：经济总量不大、财政实力不强，缺乏重大产业项目支撑，部分指标完成不尽人意；旅游国际化程度不高，工业产业链条短，农产品加工转化率低；城乡统筹任务艰巨，改革破冰力度不大，要素瓶颈制约明显；创新能力不足，对经济发展的贡献率低；公共服务、社会治理、安全稳定等民生问题的解决压力增大；政府效能和自身建设与发展新要求、群众新期盼还不相适应。对此，我们一定不以事艰而退避、不以任重而不为，必须采取有效措施，努力解决化解，绝不辜负全区人民的重托和期待！

二、2018 年工作安排

今年，是全面贯彻落实党的十九大精神的开局之年，是改革开放 40 周年，也是决胜全面建成小康社会、实施“十三五”规划承上启下的关键之年，做好政府各项工作意义重大。**从全国看，**党的十九大、中央经济工作会为经济工作定向导航，把工作重心转向高质量发展、转向有效供给，中央将继续实施积极的财政政策和稳健的货币政策，政策红利将持续释放。**从全市看，**重庆已全面融入“一带一路”、长江经济带、西部大开发等国家发展战略，直辖市的体制优势将持续释放“利好”。市委五届三次全会对标对表党的十九大精神，浓墨重彩地部署实施“三大攻坚战”和“八项行动计划”，全市资源配置将更加高效，基础设施互联互通格局将更加完善，发展空间将更加广阔。**从武隆看，**我们置身其中、顺势而为，及时部署了“三大攻坚战”和“八项行动计划”，为全区转型提质发展提供强劲动力，必将在新一轮发展中大有可为、大有作为。

今年政府工作的总体思路：深入贯彻党的十九大精神，深学笃用习近平新时代中国特色社会主义思想和视察重庆重要讲话精神，统筹推进“五位一体”总体布局，协调推进“四个全面”战略布局，按照中央经济工作会、市委五届三次全会和区委十四届三次全会要求，坚持稳中求进工作总基调，坚持以供给侧结构性改革为主线，坚持以人民为中心的发展思想，自觉践行新发展理念，突出抓重点、补短板、强弱项，以“三大攻坚战”和“八项行动计划”为抓手，推动经济发展质量变革、效率变革、动力变革，把党的十九大精神全面落实在武隆大地上。

经济社会发展的主要目标：地区生产总值增长 9% 左右；税收收入增长 8.5% 左右；固定资产投资增长 11% 左右；社会消费品零售总额增长 13.5% 左右；居民人均可支配收入增长 10% 左右；城镇、农村常住居民人均可支配收入分别增长 9.5%、11% 左右；城镇登记失业率控制在 3% 以内。

实现上述目标，我们要坚持做到“五个必须”。一是必须用好新发展理念这根“指挥棒”。认真贯彻党的十九大精神，崇尚创新、注重协调、倡导绿色、厚植开放、推进共享，用新发展理念引领经济在新常态下健康发展。**二是**必须挥好改革开放创新这把“开山斧”。坚持问题导向，保持定力和韧劲，蹄疾步稳、踩准节奏，深化改革、扩大开放、加快创新，确保改革开放创新愿景如期实现。**三是**必须守好依法行政这条“基准线”。坚持用法治思维和法治方式推进发展、化解矛盾、维护稳定，主动以权责清单为蓝本，照单行政、亮单行权，让法治真正成为政府工作的标尺和干部群众的遵循。**四是**必须转好民生改善这个“中心轴”。坚持以人民为中心的发展思想，围着群众转、带着群众干、实现群众盼，全面提升老百姓的获得感、幸福感、安全感。**五是**必须念好全面从严治党这个“紧箍咒”。坚持标本兼治，把制度建设贯穿于经济建设的全过程，深入推进反腐败斗争，始终保持全区干部清正、政府清廉、政治清明。

今年，我们要重点抓好以下十项工作：

——大力实施以建设国际知名旅游胜地为引领的对外开放行动计划，打造全域旅游新图景。全年接待游客突破 3200 万人次、增长 15%，旅游综合收入突破150亿元。

狠抓旅游产业大提升。加快以建设国际知名旅游胜地为引领的开放发展，按照"一心一带四区一网"的全域景区规划建设布局，围绕旅游"三大战场"，不断丰富山水主题游、休闲度假游、特色深度游、新兴时尚游等旅游产品，加快向"泛旅游"模式转变，着力提升市场竞争力；成功创建国家全域旅游示范区和中国国际喀斯特旅游目的地，加快向"品牌铸造"阶段迈进，着力彰显武隆旅游崭新形象；充分对接旅游"新六要素"，引进落地一批"旅游+"融合发展大项目，着力强化旅游与其他产业深度融合发展；推出一系列具有武隆特色的旅游文创产品，延伸旅游产业链，着力增加旅游附加值；加快城市商圈和旅游商圈建设，打造一批特色商品街区，着力让消费增长成为旅游发展的重要引擎。进一步完善"1+3+N"旅游市场综合监管体制，加快建立遵循国际惯例和国际标准的旅游服务体系；整合现有互联网资源和监控指挥平台，建成武隆旅游大数据平台，推进智慧旅游建设，实现所有景区、度假区数据全覆盖。

狠抓旅游项目大建设。提档仙女山第一战场。加快把仙女山国家级旅游度假区建成国际知名旅游度假区；仙女山机场主体工程完成60%以上，完成投资6亿元；星际未来城（一期）投入运营；完成懒坝国际文化艺术主题公园净心寺工程；归原艺术农业旅游项目（二期）建成开放，力争启动三期建设；芙蓉江缆车、天生三桥电梯建成投用；加快阳光童年、城区游客接待中心建设；下石院全面开工建设；启动通用航空基地、仙女山国际会议中心、仙女山镇交通枢纽建设；完成城区至仙女山有轨电车项目可研。建设白马山第二战场。《白马山市级自然保护区修编》《白马山旅游度假区总体规划》获市政府批复；望仙崖景区开园迎客；完成天尺坪片区环道公路、西坡公路、污水处理设施等配套项目建设；天尺坪核心度假片区开工建设；持续推进公共基础设施建设；接待游客150万人次，收入2.8亿元。夯实乡村旅游第三战场。加快打造中国最美乡村旅游目的地，力争完成5个区级乡村旅游示范点建设，有序推进其他乡村旅游示范点建设；完成7条乡村旅游精品线路导视系统；推进芙蓉湖亲水休闲旅游度假区建设前期工作；乡村旅游接待游客890万人次，收入17亿元。

狠抓开放经济大发展。打好"世遗牌"、用好"5A牌"、提升"度假牌"，积极申办全市旅游发展大会，精心举办好首届全区旅游产业发展大会，全力营造旅游大发展的浓厚氛围。提升打造户外运动公开赛品牌，高质量举办露营音乐节等"大事件"营销活动；持续拓展名媒名人营销；深化全球营销，全年集团营销组客110万人；境外游客达到160万人次，占游客总量的5%。主动融入"一带一路"建设和长江经济带发展，完善开放通道，打造开放平台，营造开放环境。积极参与中新（重庆）战略性互联互通示范项目和中国（重庆）自由贸易试验区，引导企业发展优势产品，加强对外贸易和投资合作。着力优化外贸结构，提升外贸竞争力，出口贸易总额突破1000万美元；构建跨境电商平台，扩大武隆特色优质产品的国际分销渠道。推进仙女山云端小镇建设，探索构建仙女山临空经济区，加快建设总部经济园，培育壮大外向型经济。继续深化与国内外友好城市、协作省区、知名高校、科研院所等交流合作。

——大力实施以建设生态工业经济强区为目标和以智能化为引领的创新驱动行动计划，实现工业经济新突破。全年实现工业增加值增长11.2%；完成工业投资25亿元。

提升园区建设。加快园区工业项目建设，推进园区基础设施和功能完善，努力把工业园区建成科技创新、人才汇聚、新兴产业集聚的生态工业园区。完成园区企业固定资产投资2亿元以上；新金联新型陶瓷、天誉环保、民康汽车整车线束总成等项目建成投产。完成园区基础设施投资1.5亿元以上；白马码头建设全面完工；黄荆坝中央商城（一期）完成主体工程的60%以上；加快推进物流通道建设；完成中小企业创业园、总部经济园等前期工作。

提速产业培育。充分利用武隆资源禀赋，提档升级清洁能源、装备制造、农副产品深加工三大优势产业，奠定工业发展坚实基础。着力聚焦轨道交通装备、新材料、新能源汽车、页岩气、生物医药、节能环保、智能制造装备七大战略新兴产业集群，逐步构建和完善战略新兴产业体系。扎实推进重大项目建设，开工建设白马电航枢纽项目，完成投资2亿元；完成大梁子风电升压站和道路工程；完成页岩气勘探开发投资2亿元。强化豆干、苕粉、牛羊肉、茶叶等农副产品品牌培育，延伸产业链、提高附加值。加强智能化引领，实施传统产业智能化改造，在汽车、装备、材料、消费品等领域，加快以智能化手段提高全要素生产率，更好地适应个性化定制、网络化协同、分享型增值等新需求。对接推进云计算、大数据、物联网在旅游商贸、交通市政、医疗健康、生态环保等多领域应用和跨界融合，推动生产性服务业向价值链高端延伸。探索建立工业投资股权基金。聚焦重点产业、重点企业，抓好运行调度，强化要素供给、服务保障，为企业培育更好的“生长土壤”。新培育规模以上工业企业5家。

提质招商引资。探索创新招商引资方式，突出专业招商、鼓励社会招商，改革集团招商模式，由组团招商向产业招商转变。坚持招商选资与招才引智并重、集聚生产要素与提升创新能力并重，重点引进税收贡献大、人才及技术密集和符合全区主导产业发展规划的好项目、大项目，提高招商引资的专业性、实效性和项目落地率。全年引进各类产业项目30个以上，签约总投资100亿元以上，到位投资40亿元以上，引进总部企业和结算中心10家以上。

——大力实施以建设山水园林旅游新城为目标的城市品质提升行动计划，谱写美丽城乡新篇章。全年完成城乡建设投资45亿元；实现建筑业增加值增长11.7%。

建设精品城区。依托现有山水脉络，加快打造“碧波映城、城托青山”的精品城市，切实增强城市吸引力。以中心城区提质拓展“十大工程”为抓手，加快建设山水园林旅游新城。持续拓展城市空间。按照“东拓西进，南展北扩”思路，着力拓展城区中堆坝、三桥至棉花坝片区；完成老车站、瓦厂坝、复烤厂等片区土地房屋征收；加快国平时代天街（二期）、江上明珠、北城半岛、御江华府等项目建设，打造城市综合商圈。持续完善城市功能。强化基础设施配套，完成城区左岸大木桥段堤防、南滨路加高、南滨广场停车场等项目建设；加快北滨路堤防、五洲商贸物流园建设；启动梓桐广场停车场、城区立体停车场建设；启动城区桥梁综合整治；推进三桥至棉花坝南北滨江路等项目前期工作。持续提升城市品位。完成龙山公园A区、梓桐公园、夜景灯饰（二期）建设；加快凤山公园（二期）建设、“老街记忆”打造、建设东路环境综合整治；完成长峡路、桂园路、龙湖路、火车站片区等城乡接合部及城周环线道路综合整治；实施城区绿化亮化美化工程，提升人居环境质量。

打造羊角古镇。羊角场镇避险搬迁已全面进入建设新阶段。围绕“城区副中心、旅游古镇”的定位，按照4A级景区标准，高质量、高效率打造羊角古镇。加快新址扫尾工程建设。完成水电气讯、污水、垃圾处理等配套工程建设，确保搬迁群众入住新址后能正常供给；完成汽车站和公交站点、社区便民服务中心、农贸市场、健身广场等公共设施建设；启动土坎河段防洪护岸综合治理工程、乌江二桥南至羊角古镇景观大道、乌江二桥北至羊角古镇步行道、羊角古镇至仙女山旅游公路建设。加快完善古镇业态。完成古镇灯饰文化工程建设，启动景观文化工程、古镇商业街、游客接待中心建设和羊角文物搬迁工作；加快旅游观光食品加工创业园建设，确保年内实现企业试运营。持续巩固搬迁成果。常态化开展险区危岩滑坡群测群防巡逻工作；完善搬迁后续政策保障措施，强化结对帮扶长效机制，确保群众搬得出、稳得住、能致富。

推进村镇建设。优化镇村布局，推进有条件的镇逐步改街道，有条件的乡改镇。按照功能镇、旅游集镇、民族集镇、边贸小镇、文化名镇五大类别，因地制宜规划建设特色小镇；以“十有”标准加快乡镇场镇标准化建设，加快发展有历史记忆、地域特色、民族特点的美丽城镇。推进白马生态工业新城、仙女山国家级特色小镇、江口市级特色小镇、后坪高山民族风情小镇和黄莺、文复、沧沟等边贸小镇建设；将石桥创建为全国民族团结进步示范乡。依托自然和资源优势，挖掘农村民居特色元素，加快建设一批特色镇村；按照“六通”“六有”标准，建设美丽宜居村庄4个；积极申报中国传统村落2个，修缮和保护传统村落1个；建设全国智慧村镇1个。

落实精细管理。完成城乡总体规划批复，启动中心城区剩余地块控制性规划编制，加快推进“多规合一”，着力构建“一中心+两功能组团+特色乡镇+农民新村”的城乡规划体系；加快编制美丽山水城市等专业专项规划；完成乡镇规划4个、美丽宜居村庄规划4个；优化重点区域、重要节点城市设计，确保全域所有空间资源都有规划管控、所有建设项目都有规划遵循。健全综合执法长效机制，坚决遏制“两违”行为。推进海绵城市、智慧城市、智慧交通建设。深入开展爱国卫生运动。持续深化综合创建，加快“五城联创”进程。提升物业管理水平。强化垃圾分类收运，规范道路停车管理，建立健全保洁长效机制，彰显美丽山水城市独特魅力。

——大力实施乡村振兴行动计划，激发“三农”发展新活力。按照“产业兴旺、生态宜居、乡风文明、治理有效、生活富裕”的总要求，加快农业农村现代化和城乡融合发展。

推进产业兴村、生态美村。构建现代农业产业体系和生产经营体系，着力调结构、强科技、创品牌，促进农业“接二连三”。稳定粮食供给，抓好粮食安全；做大做特做强六大“十亿级”产业链，提升生态渔业、中药材等区域性特色产业，巩固烤烟、蚕桑等传统产业。高标准打造土坎苕粉、土坎盖坪大地艺术、仙女山荆竹归原农业、白马天尺坪茶叶基地、桐梓绿茶示范基地、后坪茶产业扶贫示范带、火炉万峰生态旅游扶贫示范园等现代农业产业园。加快新兴乡村民宿、田园综合体建设，培育森林人家、田园农家100户以上。建立农村电商大数据平台，规范运营电商服务体系，提高农村物流配送效率；支持产业协会创建农产品区域公用品牌；新发展“三品一标”20个，新培育市级名牌农产品3个以上，农村电商销售额突破4亿元。以“厕所革命”“养殖革命”、垃圾污水治理、面源污染治理、绿化美化净化为重点，持续开展农村人居环境综合整治行动，让乡村更加宜居宜业宜游，打造美丽乡村。

推进网络联村、民生惠村。以构筑农村交通网、水利网、信息网、能源网为重点，加快推进水、电、路、讯、房等农村基础设施建设，全面提升农村教育、卫生、文化等公共服务水平，让农村成为安居乐业的家园、休闲旅游的景区。全面完成第二批扶贫饮水项目，巩固提升15.15万人的饮水安全，实现农村供水入户率100%；大力推进农村安全饮水工程建设。加强农村用电保障。加快完善村组公路建设。建设人行便道160公里。加快完善信息网络建设。严格农村宅基地建房规划管控，开展“一户多宅”专项整治；改造农村危房400户。实施农业综合开发生态综合治理1333.33公顷。创新农村能源服务机制，提升农村沼气工程综合利用水平。创新农村基础设施建设和管护机制。

推进党建强村、乡风润村。充分发挥基层党组织的领导力、凝聚力、推动力，加快组建农村集体经济组织。探索实施“党委（党总支、党支部）+合作社+公司+农户”的发展模式，围绕打造“全链条、全循环、高质量、高效益”农业产业集群，强化新型农业经营主体培育和新型职业农民培育，实现小农户与现代农业发展有机衔接。培训新型职业农民400人；培育农村“双创”园区1家以上。加强农村基层基础工作，选齐配强村务监督委员会，健全自治、法治、德治相结合的乡村治理体系，探索“村级党组织+村民理事会+自治联营户”的村民自治新模式，倡导传统美德，普及现代科技，提升村民自我管理、自我教育、自我服务的能力，实现生产联产、公益联合、诚信联建、治安联防的乡村良治善治。

推进改革活村。强化政府引导、市场运作、多方联动，加大涉农资金整合力度，按照“深化清产核资、开展确权确股、选优产业项目、培育承接主体、推进合股联营、规范收益分配”的模式，稳妥推进农村“三变”改革试点，鼓励发展壮大农村集体经济，形成可复制、可推广的改革成果，并逐步推广到其他行政村。推进深化农村土地承包经营权确权登记颁证工作。加大农业项目财政补助资金股权化改革力度。鼓励发展多种形式的适度规模经营。推动特色优质农业保险提标扩面。深化农村金融、农村水利、供销合作社、国有林场、集体林权等改革。探索农民合作社、供销社、信用社“三社融合”发展机制，促进农民与经营主体“联产联业”“联股联心”。

——大力实施基础设施建设提升行动计划，夯实协调发展新动力。统筹推进基础设施网络建设，增强基础设施体系的整体性、融合性、协调性，为经济发展、人民生活提供更好的环境和条件。

加快交通项目建设。实施交通基础设施建设提升战略行动，累计投资150亿元，苦战三年，完成航空建设、铁路建设、高速路网、国省干线公路提升改造、农村小康路及乡村旅游路五大路网建设，实现乡镇通油路、行政村通畅、行政村通客、撤并村通畅、村民小组通畅（30户以上集中居住）、区级乡村旅游示范点通油路“6个100%”。今年是实施交通三年行动计划的攻坚年，重点实施建设项目20个，完成投资20亿元。完成G65土坎互通、龙溪乌江大桥、江口至后坪公路、白马山旅游环线（白马至白果坪段）、S428土坎至盘家湾段公路提档升级工程、龙山公园入口道路改造等项目建设；完成仙女山机场连接路、S204桐梓至丰都都督段升级改造、S429鸭江至庙垭段升级改造、仙女山镇荆竹路加宽改造、土坎至白马山加宽改造、G353竹坝至白果坪段改建、白马山旅游环线（赵家至豹岩段）、城区北环西段等项目路基工程。加快推进渝怀铁路复线、区级乡村旅游示范点道路等项目建设。开工建设渝湘高铁武隆段、土坎至城区景观大道、武仙路大修、疏港公路园区至白马山段等项目。统贷统建加快小康路、乡村旅游公路建设。

加快水利项目建设。持续推进水利定点扶贫“八大工程”。建成大河沟、仙女山、核桃、河心4座水库；建成羊角古镇供水工程；完成城区、仙女山管网改造。加快建设沙河、沙坝、花园、木根4座水库。开工建设西山、车盘、万峰、铜鼓、姜家溪5座水库；开工建设江口、火炉、后坪、河心4个水厂。推进大洞河水库、车盘水厂、江南水厂等项目前期工作。

加快其他项目建设。完善城乡环保基础设施建设，完成城区污水处理厂迁扩建项目建设，力争完成城区生活垃圾处理厂项目主体工程建设，加快乡镇二、三级污水管网建设；加快全市统一实时在线环境监测监控系统建设。总投资6000万元以上，改造农村10千伏线路30公里以上，新增和改造配电变压器70台。实现所有行政村4G网络和光纤全覆盖；实现城区、园区、度假区、主要景区、乡村旅游示范带等公共区域WiFi全覆盖。推进三峡后续工作，新启动3个农村移民安置村精准帮扶项目建设，促进移民安稳致富。

——大力实施以建设生态文明示范名区为目标的生态优先绿色发展行动计划，厚植持续发展新优势。树立和践行绿水青山就是金山银山的理念，精心调适发展与生态的关系。

推动绿色发展。全面启动国家生态文明建设示范区创建，加快推进国家森林城市创建，积极开展绿色新村创建。大力发展绿色金融、绿色农业、环保产业、清洁能源产业，推进低碳城市、低碳园区、低碳景区试点。开展节约型机关、绿色家庭、绿色学校、绿色社区和绿色出行创建行动。深入实施乌江、城镇和景区周边森林生态屏障建设；主要江河湖库流域满足水域功能要求，城镇集中式饮用水水质达标率保持100%；完成各类营造林4486.67公顷，森林覆盖率达到63.6%。

强化生态保护。开展第二次污染源普查，建立健全重点污染源档案、污染源信息数据库和环境统计平台。巩固基本农田划定成果，严守耕地保护红线；严守生态保护红线，不断改善环境质量。加强世界自然遗产和风景名胜区保护管理，确保资源的原真性与完整性。全面落实“河长制”，继续实行最严格的水资源管理制度，强化“三条红线”管理，常态化开展水质断面联合监测和巡查，确保重要江河湖库河畅、水清、坡绿、岸美。开展小水电、非煤矿山专项整治，建立完善监管办法。完成甄子岩危岩等9处地灾治理工程，启动鸭江镇、土地乡集镇综合治理项目；探索建立市场化、多元化的生态补偿机制，鼓励扶持各类社会主体参与生态保护。

完善生态机制。实施生态建设和修复工程，完善生态环境管理制度，优化生态治理机制。统筹推进山水林田湖草系统治理；健全吸引社会资本投入生态环保的市场化机制；严格执行建设项目环境影响评价和“三同时”制度；开展领导干部自然资源资产离任审计和“河长制”审计；完成集体林业综合改革试验示范区建设和国有林场改革验收；强化排污许可管理；推进环境应急、辐射监管、监测能力达标建设；继续推进森林认证和碳汇交易试点。

——大力实施科教兴区和人才强区行动计划，夯实提质发展新支撑。坚持科技是第一生产力、人才是第一资源、优先发展教育事业，把武隆建成科技进步、教育兴旺、人才汇聚之地。

强化科技创新。实施创新驱动“八大行动”，完善金融、人才等政策，加大财政科技投入，撬动社会研发投入，营造良好的创新创业氛围，全社会R&D经费支出提高20%以上。培育创新主体，新培育高新技术企业2家以上，新入库科技型企业10家以上；实施科技特派员创新创业行动，选派国家“三区”科技人才21名和市、区级科技特派员112名，做好示范带动和成果转化，助推脱贫攻坚和乡村振兴；以生态工业、高山蔬菜、中药材等产业为重点，联合高校、科研院所和企业，搭建一批科研平台，推进高山蔬菜市级农业科技园区、凤来谷众创空间和蔬妆星创天地等建设。推进科技金融服务，组建1000万元的种子基金，首批启动实施500万元，引导科技型企业开展技术创新。

强化教育发展。始终坚持把教育摆在优先发展位置，不断提升“五大认识”，持续实施“五大工程”，着力推进渝东南教育强区、全市教育特色区和全国义务教育发展优质均衡区建设。加快学校标准化建设，启动实验中学迁建、白马小学改扩建项目；江口小学等6所学校改扩建项目建成投用；实施“183”名师工程和“131”名校长工程，强化师德师风建设，提升师资队伍水平；深化教育综合改革，努力提高教育教学质量。健全学生助学体系，关爱特殊群体儿童。深入推进校企合作，开展“现代学徒制”试点，提高职业教育服务地方经济发展的能力和水平。

强化人才支撑。全面发展人才事业，重点推进专业技术人才、高技能人才、农村实用人才、社会工作人才、经营管理人才等队伍建设。弘扬劳模精神、劳动精神、工匠精神和企业家精神。完善本土人才回引机制。建立人才分类培训长效机制，提升本土人才素质。打造高层次紧缺人才引进绿色通道，完善人才激励政策，实施人才引进专项行动，引进高层次人才20人，带动引进各类人才200人。重点实施“博士后工作站”“专家工作站”“百名科技副职”等人才工程。改革人才服务机制，建立人才服务平台，为各类高层次人才提供全方位服务。

——大力实施以需求为导向的保障和改善民生行动计划，抒写民生事业新答卷。坚持以人民为中心的发展思想，对标“七有”目标，织密扎牢民生保障网。

全面加强民生保障。坚持计划生育基本国策，全面落实计生民生政策；持续改善学前教育办学条件，扩大学前教育公办资源，全力推进学前教育普及普惠发展，实现幼有所育。探索教育体制机制改革，深化集团化办学、探索学区化办学、强化捆绑式办学，推动义务教育优质均衡发展，促进城乡义务教育一体化发展，确保学有所教。新增城镇就业3000人，就业困难人员就业700人，农民工返乡就业创业4000人；努力保障高校毕业生、城镇零就业家庭、军转安置人员等群体就业；高度重视职业健康，加大职业病危害专项整治力度，保障劳有所得。中医院扩建项目建成投用；推进疾控中心业务综合楼、福康医院和博爱精神病医院迁建工程；强化公共卫生服务能力、卫生应急能力和信息化建设；建立覆盖城乡居民的基本医疗卫生制度，推进医疗、医药、医保联动，巩固扩大医改成果，城乡居民医疗保险参保率保持在95%以上，实现病有所医。突出政府保基本、兜底线责任，鼓励引导社会资本投入，探索建立多样化的养老平台，城乡居民养老保险参保率保持在95%以上，推进老有所养。建成区救灾物资储备库，推进国家级综合减灾示范社区建设；提高特困供养人员、孤儿和建卡贫困户、因病致贫人员医疗救助标准，提高低保、五保、“三留守”、残疾人等救助关爱水平，做到弱有所扶。规范房地产市场秩序，稳定市场预期，保障人民群众各类住房需求，实现住有所居。

繁荣发展文体事业。提升公共文化体育服务水平，大力践行社会主义核心价值观，兴办覆盖全区的“新时代讲习所”；加快文化馆图书馆总分馆制建设，逐步覆盖所有行政村。加快文体基础设施建设，完成龙山、凤山、梓桐公园健身设施配套，完善城区健身设施5处，新增长坝、白马健身点，力争完成30公里登山步道建设，全民健身普及率达到45%以上；启动瓦厂坝体育公园、区美术馆、区非遗文化中心建设。鼓励社会主义文艺创作，充分发挥文体协会作用，丰富群众性文体活动，为群众提供丰富的精神食粮。继承弘扬优秀传统文化，加强文物保护利用和非遗文化保护传承；强化档案史志工作，加快县志编撰。引进培育文体创意龙头企业，大力发展文体产业，提升综合竞争力。

着力抓好民生实事。计划投资14亿元左右，实施30件民生实事，不断满足人民群众日益增长的美好生活需要。对接抓好涉及武隆的市级民生实事12件：投资5亿元，建设农村小康路、乡村旅游公路500公里；长坝、黄草公立幼儿园启动建设，羊角古镇幼儿园完成建设，鸭江、火炉、石桥公立幼儿园投入使用；实施农村学前教育儿童营养改善计划；新增城区公共停车位500个，新建人行步道和过街通道5000平方米，改造5000平方米；新建改建城区公厕4座、旅游厕所16座，每个乡镇新建或改建标准化厕所1

座以上；对所有武隆籍建档立卡贫困家庭大学生进行资助；在城区人流密集、停留时间较长的公共区域，设置直饮水点5个；完成100户老旧居民住宅供水管网及附属设施改造；实施公共区域免费WiFi建设，建成27个无线访问接入点；实施增绿添园工程，建设3个城市公共绿地项目；建成社区养老服务中心2个；城乡家庭医生签约服务覆盖率分别达到30%和50%。新增和滚动实施区级民生实事18件：完成易地扶贫搬迁4300人；妇幼保健院儿科大楼开工建设；启动2个社区卫生服务中心建设；完成城区油房沟农贸市场建设；建成区儿童福利院；实施“棚改三年攻坚行动”，加快消除城区砂砖房、危旧房，今年完成棚户区改造500户4.5万平方米；完善公共场所母婴设施配置9个；完成3个充电站和150个充电桩建设；完成老旧居住建筑消防设施改造15栋，加快统筹解决城区高层建筑消防安全问题；实施建卡贫困户土地复垦46.67公顷等内容。

——大力实施以供给侧结构性改革为主线的全面深化改革，增强改革发展新动能。改革是发展的最大红利，坚持把改革贯穿于发展全过程，奋力拓展经济社会发展新的更大空间。

抓好供给侧结构性改革。加快化解过剩产能，实施严格的常态化执法和强制性标准，促使一批能耗、环保、安全、技术达不到标准或淘汰类产能依法依规关停退出。采取综合措施，全面清理处置“僵尸企业”“空壳公司”。有效化解房地产库存，科学调控土地供给和房地产开发，新开工商品房30万平方米，竣工商品房37万平方米。减轻企业负担，继续落实“涉企35条”“营改增”“四上企业扶持”等政策，新培育“四上企业”30户；全面清理、整合、规范涉企行政事业性收费、政府性基金项目和重点领域涉企收费。

推进行政体制改革。深化大部门制改革，对职能相近的政府机构探索合并设立或合署办公。完成巷口镇撤镇设街道。统筹使用各类编制资源，推进旅游、科技、国资、文化、招商、卫生等管理体制改革。坚决打破利益固化格局，加快推进事业单位分类改革，用制度严格约束行政权力向市场的不当延伸。深化“放管服”改革，继续深化行政审批制度改革，承接落实市政府取消下放的行政审批事项；完善园区、度假区体制机制，充分释放发展活力。完善市场监管体制，创新事中事后监管方式，深入推进“双随机、一公开”监管；加快推进“互联网+政务服务”，推动网上行政审批平台覆盖所有乡镇，实现村、社区代办行政审批事项。深化商事制度改革，全面推行证照分离，推进多证合一。

深化经济体制改革。为实体经济保驾护航，坚决清理妨碍统一市场和公平竞争的规定和做法，加强产权保护，落实保护民营企业合法权益办法，提振各类市场主体信心，充分激发社会资本、民间经济活力。深化国有企业改革，以管资本为主推进国资监管职能转变，鼓励引入战略投资者，落实市场化选人用人、市场化业绩考核和薪酬分配制度，提高企业法人治理效率。继续推进喀斯特（集团）公司上市，力争完成股权改革。深化投融资改革，建立企业投资项目管理负面清单、权力清单和责任清单，探索建立政府性基础设施建设投资基金，鼓励民营资本参与政府与社会资本合作项目。推进土地储备制度改革，探索土地债券融资。实施财政资金使用绩效化管理，调整优化支出结构，合理划分乡镇财政事权与支出责任。有序推进公立医院、金融监管等领域改革。

——坚决打赢防范化解重大风险、精准脱贫、污染防治攻坚战，彰显“三大攻坚”新成效。坚持问题导向，以更加务实的举措、更加扎实的作风，加快补齐发展短板。

坚决打赢防范化解重大风险攻坚战。提高防范和抵御政治安全风险能力，严厉打击各类违法犯罪活动。有效防范化解经济风险隐患，加强改革过程中的风险排查、预警和处置。开展第四次全国经济普查。健全金融重点风险专项治理机制，坚决守住不发生区域性风险的底线。强化政府债务管控，降低融资成本，提高资金使用绩效。加强社会治安防控体系建设，积极实施“雪亮工程”，强化网络安全风险防范和舆情导控。实施信访“六大专项行动”，提升矛盾纠纷源头治理和多元化解水平。严格落实安全生产主体责任和监管责任，推进安全标准化建设和负面清单管理，严防发生较大及以上生产安全事故和公共安全事件。推进国家食品安全示范城市创建，提升食品药品安全保障水平。强化消防安全。加强国防后备力量建设。加强防灾减灾救灾能力建设，提升政府应急管理水平。继续抓好“七五”普法，倡导公序良俗，提升城乡社区群众自治水平，推进社会治理共建共治共享。

坚决打赢精准脱贫攻坚战。脱贫摘帽不是终点，而是新的起点。全面聚焦深化脱贫攻坚，坚持“政策不变、人员不撤、队伍不散、干劲不松、帮扶不脱钩”，深入实施“深化脱贫攻坚三年计划”和“七大深化提升工程”，巩固提升贫困县、贫困村退出成果。重点聚焦1个市级深度贫困乡、3个区级重点贫困乡和16个重点贫困村，实施定点包干帮扶，全面攻克“坚中之坚”。统筹用好财政资金、金融资源和社会帮扶资金，提高资金使用效率。统筹抓好教育、医疗、社保等政策落实。统筹推进农村基础设施建设，助推乡村旅游、农村电子商务和特色产业发展，健全扶贫项目与贫困群众利益联结机制，提升贫困地区和贫困群众的自我发展、自我脱贫能力。以东西部扶贫协作、水利部定点扶贫、市委政法委扶贫集团帮扶、民主党派帮扶等为契机，积极争取人才、技术和资金支持。加强脱贫攻坚督查考核和资金管理，确保脱贫工作务实、脱贫过程扎实、脱贫结果真实。

坚决打赢污染防治攻坚战。坚持全民共治、源头防治，深入实施“环保五大行动”，落实“水十条”“气十条”“土十条”，让城乡水更清、天更蓝、地更绿。打好“清水守护战”，推进城镇和工业园区污水处理设施全覆盖，城市和乡镇生活污水集中处理率分别达到95%和80%以上；完成乌江锣鹰、乌江白马、芙蓉江江口、大溪河鸭江国控国考断面自动水质监测站建设，确保断面水质达标。打赢“蓝天保卫战”，实施空气质量达标规划，建设仙女山镇空气自动监测站，确保PM2.5年均浓度和城区空气优良天数“双达标”，空气质量优良天数稳定在330天左右。打牢“净土管控战”，加强农业面源污染防治，强化土壤管控和修复；加强固体废物和垃圾处置，确保危险废物得到安全处置；强化畜禽粪污治理，对禁养区内养殖场坚决予以关停或搬迁。加强城市噪声环境管理，实现城区功能噪声全面达标。健全环境风险防控体系，形成刑责治污合力，坚决对环境污染违法行为“零容忍”。

三、切实加强政府自身建设

今年各项工作任务十分繁重。我们必须坚持在党的领导下，进一步转变政府职能，围绕党的十九大提出的增强八个方面的本领，努力提高“六大能力”，用实际行动兑现对全区人民的庄严承诺。

——强化党的建设，提高自身政治能力。深入学习贯彻党的十九大精神，推进“两学一做”学习教育常态化制度化，开展“不忘初心、牢记使命”主题教育，牢固树立“四个意识”，坚决维护以习近平同志为核心的党中央权威和集中统一领导，认真落实中央决策部署和市委、区委工作安排。坚决清除孙政才恶劣影响和“薄、王”思想遗毒，营造良好政治生态。全体政府工作人员要秉持忠诚、干净、担当的政治本色，以永不懈怠的精神状态和一往无前的奋斗姿态，推动形成心齐、气顺、劲足、实干的干事创业良好局面。

——强化法治思维，提高依法行政能力。坚持把依法行政贯穿于政府治理的全过程。严格遵循区政府工作规则、“三重一大”等议事决策规则，按照重大行政决策程序办事，确保行政决策权限合法、实体合法、程序合法。自觉接受人大及其常委会的法律监督和工作监督，自觉接受人民政协的民主监督，认真听取人大代表、政协委员、民主党派、工商联、无党派人士和各人民团体的意见。严格行政规范性文件备案审查。健全行政复议案件审理机制。

——强化担当作为，提高改革创新能力。提高发展站位，准确把握宏观经济新常态下武隆发展面临的新特征、新机遇，自觉把各项工作置于全国全市发展的大局中去谋划、去推进，力争每一项工作都创特色、树典型、出经验。全体政府工作人员要在发展改革的风浪中敢闯敢试、敢于担当、开拓创新。持续转变政府职能，提升服务发展水平。认真落实国务院办公厅《关于进一步激发民间有效投资活力促进经济持续健康发展的指导意见》，着力构建亲清政商关系，及时回应解决企业合理诉求，为实体经济发展营造良好环境。

——强化务实高效，提高执行落实能力。政府的职责重在执行、贵在落实。对“三大攻坚战”“八项行动计划”，实行一个行动计划一个实施方案，按照项目化、清单化要求，定人定责定时，一抓到底。推行政府工作绩效管理，完善正向激励和容错纠错机制，为担当者担当、为干事者撑腰，让埋头苦干、开拓进取蔚然成风。健全问责问效机制，实行常态化督查督办，重点治理办事拖拉、推诿扯皮、拈轻怕重等庸政懒政怠政行为，打通政策落地“最后一公里”，确保政府各项工作全面落到实处。

——强化正风肃纪，提高廉洁从政能力。“法令既行，纪律自正”。严格落实中央八项规定《实施细则》和市委《实施意见》，坚持不懈整治“四风”。强化行政监察、审计监督，自觉接受司法监督、舆论监督和社会监督。加大政务公开力度，让权力始终在阳光下运行。严格执行《中国共产党廉洁自律准则》《中国共产党纪律处分条例》，从管权管钱管人管物等环节入手，扎紧制度“笼子”，以权力瘦身为政府强身。严肃查办重点领域、关键环节和群众身边的腐败案件，着力构建不敢腐、不能腐、不想腐的长效机制。

——强化一心为民，提高为民理政能力。民生无小事，枝叶总关情。始终怀着强烈的忧民、爱民、为民、惠民之心，把群众过上好日子作为政府一切工作的出发点和落脚点，从群众最不满意的地方改起，从群众最期盼的事情做起，着力解决好群众最关心、最直接、最现实的焦点问题。主动体贴民情，推动政府工作重心下移、力量下沉，做到民有所呼、我有所应，民有所盼、我有所为，始终与人民群众心心相印，让广大群众过上更有尊严、更加幸福的生活。

各位代表！大道行思，取则行远。让我们更加紧密地团结在以习近平同志为核心的党中央周围，在市委、市政府和区委的坚强领导下，在工作部署上“扣扣子”，在责任履行上“担担子”，在任务落实上“钉钉子”，奋力开创各项事业新局面，向着决胜全面建成小康社会、开启社会主义现代化建设新征程的宏伟目标大步前进！

（区政府办）

概述

GAISHU

武隆年鉴

概 述

行政区划

【地理位置】 武隆位于长江上游地区、重庆东南部，在武陵山与大娄山结合部，属于中国南方喀斯特高原丘陵地区。地处北纬 29° 02' ~ 29° 40'、东经 107° 13' ~ 108° 05' 之间。东西长 82.7 公里，南北宽 75 公里，辖区面积 2889.37 平方公里。

【建制沿革】 1998 年 11 月，武隆县人民政府对部分乡镇建制进行调整。2002 年 6 月，撤销白果乡，设立仙女山镇，驻地石梁子，并同时将原巷口镇荆竹村、杨柳村、茶坪村，原土坎镇的四合村、和顺村，原双河乡仙女村划归仙女山镇管辖。2003 年 12 月，撤区并乡建镇，将原有的 11 个镇、35 个乡调整为 11 个镇、15 个乡。2004 年 5 月，县人民政府对乡镇、村（居）民委员会、村（居）小组进行调整撤并，并对乡镇进行排序。2009 年 1 月 21 日，重庆市人民政府同意撤销文复乡、石桥乡、浩口乡、后坪乡，设立文复苗族土家族乡、石桥苗族土家族乡、浩口苗族仡佬族乡、后坪苗族土家族乡；撤销和顺乡，设立和顺镇。2016 年 6 月 7 日，重庆市人民政府同意武隆县撤销双河乡，设立双河镇；同意铁矿乡更名为大洞河乡。调整后，武隆县辖 13 个镇、13 个乡。2016 年 11 月 24 日，国务院批准武隆撤县设区。2017 年 1 月 13 日，重庆市武隆区正式挂牌，区政府仍驻巷口镇。

2017 年 12 月 1 日，重庆市政府批准撤销巷口镇，设立凤山街道和芙蓉街道。凤山街道，行政区域面积 187.05 平方公里，辖原巷口镇油坊、复兴、中山、红豆、梓潼 5 个社区和凤山、芋荷、黄渡、城东、走马、蒲板、万银、杨家、广坪、芦红、出水、中堆坝 12 个村；街道办事处驻长滨路 217 号。芙蓉街道，行政区域面积 89.05 平方公里，辖原巷口镇芙蓉西路、芙蓉中路、中嘴 3 个社区和白杨、三坪、中鱼、黄金、东山、中兴、青吉、堰塘、石龙 9 个村。街道办事处驻芙蓉中路 51 号（原巷口镇政府驻地）。

2017 年年末，辖 25 个乡镇（火炉镇、白马镇、江口镇、仙女山镇、鸭江镇、羊角镇、长坝镇、平桥镇、桐梓镇、土坎镇、和顺镇、双河镇、凤来乡、庙垭乡、石桥乡、黄莺乡、沧沟乡、文复乡、土地乡、白云乡、后坪乡、浩口乡、接龙乡、赵家乡、大洞河乡）、2 个街道（凤山街道和芙蓉街道）、186 个行政村、24 个社区。

【人口】 2017 年年末，全区户籍总户数为 141195 户，总人口 412680 人，男女性别比为 109.7 ∶ 100。其中，城镇人口 116261 人，乡村人口 296419 人。出生人口 4126 人，死亡人口 4872 人，人口自然增长率 -1.8‰，出生男女性别比为 109.8 ∶ 100。全区常住人口 34.72 万人，其中城镇人口 14.82 万人，城镇化率 42.68%。

（区公安局）

【民族宗教】 全区有苗族、土家族、仡佬族等 12 个少数民族，主要分布在石桥苗族土家族乡、文复苗族土家族乡、后坪苗族土家族乡、浩口苗族仡佬族乡 4 个少数民族乡。

全区依法设置宗教场所 3 处，分别是芙蓉街道观音沟佛教活动点、芙蓉街道基督教活动点、江口镇天主教传教点；教职人员 3 名，基督教信众 42 人、天主教信众 62 人。

（区委统战部）

表 1　　2017 年武隆区行政区划一览表

街道、镇乡名称	村、居、社区名称
凤山街道	5 个社区：梓潼社区、红豆社区、中山社区、油坊社区、复兴社区 12 个村：凤山村、芋荷村、黄渡村、城东村、走马村、蒲板村、万银村、杨家村、广坪村、芦红村、出水村、中堆坝村
芙蓉街道	3 个社区：芙蓉西路社区、芙蓉中路社区、中嘴社区 9 个村：白杨村、三坪村、中鱼村、黄金村、东山村、中兴村、青吉村、堰塘村、石龙村
白马镇	2 个居委：铁佛寺居委、六方坪居委 10 个村：铁佛村、三溪村、板桥村、沙台村、鱼光村、豹岩村、车盘村、灵山村、东升村、杨柳村
仙女山镇	1 个居委：石梁子居委 7 个村：荆竹村、明星村、白果村、桃园村、龙宝塘村、仙女村、庙树村
江口镇	2 个社区：上街社区、下街社区 8 个村：荆竹坝村、银厂村、黄草村、花园村、蔡家村、黄桷村、三河村、谭家村
平桥镇	1 个社区：平桥镇社区 8 个村：乌杨村、平胜村、茅坪村、高屋村、红隆村、中村村、南坪村、龙园村
火炉镇	1 个社区：火炉社区 14 个村：向前村、筏子村、云峰村、后槽村、车坝村、梦冲塘村、新田村、鲁家村、徐家村、关桥村、万峰村、岩峰村、保峰村、木水村
鸭江镇	1 个社区：鸭江社区 9 个村：双河园村、三元村、高兴村、显灵村、谭坪村、保禾村、青峰村、送月村
长坝镇	1 个社区：长坝社区 15 个村：镇宜村、红光村、新生村、尖峰村、红丰村、鹅冠村、白沙村、大元村、大岭村、何家村、沙窝村、简村村、乐道村、胜利村、光明村
羊角镇	1 个社区：羊角社区 9 个村：朝阳村、青春村、碑垭村、永隆村、鹅岭村、石床村、庙岭村、田弯村、茶岭村、艳山红村
土坎镇	1 个社区：土坎社区 5 个村：关滩村、新坪村、五龙村、松树村、清水村
桐梓镇	1 个社区：同心社区 6 个村：长征村、香树村、桐梓村、繁荣村、官田村、双凤村
和顺镇	1 个社区：和顺社区 9 个村：沙子坨村、青木池村、弹子村、金坪村、清水塘村、打蕨村、核桃坪村、周家山村、海螺村
双河镇	1 个社区：双河社区 8 个村：新春村、坨田村、团兴村、木根村、石坝村、荞子村、梅子村、铁炉村
凤来乡	6 个村：临江村、青龙村、狮子村、高楼村、送坪村、高寿村
庙垭乡	5 个村：蒲坪村、和平村、双桥村、凤游村、云丛村
石桥乡	1 个社区：石桥社区 6 个村：八角村、大坪村、天池村、香龙村、贾角村、六棱村
黄莺乡	1 个村：黄莺社区 6 个村：双河村、黄莺村、新树村、隆兴村、群力村、复兴村

街道、镇乡名称	村、居、社区名称
沧沟乡	5个村：关庙村、青杠村、大田村、沧沟村、大水村
文复乡	6个村：兴隆村、楠木村、高隆村、西山村、漆树村、铜锣村
土地乡	4个村：小岩村、六井村、沿河村、天生村
白云乡	4个村：红色村、莲池村、红云村、红星村
后坪乡	6个村：高坪村、文凤村、中岭村、白石村、双联村、白鹤村
浩口乡	6个村：浩口村、何家村、三汇村、接官村、邹家村、落心村
接龙乡	3个村：小坪村、接龙村、两河村
赵家乡	2个村：新华村、香房村
大洞河乡	3个村：红宝村、幸福村、百胜村

地质地貌

全区地质构造雏形由燕山期第二幕形成，属新华夏构造体系和南北径向构造体系，川黔南北构造带。江口等地区属川鄂湘黔隆起褶皱带，褶皱构造形成一系列背斜和向斜。构造成南北向的主要有接龙场背斜、甘田湾向斜、大耳山背斜、羊角背斜、三汇背斜、车盘向斜等。背斜核部出露地层多为二叠系、三叠系，其中接龙场背斜多为寒武系。向斜轴部为三迭系中上统地层。构造形态多为短轴构造，两翼岩层倾角差异较大。断裂构造发育，多与背斜伴生。其性质为冲断层、正断层、逆断层。主要断层有芙蓉江冲断层、土坎正断层、三汇冲断层、煤炭厂逆断层、四眼坪逆断层。

武隆区属渝东南边缘大娄山脉褶皱带，多深丘、河谷，以山地为主。地势东北高，西南低。境内东山菁、白马山、弹子山由北向南近似平行排列，分割组成桐梓、木根、双河、铁矿、白云高地。因娄山褶皱背斜宽广而开阔，为寒武系石灰岩构成，在地质作用过程中，背斜被深刻溶蚀。乌江由东向西从中部横断全境。乌江北面的桐梓山、仙女山属武陵山系，乌江南面的白马山、弹子山属大娄山系。木棕河、芙蓉江、长途河、清水溪、石梁河、大溪河等大小支流由南北两翼汇入乌江。由于深度溶蚀形成的深切槽谷交错出现，构成武隆区崇山峻岭，岗峦陡险，沟谷纵横。仙女山主峰磨槽湾海拔最高，达2033米；大溪河口海拔最低，海拔为160米。除高山和河谷有少而小的平坝外，绝大多数为坡地梯土。土壤多属黄壤、黄棕壤，其次紫色土。

（区国土房管局）

【气候】 2017年，全区年平均气温为17.7摄氏度，比历年平均气温17.4摄氏度偏高0.3摄氏度，年极端最高气温为39.7摄氏度，年极端最低气温为2.2摄氏度；年总降水量为885.5毫米，比历年平均降水偏少139.4毫米；年总日照数为1081.2小时，比历年平均日照时数偏多近1成；年平均相对湿度80%；年平均风速1.6米/秒。

全年内暴雨略偏少；高温强度偏强；气象干旱偏重；连阴雨偏重；强降温过程少于常年。

暴雨站次略偏少，出现7场区域性暴雨天气过程。2017年全区共出现7场区域暴雨过程，依次是“4·20”、“6·5”、“8·24”、“8·28”、“9·2”、“9·10”和“9·18”，日雨量极值为164.8毫米，出现在9月10日浩口站；其中“9·10”过程范围最广、持续时间最长、强度最强。

高温强度偏强。大于或等于35摄氏度高温

日数32天、大于或等于37摄氏度高温日数16天，大于或等于40摄氏度高温天气主要出现在沿江河谷地区，如鸭江、平桥、长坝、白马、江口等乡镇。极端最高气温出现在7月28日，达39.7摄氏度，平桥镇极端最高气温出现在8月22日达44.8摄氏度，高温强度较常年偏强。

气象干旱偏重。2017年7月10日—8月24日，全区大部地区连续出现46天重旱，江口镇等部分乡镇达特重旱，干旱较常年偏重。

连阴雨偏重。2017年，全区累计出现轻度连阴雨3次。2017年10月11日—26日，全区连续出现16天的重度连阴雨天气，为年内最重连阴雨过程。

霜冻、强降温过程偏少。2017年10月10—12日，全区出现1次强降温过程，降温强度达9.4摄氏度，为年内最强冷空气过程；仙女山等高山地区出现霜冻。

（区气象局）

表2　　2017年全区气温情况表

月份	气温（℃）			地面（0cm）温度（℃）		
	平均气温	极端最高	极端最低	平均温度	极端最高	极端最低
1月	9.0	16.5	2.7	9.3	29.3	–0.1
2月	8.8	20.0	2.2	10.0	41.0	–0.3
3月	11.8	26.2	6.3	13.1	47.0	4.2
4月	17.8	31.0	10.2	19.8	51.1	8.2
5月	20.7	33.9	12.5	23.1	55.6	11.1
6月	23.2	33.7	16.8	25.9	56.9	16.3
7月	28.5	39.7	19.6	33.2	65.3	19.4
8月	28.2	39.6	22.2	32.5	67.4	22.0
9月	23.7	33.6	17.6	26.2	56.4	18.7
10月	17.8	29.1	9.8	19.4	39.5	9.2
11月	13.1	24.4	4.0	14.0	33.6	1.9
12月	9.3	17.3	3.2	10.0	29.3	0.5
年平均	17.7	—	—	19.7	—	—
年极值	—	39.7	2.2	—	67.4	–0.3

表3　　2017年全区降水量情况表

月份	降水量(mm)		最长连续降水日数		最长连续无降水日数
	总量	一日最大	日数	降水量	
1月	5.2	1.3	5	3.3	14
2月	24.7	8.5	5	17.9	8
3月	39.0	12.5	4	15.3	8
4月	113.9	34.8	5	35.9	7
5月	123.2	29.9	6	17.9	5
6月	133.8	22.4	7	46.8	4
7月	36.7	10.7	4	10.8	9
8月	64.1	32.9	3	18.7	9
9月	181.9	51.8	8	69.9	7
10月	102.5	32.1	10	56.5	5
11月	52.8	15.8	4	40	10
12月	7.7	3.8	3	1.5	9
年合计	885.5	—	—	—	—
年极值	—	51.8	10	56.5	14

自然资源

【土地资源】 武隆区位于重庆市东南边缘，在武陵山与大娄山结合部，属于中国南方喀斯特高原丘陵地区。地处北纬 29° 02' ~ 29° 40'、东经 107° 13' ~ 108° 05' 之间。东西长 82.7 公里，南北宽 75 公里，辖区面积 2889.37 平方公里。

根据土地变更调查结果显示，2016 年土地调查总面积 288936.52 公顷，耕地 64862.48 公顷（其中：水田 12368.16 公顷、旱地 52494.32 公顷）与上年度相比净减少耕地 4104.30 公顷；园地 4095.73 公顷，净减少 0.34 公顷；林地 190365.21 公顷，净增加 5188.83 公顷；草地 1615.30 公顷，无变化；城镇村及工矿用地 7274.44 公顷，净减少 24.61 公顷（建制镇 1486.53 公顷，农村居民点用地 5359.91 公顷，采矿用地 338.44 公顷，风景名胜及特殊用地 89.56 公顷）；交通运输用地 3652.85 公顷，净增加 1.12 公顷；水域及水利设施用地 5870.20 公顷，净减少 1.24 公顷；其他土地 11200.31 公顷，净减少 1059.46 公顷。

【矿产资源】 境内探明的矿产有铝土矿、大理石、煤、铁等 22 种，其中煤矿储量达 4000 万吨，大理石出露面积约 43 平方公里，重晶石储量 300 万吨，铝土矿探明储量 1.6 亿吨。

（区国土房管局）

【水资源】 境内平均水资源总量为 22.8375 亿立方米，其中地下水资源储量为 4.6706 亿立方米，出露量为 2.7888 亿立方米。全区蓄水工程 8845 座，其中水库 32 座；塘坝、窖池 8813 座（处）。全区水库总库容 95631 万立方米，其中大型水库库容 90600 万立方米；中型水库库容 3436 万立方米。水能储藏量 240 万千瓦，可开发量 190 万千瓦。

【河流】 境内集雨面积大于 50 平方公里的河流有 9 条：其中 500 平方公里以上的河流有乌江、

表 4　　2017 年全区湿度、极大风速及日照情况表

月份	相对湿度（%）		极大风速（m/s）	日照时数	
	平均	最小		合计（小时）	百分率（%）
1 月	77	37	15.9	18.6	6
2 月	81	14	13.9	50.5	16
3 月	79	20	10.7	37.2	10
4 月	78	21	15.1	90.8	24
5 月	77	13	16.8	153.8	37
6 月	83	28	12.5	104.2	25
7 月	70	28	18.5	246.8	58
8 月	72	32	21.8	183.5	45
9 月	84	38	15.4	74.3	20
10 月	87	40	17.1	40.4	11
11 月	86	44	12.4	36.2	11
12 月	83	40	17.5	44.9	14
年合计	—	—	—	1081.2	—
年平均	80	—	—	—	24
年极值	—	13	21.8	—	—

大溪河、芙蓉江、木棕河；100至500平方公里的河流有石梁河、清水溪、老盘河、长途河。全区河流除乌江属长江水系外，其他河流均属乌江水系。

（区水务局）

【动植物资源】 全区有野生动物371种，其中国家一级保护动物6种、二级保护动物31种。珍稀野生国家一级保护动物有黑叶猴、云豹、金雕、虎、蟒蛇等6种动物，国家二级保护动物有猕猴、短尾猴、豺、穿山甲、雀鹰、红腹角雉、红腹锦鸡等31种。黑叶猴、猕猴等珍稀动物主要分布乌江流域、芙蓉江沿岸的低海拔区域。

境内以中亚热带植物为主，植被类型有常绿阔叶林、常绿针叶林、常绿针阔混叶林、竹林、常绿阔叶与落叶阔叶交混林、灌木林、疏林草地及灌丛草地。全县有植物种类2048种，其中国家一级保护植物9种、二级保护植物26种。国家重点保护一级植物包括苏铁、银杏、南方红豆杉、水杉、银杉、珙桐等9个树种，国家重点保护二级植物包括金毛狗、木通马兜铃、绞股蓝、楠木、樟树、喜树等26个树种。红豆杉、楠木等珍稀植物大多分布在800米以上的高海拔地区，桐梓、后坪等乡镇和白马山自然保护区是珍稀动植物的宝贵基因库。

全区林业用地面积221960公顷，森林面积176186.67公顷，森林覆盖率62.6%。全区自然保护区3个，面积154.2平方公里。

（区林业局）

旅游资源

【概况】 境内景区类型有山（仙女山、白马山）、水（乌江、芙蓉江）、林（白马山原始森林）、洞（芙蓉洞）、湿地（黄莺湿地公园）、石林（白云石林、仙女山石林）、湖泊（仙女湖、芙蓉湖）、草原（仙女山大草原）等各种丰富的自然景观，拥有除大海和沙漠以外的所有景观类型，被誉为“世界喀斯特自然博物馆”。已开发的景区主要有：世界规模最大、最高的串珠式天生桥群——天生三桥；地质奇观——龙水峡地缝；山城夏宫、东方瑞士和落在凡间的伊甸园——仙女山国家森林公园；中国唯一列入《世界遗产名录》的洞穴——芙蓉洞；水上喀斯特森林——芙蓉江等。正在开发的有：亚热带“生物基因库”——白马山；世界口部面积最大的天坑——中石院天坑。还未开发的有：世界唯一的冲蚀型天坑——后坪天坑；世界最大和亚洲最深的竖井群——天星竖井群；亚洲最长的洞穴——桐梓山洞穴群；国内稀有的集群式漂流——木棕河、黄柏渡漂流；水上乐园——芙蓉湖；以及串珠式密布武隆境内的260多处景观。

【天生三桥】 天生三桥位于城区东南20公里处，距“南国牧原”仙女山15公里，距芙蓉洞30公里，区位优越，交通方便。天生三桥奇观属典型的喀斯特地貌景观，具有雄、奇、险、秀、幽、绝等特点，被探险专家和地质专家赞为“地球遗产，世界奇观”。景区内以三座规模宏大、气势磅礴的天生石桥最具吸引力，石桥分为天龙桥、青龙桥和黑龙桥，桥平均高300米以上，桥面跨度均在500米以上，在不到1公里距离之内就有如此高大的三座天生石桥实属国内罕见，世界稀有，是世界最大的天生桥群。景区内林森木秀、峰青岭翠、悬崖百丈、壁立千仞、绿草茵茵、修竹摇曳、飞泉流水、鸟语花香；天生三桥、舍身崖、望峰石、绿茵塘、仙女洞等景点接连不断，构成一幅完美的山水画卷，使人流连忘返。

【仙女山国家森林公园】 国家AAAAA级景区，距城区28公里，总面积8910公顷，平均海拔

1900 米，最高峰 2033 米，以其江南独具魅力的高山草原、南国罕见的林海雪原、青幽秀美的丛林碧野景观而誉为“东方瑞士”，与神奇的芙蓉洞、秀美的芙蓉江、世界最大的天生三桥群地质奇观组合为重庆最佳旅游观光度假胜地。冬季的仙女山白雪皑皑，银妆纱裹，雾凇、冰瀑令人情潮涌动，此时成为重庆周边观赏雪景、开展雪上运动的绝佳旅游胜地；夏季茫茫林海，清风吹拂，凉爽宜人，仙女山平均气温比重庆主城区低 15 度，由此又享有“山城夏宫”之美誉。

仙女山大草原

【芙蓉洞】 芙蓉洞位于江口镇域内芙蓉江右岸，距江口镇街道 4 公里，城区 21 公里，1993 年 2 月开发，1994 年 5 月日正式对中外游客开放。为大型石灰岩洞穴，形成于第四纪更新世，大约 120 多万年前，发育在距今 5 亿至 6 亿年前的寒武系白云质灰岩中。主洞长 2700 米，总面积 3.7 万平方米，洞体宏大宽高多在 30 至 50 米之间，其中“辉煌大厅”面积 1.1 万平方米，最为壮观，洞内钟乳石类型化学沉积物种类繁多，包括了世界各类洞穴近 30 余个种类的沉积物特征，从早期到现在、水上水下、宏观微观、碳酸盐类到硫酸盐类等林林总总。其中有震撼人心的石瀑石幕，光洁如玉的棕榈状石笋，璀璨夺目的卷曲石和石花，其数量之多、形态之美、质地之洁、分布之广，世所罕见，一泓净池中的红珊瑚和犬牙状方解石更是世间瑰宝。大量的次生化学沉积物，构成数十处斑斓多姿的景观，令人目不暇接。

洞中主要景点有“金銮宝殿”“雷峰宝塔”“玉柱擎天”“玉林琼花”“海底龙宫”“巨幕飞瀑”“石田珍珠”“生命之源”“珊瑚瑶池”等，其中“生命之源”“珊瑚瑶池”“巨幕飞瀑”与“犬牙晶花”“石花之王”被称为“芙蓉洞五绝”。中国地质学会洞穴研究会会长朱学稳教授给予芙蓉洞“一座斑斓辉煌的地下艺术宫殿，一座内容丰富的洞穴科学博物馆”的高度评价，世界洞穴协会副会长安迪先生评价并题赠芙蓉洞是“世界上最好的游览洞穴之一”，开放伊始，即被广大游客誉为“天下第一洞”。芙蓉洞与美国的“猛犸洞”法国的“克拉姆斯洞”并称为世界三大洞穴，2007 年被联合国教科文组织列为世界自然遗产名录。

芙蓉洞步道

【芙蓉江】 芙蓉江又名濡水、洋水、盘古河，是乌江下游最大的支流，发源于贵州省绥阳县宽阔水原始森林区，经正安、道真入重庆武隆浩口乡，在江口镇汇入乌江。干流全长 243 公里，流域面积 9184 平方公里，河口多年平均径流量 183.18 立方米 / 秒。武隆境内干流为 32 公里。芙蓉江是国家级重点风景名胜区，集山、水、洞、林、泉、峡于一体，融雄、奇、险、秀、幽、绝为一身。行舟江中，江水清澈见底，两岸奇峰罗列、群猴戏逐、水鸟飞舞，景象万千、风光迷人。给人以“水送山迎入芙蓉，一川游兴画图中”的意境。

芙蓉江是一道锦绣画廊、集大自然之精华，在武隆境内的30多公里河段，雄崖崔嵬，峡谷幽深，怪石嶙峋，溶洞密布、古藤倒悬、幽兰吐香、灵崖飞瀑、气势壮观，黑叶猴群、神出鬼没，风光十分诡旖、景点特别集中。1987年被建设部专家誉为“川东的九寨沟”。自浩口乡始，该景区内景点星罗棋布、奇魄秀丽，重点有红军渡、朱子溪、玛瑙飞泉、卧佛崖、观猴台、白汉滩、蝴蝶谷、鸳鸯树、龙孔飞瀑、玉兔望月峰、苗寨、三河口、发财滩，另有江口古镇、长孙无忌墓、李进士故里摩崖碑刻、西汉古墓群、罗洲坝史前出土文物遗址等人文旅游景观，处处晶莹剔透，交相辉映。

【龙水峡地缝】 龙水峡地缝位于距城区15公里的白果场西侧，由几千万年前造山运动而形成，属典型的中—深切山峡谷岩溶地貌。峡谷全长5公里，谷深200～500米，峡缝最宽处20米，最窄处只有3米。景区内峡深壁立，原始植被，藤萝盘绕，怪石峥嵘，飞瀑流泉，流急潭深，玲珑秀丽，风光分外旖旎。景区由入口地缝、中途穿洞出口、地峡三段组成，峡谷两边悬崖触天，绝壁险峻，植被茂密，有几段仅可通人行走。地缝中溪水长流，仰头望天只有一线青光，幽邃的空间静得让人听得到自己心脏的跳动。

地峡内呈深、窄、雄、险、幽。谷底风光特别旖旎迷人，有潺潺的流水、葱茏的草甸树丛、各色各样的山花、稀奇古怪的蛙类动物，另外还有一些奇特景点，犹如天造地设，鬼斧神工，那錾凿于绝壁上的栈道、溪流上形成的九滩十八潭、天生袖珍的石拱桥，终日飞泻银练的九天悬瀑、几个如迷宫般的大小溶洞、“一线天缝”等都令人惊叹叫绝。

【后坪天坑群】 后坪天坑群是“中国南方喀斯特”世界自然遗产的重要组成部分，科学价值极高。最典型的有箐口、牛鼻子、石王洞、打锣凼、天平庙等5个天坑，是世界上已发现的唯一的冲蚀型成因天坑群，是中国最长的地下洞穴。

后坪箐口天坑位于后坪乡箐口村，是一个鬼斧神工般的“天造大坑”。“天坑”躺在离后坪乡政府驻地5公里远的群山怀抱中，四周峻岭巍峨，山形诡异，阴森森不见其底，自古以来被民间称之为“神坑”“天漏斗”。它的坑口呈不规则的圆状形，最高处距坑底约300米。四壁几乎垂直，多为刀劈斧削的悬崖，崖壁上丛生着灌木和野藤。洞口的东北方向终日流淌着两道几米宽的瀑布，它们来自坑顶上面的一个峡谷。瀑布水势不大，但终年不绝，就像两条洁白的银练垂挂绝壁之上，为“天坑”增添无限的风采。

【黄柏渡漂流】 黄柏渡是发源于云贵高原北侧山麓的长途河下游的精彩河段，距城区10公里。2001年开设旅游漂流项目后，成为游人开展自助型漂流，追寻其乐无穷和野外刺激的理想水域。

该条自始至终流淌在深山峡谷中的溪流，宽不过10米，狭窄处仅容一只橡皮小艇通过，流量虽不大，但水势湍急，生成道道滩瀑。浓荫遮护中，崖壁迎放间，溪水蜿蜒盘桓，灵动不已。

【白马山自然保护区】 白马山位于城区之西，傲立于乌江之南，属云贵高原大娄山系延伸山脉。此山因传说山上终年有一匹洁白如雪的神马出没而得名。总面积400平方公里，海拔1500米至1900米。年平均气温12.6摄氏度，一年四季气候变化明显，春秋日短暂，冬夏季时间较长，日温差值在10摄氏度至20摄氏度之间。

白马山自然保护区原属国营白马山林场，除史上遗留下来0.67万公顷原始森林外，从1958年开始以人工或飞播又造林1万公顷，林地总面积达 1.67 万公顷。白马山上大自然原貌保护得较好，古树名花、珍禽异兽、岩溶奇观、苍翠山峦，妆点出一个不可多得的生物考察和旅游天地。保护区内有各种植物 1200 多种，珍稀动物 30 余种，其中银杉是第三纪古热带孑遗树种，具有植物“活化石”之美称。珍稀的洪桐，国家二、三级重点保护的树种银杏、篦子三尖杉、鹅掌楸、红豆杉、香果树、罗汉松、苏铁等也是白马山引以为豪的珍稀植物。早在 20 世纪 80 年代，白马山就被生物专家誉为“生物基因库”。

白马山于 1998 年对外开放。山上除茂盛的植被外，还是一座红色革命教育圣地。1949 年 11 月下旬，人民解放军挥师大西南解放重镇重庆市时，著名的白马山战役就在山上进行。两天三夜之间，解放军歼灭国民党军 1.3 万人，摧毁蒋介石精心部署的白马山防线。此外，山上还有天尺坪、万营古战场、玉龟望月、红庙、铜鼓崖、豹岩、山虎关、杜鹃山、鲁班崖、藏金崖、黄白淌、车盘洞等 20 多个景点。

【乌江画廊】“千里乌江、百里画廊”，乌江是武隆的血魄。乌江在武隆区境内流长 79 公里，武隆位于乌江的下游。乌江的山有剑门之雄，三峡之壮，峨眉之秀，桂林之美。远山神秘，近山雄奇，沟壑清幽、秀丽、唯美。清代诗人翁若梅赞赏道：“蜀中山水奇，应推此第一。”

乌江在武隆区境内的流域，东起彭水县与武隆区交界的木棕河，西迄大溪河入涪陵境，全长 79 公里。流经黄草、江口、中嘴、巷口、土坎、羊角、白马、兴顺等乡镇。在武隆境内的乌江沿岸，古代先后建有新滩、江口、土坨、巷口、关滩、武隆、石床、羊角碛、白马等镇。现在沿江有龙溪、黄草、江口、中嘴、巷口、土坎、羊角、白马、桐麻湾等九个港口码头。

乌江以它的险峻雄奇闻名于天下。汹涌澎湃的江水在崇山峻岭间夺路而走，岸势陡峻，峡谷深长，滩峡险峻，两岸山峰直插云端，峭壁悬岩凌空而起，随处可见。“山斜树横悬江上，两岸猿猴映水中”，木棕峡、江门峡、盐井峡、料石峡、桐麻峡等处抬头而望，两岩高山对峙，崖壁刀砍斧切，使人望而生畏，惊叹不已。北宋诗人黄庭坚“撑崖拄谷蝮蛇愁，箐入攀天猿低头”是对乌江再恰当不过的写照。乌江水流湍急，平均比降 0.5‰最大流速 6 米 / 秒。水下暗礁丛伏，滩峡险恶，形成常年滩或时令滩，总计 8 峡 33 滩，占乌江县内流程十分之八。解放前，常有触礁沉船的事故发生，客商船工丢财丧命，故有“养儿不用教，武隆彭水走一遭”的谚语，古代船工造船，多在船尾特意构造，以便适应险恶的水势，叫作“歪屁股船”。解放后，人民政府整治乌江，经过炸滩、筑堤、梳理河道，根治险滩，以汽轮淘汰歪屁股船，畅通水运。现有客船、货轮东南走彭水、沿河，西抵涪陵、重庆，交通极为方便。

【中下石院天坑】 中下石院天坑位于仙女山镇南侧白果村鱼泉村民小组，是仙女山镇除“天生三桥”景区外三个串珠式天坑末端的一个巨形天坑，它们共同被列为世界自然遗产。“下石院天坑”形态更似自然天成，坐落在核桃坝三阳坪下的峰谷间，此坑东北西三面为刀劈斧削的万丈悬崖，最高处达 350 余米，只有南面一狭小空间敞开可与外界相通。坑底为一块盆地，面积有 5 万多平方米，有 20 多户农民居住其间。平坝上景色秀丽，山坡上布满密林灌丛，房舍四周竹林掩隐，果园飘香，坝的中间有一条溪沟流淌，常年清泉盈盈。溪沟两岸是一块块肥沃的水田，春来绿意盎然，秋日金黄一片，有浓郁的稻香回荡在山谷深处。近年，这里已成为游人聚集的地方，大家来此寻幽览胜，领略天坑神奇，到农家宿居，品尝乡野美食，过几天远离城市烦嚣的清静宁和的日子。

【芙蓉湖】 芙蓉湖位于石桥苗族土家族乡八角村，是芙蓉江国家级风景名胜区的一个组成部分，距城区25公里。芙蓉湖是江口电站库区淹没形成的人工湖泊，由2002年江口电站下闸蓄水形成。芙蓉湖湖水清澈，湖面266.67公顷，湖内有大小岛屿10余个，三面环山，一面接水，东面与三河口芙蓉江相连，西面紧依大娄山院子岩，南北呈怀抱状从高耸云霄的院子岩两边延伸下来构成湖岸陆架，搂着碧玉一般的湖水。芙蓉湖原生态植被丰富，有源源不断的溪流及芙蓉江充盈湖水，常年水质清澈，碧绿如玉，肉眼可透观数尺，鱼儿游梭，清晰可辨，为国标二级水质。芙蓉湖是武隆最集山水于一体、最有水上旅游开发潜质的宝贵资源，适宜发展水上游乐项目及水下探险项目，是良好的休闲度假胜地。

【桐梓山】 桐梓山位于城区东北部，又名桐子山，因境内盛产桐油而得名。山上的南天门与仙女山相连，为武陵山脉的又一支脉。桐梓山地跨桐梓、土地、接龙、后坪、沧沟等乡，面积约363平方公里，最高峰峦宝山，海拔1929.2米。桐梓山多悬岩绝壁，溶洞、消坑比比皆是。著名的山壁岩溶洞有干厢洞（亦名桃园洞）、寨祠洞、二王洞、老鹰洞、二蹬洞、小岩、花尖岩（亦名花椒岩）、黑面岩、送岩等。桐梓山东部高平，为后坪乡辖地，南部多沟谷、悬崖，西北为岭，群山列翠，沟壑纵横，俗称七沟八岭，常年云雾蒙蒙，阴雨绵绵。峦宝山下有一巨岩，常年阴暗无光，俗称“黑面岩”。山麓有二龙口，有二条溪流相对而出，犹如两条白带从龙口中喷出，流入各自的溶洞，其壮如二龙吞水。

【弹子山】 弹子山位于城区西部，系大娄山支脉，由南川区乐村入境。横亘白云、和顺、兴顺、平桥、鸭江、长坝、白马等乡镇，面积约270平方公里。弹子山上有著名的弹子口，此处“多大风，起则石之如卵者，亦飞而扑人”。相传张果老路过此地时，看见白云山下的凤凰要展翅起飞去害人，他就拾起弹子向凤凰掷去打中了凤凰，它就飞不动了。至今留下了张果老“拾起弹子打凤凰，石落三圣塘”的传说，现在弹子石仍然还在田里。弹子山东北为河谷，深邃幽寒，悬岩陡峭。山顶喜生箐竹、蕨苔等，为野猪、猴群栖息之所，故名冷竹箐。主峰寺院坪，海拔1622米，古代建有庙宇——寺院坪，现有其名无其实。

【大洞河】 大洞河发源于大娄山系，属乌江支流石梁河上游，因河流穿透一漏斗型大洞又经过一段暗河再流入下游河谷而得名。全长约15公里，贯穿长坝、白云、大洞河三个乡镇，河流主要呈峡谷状生长，上游河谷进口海拔600米，下游出口海拔300米，上下高差200米至300米，最宽处约50米，最窄处约3米，是武隆西南部最深的河谷之一。大洞河水资源丰富，有数条支流汇入，自然景观秀美迤逦，风景清新迷人，上游河谷有石梯田、喊鱼泉、大潜洞等景观，下游河谷有波纹石、铁索桥等风光。

【鸭江小三峡】 位于涪陵城南30公里与武隆区鸭江镇、和顺镇交界处，整体平面轮廓沿大溪河两岸纵深延长，呈葫芦状。鸭江小三峡是全国九大“小三峡”之一，其雄奇险秀能和巫山小三峡比美。东临乌江，西至鸭江双河园河口，是大溪河（古名白水河）流入乌江的末端，约12公里水程。鸭江小三峡西高东低，最高处海拔610米，最低处海拔150米，相对高差为460米，属于典型溶蚀、侵蚀峡谷山和溶蚀洼地，喀斯特风味十足。小三峡由谷雨峡、花园峡和犁辕峡组成，三峡连成一线，构成一体，小巧玲珑，景色奇秀，崖面险峻，植被完好。悬崖两边有巴人活动过的剐人洞、深不可测的石膏洞等，还有夸父、张果老的传说。鸭江小三峡犹如世外桃源，婉约精致，十分适合露营漂流。

【梦幻谷】 梦幻谷位于仙女山镇桃园村大河村民小组的群山之中，距城区30公里车程，海拔1400米。此景点是一道风光秀美绝伦的高山幽峡翠谷，北侧的峰顶呈迤逦绵延之势，山脊恰似一条奔腾的“巨龙”在蓝天的苍穹之下慢慢蠕动，故称为“盘龙山”。梦幻谷两岸峻峰交错排列，长达3公里，山谷中生态植被茂密，山岭谷地上是成片的松杉、山楂和青杠林，面积有333.33公顷，终年翠绿如染。一条湍急的小溪日夜“叮咚”着，奔流在石滩重叠的峡谷中，形成多级梯状的银色滩瀑。一些宽敞的谷地被草场覆盖，平坦如毯，面积达200公顷。峡谷间由于气候湿润，终年有一缕缕乳白色的薄雾涌升，将整个山谷笼罩，给人一种如梦如幻的感觉，置身其间，好似进入瑶池仙境之中。1998年后，梦幻谷景点就被游人青睐，成为休闲避暑、寻仙觅幻的乐园。

【仙女湖】 仙女湖位于仙女山镇东部的青山翠谷中，海拔1100米，距城区35公里，有宽敞的公路由此通往土地、桐梓地区，交通十分便利，湖区面积在66.67公顷左右。据传，此处是早年天上仙女下凡洗沐取乐的地方，至今鹰嘴崖上还存留有“降仙台”“梳妆石”“回天路”等景点。仙女湖水由高山清泉汇集，常年绿如琼浆。湖中风光旖旎，仙韵流淌，船行湖上，扑入眼帘的是山在水里，水在山中。苍翠的山光倩影倒映在湖上，纤毫毕现，小舟仿若镶嵌在一块巨大的明镜里，十分清晰和生动。崖棱褶皱、树枝摇曳、全都清丽可见，历历入目，让人难辨真伪，只觉得人舟全都在山巅之上遨游徜徉。

【三潮圣水】 三潮圣水位于仙女山镇白果村鱼泉村民小组与火炉镇徐家村交界的山谷中，距城区30公里。“三潮圣水”所在的石穴明亮宽敞，上凸下凹，向里呈倾斜状。洞口外部高约7米，宽6米。洞顶上灌木葳苏，篷蓬的藤蔓如网倒悬，宛若一挂翠绿的巨形垂帘。洞底有约10平方米的缓坡草坪，终年绿草如茵，野花飘香。每日定时潮流3次：第一次在上午8时至9时，第二次在中午12时至下午1时，第三次于下午6时至7时。冬春与夏秋季节潮流时间稍有不同，但提前或延后均不超过1小时。每次泉水来潮时，泉口先有一股气流缓缓喷出，紧接着发出“呼呼”的声响。气流声时缓时急，由弱到强，持续10至20秒后，声响戛然而止，顷刻间一股泉水带着雾气“哗哗”地喷涌而出，好似一条晶莹剔透的银龙穿洞奔来，再顺着一条小石沟蜿蜒曲折地淌过草坪，直奔崖下100余米的深壑。20分钟后，当泉水注入山下老盘沟时，泉口涌冒的水流便逐渐减弱，同时传出一阵阵似紧锣密鼓的“叮咚”声响，此声委婉妙曼，分外悦耳动听。不一会，泉口冒水倏然中断，原流经的水道滴水不存，随即干涸如旧。

【木棕河大峡谷、漂流】 木棕河大峡谷位于沧沟乡大田组，距沧沟乡政府8公里，属典型的喀斯特地貌。峡谷由官渡起，景色一路向上，地势时而开阔，时而紧缩，全长8公里，犹如一道绵延的画廊。大峡谷沿途悬崖峭壁，两岸植被茂密，在山下仰视，可见一线天空；在山上俯视，景色惊心动魄。山光水色，重峦叠嶂，莫不让来此观光的游客心醉神迷。当峡谷生雾时，风吹雾纱，又是一番妙景。峡谷内生长有猿猴、山鸡、大鲵等珍稀动物。与乌江银盘电站库区相连，可行船观光，是探险及旅游的好去处。木棕河漂流地处沧沟乡大田村，与彭水县隔河相望，水波荡荡，峡谷幽深，是户外漂流运动的最佳选择地。起漂点从木棕河王家坝官渡起，至大田村博爱桥古村落止，漂流里程达5.2公里。河流常年有8～12

个流量，落差 25 米，全程有 1.2 万千瓦的木棕河三级电站作调节，水流流量稳定，河流十分安全。漂流沿途，两岸原生态风景秀美奇特，沿途河流经过的地方均是喀斯特地貌，地势滩陡流激，白浪翻滚，涛声震大。漂流河段平稳宽阔，可见峡谷景观，田园风光，古代村落，一里一景，一村一色。木棕河由于流经崇山峻岭，沟壑峡谷，水质特别好，很适宜国家二级保护动物大鲵的生长。除了稀奇的“娃娃鱼”以外，木棕河里的青鱼、红尾子、鲶鱼、白鲢等味道鲜嫩，可与芙蓉江鱼媲美。

【朱子溪】 朱子溪当地又称为竹子溪，因两岸茂林修竹而得名。位于芙蓉江中游重庆市与贵州省交界处的浩口苗族仡老族乡境内，峡溪长近 5 公里。武务公路（重庆武隆至贵州务川）从朱子溪横穿而过。朱子溪峡谷山山相连，峭壁千仞，悬崖叠嶂，古木参天，无一缺处，流泉瀑布飞漱其间。两岸绿树翠竹从峡谷底部层叠而上直达山顶，岩壁上，一棵棵光溜溜的树干顶着翠盖，像插立的旗杆似的布满整个峡谷，其状表明经历岁月的久远，形成朱子溪一道原始的风景，令人赞叹而神驰。朱子溪内的红军渡、姜太公钓鱼、猿猴攀缘、苗寨风情、世外桃源之美景和黄猴、黑猴、五步蛇、山鸡等国家保护动物，让人流连忘返。

【万峰林海】 位于火炉镇境内，距国道 319 线 13 公里，距城区、芙蓉洞、仙女山各 20 公里，海拔在 650 米至 800 米之间。辖区面积 47.2 平方公里，森林面积 4720 公顷，森林覆盖率达 70% 以上，是典型的丘陵地带。林海境内山水环抱、千峰万壑、林木相依、浅丘起伏、连绵不断，既有优美的自然景观、又有人文的古代庄园。

【山虎关水库】 山虎关水库是国家水利风景区、重庆农家森林公园。坐落在白马山的西部，位于赵家乡新华村，海拔 1100 米，是一座集旅游观光、水力发电、人畜饮水、农业灌溉于一体的综合性开发水库，拥有“国家水利风景区”和“重庆市山虎关农家森林公园”的荣誉称号。其积雨面积 34 平方公里，最大蓄水量为 1116 万立方米，库容水面 60 公顷，大坝枢纽保护林区 22.8 公顷，保灌农田 666.67 公顷，保供赵家、白马、长坝一乡两镇 3800 户村民人畜饮水。该水库结构为单拱条石人工坝，建于 20 世纪 70 年代，在生产力十分落后的情况下，完全靠人工采用条石砌筑而成。坝顶弧长 150 米，坝底宽 20 米、坝顶宽 3 米，坝高 45 米，雄伟壮观，气势辉煌宏。因水库北岸山峰形似猛虎上山，故以山虎关冠名。大坝周围及库区青山如黛，苍松翠柏，林涛叠嶂，风光旖旎。库区湖水清澈如镜，湖光山色，如诗如画。

【和尚崖】 和尚崖位于土坎镇清水村，仙女山南麓。是一座连绵三公里多的崖峰，正面是刀劈斧削般的悬崖峭壁，岸峰中部宽约 200 余米，离下面平地高近 500 米，无论远看、近看、正看、侧看、都酷似一尊肚凸腰圆，体态丰盈的大和尚。和尚崖两侧还有无数奇异的石柱、石台。早年间山崖半腰曾建庙宇，有道行高深的僧人在此主持法事，崖脊后是一条长约二公里的山谷长廊，谷中有天然的高山湖泊。和尚崖的顶峰，名雨台山，是历年来人们敬天求雨的地方。平地中央有两块求雨碑，一块为咸丰元年（1851 年）六月六日所立，一块为光绪元年（1875 年）六月六日所立，碑上祈雨祷祝字样至今依稀可辨。距和尚崖左右千余米处，各有一状如香炉的山峰，每逢雨后烟雾缭绕，有如燃烧的香烟冉冉而升，成为“和尚对香炉”的盛景。

【七门洞】 七门洞位于黄莺乡境内，以自然形成的7个洞门为主。每个洞门由奇形怪状的石头堆砌而成。七个洞门可以相互穿梭，洞顶的上方是山体。整体看起来，七门洞像一个被挖空的窑洞。

【鸡尾山垮塌遗址公园】 鸡尾山地质垮塌遗址坐落于渝东南大娄山脉尾部，因遗址崩塌前其山峰状如鸡尾而得名，是一个因地质岩崩而形成的公园。该遗址位于大洞河乡红宝村，海拔1300米，距城区2小时路程。

【天坑寨子景区】 天坑寨子项目由区旅游局招商引资洽谈引进，位于仙女山镇明星村，紧邻仙女山国家级旅游度假区和天生三桥世界自然遗产核心地及印象武隆项目，拟打造文旅融合、生态观光、休闲度假等功能于一体土家族民族特色旅游综合项目，该其项目分中石院和下石院两部分，其中中石院已基本完成旅游配套设施建设项目，并于2016年4月底投入试运营。

【归原艺术农业旅游项目】 2015年12月8日，区旅游局通过招商引资洽谈引进"归原"艺术农业旅游项目，由重庆方德文化旅游发展有限公司投资开发建设，选址于仙女山镇荆竹村，旨在打造以生态农业、文化艺术、乡村旅游为三大核心，形成乡邻中心、邻里之亲、农作之辛、幽韵之谷、探索之险、沐心之域等六大主题体验区的具有巴渝特色的原生态乡村建筑聚落群；农业、艺术、乡邻高度聚合的乡土旅游体验地。具体建设内包括：乡村聚落博物馆、特色餐饮、文化创意集市、露天剧场、旅游接待中心、水疗养生SPA、生活超市、服务中心、停车场、躬耕农场、旅游服务设施、户外俱乐部、临崖栈道、旅游服务设施（民宿等）、古韵山舍（禅修堂等）、艺术培训（绘画、雕塑）、美术创作基地、艺术家工作室、大地艺术、天坑牧场、冥思台、天坑剧场等。投资约4亿元人民币，总建筑面积约4.2万平方米。可带动新增就业岗位近800个。

该项目自2016年5月动工建设以来，2017年已完成项目一期的接待中心、百年祠堂、7个精品民俗客栈、山地工作室等建设和装修工作；同时，启动二期民宿体验区建设，并完成9栋房屋主体建设工作，正在实施样板房的装修工作。2017年7月22日项目一期正式对外开放。

【白马山度假区】 白马山旅游度假区东邻武隆中心城区，南与贵州省道真县毗邻，西与南川区接壤，北至乌江之滨，与仙女山国家级旅游度假区和仙女山国家森林公园隔乌江相望。区内平均海拔1200米，主峰最高海拔1980米，山高林密、沟壑纵横、水系丰富，森林覆盖率高达90%以上。

度假区管控面积478平方公里，范围包括白马镇车盘村、豹岩村，巷口镇蒲板村、走马村、万银村，羊角镇永隆村、碑垭村、鹅岭村、朝阳村、青春村，大洞河、赵家、黄莺三乡全境和白马山市级自然保护区，共计辖21个村1个居委，142个村（居）民小组，9631户32247人。度假区交通便利。从武隆中心城区、白马镇都有三级公路通达，即将开工建设羊角镇、黄莺乡、大洞河乡通往度假区的三条三级公路。度假区与水陆空立体交通网络紧紧相连，核心区天尺坪距武隆中心城区35公里，距渝怀铁路武隆站40公里，距渝湘高速白马互通20公里，距乌江白马码头20公里，距在建的仙女山机场60公里，距拟建的渝湘高铁武隆站45公里，距重庆主城区125公里。区内自然景观独特、风光险秀。浩瀚的原始森林，植被茂密、种类繁多、珍稀濒危，拥有各种植物1500余种，其中国家重点保护植物361种，被誉为"亚洲植物基因库"。原生高山杜鹃花海，古树参天、品种丰富、山花烂漫，美不胜收。黄柏淌高山湿地，面积20公顷，自然天成、原始静谧、清澈见底，蔚为奇观。望仙崖，绝壁悬空、天风浩荡、云海苍茫，涛声不绝于耳。城门洞，鬼斧神工，洞高约50米，宽20米，远处眺望，俨然巨型城堡的一个城门，巍然屹立，蔚为壮观。黄莺大峡谷，神秘幽深、人迹罕至，谷深791～800米，宽5～20米，瀑布各异、绝壁雄伟。此外，还有大佛岩、大洞河和赵云山等神奇景观。区内度假资源富集、亟待开发。立体气候明显，在海拔1200米以上区域夏季平均温度20摄氏度左右，凉爽宜人，适宜避暑度假；植被茂密，环境幽美、客气清新、药材富集、茶饮飘香、美食众多，适宜养生度假；农耕文化、民俗文化、旅游观光和户外运动资源丰富，适宜休闲度假；人口稀少，生态保护好，开发强度低，适宜养老居家。

特色产品

2017年，全区有生猪、山羊等无公害农产品，有机农产品有红茶、绿茶等，绿色农产品有仙女脆桃、猪腰枣等20种，地理标志农产品有武隆高山辣椒、武隆高山白菜等8种，重庆著名商标农产品有涨停板、武陵堂等8种，重庆老字号产品有羊角老醋、羊角豆干2种，非物质文化遗产有白马蜂蜜传统制作技艺、鸭江老咸菜传统制作技艺等4种。

（区农委）

表5　　2017年全区无公害农产品生产情况表

序号	产品名称	生产商	生产规模	产量（吨）
1	生猪	王承玉	10000头	1000
2	山羊	蒋光斌	5000只	—
3	山羊	武隆县乐丰畜禽养殖专业合作社	1800只	—
4	山羊	重庆市泰丰畜禽养殖有限公司	1000只	—

表6　　全区有机产品生产情况表

序号	产品名称	生产商	加工厂面积（公顷）	产量（吨）
1	红茶	重庆市赤茗农业有限公司	0.3	17.5
2	绿茶	重庆市赤茗农业有限公司		3.5

表7　　全区绿色食品生产情况表

序号	产品名称	商标名称	生产商	生产规模（公顷）	产量（吨）
1	刀豆	半边粮	重庆市渝蔬农业发展有限公司	20	250
2	冬瓜	半边粮	重庆市渝蔬农业发展有限公司	13.33	700
3	黄瓜	半边粮	重庆市渝蔬农业发展有限公司	33.33	1800
4	四季豆	半边粮	重庆市渝蔬农业发展有限公司	33.33	800
5	萝卜	半边粮	重庆市渝蔬农业发展有限公司	33.33	2000
6	大白菜	半边粮	重庆市渝蔬农业发展有限公司	33.33	2000
7	茄子	半边粮	重庆市渝蔬农业发展有限公司	33.33	400
8	甘蓝	半边粮	重庆市渝蔬农业发展有限公司	33.33	2000

序号	产品名称	商标名称	生产商	生产规模（公顷）	产量（吨）
9	西红柿	半边粮	重庆市渝蔬农业发展有限公司	33.33	2500
10	辣椒	半边粮	重庆市渝蔬农业发展有限公司	33.33	1000
11	仙女脆桃	申建仙女	武隆县忠容水果种植股份合作社	—	1000
12	杨梅		武隆县芙缘股份专业合作社	—	1000
13	马铃薯		武隆县芙缘股份专业合作社	—	800
14	高山李		重庆寻梦园花果种植专业合作社	—	20
15	高山葡萄		重庆寻梦园花果种植专业合作社	—	10
16	仙女蓝莓		重庆寻梦园花果种植专业合作社	—	10
17	翠冠梨		重庆飞博农业开发有限公司	—	70
18	皮球桃		重庆飞博农业开发有限公司	—	74
19	猪腰枣		重庆飞博农业开发有限公司	—	286
20	天生脆桃		重庆市武隆区兰民农业发展有限责任公司	8.4	30

表8　　　　全区地理标志农产品生产情况表

序号	产品名称	生产规模（公顷）	产量（吨）
1	武隆高山辣椒	800	25000
2	武隆高山白菜	700	40000
3	武隆高山萝卜	800	60000
4	武隆高山马铃薯	800	18000
5	武隆高山甘蓝	700	40000
6	白马蜂蜜	—	60
7	武隆猪腰枣	1100	700
8	火炉脆桃	800	10000

表9　　　　重庆著名商标农产品表

序号	产品品牌	生产厂家
1	涨停板	重庆久味夙食品有限公司
2	武陵堂	重庆天生药业有限公司
3	塔松	重庆市武隆县盛荣食品有限责任公司
4	羊角	重庆市武隆县羊角豆制品有限公司
5	樊三	重庆玉堂号豆制品有限公司
6	芙蓉江（图形）	武隆县芙蓉江食品有限公司
7	天尺	重庆市冠恒农业开发有限公司
8	民得食品	重庆市武隆县民得食品有限责任公司

表 10 重庆老字号产品表

序号	产品品牌	生产厂家
1	羊角老醋	重庆市武隆县羊角老醋厂
2	羊角豆干	重庆市武隆县羊角豆制品有限公司

表 11 非物质文化遗产表

序号	技术	厂家
1	白马蜂蜜传统制作技艺	武隆县蜜园蜂蜜专业合作社
2	羊角老醋传统制作技艺	武隆区华来醋有限公司
3	鸭江老咸菜传统制作技艺	重庆蓝群食品有限公司
4	羊角豆干传统加工技艺	重庆羊角豆干食品有限公司

经济社会发展

【概况】 2017 年，全区经济持续健康稳定发展，全年实现地区生产总值（GDP）160.49 亿元，按可比价计算，较上年增长 7.7%。其中：第一产业实现增加值 22.70 亿元，较上年增长 5.0%；第二产业实现增加值 65.31 亿元，较上年增长 9.9%；第三产业实现增加值 72.49 亿元，较上年增长 6.5%。全区人均生产总值达到 46305 元，较上年增长 7.6%。

【投资增势平稳】 全年完成固定资产投资 144.32 亿元，较上年增长 10.0%。其中，500 万元以上地方项目完成投资 124.52 亿元，较上年增长 14.7%。

【消费市场运行良好】 全年实现社会消费品零售总额 58.78 亿元，较上年增长 11.9%。其中，城镇实现社会消费品零售额 51.72 亿元，较上年增长 12.5%；乡村实现社会消费品零售总额 7.05 亿元，增长 7.9%。

【财政收支稳定增长】 完成一般公共财政预算收入 14.97 亿元，增长 8.5%；完成一般公共预算支出 57.65 亿元，增长 19.9%。

【居民收入稳定增长】 居民人均可支配收入 20278 元，增长 11.8%。城镇居民人均可支配收入 32495 元，增长 10.0%；农村居民人均可支配收入 11744 元，增长 11.3%。

【旅游运行态势良好】 全区共接待游客 2802 万人次，较上年增长 14.4%。实现旅游总收入 87.27 亿元，较上年增长 14.4%。

（区统计局）

全面深化改革

【机构】 中共重庆市武隆区委全面深化改革领导小组办公室（简称区委改革办）位于建设中路 111 号，是中共重庆市武隆区委全面深化改革领导小组常设办事机构，区委办负责全面深化改革的统筹、协调，区委政策研究中心负责全面深化改革的日常工作。核定领导职数主任 1 名（区委办公室主任兼任）、副主任 2 名。

2017 年，全区贯彻落实中央和市委改革部署，承接落实市上下达的 7 项重大改革年度任务、16 项其他改革任务，攻坚突破 10 项自选重点改革专项，全面深化改革工作取得阶段性成效。改革案例《武隆区积极稳妥推进土地经营权抵押贷款改革试点》在重庆市《改革工作简报》单期刊载。

是年1月，区委改革办对2016年涉及改革任务的49个有关单位进行年度综合目标考核，40项改革任务中纳入综合目标考核的198个小项完成189个、完成率达95.5%。9月21日至30日，区委改革办会同区督查室，对2017年全区攻坚突破改革任务推进情况进行专项督查，并下发督查情况通报，通过督查倒逼各项改革任务落地见效。

【全面深化改革领导小组会议】 4月12日，区委全面深化改革领导小组第五次会议在区委会议中心二会议室主持召开，传达学习中央和市委最近一次全面深化改革领导小组会议精神，听取全区2016年全面深化改革工作情况及供给侧结构性改革、农业农村综合改革推进情况的汇报，研究和审议《武隆区2017年全面深化改革工作要点及分工方案（送审稿）》《关于进一步深化国资国企改革的实施意见（送审稿）》。11月16日，区委全面深化改革领导小组第六次会议在区委会议中心二会议室主持召开，传达学习中央全面深化改革领导小组第三十八次会议精神，原文学习市委书记在市委全面深化改革领导小组第二十次会议上的讲话，听取生态文明体制改革、党的建设制度改革、旅游改革、土地资源利用和管理制度改革、纪律检查体制改革等5个专项小组2017年以来工作情况汇报，审议《关于深化国资国企改革的实施意见（送审稿）》。12月8日，十四届区委全面深化改革领导小组第三次会议暨农业农村改革工作专题会议在区委会议中心二会议室主持召开，审议《武隆区开展农村三变改革试点促进农民增收产业增效生态增值的工作方案（送审稿）》《成立武隆区农村改革领导小组办公室（三变办）方案（送审稿）》《武隆区加强村民自治的工作方案（送审稿）》《武隆区兴办新时代讲习所实施方案（送审稿）》。

（区委改革办）

【供给侧结构性改革】 是年，有效化解过剩产能，全面完成全区煤炭企业关闭退出工作；开展“僵尸企业”处置，清理注销企业219户。积极化解房地产库存，销售商品房4573套32.4万平方米。推动“涉企35条”“营改增”等系列政策落地，累计为企业减负2.5亿元以上。

【行政体制改革】 是年，完成撤县设区机构调整，优化调整全区党政群机构、事业单位设置，优化完善全区安全生产监管体制。成立区旅游管理委员会，将区旅游局改革为区旅游发展委员会，强化统筹协调职能。设立区全域旅游游客服务中心，建立旅游综合执法支队、旅游警察支队、旅游工商分局、旅游巡回法庭，构建“1+3+N”的旅游综合执法体系。将区市政园林局改革为区城市管理局（区城市管理综合行政执法局），理顺执法体制，城市管理水平有效提升。巷口镇撤镇设街道获市政府批复。

【重点领域改革】 是年，全区推进公立医院改革，实施药品采购“两票制”，全面取消公立医院药品加成、药事服务费，调整医疗服务项目价格439项，同步调整医保报销政策，调升项目全部纳入医保报销。完成全国异地就医联网结算，开展生育保险与医疗保险合并实施试点，启动实施机关事业单位养老保险实收实支工作。推进农业项目财政补助资金股权化改革试点，实施扶持发展农村集体经济试点项目10个，积极探索农村集体经济经营管理模式和有效实现形式。公务用车、户籍制度等改革同步推进。

【对外开放发展】 是年，全区共新引进各类产业项目30个，正式签约80亿元，到位投资40亿元；实施全球大营销，境外游客占比达到4.8%；实际利用外资738万美元，利用内资41亿元；外贸出口总额700万美元，服务外包205万美元。

【创新驱动发展】 是年，全区新培育科技型企业40家、累计达到52家；新认定国家高新技术企业2家，市级高新技术产品5个。建成凤来谷市级众创空间，签约企业123家，入驻企业49家。完善知识产权服务体系，搭建了知识产权服务平台。申请专利213件，授权专利126件，分别增长150.6%、85.3%。

（区政府办）

人民生活

2017年，全区居民人均可支配收入20278元，按可比价计算，较上年增长11.2%。城镇常住居民人均可支配收入32495元，按可比价计算，较上年增长9.4%。其中，人均工资性收入18165元，增长9.8%；人均经营净收入5686元，增长9.9%；人均财产净收入2339元，增长10.6%；人均转移净收入6304元，增长7.5%。城镇居民人均生活消费性支出21671元，增长9.7%。其中食品烟酒消费支出7497元，增长8.7%。城镇常住居民恩格尔系数为34.5%，人均住房面积37.61平方米。

农村常住居民人均可支配收入11744元，按可比价计算，较上年增长10.4%。其中，人均经营净收入4779元，增长10.6%；人均财产净收入282元，增长15.2%；人均转移净收入2959元，增长10.4%。农村常住居民人均生活消费支出10099元，增长6.8%。其中食品烟酒消费支出3727元，增长4.5%。农村常住居民恩格尔系数为36.9%，人均住房面积45.17平方米。

（区统计局）

天坑地缝

政治

ZHENGZHI

武隆年鉴

政 治

党政机关

中共重庆市武隆区委

【概况】 2017年，区委在市委的坚强领导下，全面贯彻落实党的十八大、十八届历次全会精神，认真学习宣传贯彻党的十九大精神，深入贯彻落实习近平总书记系列重要讲话精神特别是视察重庆重要讲话精神和关于做好重庆当前工作的重要指示精神，按照“五位一体”总体布局和“四个全面”战略布局，深入践行新发展理念，坚定不移走“生态优先、绿色发展”之路，以深化脱贫攻坚为统揽，持续带领全区人民决胜全面建成小康社会，统筹推进经济建设、政治建设、文化建设、社会建设、生态文明建设和党的建设，实现撤县设区的良好开局，全区经济平稳健康发展、民生持续改善、生态不断夯实、社会大局和谐稳定，各项社会事业取得新进展。

【全委会】 全年召开全委会2次。

2017年8月25日，中国共产党重庆市武隆区第十四届委员会第二次全体会议在区会议中心二会议室召开，会期半天。会议审议并通过《关于重庆市武隆区巷口镇撤镇设街道的决议(草案)》。

11月30日，中国共产党重庆市武隆区第十四届委员会第三次全体会议在区会议中心一会议室召开，会期一天。会议深入学习贯彻党的十九大精神和市委五届三次全会精神，区委书记何平代表区委常委会报告工作，并作题为《始终同以习近平同志为核心的党中央保持高度一致 推动党的十九大精神在武隆落地生根》的报告，区委副书记、区长卢红就《中共重庆市武隆区委关于把党的十九大精神全面落实在武隆大地上的决定（讨论稿）》作说明。会议通过《中国共产党重庆市武隆区第十四届委员会第三次全体会议决议》。

【常委会】 2017年，区委共召开35次常委会议。

表12　　2017年武隆区委常委会议情况表（部分）

时间	常委会次数	会议议题
1月12日	第2次	传达学习全国全市安全生产电视电话会议精神；审议《武隆区关于用好农业农村发展用地政策促进农民增收的实施意见（送审稿）》《武隆区关于进一步深化农村土地承包经营权确权登记颁证工作的实施方案（送审稿）》等议题；研究全区机关事业单位工资福利执行有关事宜
1月23日	第3次	审议《武隆区油气利用工程项目投资建设协议（送审稿）》《第二届感动武隆人物拟表彰人选名单》《武隆区2016年度党（工）委书记落实全面从严治党责任述职评议考核实施方案》《武隆区2017年财政收入任务分解（送审稿）》等议题；研究规范机关事业单位离退休人员节日慰问标准等相关事宜；传达学习市四届人大五次会议、市政协四届五次会议精神
2月13日	第4次	听取2016年全区平安稳定形势分析汇报；审议《区纪委十四届二次全会工作报告（送审稿）》《关于加强区纪委派驻机构建设的意见（送审稿）》《武隆区人民政府与西南大学年度合作方案、管理办法、技术开发合同（送审稿）》等议题；研究撤县设区后相关工作；传达学习市纪委四届七次全体会议、全市宣传思想文化工作等会议精神

时间	常委会次数	会议议题
2月28日	第5次	审议《武隆区脱贫攻坚后续产业扶持政策（试行）（送审稿）》《2017年武隆区招商引资工作方案（送审稿）》《2017年武隆区旅游集团营销工作方案（送审稿）》等议题；研究干部纪律处分等事宜；传达学习全市国企党建工作会暨市属重点国企述职等会议精神
3月23日	第6次	审议《关于深入推进农业供给侧结构性改革加快培育农业农村发展新动能的实施意见（送审稿）》《关于启动实施机关事业单位养老保险工作的通知（送审稿）》《关于加快推进国家全域旅游示范区、国家级旅游业改革创新先行区、中国国际喀斯特旅游目的地创建工作的意见（送审稿）》等议题；研究部分基层党组织隶属关系划转等事宜；传达学习中央新修订的《领导干部报告个人有关事项规定》和《领导干部个人有关事项报告查核结果处理办法》等
4月1日	第8次	讨论《在中国共产党重庆市第五次代表大会上的报告（征求意见稿）》；审议《区委常委会2017年工作要点（送审稿）》《武隆区第二届劳动模范（先进工作者）评选表彰方案（送审稿）》等议题。会议听取2017年第一轮脱贫攻坚工作专项督查情况汇报；传达学习全市做好国务院安委会到渝开展安全生产巡查相关工作电视电话会等会议精神
4月17日	第9次	研究干部纪律处分和干部人事相关事宜
4月21日	第10次	审议《2017年土地房屋征收目标任务分解（送审稿）》《武隆区2017年土地房屋征收工作考核办法（送审稿）》等议题;传达学习习近平总书记在中央全面深化改革领导小组第三十三次会议上的重要讲话精神
4月28日	第11次	审议《第二十届中国（重庆）国际投资暨全球采购会武隆代表团参展方案（送审稿）》和《武隆区2017年城市（旅游）形象宣传方案（送审稿）》议题；研究干部人事相关事宜
5月2日	第12次	审议《国兴人寿保险总部经济项目战略合作协议（送审稿）》《财政扶贫资金专项检查反馈问题整改方案（送审稿）》等议题
5月12日	第13次	听取区交委党组全面从严治党工作汇报和区委政法委关于一季度全区平安稳定形势分析汇报;审议《关于落实全面两孩政策改革完善计划生育服务管理的实施意见（送审稿）》《区委党的建设工作领导小组2017年工作要点（送审稿）》等议题。研究干部人事相关事宜
5月26日	第14次	传达学习市第五次党代会精神和《中共中央关于部分纪检监察干部违纪案件及其教训警示的通报》。听取区扶贫办党组全面从严治党工作汇报;审议《新形势下加强政法队伍建设的实施意见（送审稿）》《关于进一步加强和改进离退休干部工作的实施意见（送审稿）》议题；研究成立民盟、九三学社基层组织相关事宜
6月20日	第15次	听取区财政局党组全面从严治党工作汇报；审议《武隆区全面推行河长制工作方案（送审稿）》等议题；研究干部人事相关议题。传达学习全市区县政法委书记座谈会议精神
7月7日	第16次	听取区科协党组全面从严治党工作汇报；研究羊角场镇危岩滑坡避险搬迁及土坎镇狮子岩避险搬迁等有关事宜;审议《武隆区“十三五”脱贫攻坚规划（送审稿）》《武隆区首届“乡贤”评选表彰活动方案（送审稿）》等议题
7月26日	第18次	听取区经信委党组全面从严治党工作汇报和区委政法委关于2017年上半年全区平安稳定和安全生产形势汇报；研究举办第二届仙女山国家级旅游度假区啤酒节等相关事宜；审议《武隆区深化区管企业负责人薪酬制度改革实施方案（送审稿）》等议题；传达学习全市党外知识分子统战工作座谈会精神
7月28日	第19次	听取区委副书记、区长卢红关于上半年全区经济运行总体态势的分析和下半年工作安排，区发改委关于上半年全区经济运行情况和重点项目推进情况的汇报，区统计局等部门关于上半年经济运行中存在的突出问题和下半年工作思路的汇报
8月11日	第20次	听取区供销社党组全面从严治党工作汇报、2016年度全区综合目标考核结果和市级考核指标完成情况汇报；研究巷口镇撤镇设街道有关事宜；审议《2017年全区重点国有企业融资方案（送审稿）》等议题;传达学习陈敏尔同志在学习贯彻习近平总书记重要讲话精神分析上半年经济形势部署下半年经济工作时的讲话等

时间	常委会次数	会议议题
8月16日	第21次	听取石桥乡党委全面从严治党工作汇报；研究兑付“归原”艺术旅游项目地票优惠政策事宜；审议《武隆区迎接十九大安全稳定工作方案（送审稿）》《中国共产党重庆市武隆区委员会工作规则（送审稿）》等议题;传达学习《重庆市运用监督执纪“四种形态”办法（试行）》等
8月21日	第22次	听取庙垭乡党委全面从严治党工作汇报;审议《武隆区第33个教师节拟表彰优秀教育工作者和优秀教师名单（送审稿）》等议题
9月22日	第23次	传达学习习近平总书记在党的新闻舆论工作座谈会、文艺工作座谈会和哲学社会科学工作座谈会上的重要讲话;听取黄莺乡党委全面从严治党工作汇报和区委组织部关于2016年度县管领导班子和领导干部年度考核结果的汇报；研究干部人事相关事宜
9月29日	第24次	传达学习陈敏尔同志在全市深化脱贫攻坚工作电视电话会议上的讲话和在石柱县中益乡脱贫攻坚工作座谈会上的讲话；听取区国土房管局党组全面从严治党工作汇报；审议《区级领导及部门联系离退休老干部工作方案（送审稿）》等议题
10月12日	第26次	传达学习陈敏尔同志在五届市委常委会第26次会议部署近期重点工作时的讲话和渝东南片区、渝东北片区、主城片区、渝西片区各区县工作座谈会上的讲话；听取双河镇党委全面从严治党工作情况汇报。审议《武隆区信访工作责任制实施细则（送审稿）》议题
10月19日	第28次	听取区城乡建委党组全面从严治党工作情况汇报、重庆通耀铸锻有限公司破产重整工作情况汇报。审议《后坪乡深度贫困脱贫攻坚规划（送审稿）》《关于实施抓基层党建“书记项目”的通知（送审稿）》等议题;传达学习全市城市基层党建工作推进会议和全市深化人才发展体制机制改革经验交流会议精神
11月1日	第29次	传达学习党的十九大精神传达提纲和陈敏尔同志在重庆市传达贯彻党的十九大精神领导干部大会上的讲话；听取长坝镇党委全面从严治党工作情况汇报；审议《武隆区第七届运动会总体方案（送审稿）》等议题；研究干部人事相关事宜
11月27日	第33次	审议区委十四届三次全会有关材料；审议《2017年度市级考核指标任务分解及奖惩实施细则（送审稿）》《2017年财政预算调整方案（草案）》等议题。研究干部纪律处分事宜
12月14日	第34次	传达贯彻《中共中央办公厅印发习近平总书记关于进一步纠正“四风”加强作风建设重要批示的通知》；听取浩口乡党委全面从严治党工作情况汇报；审议《关于深入推进城市执法体制改革改进城市管理工作的实施意见（送审稿）》《武隆区第二届劳动模范（先进工作者）建议名单（送审稿）》等议题；传达学习中央及市上相关会议精神
12月19日	第35次	研究驻村第一书记选派有关事宜；传达12月17日召开的全市组织部长座谈会精神；研究干部人事有关事宜

党的建设

【经济建设】 2017年，全区地区生产总值增长7.7%；全社会固定资产投资增长10.0%；社会消费品零售总额增长11.9%；居民人均可支配收入增长11.2%；一、二、三产业增加值分别增长5.0%、19.9%、6.5%，三次产业结构比为14.1 ∶ 40.7 ∶ 45.2；接待游客2802万人次，增长14.4%。全区75个市级贫困村整村脱贫，减少贫困人口14133户49938人，贫困发生率下降到1.64%。

【政治建设】 抓实“两学一做”教育。区委常委同志以普通党员身份参加支部学习116人次、讲党课12人次、查找问题150余条、作出公开承诺30余条，带动全区上下全员参与、真学深学、真查实改，推动“两学一做”学习教育步入常态化制度化。抓实管党治党责任。坚持每次区委常委会至少听取1～2个乡镇、部门党委（党组）落实全面从严治党工作汇报，现场点评质询，当面传导压力。实行清单式管理、项目化推进、对账式考核，采取日常随机抽查、季度专项督查、年度综合考评相结合，强推硬逼管党治党责任机制全面落实。抓实宣传思想建设。严格落实意识形态工作责任制，坚持每季度研判宣传思想和意识形态工作，确保意识形态领域安全。深入培育和践行社会主义核心价值观，加强公序良俗建设。深入开展文明创建，区检察院、沧沟乡关庙村获评“全国文明单位”和“全国文明村”。切实加强网络舆情管控，清除“四类有害信息”160余条，网络舆情态势总体平稳。抓实基层组织建设。升级改造村级阵地52个，全覆盖完成基层党组织书记换届后培训，整顿转化后进基层党组织39个。严肃党内政治生活，“三会一课”、民主评议党员、组织生活、主题党日活动等制度落地见效。选派429名党员干部组成88个党员突击队驻村帮扶，助推脱贫攻坚成效明显。机关、国企、学校、非公等行业领域党建工作扎实推进。抓实干部队伍建设。对标对表习近平总书记“二十字”好干部标准，严格执行《干部选拔任用工作条例》，严格落实“凡提四必”，致力于把好干部选出来、用出来、管出来、带出来。撤县设区后，完成11批次、729人次领导班子和领导干部调配，及时完善干部管理体制。分级分类开展干部轮训，共培训干部2000余人次。严格执行请示报告、谈心谈话、述职述廉等制度，强化干部日常监督管理。抓实党风廉政建设。扎实推进廉政读本、廉政教育、廉政法规考试“三个全覆盖”；严格执行村（社区）干部三年审计一遍、不能在本村（社区）承揽工程等规定；大力开展民意大调查、干部大测评、作风大整顿，常态化推进作风建设。查处违反中央八项规定精神案件17起。持续保持惩治腐败高压态势，立案查处各类违纪案件68件，给予党政纪处分87人。开展民生领域不正之风和腐败问题专项整治，查处问题25起，处理49人。积极支持纪检机关监督执纪，推进派驻机构改革，实现区级部门派驻全覆盖，深化“三转”工作，聚焦主责主业，监督更加有力。加强对巡察工作的领导，出台《巡视工作规划》，启动十四届区委新一轮巡视工作。抓实民主政治建设。全力支持区人大及其常委会组织专题视察、工作评议和执法检查等方式依法履职，收集代表建议277条、已办结222条。区政协认真履行政治协商、民主监督、参政议政职能，不断深化“委员传递正能量”实践活动，共交办提案90件、办结90件。统一战线工作得到提升，成立民盟武隆区支部、九三武隆区支社。

【生态文明建设】 是年，研究出台《加快推进生态文明示范区县建设的意见》，深入推进国家主体功能区示范试点建设，通过全国生态文明示范工程试点验收。完成各类营造林9666.67公顷，森林覆盖率62.6%，空气质量优良天数331天。集中式饮用水源地水质达标率100%；城镇垃圾无害化处理率100%，农村垃圾无害化处理率达70%以上；完成50个行政村农村环境连片集中整治。全面推进“河长制”，完善区、乡镇、村三级河长体系，常态化开展水质断面联合监测和巡查。按照耕地数量、质量、生态“三位一体”保护的要求，严守耕地58480公顷、基本农田45120公顷红线。

（区委办）

重庆市武隆区人大常委会

【概况】 重庆市武隆区人民代表大会常务委员会是重庆市武隆区人民代表大会的常设机关，在闭会期间对重庆市武隆区人民代表大会负责并报告工作。根据2016年12月2日重庆市第四届人民代表大会常务委员会第三十次会议《关于撤县设区有关事项的决定》，现为重庆市武隆区第十八届人大常委会，有主任1人，副主任5人，委员25人。区人大设法制、财政经济、农业与农村3个专门委员会，常委会设办公室、人事代表工作委员、教科文卫工作委员会、预算工作委员会、信访办5个综合办事机构和工作机构。

【区十八届人民代表大会第一次会议】 于2017年1月7日至10日在区人民大礼堂召开。会议审议通过武隆县人民代表大会常务委员会工作报告、武隆县人民政府工作报告、武隆县人民法院工作报告、武隆县人民检察院工作报告；审查批准武隆县2016年国民经济和社会发展计划执行情况与重庆市武隆区2017年国民经济和社会发展计划草案的报告、重庆市武隆区2017年国民经济和社会发展计划；审查批准武隆县2016年财政预算执行情况和重庆市武隆区2017年财政预算草案的报告，批准重庆市武隆区2017年财政预算；选举重庆市武隆区第十八届人大常委会主任、副主任、委员，重庆市武隆区人民政府区长、副区长，重庆市武隆区人民法院院长，重庆市武隆区人民检察院检察长；决定设立重庆市武隆区第十八届人民代表大会专门委员会，表决重庆市武隆区第十八届人民代表大会专门委员会组成人员。会议期间，代表提出建议、批评和意见170件。

【监督工作】 全年依法召开常委会会议8次，主任会议19次。常委会会议听取审议区政府关于计划执行情况、预算执行情况、决算、审计及其查出问题整改、代表建议办理、环境状况和环境保护目标完成情况等法定工作报告9项；听取审议区政府关于企业减负、白马山度假区核心景区和基础设施建设情况，区法院关于解决执行难问题和区检察院关于刑事检察工作等4项专项工作报告；开展《中华人民共和国农业技术推广法》《重庆市教育督导条例》《重庆市法律援助条例》《重庆水资源管理条例》4部法律法规实施情况的执法检查；对区政府公共文化服务工作、区交委2017年度重点工作进行工作评议；批准2016年财政决算和2017年财政预算调整方案。对撤县设区后乡镇人民政府、乡镇人大等组织机构和“一府两院”有关人员的产生程序和撤销巷口镇设置两个街道等重大事项作出决议决定4项。

【代表工作】 开展“主任接待日”活动，邀请区法院、区检察院和区级部门到乡镇，面对面听取代表建议，全年接待代表100余名，收集建议107条、交办52条。突出新一届代表首次培训的综合性，组织100名基层新任代表在区委党校开展集中培训。充分发挥代表主体作用，组织全区1500余名各级代表，紧扣“密切联系群众、推动富民兴渝”主题，开展联系群众、法律宣传、调研献策、视察促进等代表活动，各级代表收集整理社情民意368条，提出意见、建议291条，推动解决民生问题232件，协调化解矛盾纠纷355件。2017年，代表建议办结率100%，代表回执率100%。在办理工作中，承办单位联系代表达100%；提出建议的领衔代表收到承办单位书面答复的达100%；代表对承办结果的满意度达100%。

【人事任免】 全年依法任免国家机关工作人员193人次。其中决定任命区政府及其工作部门人员28人次，任命区人大常委会工作机构人员13人次，任命区法院工作人员107人次、免职1人次，任命区检察院工作人员34人次。接受辞职1人次。

（区人大办）

重庆市武隆区人民政府

【概况】 2017年是武隆撤县设区的开局之年。区政府深入贯彻落实习近平总书记系列重要讲话精神特别是视察重庆重要讲话精神，认真贯彻落实中央和市委各项决策部署，统筹推进“五位一体”总体布局，协调推进“四个全面”战略布局。一年来，抓产业、重培育、促转型；抓建设、提品质、强功能；抓脱贫、攻搬迁、克难关；抓改革、扩开放、促创新；抓民生、办实事、促和谐；抓效能、严规矩、强执行。践行新发展理念，坚持生态优先、绿色发展，全区经济社会发展呈现平稳健康发展的良好态势。

全年实现地区生产总值（GDP）160.49亿元，增长7.7%；税收收入8亿元，增长8.5%；固定资产投资144.3亿元，增长10%；社会消费品零售总额58.8亿元，增长11.9%；居民人均可支配收入20279元，增长11.2%；城镇常住居民人均可支配收入32495元，增长9.4%；农村常住居民人均可支配收入11744元，增长10.3%。获得国家、市级各类荣誉称号103项，成功创建国家级旅游业改革创新先行区、国家体育旅游示范基地，荣获“全国通用航空旅游示范单位”称号，成功举办“申遗”10周年和仙女山度假区建设10周年活动，仙女天街成功创建市级特色商业街，仙女山镇被评为全国特色景观旅游名镇，江口镇被评为市级商贸强镇，火炉镇被评为市级商贸综合服务中心，接龙乡被评为市级电子商务示范乡，博航畜禽养殖等5个农民合作社被评为全国示范社，鳅田稻被列为第九批国家级水稻种植标准化示范区，全区“三品一标”达到33个，成功申报市级非物质文化遗产5项。

实现脱贫“摘帽”。坚持把脱贫攻坚作为首要政治任务和最大民生工程，健全完善“七大政策体系”，强力实施“十大攻坚行动”，累计投入45.6亿元，实施扶贫项目3104个，75个市级贫困村整村脱贫，减少贫困人口14133户49938人，贫困发生率下降到1.64%，顺利通过国家贫困县退出评估验收，摘掉武隆15年的“贫困帽子”，出台“1+3+N”深度脱贫攻坚方案，持续推进深度脱贫攻坚，确保到2020年实现高质量稳定脱贫。

顺利完成撤县设区机构调整，成立区旅游管理委员会，将区旅游局改革为区旅游发展委员会，强化统筹协调职能。设立区全域旅游游客服务中心，建立旅游综合执法支队、旅游警察支队、旅游工商分局、旅游巡回法庭，构建“1+3+N”的旅游综合执法体系。将区市政园林局改革为区城市管理局（区城市管理综合行政执法局），理顺执法体制，城市管理水平有效提升。巷口镇撤镇设凤山街道、芙蓉街道。

2017年，区政府办结人大代表建议170件，均在规定时限内办理完毕并回复代表，办理回复率、代表满意率均为100%；办结政协委员提案90件，均在规定时限内办理完毕并回复委员，回复率为100%，满意率为96.7%。严格落实中央八项规定精神，坚决整治“四风”，查处各类违纪案件68件，党纪政纪处分87人、组织处理2人。大力整治治安重点地区和突出问题，依法防范和惩治各类违法犯罪活动，连续13年实现命案侦破率100%；推进“七五”普法，开展“阳光信访”，依法规范信访秩序，安全生产市上考核控制指标事故起数下降55.6%、死亡人数下降57.9%，连续40个月未发生较大及以上生产安全事故；创建国家食品安全示范城市有序推进，食品药品安全事故零发生。

【区长办公会议】 2017年，区政府召开区长办公会议2次。

2月7日，区长卢红主持召开区政府第1次区长办公会，与会区领导分别就分管领域重点工作情况进行汇报发言，对急需沟通协调事项进行盘点、通报。并对近期全、全国重要会议精神进行传达和部署，分析当前经济形势，对实体经济发展、招商引资、重大项目推进、风险防控、民生实事推进、稳定安全生产等方面工作进行强调和安排。

8月28日，区长卢红主持召开区政府第2次区长办公会，传达学习全国、全市脱贫攻坚会议精神，与会区领导分别就分管领域重点工作情况进行汇报发言，并对当前工作作出安排、部署。

【政府常务会】 2017年，区政府召开常务会议28次。

表13　　2017年武隆区政府常务会议一览表

时间	常务会次数	会议议题
1月5日	县政府第97次	审议《关于废止和宣布失效一批县政府规范性文件的决定（送审稿）》《万峰水库工程建设征地移民安置规划报告（报批稿）》《葛根种植加工综合开发项目投资协议（送审稿）》等
1月13日	区政府第1次	审议《重庆市武隆区人民政府工作规则（送审稿）》《武隆区政府“三重一大”议事决策规则（送审稿）》《武隆区人民政府常务会议规则（送审稿）》等，研究区政府领导同志工作分工事宜
1月22日	第2次	审议《政府工作报告任务分解（送审稿）》《花园水库工程建设移民安置规划报告（报批稿）》《武隆区“十三五”社会治理规划（送审稿）》《武隆区“十三五”现代商贸服务业发展规划（送审稿）》等
2月9日	第3次	审议《重庆市武隆区新能源汽车推广及充电基础设施建设战略合作协议（送审稿）》《武隆区青少年科技创新区长奖评选办法（送审稿）》等
2月21日	第4次	审议《2017年招商引资方案（送审稿）》《关于切实做好2017年旅游集团营销工作的通知（送审稿）》《2017年安全生产工作要点（送审稿）》等
3月3日	第5次	审议《2017年民生实事任务分解（送审稿）》《武隆区金融扶贫实施意见（送审稿）》《武隆区“十三五”文化发展规划（送审稿）》等
3月8日	第6次	审议《武隆区国家专项建设基金反担保物管理暂行办法（送审稿）》《武隆区粮食安全行政首长责任制考核工作方案（送审稿）》《武隆区粮食应急预案（送审稿）》等
3月14日	第7次	审议《武隆区森林防火道路规划（2017—2020年）》《重庆市创建国家食品安全示范城市武隆区实施方案（送审稿）》《武隆区食品药品安全“十三五”规划（送审稿）》等
3月31日	第8次	审议《武隆区关于进一步健全特困人员救助供养制度实施方案（送审稿）》《武隆区第二届劳动模范（先进工作者）评选表彰方案（送审稿）》《武隆区全民科学素质行动计划纲要实施方案（2016—2020年）（送审稿）》等
4月13日	第9次	审议《切实抓好2017年烤烟生产和卷烟销售工作的通知（送审稿）》《武隆区安全生产风险隐患管理办法（送审稿）》等，研究重庆市武隆区2016年人民满意公务员示范单位和示范岗创建评选事宜，研究2011年、2013年三峡后续植被恢复项目造林地整改事宜
4月20日	第10次	审议《全国首个“文化和自然遗产日”暨武隆喀斯特申遗成功十周年纪念活动总体方案（送审稿）》《武隆区金融发展“十三五”规划（送审稿）》《第二十届中国（重庆）国际投资暨全球采购会武隆代表团参展方案（送审稿）》等
5月2日	第11次	审议《关于落实全面两孩政策改革完善计划生育服务管理的实施意见》《武隆区高层次人才引进暂行办法（送审稿）》《武隆区优秀人才评选暂行办法（送审稿）》《武隆区全面推行河长制工作方案（送审稿）》
5月17日	第12次	审议《武隆区金融精准扶贫贷款风险补偿金管理暂行办法（送审稿）》《武隆区2017年上半年公开招聘事业单位工作人员职位表（送审稿）》《重庆市武隆区人民政府与中青旅控股股份有限公司旅游发展战略合作协议（送审稿）》等
6月1日	第13次	审议《武隆区职业健康分类分级监管实施办法（送审稿）》《重庆市武隆区“十三五”能源发展规划（送审稿）》《武隆区第三届“贡献奖”和“十佳人才”推荐人员名单》《武隆区社会力量招商引资服务兑现办法（送审稿）》等
6月5日	第14次	审议《重庆市武隆区“十三五”脱贫攻坚规划（送审稿）》，切实做好2017年普通高校招生全国统一考试保障工作，研究干部纪律处分事宜

时间	常务会次数	会议议题
6月19日	第15次	传达《中央办公厅、国务院办公厅关于甘肃祁连山国家级自然保护区生态环境问题督查处理情况及其教训的通报》，审议《武隆喀斯特世界自然遗产保护管理先进集体和先进个人名单（送审稿）》《武隆区仙女山国家级旅游度假区建设先进集体和先进个人名单（送审稿）》等
7月4日	第16次	传达贯彻国务院安委会安全生产巡查意见反馈会议精神并研究问题整改方案，审议《武隆区政府安委会工作制度（送审稿）》《武隆区三级服务中心服务场所标准化建设实施方案（送审稿）》，研究调整重庆银行双创基金有关事宜
7月26日	第17次	审议《武隆区2017年消防工作意见（送审稿）》《重庆市三峡医药高等专科学校与武隆区人民政府校地合作定向招生协议书（送审稿）》《2016年现代烟草农业工作总结考核方案（送审稿）》，传达贯彻上级文件和会议精神
8月9日	第18次	审议《武隆区开放型现代商贸服务业发展“十三五”规划（送审稿）》《武隆区地方志工作管理办法（送审稿）》，研究调整天然气销售价格、建立城区居民生活用气阶梯价格制度和制定乡镇安装收费标准有关事宜
8月17日	第19次	审议《武隆区全面推开公立医院综合改革实施方案（送审稿）》《加快开放型经济发展的意见（送审稿）》《关于加快实施质量品牌建设促进“绿色崛起、富民兴区”的意见（送审稿）》《武隆区品牌培育和质量提升奖励扶持办法（送审稿）》《武隆区区长质量管理奖评选办法（送审稿）》
9月12日	第20次	审议《武隆区社会信用体系建设合作协议（送审稿）》《武隆区仙女山景区自驾车营地项目合作协议（送审稿）》《武隆区2017年安全生产工作考核办法（送审稿）》《武隆区仙女山改善农村人居环境市级示范片项目建设方案（送审稿）》
9月28日	第21次	研究聘请区政府特邀监察员事宜，审议《武隆区科技创新“十三五”规划（送审稿）》《武隆区信访工作责任制实施细则（送审稿）》
10月19日	第22次	审议《武隆区后坪乡深度脱贫攻坚规划（送审稿）》《武隆区2017年退役士兵安置工作实施方案（送审稿）》《武隆区第七届运动会方案（送审稿）》
10月27日	第23次	审议《武隆区危险化学品“十三五”布局规划（送审稿）》《武隆区区级部门预算公开评审办法（送审稿）》《武隆区区级部门预算零结转管理办法（送审稿）》《武隆区预算信息公开管理办法（送审稿）》《仙仕居酒店项目投资协议（送审稿）》
11月9日	第24次	传达学习渝东南片区第四季度经济工作座谈会议精神，审议《乌江白马电航枢纽配套政策承诺函（送审稿）》《重庆市武隆区秋季旅游惠民活动优惠措施（送审稿）》《武隆区电子商务进农村综合示范专项资金使用管理办法（送审稿）》
11月27日	第25次	审议《武隆区关于深入推进城市执法体制改革改进城市管理工作的实施意见（送审稿）》《武隆区关于深入推进城市执法体制改革改进城市管理工作的实施意见（送审稿）》《重庆市武隆区突发事件总体应急预案（送审稿）》及自然灾害、突发社会安全事件、突发公共卫生事件、突发事故灾难等4个专项应急预案（送审稿）》
12月12日	第26次	审议《重庆市武隆区人民政府与山东省鲁商集团战略合作协议（送审稿）》《武隆区2017年下半年面向社会公开招聘事业单位工作人员职位表（送审稿）》《关于推进安全生产领域改革发展的实施意见（送审稿）》；传达学习全国、全市消防安全专题视频会议精神，研究农村“三变”改革试点工作
12月27日	第27次	审议《重庆长南天然气输配有限责任公司在武隆供气区域天然气销售价格方案（送审稿）》《关于加强村（社区）组织运转经费保障工作的通知（送审稿）》《武隆区小型水利设施维修养护及管护办法（送审稿）》《重庆市武隆区学前教育儿童营养改善计划实施方案（送审稿）》

（区政府办）

政协重庆市武隆区委员会

【概况】 武隆区政协于1983年12月15日成立，历经九届。2017年1月13日，政协重庆市武隆区委员会正式挂牌。内设机构6个，即提案办公室、经济科技办公室、社会事业办公室、联络联谊办公室、法制办公室、政协办公室。政协办公室下设“4科1中心”，即综合科、秘书科、政工人事科、新闻信息科4个科室和机关后勤服务中心（正科事业单位）。共有在职职工57人，其中公务人员27人（包括改非干部5人），事业人员11人（包括驾驶员5人），退休干部19人。九届区政协有政协委员193名，常委34名，设置19个界别。为加强政协工作党的领导，政协设“两级党组”和1个党支部，即政协党组、政协机关党组和政协机关支部。政协党组由潘晓成任书记、徐正菊任副书记，其他党员副主席和秘书长为党组成员。机关党组由秘书长杨国兴任书记，各专委办公室主任为党组成员。政协领导班子配备情况是：主席1人，副主席6人（兼职1名）；政协办配备办公室主任1人，副主任2人，5个专委办公室分别配备正副主任各1人。

2017年，区政协在区委的坚强领导和市政协的指导下，高举中国特色社会主义伟大旗帜，紧密团结在以习近平为核心的党中央周围，以习近平新时代中国特色社会主义思想为行动指南，突出团结民主两大主题，坚持“党委有决策、政协有响应，政府有需要、政协有呼应，群众有期盼、政协有回应”的具体导向，聚焦区委区政府中心工作、聚焦改革发展、聚焦民本民生，对政治协商的广度、民主监督的力度、参政议政的深度不懈探索，思想理论武装取得新成效、服务改革发展取得新成绩、协商民主实践取得新进展、政协自身建设取得新进步。

【重要会议】 是年，召开政协武隆区第九届委员会全体会议2次、常委会议7次、主席会8次。

中国人民政治协商会议重庆市武隆区第九届委员会第一次会议于2017年1月6日至9日在区人民大礼堂举行。会议批准杨国权代表县政协八届常委会所作的工作报告和杨兴禄代表县政协八届常委会所作的提案工作情况报告。会议赞同卢红所作的政府工作报告，赞同人民法院、人民检察院工作报告及其他工作报告。会议选举产生政协重庆市武隆区第九届委员会主席、副主席、秘书长和常务委员。与会委员列席区人大十八届一次会议，听取并协商讨论政府工作报告、法院工作报告、检察院工作报告和其他报告。会议期间，政协委员围绕未来五年实施的五项重点任务和2017年重点实施的八项工作，积

表14　　2017年武隆区政协常委（主席）会议一览表

时间	次数	会议议题
3月14日	第1次常委会	会议学习全国政协十二届五次全会精神，通报区政协主席会成员分工、区政协专委会联系部门乡镇委员小组及委员界别、区政协2017年工作要点、区政协2017年宣传信息工作实施意见；审议区政协2017年重点工作安排、区政协常委会工作规则、专委会工作规则；审议通过区政协相关人事任命事项
4月24日	第2次常委会	学习中共重庆市武隆区委办公室《关于印发〈武隆区深化全面从严治党责任实施方案〉的通知》；审议通过撤销张晓江政协重庆市武隆区第九届委员会委员资格的决定（草案）；审议通过增补政协重庆市武隆区第九届委员会委员的决定（草案）；审议通过免去张晓江政协重庆市武隆区第九届委员会主席的决定（草案）；审议通过政协重庆市武隆区第九届委员会主席候选人名单（草案）；审议通过中国人民政治协商会议重庆市武隆区第九届委员会第二次会议有关材料

极建言献策，认真协商议政，提出许多有价值、有深度、有见地的意见和建议。

中国人民政治协商会议重庆市武隆区第九届委员会第二次会议于2017年4月27日在区人民大礼堂举行。会议选举潘晓成为政协重庆市武隆区第九届委员会主席。

时间	次数	会议议题
4月27日	第3次常委会	会议通报中国人民政治协商会议重庆市武隆区第九届委员会第二次会议委员分组讨论情况；会议指出，经参会委员分组讨论，对主席候选人、《选举办法（草案）》、总监票人和监票人均无反对意见；同意潘晓成为政协重庆市武隆区第九届委员会主席正式候选人，提请九届二次会议进行选举；同意《选举办法（草案）》和《总监票人监票人名单》，提请全体会议通过；同意按期召开选举大会
4月27日	第4次常委会	中国人民政治协商会议重庆市武隆区第九届委员会第二次会议选举大会总监票人李永泰报告选举结果，即：中国人民政治协商会议重庆市武隆区第九届委员会选举大会发出选票165张，收回选票165张，其中废票0张。主席候选人潘晓成得票情况为赞成票165张，反对票0张，弃权票0张。无另选人。会议审议通过该选举结果，由大会向全体参会委员宣布
6月13日	第5次常委会	会议学习市第五次党代会精神和《中国共产党问责条例》，协商巷口镇撤镇设街道相关事宜，协商审议全区生态工业经济发展情况，协商审议教育“五大工程”建设推进情况，审议通过区政协人事任命事项
8月31日	第6次常委会	会议学习习近平总书记“7·26”重要讲话，听取区人民政府上半年经济运行情况通报，协商审议全区水利重点工程推进情况
10月30日至31日	第7次常委会	会议组织学习十九大有关决议决定、新华社《决胜全面建成小康社会 夺取新时代中国特色社会主义伟大胜利》《在新的历史征程上开拓奋进——党的十八大以来人民政协事业发展的主要成就和经验》，协商审议城市拓展区和棚户区改造规划建设实施推进情况，协商审议全区推进深度贫困乡镇、重点贫困乡镇扶贫攻坚工作情况
2月7日	第1次主席会	会议讨论2017年工作要点、区政协专委会联系部门乡镇委员小组及委员界别的通知和区政协主席会成员分工
3月10日	第2次主席会	会议传达全区党建工作会议精神，讨论常委会、专委会工作规则、审议主席会、秘书长工作规则和区政协2017年重点工作安排情况，审议区政协九届1次常委会议程，安排布置区政协党组民主生活会事宜
4月24日	第3次主席会	会议协商审议撤销张晓江政协重庆市武隆区第九届委员会委员资格的决定（草案）、增补政协重庆市武隆区第九届委员会委员的决定（草案）、免去张晓江政协重庆市武隆区第九届委员会主席的决定（草案），协商酝酿政协重庆市武隆区第九届委员会主席候选人名单（草案），协商审议中国人民政治协商会议重庆市武隆区第九届委员会第二次会议有关材料审议通过区政协九届第2次常委会议程
5月16日	第4次主席会	会议组织学习《中国共产党问责条例》、《中国共产党党组工作条例》，审议区政协关于调整区政协主席会成员分工的通知（杨国兴作汇报）、区政协党组2017年党建工作要点，协商审议羊角古镇建设推进情况（羊角危治办作汇报）、两危整治工作推进情况（两违整治办作汇报），审议全区生态工业经济发展情况视察方案（胡建军作汇报）、教育五大工程建设推进情况视察方案（陆建作汇报）和人事任免事项，审议通过区政协九届第5次常委会议程
6月8日	第5次主席会	会议传达学习市第五次党代会精神和《全面小康热点面对面》：新起点上的新蓝图——如何理解全面建成小康社会新的目标要求，协商巷口镇撤镇设街道相关事宜，审议通过区政协九届第5次常委会议程
8月21日	第6次主席会	会议传达学习习近平总书记“7·26”重要讲话精神，协商审议全区商贸物流园建设情况协商审议区政协各专委调研方案、《区政协常委会视察协商全区水利重点工程建设推进情况的方案》《武隆区第九届政协委员2017年集中培训方案》，审议通过区政协九届第6次常委会议程

时间	次数	会议议题
10月19日	第7次主席会	会议学习《在新的历史征程上开拓奋进——党的十八大以来人民政协事业发展的主要成就和经验》，协商审议《区政协常委会视察协商全区深化巩固脱贫攻坚工作成果情况的方案》《区政协常委会视察协商城市拓展区和棚户区改造规划建设实施推进情况的方案》、乡村旅游精品路线建设情况、交通重点工程建设情况，协商讨论《关于加强和改进人民政协民主监督工作的实施意见》、《政协重庆市武隆区委员会提案办理协商办法》，审议通过区政协九届第7次常委会议程
12月26日	第8次主席会	会议协商讨论《中国人民政治协商会议重庆市武隆区第九届委员会常务委员会工作报告（讨论稿）》《中国人民政治协商会议重庆市武隆区第九届委员会常务委员会关于九届一次会议以来提案工作情况的报告（讨论稿）》、区政协九届三次全委会议程、日程、报告人等相关材料，审议通过委员发言材料、区政协九届八次常委会召开时间和议程

【政治协商】 2017年，区政协通过全委会、常委会、主席会、专委会全面开展协商议政工作，为区委、区政府提供决策参考。在区政协九届一次全委会议期间，区政协委员就政府、政协、财政局、发改委、两院等工作报告进行全面协商，提出建议意见114条，合并整理为76条。涉及旅游、工业、农业、城市建设和管理、交通、法制、社会事业、综合及其他等8个方面。其中，向区委、区政府提出建议意见94条，整理归纳为45大类66条。另外，分别向区委、区政府报送《关于羊角古镇建设工作推进情况的协商建议》《关于全区教育五大工程推进情况的协商建议》《关于武隆区生态工业经济发展情况的协商建议》《关于武隆区传统村落保护发展的协商建议》《关于武隆商贸物流园项目建设的协商建议》《关于武隆区农业农村发展用地保障的协商建议》《关于全区水利重点工程建设的协商建议》《关于武隆区城市拓展区和棚户区改造工作的协商建议》《关于深化全区脱贫攻坚工作的协商建议》《关于武隆区交通建设推进工作推进情况的协商建议》等协商会议建议10期，还利用专委会对口协商“页岩气勘探和开发情况”“全区乡镇财政管理及运行情况”“全国文明城市创建工作推进情况”“农业农村发展用地保障情况”等。

【民主监督、评议部门工作】 2017年，区政协坚持“监督监到关键处”，不断创新方式、拓展领域，努力提升民主监督实效，积极深入部门、深入基层调研，撰写调研报告。共向区委、区政府报送《关于创建国家森林城市情况的调查及建议》《关于武隆区养老服务体系建设的调研报告》《关于武隆区城区停车场建设管理情况的调研报告》《关于武隆区民族特色文化的保护与发展的调研报告》《关于全区城乡居民医疗保险情况的调查及建议》等调研文章5篇，都得到区主要领导及其他领导的重视和批示。

【提案工作】 2017年委员提出提案179件。按照《提案审查工作条例》相关规定，经提案审查委员会审查立案125件，内容基本相同或相近的提案并案后交办90件，立案率69.8%；未立案54件，占30.2%。截至2017年7月，交办提案全部办结，办复率达100%。提案者对办理表示满意87件，占96.7%；基本满意3件，占3.3%。提案及提案的办理，为武隆区经济社会发展和民生改善发挥积极作用。如委员提出的《关于加快休闲农业和乡村旅游统筹发展的建议》，区旅发委组织人员进行深入调研，全区进一步优化7条乡村旅游精品线路，规划农业与扶贫6条产业带，全面推进68个农业与扶贫示范基地、146个重点项目建设，助推休闲农业与乡村旅游统筹发展、融合发展；又如委员提出的《关于加快武隆城区新建学校周边配套设施建设的建议》，区委、区政府高度重视，多次就新建的武隆中学和实验小学凤溪校区周边配套设施建设召开专题会议。区级有关部门主动作为，在规定时间内完成两所学校周边的市政道路、管网、公交港湾等配套设施建设，确保新建学校如期投入使用。

【社情民意】 2017年，区政协积极扩大委员和社会各界的联系，拓展信息搜集渠道，在维护群众利益上报实情、谏诤言、献良策。全年编发《社情民意》43期，区主要领导批示14期。其中上报市政协12期，《关于加快推进"综合行政审批改革试点"的建议》被转报全国政协。《关于加强凤山公园停车管理的建议》编发后，区城管局立即组织人员亲临现场，并邀请政协委员参与，针对具体情况制定三条改进措施：统一规划，明确摩托车、电动车、汽车各自停放区域；主动协调区公安局巡警支队，对进入凤山公园路段道路安装视频监控；增加巡视警力，对乱停乱放车辆加大查处力度。改进后的凤山公园，成为市民宁静、温馨的休憩乐园。

（区政协办）

中共重庆市武隆区纪委

【概况】 2017年1月5日，区委、区政府印发《关于重庆市武隆区党政机构设置的实施意见》，明确中共重庆市武隆区纪律检查委员会机关为区委工作部门，重庆市武隆区监察局为区政府工作部门。3月16日，设置中共重庆市武隆区纪律检查委员会机关（重庆市武隆区监察局与其合署办公）。中共重庆市武隆区纪律检查委员会机关是区纪律检查委员会的办事机关，是主管全区纪律检查日常工作的党的部门；重庆市武隆区监察局是主管全区行政监察工作的行政机构；增加的职责：全面负责区纪委派驻纪检监察机构建设工作，实现区一级党和国家机关派驻纪检监察机构全覆盖。调整的职责：调整电子监察中心职能，将行政审批电子监察系统日常管理职能调整为收集整理、分析研判、宣传及上报党风廉政建设有关信息职能。核定行政编制30名，其中书记1名、副书记3名（其中1名兼任监察局局长）、纪委常委5名（其中2名兼任监察局副局长）、监察局党外副局长1名；内设机构领导职数13名。机关后勤服务人员事业编制3名。中共重庆市武隆区纪律检查委员会派驻纪检组人员编制59名（其中政法专项编制5名）。

是年，区纪检监察部门贯彻习近平新时代中国特色社会主义思想，坚持全面从严治党，强化监督执纪问责，持之以恒正风肃纪，坚定不移惩治腐败，深化纪检监察体制改革，推进党风廉政建设和反腐败斗争，为推进武隆各项事业不断向前发展提供保障。

【区一级党和国家机关派驻机构全覆盖】 2017年3月1日，区委印发《关于加强区纪委派驻机构建设的意见》（武隆委办发〔2017〕20号），区委办印发《全面落实区纪委向区一级党和国家机关派驻纪检机构的方案》（武隆委办发〔2017〕21号），对区纪委派驻纪检组进行改革，实现区一级党和国家机关派驻机构全覆盖。共撤销36家机关事业单位纪工委、纪检组、纪委派驻（派出）纪检机构，设立区纪委驻区委办公室纪检组等19个区纪委派驻纪检机构；不再保留公安局纪委及19家机关事业单位内设纪检监察室。新设立纪检组名单如下：驻区委办纪检组、驻区政府办纪检组、驻区委组织部纪检组、驻区委宣传部纪检组、驻区委统战部纪检组、驻区发改委纪检组、驻区教委纪检组、驻区经信委纪检组、驻区公安局纪检组、驻区财政局纪检组、驻区人力社保局纪检组、驻区国土房管局纪检组、驻区环保局纪检组、驻区城乡建委纪检组、驻区交委纪检组、驻区水务局纪检组、驻区农委纪检组、驻区旅游局纪检组、驻区卫计委纪检组。

【全区深化国家监察体制改革试点工作】 2017年11月11日，中央纪委召开全国推开国家监察体制改革试点工作动员部署电视电话会议。11月20日，市纪委召开重庆市深化国家监察体制改革试点工作动员部署电视电话会议。11月20日下午，区纪委召开办公会，深入研究会议的贯彻落实措施，就成立武隆区深化国家监察体制改革试点工作小组、改革试点方案起草以及改革试点工作的具体事项进行研究。11月21日，区纪委成立工作组，对改革后纪委监委确定的办公场所进行实地查勘，对检察院涉改部门的资产设备进行全面清理。随后，由区纪委副书记带队，对检察院涉改人员全部进行谈心谈话。11月22日，市纪委对武隆区《实施方案》进行初审。同日，区纪委召开常委会议，初步审议《办公楼维修经费预算建议方案》《转隶工作方案》《办公用房移交方案》《人事安排建议方案》《问题线索移交方案》等改革试点配套方案。11月24日，区五人小组会议专题研究确定全区改革试点工作方案，对《实施方案》、工作小组文件、五个子方案进行审核，并初步确定监委班子组成人员建议名单。11月27日，分别召开区纪委常委会议和区委常委会议，审议并通过改革试点方案，同意区监委机构设置、检察院人员转隶安排和资产划转安排，研究决定将区检察院原办公楼整体划拨给区纪委监委作办公用房，落实资金300万元，并明确区财政局等相关单位要按时完成区纪委监委的经费预算、车辆保障等后勤保障工作。12月28日下午，区委书记、区深化国家监察体制改革试点工作小组组长何平在区委会议中心二会议室主持召开区深化国家监察体制改革试点工作小组第一次会议。会议传达学习《赵乐际同志在中央深化国家监察体制改革试点工作领导小组第二次会议上的讲话》和陈敏尔在市深化国家监察体制改革试点工作小组会议上的讲话精神，审议《中共重庆市武隆区纪律检查委员会重庆市武隆区监察委员会主要职责内设机构和人员编制规定（送审稿）》《武隆区检察院侦防部门人员转隶工作方案（送审稿）》《重庆市武隆区人大常委会监察委员会组成人员选举任免工作方案（送审稿）》《武隆区看守所留置讯问室、指挥室等改造初步方案（送审稿）》。

【区第十四届纪律检查委员会第二次全体会议】 2017年2月15日上午在区人民大礼堂召开。出席会议的区纪委委员17人，列席157人。区委书记何平出席全会并发表讲话。全会总结2016年纪律检查工作，研究部署2017年工作任务，审议通过张小宁代表区纪委常委会所作的《坚守责任担当，忠诚履行职责，坚定不移推动全面从严治党向纵深发展》的工作报告。全会听取部分乡镇党委书记、区级部门党组书记、纪委书记述廉报告，委员们进行询问和评议。

【区政府廉政工作会】 2017年3月29日，区政府召开2017年区政府廉政工作会议。区纪委副书记张津虹在会上代表监察局作发言，总结监察局2016年工作情况，提出2017年工作安排。会议要求：持续改进政风，交上作风建设合格答卷；坚持有腐必惩，巩固反腐败斗争压倒性态势。严格监督执纪，严肃查处群众身边的不正之风和腐败问题；强化行政问责，推动区委区政府决策部署落实。

【全区纪检系统干部大会】 2017年5月19日上午9:00，在区委会议中心一会议室召开。会议由区纪委副书记姜陵主持。副书记张津虹全文组织学习《中共中央关于部分纪检监察干部违纪案件及其教训警示的通报》，随后，区委常委、区纪委书记张小宁就传达学习贯彻《通报》精神，进行讲话。要求全区纪检监察干部学习领会，切实引以为戒；强化责任担当，落实主体责任；强化规则意识，严格风险防控；严格监督检查，打造过硬队伍。

【加强政治建设】 牢固树立“四个意识”。区纪委常委会始终坚持加强政治建设，保持政治定力，带头学习中央、市委和区委历次全会精神，贯彻落实习近平总书记系列重要讲话精神特别是视察重庆重要讲话精神和关于做好重庆当前工作的重要指示精神，引导党员干部进一步增强“四个意识”特别是核心意识、看齐意识，自觉在思想上政治上行动上同以习近平为核心的党中央保持高度一致，坚定旗帜方向，坚决维护以习近平同志为核心的党中央权威和集中统一领导。认真履行党内监督专责机关的职责，督促全区各级党组织认真学习贯彻落实中央、市委和区委历次全会精神，加强对重大决策部署贯彻落实情况的监督检查，确保全区上下政令畅通。

严格执行党的纪律。始终把纪律和规矩挺在前面，加强对政治纪律和政治规矩执行情况的监督检查，督促全区党员干部严格执行《重庆市党员干部政治纪律“八严禁”》，进一步增强政治警觉性和政治鉴别力，坚决同违反党的纪律行为作斗争，坚决肃清孙政才恶劣影响和薄熙来、王立军流毒，切实维护武隆良好政治生态。严格执行党的组织纪律、廉洁纪律、群众纪律、工作纪律、生活纪律，教育广大党员干部始终保持对党章党规党纪的绝对尊崇，做到心存敬畏、慎独慎微。加强对领导班子换届纪律和作风情况的监督检查，严把党风廉政意见回复关，共开展党风廉政审查80次，涉及单位88个、人员2799人次，对43名不适宜任职人选或评先选优人选提出否定性建议，有效防止干部“带病提拔、带病上岗”。加强廉政档案建设，对全区699名区管干部全部建立廉政档案，并实行动态管理。

严肃党内政治生活。把《关于新形势下党内政治生活的若干准则》《中国共产党党内监督条例》纳入党校培训计划和全区各级党委（党组）中心组理论学习必学内容，组织开展专题学习100余场次。加强对党内政治生活状况、党的路线方针政策执行情况的监督检查，督促各级党组织严格落实“三会一课”、谈心谈话、民主评议党员、双重组织生活、书记带头讲党课、主题党日活动等制度，着力解决党的领导弱化、党的建设缺失、全面从严治党不力，党的观念淡漠、组织涣散、纪律松弛等问题，推动管党治党从宽松软走向严紧硬。

【作风建设】 严格贯彻落实中央八项规定精神，持之以恒纠正“四风”。开展“1+3”专项治理。成立专项治理工作领导小组，制定下发《关于进一步深入落实中央八项规定精神坚决整治“四风”的工作实施方案》《武隆区作风大整顿专项行动工作方案》和《开展违规公款购买消费高档白酒问题集中排查整治工作方案》，建立区、乡镇、村社上下三级联动监督机制，把监督网络覆盖到专项行动各个环节和方面。会同相关主责部门开展“三公经费”专项监督检查，共发现13类93个问题。调取区税务、审计、财政等部门大数据，发现问题线索389条，向86个涉及单位发出函询通知，对情节轻微、具有普遍性的问题责令责任单位限期整改，对涉嫌违规的问题进一步开展调查核实。强化“四风”问题集中整饬。制定下发《作风大整顿暗访督查工作方案》，紧盯“四风”新动向新问题，强化明察暗访。在元旦、春节等重要时间节点，由纪委班子成员带队开展作风建设专项检查26次，共查处违反中央八项规定精神案件17件，处理34人，其中给予党政纪处分16人。对相关党委（党组）、纪委（纪检组）负责人进行警示约谈，夯实巩固作风建设成果。扎实推进作风大整顿。充分运用民意大调查、干部大测评、作风大整顿“三大平台”，常态化推进作风建设。加强对领导干部“八小时以外”活动的监督管理，净化领导干部的社交圈、生活圈、休闲圈。制定《武隆区重点项目建设环境党员干部违规违纪行为“清风”专项整治行动方案》，围绕项目推进、拆迁治违等重点工作的纪律执行情况，加强监督检查，着力整治行政不作为、慢作为、乱作为等行为，坚决纠正出工不出力、出力不出效的庸政懒政现象，整改一批群众反映强烈的突出问题，形成有干劲、有精神、在状态的作风常态，确保全区重点工作顺利推进。加强对羊角场镇避险搬迁工作纪律的监督，采取日督查、日通报、日报告，确保搬迁群众按期有序搬入新居。加强对生态环保领域的监督，为实施环保“五大行动”，打好蓝天、碧水、土壤治理三场保卫战提供纪律保障。

【严厉惩治腐败】 严肃查处违纪违规问题。始终清醒认识反腐败斗争依然严峻复杂的形势，坚定目标任务不动摇，坚持无禁区、全覆盖、零容忍，做到力度不减、节奏不变，坚决减少腐败存量，重点遏制增量。共收到群众信访件355件（次），共处置问题线索234件，立案查处各类违纪案件68件，同比上升23.6%；结案64件，给予党政纪处分87人、组织处理2人；其中查处典型案件15件，涉及处级干部21人，移送司法机关处理1人。通报曝光典型案件24批次52人。积极发挥反腐败协调小组的作用，加强与公检法机关、审计、巡察等单位协调配合，移送问题线索91条。

正确运用监督执纪“四种形态”。全区各级纪检监察组织坚持惩前毖后、治病救人，正确处理常态、大多数、少数和极少数的关系，突出正确的执纪导向，共处理191人次。其中，函询、诫勉谈话、批评教育等第一种形态处理93人次，占48.7%；党纪轻处分和组织调整等第二种形态处理66人次，占34.6%；党纪重处分和重大职务调整等第三种形态处理31人次，占16.2%；严重违纪涉嫌违法被移送司法机关处理1人次，占0.5%。

强化执纪审查安全。严格落实全市纪检监察系统执纪审查安全工作会议精神和相关文件要求，严格执行监督执纪工作规则和执纪审查各项管理制度，把审查安全作为铁的纪律落实到执纪审查的各个环节。加强“走读式”谈话室建设，区纪委机关建成“走读式”谈话室2间，乡镇纪委、派驻纪检组共规划建设谈话室40间。加强执纪审查安全检查和应急演练培训，确保纪律审查安全零事故。

【维护群众利益】 严肃查处群众身边的不正之风和腐败问题。严查群众身边的“微腐败”。严格执行村（社区）干部“十公开”制度和“三年审计一遍、重大事项报告、不能在本村承揽工程”等规定，管住“小微权力”。制定下发《关于深入开展群众身边的不正之风和腐败问题专项整治工作实施方案》《武隆区深化扶贫领域监督执纪问责工作的实施方案》，开展专项整治，同时督促有关部门加大对“村霸”和宗族恶势力的整治，决不允许其横行乡里、欺压百姓，侵蚀基层政权。共查处发生在群众身边的不正之风和腐败问题25件，处理49人，其中给予党政纪处分32人，问责5人，移送司法机关2人。抓好扶贫领域的监督执纪问责。组成8个督查组开展专项督查，发现问题200余件，全区通报3次，对7个乡镇、2个扶贫集团、2名第一书记进行集中警示约谈，查处扶贫领域腐败问责问题10件，给予党处理25人，党政纪处分21人。

【落实两个责任】 严格问责推动“两个责任”落实。压紧压实主体责任。区委准确把握党的建设总要求，坚持把抓好党建作为最大政绩，以“全面从严治党责任深化年”为主要载体，以“十个务必从严”为主抓手，深入推进全面从严治党各项工作，层层夯实主体责任。坚持每次区委常委会至少听取1～2个乡镇、部门党委（党组）落实全面从严治党工作汇报，现场点评质询，当面传导压力。实行清单式管理、项目化推进、对账式考核，采取日常随机抽查、季度专项督查、年度综合考评相结合，强推硬逼“五个带头”“五个亲自”“五个一”管党治党责任机制全面落实。各级党组织把党建工作纳入党委（党组）重要议事日程，书记抓党建的主责主业意识不断强化。认真履行监督职责。区纪委强化监督执纪问责，牵头督促全区各级党组织和党员领导干部担当起管党治党政治责任。选定2名乡镇主要负责人、2名部门党组书记、2名纪委书记（纪检组长）在纪委全会上进行现场述责述廉并接受质询和评议。下发《2017年落实全面从严治党责任集中约谈的通知》，对全区26个乡镇、76个部门党政“一把手”和纪委（派驻纪检组）负责人进行约谈。组织52名乡镇、部门一把手在武隆电视台作出廉政承诺，接受群众监督，进一步促进“两个责任”的落实。各级纪检组织聚焦主责主业，切实肩负起监督执纪问责的职责使命，持续释放越往后执纪越严的强烈信号。严肃问责追责。严格执行《中国共产党问责条例》和市委实施办法，充分发挥问责利器作用，对“两个责任”落实不力的行为，敢于较真碰硬，坚决问责到底。对庙垭乡党委在县乡人大代表选举工作中的失职行为严肃问责，相关责任人员受到责任追究。严肃查处区扶贫办在违规审核兑付扶贫项目资金案件中的失职失责问题，8人受到问责。对县供销社原党组成员、纪检组长履行监督责任不力严肃问责。全年共开展党内问责9起，处理14人，其中给予党纪政纪处分8人。

【巡察监督】 大力加强巡察工作。出台《巡察工作规划》，启动十四届区委新一轮巡察工作。紧紧围绕党的领导、党的建设、全面从严治党、党风廉政建设和反腐败工作，按照党的政治、组织、廉洁、群众、工作和生活“六项纪律”“四个着力”要求，全面巡察检查各单位领导班子建设、干部廉洁自律以及党员干部遵守中央“八项规定”精神情况，从严从实查找突出问题。对6个单位开展重点巡察，发现5大类48个问题，边巡边改26个，向区纪委移交问题6个、线索21条，形成巡察报告和巡察反馈意见12份。对8个被巡察单位进行回访，督促问题整改落实。对22个乡镇、12个部门开展扶贫领域专项巡察，发现共性问题14个，个性问题67个，向区委提出意见建议34条。强化巡察成果运用，给予党政纪处分8人、免职1人、诫勉谈话3人、提醒谈话2人。

【廉政教育】 抓党风促政风带民风。结合“两学一做”学习教育常态化制度化，引导党员干部自觉培养高尚道德情操，把崇德重礼与遵纪守法相结合，抵制不良风气。全面抓好廉政教育“3+1”全覆盖（即廉政读本、廉政考试、廉政警示教育三个全覆盖，中青年干部旁听法院职务犯罪庭审全覆盖），共编印发放《警戒》廉政知识小读本5000余本，组织5000余名党员干部参加廉政法规知识考试，组织60余个单位4000余名干部职工到警示教育基地开展警示教育，组织368名新提任领导干部参加职务犯罪案件庭审旁听，全区干部底线思维、红线意识不断增强。充分发挥新闻媒体作用，深化党风廉政宣传教育，共转发、编发廉政微博300余条、廉政稿件200余篇，发送廉政提醒短信1万余条。加强廉政文化建设，着力打造以“文”倡廉、以“情”助廉、以“艺”颂廉的村（社区）廉政文化。充分发挥“廉政书屋”作用，助力党纪党规知识进基层、进农村。开展“廉政家访”

活动，加强领导干部家风建设，涵养优美家风，当好社会“风向标”，引领社会崇德向善，以优良党风带动政风民风持续好转。

【深化纪律检查体制改革】 继续深化纪律检查体制改革。认真贯彻执行《市纪委关于纪检机构进一步深化“三转”聚焦主业的指导意见》，督促全区各级纪检组织聚焦主业，精准定位，真正把监督执纪问责的职责担起来。加强派驻机构改革工作，制定出台《关于加强区纪委派驻机构建设的意见》《武隆区纪委派驻纪检组管理办法（试行）》等文件，全区设立19个派驻纪检组，落实人员编制59名，实现区一级党和国家机关派驻机构全覆盖，充分发挥“探头”作用。坚持双重领导体制，实现乡镇纪委、派驻纪检组线索处置和执纪审查以区纪委领导为主，严格执行乡镇纪委、派驻纪检组向区纪委报告工作、述责述廉等制度。推进监察体制改革试点工作。深刻领会推进国家监察体制改革试点工作的重大意义，及时成立区深化国家监察体制改革试点工作小组，研究制定《重庆市武隆区深化国家监察体制改革试点工作实施方案》《转隶工作方案》《人事安排方案》《问题线索移交方案》《资产设备移交方案》《资金预算方案》等5个子方案，明确改革试点工作的路线图和时间表。

【干部队伍建设】 加强思想政治教育。积极推进“两学一做”学习教育常态化制度化，组织全区纪检干部深入学习习近平总书记系列重要讲话及党纪法规、廉政知识。坚持用中国特色社会主义理论体系武装头脑，督促广大纪检监察干部牢固树立“四个意识”，增强“四个自信”，提高政治觉悟，强化政治担当，始终在思想上政治上行动上同以习近平同志为核心的党中央保持高度一致。抓实内部廉政教育，区纪委监察局班子成员为纪检监察干部上廉政党课4次，组织全区纪检监察干部观看廉政教育片，到廉政教育基地开展警示教育，进一步筑牢拒腐防变的思想道德防线。

加强干部队伍建设。共选调23名优秀干部到派驻纪检组工作。选优配强升区后乡镇纪委和派驻纪检组领导班子，任免乡镇纪委书记26名、副书记26名，派驻纪检组组长19名、副组长15名。制定《2017年纪检监察干部培训计划》，组织全区130余名纪检监察干部在区委党校参加专题业务培训，选送参加市纪委和区委调训47人次，努力提高执纪审查水平。

严格内部监督管理。制定下发《关于进一步加强纪检监察干部外出请假报告工作的通知》等相关管理规定，组织全区纪检干部认真传达学习中央《关于部分纪检监察干部违纪案件及其教训警示的通报》。开展纪检监察干部遵守“六大纪律”情况专项检查，督促纪检监察干部牢固树立纪律意识、规矩意识。严肃查处纪检监察干部违纪行为，共受理纪检监察干部信访问题3件，立案查处1人，以铁的纪律打造一支忠诚、干净、担当的纪检监察干部队伍。

（区纪委）

组织工作

【概况】 根据中共重庆市武隆区委办公室《关于印发中共重庆市武隆区委组织部主要职责内设机构和人员编制规定的通知》（武隆委办字〔2017〕4号）明确，中共重庆市武隆区委组织部为中共重庆市武隆区委工作部门，部行政编制14名，其中：部长1名、副部长3名；中共重庆市武隆区委人才工作领导小组办公室主任1名（副部长兼任）、副主任1名；区委非公有制经济组织和社会组织工作委员会书记1名、副书记1名；内设机构领导职数10名；机关后勤服务人员事业编制3名。内设9个科室：办公室、干部科、干部监督科、干部教育科、组织科、人才科、党员教育科处、非公党建科、党代表联络科。下设1个参公事业单位：中共重庆市武隆区委党员教育中心（党员干部现代远程教育中心），为区委组织部下属副处级全额拨款事业单位，人员编制6名（其中领导职数1正2副）。2个事业单位：中共重庆市武隆区干部人事档案管理中心，为区委组织部下属正科级全额拨款事业单位，人员编制3名（其中科级职数1名）；中共重庆市武隆区委组织部研究室，为区委组织部下属正科级全额拨款事业单位，人员编制4名（其中科级职数1名）。

【“两学一做”学习教育】 2017年，全区坚持把思想政治教育作为全面从严治党的基础性工程，摆在突出位置，紧扣中央全覆盖、常态化、重创新、求实效的总体要求，扎扎实实推动“两学一做”学习教育融入日常、抓在经常。

精心组织，推在高处。制定出台“1+7”系列方案，突出深化学习、问题整改、作用发挥、领导示范、联系帮带、基层整治等重点，有效推动学习教育形成常态长效。坚持抓好党支部这个基本单元，推动“两学一做”与“三会一课”“支部主题党日”紧密结合，把思想政治工作落到支部、融入日常。组建12个督导组，区级党员领导挂帅，全覆盖联系督导100余个党委党组，每季度开展1次督导检查，推动学习教育深入开展、落地见效。

突出关键，抓在要处。紧紧抓住领导干部这个关键少数，加强示范引领。区委领导带头讲党课、联系整顿后进基层党组织、参加双重组织生活，为全区党员干部作表率。全面推行领导干部年度学习计划和查改问题清单报党委党组书记审签、参加双重组织生活备案登记等机制，建立领导干部全覆盖包点联系农村、非公党组织制度，推动领导干部学在前、做示范。

注重创新，学在深处。以党支部为单位，以“支部主题党日”“三会一课”为载体，组织全区党员把集中学、个人学融入日常。编印“两学一做”应知应会要点，开展迎“七一”网络知识竞赛，《武隆手机报》每日推送学习内容、分享党员学习心得，党组织书记全覆盖上党课，党支部定期开展学习测试，通过多学联动、多措并进，学习教育针对性、实效性全面增强。

聚焦问题，改在短处。组织各级党组织认真开展“两学一做”专题民主生活会、组织生活会，严格对标“四讲四有”检身正己，全面查找党组织班子、班子成员及每名党员存在的突出问题，建立台账清单，逐项整改销号。建立“两学一做”问题整改长效机制，每月从信访举报、民意调查、明察暗访、专项督查中收集发现问题，“一对一”交办责任单位限期整改。会同纪检机关及时党纪处理违法违纪党员41名，严肃处理长期不参加组织生活、不履行党员义务的不合格党员1名，开展基层整治，查处“蝇贪”4人、侵害群众利益3人。

发挥作用，做在实处。深入开展“武隆先锋”主题实践活动，引导各行各业党员立足本职岗位，践行“四个合格”，争当先锋模范，以实际行动为全区经济社会发展建功立业。在机关，引导党员担当实干、比拼奉献，形成创先争优浓厚氛围。在农村，引导党员认岗领责、承诺践诺，在推动农村发展中讲党性、当模范。在企业，引导党员亮身份、比业绩，激发党员身份意识。围绕脱贫摘帽迎检、羊角搬迁入住两大攻坚，及时组织党员干部成立突击队，在攻坚决战中发挥生力军作用。

中共十九大召开后，第一时间组织全体区管干部分期分批同步参加全市学习贯彻中共十九大精神专题培训班，第一时间组织全区各级党组织把学习宣传贯彻中共十九大精神作为“两学一做”的首要任务，并纳入每月“支部主题党日”

的规定动作，迅速掀起学习、讨论、宣讲热潮。同时，精心编制2018年全区干部教育和党员培训实施方案，启动领导干部和基层党员学习中共十九大精神专题轮训，推动中共十九大精神在基层落地生根。

【干部培养选拔】 2017年，围绕脱贫攻坚，保持换届后乡镇班子大稳定，根据脱贫进展适度优化个别班子，保障全区顺利脱贫摘帽。围绕撤县设区，精心筹谋、稳步推进，及时完成65个党组设置和96个班子调配，上会人事议题15次，任免干部895人次，确保各级班子平稳过渡。围绕纪检体制改革，及时完成19个派驻纪检组干部配备。围绕市级换届，协助完成10名市人大代表、3名市政协委员推荐、提名、考察工作。把好干部标准贯穿于干部选任全过程，层层筛查把关，严防带病提拔。强化“凡提四必”，干部档案审查放下1人、信访举报查实放下1人、执纪执法审查放下5人、个人有关事项报告核查放下51人。全面对标《党政领导干部选拔任用工作条例》，严格按五个环节、二十八步骤选任干部，坚持环环相依、步步紧扣，推行全程纪实、全程留痕，确保干部选任工作阳光透明、经得起检验。及时修订政策，调整理顺撤县设区后干部任免管理体制。印发指导意见，全面规范科级领导干部选拔及其非领导职务晋升管理。出台《进一步加强和改进离退休干部工作意见》。坚持按照区委“十个注重”选人用人，树立鲜明导向，优先从急难险重一线提拔重用干部。

【干部教育培训】 2017年，围绕提升干部思想政治素质和增强服务改革发展大局能力的需求，全年举办干部培训班37期，包括主体班6期、专题班24期、组织参加重庆周末讲堂7期，全年培训各类干部4502人次，其中党政干部2637人次、专业技术人员689人次、企业经营管理人员258人次、村社区干部842人次、大学生村干部76人。完成中央、市级调训238人次。更新建立区管正职、副职后备干部库，按年龄、职级、专业分类梯度储备干部。分批组织干部到经济发达地区、改革先行地区学习取经。调整有发展潜力的优秀干部到关键岗位针对性历练。抽调111名优秀年轻干部到脱贫攻坚、避险搬迁、征地拆迁、重大工程等急难险重一线攻坚拔寨。选派1名年轻干部到山东济南对口挂职锻炼。选拔招录6名优秀选调生。结合撤县设区，159人晋升正处级，256人晋升副处级，29人晋升调研员，33人晋升副调研员，同时开展乡镇职务职级并行晋升处级非领导职务40人，从急难险重一线提拔重用优秀年轻干部36人，调动广大干部干事创业激情。利用干部网络教育学院平台，组织全区1867名公务员、参公人员及事业身份领导干部在线学习和测试，更新充实知识结构，提升工作本领，参学覆盖率、合格率均达到100%。深化以讲促学，着力推动领导干部上讲台，全年区领导登台授课29堂次、区管干部登台授课75堂次。

【干部监督管理】 紧盯重点专项，贯彻执行中央新修订的个人有关事项报告“两项法规”，组织区管干部全员培训并按新要求填报，全覆盖核查拟提拔和拟转任重要岗位人员536人次，另按照10%比例随机核查38人。完成614名区管干部任前档案审核和169名新招录干部建档审核，通过全市干部档案专项检查。瞄准突出问题，制定中央巡视“回头看”选人用人专项整改方案，完成七项问题整改。开展选人用人专项检查，延伸落实干部管理责任，规范科级干部选任程序。整改消化超职数非领导职务干部56人。开展领导干部社团兼职清理，清退兼职23人，审核报备15人。审批备案干部因公、因私出国（境）21人、9人。委托审计部门对13个单位党政正职领导干部开展经济责任审计。制定区管改非干部管理办法，督促履职尽责。加强分析研判，组建7个工作组，对26个乡镇、68个部门开展领导班子回访调研，部务会专题分析研判换届后每个班子工作运行情况及其领导干部履职尽责情况，针对性采取组织措施。建立区管领导干部负面行为清单台账，将个人有关事项报告查核、人事档案审核、巡察反馈意见、经济责任审计结果、信访举报查实情况等纳入台账，记载负面清单85条。强化监督问责，坚持抓早抓小抓日常，充分运用监督执纪“四种形态”，发现干部小微苗头性问题及时采取组织措施，全年书面函询领导干部129人，提醒谈话149人，批评教育78人，诫勉谈话54人，组织调整10人。

【基层党组织建设】 抓实支部建设，筑牢基层堡垒。优化组织设置，结合撤县设区机构、职能、区划等变化实际，及时设立、撤销、调整、变更各类基层党组织900余个，实现党组织在基层有形有效覆盖。强化教育管理，完成485个村社区、178个机关、72个非公、62个学校、20个国企党组织书记全员轮训。选派村社区支部书记参加市级调训2批39人。轮训机关党员4批561人。依托党员冬训、远程教育，培训农村党员1.2万人次。培训党务干部348人、入党积极分子151人。各领域新发展党员187名。规范2312名流动党员管理。大力宣扬各条战线党内先进典型，摄制先进事迹片1部、微视频2部、纪录片1部，其中2部在重庆卫视红岩栏目展播。落实基本规范，全面推行“支部主题党日”，紧密结合“三会一课”“两学一做”，固定每月20日集中开展讲党课、政治学习、民主议事、服务群众、交纳党费等组织生活，实行计划报备、全程留痕管理。建立提醒抽查机制，促进领导干部自觉参加双重组织生活。完成全区基层党组织及党员基本信息采集录入工作，实现党员管理信息化。建立健全基层党组织换届台账，加强提醒督促，全部如期换届。提升服务保障，依托“群工系统”，全年受理和解决群众诉求15353件，满意度达99.9%。汇编基层党建政策文件和77项惠民政策清单，发放到每个村社区，方便基层干部及党员群众查阅。在春节、七一、十九大前夕广泛开展党内外帮扶慰问，全年拨付各级党费94.2万元，慰问困难党员1035人、基层干部120人，帮扶困难群众433人。加强村社区经费保障，大幅提高村社区干部待遇，调动基层干部积极性。加强后进整顿。坚持抓两头带中间，持续开展党组织分类评定。区领导挂帅对口联系，实行“一支一策”，整顿转化各领域后进基层组织39个，其中村29个、社区1个、机关1个、国企2个、学校1个、非公5个。

强化农村党建，助推脱贫攻坚。出台《武隆区深化抓党建促脱贫攻坚行动实施方案》，以精准组织措施强力助推脱贫攻坚。派强攻坚队伍。脱贫国检前，精选429名党员干部组成88支党员突击队，全脱产驻村帮扶攻坚决战，为顺利脱贫摘帽提供有力保障。脱贫摘帽后，继续强化组织措施，组建4支驻乡工作队对口帮扶1个市级深度贫困乡和3个区级重点贫困乡；重新选派一批优秀机关干部到87个贫困村、重点村担任“第一书记”，同步组建87个驻村工作队；另选派一批乡镇干部到99个一般村担任“第一书记”，全区所有行政村首次实现“第一书记”全覆盖；配套出台驻村“第一书记”和驻乡驻村工作队管理办法，加强待遇保障、考核管理、表彰激励，确保履职尽责发挥作用。建好村级阵地。整合各级党费、财政资金等1785万元，改造提升52个村级阵地。为81个农村远程教育终端站点购置更换46台电脑、44台打印机等办公设备。以村级阵地为平台，持续推动电商、超市、金融“三进村”发挥作用，严格落实村干部轮流值班、全员走访、全程代办等制度，全方位服务群众。用活乡土人才。公开招录40名大学生村干部，从乡土人才中择优选派179名大中专毕业生到村挂职，充实基层工作力量。选派大学生村干部参加市级调训3批19人、本土人才2批90人。针对性选派200余名农林牧渔科技员对口帮扶100个产业薄弱村，定期到村指导产业发展、培训实用技术。推进基层自治。大力发展党组织领导下的新型集体经济，消除84个“空壳村”。学习借鉴贵州经验，探索推进村级“三级”自治组织建设，以村民小组为单位试点建立党小组和村民理事会，确立“党员中心户”、组建“自治联营户”、推选“户长代表”，将党的触角延伸到农村各个角落，推动基层自治和乡村振兴。

坚持统筹推进，力促全面过硬。加强城市党建。出台《加强城市基层党建工作实施意见》，召开专题会议部署推进，着力推动驻区单位共建共治共享、在职党员进社区报到、扩大城市新兴领域党建覆盖等重点工作，以党建引领城市基层治理创新。加强机关党建。着力推动机关党组织严肃组织生活、落实基本规范，深入开展在职党员进社区报到工作，引导党员“八小时外”加入驻地党组织发挥作用，机关“灯下黑”问题得到有效整治。加强非公党建。完成全区29920家非公经济组织和社会组织调查摸底，通过单建联建党组织、组建群团组织、选派党建指导员等措施，持续提升“两个覆盖”，覆盖率分别达到85.7%、71.8%，组建率均达100%。建立市管领导定点联系非公后进党组织和区管干部联系重点非公企业法人制度，切实加强非公领域政治引领。建立非公党建示范点动态管理制度，有效推进规范化建设。建立非公党组织党务工作者误工补贴制度，切实提升保障水平。扎实开展“双亮双争”主题活动，促进非公党组织发挥作用。加强学校党建。理顺中小学党组织隶属关系，将乡镇中小学党组织统一划归教育党工委直管，实行书记、校长“一肩挑”，建立每月1次教职工政治学习制度，执行师德师风“一票否决制”。加强国企党建。出台《国有企业落实全面从严治党实施意见》，新增设2个区属重点国企党委，完成企业章程修订明确党组织法定地位，全面推行董事长与党委书记“一肩挑”，落实“四步工作法”推进国企党建。

严格压力传导，深化责任落实。区委常委会18次、党建领导小组会2次专题研究审议基层党建议题近40个。常委会每次会议固定听取1个党委党组全面从严治党述职汇报，把压力传导在日常。召开全面从严治党流动现场会和专题推进会，交流推广好经验好做法，并及时发现问题狠抓整改。分类指导推动。推行党建工作计划报备制，区委党建办年初对72个党委党组和7个社区大党委年度计划逐一审核备案。建立党建述职问题台账，将每次述职评议的问题清单“一对一”反馈责任单位，限期整改。部署推进抓基层党建“书记项目”，引导各党委党组书记聚焦本辖区本单位党建薄弱领域选题118项，精准发力，补齐短板。常态督导推动。坚持每季度开展1次基层党建专项督查，既查党委党组主体责任落实情况，又查下属基层组织基本制度执行情况，对落实不力、执行不到位的党组织，坚决点名通报，每次督查通报情况计入年度党建考核台账。

【人才工作】 2017年，紧紧抓住撤县设区契机，统筹推进党管人才各项工作，切实集聚和发挥各行各业人才力量，为绿色崛起、富民兴区提供人才保障和智力支撑。

深化机制建设，统揽人才大局。抓好理论武装。印发《习近平人才工作论述摘编》等资料，在区级媒体开设宣传专栏，深入学习领会习近平总书记人才工作新思想，不断凝聚“人才是第一资源”的思想共识。加强统筹协调。不断完善党管人才格局，区委人才工作领导小组定期议事，全年研究解决人才引进、培养、激励、政策等重大事项10余项，听取15个成员单位述职汇报。着力考核推动。加大人才工作考核权重，结合各级各部门职能职责，量身下达考核清单，全面压实人才工作责任。

优化政策环境，加快引才聚才。政策配套。出台《高层次人才引进暂行办法》《加快实施创新驱动发展战略意见》，打破身份、年龄、职称壁垒，在安家补助、生活津贴、项目奖励、住房保障、配偶就业、子女入学等方面实行全方位、差异化保障激励。硬件保障。每年设立300万元人才发展专项资金和医疗卫生人才引进资金200万元，全额保障人才工作之需。加快人才公寓建设，城区一期45套已满员入住，城区二期55套和仙女山度假区高端人才疗养休假房50套完成主体工程建设。大力引进。紧紧围绕全区重点产业、薄弱行业，吸引集聚各类人才来武创新创业。借助2017重庆国际人才创新创业洽谈会、高校招聘会等平台，开辟绿色通道，考核引进城乡规划、现代农业、医疗卫生、民族文化等专业高层次人才24人。积极推进高等院校、科研院所合作，柔性引进医疗专家博士8人、科技副职2人、市级骨干农业技术专家7人。招录引进贫困乡镇医学类临床人才10人。

强化关心激励，浓厚人才氛围。评先奖优。高规格召开第三届人才表彰大会，评选表彰突出贡献人才7人、各类十佳专业人才45人，授予荣誉勋章，并分别奖励2万元、1万元。出台《学术技术带头人培养管理办法》，选拔确定第五届区级学术技术带头人67人、后备人选79人，每人每月分别补贴500元、200元。宣扬典型。开办“出彩武隆人”“小城故事”人才专栏，寻访摄制优秀人才事迹片54期，在报社、电视台、微信公众号、手机APP、广场LED等媒体广泛宣传推介，营造关爱人才浓厚氛围。关心激励。建立党委联系专家制度和区级领导联系学术技术带头人制度，适时关心关注专家、人才工作生活动态。鼓励支持各类人才建言献策、参政议政，积极调动专家、人才创新创业激情。

细化项目载体，发挥人才效应。对接市级专项。积极做好重庆市首席专家工作室、院士专家工作站建设对接工作。认真做好“西部之光”“三峡之光”访问学者推荐选派和管理服务工作，全年选派“西部之光”访问学者1名、“三峡之光”访问学者5名。大力实施“武隆区旅游人才创新计划”，获评2017年度全市精品人才项目。抓实区级专项。结合经济社会发展需求，组织各级各部门实施区级人才专项36个，评选奖励精品项目5个、优秀项目5个。实施教育人才战略计划，组建中小学名师工作室7个、名校长工作室1个，遴选学员67人；举办骨干教师、课题负责人培训11期，培训教师600余人次；培养全科教师25人。实施医疗卫生人才战略计划，培养全科医生20人，完成基层卫生人才全员轮训。实施创新型企业家培养计划，分层分类培训企业经营管理人才200余人。实施本土人才素质提升工程，举办农村技术培训40余期，培训致富带头人、科技领头人、种养殖能手、农村经纪人等近2000人次，举办专场招聘会2场，鼓励和引导一批大学生、外出务工人员回乡创业。推进“百名社工专才培养计划”，对参加专业培训取得资格证书者予以奖励。实施新闻队伍提质工程，开展本土文化名家推荐选拔工作。针对旅游、电商、环保、交通、水利、志愿者等领域，开展人才培养培训。

【自身建设】 2017年，区委组织部始终坚持“讲政治、重公道、业务精、作风好”的总体要求，弘扬“严细实”作风，发扬“钉钉子”精神，突出从严要求、从严管理，持续打造模范部门、过硬队伍。

示范带头，从严落实政治生活。学在前。加

强领导班子理论武装，严格落实理论中心组学习制度，部务会中心组全年开展集体学习和理论研讨23次。抓整改。严肃开展“两学一做”专题民主生活会和支部组织生活会，建立问题台账，制定专项整改方案，逐项对账销号。做示范。带头推进“两学一做”学习教育常态化制度化，以部机关党支部为单位，严肃认真开展“三会一课”“支部主题党日”等组织生活，全年组织党员集体学习16次，查改支部和党员突出问题107项。

规范管理，从严推进机关运行。提效率。按照精心筹谋、精密组织、精准执行“三精”要求，全面推行重点工作时间三段管理、质量三道关口、责任三级负责的“三三制”管理模式，推动部机关高效运行。建机制。制定印发《部务会议事规则》，“三重一大”事项全部由部务会集体决策，全年召开34次部务会，研究审议重大事项117项，其中干部人事议题47项。修订部机关各项管理制度，严格规范经费预算、大额支出、公务接待、物资采购等细节。筑防线。积极支持驻部纪检组工作，部务会每次会议纪检组长固定出席监督。出台部机关党风廉政建设责任清单，全覆盖开展廉政承诺和谈心谈话，排查整改廉政风险6类、14项。

岗位练兵，从严锻造组工干部。强素质。坚持用中组部“十严禁”、市委组织部“八不准”规范组工干部言行，牢固树立“四个意识”，坚定“四个自信”，持续打造一支政治过硬、业务精湛、作风一流的组工队伍。全覆盖培训乡镇专职副书记、组织委员和机关各部门组织人事科长，积极推行乡镇组织委员到部机关挂职轮训机制，全面提升组工队伍业务素质。建立部机关干部定期到基层联系蹲点制度，增强实践能力。坚持工作月计划、月总结、月点评，压实干部肩头担子。开展比党性、比作风、比奉献，激励干部担当作为。炼作风。围绕学习贯彻党的十九大精神、落实中央巡视“回头看”反馈问题整改要求、全市组织部长专题培训、基层党建重点任务推进、“两学一做”常态化制度化等重点内容，深入开展学习研讨，确保学深悟透组织工作每一项重大部署。围绕人才创新驱动、城市基层党建、党支部规范化建设等重点课题，务实开展专项调研。围绕组工宣传，提炼报送经验做法，在《中国组织人事报》《当代党员》《重庆日报》等党报党媒和市级主管部门内刊发表正面宣传报道320余篇，有效完成涉组涉干舆情导控。讲担当。在全面完成组织工作主责主业的同时，不折不扣完成区委、区政府交办的其他重点任务。带头选派驻村“第一书记”和党员突击队决战脱贫攻坚，在国检验收中帮扶满意度位居全区前列。全力做好羊角搬迁入住干部调配、检查督促等服务保障工作。全面完成27项深化改革和4项依法治区重点任务。超额完成江西市场旅游营销任务，全年组客10344人，超目标任务21.7%。做好退休老干部、农村基层干部等群体接访安抚和诉求解决，实现大局稳定。完成城市创建、招商引资、生态环保、议案提案、河长制等工作任务。

（区委组织部）

宣传工作

【概况】 2017年3月，设置中共重庆市武隆区委宣传部。内设重庆市武隆区精神文明建设委员会办公室；中共重庆市武隆区委网络安全和信息化领导小组办公室（重庆市武隆区互联网信息办公室）设在区委宣传部，与中共重庆市武隆区委对外宣传办公室（重庆市武隆区人民政府新闻办公室）合署办公。

2017年，全区宣传思想文化战线以迎接宣传贯彻中共十九大为主线，把握围绕中心、服务大局的基本职责，围绕全区经济社会发展大局，坚持唱响主旋律、发出好声音、凝聚正能量、营造好氛围，为实施“绿色崛起、富民兴区”目标提供思想保证、精神力量、道德滋养、文化条件。

2017年，开展各类宣讲活动1000余场次，参训对象达30余万人次；在全区兴办新时代讲习所210个；撰写理论文章100多篇，在《重庆日报》《重庆宣传》等市级以上刊物发布理论文章20余篇。区级媒体开设“脱贫一线党旗红”等重点专栏；组织开展“新时代新气象新作为”“出彩武隆人”等大型主题、全媒体人物采访活动；建成武隆印象APP、微信公众平台、武隆手机台等新媒体平台。开展群众性精神文明创建活动；维护网络意识形态安全；做好城市（旅游）形象宣传；实施公共文化基础设施项目，推动群众性文化活动开展。

【党的十九大精神学习宣讲】 是年，区委中心组专题学习13次，把学习中共十九大精神作为各级党委（党组）会、中心组学习会学习的重要内容，分“1+5+N”专题开展系列学习。对离退休党员、老党员送学上门、结对帮学，对流动党员，及时发送学习资料督促学习。举办中共十九大精神网络和现场知识竞赛激励学习。区委举办区管主要领导干部培训班、区管副职领导干部培训班、村（社区）党组织书记培训班、宣传思想文化系统干部专题培训班以及非公工委、教育工委、喀斯特党委所属党组织书记培训班等学习十九大精神专题培训班。各级各部门组织“六进”宣讲队、“理论名嘴”宣讲团、“榜样面对面”宣讲团、文艺“六进”宣讲团、“五老”宣讲团、乡镇院坝“微宣讲”队等覆盖全区宣讲队伍，组建100余人的区委宣讲团和区级“六进”宣讲团，300余人的乡镇干部宣讲队；开展各类宣讲活动1000余场次，参训对象达30余万人次，满意率测评达到100%。兴办新时代讲习所210个。

【理论研究工作】 2017年，撰写理论文章100多篇，在《重庆日报》《重庆宣传》等市级以上刊物发布理论文章20余篇。区委宣传部、区社科联组织区内社科专家就建设“美丽武隆”与中共十九大精神对标对表，开展《关于打造全域旅游的研究》《文化创意产业与武隆旅游融合发展研究》等课题研究，形成一批为区委、区政府决策服务的调研成果。抓好社科理论研究工作，推动社科理论普及，完成市社科联重大课题委托项目。

【意识形态领域管控】 2017年，出台《武隆区意识形态工作责任制考核办法》《重庆市武隆区落实中央巡视“回头看”对意识形态反馈意见整改实施细则》《重庆市武隆区意识形态工作联席会议制度》等文件。对意识形态领域重点场所、重点人员进行备案登记，增强意识形态领域相关问题的处置能力。积极强化意识形态阵地管理，坚持并严格落实“谁主管谁负责”“谁主办谁负责”的属地管理原则，抓好意识形态领域管控。意识形态领域大局稳定、可管可控，全年无意识形态负面事件发生。

【唱响“武隆声音”】 重点报道有深度。武隆日报、武隆电视台、武隆网统一开设“喜迎十九大”“十九大时光”等重点专栏。组织开展“新时代新气象新作为”大型主题采访活动，播出新闻100余篇。“重庆武隆”官微开展中共十九大精神知识问答，吸引全区6000余名党员参与。

典型宣传有影响。武隆日报、武隆电视台开设“脱贫一线党旗红”专栏，报道全区各级党组织和优秀扶贫干部事迹100余篇次。组织“出彩武隆人”大型全媒体人物采访活动，推出全方位报道各类榜样人物20余名。对武隆区第三届表彰人才、武隆区首届乡贤人物进行系列宣传。在报、台、网等开辟《德在身边》《小城故事》等专栏。

媒体融合多渠道。武隆电视台频道全新改

版，建成无线发射辅站1座，新增无线数字发射设备2套，广播电视无线传输节目更加丰富。武隆印象APP、微信公众平台、武隆手机台等新媒体平台相继建设完成，关注量达15万人。积极参加好记者讲好故事大赛，武隆报社7人次获得重庆市好新闻三等奖、区县报好新闻一等奖，区电视台多个新闻报道获得市上表彰。

【公民道德建设】 2017年，积极选树宣传本地先进典型，培育感动重庆月度人物1人、重庆好人2人、中国好人1人，选送全国道德模范候选人2名；开展道德典型宣传，策划组织区级“好人在身边微访谈”活动12次，开展“武隆区首届乡贤评选表彰活动”，编撰出版各级各类优秀典型人物故事集《榜样的力量》。在春节、元宵、清明、端午、中秋、重阳分别开展“我们的节日”活动，开展“免费送春联”、文明祭祀、“我和贫困户一起话端午”“一路有您·中秋团聚”、关爱老人等主题活动。围绕脱贫攻坚，在农村广泛开展以“孝、贤、洁、序”为主要内容的公序良俗建设工程建设，落实专项经费200万元用于先进典型表彰。开展好“九童圆梦”系列主题教育活动，“阳光校园·我们是好伙伴”主题教育活动征文获得教育部表彰等级奖73次，朗诵获得全国总决赛二等奖。3人次获得市“寻根乡愁·记住年味—九童圆梦鸡年春节行动”系列活动一等奖，5人次获得“九童圆梦·寻找最美家书”活动中一等奖，3名同学获得市未成年人阅读养成教育活动100篇“我最喜欢的书香美文”奖。实验小学被评为重庆市书香校园，4名学生被评为重庆市百名书香少年。精心设置少年宫学校活动品牌，石桥小学的绿叶吹奏、浩口小学的蜡染、鸭江小学的腰鼓等活动得到市文明办认可。

【志愿服务活动品牌】 2017年，集中开展学雷锋志愿服务活动，举行“共创文明·志愿同行”学雷锋志愿服务活动启动仪式暨志愿服务先进典型表彰大会和“弘扬志愿精神，争做雷锋传人”座谈会，集中开展义诊、妇女维权、义务献血等系列学雷锋志愿服务活动；开展“我们一起奔小康”“邻里守望”“文明旅游”等类别志愿服务活动，打造旅游志愿服务品牌，“萤火虫旅游志愿服务站”被评为重庆市最美志愿服务岗位；打造区公共文化设施志愿服务示范单位，区图书馆被命名为市级示范单位。青少年活动中心为区级示范单位，打造留守儿童心灵关怀志愿服务项目品牌；开展“重庆志愿服务季系”列主题活动，利用重点节日节点，开展各类主题志愿服务活动10余场次；成立“电商扎根乡村”“关爱农民工”“天使在身边 医疗扶贫救助”“阳光妈妈 母爱暖童心”等12个专项志愿服务队开展志愿服务活动500场次；开展最美志愿服务典型评选活动，推荐16人参加市上“最美卫生计生志愿者”“最美禁毒志愿者”“最美环保志愿者”等系列最美志愿者评选活动。开展“礼让斑马线·文明我点赞”志愿行动，参与文明劝导的志愿者达3000余人，服务时长达30000余小时。常年设置10个旅游志愿服务站，累计服务10万余小时，服务旅客80000余人次，发放旅游宣传资料50000余份，帮助游客处理紧急事件100余次。

【主题宣传有声势】 2017年，在中央、市各级主流媒体，推出一批有深度、有影响的报道。中央、市各级主流媒体刊载全区新闻稿件3000余条。新华社《武隆：“咬定”旅游实现脱贫蜕变》《习近平关注的六件小事之“娃们上学，山不再高、水不再远”》对全区的旅游扶贫、教育扶贫工作进行深度报道。重庆日报等媒体就全区生态保护、旅游发展、脱贫攻坚等多方面报道。新华社《内部参考》《瞭望》《新闻周刊》对全区旅游扶贫深度报道，中央电视台、光明日报、经济日报、农民日报等两会期间专题采访，并作出大版面多时段长时间报道。央视一套、二套、四套、五套、七套、新闻频道等报道全区信息50余条，《重庆日报》等报媒报道全区新闻稿件160余篇，重庆市电视台（含网络电视台）用稿200余条，新华网重庆频道、人民网重庆频道、上游新闻app、华龙网（含重庆客服端）基本做到平均每天有武隆消息发出。

【**形象宣传有深度**】 2017年，投入1.2亿元深入开展宣传营销，统筹做好传统媒体、新兴媒体、广告宣传的有机整合，形成区委宣传部牵头，各相关部门协作配合的大外宣格局。采用“走出去，请进来”的方式，在全国大中城市召开武隆旅游推介会、座谈会50场次。组团参加2017年重庆都市旅游节暨城际旅游交易会、2017年第五届“西旅会”、2017年杭州旅游博览会、2017年中国国际旅游交易会等15次大型节庆会展活动。浙江卫视“我们十七岁”栏目组到武隆景区拍摄，微电影《仙女山的月光》在仙女山镇桃园村取景拍摄，天生三桥景区登上中央电视台《新闻直播间》，央视财经频道《生财有道》栏目组走进武隆探访武隆的风土民情、特色美食和旅游产业。与知名海外旅游推广商合作，在Google、Twitter、Facebook、YouTube等海外全球顶级主流媒体平台开通武隆旅游海外专题宣传页面。积极与境外旅游城市缔结友好关系，与意大利共和国翁布里亚大区奥尔维耶托市缔结为友好城市，计划与马来西亚优秀旅游城市槟城缔结为友好城市。做大节会营销，举办“第八届仙女山冰雪童话季”“仙女山国际风筝季”“仙女山国际音乐季”以及武隆“双十周年”庆典、第三届武隆C-MART露营集市、首届中国武隆航模表演赛等主题宣传促销活动。

【**新闻发布有实效**】 2017年，建立完善《突发公共事件新闻发布预案》《食品安全新闻发布和新闻发言人制度》等，在市政府新闻发布厅、全国各大中城市及区内举办新闻发布会20余场次。利用区内主流媒体及微博、微信等平台及时发布“11·23”武隆5.0级地震相关信息，舆情态势平稳可控。在“11·23”武隆5.0级地震发生后，迅速启动新闻报道应急议案，配合新华社、央视、“重庆发布”、“华龙网”等媒体及时正面报道全区地震灾情、抢险救灾等信息50余条。武隆报社安排6路记者、区电视台安排9路记者分赴各灾区一线采写报道，及时发回第一线最新消息。认真做好《中国日报》等媒体记者到武蹲点采访和境外媒体到武采访服务工作，提全面权威的新闻报道，为脱贫攻坚营造浓厚舆论氛围。

【**公共文化服务**】 2017年，新建农家书屋86个、文化中心户66户。实施农体项目12个、新建乡镇健身广场4个、建成农村登山步道和健身路径37条。按照“七个一”的标准，完成17个百县万村示范点建设，44个村级文化活动室文体设施配置，为186个行政村农家书屋续配93000余册图书。完成区政府购买公共文化演出服务暨2017年送演出下乡活动156场次，启动实施乡镇流动文化服务进村工作，完成流动文化服务进村1240场，其中送演出850场，送图书、送展览、送辅导培训、送法规政策宣传共390场，服务总人数30万人次。开展“两馆一站”免费开放工作，区图书馆完成1个总馆和27个分馆建设，并通过第六次全国公共图书馆评估定级迎检。区文化馆在26个乡镇设立分馆，培训群众2300余人次。

【**群众文化活动**】 2017年，举办“唱响武隆”原创歌曲演唱大赛决赛、2017年春节团拜会、2017年迎春文艺晚会、2017闹元宵游乐暨猜灯谜活动、武隆区第六届广场舞大赛等大型文化活动8

场；组织开展区政府购买公共文化演出服务暨2017年送演出下乡活动156场次，开展“4·23”世界读书日系列读书活动、暑假读书系列活动等各类读书活动30余场；积极做好农村电影放映惠民工程工作，共放映电影2700场，观看群众40万余人次。送演出、送电影、送文化培训下乡共1600余场次，送图书9300多册；新建农家书屋86个、文化中心户66户。

【文化挖掘创作成果】 2017年，大型山水实景表演《印象·武隆》演出335场，观演人数达36万人，收入4700万元。大型3D全息音画演出《仙女恋歌》成功试演。星际未来城、懒坝文化主题公园等文化旅游项目推进顺利，完成主体投资40%以上。编撰《武隆区第一次全国可移动文物普查成果》，武隆重庆乌江博物馆建设积极推进。整理挖掘10个非遗文化产业项目，申报第五批市级非物质文化项目代表性传承人19人。对大石箐石林寺、和平中学旧址等区级文物单位进行抢救性保护修缮。编辑出版《武隆地方文化纲要》《寻秘白马山》《魅力仙女山》《火炉风物》等系列地方文化书籍。举办赵云山杜鹃花文学笔会、全国著名作家笔会、申遗成功十周年书法美术摄影展、“喜庆十九大·共筑中国梦”书画摄影展等文艺活动。各文艺协会全年开展活动40余次，市级以上文艺作品发表或获奖109件，其中等级奖21件。

（区委宣传部）

统战工作

【概况】 中共重庆市武隆区委统一战线工作部，是区委主管全区统一战线工作的职能部门，挂中共重庆市武隆区委台湾工作办公室、重庆市武隆区人民政府台湾事务办公室、重庆市武隆区民族宗教事务办公室、重庆市武隆区人民政府侨务办公室牌子。区委统战部内设办公室、民宗侨台科、党外人士科、民营经济联络科4个行政科室和民族宗教事务管理中心1个事业单位，行政用编8个（班子成员5名）、机关后勤用编1个、事业用编5个，退休职工9人。

2017年，区委统战部贯彻落实习近平总书记关于统一战线工作的新理念新思想新战略和中央、市委关于统一战线工作的决策部署，围绕全区中心工作，紧扣“凝心、聚智、献计、出力”工作主线，牢牢把握撤县设区的重大历史机遇，外联内融，强智聚才，着力党外人士思想政治引领、民主党派组织建设、“11+11”对口帮扶、民族宗教和谐稳定、校地合作、非公有制经济“两个健康”、新的社会阶层人士、港澳侨台、党风廉政建设、干部队伍建设等领域工作。

【校地合作】 区委统战部以区知联会为纽带，加强与高校、科研院所统战部门的对接，探索“统战搭台、校地合作”的引智聚才新路径。与西南政法大学、四川美术学院、重庆工商大学、重庆三峡学院、中科院重庆研究院和重庆社科院等6所高校、科研院签订合作备忘录，明确在乡村旅游发展、旅游产品研发、学生创客空间、农业技术培训、民族文化挖掘、调研基地、社会教育实践等11个领域加强合作。重庆工商大学在浩口乡建立社会实践基地、马克思主义学院社会教育实践基地，在石桥乡建立社会实践基地。西南政法大学支持长坝镇旅游发展资金20万元。

【新的社会阶层人士工作】 制定出台《武隆区新的社会阶层人士统战工作联席会议制度》和《部分区领导和有关部门负责人与新的社会阶层代表人士列名联系制度》。完善新的社会阶层人士的数据库115人；建立新的社会阶层代表人士数据库38人（其中社会组织从业人员14人、私营外资企业管理技术人员9人、中介组织从业人员9人、新媒体从业人员4人，网络意见人士和自由职业人员2人)，由8名区领导、7名部门负责人列名联系。

【侨务对台工作】 开展港澳侨台海外人士、留学生人员调查摸底，并建立数据台账。积极参与渝台少数民族交流、“重庆·台湾周”等活动，全年共接待到武隆参访考察的台胞5批次240余人，包括3月台湾工商建研会参访团，5月台湾五福、雄狮旅行社踩线考察团，7月“2017海外华裔青少年寻根之旅”夏令营——重庆营考察团，9月台湾少数民族参访团，12月参加“重庆·台湾周”活动的台湾中小企业代表参访团。全年慰问困难台属15户，邀请38名台属参加“庆中秋迎国庆”联欢活动，邀请12名台属参加“迎春座谈会”。全区现有台属114人，台资企业1个(嘉明农场)。

【对口帮扶】 2017年，区委统战部着力推进市级各民主党派、市工商联对口帮扶武隆工作，做大做亮“同心惠民生·同行助发展”品牌，与市级各民主党派、市工商联达成帮扶意向21项，涉及乡村旅游、基础设施、特色效益农业、发展规划等方面。全年实施帮扶项目8个，开展对口帮扶工作12次，捐赠教学软件等物资48.3万元，协调到位资金150万元。

【非公有制经济领域工作】 改善民营企业发展环境。坚持每季度召开非公有制经济联席会，协调解决企业发展存在的困难和问题113条。召开非公经济人士暑期谈心会，引导60余名非公有制经济人士为全区民营经济发展建言献策。

加强民营企业家教育引导。邀请重庆三峡学院、重庆工商大学的专家教授与非公有制经济人士座谈，帮助优化企业发展思路。组织55名非公有制经济人士赴中山大学举办民营经济专题培训。组织34名青年商会会员到延安参加革命传统教育。引导69家民营企业参与“万企帮万村”行动，帮扶53个贫困村。组织140余名非公企业出资人、党组织书记和党建指导员进行为期3天的党建工作培训。

商会组织建设。成立后坪商会和农业商会。

【信息调研】 全年参与完成市级统战课题1项，组织区民主党派、无党派人士、知联会会员围绕全区重点工作开展调研课题9项。全年上报各类信息273条，市委统战部、市民宗委共采用66条，区委办采用23条；编发《统战动态》18期。

【党外代表人士队伍建设】 全区党外代表人士队伍总数为72人，其中民主党派人士30人、无党派人士23人、宗教界人士3人、非公经济人士10人、新的社会阶层人士6人。全区党外代表人士任市第五届人大代表3人，任政协市第五届委员3人；任区人大常委会副主任1人、区人大常委8人，区人大工委主任1人、副主任1人；任区政协副主席3人、政协常委18人，区政协副秘书长1人，区政协委员48人。建立区级党外后备干部库43人，向市委统战部推荐党外代表人士后备人选11人，区政府27个部门领导班子配备党外干部10人。

【民主党派和无党派人士工作】 全区共有民盟、民建、民进、农工党、九三学社等民主党派成员38人，其中民盟19人、民建1人、民进1人、农工党2人、九三学社15人。

政党协商工作。制订《2017年武隆区政党协商计划》，按计划组织开展政党协商活动7次；落实区委、区政府主要领导考察调研邀请区民主党派、无党派代表人士参加等制度，区委领导考察调研邀请党外人士参加16人次，区政府常务会邀请党外人士列席48人次；制定《关于完善部分党员区领导与党外代表人士联谊交友制度的通知》，17名区领导每人联系2—3名党外代表人士，共49人。

党外代表人士工作。建立起总数为72人的党外代表人士数据库，其中民主党派代表人士30人、无党派代表人士23人、宗教界代表人士3人、非公经济代表人士10人、新的社会阶层代表人士6人。会同区委组织部建立党外后备干部库共43人，选派1名党外干部到市级党外人士挂职实践锻炼基地挂职锻炼，提拔任用26名党外干部，推荐市级党外代表人士后备人选11名；开展党外代表人士暑期谈心活动，支持民主党派和无党派人士开展多种形式的民主监督、考察调研和建言献策。

【党外知识分子工作】 2017年8月9日，召开区党外知识分子联谊会第三届第一次会员大会，会议听取《武隆区知联会第二届理事会工作报告》，选举产生知联会第三届领导班子，审议通过了《武隆区知联会章程（修正案）》《重庆市武隆区党外知识分子联谊会第二届理事会工作报告决议》《重庆市武隆区党外知识分子联谊会第三届第一次会员大会决议》。全区共有知联会会员67人，分为教育、卫生、农业、文宣、城建5个组。

【少数民族资金项目】 2017年争取市民宗委资金504万元，实施石桥乡民族精品特色村镇建设、文复乡马厂坝民族特色村寨建设、后坪乡高峰槽民族特色村镇建设、浩口乡田家寨人行便道建设等项目4个。

【民族特色村寨建设】 2017年3月，后坪乡天池坝、浩口乡田家寨、石桥乡蔡兴坝3个村寨被国家民委命名为第二批"中国少数民族特色村寨"，6月，被市民宗委命名为首批"重庆市少数民族特色村寨"。

【少数民族文化传承】 2017年12月18日至23日，在贵州省道真县委党校、湖南省吉首市委党校举办少数民族文化骨干人才培训班，4个少数民族乡50余名文化骨干参加培训学习。12月28日至31日，在石桥乡举办以"民族团结一家亲，携手走进新时代"为主题的第七届民族团结进步宣传周活动，开展仡佬族民族文化研讨活动，聘请4位专家学者为少数民族文化顾问。在浩口中心校设立仡佬族蜡染传习所，后坪中心校设立山歌传习所，石桥中心校设立木叶吹奏训练班。

【宗教领域工作】 全年召开宗教联席会议4次，坚持每月1次宗教场所常规安全检查，举办宗教工作培训班3期共计130余人次。

（区委统战部）

机构编制工作

【概况】 重庆市武隆区机构编制委员会办公室位于武隆区芙蓉街道芙蓉中路9号，属于区委工作部门，现内设5个科室，即综合科、督查科、行政机构编制科、事业机构编制科、行政审批制度改革科。下设重庆市武隆区事业单位登记管理局1个正科级事业单位；行政编制5名，实有3人；事业编制（参公管理）7名，实有7人；实有临聘驾驶员1人。

2017年，共召开4次机构编制人事联席会，完成撤县设区机构调整工作，进一步完善部门职能，理顺职责关系，规范机构设置、人员编制、内设机构及领导职数等事项。完成行政许可标准化建设，印发《关于公开2017年区级行政许可事项目录的通知》，并在区政府门户网站上对全区行政许可事项共272项（子项319项）进行公开，进一步完善目录清单“总账”；推进乡镇机构改革、事业单位分类改革、“互联网+政务服务”及重点领域体制改革工作。

【撤县设区机构调整】 全年完成武隆撤县设区机构调整工作，拟定52个区级党政群机关（不含编制调整上划市级统一管理的法院、检察院和审计局）“三定”文件。

区委机构设置:（一）区委工作部门（8个）:中共重庆市武隆区纪律检查委员会机关（重庆市武隆区监察局与其合署办公）；中共重庆市武隆区委办公室，挂中共重庆市武隆区委机要局（重庆市武隆区密码管理局）、中共重庆市武隆区委保密委员会办公室（重庆市武隆区国家保密局）牌子，内设区委区政府督查室；中共重庆市武隆区委组织部（中共重庆市武隆区委非公有制经济组织和社会组织工作委员会与其合署办公）；中共重庆市武隆区委宣传部，内设区精神文明建设委员会办公室；中共重庆市武隆区委网络安全和信息化领导小组办公室（重庆市武隆区互联网信息办公室）设在区委宣传部，与中共重庆市武隆区委对外宣传办公室（重庆市武隆区人民政府新闻办公室）合署办公；中共重庆市武隆区委统一战线工作部，挂中共重庆市武隆区委台湾工作办公室、重庆市武隆区人民政府台湾事务办公室、重庆市武隆区民族宗教事务办公室、重庆市武隆区人民政府侨务办公室牌子；中共重庆市武隆区委政法委员会，重庆市武隆区社会治安综合治理委员会办公室与政法委员会机关一个机构、两块牌子，中共重庆市武隆区委防范和处理邪教问题领导小组办公室挂靠政法委员会；重庆市武隆区机构编制委员会办公室，为区机构编制委员会的常设办事机构，既是区委工作部门，又是区政府工作部门，列入区委机构序列；中共重庆市武隆区直属机关工作委员会。（二）区委部门管理机构（2个）：中共重庆市武隆区委重庆市武隆区人民政府信访办公室，由中共重庆市武隆区委办公室管理；中共重庆市武隆区委老干部局，由中共重庆市武隆区委组织部管理。（三）区委直属事业单位（1个）:中共重庆市武隆区委党校（重庆市武隆区行政学校、重庆市武隆区社会主义学院）。

区政府机构设置：（一）政府工作部门（27个，监察局与纪律检查委员会机关合署办公，列入政府工作部门序列，不计入政府机构个数），具体为：重庆市武隆区人民政府办公室，挂重庆市武隆区人民政府法制办公室、重庆市武隆区人民政府外事办公室牌子；重庆市武隆区人民政府应急管理办公室设在区政府办公室，挂重庆市武隆区人民政府值班室、重庆市武隆区人民政府救灾办公室牌子；重庆市武隆区发展和改革委员会；重庆市武隆区财政局；重庆市武隆区经济和信息化委员会；重庆市武隆区教育委员会（中共重庆市武隆区委教育工作委员会与其合署办公）；重庆市武隆区科学技术委员会，挂重庆市武隆区知识产权局牌子；重庆市武隆区城乡建设委员会；重庆市武隆区交通委员会；重庆市武隆区农业委员会（中共重庆市武隆区委农村工作委员会与其合署办公），挂重庆市武隆区农业综合开发办公室牌子；重庆市武隆区商务局；重庆市武隆区公安局；重庆市武隆区监察局（与中共重庆市武隆区纪律检查委员会机关合署办公）；重庆市武隆区民政局；重庆市武隆区司法局；重庆市武隆区人力资源和社会保障局；重庆市武隆区国土资源和房屋管理局；重庆市武隆区环境保护局；重庆市武隆区市政园林管理局；重庆市武隆区水务局；重庆市武隆区文化委员会，挂重庆市武隆区体育局牌子；重庆市武隆区卫生和计划生育委员会；重庆市武隆区审计局；重庆市武隆区移民局；重庆市武隆区安全生产监督管理局；重庆市武隆区统计局；重庆市武隆区林业局；重庆市武隆区旅游局；重庆市武隆区扶贫开发办公室。（二）政府派出机构（3个）：重庆市武隆区工业园区管理委员会（中共重庆市武隆区委工业园区工作委员会与其合署办公）；重庆市武隆区仙女山旅游度假区管理委员会（中共重庆市武隆区委仙女山旅游度假区工作委员会与其合署办公）；重庆市武隆区白马山旅游度假区管理委员会（中共重庆市武隆区委白马山旅游度假区工作委员会与其合署办公）。（三）局馆合一机构（1个）：重庆市武隆区档案局（档案修志馆）。（四）其他机构（1个）：重庆市武隆区供销合作社联合社。

区人大和政协机构设置：（一）区人大机构设置区人大常委会综合办事机构1个：重庆市武隆区人大常委会办公室；区人民代表大会专门委员会办事机构3个：重庆市武隆区人民代表大会法制委员会办公室、重庆市武隆区人民代表大会财政经济委员会办公室、重庆市武隆区人民代表大会农业与农村委员会办公室。区人大常委会工作机构3个：重庆市武隆区人大常委会教科文卫工作委员会、重庆市武隆区人大常委会预算工作委员会、重庆市武隆区人大常委会人事代表工作委员会。按规定设置重庆市武隆区人大常委会信访办公室。（二）区政协机构设置：区政协按章程和有关规定设置专门委员会。区政协综合办事机构1个：政协重庆市武隆区委员会办公室。专门委员会办事机构5个：政协重庆市武隆区委员会提案办公室、政协重庆市武隆区委员会经济科技办公室、政协重庆市武隆区委员会社会事业办公室、政协重庆市武隆区委员会法制办公室、政协重庆市武隆区委员会委员联络办公室。

区工商联和群众团体机构设置：重庆市武隆区工商业联合会（总商会）；重庆市武隆区总工会；共青团重庆市武隆区委员会；重庆市武隆区妇女联合会；重庆市武隆区科学技术协会；重庆市武隆区残疾人联合会；重庆市武隆区文学艺术界联合会；重庆市武隆区社会科学界联合会；重庆市武隆区红十字会。

镇乡机构设置：保持原武隆县所辖镇乡数量不变。设立中共重庆市武隆区各镇（乡）委员会、中共重庆市武隆区各镇（乡）纪律检查委员会，依法设立重庆市武隆区各镇（乡）人民政府，依法设立重庆市武隆区各镇（乡）人民代表大会。各镇（乡）按照有关章程和规定设置武装部、工会、团委、妇联。

事业单位设置：原武隆县部门及镇（乡）管理的事业单位原则上转为区部门及镇（乡）管理的事业单位，名称中的“武隆县”变更为“重庆市武隆区”。各类事业单位机构规格根据事业单位职责任务、工作性质、人员数量、形成历史，以及区内统筹、部门间平衡等因素，确定为正处级、副处级、科级。副处级以上事业单位机构规格报市批准后明确，各类学校、医院、科研院所不再明确机构规格，其余事业单位机构规格为科级。

各乡镇统一设置党政办、经济发展办、社会事务办、食药监办、安监办、综治办、建环办等7个综合办事机构，设置财政所、社保所、农服中心、林业站、文体中心等事业单位。

区委部门挂牌机构5个（区委办挂区委保密办（机要局）牌子，统战部挂台湾工作办、台湾事务办、侨务办、民族宗教事务办牌子），挂靠机构1个（防邪办挂靠政法委），合署办公机构2个（非公经委、综治委办分别与组织部、政法委合署办公）；区政府部门挂牌机构6个（政府办挂法制办、外事办牌子，文化委、农委、城管局、科委分别挂体育局、农综办、城管执法局、知识产权局牌子），合署办公机构3个（监察局、教育工委、农工委分别与区纪委、教委、农委合署办公）。

【机构设置】 2017年，新设置19个区纪委派驻纪检组，以区委办名义印发实施《全面落实区纪委向区一级党和国家机关派驻纪检机构的方案》。

原事业单位“县委县政府督查室”调整为设在区委办的行政机构；设立“重庆市武隆区人民政府应急管理办公室”（简称“区政府应急办”），为区政府办设在机构，挂“重庆市武隆区人民政府值班室”“重庆市武隆区人民政府救灾减灾办公室”牌子；原事业单位“县委人才工作领导小组办公室”调整为设在区委组织部的行政机构；区网信办增设“网络综合执法科”；设立重庆市武隆区互联网信息中心，为区委宣传部管理的公益一类正科级财政全额拨款事业单位；设立“重庆市武隆区环境宣教信息中心”，为区环保局管理的公益一类正科级财政全额拨款事业单位，内设“宣教科”“信息科”；设置“重庆市武隆区白马山旅游度假区管理委员会”为区政府派出机构，与中共重庆市武隆区白马山旅游度假区工作委员会合署办公，内设“党政办公室”“国土规划局”“建设管理局”“旅游文化局”“市政环保局”；设立“重庆市武隆区白马山旅游度假区综合服务中心”，为白马山旅游度假区管理委员会管理的公益一类正科级财政全额拨款事业单位；区国有资产管理中心增设“审计科”；“中共重庆市武隆区委全面深化改革领导小组办公室（挂区委法治办）”调整为设在区委办公室机构；撤销“重庆市武隆区人民政府电子政务办公室”；设立“重庆市武隆区人民政府法律事务中心”，为区政府办公室（法制办）管理的正科级公益一类事业单位；设立“重庆市农业科学院武隆高山茶叶研究所”，为重庆市武隆区农业技术推广中心挂牌机构；撤销区安监局内设机构“煤炭行业管理科”，设立“安全生产巡查办公室”；设立“重庆市武隆区白马山自然保护区管理处”，与白马山林场实行“一套班子、两块牌子”；设立“重庆市武隆区阳水河湿地自然保护区管理处”；设立“重庆武隆芙蓉湖国家湿地公园管理处”“重庆市武隆区芙蓉江黑叶猴自然保护区管理处”，与区遗管委芙蓉江管理站实行“一套班子、三块牌子”；撤销巷口中心卫生院，设立江北、江南2个社区卫生服务中心，为区卫计委管理的正科级公益一类事业单位；设立重庆市武隆区水利工程质量监督站，为区水务局下属正科级事业单位；区党政信息化中心设置综合科、专用通信科、电子政务科、网站管理科等4个内设科室；区卫生计生监督执法局设立仙女山分局，作为其内设机构；区社会保险局增设城乡居民保险科、信息管理科、档案管理科3个内设科室；设立中共重庆市武隆区委巡察工作领导小组办公室，为区委工作机构，设在区纪律检查委员会；原“武隆县环境监察大队”更名为“重庆市武隆区环境行政执法支队”“武隆县环境保护监测站”更名为“重庆市武隆区生态环境监测站”；“区旅游执法大队”更名为“区旅游综合执法支队”；“重庆市武隆区电子监察中心”更名为“重庆市武隆区廉政教育中心”；“重庆市武隆区农村能源办公室”更名为“重庆市武隆区农业生态和农村能源办公室”；“重庆市武隆区社情民意调查中心”更名为“重庆市武隆区普查中心”，挂“重庆市武隆区社情民意调查中心”牌子；“重庆市武隆区市政园林管理局”更名为“重庆市武隆区城市管理局”，加挂“重庆市武隆区城市管理综合行政执法局”牌子，为区政府城市管理主管部门，内设办公室、组织人事科、财务审计科、市容管理科、道桥管理科、水务管理科、安全应急科、行政许可科（执法监督科）；“重庆市武隆区旅游局”更名为“重庆市武隆区旅游发展委员会”；区城建综合执法大队更名为区城建综合执法支队、区交通综合行政执法大队更名为区交通行政执法支队、区农业综合执法大队更名为区农业综合执法支队、区商务行政执法大队更名为区商务行政执法支队、区劳动保障监察大队更名为区劳动保障监察支队、区国土资源和房屋管理执法监察大队更名为区国土资源和房屋管理执法监察支队、区水政执法大队更名为区水政执法支队、区文化市场行政执法大队更名为区文化市场行政执法支队、区林政执法监察大队更名为区林政执法监察支队、区安全生产执法队更名为区安全生产执法支队、区统计执法检查队更名为区统计执法检查支队、区道路运输管理所更名为区道路运输管理处。

【撤镇设街道】 2017年第4次编委会审议通过关于撤销巷口镇设立街道办事处机构设置人员编制调整方案，凤山街道和芙蓉街道分别设置综合办事机构7个：党政办公室（挂人大工委办公室、党群工作办公室、应急管理办公室牌子）、经济发展办公室（挂扶贫开发办公室、统计办公室牌子）、社会事务办公室（挂民政办公室、卫生和计划生育办公室、城乡居民合作医疗保险办公室牌子）、社会治安综合治理办公室、安全生产监督管理办公室（挂交通管理办公室牌子）、规划建设管理环保办公室、食品药品监督管理办公室（由区食药监局按街道分设对应挂牌）；下属事业单位5个：财政所、林业站、农业服务中心、文化广播体育中心、劳动就业社会保障服务所。江南社区卫生服务中心、江北社区卫生服务中心分别更名为凤山街道社区卫生服务中心、芙蓉街道社区卫生服务中心；将江南水陆派出所、巷口水陆派出所分别更名为凤山水陆派出所、芙蓉水陆派出所；撤销巷口镇司法所，设立凤山街道司法所、芙蓉街道司法所；撤销巷口镇畜牧兽医站，设立凤山街道畜牧兽医站、芙蓉街道畜牧兽医站；巷口国土资源管理所、巷口城乡建设管理所、巷口片区水务管理中心的区域识别名按办公驻地所在街道更名。

【事业单位登记管理】 2017年度完成事业单位年检制度改革，全面完成统一社会信用代码和赋码改革工作，更换全区408个事业单位新版“事业单位法人证书”，将统一社会信用代码作为事业单位法人的“身份证号”，对全区85个（含人民银行和国家税务局2个单位）机关和群团单位统一更换“统一社会信用代码证书”，依法办理注销登记11个，全区党政机关事业单位中文域名注册率为100%。

【行政审批制度改革】 2017年度完成行政许可标准化建设，建立领导小组联席会制度，每季度专题研究推进工作，对照《区县行政许可通用参考目录》，增补区级目录中遗漏的事项，取消设定依据不充分和文件要求取消的事项，承接市政府下放的事项31项。印发《关于公开2017年区级行政许可事项目录的通知》，并在区政府门户网站上对全区行政许可事项共272项（子项319项）进行公开，进一步完善目录清单“总账”。采用专业作图软件重新编制全区319项行政许可事项流程图，优化流程达30%。审批环节上将“受理—审查—批准”替代原来的“受理—初审—审核—审批—办结”，缩减2个流转环节。承诺时限在法定时限基础上平均压缩50%。科学制定服务指南，完整版包含所有22个要素，简版包含15个必选要素，通过“统一培训—部门初编—行管办审核—部门修改—编办审定”，实现高质量、全覆盖，达到要素明确、层次清晰、内容严谨的要求，格式、排版、印制标准统一。通过政府门户网、政务服务网、自助查询系统等公开各部门办理行政许可事项、服务指南、办理流程、格式文本，并在窗口公开提供服务指南和示范文本，方便群众查阅。投入430万元对行政许可标准化场地进行改造，实现排队叫号、自助查询、服务导航、网络监控等功能，设置咨询区、行政审批区、公共服务区、更衣室、母婴休息室等10多个功能区和无障碍通道，推进区、乡镇、村（社区）三级服务中心标准化，提升服务功能。衔接国务院和市政府取消下放的行政审批事项，2017年以来，全区按要求全部承接落实市政府下放的行政审批事项31项，取消27项；对行政审批涉及中介服务事项的设立依据、实施机构、收费项目、收费标准、收费依据等10项内容进行详细清查，印发《关于清理规范59项区级行政审批中介服务事项的决定》，并已形成目录进行公开。

（区编办）

3月24日，重庆市行政许可标准化工作渝东南片区会在武隆召开　（任静　摄）

机关党务

【概况】 中共重庆市武隆区直属机关工作委员会，位于武隆区凤山街道建设中路111号，属中共重庆市武隆区委的工作部门，主要负责区直机关、区属部分事业单位和国有企业党的建设工作。内设办公室、组织宣教科，正式在编干部职工7人，退休职工4人。

2017年，区直机关深入学习贯彻习近平新时代中国特色社会主义思想，以学习贯彻中共十九大精神为主线，以推进“两学一做”学习教育常态化制度化为契机，以党的一切工作到支部为导向，继续强功能、抓基本、补短板、重创新，以落实基层党建重点任务为抓手，全面加强机关党的思想、组织、作风、纪律和制度建设，提升基层党建工作水平。

截至年底，区直机关各级党组织131个，党员2973人，其中在职党员2254人，离退休党员719人，女党员782人。

【基层组织建设】 针对“三会一课”载体缺乏的问题，印发《关于开展支部主题党日活动的通知》，在全区率先推行支部主题党日活动。将“规范机关支部主题党日活动”作为“书记项目”来抓，印发文件，加强督查，正有序推进。党员领导干部带头在所在支部过组织生活、带头上党课，促进组织生活有序活跃开展。

通过电话提醒、上门督促等方式督促基层党组织按期换届，37个基层党组织完成换届、17个进行补选，新成立9个、撤销11个、更名2个基层党组织。机关党委、总支、直属支部书记均由区管干部担任。督促支部设置纪检委员。

召开机关基层党组织书记抓党建工作述职评议考核会，25个基层党组织书记现场述职，区委副书记王频主持会议、逐一点评，述职后进行测评，促进机关党建水平的提升。各机关党委、总支也组织所属支部进行述职评议。

召开纪念建党96周年大会，表彰30名优秀共产党员、20名优秀党务工作者、10个先进基层党组织。

春节、七一期间慰问困难党员及党龄60周年以上老党员178人次，发放慰问金6.65万元。安排专人审核每个党员按新标准缴纳的党费，发放“党费证”，党费收缴基本实现规范化。严格按照规定使用留存党费，用于党员教育培训、困难党员慰问等。

做好“12371”平台运行维护和党内年度报表统计工作，接转25名党员的组织关系。同时，各基层党组织统筹推进党建带群建工作。

全年严格按照相关规定发展新党员26名、预备党员转正29名。

【思想建设】 收看十九大开幕式作为区直机关第三期党员培训班第一课，把十九大精神作为第四期党员培训的主要内容。及时向区直机关基层党组织发出《关于认真学习宣传贯彻党的十九大精神的通知》。各基层党组织均按照区委安排，认真组织党员干部学习宣传贯彻十九大精神。11月，各支部到党史陈列馆、烈士墓等爱国教育基地缅怀先烈先辈、重温入党誓词，引导党员干部弘扬党的优良传统，自觉做到“政治合格、执行纪律合格、品德合格、发挥作用”。

组建全区学习贯彻党的十九大精神“进机关”宣讲分队并宣讲26场。工委书记作为区委宣讲团成员和十九大精神“进机关”宣讲分队队长，到乡镇、部门宣讲十九大精神5场。把学习十九大报告作为10月支部主题党日的主要内容，此后又多次认真组织党员学习。

在全面从严治党、坚持“三会一课”、树立“四个意识”等方面，坚决与党中央保持高度一致，坚决维护以习近平为核心的党中央权威和集中统一领导。

以中心组学习为引领，党员干部讲党课为引导，支部集中学习为主要形式，将学习贯穿全过程、覆盖全体党员。据不完全统计，区直机关区管党员领导干部讲党课500多次，开展中心组学习800多次、支部集中学习1600多次，举办专题辅导30场。

坚持学用结合，积极引导党员干部立足岗位干事创业，以实际行动把合格的标准立起来，把“武隆先锋”的形象树起来。2200多名在职党员到社区报到并开展服务；助力脱贫攻坚和羊角搬迁，帮扶贫困户6276户、助推羊角避险搬迁981户；机关党组织和党员在急难险重工作中发挥战斗堡垒和先锋模范作用。区直机关11名党员干部分别获得武隆区第三届贡献奖、被评为武隆区第二届劳模和先进工作者。

【作风建设】 为落实全面从严治党重点工作任务，工委3名班子成员分别任区委3个督导组的常务副组长，对区直机关32个单位进行督导。在此基础上，结合对各支部机关党建的月抽查季普查，对“两学一做”学习教育、“三会一课”等开展情况进行督导，指出存在的问题和不足，将整改落实情况列为下季度督查的重点内容，纳入各单位季度考核。

按照2017年全区党建工作会、《武隆区深化全面从严治党责任实施方案》、深化全面从严治党责任推进会等重要会议、文件的要求，加大机关党建“灯下黑”整治力度，落实1名副书记负责1个后进支部的整改工作。

【党风廉政建设】 各单位按照区委要求，加强党风廉政建设，持之以恒反“四风”，开展全覆盖的警示教育，组织党员干部学廉政案例、看警示教育片、听专题讲座、到廉政教育基地接受现场警示教育，使党员干部在思想上受到震撼和警醒，自觉吸取教训，做到修身齐家、干净干事。全年办理区直机关9名违纪党员的有关手续，69个区直机关单位组织参观廉政警示教育基地，提升党员干部廉洁自律意识。

【意识形态工作】 切实履行把握正确方向导向的责任，认真贯彻落实党中央、市委以及区委关于意识形态工作的决策部署和指示精神，通过督查指导，严肃机关党内政治生活，教育引导机关党员干部坚持正确的政治方向，严守政治纪律和政治规矩，严守组织纪律和宣传纪律，坚决维护党中央权威，始终在思想上政治上行动上同以习近平为核心的中共中央保持高度一致。把意识形态工作作为工作核心，纳入重要议事日程，把意识形态工作作为班子成员民主生活会和述职报告重要内容，接受监督和评议，纳入机关党务干部、党员培训和督查内容。

【人才工作】 利用党员会、支部主题党日、“两学一做”学习教育等，深入学习《习近平关于人才工作论述摘编》。建立人才信息库，清理完善机关2996名党员、入党积极分子信息库；建立机关党务工作者信息；完善公务员信息库。

【党务培训】 举办党务干部培训2期，全覆盖培训区直机关、乡镇机关支部书记和区直机关支部组织委员。组织机关基层党组织书记参加重庆学习论坛第五期周末讲堂，收看市直机关工委常务副书记张国忠的讲座。区委书记何平、副书记王频先后为党务干部、党员培训班讲课。培训严格考勤。编印《区直机关党务工作者、党员培训资料汇编》。

举办机关党员培训班4期，共培训区直机关普通党员干部561人，请身边优秀党员罗旦华讲述先进事迹。举办区直机关各基层党组织组织委员、“12371”党务信息系统管理员等党务干部培训班，共159人，提升区直机关党务干部的理论和业务水平。举办新党员、入党积极分子培训班，共161名新党员、入党积极分子参训。培训中，把《党章》《廉洁自律准则》《纪律处分条例》等党内基本制度和习近平总书记系列重要讲话精神列入课程。

（区直机关工委）

信访工作

【概况】 2017年3月，中共重庆市武隆县委武隆人民政府信访办公室更名为中共重庆市武隆区委重庆市武隆区人民政府信访办公室，内设3个科室：综合科、复查复核科、维护稳定工作科。机关行政编制6名，其中：主任1名，副主任3名，副调研员1名，内设机构领导职数1名。按规定配备2名信访督查专员。机关后勤服务人员事业编制1名。

2017年，区信访办围绕中央、市委、区委有关信访稳定工作的决策部署，坚持以做好党的十九大信访维稳工作为主线，以切实解决群众合法诉求为导向，以“2017信访法治年责任深化落实”活动为载体，勇于作为、锐意进取，实现信访稳定工作在法治框架内畅通、有序、务实、高效运转，为全区经济社会快速发展和社会和谐稳定提供保障。全年，登记群众信访总量2481件次、3661人次。其中，网上投诉1415件次，群众来信300件次，来访766件次，全年网上信访率提升，降低群众信访成本。接连打赢各级“两会”、市五次党代会、两个十周年庆祝活动、各种群体多次聚集到市上京、仙女山国际音乐节、啤酒节、“一带一路”国际高峰论坛、领导团队到武视察、脱贫验收、“十九大”、羊角古镇搬迁入住等重要活动重要时段的维稳攻坚仗，做到“七个坚决防止”。其中，区委、区政府十九大期间的安保维稳工作，得到市委、市政府的通报表扬，区信访办获得全市记集体二等功称号。

【构建责任传递体系】 2017年，区信访办树立导向，人人尽责，将《信访条例》《关于进一步加强信访法治化建设意见》《信访工作责任制实施细则》等法规制度纳入包括区委常委会中心组在内的各级党组集中学习内容，提升各级领导特别是区级领导干部化解矛盾、维护稳定工作的能力和水平，由区领导这个点撬动全区各级各部门这个面。传导压力，层层有责，凡全区信访稳定工作专题会，区委、区人大、区政府、区政协领导均集体出席，区委书记、区长均安排部署并现场对有关区领导和责任单位“面对面”交办工作任务；凡出现信访稳定工作中进展推动乏力、信访稳定工作问题突出的情况，书记、区长均召集有关乡镇和部门的党政一把手进行工作约谈。同时，结合实际，制定《重庆市武隆区信访工作责任制实施细则》（武隆委办发〔2017〕172号），层层刚性落实领导“一岗双责”、部门属事化解、乡镇属地稳控、工作人员首接首办等责任，以责任落实引导工作落地，实现压力传导“一竿子”到底。用好机制、处处显责，认真履行信访工作“三项建议权”，注重日常督办与统筹督查、网上巡查与实体督查、专项检查与带案督查“三个”相结合强化对重点时段、重点领域、重点问题强化跟踪督查和问效。全年，共组织开展集中分片督查9次、带案督查33次，约谈11个重点乡镇和13个部门主要负责人和有关负责人员，一批疑难案件得以强力推动化解。

【构建目标量化体系】 注重源头防范治理，切实将稳评作为重大决策出台的前置程序和刚性门槛。全年，包括城区学校布局调整、区公立医院综合改革、羊角场镇危岩滑坡避险搬迁安置房分配、白马航电枢纽建设、机动车非法营运专项整治等17件重大事项（项目）的社会稳定风险评估率达100%；进一步完善矛盾纠纷“四级”联排化解和网格化管理等机制，确保各类矛盾“发现得早、化解得了、控制得住、处理得好”。全年，全区共排查矛盾纠纷1254件，化解1178件，化解率为93.94%；重大矛盾纠纷33件，化解33件，化解率100%。强化风险防控化解，强化对重点领域、重点群体的动态掌握，重点组织武隆脱贫验收、十九大维稳、羊角场镇避险搬迁安置入住等3次矛盾问题摸排调研专项工作。突出问题专项治理，结合武隆区实际，将“违法上访、非法维权”、保障农民工工资支付2个信访突出问题纳入“3+2”专项治理范畴。全年，共排查出房地产开发建设问题16件、非法集资问题6件、环境保护领域问题3件、保障农民工工资支付问题51件次。“违法上访、非法维权”行动共处理有关违法人员42人次。聚力维护社会稳定，坚持以情报信息为先导，每个工作日向区委、区政府值班室上报《每日信访综述》,《重大不稳定信息专报》实现“问题不过夜”。全年，共上报重大涉稳信息37件次，当好区委、区政府的“千里眼、顺风耳”。坚持改革法治双轮驱动,突出氛围引领。出台《武隆区关于依法处置信访活动中违法行为的通告》，在全区各村（居）活动室、居民聚居点、在建工地等多途径、多层面进行广泛张贴宣传，组建区信访办、区综治办、区法院、区公安局等5个单位主要负责人为团长信访法制宣讲团进行分片法制宣讲，着力形成依法信访、理性维权的鲜明导向以及执法必严、违法必究的高压态势；强化关键突破。由区信访办牵头，会同政法委、法院、检察院和劳动等部门探索建立“甄别—引导—告知—衔接”的涉法涉诉联动对接机制，着力推动诉讼、仲裁、行政复议等事项从普通信访渠道分离出来，实现信访“有所为有所不为”。创新工作举措，建立26个乡镇和40个重点信访部门的律师或法律顾问引入机制。推行重点个案“六清”档案管理，逐案建立专档，做到基本情况、问题诉求、政策依据、工作轨迹、电子档案等“六清”。

【构建主业夯实体系】 优化服务环节，探索简易办理程序和口头回复办理制度，最大程度简化办事程序，减少办事环节，做到当场受理、限期办结回复。在区国土房管局、区城乡建委、区农委等重点职能部门开展试点，面向社会公布相应的“权力清单”“责任清单”“程序清单”，接受组织、社会、舆论三方监督。夯实服务基础，紧紧抓住信访事项三级处理这个业务工作的“牛鼻子”，推进信息系统的覆盖和基层应用，出台《关于进一步规范信访事项复查复核工作的通知》《武隆区信访事项受理办理流程图》等4个规范性文件，建立“红黄牌”业务警示等制度，实现网上、网下“两手抓、两手硬”，严格确保信访问题受理办理“实体清晰、程序到位、政策恰当”。全年，共受理区级信访复查22件、申请市级信访复核5件。拓展服务渠道，建立健全“五访四制三不”工作机制（“五访”：领导干部定期接访下访、乡镇及部门干部随时接访、村社干部登门探访、带案下访、反馈回访；“四制”：网格管理、分级负责、限期办结、结果公示；“三不”：不支持越级访、不受理越级访、不交办涉法涉诉访），推动群众诉求在应有层级、应该渠道得到有效解决，切实维护群众合法权益。同时，创新“干群联系卡”和基层网上信访代理员等制度，在每个村民活动中心设立1个网上信访代理点，配备信访代理员1名，切实解决服务群众最后一公里问题。全年，区级领导113人次、147件次在区信访办定点接访，共走访、下访群众112件次567人次，全区乡镇、部门领导干部走访、下访群众1813件次3072人次。

【构建问题导向体系】 面对难题“不推”，服务大局，以全区100个重点项目为重点，推行1名办内班子成员、1名职工对接的“2+1”对接联系模式，结合全区“护航二号”行动，做到第一时间、最快速度为全区中心工作“保驾护航”。化解矛盾“不怵”，勇挑重担，每名班子成员均对接3名以上区领导分管领域的信访稳定工作事项。全年，共接访处理到区委、区政府集访147批次2564人次，共参与处理聚众非理性维权事件50余起，共协调配合桐梓、白马、赵家等乡镇发生的数起非正常意外死亡事件处理工作，做到现场处置果断、事后协调用力，确保问题不激化、人员不上行、局面不失控。遇到问题“不绕”，牢记使命，着力维护群众合法权益，采取涉事单位“化”—责任领导“包”—联席会议“议”—常务会、常委会“定”的“四步工作法”，着力治理信访疑难问题和老户案件的“堰塞湖”，推动一批“三跨三分离”等钉子案、骨头案的成功化解。全年，共召开9次信访工作联席会议，21次专题协调会，研究解决突出问题17件。市级交办的12件信访积案，已化解11件。

（区信访办）

老干部工作

【概况】 2017年3月，中共武隆县委老干部局更名为中共重庆市武隆区委老干部局，位于桃花山公园，局机关现有干部职工9人。内设办公室、生活待遇科、宣传教育科。下设机构有：重庆市武隆区老干部活动中心、老年大学。关心下一代工作委员会办公室挂靠老干部局。是年，服务管理离退休干部351人，其中离休干部16人，退休干部335人；副厅级10人，正县处级18人，副县处级323人。

【落实老干部政治待遇】 区委老干部局始终把离退休干部思想政治建设工作当作老干部工作的首要任务，长抓不懈。6月，以“两办”名义印发《关于进一步加强和改进离退休干部工作的实施意见》（武隆委办发〔2017〕106号）；为进一步加强领导干部同离退休干部的联系，10月，印发《关于领导干部联系离退休干部工作方案的通知》（武隆委办发〔2017〕142号），在联系原则上要求分层级建立健全领导干部联系离退休干部制度，在联系范围上做到全覆盖。同时，坚持定期向老干部通报工作，征求意见。1月和9月，区领导到场向老干部通报武隆区经济社会发展情况、撤区设区情况、党建工作情况。在老干部座谈会上，“四大家”主要领导与老干部代表座谈，听取老干部对武隆经济社会发展的意见和建议；在武隆撤区设区挂牌的重要时刻，邀请老干部代表参加挂牌仪式；多次安排退休老干部代表列席区委全委会、干部大会、党代会、人代会、政协会等重要会议，征求老干部的意见和建议，较好地落实老干部在经济社会发展中的参与权、知情权和监督权。坚持定期政治学习，将每月集中老干部政治学习纳入老干部党校培训内容，有针对性的高起点、严要求地计划和安排培训辅导内容，并与全区思想政治教育的总体部署相结合，同步实施；在学习内容上，以专题辅导讲座、情况通报、座谈讨论、活动竞赛等为主。全年定期学习20次，参训人数达1500余人。对年老体弱、不能正常参加集中学习的离退休干部，主动开展上门送学活动，保证学习效果。9月，按计划如期举办老干部党校第十四期培训班，参训老干部达200余人。坚持阅文读报制度。区委老干部局坚持每年为全区离退休干部订阅赠送《老干部生活》《武隆日报》《党员文摘》等报刊，并订阅40多种学习资料供老干部平时阅览，为老干部们提供良好的学习环境。结合学习十九大精神，区委老干部局向每位老干部发放新修订的《党章》、党的十九大报告单行本、《十九大文件汇编》、《习近平讲故事》等学习书籍。

【落实老干部生活待遇】 2017年共帮扶特殊困难老干部76人，发放特困帮扶金17万元，及时传递党和政府对离退休干部的关心和温暖，老干部非常满意。开展走访慰问，及时送达党和政府关怀。按照政策和规定，坚持在元旦、春节、“五一”、端午、中秋、国庆和重阳节等重大节日期间，开展走访慰问离退休老干部、建初干部及离休干部遗属活动，并适时开展夏季“送清凉”和冬季“送温暖”活动，慰问覆盖面达100%。针对卧病在床，生活不能自理、长期不能到活动中心参加学习活动的老干部进行重点走访。并对生病住院的老干部及时进行探望慰问。组织280名老干部进行健康体检，84名老干部健康休养。此外，完成建初人员生活补贴调标工作，完成1名离休干部去世后抚恤金等费用发放工作，完成2名离休干部生活不能自理护理费申报并执行，完成离休干部遗属调标工作。

【离退休干部党组织建设】 区委老干部局贯彻市委的要求，加强对离退休干部党建工作调研，摸清底数和现状，找准问题和困难，创造性地开展工作。常委会审议通过依托老干部局成立离退休干部党工委，明确工作机制、任务及职责。区编委2017年第2次全体会议研究，同意核定区离退休干部党工委专职副书记职数1名。10月，落实离退休干部党组织工作经费及党务工作者工作补贴。5月，选派10名离退休党支部书记到南川参加重庆市老干部党校第71期培训班。

【老干部阵地建设】 全年组织老干部参加各项活动600余人次。3月，结合“畅谈展望”活动，组织女离退休老干部召开座谈会，共庆“三·八”国际妇女节。9月，举办一场征文、书画、摄影作品展，共收到征文40篇（其中畅谈文章24篇，建言文章16篇）、书画49幅、摄影作品221幅。同时，举办重庆市第七届老干部艺术节（武隆分会场）活动，并选送自编节目《水墨武隆（音诗画）》参加市老干部艺术节主会场汇报演出。利用建军90周年、中共十九大召开的时间点，组织2次知识竞赛活动。2017年，老年大学共开设声乐、民族舞、拉丁舞、书法、国画、播音主持、太极、化妆课短训等10个班，全年平均在校学员达300余人次。3月，老年大学舞蹈班学员参加全区“巾帼心向党·喜迎十九大”为主题的系列庆“三八妇女节”活动的文艺演出；6月，太极拳班参加老体协太极拳展示活动；12月，舞蹈班参加“喜庆十九大·共圆中国梦”纪念中国老年节暨武隆区老体协成立三十周年文艺晚会老体协成立30周年节目展示活动。

【老有所为】 区委老干部局以关工委、老体协、退休协会等老年组织为主要平台，引导全区离退老干部在经济建设、社会建设、文化建设等方面发挥作用。关工委在全国“关爱明天、普法先行”教育活动中，深入各乡镇学校举办法制教育10场次、“三爱”教育5场次，心理健康辅导4场次、十九大精神宣讲4场次，受教育青少年达万余人。余兴和被全国青少年普法教育活动办公室评为先进个人。4月，在仙女镇中心小学成功举办全国“中华魂”书屋捐赠仪式。5月，联合团区委成功举办武隆区五四青年节“我爱祖国·党在我心中”诵读比赛。此外，联合区检察院开展以“预防校园欺凌、护航未成年人健康成长”为的主题关爱行动，得到社会各界好评。10月，参与第四届武隆区青少年科技创新区长奖的评选工作，对促进相关工作起到积极作用。11月，参加全区困境儿童、农村留守儿童关爱保护工作联席会，研究解决工作中面临的难题，共同推进武隆区困境儿童与农村留守儿童关爱保护保障工作。11月底，举办武隆区2017年“中华魂”（辉煌与梦想）读书活动。全区共有42所中小学，近1.6万余名青少年参与；选送2名选手参加重庆市“中华魂”（辉煌与梦想）读书活动，均获得三等奖。有的老同志还投入到羊角危岩避险搬迁这场攻坚战中，充分发挥他们的政治优势、威望优势、经验优势和能力优势，肖世杰担任羊角危岩避险搬迁特别顾问、颜泽明担任羊角危岩避险搬迁某段段长，在整个搬迁工作中献计献策和做群众动员、政策宣传，赢得当地居民的理解和支持，有效推动羊角危岩避险搬迁任务的顺利完成。王朝友在担任区农委离退休党支部书记以来，始终保持共产党员本色，一心扑在离退休党支部工作上，以自己的实际行动证明“共产党员，永不退休”，2017年被区直机关工委评为优秀共产党员。有的老同志牺牲大量的休息时间，无私参与老干部回忆录的收集整编工作；有的老领导长期担负各类老年文体协会的组织领导工作，为武隆区老年文化体育和群众文化体育的健康发展做出显著成绩。有的老干部根据自身特长，通过摄影、新闻报道等，在市内多家新闻媒体上积极正面宣传全区经济社会建设及老干部工作动态，并多次获奖，在老有所为方面做出表率。

区委老干部局举办老干部摄影作品展　（郑天华　摄）

武隆区2017年“中华魂”读书活动决赛　（郑天华　摄）

区关工委到江口中学开展党史国史教育宣讲会
（郑天华　摄）

【老干部工作队伍建设】 2017年，严格按照要求抓好“两学一做”常态化制度化学习，不断强化“四个意识”，学习中共十八大历届全会、中共十九大会议精神，工作作风明显转变，干部素质进一步提升。严格遵守中央“八项规定”要求，通过完善各项管理制度，实现全局工作的规范高效和廉洁自律。坚持走访直接听取老干部的意见和要求，及时调整工作部署、完善工作措施、办法，及时为老干部排忧解难，为老干部办实事、做好事，努力树立老干部工作者的良好形象。同时，为提高和增强老干部工作者的综合素质能力，建立和推行统一制订培训辅导计划、任务落实到人、培训辅导课件资料分层审核把关的老干部工作者轮流承担培训辅导任务的制度，促进老干部工作者素质能力的提高。狠抓外宣、信息和调研等工作。按照市委老干部局要求开展2017年重点课题调研活动，完成调研文章4篇。建立宣传信息调研长效机制，做好各种信息的整理、上报工作，在区级以上报纸杂志发表信息43篇。坚持干部“下访”。建立经常性走访慰问离退休干部的信访工作制度，对下访中发现的问题及时帮助解决，将矛盾和问题解决在基层，解决在萌芽状态，全年无一上访事件发生。

（区委老干部局）

党校工作

【概况】 中共重庆市武隆区委党校、重庆市武隆区行政学校、重庆市武隆区社会主义学院分别建于1960年3月、1999年1月和2009年10月，现为“一套班子，三块牌子”格局，是全区学习、研究和宣传马列主义、毛泽东思想和中国特色社会主义理论体系的主阵地，是全区各级党员干部进行党性锻炼的熔炉，是全区干部教育培训中心，是重庆市生态保护发展实践干部教育培训现场教学基地。学校坐落在城东北角的武仙路，环境优美，交通便利，左右分别与渝怀铁路、渝湘高速公路以及世界自然遗产核心地芙蓉洞、天生三桥相临。学校占地面积1.33公顷，建筑面积16500平方米，活动场地4000多平方米，绿化面积达2000平方米。学校有教学室12间，其中，视频会议室2间，容纳120人的中型报告厅和容纳440人的多功能学术报告厅各1间；有宾馆式学员公寓和学员餐厅，能同时容纳近300人就餐和130人住宿；有办公用房8间，服务用房13间；有塑胶篮球场1个、网球场1个、羽毛球场2个。学校有班子成员4名，其中常务副校长1名、副校长2名、校务委员1名。学校设4个科室，即办公室、教务科、科研信息科、后勤科；编制21人，在职职工14人；专兼职教师11人，专职后勤人员3人；研究生学历4人，其中全日制3人；在职党员12人。

2017年，学校始终坚持党校姓党的原则，牢固树立“四个意识”，始终维护以习近平同志为核心的党中央的集中统一领导，深入贯彻落实中央、市委和区委的决策部署，结合武隆区情和党校实际，积极发挥“三个阵地、一个熔炉”（三个阵地指学习、研究和宣传马克思列宁主义、毛泽东思想、邓小平理论、“三个代表”重要思想科学发展观等重大战略思想的重要阵地，一个熔炉指成为以及习近平新时代中国特色社会主义思想干部加强党性锻炼的熔炉。）的作用，积极履行“全面从严治党”两个主体责任，落实意识形态工作责任，优化干部教育培训机制，强化科研调研资政功能，提高行政后勤服务水平，加强干部人才队伍建设，以打造全市一流党校为目标，为全区经济社会发展添砖加瓦。

【培训教育】 2017年共举办各类培训班39期，培训学员达4886人次。完成区上调训班22期，培训学员2333人次。其中，常规主体班6期，培训学员270人次；专题培训班11期，培训学员1362人次；其他班5期，培训学员701人次。与部门联合办班13期，培训学员2374人次。其中，与国税局联合办班4期1050人次；与招商局联合办班1期65人次；与林业局联合办班1期132人次。重新组织编制15分钟左右的教学专题片和宣传手册，发挥“武隆生态保护发展实践教学基地”作用，共接待对外培训4期，培训学员人179次。其中，市委党校主体班1期60人次；永川人大常委班1期47人次；璧山党校培训班1期31人次，昌都党校培训班1期41人次。

9月25日，渝东南片区党校系统第八届理论探讨会在区委党校召开　（许萍　摄）

【**科研资政**】2017年以来，区委党校完成市委党校课题结项两项，其中重点课题一项，一般课题一项；完成市委组织部重点课题结项一项；申报并成功获得市委党校2018年立项课题三项。充分发挥学员资源，开设资政报告专题课程，举办高质量学员论坛，16名学员提交资政报告，部分获领导签批。学校课题组有12篇资政报告获市管领导签批，其中常务副校长唐春光撰写的《关于参加国家扶贫开发工作重点县、集中连片特困地区县党校校长研修班（第一期）的情况报告》和《解决深度贫困需要重点关注的六大问题》，副校长吕建明撰写的《推动文化创意产业与武隆旅游融合发展的几点建议》都获得获区委书记、区长的签批。同年9月，区委党校承办渝东南片区第八届理论研讨会。区委党校教师13篇文章参评，10篇次分获一二三等奖。全年教职工在内部刊物发表论文29篇，公开刊物发表论文21篇。教师撰写的《关于加强和改进基层党组织“三会一课”的思考》《关于落实基层党支部书记“一岗双责”的思考》在市委党校机关党委党建调研文章评选中获奖。

（区委党校）

党史研究工作

【**概况**】2017年，区委党史研究室结合“两学一做”学习教育，推进党史工作“五个一”工作部署，深化党史研究，开展党史资料征集、宣传教育，加强爱国主义教育基地建设，充分发挥资政育人职能。

是年，完成《中国共产党重庆历史大事记·武隆区卷（1924～2006）》送审；内部出版《中共武隆县历史大事记（2015～2016）》；推进党史数字库建设，扫描党史书籍5000余页；出台《武隆区爱国主义教育基地管理办法》；完成党史陈列馆改版升级；推进党史资料征编。

【**《中共武隆县历史大事记（2015～2016）》内部出版**】2017年9月，由中共重庆市武隆区委党史研究室、重庆市武隆区档案局编写，共9.93万字；真实记录2015～2016年全县人民在党委、政府的领导下，弘扬武隆精神，自强不息、励精图治，城乡面貌明显改观，改革开放步伐加快，人民生活不断改善，党的建设得到全面加强的历程，为今后的经济发展提供借鉴。

【**党史专题资料征编**】2017年，收集武隆县第十四次党代会及武隆撤县设区照片共281张；收集《解放初期的武隆》及相关报纸文章等资料等30余件400余页并上报；征集到原县委书记王辉、县长郑荣祥个人简历、任命通知书、人大代表当选证书等十余份、照片5张；收集全国抗震救灾模范（刘胜）简历及照片；完善《武隆党史人物》内容，补充徐君明、唐世昌、王朴、马东山、王辉、郑荣祥等人物内容；收集并形成《中共武隆县历次党代会纪实（1949 ~ 2016）》初稿。

【党史宣传教育】 2017年，利用党史陈列馆开展党史区情教育，开办学生德育课堂、党员课堂，举办主题党日活动，全年共接待66批次2500余人参观；开展地方党史进党校活动，向区委党校及在校主体培训班学员赠送党史书籍350册；在重庆党史网发表信息15条文章1篇，《重庆党史工作》第1、4、9、10期刊登信息4条。

4月24日，区实验小学学生参观爱国主义教育基地
（李才东　摄）

【爱国主义教育基地建设】 2017年，由区委办、区政府办印发《武隆区爱国主义教育基地管理办法》（武隆委办发〔2017〕62号），共11条；完成党史陈列馆改版升级，展厅由序厅、时空隧道、固定陈列展及尾厅组成，设有14个实物展柜，摆放珍贵实物共212件。

（区委党史研究室）

人事人才工作

2017年，共招录公务员(参公管理人员)50人，其中从村（社区）干部中招录公务员4人；从2014年选聘大学生村干部中考试录用公务员7人；从2014年重庆市定向招录培养基层政法干警1人；从2016年机要保密人员调剂录用1人。招聘事单位工作人员195人。调整设置文化、卫生、体育等9个行业311个事业单位的岗位及结构比例。完成2017年度事业单位17名工勤技能人员转岗。定向培养武隆籍医学专科生10人、全科医学生5人，小学教育全科教师20人；招募“三支一扶”大学生到乡镇基层服务3人。开展“贡献奖”及“十佳人才”的评选工作。评选出“贡献奖”7名，“十佳人才”45名，并由区委、区政府召开大会进行表彰奖励；完成第五届区级学术带头人及后备人选换届，评选出第五届学术技术带头人67人，第五届学术技术带头人后备人选79人。指导各主管部门完成5397余名专技人员的2017年度继续教育公需科目培训学习和考试。全年新增高级职称32人、中级职称237人、初级职称199人。

（区人力社保局）

督查工作

【机构】 中共重庆市武隆区委重庆市武隆区人民政府督查室于2017年3月设置，是设在区委办公室的正处级行政单位；核定领导职数督查室主任1名、副主任2名；内设科室领导职数3名；内设3个科室，分别为决策督查科、目标管理科、专项查办科，未单独核定编制。

为加强工作领导，区委、区政府专门成立区目标考核和督查工作领导小组，组长由区委副书记担任，区委组织部部长、区政府常务副区长和区纪委书记任副组长，成员包括区委办、区政府办和区督查室主任。领导小组下设办公室于区督查室。

【概况】 2017年，区督查室重点围绕市委、市政府专项督查任务、全市脱贫攻坚、羊角场镇危岩避险搬迁暨土坎新址（羊角古镇）建设和武隆区涉及的7件市级民生实事等工作，成立专项督查组，常态化专题开展市委、市政府重大决策部署事项的督促落实，做到期期有反馈、件件抓落实。是年，市委、市政府给武隆区下达中央八项规定精神贯彻落实情况督查、安全生产巡查、迎接环境保护督察二次回访调研、防汛防地灾工作督查、2016年度中央预算内投资项目专项督查、营商环境三项重要指标调查、政治风险经济风险稳定风险排查防控、行政审批标准化建设督查、防灾减灾救灾督查、宗教工作会议精神贯彻落实情况等事项共10件次，落实率、办结率均达100%。会同区纪委、区扶贫办等部门通过入户走访、暗访调查、不定期抽查等形式对帮扶干部入户对接帮扶情况、驻村工作队和贫困村“第一书记”工作开展情况、贫困户产业扶持实施到户等情况开展专项督查16次。抓好羊角场镇危岩避险搬迁暨土坎新址（羊角古镇）建设工作的督促落实。针对涉及武隆区的7件市级民生实事，区督查室实行表格化督查、精细化督查，根据项目推进情况实行倒逼制，将督查内容明确月督及季督重点事项，全力确保在规定的时限内完成。全区涉及的易地扶贫搬迁、农村义务教育学生营养改善计划、山坪塘整治等市级民生实事已全面完成。是年，区督查室共开展重大项目建设、争资立项、脱贫攻坚、羊角避险搬迁暨土坎新址（羊角古镇）建设等专项督查40余次。撰写《督查报告》51期、《督查通报》53期、《督查通知》24期，下发《督查督办通知单》66期，得到区委区政府主要领导批示、批转12期；督促检查区委、区政府各类会议议定事项58件次，办结率100%；办理区领导批示交办事项25件。

【综合目标考核】 2017年1月初，会同区纪委、区委组织部组成4个考核测评组对全区100个部门开展2016年度综合目标考核民主测评。组织牵头单位对成员单位考核评分，收集套算汇总，形成全区考核结果，经十四届区委常委会第33次会议审议通过后，在全区进行公布。12月初召开2016年度综合目标考核总结表彰暨2017年度综合目标考核工作大会。大会对2016年度获得优秀的单位和乡镇进行表彰，同时对2017年度综合目标考核工作做安排部署；对《市级考核指标奖惩实施细则》中加扣分情形进行优化调整，同时对武隆区涉及的49个市级二级指标进行任务分解，明确责任区领导、牵头责任部门、协作责任部门以及牵头任务和协作任务。并对指标的动态运行监控和过程督查督办，为区领导正确决策提供依据。本着无缝对接市级考核指标的要求，结合区委、区政府确定的“五个建成”发展目标，科学编制2017年度武隆区综合目标考核指标体系，下发2017年度综合目标考核办法和实施细则，同时在考核指标设置上进一步加大中心工作的分值权重，更加突出重大项目在目标管理体系中的重要位置。

（区督查室）

精神文明建设

2017年，增强创建全国文明城区工作力度，修订形成《武隆市民文明公约》，开展活动40余次，举办培训、讲座25期，参加人数16400余人次，发放各种宣传品28600余件。全年共刊登专版专访24期，电视台做专题新闻、访谈、负面曝光等节目2640余条次，制作户外广告专栏

1090期幅，开展问卷调查4次，受问人数25400余人。开展各级文明单位、文明村镇复查申报工作，保留原有2个全国文明单位、1个全国文明村，新增全国文明单位（重庆市武隆区检察院）、新增全国文明村（重庆市武隆区沧沟乡关庙村）；共有市级文明单位、文明村镇69个，区级文明单位、文明村镇共288个，限期整改区级文明单位、文明村镇8个；开展区级文明校园评选，选送武隆区火炉中学、武隆区第二实验小学参与全国文明校园评比；在各村镇开展“最美家庭”“文明家庭”等评选，评出各级“最美家庭”“文明家庭”共计4700余户。吴小燕家庭被评为2017年全国“最美家庭”。深化文明单位城乡共建活动，联合城乡建委、环保局等部门开展“整洁庭院”评选表彰活动。开展“文明礼仪我带头”主题实践活动，重点开展“有话轻轻讲·文明我点赞”活动。印发“做文明市民倡议书”30000余份，170余个文明单位开展“文明接打电话”活动。开展文明旅游典范评选活动，选送一批示范村、示范乡镇、示范农家乐、示范个人。

（区委宣传部）

保密工作

【概况】 2017年，全区保密工作在区委、区政府领导下，在市保密局指导和支持下，围绕区委中心工作和全区发展大局，以抓好“三大管理”（即定秘授权管理、网络保密管理、涉密人员管理）为工作重点，狠抓保密宣传教育，加大保密督促检查，推进保密事业持续快速发展，确保党和国家秘密安全，在服务经济社会发展和构建和谐社会发挥重要作用。

【开展保密宣传教育】 2017年，利用党校、行政学校培训、区委中心组学习会、其他业务培训会、一对一送件等多种形式，全年开展涉及全区各级领导、公务员、涉密人员等共计1300余人次的保密知识教育培训。印发《重庆市武隆区“七五”保密法制宣传教育计划》，不断提升社会各阶层各群体的保密法治意识，营造保密工作良好的社会氛围；通过业务培训会、保密知识测试等共计发放宣传资料200余份，接受干部群众电话、网络和当面咨询200余人次。完成《保密工作》杂志的宣传征订工作任务。

【强化保密行政执法】 2017年，组织3个督查组，对全区105个机关、事业单位开展保密专项检查。开展中共十九大期间保密专项检查，对全区82个区级部门，26个乡镇自查梳理形成台账的基础上进行督促检查。对全区88个单位的31个互联网政务门户网站，12个政务微博，19个微信公众号，19个互联网政务邮箱等信息发布情况进行专项检查。组织开展2017年度的高考（成人高考）、中考期间试卷保密检查和巡查工作。清退销毁涉密文件资料、磁介质、内部文件2000余千克，确保国家秘密在销毁过程中的绝对安全。

（区保密局）

外事工作

2017年，根据外事工作规划规定，由区机关事务管理中心具体承担外事日常工作，严格做好因公出访材料的报送，对于没有实质性内容和违反报批程序的因公出国（境）事项坚决不予审批。全年无一例违规报送事件发生。联络承担意大利翁布里亚爵士音乐代表团、泰国驻成都总领事馆总领事、柬埔寨奉辛比克党考察团等外宾共45人次赴武隆考察有关工作，实现武隆区与意大利翁布里亚大区奥尔维耶托市签订缔结友好城市意向协议，与马来西亚优秀旅游城市槟城、意大利佛罗西诺内省和瓦兹河谷省达成缔结意向。

（区机关事务中心）

机关事务管理

【概况】 2017 年，区机关事务管理中心机构规格为正处级财政全额拨款事业单位，2 月设立党组。机关内设综合科、接待服务科、公共节能管理科、资产管理科、车辆管理科、后勤保障科；事业编制 20 名。其中，主任 1 名，副主任 3 名，内设机构领导职数 6 名。截至年底，中心实有事业干部 19 人，跨部门公车服务平台劳务派遣司勤人员 7 人。

2017 年，在区委、区政府的领导下，开展“两学一做”学习教育，牢固树立“四个意识”，学习贯彻中共十九大精神，围绕全区中心工作，履行管理、保障、服务职责，为保障全区党政机关高效有序运转、降低行政成本做出贡献，为实现“十三五”规划主要目标，为全区实施“绿色崛起、富民兴区”战略，提供后勤服务保障。

11 月 20 日，区机关事务管理中心全体党员开展爱国主义教育　（蒋林　摄）

【接待工作】 2017 年，区机关事务管理中心严格执行中办、国办《党政机关国内公务接待管理规定》《重庆市党政机关公务接待管理办法》《武隆区党政机关国内公务接待管理实施细则》等规定，坚持厉行节约，严格执行接待审批、接待公函、接待清单和公务卡结算制度，全面规范公务接待流程、范围、标准，树立务实节俭的接待新风。全年，完成区级层面脱贫摘帽迎国检、接受第三方评估、“11·23”武隆地震后全国新闻媒体的接待等各项重要接待任务。推动全区公务接待工作专项督查。按照《武隆区作风大整顿专项行动督查工作方案》（武作风整顿办〔2017〕1 号）文件精神，成立“公务接待工作专项整治工作领导小组”，对全区 26 个乡镇、68 个部门开展专项督查。

【公务用车管理】 严格把关公务车辆的编制、报废、购置、划转、调配，全面推进公务车辆标识化管理。全年完成黄标车或超期服役公务车的报废处置。在核定车编内，审批入户公务车辆 22 辆。对派遣到乡镇和区级有关部门的机要通信等公务用车，加喷（粘贴）“公务车辆”标识。对全区予以公开的综合执法车，在醒目位置加喷（粘贴）公务车辆监督电话：12388，推动公车标识化管理形成常态。下发《公务用车管理使用情况专项督查行动方案》，成立专项督查小组，在周末、节假日等重要时间节点的敏感地点通过不定期进行明察暗访，加强全区公务车辆的监督管理。按照集中管理、统一派车的原则，健全完善跨部门公车服务平台派车审批制度。全年完成 352 车次，2800 余人次的出行保障任务，在脱贫摘帽迎国检第三方评估、“11·23”地震等紧急车辆调派中，发挥公车服务平台的应急统筹保障能力。

【国有资产管理】 严格采购程序，配合相关部门认真审核采购申报计划，要求单笔上万元，总价上三万元的必须提供领导批示或会议纪要，确保全年的采购项目操作规范、顺利实施。严格资产

机关事务管理中心到广阳小学校开展“6·1”爱心帮扶活动　（蒋林　摄）

12月1日，区机关事务管理中心参加全区运动会开幕式（蒋林　摄）

报废程序，通过实地查看资产详情，对无使用价值或超出使用年限的资产进行严格审查，确保国有资不流失。深入开展区级部门党政机关办公用房情况的清理排查。全年实地查看20余个单位的办公用房，协调解决撤镇设街道后凤山街道办事处办公用房，区监察委员会成立后与区纪委合署的办公用房的调剂配置工作。开展全区的资产清查工作，规范和加强行政事业单位的国有资产管理工作。

（区机关事务中心）

民主党派

中国民主同盟重庆市武隆区支部

【概况】 中国民主同盟重庆市武隆区支部委员会（简称民盟武隆支部）于2017年7月12日成立，有盟员12人。首届支部委员会由黄昕任主委，罗维、曾凡凌任副主委，刘华、高晓琼任委员；是全区第一个民主党派基层组织。截至2017底，有盟员19人，其中研究生3人，本科13人，专科3人；中高级职称2人；市人大代表1人，市政协委员1人，区政协委员8人（其中常委4人）。

【思想建设和学习教育】 2017年，通过支委委员每周学、小组盟员每月学、全体盟员两月学等方式，民盟武隆支部组织学习贯彻习近平中国特色社会主义思想、中共十九大精神以及民盟第十二届全会精神等。

【参政议政】 2017年，民盟武隆支部集体在区政协第九届全会提交提案1件，委员提交提案共20余篇，得到立案20余篇。参与武隆区统战理论研究课题1项，完成调研文章1篇。

【组织建设】 民盟武隆支部明确由1名副主委和组织委员专门负责组织工作。制作《盟员工作手册》，制定《全体盟员会议制度》《全体委员会议制度》《分工制度》《参政议政工作制度》《组织生活制度》《档案管理制度》《社会服务工作制度》《印章管理办法》《盟费交纳制度》《财务管理制度》《学习制度》等11项制度。

【社会服务】 2017年，民盟武隆支部结合本地实际，利用人才资源优势在卫生、教育、文化等领域开展活动，组织扶贫济困社会服务活动1次。

（民盟武隆支部）

九三学社重庆市武隆区支社

【概况】 九三学社重庆市武隆区支社委员会于8月17日成立，张春玉当选主委，张伟、李晏清当选副主委，刘勇、肖武文任委员。

2017年，支社社员共15人，其中研究生2人，本科9人，专科4人；高级职称1人，中级职称7人；住建部专家1人，市级建筑专家1人，区级专家15人；任人大代表、政协委员共8人，包括区人大代表3人（其中常委2人）、市人大代表2人，区政协委员5人（其中常委3人）。全体社员不断强化自身建设，积极参政议政，提出提案、议案，发挥参政议政作用。

【思想建设和学习教育】 通过集中学习、自主学习、宣讲等形式，学习中共十九大精神、九三学社第十一次全国代表大会精神等，做到思想上、政治上、行动上始终与中共中央保持高度一致。同时，通过支社班子带头学、带头讲，社员学原文等方式，在学懂弄通做实上下功夫，增强履行参政党职能的自觉和自信，把智慧和力量凝聚到落实目标任务上来。

【参政议政】 2017年，支社提出《关于将区人民医院创建三级甲等综合医院纳入区政府重点工作规划的建议》《关于建立健全养老服务体系，搞好老年人服务工作的建议》等提案，提出《关于在电信电视上增加武隆地方新闻节目频道的建议》的社情民意。

【社会服务】 2017年，利用人才资源优势在经济建设和社会发展、历史文化建筑、传统村落、民俗文化规划建设、弱势群体的困难等方面提供支持和帮助，于12月7日组织到后坪乡开展“急救培训和康复医学健康指导、农业知识宣传”等公益活动。

【建章立制】 2017年，制定《财务管理制度》《发展新社员制度》《分工负责制度》《主委会会议制度》《社员大会会议制度》《学习制度》《议事制度》等制度。

（九三学社武隆支社）

社会团体

总工会

【概况】 2017年3月，设置重庆市武隆区总工会，是区委领导的群众团体组织；内设科室3个，行政编制数4人，其中行政在编3人；挂职副主席2人；机关工勤编制3人，在编2人。2017年6月退休1人；下属正科级事业单位1个，事业编制数4人，在编2人。

2017年，在区委和市总工会领导下，全区工会组织全面贯彻落实中共十八大、十八届历次全会精神，学习宣传贯彻中共十九大精神，深入贯彻落实习近平总书记系列重要讲话精神特别是视察重庆重要讲话精神，以“两学一做”学习教育常态化制度化为载体，坚持“一切为了职工群众”工作理念，围绕增强“政治性、先进性、群众性”改革创新，全区工运事业发展成效显著。荣获重庆市总工会综合目标考核一等奖。2017年，区总工会下属基层工会832个，其中独立基层工会689个，联合基层工会143个，联合基层工会涵盖法人单位4314个。全区工会会员131508人，其中农民工会员98867人。

【丰富职工文化生活】 开展“五个一”十九大知识专题学习活动；开展“中国梦·劳动美”职工“听党话、跟党走”系列活动；开展“喜迎十九大”劳模进校园、进社区、进园区宣讲会活动，组织全国劳模、中共十九大代表申建忠宣讲35场次，参与职工达到4000人次；开展向基层工会送图书10000余册，送电影、送演出共200余场次，开展“网聚职工正能量、争做中国好网民”主题活动，5500余名网民参与其中。在区人民广场举办“喜庆十九大、共筑中国梦”美术书法摄影展；组织开展“安康杯”文艺作品创作700余幅，并在人民广场展出优秀作品；组织职工参加2017年重庆市职工乒乓球联赛和职工篮球联赛，其中篮球联赛获得区县组第二名的优异成绩；与区文化委共同承办武隆区首届运动会等大型赛事活动。

【开展劳动竞赛】 在卫生行业开展“心肺复苏”“护士知识、急诊急救”“卫生应急技能”技能竞赛；在旅游战线开展“旅游服务（前台接待、中餐摆台、中式铺床、中式烹饪）技能竞赛”；在城管局开展“环卫职工劳动技能大赛”；在公安战线开展“做游客保护神，迎党的十九大”警务技能展示活动；组织职工参与重庆市第一届中小学青年教师教学竞赛、渝东南教师技能暨武陵山区教师技能邀请赛、渝东南餐饮技能大赛等竞赛活动；承办并参与第二届建设行业技能大赛第六片区赛；加强“五小”活动的组织引导，深化劳模创新工作室工作。区总工会荣获渝东南片区餐饮技能大赛优秀组织奖。区职教中心教师吴腾飞荣获渝东南片区餐饮技能大赛中式烹饪项目二等奖、武隆汤聚城食府职工方安其、区职教中心教师冉明亮荣获渝东南片区餐饮技能大赛中式烹饪项目三等奖。隆鑫琥珀酒店职工韦惟、长松国际大酒店职工毛倖连分获渝东南片区餐饮技能大赛餐厅服务项目一等奖、三等奖。长坝镇中心校教师李雪琳荣获渝东南片区教师技能大赛小学组三等奖。区总工会职工游四海、区第二

12月7日，总工会举办“喜庆十九大 共筑中国梦”美术书法摄影展 （区总工会 供图）

10月26日，重庆市武隆区旅游服务技能竞赛举行 （区总工会 供图）

实验小学教师张勤英荣获重庆市2017年度区域性劳动竞赛先进个人。

【基层组织规范化建设】 完成全区26个乡镇总工会换届选举和新版法人资格证书的更换工作，完成96个区级部门和企业工会的新版法人资格证书更换。将“互联网+”运用到基层工会建设中，深入开展“新领域建会集中行动”和“农民工入会集中行动”，在新经济组织和非公经济组织中新建工会组织55家，新增会员2672人。开展会员实名制登记工作覆盖基层工会组织147个，登记实名制会员31299人。

评选市模范职工之家1家（重庆市武隆区财政局机关工会委员会），评选市模范职工小家2家〔重庆穗通新能源汽车有限公司工会委员会后勤工会小组、重庆市武隆区工业发展（集团）有限公司综合部〕，打造基层工会改革示范单位1家（重庆穗通新能源汽车有限公司工会委员会）。

创建市级职工书屋12家〔重庆市武隆区市政园林管理局工会委员会、重庆市武隆区凤来乡总工会、重庆市武隆区浩口仡佬族乡总工会、重庆市武隆区交通委员会工会委员会、重庆市武隆区民政局工会委员会、中共重庆市武隆区委办公室工会委员会、重庆市武隆区审计局工会委员、重庆市武隆区仙女山新区开发有限公司工会委员、重庆市武隆区档案局工会委员会、重庆市武隆区文复苗族土家乡中心小学校、重庆市武隆区大溪河电力有限责任公司工会委员会、重庆市武隆区城乡发展（集团）有限公司工会委员会〕。在区行政服务中心、巷口镇中山社区、区工业园区管委会等建成爱心妈咪小屋3个。在区行政服务中心、工业园区、重庆市穗通新能源汽车制造有限公司打造群团服务示范点3个。全区26个乡镇依托公共服务中心设立群团服务站（窗口）；全区210个行政村和社区均依托便民服务中心设立群团服务点。

区人民医院夏红荣获重庆市卫计委、市委宣传部、市文明办联合开展的重庆市首届最美医务工作者；区不动产登记中心荣获重庆五一巾帼标兵岗，区电商运营服务有限公司工会女职工委员会荣获重庆市先进女职工组织，区鑫凤鸽子养殖专业合作社理事长谢莉苹荣获全国五一巾帼标兵，区水淼生态农业发展有限公司樊霞荣获重庆五一巾帼标兵，区江北幼儿园李亚华荣获重庆市女职工之友。

【劳模评选与服务】 推荐先进模范人物参加重庆市第五届劳动模范（先进工作者）评选活动。荣获重庆市第五届劳动模范（先进工作者）荣誉称号4名：区公安局刑事侦查大队侵财中队中队长徐鑫、区电商运营服务有限公司总经理陈明亿、区鑫凤鸽子养殖专业合作社理事长谢莉苹、区喀斯特旅游（集团）有限公司职工杨金鱼。

开展重庆市武隆区第二届劳动模范（先进工作者）评选表彰活动，评选表彰20名区级劳动模范（先进工作者）。其中劳动模范13名：武隆区环境卫生管理所环卫工人冯意成，武隆喀斯特旅游（集团）有限公司仙女山片区经营管理部执勤组执勤员曹朋，武隆区城乡发展（集团）有限公司董事、总经理张春玉，重庆穗通新能源汽车制造有限公司生产部副部长邱光华，武隆区周氏豪猪养殖专业合作社理事长周小英，武隆区水淼生态农业发展公司副总经理樊霞，武隆区文复乡西山村甜柿技术员李树群，武隆区羊角镇朝阳村支部书记谢怀庆，武隆区示范幼儿园园长、幼儿园一级教师熊小菱，武隆区人民医院外一科主任、副主任医师陈曦，武隆区动物卫生监督所所长、高级兽医师任远志，武隆区水务局建设管理科科长、水工工程师王丽华，武隆区巷口镇农服中心主任、农艺师谭海燕。先进工作者7名：武隆区司法局办公室主任、桐梓镇繁荣村第一书记李贵，武隆区人力社保局办公室主任、庙垭乡双桥村第一书记徐波，武隆区交委副主任谢锋，武隆区扶贫信息中心主任邓达平，武隆区羊角镇党委书记杨涌，武隆区地税局仙女山税务所所长易贵阳，武隆区土坎镇政府主任科员潘建华。

12 月 18 日，武隆区举行第二劳动模范和先进工作者表彰大会　（区总工会　供图）

区工业发展（集团）公司融资部荣获全国工人先锋号；区职教中心实作处荣获重庆市工人先锋号；隆鑫琥珀酒店职工韦惟、长松国际大酒店职工毛俸连荣获重庆市五一劳动奖章。积极推荐全国劳模申建忠劳模工作室申报重庆市劳模创新示范工作室。

【切实抓好劳动保护】 组织全区 74 家企事业单位参加“安康杯”竞赛活动。组织开展“送清凉”“送温暖”等活动，看望慰问一线环卫工人、重点在建项目建筑工地的农民工和高温作业企业的一线职工，送去慰问物资 10 万元。《武隆旅游安全》文艺节目荣获重庆市总工会、重庆市安监局、团市委联合举办的重庆市第四届“安全伴我行”岗位安全文艺创作比赛三等奖。积极组织企业职工参加全国职工公共安全卫生应急避险知识普及竞赛，2000 人参与答题。

重庆穗通新能源汽车制造有限公司荣获安康工程竞赛优胜企业；重庆大唐国际武隆水电开发有限公司运行班组荣获安康工程竞赛优胜班组；区总工会荣获安康工程竞赛优秀组织单位；区总工会游四海荣获安康工程竞赛先进个人。

【民主管理工作】 聘请 3 名专职工资集体协商指导员，聘用乡镇兼职工资集体协商指导员 26 名，开展《重庆市集体合同条例》集中宣传月活动，发放宣传资料 1500 余册，发放培训手册 5000 余册，利用安全活动月、指导员在行动、工会干部业务培训、集中要约行动等宣传培训活动 7 场次，参与人次达到 5000 余人。全区国有企业实行厂务公开建制率达 100%，规模以上非公有制企业合同建制动态率达 93.5%，企业职代会、厂务公开建制率保持在 89% 以上，事业单位建制率达 98.5%，建立职代会制度和职工代表大会制度覆盖率达到 100%。将劳动保护、安全卫生、职工民主权利、女职工权利特殊保护作为集体协商的重点内容，推进企业工资集体协商，逐步规范协商程序，提升协商质量，增强履约实效，促进劳资双方互利共赢，构建和谐劳动关系，促进经济健康发展。

【依法维护职工权益】 贯彻落实《新时期产业工人队伍建设改革方案》。深化厂务公开民主管理工作，推行职代会报告制度，加强对企事业单位职代会的指导监督，规范程序，落实职权，提高质量，维护职工的知情权、参与权、表达权和监督权。参与以渝东南为主的武陵山区（渝湘鄂黔）三省一市农民工维权协作体系。深入开展“千名律师进企业，服务职工在基层”活动，全区共聘请志愿律师 6 名，分 6 片辐射全区 26 个乡镇，全年开展“春风送法律”、“法律大讲堂”、“七五”普法等活动，受众人数全年累计达到 3000 人次以上，参与综合治理宣传月、禁毒宣传、“12·4”宪法宣传等宣传活动。6 名志愿律师全年共办理援助案件 20 件。建立健全欠薪报告制度及劳动关系预防预警制度。配合开展农民工工资支付清欠工作、参与安全事故调查处理和职业病防治联合督查，及时有效化解劳动关系矛盾纠纷。区畅安交通开发（集团）有限公司和重庆穗通新能源汽车制造有限公司荣获重庆市厂务公开民主管理示范单位。区畅安交通开发（集团）有限公司和重庆大唐国际武隆水电开发有限公司荣获“民主管理大家谈”活动优秀成果奖。

【开展惠工服务】 2017年，互助保障入会单位114个，其中，新参加30个单位。6471人参加，入会费121.38万元。理赔218人次，报销理赔金22.58万元；对全区40名困难互助会会员开展慰问活动，送去慰问金4万元；4人领取互助互济金，0.8万元；发放“惠工卡”2452张，办理三项惠工增值服务，有效利用职工互动活动平台开展互动服务。

（区总工会）

共青团武隆区委

【概况】 2017年，全区14～28周岁青年76433人，团员1.3万人，团区委下辖团（工）委43个，其中乡镇26个、区属（机关）企事业单位（系统、行业）团（工）委6个、学校团委11个；团（总）支部589个，其中，205个村（社区）团支部，309个中学团支部，65个县级机关企事业单位团支部，10个非公企业和社会组织团支部。

团区委机关在编干部3人，挂兼职副书记各2人，临聘驾驶员1人；下属的青少年活动中心编制5人，在编人员4人。团区委专挂兼职干部均为本科以上学历。

2017年，团区委以习近平新时代中国特色社会主义思想为指导，以喜迎和践行中共十九大为工作主线，认真落实全面从严治党责任，持续纵深推进共青团改革，在思想引导、服务大局、服务青年、从严治团方面作出新努力。全年组织开展服务活动60场次，受到市级以上主流媒体宣传报道35条次，获得区级以上表彰奖励9项。

【共青团武隆区委第十六届二次全委会】 2017年10月31日召开，全会应到委员21名，实到委员17名，符合选举的法定人数。大会选举陈正炉为共青团重庆市武隆区第十六届委员会副书记（主持工作），选举陈敏为共青团重庆市武隆区第十六届委员会副书记，选举刘胜、李军为共青团重庆市武隆区第十六届委员会挂职副书记，选举张利、王雪为共青团重庆市武隆区第十六届委员会兼职副书记。

【青少年活动】 2017年，区青少年活动中心持续对外开放，拥有舞蹈室、武术室、钢琴室、乒乓球室、多功能室、图书室、书法室等十余个

2017年6月，农村留守儿童红色川外行　（陈光　摄）

2017年8月，仙女山“度假课堂”结业汇报展演

（李军　摄）

功能室。5月，市校外联配备的60余万元的娱乐设备投入使用。2017年，该活动中心分“三期”共开设武术等特色培训项目10个，36个教学班，培训学员487人，同比增长160.43%。开展校外教育公益活动5期，分别是重庆欢乐海底世界活动、重庆九龙坡消防基地军事体验活动、重庆华生园梦幻城堡参观体验活动、凤来参观体验活动和火炉镇农耕体验活动。开展“五小龙成长体验营”2期，分别是重庆铁山坪、方特科幻公园参观体验活动，鸭江镇参观体验活动，受益青少年496人。组织参加军事夏令营活动2期，受益青少年23人。举办“我的功夫梦”武术会演，承接实验二小“年度之星”参观体验活动。联合市少年宫到后坪开展“情暖童心·流动少年宫”关爱留守儿童行动，惠及学生120余名。举办首届青少年才艺大赛，吸引200多名青少年参与。举办青少年“七一”二胡音乐会、青少年书画文大赛等活动。荣获重庆市“红领巾之声”活动优秀组织奖。

2017年11月，青春践行十九大·不忘初心跟党走（青青读书会）（高能　摄）

2017年12月，武隆区中学优秀团员（团干）研学旅行（刘能　摄）

【青少年权益维护】 2017年，创建市级“青少年维权岗”2个，国家级“青少年维权岗”1个。积极开展青少年普法宣传，预防青少年违法犯罪。加大困难青少年帮扶，开展“冬日阳光·温暖你我”行动，帮助700名留守儿童实现新年心愿。支持和指导区真善美公益协会为病危的白血病女孩策划开展婚礼活动，网络直播达到124万人在线观看，被央视新闻频道《新闻直播间》报道，筹集医疗款11.4万元。

【青年创新创业】 2017年，团区委积极争取区商务局等部门支持，举办第二届青年电商创新创业训练营，培训学员106人。开展武隆青年电商“最美网货”“最美网店”“十佳青年电商创业项目”评选，发放奖补资金5.5万元。实施青年电商导师帮扶计划，开展交流问诊活动3场次。举行青年电商创业故事分享会1期，开展“青锋计划”配套活动5期。联合区烟办实施“大学生烟草创业园”项目。组建重庆市青年创新创业促进会武隆分会。荣获第四届“创青春”中国青年创新创业大赛（重庆地区）优秀组织奖。推荐电商训练营学员陈镇参加重庆市首届青年电商创新创业大赛，荣获项目组决赛一等奖。

【青青汇品牌】 2017年，团区委按照“团区委+青年带头人+青年组织”的模式，面向广大青年按需普惠开展单身青年联谊会、青青读书会、青青健身会（统称“青青汇”）活动，为全区经济社会发展广泛凝聚青春力量。2017年5月举办青年户外拓展联谊活动，6月举办“相约桃花山”单身青年联谊会、青年志愿者徒步天生三桥活动。7—8月在仙女镇开展青青健身汇·快闪巡演15场次、青青健身汇·晚间广场舞、青青健身汇·晨练。12月举行工业园区单身青年联谊会、芙蓉蜜柚采摘交友活动。通过新媒体常态化推出“青青读书会”活动。

【青春志愿行服务品牌】 2017年，团区委以志愿服务旅游、志愿环保、志愿献爱心、志愿帮扶等为重点，以定期培训模式和建立激励机制为保障，组建“旅游志愿服务队”“爱心大使服务队”“绿色环保服务队”“文明传递服务队”等志愿服务队，引领青年奉献社会，服务他人，成长自己。青年志愿者人才项目被评为区级优秀人才项目。

萤火虫旅游志愿服务。建立十九支旅游志愿服务分队，共有旅游志愿者470人。争取区旅发委等单位支持，在火车站、游客接待中心等地设置萤火虫旅游志愿服务站6个，五一至国庆的所有周末和节假日，每个站点派2至4名志愿者为游客提供咨询等服务，累计服务15万人、解决困难75起。暑期组织20人的青年志愿服务队在仙女山度假区集中开展为期40天的志愿服务，开设“度假课堂”免费培训儿童3000余人次，开展中老年健身服务活动60场次，制发便民服务卡2000张。为提升服务质量，助力武隆区旅游产业发展，对“萤火虫旅游志愿服务站”志愿者坚持每周一次培训，对喀斯特公司青年员工举办一期英语口语专题培训；举办第二届仙女山二胡大师班夏令营活动，邀请二胡名家作导师，吸引市内外青年40人参与，成功在仙女山度假区举行师生二胡音乐会。组建区爱心大使志愿服务队，为区真善美公益协会提供场地支持。组建“绿色环保服务队”，策划开展“做文明市民·迎旅游高峰”“河小青·芙蓉江巡河”“生态环保进乡村”等志愿服务活动。“萤火虫旅游志愿服务站”被评为“全市最美志愿服务站”，该项目获重庆市首届志愿服务项目大赛银奖。

关爱留守儿童志愿服务活动。实施“三个一心灵关爱”留守儿童项目。累计组织178名大学生志愿者“一对一”常态化辅导178名留守儿童，开展每周一次的电话关怀8900余次，每月一次的作文撰写和批改2000余篇，每季度一次的集体生日会5期，该项目荣获重庆市首届志愿服务项目大赛铜奖。同时举办了“农村留守儿童红色川外行”和“情系山区儿童·欢度六一佳节”活动。

青年之家·城乡社区市民学校。组织40余名大学生开展“大学生青春成长助力扶贫——七彩假期”项目，招募大学生志愿者到各乡镇开办市民学校，给留守儿童开展作业辅导、手工制作、兴趣课堂等志愿服务活动。城区市民学校免费开设四点半课堂项目。同时，定期策划实施市民学校集体生日会、亲子趣味活动、公益讲座、传统节日活动等，深受市民好评。白马镇铁佛寺社区市民学校、白马镇六方坪社区市民学校、巷口镇中山社区市民学校、后坪乡文凤村社区市民学校成功创建为“青年之家·城乡社区市民学校”市级示范点。

大学生三下乡实践。在仙女山度假区设立“大学生三下乡社会实践武隆营地”，对接18个市内外高校“三下乡”团队360人到武隆开展志愿服务80余场次。

志愿服务激励机制。力求把青年志愿服务打造成既服务青少年又培养青少年的实践平台，加强志愿者培训，全年举办各类志愿者培训4期，探索建立志愿服务激励机制，设立青年志愿者影院，在全市率先推动实现面向“服务满两年且有一年考核优秀的西部计划志愿者”进行定向招聘，受到团中央“西部志愿汇”报道，被评为“全国优秀西部计划项目办”。

【志愿者助力扶贫】 围绕“冬日阳光·温暖你我”活动，帮助480名留守儿童实现新年心愿，招募志愿者对178名留守儿童“一对一”实施“三个一”心灵关怀（每周一次电话、每月一次作文批阅、每季度一次集体生日会）。开展“阳光未来·助力扶贫”行动，招募31名大学生到15个乡镇开展为期45天的暑期志愿服务。组建2个“山茶花”扶贫志愿者到村工作组，各派驻3名大学生志愿者到后坪乡、浩口乡服务，争取团市委为后坪乡投入扶贫资金10万元。实施助学扶贫行动，筹集31.4万元资助贫困大学新生54名，争取“希望工程”资金40万元实施沧沟乡大水小学改造，协调“新华基金”捐赠10万元资助后坪乡鱼子小学贫困学生，组织380名留守或困难儿童到重庆主城等地开展校外教育体验活动6期。

【共青团网络新媒体】 2017年，团区委以微信公众号运用为重点，及时跟进做好单位各项重点工作或活动的动员和宣传，“武隆共青团”微信公众号粉丝量达11.8万，全年共编发微文462条，总阅读量65万，其中开展时事政治宣传72条、美丽武隆宣传85条、共青团工作宣传120条。同步推进微博、网站、今日头条号等“网上共青团”平台建设，建立网上团支部649个，依托网上团支部对党的政策和团的日常动态信息做到常态化转发宣传，加强与区内新媒体平台和上级团组织宣传平台对接。

（团区委）

妇女联合会

【概况】 2017年3月，设置重庆市武隆区妇女联合会，是区委领导的群众团体组织。机关内设综合部、维权部2个机构。在编干部4人，挂职副主席1人，兼职副主席2人；工勤人员1人；下属妇女儿童活动中心核定编制4人，在编人员3人。

2017年，区妇联以习近平新时代中国特色社会主义思想和中共十九大精神为指导，以深化改革统揽工作全局，以家庭为主阵地，以加强妇女思想引领为抓手，进一步增强妇联组织的政治性、先进性和群众性，促进全区妇女儿童事业的全面发展。2017年，全区已建乡镇妇联26个，村（社区）妇联210个；区级机关事业单位妇委会（妇女小组）67个，妇工委4个。

【妇女思想引领】 区妇联坚持把学习宣传贯彻习近平新时代中国特色社会主义思想和中共十九大精神作为重要政治任务，更好的引领广大妇女群众听党话跟党走。加强组织领导，切实用会议精神统一思想行动。创建各级妇联干部QQ工作群和微信工作群。各级妇联开展“巾帼心向党·喜迎十九大”“巾帼心向党·建功新时代”“百千万巾帼大宣讲”活动。组织各级妇联干部、妇联执委、先进妇女典型“人人争当宣讲员”，深入广大妇女群众中开展宣讲活动，集中力量宣讲党的十九大精神，营造浓厚的学习氛围。创新妇女典型培育和评选表彰工作机制，全年共征集评选出2017年度重庆市三八红旗手2名、武隆区“三八红旗手”10名、“三八红旗集体”5个，提升优秀妇女典型示范带动效果。联合区电视台、报社开展“优秀女性先进事迹”宣传活动，引导广大女性在实现“中国梦”中筑牢理想信念。

【女性创新创业】 持续深化“三大行动”，助推全区经济社会发展。深化巾帼建功行动，激发岗位建功热情。以巾帼建功活动开展20周年为契机，开展武隆区巾帼文明岗、巾帼建功标兵系列评选活动。组织区交警队、妇幼保健院等窗口行业巾帼志愿者开展技能比拼、为民服务、扶贫帮困等系列活动，服务女民工300余人，开展帮扶活动30余次，全面展示“巾帼文明岗”在服务妇女、服务发展中的示范带动作用。2017年4月，武隆喀斯特旅游（集团）有限公司导游服务部荣获“全国巾帼文明岗”荣誉称号、武隆县鑫凤鸽子养殖专业合作社理事长谢莉苹荣获“全国巾帼建功标兵”荣誉称号；9月，区人民医院内三科、区国税局办税服务厅荣获“重庆市巾帼文明岗”荣誉称号，区国家税务局甘小梅被评为“重庆市十佳巾帼建功标兵”，区江北幼儿园童敏被评为“重庆市巾帼建功标兵”。深化巾帼兴业行动，引导妇女创业就业。进一步加强妇女创业就业平台建设，着力打造“山城网姐”“巾帼电商”“助推乡村旅游·打造美丽赵家”“家政服务”等项目，深化开展妇女创业担保贷款工作，推动妇女创业发展。深化巾帼促农行动。加大新型女农民培育力度，广泛整合资源，大力开展农业政策、实用技术、电子商务等示范性培训，提升农村女性能力素质。充分发挥巾帼产业示范点、市级巾帼农民合作社示范社、巾帼家庭农场示范点以及巾帼微企创业先锋的示范带动作用，助推全区脱贫验收顺利完成。

【家庭文明建设】 结合全区公序良俗建设工作，常态化推进寻找“最美家庭”活动，全年推出各类区级“最美家庭”先进典型84户。其中，吴小燕家庭被评为2017年全国“最美家庭”，冉显文、刘建福、汪德梅、王成华家庭被评为2017年重庆市“最美家庭”。全年评选“平安家庭”示范户99户，“平安家庭”示范村（社区）23个。联合区教委做好《重庆市家庭教育促进条例》贯彻实施工作，形成家庭、学校、社会的三位一体的教育格局。利用全区家庭教育指导服务站、家长学校和村（社区）“妇女之家”活动阵地，开展家庭教育指导服务300余场，开展家庭亲子活动20场。组织开展“家风润万家”主题宣传月活动，大力弘扬良好家风，以好的家风支撑起好的社会风气。

【妇女儿童权益维护】 积极发挥12338维权服务热线服务功能，调处妇女儿童家庭纠纷案件60余起，调解率达100%。强化部门合作，联合区法院、区司法局启动“反家庭暴力法”宣传活动，向广大群众发放宣传资料1万余份，开展现场知识解答20余起。以“建设法治中国·巾帼在行动——维权服务进社区·进家庭·到身边”为主题，开展2017年三八维权宣传、“送法三进”和“守护花季”活动50余场，发放各类宣传资料10万余份。组建武隆区婚姻家庭纠纷调解委员会，将妇联干部、律师和社区调解员纳入家庭纠纷调解队伍，建立专家库，调解疑难纠纷，促进家庭矛盾纠纷多元化解决，切实将维权服务送到广大妇女和家庭身边。深入推进妇女信访代理工作，创建律师、心理专家、妇联工作者“三位一体”的妇女信访接待工作机制，为广大妇女儿童提供全方位维权服务。

【关爱贫困妇女儿童】 持续开展“情暖童心·相伴成长”关爱困境儿童服务项目。为全区300余名困境儿童、爱心妈妈和妇联干部开展心理团辅，常态化、长效化开展“六个一”关爱服务。举办困境儿童爱心烘焙亲子活动和巾帼爱心赶场天活动，拉近孩子与母亲或爱心妈妈之间的亲子关系。动员更多社会力量加入到关爱困境儿童队伍当中，让困境儿童亲情有依、生活有护、困难有帮、成长有助。深化留守妇女互助组服务品牌，积极组织农村留守妇女互助组组长参加市、区各类培训，提升个人素养，当好“领头人”。联合卫计委对全区35～64岁农村育龄妇女实施两癌免费筛查和患癌妇女救助申报工作，全年共救助“两癌”患病妇女17人，实现建卡低保户全覆盖。联合区人力社保局开展“春风送岗位”宣传活动，宣传妇女小额担保贷款政策，帮助有创业意愿的贫困妇女贷款，为更多贫困妇女脱贫创业提供资金支持。有序推进

"春蕾圆梦"行动，全年共救助贫困家庭女高中生21名，女大学生6名，共发放助学金4.5万元。利用重大节假日，开展贫困妇女儿童走访慰问活动，全年共慰问贫困妇女儿童700余名，慰问物资8万余元。各级妇联组织积极行动，组织200余名巾帼志愿者开展巾帼志愿关爱服务活动30余场次，营造关心、关爱贫困妇女儿童的良好社会氛围。

【主题活动】 开展"美丽乡村·美丽家园·美好生活——巾帼在行动"助推脱贫攻坚主题活动（简称"三美活动"）。活动紧紧围绕"家庭"做文章，号召全区广大妇女助推脱贫攻坚，以推动农村环境综合整治为重点，通过开展文明素质提升、家庭承诺、巾帼志愿服务、岗村牵手对接和典型示范引领等五大行动，在广大妇女、家庭中开展农村环境、家庭卫生整治活动，从而倡导文明、健康、绿色生活方式，创建清洁优美家园，建设生态宜居环境。开展家庭环境卫生综合整治现场培训20余场，在全区发放宣传资料5万余份，签订家庭承诺目标责任书1万余份。

9月29日，"助推乡村旅游·打造美丽赵家——旅游服务技能达人大赛"现场　（区妇联　供图）

3月3日，全区"巾帼心向党 喜迎十九大"女性风采展示活动举行　（区妇联　供图）

开展"助推乡村旅游·打造美丽赵家"活动。联合区旅游局、赵家乡人民政府开展"助推乡村旅游·打造美丽赵家"活动。活动以家庭为单位开展，充分发挥家庭在经济发展中主力军作用，通过集中培训、现场教学、评比表彰等方式，开展家庭美德、文明礼仪、环境卫生、旅游服务技能、法律知识等方面培训，评比出文明旅游巾帼示范家庭、绿色环保家庭、和谐家庭、技能达人等各类先进典型。

【区妇联十届五次执委（扩大）会议】 于2017年8月24日在区委老干部局一楼会议室召开。大会应到执委31名，实到25名，符合选举规定人数。通过无记名投票方式，选举产生重庆市武隆区妇女联合会第十届增替补执委3名，增补常务委员1名，增补后，区妇联第十届执委共计34名。按照武隆撤县设区工作实际和章规要求，选举冉忠萍为区妇联第十届主席，栾丹丹为副主席，苏浩鹏为挂职副主席，周小英、冉露为兼职副主席。

（区妇联）

科学技术协会

【概况】 区科协位于武隆区芙蓉街道芙蓉中路9号，核定区科协机关行政编制4名，其中主席1名，副主席3名；设2个内设机构为办公室和科技普及科，内设机构领导职数2名。机关后勤服务人员事业编制2名。下属事业单位1个，即武隆区反邪教协会办公室，核定事业编制4名。实有在职职工13人，退休职工6人。

2017年，区科协荣获2017年度全市科协工作考核二等奖。

【区科协五届三次全委会】 2017年11月29日在区政府二楼二会议室召开，会议应出席委员58人，实到委员42人。增补谭中华、张川、甘立志为区科协第五届委员会委员、常务委员。增补后应出席委员61名，实到44名。选举景刚为区科协主席，谭中华、张川、甘立志为区科协副主席；选举景刚、刘芳、何雪燕、陈润林、余云波为市科协第五次代表大会代表；选举景刚为市科协第五届委员会委员候选人。

【青少年科技教育】 开展“科普大篷车”进校园活动10余场次，土地、接龙、后坪等边远山区学校5000余名师生体验科技展品的魅力；组织5名优秀学生参加高校科学营活动；组织开展一期中小学科技辅导员培训；支持区实验二小5万元完善“校园科技馆”。在第32届重庆市青少年科技创新大赛中，获创造发明项目二等奖1个、三等奖2个；科教方案项目三等奖2个；科教制作项目二等奖1个、三等奖2个；论文项目三等奖1个；科幻绘画项目三等奖4个。在第十七届中国青少年机器人竞赛重庆赛区选拔赛，FLL机器人挑战赛项目获二等奖2个、三等奖1个；创客项目获三等奖1个；孤胆英雄项目一等奖1个、二等奖1个；机器人综合技能比赛项目获三等奖2个。区政府恢复设立武隆区青少年科技创新区长奖，出台《武隆区青少年科技创新区长奖评选办法》（以下简称《办法》）。规定武隆区青少年科技创新区长奖每年度表彰一次。2017年12月18日，全区第一届青少年科技创新区长奖在区政府二楼一会议室举行，区委副书记、区长卢红为青少年科技创新区长奖获得者颁发荣誉证书，并授予奖金；区长奖提名奖由其他参会的区领导颁发荣誉证书和奖金。

5月26日，区委副书记王频（右二）在全国科技工作者日期间到实验二小调研　（区科协　供图）

【科普创新】 在全国科普日宣传活动期间，接受现场咨询500余人次，发放宣传资料10000余份。全年共开展科普宣传活动20场次，反邪教宣传8场次，6万余人受益。命名白马镇山鹤葡萄种植科普示范基地、白云乡高山特色果品科普示范基地、火炉镇徐家塘猕猴桃科普示范基地等38个基地为区级科普示范基地。表彰重庆市武隆区农村专业技术协会联合会、重庆市武隆区白马镇种鸽养殖技术协会、武隆区凤羽黑（奋奋鸡）养殖专业技术协会等8个单位为2015～2016年度科普工作先进集体。巷口镇复兴社区获市级科普示范社区称号，获社区科普益民计划奖补资金5万元。白马镇种鸽专业技术协会申报国家级基层科普行动计划项目，获奖补资金20万元。成立武隆区农村专业技术协会联合会，选举产生会长、副会长，其业务由区科协指导；区民政局《关于重庆市武隆区农村专业技术协会联合会成立登记的批复》（武隆民政发〔2017〕55号）文件，批复同意农村专业技术协会联合会成立登记。与电视台、报社等签订新闻媒体科普宣传联办协议，与迅众传媒合作，开办户外LED显示屏开展科普宣传，在科技工作者日、全国科普日、中国科协会员日等重点时节，开展科普宣传。为各乡镇、协会、基地、学校等基层单位订阅科普网络书屋。为芙蓉街道办事处、仙女山镇、白马镇、江口镇、平桥镇、火炉镇、鸭江镇、土坎镇、和顺镇、双河镇、黄莺乡、石桥乡，芙蓉中路社区、西路社区社区，后坪乡中岭村、文凤村、高坪村、白石村、双联村、白鹤村，区职教中心、武隆中学、实验中学、实验小学、实验二小、文复乡小学安装“科普文化重庆云”各1个。

（区科协）

工商业联合会

【概况】 2017年3月，设置重庆市武隆区工商业联合会（简称区工商联），同时设立“重庆市武隆区总商会”，按社团组织进行注册登记管理，实行“两块牌子、一套班子”工作机制。区工商联是中共重庆武隆区委领导的以非公有制企业和非公有制经济人士为主体，具有统战性、经济性有机统一基本特征的人民团体和商会组织，是区委、区政府联系非公有制经济人士的桥梁纽带，是区政府管理和服务非公有制经济的助手，是中国人民政治协商会议重庆市武隆区委员会的重要组成部分，是区委统一战线工作和经济工作的重要内容。区工商联办公点位于武隆区芙蓉街道芙蓉中路9号2幢6楼。内设机构1室1部（即：办公室、会员经济部），下辖事业单位非公有制经济维权服务中心。行政编制数5名，机关后勤编制1名，事业编制2名。现有职工10人。

【组织建设】 全区17个基层商会完成换届工作，选举产生有活力、有担当、有奉献的班子。新成立后坪商会、农业（行业）商会和武隆（驻）重庆商会。2017年，全区共有基层商会18个、行业商协会7个、其他1个，共26个。共有会员1684名，会员中担任县工商联（总商会）副主席、副会长职务的25名，执委81名。会员中全国党代表1名，人大代表17名，政协委员22名。新组建青年商会党支部、农业商会党支部，规范建材商会党支部、江南商会党支部、白马商会党支部活动。商会党建工作在商会发展中的引领作用得到充分发挥，江南商会在全市十佳基层商会评选活动中，以48967票评为“重庆十佳基层商会”。

【促进非公经济人士健康成长】 2017年，区工商联通过组织非公经济代表人士集中收看党的十九大开幕式、召开主席办公会、执委会、讨论会、座谈会、写心得体会和开展宣讲活动等多形式、多渠道引领广大非公经济人士学习中共十九大精神，深刻领会把握思想精髓、核心要义、丰富内涵，用习近平新时代中国特色社会主义思想武装头脑。组织青年商会会员开展结对原工商业者活动，引导年轻一代继承发扬老一代企业家的创业精神和听党话、跟党走的光荣传统。组织青年商会会员到延安大学培训，接受革命传统教育，拓宽思路，历练作风。

【促进非公经济健康发展】 发挥助手作用，助推非公经济健康发展是区工商联的职责。积极为民营经济发展营造宽松环境，助推武隆区“涉企35条”政策出台，并通过深入企业调研、召开座谈会、电话询问等形式，促使政策落地，全年为企业减轻负担近2500万元。组织55名非公经济人士赴中山大学学习，组织34名青年商会会员到延安参加革命传统教育，组织部分基层商会会长和非公经济代表28名到浙江、广东学习；邀请重庆西南大学、工商大学、三峡学院的专家、学者赴武隆与非公经济人士座谈，搭建校企合作平台，解决企业发展中遇到的管理、技术等方面难题。定期召开联席会议4次，归纳阻碍企业发展五类问题，并形成报告，提出解决措施，得到区长批示。

【调查研究与参政议政】 2017年，区工商联深入企业调研9次，走访企业41家，收集问题36个。参与完成《推进农业供给侧改革中涉农民企创新发展研究》。邀请区人大、区政协领导为工商联界别人大代表、政协委员撰写议案提案培训活动，组织工商联界别人大代表、政协委员到丰都、涪陵交流学习，组织工商联界别人大代表、政协委员深入企业、园区调研和乡镇调研等活动，提高参政议政水平。全年提交议案6篇，提案14篇，被列为重点提案3篇。

【光彩工程】 区工商联以搭建平台和营造氛围为抓手，号召全区民营企业量力而行、尽力而为，参与“民企联村”活动，助推脱贫攻坚。全区共有69家企业，共投资1.96亿元，通过在产业帮扶、项目扶持、商贸扶贫、就业扶贫、智力扶贫、捐赠扶贫等形式，参与到53个贫困村，助推2531户，7693人脱贫。争得市工商联支持，在武隆“情暖武隆、一路有您”扶贫济困募捐晚会上，市工商联在晚会现场举牌，协调资金100万元助推武隆精准扶贫。引导非公经济人士捐款高达670万元。争取重庆民生燃气，向武隆捐赠30万元。引导武隆籍在外创业成功人士情系家乡，心系故土，多次捐款捐物达600余万元。

（区工商联）

残疾人联合会

【概况】 2017年3月，设置重庆市武隆区残疾人联合会（简称区残联），是区属正处级群团部门；有内设部室2个即办公室、权益保障部，有公务员编制3名、机关工勤编制1名，实有工作人员4人。下设正科级事业单位1个即武隆区残疾人综合服务中心，有编制4名，工作人员4人。

实现向上争取到位资金834万元，完成年计划的208.5%，争取20多个康复、扶贫、就业等项目在武实施，获得资金支持783万元，为5860名残疾人提供服务和帮助。获得重庆市残疾人工作目标考核“优秀单位”、残疾人稳定工作“先进单位”、基金会“先进办事处”的荣誉称号。

【组联和信息化工作】 按时完成区、乡残联换届工作。召开重庆市武隆区残疾人联合会第七次代表大会及主席团一次会议，依法选举产生重庆市武隆区残疾人联合会第七届主席团委员，主席团主席、副主席，名誉主席、名誉副主席，执行理事会，出席重庆市残疾人联合会第五次代表大会代表，残疾人专门协会主席、副主席，推举市残联第五届主席团委员候选人；调整充实基层残联组织机构，形成机构健全规范，队伍稳定实干，服务功能完善的残疾人组织网络。全区26个乡镇残联理事长选举到位、210个村居社区全部按要求配备残疾人专职委员。加强助残志愿者队伍组建，积极筹备开展各类助残活动，联合武隆真善美公益协会开展第二十七次全国助残日活动、“携手追梦天使 共度中秋佳节”等活动，进一步拓展青年助残志愿者队伍在日常工作的积极性和参与度，形成上下联动的良好氛围。

【基金会办事处工作】 实施2017年“龙湖年货·温暖万家——雨露助残”农村贫困残疾人种养殖创业扶持项目，帮扶30户残疾人脱贫致富，帮扶资金10.8万元；实施“关爱生命，共享健康”资助癫痫患者治疗救助项目；实施爱尔眼科医院在武隆区的白内障筛查和手术工作；开展“雨露助残——关爱残疾儿童成长”活动，筹集爱心捐赠33万余元。

（区残联）

文学艺术界联合会

【概况】 武隆县文联于2009年3月正式成立，机关驻地在重庆市武隆区凤山街道建设中路111号（区委综合楼六楼）。2017年3月，更名为重庆市武隆区文学艺术界联合会，属于正处级群团组织，编制数5人，领导职数为正职1名，副职1名，职工3名。文联有内设科室2个，分别是办公室和协会联络部。所辖九个协会，分别是武隆区作家协会、音乐家协会、书法家协会、美术家协会、舞蹈家协会、摄影家协会、根艺奇石协会、兰花协会、演讲协会，共有会员459人，其中市级会员83人，国家级会员11人。

【编辑文化书籍】 2017年，区文联编辑《神奇武隆》《寻秘白马山》《火炉风物》三本文化书籍。《神奇武隆》的初稿已形成。此书由文联成立编辑团队奔赴武隆26个乡镇采集文化资源，2016年启动，共耗时一年，经过三校三改，样书已编峻。此书是汇集武隆的地方文化资源，是对武隆历史、民俗、山水、人物、旅游、文艺等资料的系统收集整理，是一本资料全面的工具书。《寻秘白马山》是由白管委与文联联合编撰，是为开发大白马山提供文化指引，先后举办作家笔会、摄影大赛，此书收录白马山的民间故事、景区景点介绍、文化探源、文学作品，并配有精美的图片，由重庆出版集团出版，现已发行。《火炉风物》是火炉镇人民政府与文联联合编撰。将前几次“三潮圣水”“万峰林海”文学笔会的成果汇编成集，此书全部收录国内知名作家写火炉的人文风物的文学作品，具有很强的可读性。

【文艺服务群众】 2017年，区文联为乡镇部门提供文化服务。文联组织作协会员为白马山天尺坪景区撰写导游词，完成精装版和完整版导游词。组织作协会员、书协会员为天坑寨子、天尺坪景区的道路、楼阁命名，并书写楹联牌匾等。组织9个文艺协会依托重大节庆和纪念日，开展送文艺下乡、送春联活动，举办音乐会、专场舞蹈会，书画摄影展、花卉奇石联展等活动。

2017年9月，区文联邀请部分全国著名作家到犀牛寨采风 （区文联 供图）

2017年12月，区文联在人民广场举办“庆十九大，共筑中国梦”书画摄影联展 （区文联 供图）

【文艺人才培训】 2017年，区文联注重队伍建设，加强文艺人才培训。9月，由市文联主办的市级文艺会员培训班在武隆文化委多功能厅举行，邀请专家解读习近平文艺座谈会上的讲话精神，解读十九大精神，组织学习文艺理论，聘请本土专家解读武隆地方文化。10月，区文联邀请市作协到武隆开展文学创作培训，全区作协会员和广大文学爱好者参加培训。举办摄影讲座2次，文学创作2次，音乐讲座2次，舞蹈创作2次，演讲技能培训2次，参训人员达600人次。文联选派文艺骨干到市文联、市宣部培训3次，参训 10 人次。各文艺会员参加周边区县文化交流培训 60 人次。

（区文联）

社会科学界联合会

【概况】 2017 年 3 月，武隆县社会科学界联合会更名为武隆区社会科学届联合会，为区委领导的正处级群众团体组织，核定事业编制 13 名，其中领导职数 3 名；内设机构领导职数 3 名。2017 年底，共有职工 13 人。

2017 年，区社科联在开展社团管理、理论宣讲、学术研究和社科普及等方面取得成效；完成《武隆时政》改版，全年出版 12 期。

【强化理论武装工作】 组织召开社科社团专题学习中共十九大精神，并进行交流讨论；社科联与区委宣传部联合在全区范围内采取定向约稿、广泛征集等方式，开展学习党的十九大精神理论文章征集活动，共征集到理论文章 100 余篇。部分优秀文章在《重庆日报》《当代党员》《公民报》《重庆宣传》等报刊上刊发，营造良好的学习讨论氛围。

【社科学术研究】 2017 年，参与市社科联第五届学术年活动，将“新形势下加强税务干部队伍建设研讨会”“互联网 + 重塑农业生产链”“律师论坛 · 星空法制大讲堂”“生态文明建设与武隆新发展学术沙龙”四项活动纳入市第五届学术年活动之中，其中，“生态文明建设与武隆新发展学术沙龙”申报为市社科联第五届学术年活动资助项目；承接市级社科课题，按照市宣部、市社科规划办关于组织开展 2017 年度市社科规划重大项目申报工作有关要求，上报的《扎实贯彻新发展理念，推动经济社会持续健康发展——城乡一体化与城乡关系调查》课题获得立项，课题组人员开展课题内容调研及组稿工作。

【社团管理】 2017 年 9 月，对全区十余个社科类社团开展走访调研，对各级学会、协会的组织形式、会员结构、运作方式及开展活动情况进行进一步了解，掌握第一手社科资源；拟定《支持社科类社团开展活动项目管理暂行办法》，对区级社科类社团开展的学术研讨、决策咨询、社科普及等项目进行奖励性资助。

【组织社科普及工作】 2017 年，联合区科协、区科委、区妇联、区教委、区人社局等部门，开展社科普及系列活动：继续开展科普大篷车进校园活动，先后深入桐梓、接龙、土地等边远山区乡镇开展科普体验，将科学知识传播进社区和校园；开展全国科普日活动，开展以“创新驱动发展 科学破除愚昧”为主题的宣传活动；开展送科普助脱贫特色宣传活动，围绕“破除陈规陋习　倡导健康生活”“树立良好习惯　预防疾病传播”“加强子女教育　提升科学素养”“融入智能生活　紧跟时代步伐”“提高防范意识　远离邪教危害”五个方面进行，为全区促脱贫、迎国检营造讲科学、爱卫生的浓厚氛围；结合“12·4”全国法制宣传日，与市律师协会武隆分会一起开展法律大讲堂、普法宣传、法律援助等一系列社科普及活动。

【《武隆时政》改版】 5 月，邀请区内文化界专家学者召开改版研讨会，从版面、纸张、色彩、版式编排、版块内容等方面进行研究，确定改版内容。全年出版《武隆时政》12 期。

【区社科联第一届委员会第一次常委会】 于 6 月 8 日在区委宣传部会议室召开。按照章程规定，会议选举吴沛为区社科联第一届主席，杨雨、皮秀琴当选为区社科联第一届副主席。

（区社科联）

红十字会

【概况】 2017年3月，设置重庆市武隆区红十字会，是区委领导的群众团体组织。核定人员编制5名，其中领导职数2名（设常务副会长1名，副会长1名。会长由区政府分管副区长兼任），内设一科一室为办公室、赈济科，工作地点在人大办公楼7楼。

2017年，区红十字会开展宣传动员工作，广泛募集救助资金，持续开展扶贫帮困和助学活动，充分发挥党委政府人道领域的助手作用，各项工作取得突破性进展。

【筹资募捐能力建设】 全年共募捐筹资帮扶资金（物）68万元。全年共发放各类帮扶救助资金（物）142万元。元旦春节前开展“博爱送万家”活动，筹集资金（物）15万元，看望慰问困难群众500余人次；开展“博爱助学”活动，全年募集资金（物）33.5万元，其中12.5万元用于资助63名贫困学生上学，募集21万元资金为仙女山镇小学等6所小学购买图书和体育用品等；开展“博爱助困”活动，募集资金15万元，救助困难群众50余人次；开展“博爱助医”活动，争取市红十字基金会疾病应急救助资金和儿童大病救助资金以及遗体器官捐赠办救助金的支持，募集资金23.5万元，让3名病人和3个家庭得到及时救治和救护。2017年协调民生燃气公司等3家爱心企业捐赠资金50万元，定向用于白马镇、凤来乡、接龙乡的脱贫攻坚工作。

【项目建设】 在中山社区投入4万元开展“博爱家园”品牌项目建设；争取中国红十字总会生命健康安全教育项目暨红十字应急救护培训示范基地建设项目。结合应急救护培训进校园、进农村、进社区、进企业、进机关的“五进”项目，全年投入资金10万元走进全区5所中小学、5个村、7个社区、5个企业、5个机关、共开展培训56场次，培训人数3962人，发放应急救护培训教材4000余册，宣传资料2万余份。

【实施生命工程】 利用“学雷锋日”“5·8”世界红十字纪念日“艾滋病防治日”，开展大型宣传活动3次。通过街头宣传、都市广场户外显示屏和公交车上播放宣传短片、电视台、武隆报专版宣传、遗体和人体器官宣传项目、造血干细胞捐献宣传项目、在条件成熟的志愿者中设立宣传工作站、到各学校开展专题讲座、各社区设立宣传点等形式，宣传“三献”知识，消除市民对捐献的疑虑，参与到捐献志愿者队伍中来，全年共计开展各类宣传活动60余场次，发放宣传资料2万余份。与涪陵血站合作，每月5日与20日在红五星酒店门口开展定点采集活动，全年参与无偿献血2536人次，无偿献血827800毫升，实现超额满足用血需求。加大造血干细胞的采集工作，全年采集捐献血样26人份，累计采集802人份。加大遗体和人体器官捐献登记工作，全年捐献志愿者新增24名，累计收到捐献志愿登记表93份，2017年成功实施捐献3例，累计捐献达6例。

（区红十字会）

法治

FAZHI

武隆年鉴

法 治

法治政府建设

【依法全面履行政府职能】 2017年，加快行政审批制度改革，积极对接落实市上决定取消、下放行政审批事项（其中，承接100项、取消5项、下放8项）。同时，区级部门取消、下放、转变管理方式、调整的行政审批事项达到改革前清理总事项的三分之一，一批涉及企业投资项目核准、企业生产经营活动许可，以及对企业、社会组织和个人资格资质认定的事项予以取消或下放。2017年度，全区市场主体数量达到20958户，注册资本达到75.81亿元，同比分别增长15.91%、24.96%。加大收费清理工作力度，根据《财政部国家发展改革委关于公布取消314项行政事业性收费的通知》和《国务院办公厅关于进一步加强涉企收费管理减轻企业负担的通知》，共清理各类行政事业性收费128项。清理后，仅保留市级收费项目15项、区级收费项目25项，共减少88项收费事项。清理规范行政审批中介服务事项，按照上级文件要求，对11个区级部门和21个中介机构的69项中介服务事项进行规范清理，实现各类服务事项“预约、申报、办理、查询”全流程网上运行，切实为企业和群众提供便利。

【完善依法行政制度体系建设】 明确工作目标，印发《武隆区2017年政府法制工作要点的通知》，将依法行政任务与改革发展稳定任务同部署，有效解决依法行政动力层级递减问题。强化工作研究，2017年区政府常务会3次听取依法行政工作专题汇报及区人大、区政协议案、提案办理情况，分析解决依法行政工作中存在的突出问题，从加强制度建设、规范政府行为、加强和改善行政执法、完善执法监督、改革行政审批制度、提升政府诚信形象等方面，着力建设“服务型、法治型、高效型、廉洁型”政府。强化行政权力的制约和监督，启动区级权力清单、责任清单编制工作，26个乡镇和35个行政职能单位已按照区县通用清单逐一进行清理，涉及行政权力共6928项（其中，部门行政权力3772项，乡镇行政权力3156项），形成“两单一表一图”并向社会公布。健全依法行政监督制约机制，建立行政执法与刑事司法衔接工作机制，将依法行政工作纳入全区各单位的综合目标考核，并细化控制指标和考核重点任务。

【推进依法科学民主决策】 规范政府决策行为，制定《重庆市武隆区人民政府“三重一大”议事决策规则和重庆市武隆区人民政府常务会议规则》，把公众参与、专家论证、风险评估、合法性审查、集体讨论决定确定为重大行政决策法定程序。对全区国民经济和社会发展长远规划、年度计划、财政预决算安排、变更调整，向市政府的请示、报告，向区委、区人大常委会的报告，向区政协通报的重要事项，提请区人大常委会审议的议案及政府工作报告草案，以及区政府名义出台的政策性、规范性文件等事项进行规范。坚持行政决策合法性审查制度。区政府法制办全程参加区政府常务会、区长办公会，落实政府重大事项法律把关制度。成立区政府法律顾问团队，组成政府法律顾问团，对全区重大招商引资项目签约、民生项目投资建设、旅游项目改造升级等工作的合法性进行审查论证。2017年，共审查合同51件，涉及资金170亿元；部门备案审查17件，乡镇备案审查10件。坚持重大行政决策征求意见制度。邀请专家评审团对专业性、技术性较强的行政决策事项进行咨询论证，凡涉及全区经济社会发展的重大问题、群众切身利益的重大事项，都充分利用网络媒体向社会广泛征求意见，2017年共收集意见102份，梳理采纳意见34条。

【加大执法监督力度】 按照《重庆市行政执法基本规范（试行）》等相关法律法规，针对行政执法不作为、乱作为、慢作为等突出问题进行规范。按照《重庆市规范行政处罚裁量权办法》，对38个具有行政处罚权的区级部门开展清理核实工作，共清理行政处罚依据1329部、行政处罚条款5519条，并向社会公布实施。针对群众关心的热点难点问题，每年组织开展专项执法检查和治理，先后在“两违”专项整治、企业减负、安全生产整治、道路交通安全、食品药品安全专项整治等10个领域开展专项执法检查和治理活动，重点领域执法工作得到明显加强。印发《武隆区规范涉企行政执法的意见》，加强对涉企行政执法的监督和管理，为企业发展营造良好环境。全面排查解决行政执法中存在的不严格、不依法、不规范等突出问题，深入推进行政执法规范化建设，全面提高行政执法水平，提升行政执法公信力，在全社会营造浓厚的法治氛围。以2017年全区行政执法人员证件换发为契机，对全区1200余名行政执法人员进行全员轮训，培训考核合格的行政执法人员颁发新的行政执法证，并将相关信息录入管理系统，保障执法主体的合法性。建立行政执法监督机制。由区政府法制办牵头，组织区级相关部门和单位组成行政处罚案卷评查小组，对全区53个行政执法单位的行政处罚案卷进行评查。2017年以来，开展联合执法共100余次，有效保障重大项目顺利推进。严格追究违法执法责任。加大行政问责和执法问责力度，着力解决政令不畅、行为失范问题。将全区64个执法单位纳入治理范围，凡出现行政行为经行政复议撤销、变更或行政诉讼败诉，或违规执法行为被媒体曝光、造成重大负面影响的，一经查实，严格依照相关规定对责任部门及人员采取暂停行政执法、吊销执法证件、调离执法岗位等处理，并将处理情况通报区督查室，同时按相关规定扣减该单位实绩工作考核指标的分值。

【加强行政复议、调解和应诉工作】 依法办理行政复议，及时化解行政纠纷。全年共办结行政复议72件（其中，涉及政府信息公开类62件，占86%；行政执法类4件，即：国土2件、安监2件，占5%；土地权属类3件，占4%；林地权属1件，占1%；工商认定1件，占1%；公安行政处罚1件，占1%）。推动行政复议规范化建设。通过与当事人及相关证人进行面对面交谈，增强法律文书说理性论证，让群众知晓法律事实的认定和法律适用之间的逻辑关系，从根本上化解争议当事人之间的矛盾。参与行政复议、行政诉讼答辩和应诉工作，自觉接受上级机关和司法机关的监督，全年共参与行政应诉42件。

【依法化解重大纠纷】 由区政府法制办、区土地房屋征收中心及区级相关部门对房屋征收中的非诉讼案件进行认真研究，并逐一调解。依法对申请强拆的案件进行合法性审查。2017年参加各类重大涉法、历史遗留纠纷会议共472次，其中，羊角避险搬迁安置等涉法重大事务会议89次，中堆坝拆迁安置等历史遗留问题会议78次，富雅置业请求解决地块问题、通耀公司破产重组等信访纠纷103次，听证会议及联席会议202次。

【严格规范性文件备案审查工作】 科学合法制

定规范性文件。制定《武隆区行政规范性文件制定程序规定（试行）》，严把政府规范性文件审核关。以区政府法制办名义制发《关于区政府办公室行政规范性文件清理结果征求意见的通知》，广泛征求各乡镇人民政府、区政府各部门和单位的意见。按照市政府法制办的工作要求，对1997年直辖以来以政府名义制发的政府规章和规范性文件进行全面清理（共清理规范性文件257件，其中废止10件，失效156件，继续执行91件，备案录入市政府规范性文件库45件），清理结束后，通过区党政信息网、区政府公众信息网等形式向社会公布废止和继续执行的规范性文件目录。依法向市政府法制办和区人大常委会备案规范性文件45件（其中，制定主体不合规、制定程序不合规、制定技术有缺陷等问题15件，自行改正15件），依法审查纠正率达100%。建立区政府规范性文件目录库链接机制。依托市政府门户网站，在区政府门户网站开通武隆区规范性文件目录库链接，增加政务信息透明度，方便公众查阅。及时做好征求意见稿的反馈工作。积极组织区政府相关部门对市政府法制办下发的《重庆市物业管理条例修订草案（征求意见稿）》等35个政府规章（征求意见稿）进行讨论，并及时反馈相关修改建议。

【完善市场监管机制】 按照《重庆市人民政府法制办公室关于全面推开"双随机一公开"工作的意见》要求，结合武隆区实际，制定《关于全面推开"双随机一公开"工作的通知》，区级相关部门和单位严格按照文件要求开展"双随机一公开"工作，33个区级部门建立"双随机一公开"随机抽查事项627项。2017年，开展"双随机一公开"抽查事项1120次，各单位纳入随机抽查的事项达到本部门市场监管执法事项的70%，占其他行政执法事项的50%。

【政务信息公开工作】 2017年，全区通过区政府门户网站向社会公开政府信息8477条，其中，主动公开规范性文件41条，制发规范性文件89件，区长信箱收件943件（办结回复率100%）。积极推行阳光政务。完成项目交易132宗，交易总额12.98亿元。阳光武隆热线接到群众来电咨询16422件，其中，政务服务咨询15316件，座席解答率99.66%；民生热难点问题收集、转办850件，处理满意率100%。畅通群工信息渠道。受理群众诉求事项17281件、其中办结17240件，正在办理41件，办结率99.7%；群众反馈满意16906件、基本满意228件、不满意6件、未评价97件、黄灯3件。创新公开形式，利用《区政府公报》、新闻发布会、手机短信、电视台、武隆日报、各乡镇人民政府网站和部门行业网站等媒介，积极主动公开政府信息，为群众答疑解惑同时还利用政务微博、微信等新兴信息公开平台建设，及时发布政府信息。

【两法衔接工作】 成立武隆区行政执法与刑事司法衔接工作领导小组，统一管理全区行政执法与刑事司法衔接工作。建立健全行政执法与刑事司法衔接工作机制，加大对违法犯罪的打击力度，对全区行政执法机关、司法机关、监察机关等机构涉嫌犯罪的案件向司法机关移送，司法机关在办理刑事案件中发现需要追究行政责任的案件向相关行政机关移送。对已经加入重庆市打击侵犯知识产权和制售假冒伪劣商品工作行政执法与刑事司法衔接信息共享平台的单位，除遵照相关规定依法移送案件外，还需依法、依规、及时录入信息平台，实现犯罪线索移送、案件协查、监督跟踪等信息共享。

【基层立法联系点工作】 为进一步拓展公众有序参与政府立法途径，发挥基层单位在地方立法中的积极作用，有序推进科学立法、民主立法，武隆区将区度假区管委会、江口镇人民政府、巷口镇水陆派出所3个单位确定为政府基层立法联系点。

（区政府法制办）

政法工作

【概况】 2017年3月，设置中共重庆市武隆区委政法委员会；重庆市武隆区社会治安综合治理委员会办公室与政法委员会机关一个机构、两块牌子。中共重庆市武隆区委防范和处理邪教问题领导小组办公室挂靠政法委员会。机关设政治处、办公室、执法督查科、综治管理科、综治指导科5个内设机构。机关行政编制11名，事业编制4名，机关后勤服务事业编制1名。

2017年，政法战线在区委、区政府的领导和市委政法委的指导下，贯彻落实中共十九大精神，中央政法工作会议精神，坚持“稳中求进”工作总基调，坚持以十九大安保维稳工作为主线，坚持“七个坚决防止”工作目标，坚持保障全区经济社会发展，突出创新社会治安综合治理、完善社会治安防控体系建设，紧扣提升群众安全感、政法队伍满意度、司法公信力、矛盾化解率“四项指标”，推进政法和平安建设各项工作。特别是十九大安保维稳工作成效显著，得到市委、市政府通报表扬，做到措施有效、保障有力。

【强化组织领导】 区委、区政府高度重视政法平安建设工作，加强组织领导和责任保障。坚持党对政法工作的绝对领导，坚持区委常委会每季度定期分析研判平安稳定形势，坚持政法平安建设工作与经济工作“一盘棋”整体推进。紧紧围绕中心，服务大局，严格贯彻落实平安建设领导责任制。深入开展“渝安2号”“护航2号”“秋冬”等专项行动，“三基”建设成效明显，社会大局持续稳定，为武隆区经济社会又好又快发展创造安定有序的社会治安环境，公众安全感得到巩固和增强。

【服务保障】 扎实开展“护航2号”专项行动。探索建立公安、信访、安监、乡镇“四位一体”项目联系制度。制作重点项目“护航2号”行动服务牌61块；印发《关于维护重点工程项目建设施工秩序的通告》1000余份。全年共出动警力2604余人次，共接到涉及施工建设类警情203起，查处治安案件8起，行政拘留2人，罚款3人，处置堵路堵工42起。狠抓执行攻坚基本解决执行难。出台《关于加强和支持人民法院执行工作的实施意见》，建立执行联动长效机制，共同化解执行难。新收执行案件2456件，旧存183件，异议26件，执结2126件，结案率为80.52%。积极开展巡回审判，运用多功能巡回审判车开展宣传任务18次，为方便偏远山区群众诉讼，减轻当事人诉累，更好地化解矛盾纠纷。加强职务犯罪预防和打击处理。持续开展集中惩治和预防惠农扶贫领域职务犯罪专项工作。深入开展职务犯罪预防宣传和警示教育。查办职务犯罪案件7件9人。全力服务民营经济工作。贯彻落实《重庆市公安局服务民营经济30条》，围绕全区重点项目、重点工作主动跟进法律服务。共代理刑事辩护88件，民事案件960件，行政案件33件，非诉讼法事务220件，受聘法律顾问167家，为民营经济保驾护航。

【信访稳定】 针对征地拆迁、项目建设、环境保护等矛盾多发领域开展社会稳定风险评估17件，社会稳定风险评估率达100%。认真落实每周二、四值班区领导定点公开接访、“四访一包”

工作制度。全年，各级领导干部走访、下访群众1813件次3072人次。创新“干群联系卡”和基层网上信访代理员等制度，及时解决群众合理诉求，帮助群众解决实际困难。进一步完善区每月、乡（镇）每半月、村（社区）每周及特殊敏感时期每日集中排查研判调处矛盾纠纷工作机制，逐级建立矛盾纠纷台账管理销号制度和重点矛盾挂牌交办督办制度，确保各类矛盾“发现得早、化解得了、控制得住、处理得好”。共排查矛盾纠纷462件，化解434件，化解率为93.94%；重大矛盾纠纷16件，化解13件，化解率81.25%。常态化治理“违法上访、非法维权”。出台《武隆区关于依法处置信访活动中违法行为的通告》。坚持依法处理违法行为与依法解决合理诉求并重。共处理违法行为75人次，其中刑事拘留4人、行政拘留8人、治安罚款2人。市级交办信访积案12件，化解11件，办结率为92%。

【治安防控】 深入开展“渝安2号”、“进家入户、排忧解难、化解矛盾”、“民转刑”命案防范、“守护平安·冬季行动”等专项行动。2017年，共立刑事案件959件，其中立八类刑事案件32件，立侵财案件689件。与上年同期相比，立刑事案件下降20.35%，立八类刑事案件下降31.11%，立侵财案件案下降17.19%。现行命案侦破率连续13年保持100%。未发生“三类恶性”案事件，社会面持续平稳可控。4个重点整治地区均顺利摘牌。积极推进“雪亮工程”建设，完成区、乡镇综治办与同级公安视频监控系统联通，实现视频图像资源的共享。

【公共安全】 建立健全安全责任体系，相继研究出台《武隆区生产安全事故责任追究办法》《武隆区安全生产风险隐患管理办法》《武隆区安全生产“黑名单”管理制度》等文件，确保安全生产责任的全面落实。全区26个乡镇已单独设置安监办，28个区级重点行业部门设置安监机构。全年共检查生产经营建设单位5855家次，发现事故隐患12548个。未发生较大及以上安全生产事故。进一步健全食品药品监管体系，开展食品药品安全失信突出问题专项整治和“明厨亮灶”工程建设。严格落实全区376处地灾隐患点的群测群防措施。全区境内共发生地质灾害灾（险）情52起，同比下降10.3%。汛期共发生30起，同比下降40%。紧急撤离避让76户288人，因群测群防处置及时得力，未造成一例人员伤亡。加强突发事件应急管理，印发《重庆市武隆区突发事件应急处置工作手册》。加强网络安全意识形态管理。全年共监测处置涉武网络舆情400余条，成功处置“武隆11·23地震”“网络举报张某某”等网络舆情事件，网络意识形态领域形势总体平稳。

【司法改革】 深化审判权运行机制改革，按时完成首批29名员额法官遴选工作，率先在全市法院中实行员额法官办案“一步到位”，未入额法官一律不再办案。严格落实院庭长带头办案制度。区法院班子成员、中层干部带头办案3494件，同比上升153.56%，占全院结案总数的55.96%。推进聘用书记员管理制度改革，续聘和新聘合同制书记员19名。推进以审判为中心的刑事诉讼改革，落实证人出庭作证制度，证人、侦查人员出庭作证6件10人次。扎实开展认罪认罚从宽试点工作。全面完成主任检察官办案责任制改革试点，遴选员额检察官21名。建立主任检察官廉政档案、检察官司法档案，完善主任检察官业绩评价体系，制定检察官办案责任认定及问责、追责、惩戒办法，实现从制约监督到责任认定、错案追究、案件质量终身负责的全程监督控制体系。制定《检察长、检察委员会委员办案实施办法》。完成人财物市级统管工作，完成检察官等级确定、基本工资套改及检察官助理职务套改工作。全面落实认罪认罚从宽制度，适用认罪认罚从宽制度起诉案件 112 件 154 人。积极推进公安改革相关工作。

【社会治理】 依托网格化管理，实现“两实”清理常态化。全区共划分网格 1413 个，其中社区网格 61 个，农村网格 1352 个，网格化服务管理覆盖率为 100%。加强寄递物流安全监管，召开寄递物流安全工作联席会议 3 次，对全区 14 家寄递企业开展集中排查整治 4 次，发现并整改隐患 15 起，督促落实实名收寄、开包验视、过机安检等制度。6 家寄递企业购置 X 光机，实现三个 100% 要求的落实。开展校园周边环境整治，排查并整改安全隐患 35 起，规范不良照经营行为 10 户，取缔 14 家无证食品经营户，维护良好的校园教学秩序。加强铁路护路联防工作。组织开展涉路矛盾纠纷和安全隐患大排查大整治 2 次，落实十九大期间铁路安保维稳工作措施，未发生影响铁路安全的案事件。

【“三基”建设】 政法各部门基础设施建设有序推进。检察院办案和专业技术用房已完工，启动驻仙女山检察室建设，新建羊角、凤来司法所办公业务用房。平安建设基层基础进一步夯实。结合武隆打造全域旅游实际，成立旅游警察支队和白马山治安派出所筹建组。推进“雪亮工程”建设。督促落实乡镇“六位一体”、村（社区）“七位一体”工作机制。创新宣传教育，培育政法文化。创办《法在身边》专题法治电视宣传栏目；已成功播出 28 期，以案说法效果明显。开展警务技能展示活动 4 次，提高广大群众自我保护意识，对违法犯罪行为形成强力震慑。开展武隆区政法维稳系统社会主义核心价值观融入法治建设报告会。政法各部门以“两学一做”学习教育为抓手，强化政治理论及业务培训，全年累计培训政法干警 3000 余人次。完善《政法干警综合评价办法》，客观公正评价政法干警，积极培育平安战线典型。

（区委政法委）

公　安

【机构】 武隆县公安局成立于 1949 年 12 月 5 日，全称为武隆县人民政府公安局；1955 年 9 月改为武隆县公安局；1967 年 1 月—1972 年 10 月期间县公检法军事管理委员会成立后，武隆县公安局机构不复存在；1972 年 10 月 1 日恢复武隆县公安局建制；2017 年 1 月 16 日“武隆县公安局”挂牌更名为“重庆市武隆区公安局”；内设机构 19 个，监管场所 2 个，派出所 16 个。

【打击刑事犯罪】 2017 年，全区立刑事案件 1056 件，其中立年内案件 912 件。立侵财案件 753 件，立八类刑事案件 35 件。破 476 件，其中破侵财案件 245 件，破八类刑事案件 31 件。同比立刑事案件下降 18.01%，八类刑事案件立案下降 33.96%、年内案件下降 31.11%，侵财案件立案下降 15.77%。同比破刑事案件下降 19.87%，其中八类刑事案件破案下降 32.61%，破侵财案件下降 17.23%。起诉 411 名，同比减少 1 名、下降 0.24%。

【打击经济犯罪】 2017 年，立案经济案件 42 件、同比上升 35%，破案 19 件、同比上升 5%；抓获犯罪嫌疑人 29 人、同比上升 4%；起诉 16 人、同比持平，其中涉众型经济犯罪起诉 3 人，同比下降 66%。开展“渝安 2 号”打击整治涉众型经济犯罪、“云端 2017”、“猎狐 2017”、打击整治银行卡、假币、涉税违法犯罪等专项行动。

【专项行动】 2017 年，组织开展“渝安 2 号”严打整治专项行动，起诉盗窃、抢劫、抢夺、诈骗等四类侵财犯罪嫌疑人116人、破案309件，打掉犯罪团伙6个，治安拘留扒窃人员8人，综合排名全市第35位。

【公安行政处罚】 2017年，发现受理违反治安管理案件1169件，治安处罚829人，同比查处治安案件下降76.66%，治安处罚人员下降80.98%。公安行政处罚117511件，其中警告11244人、罚款107027人次、行政拘留58人。

【机动车和驾驶人管理】 2017年，全区机动车保有量83951辆，年增长11.48%，机动车驾驶人96425人，年增长5.36%，受理车辆业务23128件次，受理驾驶人业务14360人次，组织科目一考试5321人、科目四考试4240人；黄标车淘汰率达100%。

【出入境管理】 2017年，办理出入境证件5371本，其中大陆居民往来港澳通行证1779本、往来台湾通行证1006本，普通护照2586本，境外人员临时住宿登记26420人次，新增国家机关工作人员报备1163条，新增法定不批准出境人员报备626条。12月4日顺利通过市公安局"全市出入境示范窗口"审报检查验收工作。

【"三项安全"管理】 2017年，区局开展交通、消防、枪爆危三项安全管理，层层落实一岗双责，加大安全检查力度，及时发现和整改隐患。全年，未发生涉枪涉爆涉危安全事故；发生火灾事故176件，无人员伤亡，财产损失620万元，同比事故下降15.38%、财产损失下降19.05%；发生道路交通一般事故82件，死亡31人，受伤104人，财物损失58.89万元，同比事故上升29.69%，死亡人数下降6.06%，受伤人数上升85.71%，财物损失上升184.76%，查处各类交通违法行为13.4万件，同比上升53.85%。

8月10日，在仙女山镇广场开展警务技能展示活动
（区公安局　供图）

【"护航2号"整治行动】 2017年，开展"护航2号"重点项目建设秩序集中整治行动，制发《关于维护全区重点项目建设秩序的通告》1000余份，对全区100个重点项目进行6次拉网式排查，收集不稳定因素60余条，处置各类警情203起，调解纠纷131起，查处治安案件8起，行政拘留2人，罚款3人，处置堵路堵工事件42起，开展警示谈话42人次，确保投资企业正常的生产经营秩序和重点项目工程建设的顺利实施。

【服务民营经济、学校、维护医疗机构秩序】 2017年，全力贯彻落实《重庆市公安局服务民营经济30条》，召开专题会议7次，走访民营企业71家，园区企业车驾管上门服务12次，办理驾驶人审验320余人，提供消防技术咨询服务41次，办理民营企业公章刻记339枚，发放宣传资料10000余份，破获案件22起，涉案金额290万元，刑事拘留4人，移送起诉3人，取保候审1人。贯彻落实《重庆市公安局服务学校29条措施》，对校园组织开展矛盾纠纷排查、周边治安整治、巡逻值守防范，全区未发生重大涉校涉生案事件。深入贯彻公安部"维护医疗机构治安秩序六条措施"，协助化解涉医纠纷21起，处置涉医事件8起。

【羊角场镇避险搬迁选房维稳】 12月26至29日，在土坎镇羊角场镇新址进行的羊角场镇避险搬迁集中抽签选房活动中，区局每日抽调安保力量589人、成立13个工作组开展安保勤务工作，历时4昼夜圆满完成安保任务，未发生聚众滋事和个人极端案（事）件，实现选房现场和全区社会治安大局平稳的工作目标。

【国家脱贫验收安保维稳】 7月17日至24日，区局出动警力3600人次，车辆450台次，先后转战多个乡镇村组、1200余农户，因地制宜、科学用警，实现检查组驻地安全、线路顺畅、现场和谐稳定的工作目标，完成国家脱贫验收安保维稳工作任务。

【抢险救灾】 11月23日17时43分，区火炉镇车坝村连二塘社突发5.0级地震，20时，区局紧急动员召开抗震救灾、维护社会稳定工作会议，召集全局警力分赴县城、震中地区开展巡逻防控、信息收集和人员救助工作，特警支队、消防大队第一时间赶往震中地区开展抢险救援工作，实现震区平安祥和，未发生盗抢、恐慌等案（事）件工作目标。

11月23日，民警特勤消防开展巡逻抢险救灾工作

（区公安分局 供图）

【政治思想建设】 2017年，扎实推进"两学一做"学习教育制度化常态化，开展"迎接十九大、忠诚保平安"主题教育实践活动和学习贯彻党的十九大精神宣讲活动，深化"三清"工作成效，召开"三清"工作专题会议10次、专题民主生活会2次，以党小组为单位开展专题学习38次，开展十九大精神宣讲会议32次，撰写心得体会65篇，参加各类知识竞赛600余人次。把"四个意识"内化为全警的政治素养、外化为全警的实际行动，确保公安队伍绝对忠诚。

【先进典型】 2017年，开展"塑典型·树标杆"活动和"武隆先锋"主题实践活动，不断提高先进典型的推介力度、培育层次和社会影响力，罗旦华被授予"全国优秀人民警察"，徐鑫被评为"重庆市岗位学雷锋标兵"、"重庆市先进工作者"，指挥中心、仙女山派出所被评为区级"青年文明号"。

【从严治党从严治警】 2017年，创新建立"1117"（1个党委、1个机关党委、17个机关队室支部）的党建组织体系，配齐52名党务干部，投入20余万元订购党刊、党建读物，拨付组织生活、教育培训费5万余元，建阅览室1个藏书3万余册。9月26日，全区全面从严治党责任现场推进会在区公安局召开，区局作经验交流发言。制定《重庆市武隆区公安局党建工作责任制》和《2017年党风廉政建设和反腐败分工责任制》，层层签订《党风廉政建设目标责任书》，共免去中层领导干部3人、调整9人、处理问题民警5人。驻区局纪检组荣获重庆市纪检监察系统"先进集体"称号。

【建设队伍】 2017年，在撤县设区全区领导编制收紧的情况下，重新任命中层干部124名。建立《政治工作手册》、队伍思想月报告、政工例会及队伍交心谈心工作机制，创新开展"双向测评”和“1+1+N”后进民警帮扶机制，收集意见建议300余条、转化3人，对13名后进民警落实帮扶措施。

【教育培训】 2017年，开展现场执法行为能力正阳战训基地集中培训4期79人、自训2期135人，开展警务技能教官“送教下基层”活动2次、培训80人次，警衔晋升培训7期81人，新警入警培训1期27人。

【脱贫攻坚】 2017年，区局帮扶集团干部职工对土坎镇78户贫困户进行精准对接帮扶，为土坎镇捐赠扶贫资金31万元，为区局帮扶的所有贫困户送去化肥1袋。协调市公安局开展“冬日阳光温暖你我”活动，为土坎镇松树村捐赠110万元建成农副产品交易中心。组织帮扶干部先后2次对土坎镇全部农户进行大走访，成立脱贫攻坚突击队吃在村、住在村、干在村对突出问题进行整改。2017年7月顺利通过国务院扶贫办第三方检查验收。

2017年1月19日，全区“平安武隆你我同行”迎新春文艺晚会举行　（区公安局　供图）

【公安宣传】 2017年，发宣传稿件1043篇，其中中央级媒体25篇、市级媒体844篇；在区电视台开设《法在身边》栏目，累计制作专题片30余期；创办《武隆公安》杂志、编发19期；《每日公安要情》累计报送区四大家领导及部门400余期。1月19日，区局在区人民大礼堂组织召开公安工作会和“平安武隆你我同行”迎新春文艺晚会，全局600余人参加。

【档案工作】 2017年，投入48万元完成机关及羊角、白马、鸭江等派出所130万页纸质档案数字化工作，已全部交付使用。

【规范执法】 2017年，全局民警均取得基本级执法资格，206人取得中级执法资格，26人取得高级执法资格。共办理刑事案件1321件，侦查终结444人，检察院公诉386人，无法定不捕不诉案件，无被法院判无罪案件；全年无行政复议被撤销、行政诉讼败诉案件。全局执法场所升级改造达100%，购置执法记录仪380台，一线民警配备率达100%，办案中心智能化建设成全市唯一试点地，争取到位专项资金300余万元。

【旅游安全】 6月19日，区委机构编制委员会发文同意设立“重庆市武隆区公安局旅游警察支队”，下设仙女山、江口、白马旅游警察大队，挂靠当地派出所。

（区公安局）

消　防

【概况】 武隆区公安消防大队成立于1999年9月，由原消防科调整建立。2004年7月，武隆县消防中队（现改为巷口中队）成立，2013年12月，仙女山中队建成投入使用；共有水罐消防车、泡沫消防车、抢险救援车、云梯消防车、行政车等共19辆，各类抢险救援器材装备共计1000余件（套）。全区已成立5支乡镇政府专职消防队（白马、平桥、江口、长坝、火炉），并配备相应消防器材装备。

2017年，共接警出动435次，其中火警270次，抢险救援94次，社会救助71次，出动车辆780余辆次，出动警力5400余人次，抢救被困人员21人，疏散被困人员26人，抢救财产价值900余万元，未发生较大以上火灾事故，火灾伤亡数为零。

【消防队伍建设】 公安消防大队结合工作实际扎实开展冬春、夏秋执勤业务训练和岗位练兵，开展典型战例研讨12次，全勤指挥部熟悉重点单位48个，开展实战演练12次；执勤中队熟悉重点单位104个，道路交通水源104次，开展实战演练384次，修订灭火救援预案104份。

【科学统筹消防工作】 2017年，区委、区政府全面贯彻落实国务院办公厅《消防安全责任制实施办法》和《重庆市消防安全责任制实施办法》，将消防安全工作纳入安全生产目标责任、社会治安综合治理、乡镇领导干部经济实绩考核内容，与26个乡镇、19个行业部门、172家消防安全重点单位签订消防安全责任书。全年，区委、区政府领导带队检查消防工作15次，2次在区政府常务会上专题研究、部署消防工作，对市政消火栓补建、老旧居民建筑消防设施改造等涉及民生实事的消防工作召开专题会议进行研究，并以区政府办名义下发《全年消防工作实施意见》；发挥区消防安全委员会平台作用，定期召开消防工作例会。

【推动部门齐抓共管】 根据《重庆市消防安全责任制实施办法》要求，明确消防安全委员会成员单位职责分工任务，深入贯彻习总书记“党政同责、一岗双责、齐抓共管”的要求，坚持“管行业必须管安全，管业务必须管安全，管生产经营必须管安全”的原则，全面落实各部门消防工作职责，公安、教育、民政、建设、商务、文化、卫生、旅游、工商、安监等部门强化内部职责分工，开展本行业系统消防安全大检查，强化火灾隐患排查整治，严查易燃易爆化学品消防违法违章行为，公安机关定期对本区消防安全形势进行分析评估，推广以卫生医疗机构消防安全标准化管理为示范，组织召开消防安全管理现场会，文物部门出资92万元对全区7处文物古建筑进行电气线路整改和安装独立式感烟探测器。

【促进单位自查自纠】 大力实施社会单位户籍化管理和巩固消防安全“四个能力”建设，全面落实企业消防主体责任，户籍化档案建档率、四个能力达标率达100%。落实消防安全管理人、建筑消防设施维护保养情况和“四个能力”建设自查评估情况“三项”备案制度，累计备案1200余次。强化火灾高危单位管理，全面开展消防安全委托评估，督促29家火灾高危单位投保火灾公众责任保险，投保率达到100%。督促消防安全重点单位、派出所列管单位开展隐患自查自纠，督促消防重点单位落实“六加一”措施，建成重点单位微型消防站102家，建有率100%。

【消防“网格化”建设】 深入推进乡镇消防“网格化”建设，全区已建成大网格26个、中网格186个，小网格1350个，乡镇消防工作办公室，村居消防工作领导小组建设达标率100%，构建了“全覆盖、无盲区”的基层消防管理网络。出资3.45万元在福利机构、学校、老年建筑等场所安装独立式感烟火灾探测器1150个，出资20万元在2家公众聚集场所安装简易喷淋系统，提升老弱病场所的火灾防御能力。建成全国重点镇、中心镇政府专职消防队5支和一般乡、镇志愿消防队21支，出资82.22万元建成24个社区微型消防站，建有率100%，消防文员达12人，基层消防应急保障无“死角”。将市政消火栓、消防专项规划等公共消防基础设施建设作为重点，区规划中心出资40万元完成江口镇、平桥镇等2个市级中心镇消防专项规划修编工作，出资455.53万元补建115个市政消火栓，组织对市政消火栓进行普查，对无消火栓路段及损坏消火栓进行登记造册，明确责任单位和整改时限，建立健全市政消火栓维保经费保障机制，确保基础设施完好有效。

【消防安全专项整治】 2017年，全区组织开展夏季消防检查、今冬明春火灾防控、电气火灾综合治理、高层建筑综合治理、易燃易爆危化品、文物建筑等消防安全专项整治行动10项。制定老旧居住建筑消防设施改造三年规划，区财政出资80万元完成17栋老旧居住建筑消防设施的改造工作。联合行业部门开展隐患排查，推动都市广场等重大火灾隐患的整改。全年，共检查单位3721家，发现并整改火灾隐患5690处，责令三停41家，查封55家，罚款58.59万元，拘留11人，确立重大火灾隐患2件。

【消防安全宣传教育】 区教委出资19万余元为4万余名中小学生发放消防安全教材；暑期组织多次学生消防安全知识培训活动；出资5余万元开展"119消防月"宣传工作;签订户外大屏、楼宇电视媒体等多种媒体形式，发布公益广告、滚动播放消防安全常识2万多条次;与本地电视台、本地报社签订合作协议，开辟专栏刊播夏防、冬防等消防安全知识和曝光消防违法行为；借助创新平台发力，完善公众微信、微博平台，节假日及重大时段发送消防安全提示短信20万条次;先后组织派出所民警，消防安全重点单位、劳动密集型企业等的责任人、管理人约300余人开展消防安全培训；与区级各部门联合开展一个月的宣传进乡镇巡回活动；在全区5所高中、初中推进"消防知识进军训"活动，筑牢校园安全防火墙，组织队站开放90余次，全面营造良好宣传氛围。

（区公安消防大队）

检　察

【概况】 2017年，区检察院列编内设机构7个、派出机构1个。院党组班子成员7人，平均年龄49.5岁；检察委员会委员11人（含检察长、副检察长），其中专职委员2人。改革后检察官21人，占编制数的33.3%，检察辅助人员31人，占49.2%，司法行政人员8人，占12.7%。

2017年，区检察院在区委和上级检察机关的领导下，在区人大及其常委会有力监督下，在区政府、区政协及社会各界大力支持下，学习贯彻中共十九大、十八大及历次全会精神，紧紧围绕"绿色崛起、富民兴区"发展战略，适应撤县设区新要求，坚持"标准更高、要求更严、本领更强、作风更实、绩效更优"，充分发挥检察职能作用，检察业务、队伍和政务建设进步明显，法律监督工作质效水平有新提升。区检察院在市区考核"双优"基础上，奋力争创规范化建设特色院，先后受到全国、市区表彰先进集体9次、个人27人次，成功创建"全国文明单位""区人民满意公务员示范单位"，如期完成办案及专业用房装修并搬迁入住，全面建设迈上新台阶。

【切实服务大局】 维护经济发展秩序。认真贯彻检察机关服务经济发展十二条意见，正确处理活力和秩序的关系，准确把握法律政策界限，努力实现惩治、预防、保护的综合效果。依法打击破坏金融秩序和市场经济秩序犯罪，办理组织领导传销、非法吸收公众存款、非法经营、生产销售伪劣产品案件12件19人。

维护社会法治秩序。正确处理维稳和维权的关系，注重办案法律效果、政治效果、社会效果有机结合，依法办理聚众、涉众性案件，维护社会法治秩序。依法办理涉及信访案件6件8人。批准逮捕电信网络诈骗案件7件17人，起诉15件62人，起诉的张胜维等43名被告人跨省电信诈骗集团案，已被法院依法判决。

保障民生民利。严厉打击扶贫领域犯罪，办理危害扶贫案件7件7人。查办征地补偿、支农惠农、医疗卫生等领域犯罪10人。审查批准逮捕制售假药劣药、有毒有害食品犯罪3人，保障食品药品安全。依法支持浩口水电站工程170余名农民工讨薪，为农民工讨回工资100余万元，同时促成其他300余名农民工工资得到妥善解决。分析研究危害民生民利犯罪，形成检察建议、情况反映、调研报告10余份，为政府部门提供决策参考。

推进执法普法。落实“谁执法谁普法”，推进检察官以案释法，深入机关、乡镇开展大型法治宣传教育活动18场次。在部分中小学校设立“莎姐”青少年维权岗、法治副校长，开通“莎姐热线”，发放“莎姐故事书”，举办检察官送法进校园等主题教育活动，提高学生自我保护和守法意识。积极筹建以法治文化为主要内容、以“一厅一廊两馆一场所”为载体的“青少年法治教育实践基地”，现已完成报批手续和方案设计。

区检察院“莎姐”检察官到江口镇中学开展法治宣传，与同学们交心谈心　（刘东　摄）

【刑事检察工作】 2017年，区检察院受理公安机关提请批准逮捕案件130件183人，同比下降7.8%、16.4%；批准逮捕96件140人，同比下降13.5%、23.5%；不捕31件40人。受理公安机关和职侦部门移送审查起诉案件297件533人，同比上升8.4%、13.2%。提起公诉227件394人，不起诉50件63人，移送管辖6件7人。

依法化解社会矛盾风险。贯彻宽严相济刑事政策，准确运用法律惩罚犯罪、保障人权、解决纠纷、化解矛盾。对主观恶性小、犯罪情节轻微的初犯、偶犯、过失犯等，依法不捕40人、不诉63人。加强检司协作、完善检调对接、注重检律互动，听取律师辩护意见181件次。深入推进涉法涉诉信访机制改革，坚持领导接访、部门联动、合力处置、风险评估预警等措施，协助有关部门化解征地拆迁、行政执法等方面的社会矛盾。办结群众来信来访113件，办理刑事申诉案件4件，无进京到市涉检上访。

【查办职务犯罪】 2017年，区检察院立案查办职务犯罪案件8件10人，其中大要案4件5人。坚持贪贿、渎职犯罪并查，立案侦查玩忽职守案3件3人。坚持行贿受贿一起查，依法查办万州赛德中学副校长熊某某办理户籍迁移过程中，向武隆区公安局原协警王某某、陈某行贿的贿赂犯罪窝串案。坚持聚焦惠农扶贫领域的职务犯罪问题，依法查办凤来乡原副乡长李某某、原工作人员郑某某等人共同贪污山坪塘补助资金案。市检察院指定区检察院侦办的重庆腾茂建设公司叶某向市级部门工作人员单位行贿案，法院终审判决有期徒刑二年。市检察院三分院指定区检察院侦办的重庆渝艺照明灯饰公司文某涉嫌向市级部门工作人员行贿案件，已向法院提起公诉。

【预防职务犯罪】 2017年，区检察院先后与区扶贫办、邮政武隆分公司、渝怀二线铁路和机场建设指挥部4家单位建立预防职务犯罪协作机制，开展预防调查2次，发出检察建议2份，帮助完善各项制度5项。查询行贿犯罪档案271次，举办警示教育讲座9场，开展预防约谈18人次。创新预防教育模式，运用公共播放平台、“两微一端”、微电影等形式推送、播放廉政教育内容。开展集中整治和加强预防惠农扶贫领域职务犯罪专项工作，撰写的《武隆区惠农扶贫领域呈现出的问题及其预防对策》受到区委充分肯定。

【配合监察体制改革】 2017年，区检察院积极配合国家监察体制改革。坚持讲政治、顾大局，坚决拥护、自觉支持和配合改革，切实把思想行动统一到中央深化国家监察体制改革重大决策部署和上级检察机关要求上来，特别是职侦干警自觉投身监察体制改革，准确把握工作目标任务要求，扎实做好积存线索、积存案件、涉案款物三项清理工作，积存案件得到依法妥善处理，涉案款物依法依规处置，积存线索做到底数清、情况明、件件有结果。年底，职侦局13名干警转隶到监察委。

【诉讼监督工作】 强化刑事诉讼监督。强化刑事执法活动监督，监督立案3件3人，监督撤案3件3人，追捕、追诉漏犯10人，追诉漏罪1条。深化“两法衔接”机制，督促行政执法机关移送犯罪线索2件2人。加强刑事执行活动监督，办理罪犯又犯罪案件9件10人、监管活动违法监督25件，纠正社区矫正监督管理违法4件，建议收监执行刑罚6人，经羁押必要性审查建议变更强制措施4人。

强化民事行政诉讼监督。办理民行申诉案件22件，其中协助分院办理9件、发出检察建议12件、经抗诉调解结案1件。办理审判监督案件，发出再审检察建议1件，法院已开庭再审。依法查办民事虚假诉讼案件1件，已经法院再审改判。依法开展公益诉讼工作，向区国土房管局在重庆豪壮农业公司违法占用耕地的行政不作为提出诉前检察建议。

持续规范执法司法行为。牢固树立规范司法理念，坚持问题导向，持续推进执法规范化建设。开展案件质量评查278件，印发评查通报4期，建立检察官司法档案84份。保障律师权利，向律师提供网上、电话阅卷预约，接待律师72人次。公开法律文书252份，发布案件信息1391条。建设规范化办案区，改造涉密信息系统，优化办公办案网络，全面使用统一业务应用系统，办案流程、权限管控等执法行为得到有效约束和规范。

【深化检察改革】 2017年，区检察院深入推进司法体制改革。执行司法责任制“1+5+5”制度体系，全面落实司法责任制，有序推进检察人员分类管理、健全职业保障制度、人财物市级统一管理配套改革，充分发挥员额检察官的办案主体作用、检察辅助人员的办案助推作用和司法行政人员的服务保障作用。

积极适应审判为中心诉讼制度改革。落实“两高三部”关于推进以审判为中心的刑事诉讼制度改革的意见，不断强化现代司法理念、改进司法办案方式。推进以审判为中心，有效防止和纠正以侦查为中心；全面贯彻证据裁判规则，推进庭审实质化，不断提高审查起诉和出庭支持公诉水平。全年退回补充侦查73件128人，疑罪不逮捕28人，疑罪不起诉13人。

积极推行认罪认罚从宽试点工作。成立认罪认罚从宽制度试点工作领导小组，与区法院、公安局、司法局召开联席会议，推进认罪认罚从宽制度落实。适用认罪认罚从宽制度起诉案件114件176人，占起诉件数的50.22%。推进案件繁简分流，实现简案快办、繁案精办，适用速裁程序78件，适用简易程序30件，适用普通程序6件。向法院提出确定刑量刑建议169人，提出幅度刑量刑建议7人，量刑建议采纳率100%。

【推进自身建设】 编发《廉政法规选编》学习读本，开展“检察细节非小事”督察20余次，做到恪守道德高线、纪律红线和法律底线。主动接受社会各界监督，向区人大、区政协专题汇报工作6次，提请区人大常委会任命36人次，邀请人民监督员进行检风检纪督察。选派各业务条线干警参加市检察院培训70余人次，组织全院干警到武汉大学综合素能培训。强化岗位练兵，积极主办和参加三分院辖区的公诉论坛、观摩庭审等活动，开展7次员额检察官专题讲座。

（区检察院）

法 院

【概况】 2017年，武隆区人民法院狠抓执法办案。全年受理各类案件7759件，同比增长30.98%，审执结7281件，同比增长31.57%，结案率93.84%，位居全市基层法院第5位。其中，28名员额法官人均结案260件，4名员额法官结案超过400件。

依法服务改革发展大局。严厉打击犯罪、保护人民，推进社会治安综合治理；强化产权司法保护，促进激发市场活力，服务武隆经济发展新常态；设立旅游巡回法庭，保障全域旅游发展；延伸司法职能，助推法治武隆建设。

推进司法改革。严格落实人员分类管理、员额制法官办案等改革任务，改革效果明显，审判质效指标呈现“七升三降”的良好局面，即：收结案数、人均办案数、陪审率、法定审限内结案率、简易程序适用率、服判息诉率、小额诉讼适用率上升；案件发回重审、改判和信访投诉率下降。第三人民法庭被推荐为“全国法院先进集体”。

【刑事审判】 2017年受理刑事案件247件，审结233件，判处罪犯384人。积极参与社会治安防控体系建设，配合开展“渝安2号”、“守护平安”等专项行动，严厉惩处危害公共安全、妨害社会管理秩序、侵犯公民人身权利、财产权利和毒品犯罪等案件183件266人。依法惩治涉众型经济犯罪，审结兴悦医药公司等3家公司及7名被告人、涉案金额7500余万元的非法吸收公众存款案。依法惩处网络新型犯罪，审结张某、徐某等43人特大诈骗集团电信网络诈骗案。依法严惩职务犯罪，审结贪污贿赂、渎职等犯罪9件11人。

【民事审判】 2017年，受理各类民商事案件4551件，同比增长22.87%，审结4287件，结案率94.20%。案件增长主要集中于民间借贷、商品房预售合同和劳动争议纠纷。依法审慎办理破产案件，推进供给侧结构性改革和产业转型升级，如成功重整贵尔达房地产公司破产案，妥善处置涉及贵鑫、红运等煤矿关停纠纷135件，取得良好法律效果和社会效果。服务旅游发展，旅游巡回法庭审结涉旅房地产、游客维权等案件711件。服务重点项目建设，审结、调撤五洲国际商贸城建设纠纷等案件9件。促进房地产市场平稳健康发展，审结房地产纠纷769件。保障农业供给侧结构性改革，审理农村土地承包经营、非法占用耕地等“三农”案件45件。

【司法服务】 持续优化诉讼服务中心，新版款物管理系统投入使用，院机关及法庭实现POS机现场刷卡缴费、开具电子票据。强化财产保全，及时办理财产保全案件216件，保全金额3.14亿元。依法实施司法救助，为97名当事人缓、减、免交诉讼费26.5万元，发放司法救助金10余万元。完善便民诉讼网络建设，重新聘任便民诉讼联络员235名，实现便民服务全覆盖。延伸巡回审判职能，结合综合治理、法制宣传、接受监督三大事务，突出立案信访、执行攻坚、纠纷化解三项工作，坚持法院、基层政府、司法所三方联动，深入全区开展巡回审判和法制宣传134次。加强律师执业保障，设立律师工作室，依法审查、及时签发民事诉讼律师调查令21份。

【执行工作】 受理执行案件2878件，同比增长48.81%，执结2679件，结案率93.09%，兑现案款3.3亿元，执行兑现率48.11%，执行质效位居全市基层法院第五位。贯彻落实区委、区政府关于《进一步加强人民法院执行工作的实施意见》，组建3个新型执行团队，实行简易案件快速执结、疑难案件重点化解、“骨头”案件院领导包案清理。推进执行指挥中心建设，强化执行联动，丰富执行手段，充分利用“总对总”“点对点”执行查控网络系统和执行指挥中心，开展线上“查、冻、扣”，线下“寻、拘、曝”，查扣财产650件次，移送公安机关查控逃匿被执行人240人，司法拘留49人，公布失信被执行人1206人，公开曝光和限制高消费101人。助推依法行政，向行政机关提出司法建议3份，审查、执行非诉行政案件75件，敦促当事人自动履行15件，强制执行60件。

【民生案件】 助推公序良俗建设，弘扬传统美德和良好道德风尚，保护妇女、儿童、老人权益，维护和谐文明家庭关系，妥善审理婚姻家庭、赡养、继承纠纷案件726件。坚持依法保障劳动者合法权益与企业生存发展并重的理念，审结劳动争议纠纷案件364件，追索劳动报酬718万元。完善未成年人案件综合审判机制，保护未成年人合法权益。开展信访风险研判，制定“四定一包”案件化解方案，强化机制控新增，细化措施清积案，处理群众来信来访108件次。

【司法公开】 完善以审判流程、裁判文书、执行信息三大公开平台为主，法院官方微博、微信和门户网站为辅的开放、动态、透明、便民公开网络。充分应用“互联网+”公开法院案件审判信息和审理全过程，及时更新、发布相关信息1100余条，开展庭审网络直播5次，召开新闻发布会3场，上网公布裁判文书5025份。邀请代表委员、领导干部、陪审员、律师和学校师生等500余人观摩旁听庭审，通过法院开放日、新闻发布会、法制宣传等方式，及时公开重要工作举措，主动接受群众媒体监督，努力让司法公正能感受、司法效率看得见、司法效果被认同。

【司法改革】 深化司法责任制改革。落实人员分类管理，以员额法官为核心，组建相对固定的审判团队，制定员额法官、法官助理、书记员管理办法，细化三类人员各自职责，着力构建职责明晰和结构合理的管理制度。落实法官职业保障，完成法官单独职务序列套改，积极探索建立与岗位、职责、工作实绩相结合的考核机制。强化院庭长对办案活动的全流程监管，落实院庭长带头办案制度，班子成员、中层干部带头办案3991件，同比上升133.53%，占全院结案总数的54.81%。推进案件繁简分流，实行简案快办、繁案精审，进一步优化司法资源，减少当事人诉讼成本，提高司法效率，促进司法公正。

推进以审判为中心的刑事诉讼制度改革。坚持证据裁判、非法证据排除、疑罪从无和程序公正原则，充分发挥庭审作用，确保事实证据调查在法庭、定罪量刑辩论在法庭、裁判结果形成在法庭。落实证人出庭作证制度，证人、侦查人员出庭作证16件22人次。注重诉讼权利保护，为被告人指定辩护律师12人次。扎实开展认罪认罚从宽制度改革试点，审结认罪认罚刑事案件124件176人，服判息诉率100%。固化公检法司联席会议制度，及时沟通解决刑事司法过程中发现的问题，提高刑事案件的办案质量和办案效率，统一执法尺度，规范执法行为。

持续深化多元化纠纷解决机制建设。继续加强与调委会、消协、交通、工商、妇联等组织部门已建立的诉调对接协作，新设保险诉调对接平台。新聘特邀调解员14名，加强与政府、司法行政部门协调配合，在诉前、诉中和执行中充分发挥调解作用，委托调解案件300余件。加大对人民调解组织的指导，及时确认30份人民调解协议有效。积极参与社会综合治理，协助区委、基层政府处理矛盾纠纷170余件。

（区法院）

司法行政

【概况】 武隆区司法局是区政府组成部门，设区委普法办，共有政法专项编制53名，机关工勤人员2名，事业编制10名。现有行政在职人员50人，机关工勤人员2人，事业人员10人（含参公3名，事业工人1名，自收自支3名），退休干部10人，单位负担遗属补助1人，小车5辆。内设1室1处5科（办公室、政治处、法宣科、基层科、法制科、公律科、矫正科）；下设27个基层司法所和法律援助中心、社区矫正帮教管理服务中心、公证处3个事业单位。主要职责是开展法治宣传教育和普法工作，管理指导基层人民调解、基层法律服务、公证和律师服务、法律援助工作，司法鉴定工作，刑满释放人员的安置帮教和社区矫正工作等司法行政业务工作。

2017年，区司法局把中共十九大精神贯彻落实到司法行政各项工作之中，围绕区委、区政府重大部署、重点工作、三大攻坚任务，切实开展矛盾纠纷化解、法律服务、特殊人群管控，圆满完成各项任务，被市司法局评为2017年度推进平安建设10个“优秀单位”之一，是全市17个执业执法综合目标考评“良好单位”之一。

【普法依法治理】 2017年，区司法局全面落实“谁执法谁普法”普法责任制，重点围绕领导干部、学生、农民及农民工扎实开展法治宣传。全区开展法治宣传540余场次，现场咨询4.1万余人次，发放资料27.8万余份，编印发放《“七五”普法读本》4万册，发放法治文化宣传品4万余份，416名新担任领导干部参加法治理论知识考试，416名副处级以上领导干部参加法院庭审旁听并撰写心得体会。

【人民调解】 2017年，区司法局贯彻落实《关于完善矛盾纠纷多元化解机制的意见》，推进全区乡镇村居调解委员会规范化建设，开展矛盾纠纷排查化解。全区共排查影响社会稳定的难点、热点矛盾纠纷3440件，成功化解3410件，调解成功率99.1%，协议金额8531万元，其中区重大矛盾纠纷调解委员会调解69件，成功69件，调解成功率100%。

【社区矫正和安置帮教】 2017年，区司法局修订社区矫正和刑释人员突发事件应急预案；组织区法院、检察院等相关单位召开社区矫正工作联席会议；对重点人员实行一人一策，实行日排查、日走访、日报告，确保全区特殊人群安全稳定。截至2017年12月25日，全区累计接收社区服刑人员1768人，累计解除矫正1590人，当前在矫人员178人，其中缓刑168人，假释7人，暂予监外执行3人。集中教育培训84场次，共走访重点帮教人员230人。办理警告30人次，收监2人，提请撤销缓刑1人，居住地变更1人次；开展未成年人刑事犯罪社会调查评估36件。开展初始教育4场次，服刑人员核实142人，预释放人员回执269人，核实服刑人员未成年子女41人，核实和回执率均达100%。接收刑满释放人员483人，重点帮教人员29人。近五年累计接收刑满释放人员2840人，重点帮教人员196人，帮教率达100%。

【法律服务】 2017年，区司法局加强法律服务机构建设，新成立律师事务所1家，新增律师5人，整合基层法律服务机构1家。推进律师制度改革与公证体制机制改革。组织律师、法律工作者、公证、司法鉴定人员围绕全区重点项目、重点工作主动跟进服务。全区共代理刑事辩护107

区司法局人民调解培训进基层　（区司法局　供图）

件，民事案件1116件，行政案件44件，非诉讼法律事务225件，受聘法律顾问178家，办理公证2247件，其中涉外51件，涉港澳台10件，经济标的1.2亿元；办理司法鉴定147件，当事人满意率为100%；区法律服务中心提供现场咨询131件，电话咨询156件，参与重大矛盾纠纷调解15件，涉及金额530余万元。通过咨询解答化解矛盾纠纷67件，防止民转刑案件7件。

【法律援助】 2017年，《法律援助条例》执法检查获得区人大常委会通过。全年共受理法律援助案件697件，办结417件，为受援人挽回和避免经济损失862.01万元，其中为农民工挽回和避免经济损失466.77万元。

（区司法局）

芙蓉江大峡谷

军事

JUNSHI

武隆年鉴

军 事

人民武装

【概况】 2017年，县人民武装部在警备区党委和武隆区委的领导下，按照“坚决维护核心听指挥、聚焦主业谋发展、正规秩序强根基”的工作思路，以强军目标为引领，扎实推进军地各项工作，国防动员和后备力量建设取得新成效。

是年，围绕迎接和学习宣传中共十九大精神抓思想政治建设。认真开展中共十九大精神学习宣传贯彻，抓好改革强军专题教育，开展“维护核心、听从指挥”主题教育和“两学一做”常态化制度化落实，结合实际开展警示教育。加强党的建设新标准抓党委班子和干部队伍建设。持续抓民主集中制理论学习，打牢思想理论基础；围绕主题召开部党委民主生活会，班子建设再上新台阶；坚持集体研究决定重大问题科学决策民主决策依法决策水平进一步提升；干部工作年终考核在重庆警备区排名第二。在“11·23”地震情况发生后，指挥应急民兵队伍迅速集结出动参与救援，经受考验。抓好民兵整组工作，组织专武干部暨民兵骨干170余人集训，提升应急应战水平，周密组织1900余名学生军训。积极参建参治服务武隆经济社会发展。组织干部职工每周到农户家里帮扶，派1名同志驻村88天，两名党员突击队驻村46天，投入6万元用于帮助40户贫困户解决生产生活困难。参与羊角场镇整体搬迁分房入住工作，组织200名应急民兵参加分房选房安保备勤。

【思想政治建设】 深入学习习近平新时代中国特色社会主义思想和习近平强军思想，抓好党委中心组学习、思想政治教育，认真落实宣讲辅导、课题研究、交流研讨等基本制度；积极参加区委中心组理论学习和警备区师团职领导干部专题理论集训。全面深入贯彻军委主席负责制，认真贯彻重庆市关于进一步加强新形势下党管武装工作的意见，落实党管武装工作职责任务、制度机制、标准要求，进一步规范和完善党管武装工作，让坚持党对一切武装力量绝对领导的根本制度落地生根。开展“维护核心、听从指挥”主题教育，不断提升广大干部职工投身强军事业的政治自觉和行动自觉，确保部队坚决听从习主席指挥、对习主席负责、让习主席放心。推进人武部荣誉室建设，传承武隆国防动员的红色血脉基因。

【组织管理工作】 持续抓党章和《准则》《条例》的学习贯彻，严守党的政治纪律政治规矩，高标准开好部党委民主生活会和基层组织生活会，增强党内政治生活的政治性时代性原则性战斗性。保持政治整训的劲头和力度，全面彻底肃清郭伯雄徐才厚流毒影响，全面彻底肃清孙政才恶劣影响和薄熙来、王立军流毒。加强党风廉政建设，严格落实“两个责任”，切实营造风清气正的良好政治生态。为夯实基层建设根基，持续抓好基层武装部达标建设。开展民兵营连建设试点，规范专武干部队伍培训制度机制，力争三年内完成基层武装部和民兵营连部达标建设，将全区28名专武部长扎扎实实轮训一遍。牢牢守住安全底线，认真组织重点领域、重要时节、重大演训活动安全监管和自然灾害防范，做好一人一事思想工作，确保部队正规稳定。规范后装管理秩序，加强后勤科学化管理，严格落实军车、油料、经费、营房等管理制度，落实武器装备日常检查、维护保养制度，不断提高后装保障科学化水平。

【国防动员建设】 按照警备区《关于加强应急队伍建设的意见》，调整组建100人的区级民兵综合应急分队，乡镇应急民兵、专业应急民兵建设同步加强；完成年度民兵组织整顿，全区民兵组织健全、编制满员；将人防、交通、医疗救护等国防动员专业分队与民兵队伍统筹建设，动员力量数量足、底数清。开展年度国防动员潜力核查，组织核生化、医疗救护专项调查，“洞朗危机”期间按上级要求核查上报专业民兵、医护力量动员潜力，摸清、掌握全区部分国防动员潜力及分布情况。完善区、乡镇两级民兵应急物资储备，增加区民兵装备仓库人防、物防、技防设施，探索军民通用装备物资动员预征机制，应战应急动员物质支撑逐步强化。

【战备工作】 每周1个乡镇30名应急民兵轮流值班备勤，加强重大节假日、重要敏感时期战备值班，建立区、乡镇、村社3级民兵信息员队伍，全时全域关注全区社情、民情、灾情，民兵战备水平不断提高。加强人武部机关训练，开展新《民兵军事训练大纲》试训论证，组织3期共206名基干民兵集中轮训，参加警备区年度军事训练普考综合排名第5。加强“一线指挥部”和“一线带兵人”队伍建设，组织专武干部集中培训1次、以会代训2次，选送8人参加警备区和市人社局联合组织的专武部长轮训，专武干部组织开展民兵预备役工作、指挥遂行多样化军事任务的能力得到提升，巷口镇武装部、火炉镇武装部被警备区表彰为“2017年度先进基层武装部”，江口镇李兵、鸭江镇陈小华被警备区表彰为“2017年度优秀专武干部”。修订完善区民兵应急动员专项预案，将民兵遂行应急处突任务纳入全区应急预案和行动体系，急快速动员、军地联动水平进一步提高。组织巷口、白马、长坝、土坎、和顺等5个乡镇共150名应急民兵参加武隆区综合应急救援队伍集结演练，先后拉动点验原巷口、羊角等乡镇应急民兵，检验队伍建设水平。原巷口镇应急民兵在接受警备区应急拉动点验中表现突出，受到警备区首长和区领导肯定。

【征兵工作】 扎实开展兵役登记工作，区长卢红动员，区、乡镇两级联动，公安、教委、学校支持配合，全区18岁男性青年兵役登记率超过97%。区政府主要领导靠前主抓，强调严格征兵考核；各乡镇深入宣传发动，调动适龄青年参军报国热情，全区适龄青年报名应征。各乡镇严格初检初审，区征兵办严密组织体格检查和政治考核。大学生新兵奖励1万元的政策在全市尤其是辖区无高校的区县引起强烈反响。区政府、区人大、区政协领导和区级相关部门隆重送兵，团区委、区民政、区总工会、区红十字会等单位向新兵赠送书籍等纪念品，“一人当兵、全家光荣”氛围浓厚，增强应征青年的荣誉感和社会认同感。严格落实廉洁征兵制度规定，区和各乡镇分别聘请3～5名廉洁征兵监督员，广泛接受社会各界监督，严密防范征接兵不正之风和“微腐败”，守住廉洁征兵底线。

【全民国防教育】 国防教育纳入区委中心组学习和区委党校培训内容，多次邀请有关专家、学者为全区领导干部作国家安全形势、国防教育专题辅导，白马、沧沟等多个乡镇组织本单位主要领导过“军事日”活动，各级领导干部国防意识不断强化。军地协力开展十九大精神“五进”活动，驻区部队、全区民兵预备役人员持续掀起学习贯彻十九大精神热潮，维护核心、看齐追随的意志更加坚定，履行职能使命的行动更加自觉。加强中小学生国防教育，严格落实军训制度，组织协调驻区部队、退伍军人完成武隆中学、白马中学等5所学校共1900余名高一新生军训任务。加强全民国防教育阵地建设，各乡镇基本保证至少1块展板（1个橱窗）安排全民国防教育宣传内容，《国防》《中国民兵》《重庆国防》等国防类杂志订阅覆盖各级领导、乡镇武装部和民兵营（连）；区、乡镇两级同步开展“烈士纪念日”“国家安全教育日”“全民国防教育日”等系列活动，国防教育不断向基层、末端延伸普及。

【支援经济社会发展】 全区国防动员系统、民兵预备役人员全力以赴，参与脱贫攻坚行动，在迎接国务院脱贫工作检查考核、市级交叉检查、省级交叉检查中，经受住检验。按照《警备区部队进一步参与重庆市深化脱贫攻坚工作方案》，县人武部在抓好区里安排的40户贫困户帮扶工作的同时，安排专项资金，指定专人负责，全程跟踪问效，抓好烈军属建档贫困户精准脱贫工作。组织全区民兵预备役人员，勇于担当应急处突、抢险救灾等急难险重任务，“11·23”地震发生后，全区民兵信息员第一时间报告情况，民兵应急分队快速反应，火炉、江口、桐梓、沧沟等乡镇武装部组织民兵近100人，第一时间赶赴现场，走村入户查看灾情，组织群众避险转移；区民兵综合应急分队巷口镇应急排连续备勤24小时，随时做好前出支援救灾准备；震后第二天，火炉镇组织民兵300余人，连续奋战近20小时，帮助水产养殖户抢运因地震造成上游水源断流危及的养殖水产品2万余千克。羊角场镇避险搬迁集中抽签选房期间，巷口、白马、江口、仙女山、火炉、鸭江、平桥、双河应急民兵各25人，分两批轮流担负抽签选房现场维护秩序任务。此外，全区国防动员系统和民兵预备役人员，还在参与羊角场镇避险搬迁助推工作、全区旅游推广、社区共建共享中积极发挥作用，为共建美丽武隆做出积极贡献。

【安全稳定工作】 根据重庆警备区的统一安排部署，从9月22日至12月31日扎实开展“百日安全活动”。在制订《武隆县人武部“百日安全活动”实施计划》的基础上，组织全体干部职工召开动员部署大会，传达学习上级传真电报精神，对全体干部职工进行安全教育，强化“安全在心中”理念。严格按照“落实在百分之百的人头上、作用在百分之百的时间里、渗透在百分之百的工作中、发动百分之百的人参与”的要求，严格按照实施计划开展有关活动：召开党委会，组织专题安全形势分析，切实把安全底数摸清、隐患苗头找准、对策措施拿实；召开党小组会，深入开展群众性安全形势大分析、大讨论、大排查；每周四上午安排专门时间持续抓好条令条例、法规制度和安全常识学习；组织干部职工进行安全训练和应急处突演练；围绕“六个一遍”内容，由部领导带队进行安全隐患排查，召开专题会议研究整改措施，并将整改任务部署到具体人，限时完成整改，确保部队安全稳定。

（人武部）

武警部队

【概况】 中国人民武装警察部队重庆市总队执勤第五支队执勤大队武隆中队，前身系黔江县土家族、苗族自治公安中队，成立于1983年7月31日，原隶属武警四川省总队涪陵地区支队武隆县中队；2007年2月11日，转隶武警重庆市总队五支队建制领导，主要担负武隆区看守所看守勤务和驻地反恐处突、抢险救灾、武装巡逻等任务。2018年1月，因武警部队领导指挥体制变化，番号调整为武警重庆市总队执勤第五支队执勤大队武隆中队。2014 年以来，连续 4 年被总队表彰为基层建设先进中队。

2017 年，中队累计出动兵力 320 余人次，完成特殊敏感期城市武装巡逻、武装押解、仙女山草原音乐节机动备勤、仙女山旅游节机动备勤等临时勤务任务，受到地方党委政府的高度评价。

【中队建设】 2017 年，中队大抓政治文化建设，夯实官兵思想根基，注重开展配合活动，自主组建“集结号”电声乐队，编排的情景歌舞剧《儿子，妈妈等你回家》参加支队文艺会演获第一名，参加支队“践行强军目标”演讲比赛获第二名。注重活用资源，与区图书馆建立“警民流动图书室”，每季度为中队流动更新 200 余册新书。时任指导员谭钰被总队表彰为十佳“四会”政治教员。

坚持抓训练谋打赢。2017 年中队长汪洪被总部评为“优秀教练员”，全年月会操、季度训练监察均进入前三，年终终军事考核在支队排名第二，3 名士官入选总队尖子比武集训，中队共有 4 人被选拔参加预备特战队员集训，在支队 2018 年度勤训轮换集训取得第一名。

坚持抓管理树标准。认真对照基层正规化建设标准，逐库逐室、逐条逐项地对正规化建设进行规范，提高中队正规化建设水平。以支队下发《官兵日常行为规范 30 条》为抓手，从一举一动、一言一行做起，规范官兵日常养成。持续开展安全工作“五个天天”和“我为安全建一言”活动，通过呼喊安全警示语、观看警示教育和翻“四无”倒计时牌等提升官兵安全意识，实现安全无事故。

坚持抓后勤保生活。中队坚持支部当家理财，严格经费管理，充分发挥官兵经济民主权利，在支队组织的测评中，伙食满意率达到 100%。主动为官兵解决实际问题，与地方医院签订免费医疗协议，官兵看病难的问题得到有效解决。

坚持抓班子带队伍。狠抓风气建设不放松，严格落实组织生活制度，大力开展业务培训，干部骨干队伍能力素质提升明显，党支部书记谭钰被支队表彰为“优秀党务工作者”，团支部书记李宪伟被支队表彰为“优秀共青团干部”。2017 年召开支委会 28 次，民主议事 19 项，共推荐技术学兵 7 名，发展预备党员 4 名，推荐初选士官 8 名，中级士官 1 名，做到公平公正，上下满意服气。

（武警中队）

人民防空

【概况】 2017 年，武隆县人民防空指挥中心更名为重庆市武隆区人民防空指挥中心，核定事业编制 6 名，主任 1 名，副主任 2 名，内设综合科和指挥通讯科 2 个科室。

2017 年，区人民防空指挥中心坚持“战时应战，平时应急”指导思想，严格规范人防易地建设费征缴管理，推进人防指挥通信建设，提升人防应急应战能力建设，加强民防宣传教育，促进城市建设与人防建设同步协调发展。2017 年度全市民防系统工作目标考核被评为“先进单位”。

【人防易地建设费征缴管理】 2017 年，武隆区人民防空指挥中心对 2010 年以来已办理《建设工程规划许可证》建设项目的防空地下室易地建设费缴纳情况进行调查清理，对应收未收建设项目进行逐一核对。对易地建设费应缴未缴且已办理工程规划许可证的相关建设项目，下发易地建设费催收通知书，要求项目建设单位在规定时限内全额缴清。全年共征收易地建设费 502 万元。

人防易地建设费审批办结率为100%。

【人防指挥通信建设】 2017年,区人民防空指挥中心坚持以“能打仗、打胜仗”为目标，着力强化人防指挥通信建设。组织开展指挥通信训练。全年组织开展各类训练80余次。参加全市跨区域联动训练5次。在全市指挥通信训练考核中被市民防办给予肯定。加强疏散基地维护和管理。对建成疏散基地逐一进行全面检查、修缮。应急应战指挥平台正常运行，该平台全年共承接各类大会30余次，组织乡镇网上训练20余次。

【人防应急能力建设】 “两防一体化”示范社区建设有所突破。按照“五有三明白”建设标准，在巷口镇芙蓉中路社区、中山社区新建“两防一体化”市级示范社区2个，严格配备相应人防应急通信设施和人防战备物资器材，制作应急避难疏散示意图、宣传展板和宣传册子。群众防空组织有序推进。按照《大纲》要求，开展第八周期群众防空组织整组工作，完成人民防空群众组织训练，参训参演达200人。先后在芙蓉西路社区、中山社区开展防空防灾人口疏散演练，社区民众的应急救援能力得到提升。

【警报设施维护管理】 防空警报网络体系基本形成，城区防空袭警报全部实现无线控制。在江口镇新安装防空袭警报2台，全区共有防空警报16台。圆满完成武隆区“6·5”防空警报试鸣放工作。城区鸣响率、覆盖率分别达到100%和80%。

【民防宣传教育】 组织开展全区初级中学一年级民防知识教育，做到人防知识教育课本征订、课时安排、人防教师及备课落实到位，受教育的人数达3500余人；开设党校民防知识教育，邀请专家开展民防知识讲座1次，受训人达200余人。结合“5·12”全国防震减灾日和“6·5”警报试鸣日，在城区、乡镇通过展板、发放宣传单、宣传小册等形式，对广大市民开展人防政策法规和防空防灾应急知识宣传，增强市民人防民防意识。

（区人防指挥中心）

中国传统村落——沧沟乡大田村寨

经济

JINGJI

武隆年鉴

经　济

农　业

综　述

【概况】 全年完成农林牧渔业总产值343571万元，较上年增长1.3%（按可比价计算增长4.5%）。农业商品产值194215万元，商品化率为56.8%。实现农林牧渔业增加值228078万元，按可比价计算，较上年增长5.0%。其中，农业157202万元，增长5.7%；林业11980万元，增长22.0%；牧业48333万元，增长2.3%；渔业9483万元，增长9.0%；农林牧渔服务业1080万元，增长21.5%。农林牧渔业增加值结构由2016年的66.3∶4.4∶24.9∶3.9∶0.4调整为68.9∶5.2∶21.2∶4.2∶0.5。

全年粮食播种面积49812公顷，较上年下降0.3%。粮食综合每公顷产3675千克，较上年增长0.4%。油料作物播种面积5874公顷，增长2.95%。烤烟播种面积3322公顷，较上年下降4.8%。中草药材种植面积3977公顷，较上年增长3.84%。蔬菜播种面积25824公顷，较上年增长2.0%。

（区统计局）

【农业管理机构】 2017年3月，设置重庆市武隆区农业委员会，挂重庆市武隆区农业综合开发办公室牌子。内设科室9个，即：新农村工作办公室、办公室、组织人事科、法规科、行政许可科、财务计划科、科教信息科、渔政渔港船检科、农业综合开发科。下属事业单位9个，即农业技术推广中心、农业投资项目服务中心、农业综合执法支队（参公）、农机推广站、蔬菜产业发展办公室、农村合作经济管理站（参公）、农业生态和农村能源办公室、水产站。全委核定编制101个，实有在编在职人员99人。

【产业融合发展】 坚持农业与旅游、教育、文化、健康等产业深度融合，促进农业相关产业联动集聚，推动生产要素跨界配置。乡村旅游接待游客760万人次，收入14亿元，农产品电商销售额3亿元，68个休闲农业与乡村旅游示范基地有序推进，归原农业、农业大地艺术、木水十里荷塘、桐梓双凤绿茶基地、杨柳坝水果采摘园已打造成集休闲、观光、采摘、体验于一体的现代农业示范园区。新建农产品贮藏室（库）15座、

表15　　2017年全区主要农产品产量表

农产品名称	单位	产量	比上年增长（±%）
粮食	吨	183324	0.4
油料	吨	10927	5.0
苎麻	吨	540	–16.3
烤烟	吨	7424	–9.3
蔬菜	吨	590989	5.8
水果（含瓜果）	吨	34070	10.7
水产品	吨	3633	9.6

烘干设施 5 个。

【新型农业经营主体培育】 全区市级农业产业化龙头企业 14 家，区级农业产业化龙头企业 37 家；登记注册的农民合作社 1009 家，重庆市级示范社 27 家，国家示范社 10 家；家庭农场 80 家，市级示范家庭农场 11 家。

【农业生态】 全区推广应用农作物测土配方施肥面积 7.33 万公顷。扎实推进有机肥替代化肥行动、农药化肥零增长行动，专业化统防统治面积 1.53 万公顷，覆盖率 25.5%；秸秆综合利用率 40%。大力推行“稻鱼同田”“鱼菜共生”“畜—沼—菜”等生态农业发展模式，全区稻田综合种养面积 666.67 万平方米；实施大溪河流域农业面源污染治理工程，有效治理畜禽养殖污染 29 处、水产养殖污染 4 处、农田面源污染 16 处和地表径流污水净化 9 处。

【农业人才】 全区共有各级各类农业机构 66 个，核定编制 690 人，在册正式工作人员 622 人。全年培训农村实用人才 10000 人左右，培训新型职业农民 300 人，培训青年农场主 16 人，培训农业科技示范户 1580 人。

【农业基础设施】 实施农业机械化深松整地作业 420.87 公顷，完成人行便道建设 552.5 千米，新建大中型沼气工程 29 处，建设厌氧发酵罐 2800 立方米，安装沼气（沼液）管道 17 万米。大力推进农业综合开发，实施生态综合治理 1453 公顷，新修（整修）耕作道 14 千米，新修机耕道 21.78 千米，整修机耕道 1.68 千米，新建蓄水池 23 口 6300 立方米，整修排水沟 10 千米，整修灌溉渠 5 千米。

【农村体制改革】 在鸭江镇青峰村、平桥镇平胜村、赵家乡新华村、白马镇灵山村、文复乡西山村、石桥乡香隆村、羊角镇永隆村、后坪乡白鹤村、桐梓镇香树村、黄莺乡黄莺村 10 个村开展农村集体资产量化确权、扶持发展集体经济改革试点，基本完成资产界定、成员确定、股权配置等工作。启动火炉镇向前村农村“三变”改革试点。按照每村 5 万元的标准为村集体经济组织发展集体经济注入“第一桶金”。

【农产品质量安全】 全年检测农产品样品 977 个，合格率 98.3%。重庆市农科院质标所对全区送检的 37 个蔬菜样品进行定量分析，合格率 100%。农业部委托北京市农科院、湖北省农科院、中国柑橘研究所对全区蔬菜、猪腰枣、马铃薯等农产品质量安全开展例行抽样检测，市农委指派永川区农产品质量安全检测中心对全区蔬菜、水果产品质量安全开展例行抽样检测，共抽检样品 102 个，合格率 100%。

稻鱼同田养殖　（区农委　供图）

【产业扶贫】 50% 以上的特色效益农业资金用于鼓励贫困户发展产业，惠及约 65% 的贫困户。推行“企业 + 贫困户”“合作社 + 贫困户”“基地 + 贫困户”等与贫困户利益联结模式助推脱贫攻坚，累计 6000 余名贫困人口通过就近务工、入股分红等形式增收致富；推进农业项目财政补助资金股权化改革试点，贫困户整户最高分红达到 537 元。聚焦深度（重点）贫困乡镇、贫困村，有效预防贫困户脱贫后返贫。

【农业执法】 全年出动渔政执法 210 人次，农机执法 150 人次，检查渔船 211 艘次，农机 180 辆次，检查农资市场 210 家，水产品养殖场 17 个，专业合作社、种植大户 30 家，查处农资案 4 起，查处渔政案件 11 起，没收电鱼设备 1 套，处罚 6 万元，整改安全隐患 15 处。

【农村承包地确权登记颁证】 开展深化农村土地承包经营权确权登记颁证工作，重点推进“五深化”（基本农田落实到户、承包土地调查补图、建设农村土地确权登记颁证信息应用平台、建立健全农村土地承包经营权流转管理和服务体系开展其他相关试点工作）“五完善”（依法稳妥化解农村土地承包经营权矛盾纠纷并做好后续确权、登记和颁证工作、完善农村土地承包合同、妥善解决承包地块确权登记中存在的问题、完善农村土地承包经营权登记管理制度、规范完善农村土地确权登记颁证档案）十项任务，召开深化农村土地承包经营权确权登记颁证工作动员会、业务培训会，通过公开招投标形式确定重庆涂作林杰科技有限公司和重庆拓土地理信息有限公司为全区农村土地承包经营权确权登记颁证工作开展技术服务。

（区农委）

烤 烟

【机构】 重庆市武隆区烟叶生产管理办公室位于重庆市武隆区芙蓉街道芙蓉中路 9 号（区人民政府人大楼 7 楼），系区农委所属副处级事业单位，下设 2 个科室，即综合科和生产科，现有正式在编人员 6 人。

【烟叶生产】 2017 年，全区种植烤烟面积 3322 公顷，组织收购烟叶 6180 吨，完成计划的 95.1%。其中上等烟占 41.7%、上中等烟占 91.4%，收购均价 22.22 元 / 千克，实现产值 1.37 亿元，实现本级财政税收 3014 万元。累计销售卷烟 1.23 万箱，实现“两烟”税利 1.84 亿元，上缴税金 1.29 亿元。烟农总收入 1.42 亿元，烟农户均收入 6.22 万元，人均收入 1.56 万元。

【脱贫攻坚】 2017 年，区烟办鼓励烟区建卡贫困户参与烤烟种植，对建卡贫困户优先签订种植合同，优先解决烤房、烟水、烟路等配套基础设施，生产技术上实行全过程跟踪指导服务，优先解决救灾救助补贴，降低贫困户的种植风险，增强贫困户的种烟信心。全区种烟建卡贫困户 374 户，占全区种烟户数的 17%；贫困户种烟面积共计 518.4 公顷，占全区烤烟移栽面积的 15%；实现产值 1968 万元，户均收入实现 5.26 万元，人均收入实现 1.34 余万元。

【新型职业烟农培训】 2017 年，区烟办与武隆烟草分公司联合开展新型职业烟农培训，推行校企联合办班、以镇为单位分片办班和集中办班的模式，采用半农半读、农学交替等方式分阶段完成技术。紧紧依托“固定课堂”“流动课堂”及“田间课堂”的教学模式，进行阶段性、全程性、系统性培训，以烟叶标准化生产技术、烘烤分级技术、烟草病虫害综合防治技术、优化烟叶结构知识、采烤分收一体化等作为培训重点，结合烟草专卖法、合同法、烟草生产机械化应用与推广、专业化服务管理技能等科目把专家引导、自我操练和相互交流有机贯穿于学习的全过程。破解“谁来种烟、如何种烟”的问题，利用 3 年时间，力争完成职业烟农培训 1500 人。2017 年，已培训职业烟农 150 人，分批次集中培训烟农 1500 人次，为全区烟草产业发展提供人才保障和技术支撑。

【大学生烟草创业园】团区委、区烟办、区烟草公司联合实施“大学生烟草创业园”项目。由共青团武隆区委负责牵头，组织招募4名武隆籍返乡大学生签订创业合同；区烟办负责创业园内基础设施建设和管理，协调创业启动资金，免费提供流转种烟土地10.67公顷，新建创业园新式集群烤房8间，烘烤设备8套，生产用房4间，搭建烘烤用电专线400米，新修田间机耕道700米；烟草公司为大学生提供技术人员全程跟踪指导烟叶生产，保证创业园成立首年出成效。首年交售烟叶1.75万千克，完成计划任务的100%，其中上中等烟叶占91%，实现产值34.83万元，扶持创业大学生4人，带动就业20余人。

【农业与扶贫示范基地建设】打造以白果树、菜地湾66.67公顷烤烟生产示范基地建设，完成园区土地整治66.67公顷；整合区烟办资金80万元，完善烟地渠道排水功能，新建排洪沟328米，整治烟田道路3.8公里。

【接龙烟草援建水源工程】接龙烟草援建水源工程由原接龙水库、接龙烟草援建新建渠系等工程组成，是接龙水库工程的续建工程，也是烟草“惠民”重点建设工程。2017年，接龙水库工程基本完成，新建渠系工程已完成烟水二标、三标、四标、五标、六标，剩余烟水一标部分工程未完工。国家烟草总局援建资金19344.18万元，截至2017年12月，已到位援建资金9672.09万元，尚有50%援建资金未到位。

（区烟办）

林　业

【综述】2017年，全区林地总面积221960公顷，其中森林面积176253.33公顷，森林覆盖率达62.6%。现有植物种类2048种，陆生野生动物371种；国家级森林公园1个，国家级湿地公园1个；省级自然保护区1个、区县自然保护区2个，国有林场2个、乡办林场13个；全国生态文化村1个、市级生态文化村3个；市级生态镇4个、生态村26个。

【机构】2017年3月，设置武隆区林业局，是区政府的28个组成部门之一，内设8个科室，即办公室、造林绿化科、林政资源科、林业产业科、行政许可科、森林防火指挥部办公室、财务计划统计科、组织人事科。下设武隆区森林公安局政法专项编制单位1个、武隆区森林病虫防治检疫站参公事业单位1个，公益一类全额拨款事业单位国有仙女山林场(仙女山国家森林公园管理处)、国有白马山林场、林政执法监察支队、林木种苗管理站4个，另对全区26个乡镇林业站实行业务指导。全系统核定编制102名，实有在编在职97人、退休职工127人。通过中介临聘22名。

【林业争资立项】2017年，林业行业全年争资立项31个，争取各类资金1.11265亿元，为年度目标任务的（0.5亿元）222.53%，完成固定资产投资15161万元。

【绿化造林】强力推进城市绿地、城郊公园、库岸生态复绿等重点工程建设。全年累计完成各类营造林项目9514.66公顷，占年度下达计划（6133.33公顷)的155%。其中新一轮退耕还林和欧投项目3866.66公顷，森林抚育1533.33公顷，封山育林666.66公顷，岩溶地区石漠化综合治理1916.66公顷，历年三峡后续植被恢复项目补植、抚育1400公顷，白马山杜鹃花海建设86.66公顷，羊角古镇周边植被恢复44.66公顷。完成武仙路沿线绿化升级改造11公里，采取抚育及保育方式完成白马山原生杜鹃花改造面积394.66公顷。

【森林城市创建】 初步编制完成总体规划和实施方案，组团考察学习湖北咸宁和湖南湘潭、张家界等地创森经验，申报启动2017、2018年“绿色新村”创建工作。大力支持火炉、后坪、长坝、双河等9个乡镇乡村绿化建设，绿化公路50公里、校园2个、广场3个、村民便民服务中心5个。规划建设巷口镇万营村大型义务植树基地1个，完成栽种任务4.13公顷。

【资源管理】 常年聘请472名护林员强化全区林地日常管护，新增生态护林员371名，全年支付管护补助金665万元，每年兑现全区林农生态效益直补资金1865万元。严控森林采伐限额，重点保障重大工程、农房改造等经济民生领域用材需求，全年使用采伐计划8111.39立方米，占年度总限额的17.8%。狠抓森林防火责任落实、宣传教育、火源管控、物资储备、应急演练等五大基础工作，完成车盘至黄柏淌原始森林、大洞河乡赵云山杜鹃花海区域森林防火道路规划，全年共发生16起森林火情、4起森林火灾，森林受害面积0.746公顷，森林火灾受害率0.0034‰，严格控制在0.1‰的红线指标以内。强力推进松材线虫、杉天牛、枣疯病等林业有害生物防控工作，投入500余万元资金有效控制全区森林灾害的快速蔓延态势。严格依法审批，切实保障全区重大项目、乡村旅游项目征占用林地需求，全年共办理林地征占用审批86件次207.12公顷。强化自然保护区、湿地公园管理，全面落实中央、市级环保督查整改内容，已启动国家级芙蓉湖湿地公园试点建设，规划申报2017年度芙蓉湖建设资金300万元，拟于2022年通过国家级试点验收。

【林区治安】 整治林区秩序，深入开展打击违法占用林地、保护野生动物、检疫联合执法三个专项行动。清理非法征占用林地项目49起（其中白马山自然保护区32起），清理检查木材及野生动物非法交易场所（经营加工）45处，发放宣传单5万余份。全年立案查处林业行政案件54件、侦破涉林刑事案件12件，同比上升25%和58%。全年打击处理涉案人员23人，移送起诉违法嫌疑人16人，同比上升60%。

【林业产业】 编制完成特色林果十亿级产业链实施方案，结合农业与扶贫基地、乡村旅游，分解下达2017年度乡镇新建任务1666.66公顷、管养提质2000公顷，大力推进“十亿级”产业链建设。全区结合退耕还林、欧投项目造林和特色效益农业项目，已完成新建林果基地2533.33公顷、补植养护1333.33公顷；培育壮大林业企业36家，林业专业合作社、家庭林场、林业大户、森林人家等新型经营主体268家。全年实现林业综合产值24.1亿元。

【林业改革】 编制完成全区林地保护、生态修复、林相改造三大规划，划定林地保有量、森林保有量、蓄积保有量三大红线。基本完成深化集体林业综合改革试验区建设，积极开展集体林地所有权、承包权、经营权改革，基本完成国有林场主体改革，结合欧投项目开展森林认证和碳汇交易试点工作。探索建立林地家庭承包权有偿退出机制，全年开展家庭承包有偿退出流转林地215.53公顷，流转金额3492万元，其中仙女山镇石梁子某村民仅此一项就直接收入157万元。实现林权抵押面积197.46公顷，抵押贷款融资900万元。

（区林业局）

畜牧业

【概况】 重庆市武隆区畜牧兽医局成立于1983

年10月，原名武隆县畜牧局，2001年机构改革时设置为政府直属事业局，2007年4月更名为武隆县畜牧兽医局，2017年4月更名为重庆市武隆区畜牧兽医局；内设机构4个。

2017年，全区畜牧兽医工作在区委、区政府领导下，贯彻中共十九大精神，深入贯彻落实习近平总书记系列重要讲话精神，主动适应经济发展新常态，推进畜牧供给侧结构性改革，以脱贫攻坚统揽畜牧为主线，以三大富民工程为抓手，以三大职能为工作导向，以“畜牧增效、农户增收、生态增值”为核心，确保不发生区域性重大动物疫情和重大畜产品质量安全事件。

【脱贫攻坚统揽畜牧发展】 制订全区《贫困村畜牧产业扶贫规划》，确保75个贫困村村村有帮扶目标和帮扶措施，带动7468户，21685贫困人口通过发展畜牧产业顺利脱贫。依托一批养殖企业，积极引导企业与贫困户对接，开展全方位服务。积极争取项目资金1000余万元用于贫困村及贫困户发展畜牧生产。成立专家服务队，组织专题畜牧养殖等各类技术培训班，确保对贫困村、贫困户技术培训全覆盖。2017年，区畜牧局获得全市脱贫攻坚先进单位。

【结构调整助推转型升级】 2017年全区畜禽出栏210.3万头只。其中，生猪出栏48.1万头，同比增长1.9%；肉牛出栏3.7万头，同比增长8.8%；山羊出栏19.5万只，同比增长12.1%；家禽出栏123.2万只，同比增长4.7%；肉兔出栏15.8万只，同比增长5.3%。蜜蜂保有量达6.05万群。牛羊蜂等节粮型畜牧业均保持高位增长，畜牧业结构正转型升级。

【品牌建设】 全年指导2个企业申报无公害羊肉产品基地；指导企业成功获得白马蜂蜜国家地理商标。全区畜牧业已拥有国家三品一标认证产品7个，正在申报3个。“武隆碗碗羊肉”“武隆土猪”“武隆土鸡”“武隆土蜂蜜”等一大批“武隆产”畜牧产品已在市内外享有盛誉。

【安全监管】 以监管执法力保畜品安全。强化养殖投入品监管；加强兽药、饲料执法监管；率先在全市开展禁止晚阉猪上市工作，禁止公母猪肉流入市场；加强养殖环节生猪无害化处理补助的申报管理。

【污染防治】 是年，区畜牧局以污染防治建设美丽乡村。落实一场一策治理措施，对新建养殖场要求环境评审。建立健全信息台账，对养殖种类和数量、废弃物产生、综合利用和污染物排放等情况予以登记备案，实行动态管理。2017年共关闭禁养区内畜禽养殖场29个，减排2.2万头生猪当量。引进大型粪污处理设备35台套，修建化粪池12580立方米、沼气池13500立方米。通过“猪—沼—菜”“猪—沼—果”“猪—沼—鱼”等生态循环农业，推进美丽乡村建设。

（区畜牧兽医局）

水　利

【概况】 武隆县水利电力局成立于1963年12月，1970年10月称为武隆县革命委员会水利电力局，1981年3月改为武隆县水利电力局（即水电局）。2007年，全国实行水务一体化改革，因此更名为武隆县水务局。2017年3月，更名为重庆市武隆区水务局。水务局现有职工114人。局机关设10个内设科室，机关行政编制9名，实有人员10人，其中领导班子成员3人、改非干部4人、纪委派驻纪检组副组长1名、主任科员2名。机关工勤3人，待转行政（事业）7人。下属事业单位10个。参公编制5名，实有5人；事业编制总数108名，实有人员89人。行业管理企业3个：重庆武隆水务（集团）有限公司、重庆市渝翔水资源开发有限公司、重庆市三峡水务武隆排水有限责任公司。

2017年，全区抢抓水利部定点扶贫契机，着力加快水利工程建设，推进在建项目25个，完成水利固定资产投资7.9亿元。

【饮水灌溉】 农村饮水安全工作。完成第一批扶贫饮水项目464个，巩固提升2.16万人的饮水安全；开工建设第二批扶贫饮水项目，工程建成后将巩固提升15.15万人饮水安全，实现农村自来水全覆盖；完成平桥和长坝管网改造工程，安装管网16千米。

山坪塘整治工作。规划整治的100口山坪塘全部完工，新增和恢复蓄水140万立方米，新增和恢复灌面1500公顷。

【水利基础设施】 项目前期工作。启动7大类25个项目的前期工作。完成沙坝水库、万峰水库、龙宝塘水库、花园水库等11个项目前期工作。铜鼓水库、车盘水库、西山水库、姜家溪水库、万峰水库等14个项目前期工作序时推进。

水源工程建设。接龙水库建设基本完工，完成大坝渗漏治理，达到正常蓄水位；在建核桃水库、大河沟水库大坝主体工程完工；仙女山水库和河心水库大坝完成填筑；沙河水库导流洞掘进80米，大坝实现开挖；沙坝、龙宝塘、花园水库启动招标工作。

防洪保安工程。左岸城区（大木桥段）防洪护岸综合治理工程完成投资1.3亿元，基本完成一二级挡墙浇筑及回填和堤防主体工程。土坎堤防涉河建设方案已通过长江委审批，可研报告已审，正在完成各项专题。

【水质检测能力建设】 加强水资源管理。实行最严格水资源管理制度，审查水资源论证报告9件，新办和延续变更取水许可11件，限期内行政审批20件。

加强水质监测。加强水质监测能力建设，新购进便携式光度计和便携式微生物分析仪各1台，提高水质快速检测能力。强化水质监测实验室运行监管，保障供水水质安全。成功开展仙女山“8·8”腹泻事件水质分析、平桥镇水污染事件水质检测和“11·23”地震水质检测。

【生态环境治理】 河长制工作。牵头组建区河长办，落实区河长办的人员、经费和办公场所，完成区河长办的体制机制和制度建设，实现区河长办的正常运转。摸清全区河情，全区有大小河流199条、水库32座，并对河库进行全面登记和确权划界、立桩建档。牵头编制完成《乌江“一河一策”管理保护方案》；组织开展乌江流域（武隆段）大排查大整治专项行动，对排查出的36项问题逐一督促整改，整改率达100%。成功试点建立25座水电站生态流量泄放设施和监控系统，实现适时监控，根治减（脱）水河段3千米。严格审查水资源论证报告，强化水质实验室监管，严肃查处各类水事违法案件。

水保工作。实施火炉腊溪沟小流域水土保持项目，综合治理水土流失面积11.41平方千米，治理石漠化面积10公顷。完成长冲水库饮用水源地涵养与修复工程建设。

农电工作。完成17座农村小水电站增效扩容改造，2座农村水电站安全标准化绿色水电站创建达标，成功试点建立25座水电站生态流量泄放设施和监控系统，逐渐实现绿色水电全覆盖。

【水利行业管理】 严格依法行政。利用“世界水日”和“12·4国家宪法日”开展涉水法律法规集中宣传；查处各类水事违法案件5件，做到有案必查，事后有跟踪，无一上访事件或行政诉讼和复议案件。

加强安全生产工作。落实“党政同责、一岗双责”制度，层层签订目标责任书；制定完善安全生产综合应急预案，强化应急演练培训，加强在建工程监管，注重巡查整改，实现安全生产“零事故”目标。

加强工程管理。加强项目建设管理，严格执行水利工程项目法人责任制、招投标制、建设监理制、合同制等“四制”管理，出台《水利工程项目建设巡查制度》，加强重大水利项目关键节点的管控，确保工程安全、资金安全、干部安全。加强已成工程管理，全面深化小型水利工程管理体制改革，出台《武隆区小型水利设施维修养护及管理办法》，初步建立起产权明晰、责任明确、机制健全的工程管理运行机制。

防汛抗旱工作。全区26个乡镇、116个水利工程、15个在建工程全面落实“行政、技术、管护”三个责任人，层层签订目标责任书。修编完成预案和水库调度计划189个，组织修编12个应急预案；落实防汛抢险队伍27支1600人，储备各类防汛抗旱物资，并与区石油公司等7家单位签订防汛物资储备协议书，确保抢险急需；开展拉网式汛前检查，全面完成隐患整改；实行领导带班制度，坚持24小时值班制；及时发布水雨情信息及预警预报。全区投入资金600万元，1.8万人次参与防汛抗旱抢险救灾，成功应对防汛抢险和两次Ⅳ级干旱灾害，将灾害损失降到最低限度。

（区水务局）

移民工作

【概况】 2017年3月，设置重庆市武隆区移民局，为区政府工作部门；机关内设机构6个科（室），即：办公室、计划财务审计科、三峡移民后续工作科、大中型水电工程移民工作科、综合科；下属事业单位1个，即：重庆市武隆区移民资产管理中心。全局在职职工24人，退休2人。机关行政编制8名。其中，局长1名、副局长3名。内设机构领导职数6名；机关后勤服务人员事业编制4名；移民资产管理中心事业编制6名。

2017年，在三峡后续工作、重大项目推进、大中型水电站建设等方面取得新进展。全年，争取三峡后续项目19个；申报2018年度三峡后续项目专项资金预算13个；完成移民培训计划1386人；下达污水、垃圾处理项目12个；实施银盘水电站移民项目7个；浩口电站移民工作通过市级验收；推进原白马麻纺厂职工确权还建项目。

全区2011—2014年批复移民项目71个，截至2017年，完工仅54个，竣工验收仅26个。

【三峡后续项目实施】 2017年，争取三峡后续项目19个，到位专项补助资金22172万元。其中，羊角场镇危岩避险搬迁项目9个（基础设施项目2个、边坡防护项目7个），专项补助投资13457万元；民生类项目5个，为城镇移民小区综合帮扶和农村移民精准帮扶项目（白马移民迁建集镇小区综合帮扶，巷口万营村、白马杨柳村、江口花园村精准帮扶、鸭江镇污水管网工程），补助资金7749万元；安全类项目4个（白马镇三溪村村委会后侧、白马镇铁佛村四组居民点后侧、羊角镇乌江大桥北桥头边坡中段变形体边坡防护、高切坡监测预警），补助资金866万元；科研项目1个（武隆肉羊繁育技术研发与产业化示范），补助资金100万元。2017年争取到位三峡水库库区基金297万元。

【库区生态环境建设与保护】 2017年，抓好水污染和库岸环境综合整治。全区所有乡、场镇污水处理项目实现全覆盖，共下达污水、垃圾处理项目12个，到位补助资金13604万元，年底，已完工并投运10个，在建2个。加强三峡水库库容管理的消落区管理。制订完善三峡水库综合管理年度工作计划及应急预案，加强三峡水库蓄退水期间安全监测和水库库容管理，严禁消落区“八乱”行为发生，全年开展巡库8次，白马石梁河库岸环境综合整治项目完工；开展土坎镇清水溪巡河10次，上报信息5期，编制完成“一河一策”实施方案。

【库区地质灾害防治】 2017年，已批复的库区地质灾害防治类项目26个（高切坡防护项目15个，含175米试验性蓄水影响处理地质灾害避险搬迁项目11个）中，已完工13个，在建12个，1个即将开工。累计下达本大类专项补助资金82665万元，已拨付项目单位67969万元，资金拨付率82.2%。高切坡监测预警工作方面，坚持专业监测和群测群防常态化，落实监测单位开展高切坡专业化、常态化安全监测和群测群防工作，建立健全群测群防预警工作机制。避险搬迁工作方面，高标准高质量推进羊角场镇避险搬迁工作，完成羊角场镇避险搬迁险区1843户7569人的搬迁安置和56家企业过渡搬迁安置，2017年12月26日—29日，已实现分房到户，顺利完成13户过渡搬迁户回迁选房工作。完成175米试验性蓄水影响土坎镇狮子危岩51户212人避险搬迁，确保险区群众的生命财产安全。指导白马镇制定桐麻湾蓄水影响搬迁方案，搬迁工作正在推进。

【银盘水电站移民项目】 2017年，完成银盘水电站项目实施7个：投资117.5万元完成沧沟乡沧木公路维修整治工程路面硬化扫尾工作；投资600万元完成焦村坝居民点外侧乌江岸坡变形体整治工程；投资25.3万元完成长房子、卷棚居民点排污设施工程项目；投资65.11万元完成黄草迁建集镇显示屏安排、公厕修建设项目；投资1843.34万元启动银盘山至白房子组道路建设，以及火炉镇库周交通补助项目（后槽马桑坳至豌豆坨公路的路面改造）、连二塘水库补偿，以及江口镇黄草酒厂、黄草预制厂、江隆倖水池补偿工作和文复乡楠木村生机坪公路路面改造项目等项目。

2017年4月10日，武隆区乌江银盘水电站移民工作座谈会在江口镇召开　　（李小红　摄）

【浩口水电站移民工作通过市级验收】 2017年，已完成库坝区农村移民搬迁安置和生产安置补偿资金兑付工作，完成库坝区352米水位线下的专业项目搬迁、复建工程建设及清库任务，实现“两全一基”的移民工作目标。完成区级自查验收。成立区级自查验收的组织机构，拟定《芙蓉江浩口水电站武隆区移民安置工作实施意见》《芙蓉江浩口水电站武隆区移民工作方案》等工作方案。9月13日至15日，浩口电站移民工作接受市级验收合格。积极妥善处理移民实施规划等遗漏问题。配合区发改委、区财政局对浩口水电站税收分配问题提出具体方案。

【移民后期扶持工作】 2017年，度审核兑现后期扶持直补、镇遗留问题困难补助和特殊救济资金。直补1201人，兑付资金74.09万元；困难补助476户908人，兑付资金36.32万元；特殊救济15人，兑付资金2.95万元。确保兑现时间及时，兑现对象精准，兑现金额精确。

【移民培训】2017年，完成移民培训2015年、2016年移民培训计划1386人。其中，2015年度863人，2016年度523人。2017年310人（就业技能培训200人，岗位技能提升培训60人，新型农民科技培训50人）已落实承训机构。

【库区信访稳定工作】2017年，共接待和处理信访件29件次134人次，集中约访乡镇4次，排查重点矛盾纠纷，转接信件案件2件次2人次。建立重大事项社会稳定风险评估机制、突发事件应急处置机制和预案，全区移民信访稳定总体可控。

【原白马麻纺厂职工确权还建项目推进】原白马麻纺厂职工确权还建项目是武隆区确定的重大项目，因揭牌开发商无法筹措建设资金导致项目停滞。区政府作出依法解除与开发商的土地承交确认书，由区工业(发展)集团公司负责接管该项目实施的决定后，移民局主动作为，牵头和配合有关单位开展工作。牵头对银盾公司已建的确权房还建项目高切坡工程开展安全质量鉴定，落实专业监测单位和专门人员对高切坡工程进行应急监测预警和日常现场巡查监管。配合白马镇对高切坡上方受影响的15户居民实施避险过渡搬迁。牵头聘请中介机构对银盾公司在确权房还建项目中的投入开展清理、审计和评估咨询。组织相关单位对银盾公司在确权房还建项目中，违规向110名群众收取的购房定金进行清理核查，责成银盾公司清退购房定金1033.6万元。开展银盾公司在确权房还建项目中拖欠民工工资清理，责令银盾公司兑现民工工资500余万元，妥善处理民工集访事件。配合区工业(发展)集团公司完成确权房还建项目新址方案调整和户型确定，向麻纺厂住房确权职工进行确权房建设地调整情况通报及正面宣传引导。积极筹集资金，按期兑付472户职工2017年过渡安置费330余万元。牵头开展与银盾公司的项目前期投入清算谈判、遗留问题处置工作，向区政府呈报《确权房还建项目前期投入收购协议书》。

（区移民局）

工　业

综　述

【概况】全区实现工业增加值287733万元，按可比价计算，较上年增长10.6%，对经济增长的贡献率为24.4%，拉动经济增长1.9个百分点。其中，规模以上工业增加值增长11.0%，规模以下工业（含个体）增加值增长9.1%。

全区规模工业企业完成工业总产值473917万元，较上年增长2.5%。其中，国有控股企业完成产值169699万元，增长0.4%；大中型工业企业完成产值142799万元，较上年下降6.7%。按轻重工业分：轻工业总产值89242万元，较上年下降22.3%；重工业产值384676万元，较上年增长10.7%。规模以上工业企业利润总额37534万元，较上年下降33.4%；利税总额61618万元，较上年下降24.2%。规模以上工业企业经济效益综合指数86.8%，较上年下降16.9个百分点；总资产贡献率为7.7%，较上年下降0.9个百分点；资产负债率72.7%，较上年提高1.9个百分点；成本费用利润率12.5%，较上年下降2.8个百分点。

全区规模以上工业企业主要行业中，农副食品加工业完成总产值54379万元，较上年下降 7.2%；金属制品业 23970 万元，较上年下降 13.1%；专用设备制造业完成总产值 5532 万元，较上年下降 12.8%；汽车制造业 41561 万元，较上年下降 0.5%；电力、热力生产和供应业 142799 万元，较上年增长 7.0%，占规模以上工业总产值的比重分别为 11.5%、5.2%、1.2%、8.8%、30.1%。

【工业管理机构】 2017 年 3 月，设置重庆市武隆区经济和信息化委员会，是区政府的组成部门之一。有 8 个内设科室，即：办公室、组织人事科、经济运行科、规划发展科（行政许可科）、政策法规科（信访办公室）、工业投资科（区中小企业贷款专管办公室）、安全生产科（执法队）、信息化办公室。有下属事业单位 1 个，即：重庆市武隆区节约能源办公室。核定机关行政编制 17 名，重庆市武隆区节约能源办公室事业编制 8 名。2017 年年末，实有在编人员 23 人，退休职工 42 人。

【生态工业】 2017 年以来，全区创新引领生态工业发展，把引进和培育创新性强、生态环保、国家鼓励支持的新型工业企业作为发展方向。新培育规模以上工业企业 4 户。2017 年 12 月，重庆穗通汽车工业发展有限公司首批自主研发的 50 辆纯电动新能源客车交付使用。除以穗通车业为龙头的新能源汽车和豪华大巴产业外，以隆泰新材、正信四联光伏为龙头的新型材料产业，和以通耀铸锻等为龙头的装备制造业，都是创新性强、高度环保的高新技术行业。

【信息化工作】 2017 年，区经信委会同中国移动武隆分公司、中国电信武隆分公司、中国联通武隆分公司、重庆铁塔武隆办事处以及相关单位，扎实推进通信网络和信息化建设。2017 年通信行业实现营业收入 2.2822 亿元。全区拥有固定电话用户 4.62 万户，移动电话 36.17 万户，宽带网络用户 11.8 万户，186 个行政村实现 4G 网络覆盖和光纤通达。推进通信基础设施建设。截至 2017 年底，全区光缆长 16500 公里，无线通信物理基站 923 座，提升光纤和 4G 网络覆盖的广度和深度。加大信息化建设管理和应用力度。推进《武隆区通信基础设施“十三五”规划》的编制，待区政府审定后印发实施；做好音乐节等重要时段通讯保障工作；继续做好“最后一公里”，尽力满足群众实际需求，解决具体困难；持续推进“两化融合”工作。贯彻落实重庆市信息化和工业化深度融合专项行动计划、重庆市以大数据智能化为引领的创新驱动战略行动计划，扎实推进工业转型升级与信息化融合、智慧城市建设等工作。

【工业节能】 2017 年规上企业能耗合计 66671.95 吨标煤，同比增长 6.23%。其中煤炭消耗 46268.72 吨；汽油消耗 325.74 吨；柴油消耗 2618.57 吨；电力消耗 19349.36 万千瓦时。

（区经信委）

工业发展

【概况】 重庆市武隆区工业发展（集团）公司内设机构 7 个部门：综合部、财务部、融资部、投资经营部、审计部、工程建设管理部、安全环保部。在职人员 73 人。下设 5 个子公司是：重庆千业物流有限公司，武隆县凯信工业开发有限公司，武隆县千业物流有限公司，重庆千峪建筑工程有限公司，武隆县中小企业融资担保有限责任公司。

公司的主要经营范围：工业园区功能配套建设，乡镇基础设施建设，土地储备、开发，经营政府性资产、国有资产，物业管理，货物运输代理、仓储，从事建筑相关业务，房地产开发二级

(暂定),为园区招商企业服务,货物装卸、搬运、为船舶提供码头服务,码头经营管理。

【融资争资】 2017年,融资到位3.9亿元,综合成本4.41%,占区上下达任务2.5亿元的156%。先后与建行、兴业银行、农商行等十余家银行开展了融资工作对接,与银行达成的意向融资总额为31.09亿元,通过银行贷审会5笔共9.89亿元。

全年争资到位15358.89万元,占区上下达任务10000万元的153.6%。土坎片区羊角搬迁建设项目9个共争取三峡后续专项补助资金13457万元;武隆白马确权房配套基础设施建设项目争取中央预算内投资650万元;武隆区鸭江镇廉租房工程争取中央财政专项补助资金112.89万元;白马码头项目下达三峡后续专项补助资金1139万元。

【园区建设】 2017年累计完成基础设施建设投资5.87亿元,占全年任务5.4亿元的109%。加快推进园区物流网及园城一体化建设,实施点状式开发。长坝场平三标已完成;白马货运码头正进行217平台滑坡治理和道路实体段工程施工;白马工业污水处理厂郭溪沟护岸工程及污水管网已完成,厂区工程移交市环投公司;车坝安置房滑坡治理移交国土部门;白马组团沙台片区完成地形图测绘;物流通道正与区交委、移民局优化方案(已变更为疏港公路)。黄荆坝一期(确权房)项目已启动建设,正开展地基基础施工;麻纺厂高切坡治理完成地勘外业资料,正开展回填治理方案设计。

【羊角新址建设】 截至2017年年底,已完成机关事业单位公共建筑、基础设施三标段、羊角场镇文物搬迁、桐坝弃渣场加固复垦等项目,确保机关事业单位及时入驻,保障群众基本需求;推进羊角新址园林绿化灯饰工程。已完善安置房临时照明安装等相关配套设施,保障搬迁群众的安置入住。坐屋沟安置房快速推进,已完成场平,正在开展主体建设(已完成约6000平方米)。

【投资经营】 公司在货运物流、房地产开发、工程建设、标准化厂房出租、担保贷款、对外投资等方面,坚持稳中求进、积极探索的基调,投资经营不断攀升。2017年,实现经营收入8231万元。其中:担保公司完成贷款担保2.53亿元,实现经营性收入657万元,利息收入192万元;千峪建司实现收入7275万元;实现厂房租金等收入107万元;2017年初成立的合资公司—隆祥公司,页岩气项目开发已初见成效,全年实现经营销售收入2500万元。

【工程安全管理】 2017年,公司严格按照"一岗双责"的责任制度,认真履行安全环保综合监管职责,加强安全生产监督管理,层层落实安全环保工作责任,未发生一起安全事故,实现安全生产死亡责任事故"零目标",保持安全生产平稳态势。全年共开展8次安全隐患大排查大整治活动,检查企业共计103次,下发安全检查记录95份,下达隐患整改指令书38份,排查和整改隐患194条,整改率达100%,共计罚款27900元。

(区工业发展〈集团〉公司)

工业园区

【概况】 重庆武隆工业园区设立于2003年,是市级特色工业园区,规划面积19平方公里。主导产业为新能源汽车、新型材料、农副产品加工、旅游商品加工和机械装备制造等。到2017年年末,园区建成面积3.5平方公里,入驻企业

46户，其中投产企业36户，在建企业10户。

2017年，工业园区实现工业总产值32.81亿元，实现税金4501万元。其中规模以上企业实现工业总产值29.4亿元，实现税金4278万元。

【企业建设】 2017年，工业园区完成企业固定资产投资2.9亿元。润成动力（一期）、久味夙等项目建成投产；恒钿汽车、天誉环保正在安装设备；新金联（一期）已完成厂房主体工程80%；民康汽车整车线束总成项目入驻标准厂房并投产。

【基础设施建设】 2017年，工业园区完成基础设施建设投资1.5亿元。长坝组团三标段完成场平；白马货运码头完成进港道路和217平台建设；白马组团工业污水处理厂完成郭溪沟护岸工程及污水管网；黄荆坝中央商城（一期）开工建设；白马组团沙台片区完成地形图测绘；物流通道项目前期工作启动。

【招商引资】 2017年，全年签约项目5个，签约金额5.2亿元，完成项目储备包装7个。签约的5个项目分别是：罡阳公司年产30万套（CEPS）电动转向器项目、邦乐物流总部结算项目、节能环保电动车项目、环保设备加工项目、重交公司建筑材料再生利用项目。

【安全工作】 2017年，工业园区全面落实“一岗双责”责任制和企业主体责任；捷利、华银山、穗通等3户企业成功创建安全标准化达标企业，罡阳、隆泰等2户企业通过安全标准化二级复审验收；企业主要负责人、职业健康管理人员持证率100%；作业场所职业危害因素检测率76%；市质监局培训中心上门培训企业行车操作工22人；全年共排查出隐患209起，整改194起，整改率92.8%。

【环保工作】 2017年，工业园区环保工作扎实开展。加强环评手续办理，环保“三同时”全面实施；编制《工业园区突发环境污染事故应急预案》，完成《重庆武隆工业园区总体规划环境影响报告书》跟踪评价；与区环保局、白马镇等相关单位在隆泰公司开展环保应急演练，提升环保事故应急处置能力；成功接受市环保局对园区环保检查。

（区工业园区管委会）

规模以上工业企业

2017年全区全口径工业增加值28.77亿元，增长10.6%；规模工业增加值增长11%；规模以上工业总产值47.39亿元，同比增长2.5%。清洁能源、装备制造业、材料产业、农副产品深加工及文旅关联产业、新能源汽车产业等五大支柱产业实现产值42.83亿元，增长11.7%，占比90.4%。

清洁能源。以大唐水电为代表的清洁能源企业实现产值14.28亿元，增长7.0%，占全区规上工业产值的30.1%，提高1.2个百分点，对规上工业产值增长的贡献率为79.2%。

材料产业。以山拔尔桑水泥为代表的材料产业实现产值6.68亿元，增长5.7%，占全区规上工业产值的14.1%，提高0.4个百分点，对规上工业产值增长的贡献率为30.7%。

其他传统产业。以灵烽纸业为代表的传统企业实现产值0.53亿元，下降23.0%，占规上工业产值的1.1%，下降3.9个百分点，对规上工业产值增长的贡献率为-150.7%。

农副产品深加工业

2017年，以久味夙食品为代表的农副产品深加工企业实现产值5.44亿元，下降7.2%，占全区规上工业产值的11.5%，下降1.2个百分点，对规上工业产值增长的贡献率为-35.7%。

专用设备制造业

2017年，以通耀铸锻为代表的装备制造业企业实现产值15.67亿元，增长38.4%，占全区规上工业产值33.1%，提高8.6个百分点，对规上工业产值增长的贡献率为237.9%。

新能源汽车产业

2017年，以穗通车业为代表的新能源企业实现产值0.76亿元，下降48.6%，占全区规上工业产值的1.6%，下降1.6个百分点，对规上工业产值增长的贡献率为-61.4%。

（区经信委）

商　业

【综述】 全年批发和零售业实现增加值152596万元，按可比价算，较上年增长7.5%，占全区地区生产总值的比重为9.5%；住宿和餐饮业实现增加值77932万元，按可比价算，较上年增长8.0%，占全区地区生产总值的比重为4.9%。

全年实现社会消费品零售总额587720万元，较上年增长11.9%。按经营地统计：城镇实现社会消费品零售额517194万元，较上年增长12.5%；乡村实现社会消费品零售总额70526万元，增长7.9%。按消费类型统计：批发和零售业实现零售额438344万元，较上年增长11.0%；住宿和餐饮业实现零售额149387万元，较上年增长14.5%。

全年外贸进出口总额4684.79万元，较上年下降44.7%。其中，出口总额4636.84万元，较上年下降45.3%；进口总额47.95万元，同比增长了14.8倍。全年实际利用内资407062万元，较上年增长32.7%；实际利用外资738万美元，较上年增长16倍。

（区统计局）

【机构】 2017年3月，设置重庆市武隆区商务局，是区政府的组成部门之一，现内设8个科室，即办公室、财务科、组织人事科、行政许可科（行业管理科）、规划发展科、外经外贸科、商贸服务业科（电商科）、粮油管理科；下设商务行政执法支队。全局核定行政编制13名、事业参公编制12名、机关后勤编制6名，共计31个编制，实有在编人员27名。

【商贸流通】 2017年，主办或支持开展啤酒节、大闸蟹秋捕节、旅游服务技能竞赛、汽车电商消费节、双十一电商狂欢节、扶贫爱心购等活动。开展农家乐星级评定工作，评定市级星级农家乐9户。加强特色农副产品品牌创建，做强“寻味武隆”电商公共品牌，培育壮大羊角豆干、江口鱼、鸭江老咸菜等特色品牌，强化农副产品品牌推介营销，提高产销对接率。规划建成一批农村冷链物流配送站（点）或农产品产地集配中心，完成火炉、平桥、巷口等乡镇5个冷链项目建设，完成龙江花园、廊桥水岸农贸市场建设，油房沟农贸市场主体工程完工。成功创建仙女天街为市级特色商业街，江口镇为市级商贸强镇，火炉镇为商贸综合服务中心。

【电子商务】 建立电商人才实训基地，与重庆工商大学签订合作协议，探索政企学合作人才培养模式，探索建立农村电商大数据平台。2017年全区电商交易额突破15亿元，同比增长42.8%，农特产品销售额突破3亿元，同比增长42.8%。电商市场主体突破1800家，从业人员超过3000人，完成5000余人次电商培训。出台《重庆市武隆区深化实施电商扶贫行动方案》，创新“旅游+电商+扶贫”模式，把电商作为“三大富民工程”建设和“六大十亿级产业”发展的重要内容和抓手，强化产业、合作社、人才、品牌的支撑带动，涌现出一批以张永红为代表的电商达人通过农村电商扶贫模式，实现脱贫致富。接龙乡被评为市级电子商务示范乡镇。

【大型超市】 全区共有超市4家，2017年实现销售总收入2.1亿元。

【卷烟营销】 武隆区烟草专卖局（分公司）成立于1983年，现下设14个科室，4个烟叶工作站、2个片区客户服务部（稽查队）有在岗在册职工284人，总资产2.7亿元。2017年，累计销售卷烟1.23万箱，收购烟叶6180吨，实现“两烟”税利1.84亿元，上缴税金1.29亿元。

2017年，武隆区局以“全员围绕营销转、营销围绕销量转、专销围绕市场转、两烟围绕效益转”的“四转”营销方针为统揽，始终坚持全力以赴狠抓销量的力度不变、坚持全员参与协同营销的模式不变、坚持依靠终端精准营销的策略不变的“三个坚持”为导向，深化市场研判、注重品牌培育、强化终端建设、完善奖惩制度、优化客户服务，确保卷烟销售同比增长。全年销售卷烟12283箱，同比增长0.5%，实现销售收入3.8亿元，增长1.6%，单箱收入3.1万元，增长1.3%，其中销售地产烟8644箱，同比减少3.9%，占市场份额70.4%。

（区商务局）

供销业

【综述】 2017年，全系统各项主要经济指标实现稳步增长，实现商品购进总额57624万元，同比增长20.5%；商品销售总额57816万元，同比增长21.3%；农产品市场交易额96552万元，同比增长13.66%；社有企业资产经营额540万元，同比增长28.57%；再生资源销售总额1910万元，同比增长24%；完成固定资产投资建设项目5300万元，完成全年目标任务的106%；积极向上争取项目资金，共争取项目7个，资金221万元；参与培育地理标志7个、有机食品认证2个、绿色食品认证19个、无公害产品认证2个；指导创办农民合作社51个，已恢复重建11个基层供销社；新建重庆农资连锁店6个，新建庄稼医院3个；比丰水产养殖专业合作社的“鳅田稻”水稻种植基地成功列为第九批国家农业标准化示范项目。

表16　　2017年全区大型超市经营情况表

序号	超市名称	经营门类	落户时间	就业员工（人）	销售收入（万元）
1	永辉超市武隆店	经营生鲜食品、洗化日用百货等商品	2010年	160	14700
2	重百超市武隆店	主要经营生鲜食品、洗化日用百货等商品	2008年	110	3200
3	红翻天超市店	销售预包装食品、散装食品、乳制品、家用电器、服装等商品	2013年	100	3000
4	重客隆超市	经营生鲜食品、洗化日用百货等商品	2008年	12	100

【概况】 2017年3月，设置重庆市武隆区供销合作社联合社，属于区政府其他部门。机关下设办公室、组织人事科、合作指导科、企业管理科、科技信息科、烟花爆竹专营科、财务审计科等7个科室。机关核定事业编制19名，实有在职职工14名（其中班子成员4人），离（退）休干部23人。

【供销综合改革】 区委、区政府高度重视供销合作社综合改革，及时出台《深化区供销合作社综合改革实施方案》，建立1000万元的供销合作社综合改革基金，支持供销社以奖代补指导乡镇政府开展综合改革试点工作，并将供销合作社综合改革情况纳入区委深化改革办对所涉及部门、乡镇进行考核推进。印发《武隆区供销合作社联合社主要职责内设机构和人员编制规定的通知》（武隆委办字〔2017〕42号），重新明确区供销社主要职责、内设机构、人员编制，内设科室从5个增设为7个（单设组织人事科，增设企业管理科、科技信息科，业务发展科职责分别划入合作指导科、企业管理科），机关人员编制从以前16名重新核定增加为19名，强化干部配备，理清区供销社社有企业经营行为与市场的职责边界，为全面深化全区供销合作社综合改革提供体制机制保障。

【培育为农服务市场】 围绕土蜂、种植、乡村旅游等重点领域，2017年指导创办农民合作社51个，其中股份合作社6个〔区供销社参（控）股2个〕，专业合作社联合社2个。博丰畜禽养殖专业合作社、煜燚花椒种植股份合作社、科园蔬菜专业合作社、厚德畜禽养殖专业合作社联合社、坨湾淡水鱼养殖专业合作社等5个农民专业合作社被评为全国供销合作社系统农民合作社示范社。规范运营农民合作社服务中心，全年累计为全区53家专业合作社、9家基层供销社开展免费代理记账业务及提供相关配套服务，2017年包装相关涉农项目30个，为8家涉农企业开展扶持性的有偿服务。新建协会2个（电商协会和苕粉协会）。

【基层供销社】 按照“先易后难、发展为主”的思路，依托各乡镇政府现有公共闲置资源、购买房产或现有的国有资产，采取改造、新建等方式恢复重建基层供销社，整合电商运营服务、物流配送、农资销售等资源，各具特色开展经营业务。截至2017年12月，已恢复重建11个基层供销社，其中石桥乡供销合作社被评为全国供销合作社基层社标杆社。

【强化为农服务功能】 依托丰谷农资公司，切实做好化肥淡储旺供。联系区农委、区质监局、区工商局等部门，联合开展“放心农资示范店”、“放心农资店”创建工作，新建重庆农资连锁店6个，打造供销农资放心品牌。提升农资系列化服务水平，新建庄稼医院3个，与农业部门合作、规范运行庄稼医院3个。全年实现农资销售额800万元，销售各种化肥5100吨。

【农村金融合作】 与重庆土特产品交易中心股份有限公司签订会员服务机构合作协议，为龙头企业、农民合作社等搭建融资平台，切实解决融资难的问题；积极与重庆农信合作投资公司联合合作，稳妥开展“三农”融资担保信贷业务，为农民带来更加实惠、更加贴心的金融服务。2017年为5家专业合作社协助贷款620万元。

【社有企业发展】 强化企业内部管理，健全激励约束机制，进一步细化企业内部绩效考核，提高管理的精细化水平。加强企业安全生产，抓好全区烟花爆竹归口专营管理，规范建设烟花爆竹经营网点170个，实现全区烟花爆竹市场有序供应和安全事故零目标。强化对城区红豆、兴旺和油坊沟等农贸市场管理和安全工作，积极做好创文、创卫工作。开展红豆农贸市场食品安全示范农贸市场创建工作，完成龙江花园临时农贸市场接管工作，与梓桐农贸市场初步达成意向性租赁协议。

【脱贫攻坚】 制定区供销社《参与武隆区深度贫困乡镇后坪乡脱贫攻坚工作实施方案》，因地制宜帮助后坪乡谋划培育新产业，挖掘经济增长点。积极参与“资源变资产、资金变股金、农民变股东”的“三变”改革工作，规范管理100万元市级供销合作组织项目资金，推动后坪乡产业融合发展，带动贫困农户增收致富。同时，实施完成武隆区供销社农资市场体系建设项目、武隆比丰农产品电商渠道建设项目和武隆区厚德畜禽养殖专业合作社联合社十万只蛋鸡项目并进行验收。

2017年6月，26个“乡村馆”在游客接待中心“寻味武隆”O2O体验馆内建成　（区供销社　供图）

【农村电商】 依托区电商运营服务有限公司加快推进农村电商发展，2017年实现全区农产品交易额3.1亿元，订单535万单。持续深化与京东商城、淘宝网、苏宁易购等7大国内知名电商平台合作关系，开通京东商城“中国特产·武隆馆”、苏宁易购“中华特色·武隆馆”等，将文复甜柿、后坪雪莲果等农特产品打造成为线上爆款产品。新对接全国供销E家平台，自建“寻味武隆E点到家”掌上移动平台，整合平台资源完成87个品牌、3385个单品上线。众创孵化基地已签约企业123家，入驻武隆本地籍企业及个人50家。建成1800平方米区物流仓储分拨中心，已入驻快递公司6家，整合新公司1家——重庆市武隆区恒弥物流有限公司。持续打造“1+10+N”电商服务体系（1个区级电商服务中心、10个镇级服务站、N个村级服务点），实现186个行政村电商服务点全覆盖。升级优化寻味武隆·O2O体验馆，实现26个乡镇“特色乡村馆”商旅融合发展，线上线下同步运行，销售、展示各乡镇特色农产品和乡村旅游。强化电商人才培训。开展电商集中培训、创业大赛、现场坐诊、网点“一对一”指导。与重庆工商大学联合对26个乡镇186个行政村开展电商培训3000余人，发掘农村电商优秀人才30名，开发电商农产品及包装详情设计6个。参与培育电商发展市场主体。以“1+3+5”（1个电商示范点带动3个村级服务点，每个服务点带动5个贫困户）模式突出抓好示范点建设，现已打造白云乡红色村、巷口镇大巷口等“电商示范网点”12个，打造鳅田稻基地、火炉脆桃基地、白马蜂蜜基地等寻味武隆生鲜农产品“直采、直营”基地5个。“电商精准扶贫”行动。开展“农人送福，爱心结对”等扶贫活动，推进“武隆山货”网上销售，解决文复柿子、大洞蜂蜜、火炉脆桃、后坪雪莲果等19个产品销售难问题，直接带动贫困户户均增收2000多元，受益农户3500余户。以“寻味武隆·引爆全城”为活动主题，开展为期11天的寻味武隆“双十一”电商狂欢购物节暨电商精准扶贫活动”，策划“网民最喜爱的武隆山货评比、武隆最佳销售网店评比、最美快递哥评比、最受欢迎网红比拼、汽车博览会、电商平台限时秒杀和扶贫结对”等一系列活动，推进全区农产品上行，线上线下网络营销，实现农产品销售额476万元。着力打造“寻味武隆”区域公共品牌电商拳头产品，指导开发武隆碗碗羊肉、苕粉、老鹰茶等特色产品5个，打造“五农人”系列具有商标产权的12款农特产品。强化农副产品品牌推介营销，组织开展线上线下相融合的农产品品牌营销宣传活动45次。先后牵头组织在辽宁、云南、山东、重庆主城区等地开展电商农产品推介，对“寻味武隆”区域公共品牌培育产生影响。在京东、苏宁等平台开展每月“逢二”营销以及首焦、小食代、手机端、爆品秒杀等官方活动。依托“团支部上网行动”，动员和引导在校大学生、青年志愿者、大学生村干部、返乡创业青年等注册成为“寻味武隆”会员，组建青年网销员队伍，推销“寻味武隆”商品，为家乡特产代言促销。全年共开展“寻味武隆”主题电商活动6季。

（区供销社）

盐　业

【概况】 重庆市盐业（集团）有限公司武隆分公司2017年在岗员工11人。

2017年，盐产品销售1563吨（其中口盐856吨，多品种盐112吨，行业用盐706吨）。非盐产品498万元。

【盐政执法】 截至2017年6月底，全区共计查处盐业违法案件9起，共计查获盐产品126.5695吨，其中中盐17.58吨，丰源18.233吨，索特17.95吨，驰宇22.7325吨，川晶5.425吨，盐当家44.468吨，涉及盐厂及盐业公司在当地找的经销商6家，终端客户3家0.181吨（丰源）。8—10月，在全区开展食盐市场整治专项行动。其间与区药监局联合发文《关于开展全区食盐市场整治专项行动的通知》（武食药监〔2017〕113号），并按专项行动的时间安排及检查内容，联合相关部门及全体员工对学校食堂及餐饮企业等相关渠道及网点进行排查，共计查获孝感广盐华源制盐有限公司1KG*20袋精制盐2.08吨，四川久大品种盐有限公司餐饮专用盐0.325吨，全部予以异地扣押。

【库存前移】 NC建档立卡仓库12户，移库数量400克绿色盐20吨，1000克绿色盐3吨，共计23吨，2户已经清库，停止此项工作的推进。签订合同14户，有两户目前因社会库存大尚未实施。协议对双方的责、权、利进行细化。2017年底，所有移库商品都实现销售。

【完善客户信息】 签订协议230余份，协议进一步对客户的相关信息如：名称，经营场所，注册号及身份证号码，电话等相关信息进行完善，为NC及重盐云商大数据细化奠定基础，积累资料。

【品种盐促销】 7—9月，开展硒盐、钙盐的盐赠非盐，非盐赠盐，现场促销，新品陈列奖励等系列活动，促进品种盐销售和终端陈列，累计实现富硒盐销售2.47吨，臻纯盐43.7吨。

【重盐云商推广】 抓好电商政策的落地实施。是年底，重盐云商APP安装数量202家，员工对客户APP的熟练操作进行指导，督促员工对上线客户有效交易转化率低于60%的立即着手整改。促进客户利用电商平台APP进行重复购买。杜绝市场经理利用自己的手机代客户的下单行为。着手制定客户的分级、跟踪、拜访制度，未出现电商客户投诉的现象，顾客的整体满意率达90%以上。

（区盐业公司）

旅游业

综　述

【概况】 武隆地处重庆东南部，武陵山片区旅游资源的高度富集区。辖区面积2889.3652平方公里，最低海拔160米，最高海拔2033米，属亚热带季风性湿润气候，适宜多种动植物生长。全区林地面积20万公顷，森林覆盖率达61.8%，负氧离子是重庆主城的108倍，珍稀树种有银杉、水杉、珙桐等，珍稀动物有金钱豹、小熊猫、黑叶猴、大鲵等。全区有大小河流50多条，是重庆重要的清洁能源基地。

全区旅游工作通过努力，历经2007年成功“申遗”、2009年旅游“二次创业”、2011年成功创建国家AAAAA级景区、2012年“印象武隆”公演、2015年成功创建全国首批重庆市唯一一个国家级旅游度假区、2016年启动三大战场建设、2017年打造全域旅游等推动武隆旅游加速发展的重大事件，全区旅游发展持续保持红火态势，接待人次增速连年保持两位数增长，实现由“重庆的武隆”到“中国的武隆”，正加快向“世界的武隆”蝶变。先后获评“首批国家级旅游业改革创新先行区”“全国乡村旅游和休闲农业示范县”“全国森林旅游示范县”“全国旅游文明先进单位”“中国森林氧吧”“中国绿色旅游示范基地”“仙女山国家级旅游度假区”“国家体育旅游示范基地”“全国通用航空旅游示范单位”等多项荣誉，成为全市唯一、全国少有的同时拥有“世界自然遗产”“国家AAAAA级旅游景区”“国家级旅游度假区”三块金字招牌的区县，被联合国开发计划署授予“可持续发展城市范例奖”。核心景区天生三桥、仙女山先后进入“150万游客俱乐部”；芙蓉洞、龙水峡地缝成为“100万游客俱乐部”；芙蓉江已经进入“50万游客俱乐部”。过去五年接待游客总量接近1亿人次，年均增长13.7%；累计实现综合收入257亿元，年均增长14.8%。

2017年全区接待游客2800万人次，实现旅游综合收入87亿元，同比分别增长14%和16%。

旅游开发建设

【提档仙女山片区】 高规格编制旅游规划。完成《武隆庙树村旅游总体规划及地缝寨子概念性策划项目》《武隆区大溪河流域旅游发展总体规划》《武隆区后坪乡旅游发展总体规划》等规划的编制工作。推进仙女山国家级旅游度假区提档升级。懒坝国际文化艺术主题公园、星际未来城、阳光童年等重点项目有序推进。加快推进景区提档升级。归原艺术农业旅游项目完成投资2.25亿元，并于2017年7月正式对外试营业；石院天坑民俗村寨项目完成投资约0.9亿元；天生三桥景区电梯迁建项目累计完成投资1.88亿元；县城旅游接待中心累计完成投资2.4亿元；仙女山机场累计完成投资4.24亿元；星际未来城累计完成投资4.84亿元；懒坝艺术公园累计完成投资4.17亿元；阳光童年已到位资金1.4亿元，已完成土地流转340.42公顷，完成全部房屋搬迁协议的签订，并兑现所有补偿资金。加快推进基础设施建设。土坎乌江大桥建成投用，仙女山机场开工建设，力争2019年建成通航；仙女山复线全线贯通；垫丰武高速公路、渝湘高速土坎匝道建设正加紧推进。加快推进县城游客接待中心、仙女山游客接待中心停车场扩建、仙女山自驾车营地等项目建设。全面开展旅游厕所革命和第三卫生间改造，全年按照旅游厕所标准新建10旅游厕所。

【开发白马山片区】 高起点规划，坚持走差异化发展之路，编制《白马山旅游总体规划》《白马山旅游度假区总体规划》《白马山旅游度假区产业发展研究》等，白马山自然保护区修编通过市环保局、市林业局评审，完成基础设施项目和度假区建设配套项目规划选址工作，完成《总规》地质灾害评估、环境影响评价和天尺坪采空区地质灾害监测工作。高质量建设，持续推进景区开发进度，力争近年有序推出一批A级景区、旅游度假区。望仙崖景区项目全面开工建设，共计开工43个项目，累计完成入库投资6.58亿元。游客接待中心、白马仙街、浪漫天街、琴台茶寮、真爱礼堂、爱情魔方、现代观光茶园、天尺坪环道公路等重点工程加快推进。2018年，将全面建成望仙崖景区并开园迎客。完成客商考察接待100余批次，落实在谈项目4个，意向引资60亿元左右。成功与上海东方明珠房地产公司签订投资合作协议，规划范围约400公顷，建设用地约153.33公顷，投资50亿元以上；与山东鲁商集团、重庆长德置业、香港华龙投资达成投资合作意向。

【实施乡村旅游示范建设工程】 突出重点，打造示范。全区已建成白马镇天尺坪、土坎镇紫沨泉庄、双河镇木根铺、大洞河乡铁矿场、仙女山镇归原、火炉镇凉水井、土地乡犀牛寨、赵家乡白院子、大洞河乡穆杨沟、和顺镇打蕨村等10个乡村旅游示范村（点），9个美丽乡村示范村，其中市级示范村8个，国家级示范村1个；4个中国传统古村落（平桥红隆、沧沟大田、浩口田家寨、后坪天池坝）。狠抓乡村旅游基础设施建设；各乡村旅游示范村（点）通畅率达到100%。农村综合环境专项整治加快推进，安全饮水进一步改善。加快建设7条精品线路沿线停车场、道路及旅游标识标牌、观景台、摄影点、旅游厕所、景点步游道、旅游商品店和综合服务中心等基础设施建设，全区乡村旅游配套设施得到提升。实施产业融合，带动全域旅游发展。加强乡村旅游与休闲农业、特色产业、电商商务的有机融合，强化旅游商品、旅游纪念品、土特产等“后备厢”工程，延长乡村旅游产业链。2017年，全区乡村旅游接待游客770万人次，综合收入14.23亿元，同比分别增长24.19%和34.75%；新发展乡村旅游接待户552户；全区乡村旅游直接和间接从业人员达到2万余人，乡村旅游接待户达到4583户，接待床位达到4.6万张。

【提升全域旅游】 旅游管理全域化。将区旅游局正式更名为区旅游发展委员会，强化旅游管理部门在组织引导产业发展、研议改革方案、推进部门合作、制定规划计划、审查重大项目等方面的综合协调职能。扎实推进旅游景观全域优化、旅游服务全域配套、旅游治理全域覆盖、旅游产业全域联动、旅游成果全域共享，为全区全域旅游示范区创建把好脉。旅游服务全域化。成立区游客服务中心、区旅游执法支队，建立旅游警察支队、旅游工商分局、旅游巡回法庭等为一体的旅游联合执法体系和游客咨询投诉处理统一平台，服务游客效果显著，2017年共计出动执法人员830余人次，走访服务管理对象1300余次，逐户开展排查整治500余户，整改不明确标价、乱设广告牌、不明码标价、乱摆摊设点等违法违规行为4000余件（次），处理投诉105件，结案率100%。旅游产业全域化。大力实施“旅游+”，加强商旅、文旅、农旅等深度融合。加快打造文化创意、影视网络、运动休闲、养生养老、科普教育、会奖会展等产业，提升旅游产业链条，丰富旅游产品供给。

（区旅发委）

自然遗产地保护和开发

【概况】 重庆市武隆区世界自然遗产管理委员会与武隆区风景名胜区管理局合署办公，为正处级全额拨款事业单位，负责全区世界自然遗产和风景名胜区的保护管理和开发利用等工作。内设8个科室：办公室、规划管理科、社会发展科、执法大队、资源保护科、芙蓉江管理站、天生三桥管理站、后坪天坑管理站。人员核定事业编制30名，在岗27人。

【规划管理】 核心区范围调整　根据31、37届联合国遗产大会决议关于“武隆喀斯特遗产地范围应该有所扩大，并需要重新调整缓冲区的边界”的要求，住建部于2017年将《中国南方喀斯特世界自然地保护管理规划》（含武隆喀斯特范围调整方案），交由联合国教科文组织世界遗产委员会第41届遗产大会审议。在大会审议交流中，区遗管委提出本次范围调整幅度过大，对有利于武隆地方经济社会发展的重大建设项目如“垫丰武高速公路项目”的正常落地限制很大，建议移出部分保护属性较低的区块，希望大会予以通盘考虑。经过多方争取，遗产大会原则同意武隆范围调整走微调程序，以单独的提案重新提交大会审议。区遗管委于2017年9月再次向住建部作专题汇报，住建部同意按41届世界遗产委员会建议开展武隆遗产地范围调整工作。

前置审核　审查西山水库、垫丰武高速公路经过接龙选线、芙蓉洞灯光和游步道改造、芙蓉洞景区形象大门设计方案、石桥乡场镇总体规划、天生三桥进出口基础设施改造项目、后坪乡深度脱贫攻坚规划项目等共26项，前置许可同意或原则同意共18项。参加风景区所涉乡镇建房审查例会5次，实地踏勘农房审批选址78件，符合建房条件且通过前置审核的3件。

划定生态红线　按照相关要求，提交风景名胜区和世界自然遗产地生态红线，完成正面清单的清理上报，生态文明示范区建设指标中有关风景名胜区的相关工作。

【资源保护】 资源巡查　2017年，将遗产地划分为6个责任区，每个责任区落实1–2名责任人员，共下乡巡查400人次，出动巡逻车120余次，执法船20次，发现并制止破坏资源、影响环境的行为共45起，查处拆除网箱养鱼3处，虾网12个；查处乱砍滥伐林木2起并罚款5000元，对遗产地原住民修建猪圈排污影响环境的行为进行引导教育7起。劝导游客采摘花草苗木800人，制止游客景区吸烟1400余人，制止游客损坏钟乳石1起，确保资源的原真性与完整性。

景区经营　严格按照管理制度的规定，联合相关部门加强对景区旅游、摊位、轿运秩序的整顿规范。纠正违规经营行为8人次，警告违章摊位1个，制止兜售流动摊贩4人次。执法处理1乘滑竿，罚款400元，1乘滑竿停业7天。

严控两违　2017年下发两违停工通知书13份，与区两违办一起对8处两违在建房屋上线罚款5处，强拆2处，实现“两违”新增为“零”的目标。

立法保护　严格执行《重庆市武隆喀斯特世界自然遗产保护办法》，为《重庆市武隆喀斯特世界自然遗产保护条例》的出台做好调研报告和立法建议。

【科研科普】 邀请中国科学院院士袁道先、中国地质科学院岩溶所陈伟海、张远海研究员到武隆开展保护管理知识讲座。开展科普知识进景区宣传活动。印制科普读物《武隆喀斯特与世界遗产》5000本，免费向遗产地学校和社区居民发放，开展武隆喀斯特知识进课堂活动，宣传遗产价值。对接联系落实中国地质科学院岩溶所、英国红玫瑰探险俱乐部在武隆文复、后坪和接龙的洞穴科考活动。

【主题宣传】 2017年，区遗管委参加中国遗产成就展，6月6日至8月20日在北京园博园展出。参加《中国世界遗产》专题片活动。6月10日13：13分央视一套《大美中国·文化和自然遗产》播出武隆长达1分36秒的视频，向世界展示武隆雄奇险峻的独特美景。参与《中国风景名胜区·世界遗产地》图书出版工作。

6月10日，中国遗产网对武隆美景进行视频直播。同日，湖北神农架主会场召开中国首个“文化和自然遗产日”活动启动暨中国世界自然遗产推进会，武隆区代表作《依托遗产品牌 助推景区绿色发展》的发言，就武隆遗产地保护管理与发展的主要做法、主要成效、体会作交流。特别就武隆依托遗产品牌实现形象再造与跨越发展，促进当地社会经济发展、助推全区人民脱贫致富作详细介绍。

【安全监管】 区遗管委按照“一岗双责”“党政同责”“一企一组”的要求，与景区经营企业、单位内部职工层层签订安全目标责任书。按照一月大检查、一周小检查、节假日重点检查的原则进行30余次的针对性检查，对检查出的安全隐患，监督经营企业进行逐项整改落实，实现安全事故零目标任务。安全生产处罚0.4万元，完成全年安全生产处罚清零任务。

【专题活动】 6月10日上午10时，武隆喀斯特世界自然遗产保护志愿者行动启动仪式在天生三桥举行。这是全区首个“文化和自然遗产日”活动。仪式由区政府副区长何林主持，按照活动安排，常务副区长胡珍强、市园林局巡视员马川分别作讲话；团区委发布《武隆喀斯特资源保护志愿者行动计划》，全体与会人员集体宣读《武隆喀斯特资源保护志愿者誓词》。在区人大常委会副主任涂华林宣布武隆喀斯特世界自然遗产保护志愿者行动正式启动后，到会领导、志愿者、区级机关代表等近200人排队参加“关爱自然、关爱遗产”承诺签名，100名志愿者参与“关爱遗产·为爱行走”公益徒步活动。

6月10日，在天生三桥举行首个文化和自然遗产日纪念会 （区遗管委 供图）

6月26日，“神奇山水·绿色华章”绿色发展武隆国际研讨会在仙女山国家级旅游度假区举办。会议由区委常委、区宣传部部长马奇柯主持。会议围绕绿色发展主题，就世界自然遗产保护管理和科学利用，以及国家级旅游度假区可持续发展进行研究和探讨，并签署和发表《国际绿色发展宣言（中国·武隆）》。

【南方喀斯特年会】 2017年2月17日，在城区组织召开2017年中国南方喀斯持世界自然遗产年会，会议由重庆市园林局风景名胜区管理处调研员周涛主持，参加会议人员有住建部刘佳福、邢海峰、孙铁、刘红纯；广西、云南、贵州住建厅陈维明、肖高林、李文发，重庆市园林葛怀军以及七个遗产地负责人或分管领导。会议的主要内容是研究确定2017年产地科研课题以及保护管理相关要求，审议并确定轮值会牌、审议专家委员会名单。

【武隆喀斯特世界自然遗产保护暨全域旅游提档升级大会】 6月26日上午，在区人民大礼堂召开，区长卢红主持会议。区委书记何平在大会上总结部署重庆武隆喀斯特世界自然遗产保护暨全域旅游提档升级工作。大会就自然遗产保护管理和全域旅游发展，推动武隆旅游提档升级，推动“两区一地”创建，加快建设“国际知名旅游胜地”等问题进行交流和经验总结。重庆市副市长谭家玲出席会议。

6月26日，武隆喀斯特世界自然遗产暨全域旅游提档升级大会　（区遗管委　供图）

（区遗管委）

仙女山度假区

【概况】 重庆市武隆区仙女山旅游度假区自2007年建设以来，协管区面积318.2平方公里。规划面积70.6平方公里，其中，规划建设用地面积16.36平方公里。度假区规划商住用地总规模为11.872平方公里。现建成区面积达13.36平方公里。重庆市武隆区仙女山旅游度假区管理委员会始终坚持“显山、露林、隐城”的规划原则进行规划建设。保留金鼎山和宋家坡等原生态山脊线，保留原生态山头35个。严格控制规划指标，度假区容积率、绿化率、建筑密度、建筑限高等规划指标严格执行规范，除重要节点及标志性建筑外，度假区容积率控制在0.24～0.8以内，绿化率控制在45%以上，建筑密度控制在35%之下，建筑限高基本控制在12.5米以内。

【度假区重大项目建设】 2017年，度假区共有4个在建的项目。星际未来城项目：该项目已累计完成投资5.7亿元，已取得约24公顷的土地使用权，星际未来城一期工程施工许可证（47387.98平方米）。懒坝LAB项目：已取得懒人村落一期施工许可证（22690.6平方米），懒人村落一期完成道路扩建工程正在进行基础和抗滑桩施工，净心寺工程已完成僧舍、方丈院主体工程封顶，琉璃大殿基础施工。阳光童年项目：2017年已到位资金1.4亿元，已完成土地流转340.42公顷，完成全部房屋和坟墓搬迁协议的签订，并兑现所有补偿资金。影视创意文化产业城项目：已初步划定该项目用地红线，完成地形图测绘。正在开展项目总体方案及友谊小镇和电影城板块方案设计的编制工作，即将完成，已在武隆注册项目公司——重庆市武隆区渝航影视文化发展有限公司。

【度假区基础设施】 作为全区旅游“三大战场”之一，推进各项重大项目建设，一大批重点项目得以实施落地。室内体育馆及天衢、嫦娥、鸾珮三个公园建成并投入使用。仙女山广场社区公园完工；保障性住房（一期）工程完成主体建设；市政农贸综合体完成场平，正在进行主体建设。全民健身中心、仙女文化园、仙女雕塑、旅游综合商贸中心、体育场升级改造工程、和尚岩污水管网工程、度假区灯饰工程等一大批民生项目正在办理前期手续。

【两违整治】 根据区“两违”办分类处置办法，持续以控制增量、消除存量工作为主线，采取措施、加强力量、狠抓监管，稳步推进治理违法用地违法建设工作。截至2017年12月，收缴罚款321万余元，处理面积6984平方米。

【日常保障】 度假区管委会4次召集公安、交巡警、经信委、商务局、食药监、物价、水、电、气、通讯等部门专题研究度假区旅游高峰期环境卫生、交通保畅、旅游秩序、食品卫生、重大活动、服务质量、信访稳定等方面工作。2017年引进福字客来超市，投资2000余万元，占地3500平方米，日购物人次达6000人，充分满足度假人群的购物需求。金马广场负层为农贸市场，有250个摊位，300个停车位（停车位夏季使用率为83%），日购物人次达15000人，能辐射周边5万常住度假游客购物；迎峰度夏高峰期，对辖区内500余家餐饮单位进行一次全面的监督检查，重点对餐饮单位的食品原料采购索证、索票、食品加工过程卫生，凉菜、食品添加剂、米、面、油、肉等大宗食品进行监督检查。

【旅游营销】 开展度假区LOGO和宣传语征集活动。与《环球人文地理》合作，出版《环球人文地理》——《天上的仙女山　人间的喀斯特》特刊一期。4月份与《重庆晚报》合作举办“仙女山笔会”，组织创作并刊发长篇报告文学《仙女山的奇迹》，9月底结集出书。与《武隆日报》、武隆电视台合作，通过寻找2007年以来在仙女山国家级旅游度假区建设发展中作出突出贡献的度假区各条战线的功臣。与华龙网合作开展仙女山耍娃评选活动，邀请专业人士设计“玩转仙女山”手绘地图，制作1000份“玩转仙女山”手绘地图，并向市民进行发放，同时，制作“玩转仙女山”电子地图；与华龙网合作开展以“系列手机剧·爱上仙女山”为主题的手机剧宣传活动。举办《十年记忆——仙女山国家级旅游度假区10周年辉煌成就摄影展》，通过图片展示度假区建设发展10周年的奋斗历程。

【大型活动】 2017年6月，为庆祝度假区成立十周年与遗管委共同举办武隆喀斯特世界自然遗产保护暨全域旅游提档升级大会和“神奇山水·绿色华章”绿色发展武隆国际研讨会，会议围绕绿色发展主题，就世界自然遗产保护管理和科学利用，以及国家级旅游度假区可持续发展进行研究和探讨，并签署和发表《国际绿色发展宣言》；8月4—6日和8月11—13日，由仙女山新区开发公司承办的“干杯仙女山·17来狂欢”啤酒节举办，本届啤酒季共吸引游客96万人次，消费啤酒120余吨，每天超过3万人参与网络互动游戏，累计有426万人次观看手机互动直播，综合收入突破1.8亿元，撬动仙女山度假区“商旅文”融合发展；“寻找重庆新名片”大型全媒体行动颁奖典礼，现场揭晓5大类别50张“重庆新名片”获奖名单，仙女山国家级旅游度假区获得“十大地标名片”殊荣。

【招商引资】 利用《重庆日报》、重庆日报理论头条、重庆电视台、武隆电视台、新浪网等媒介，充分展示度假区优良投资环境和广阔发展空间，吸引大批知名企业到度假区考察、投资创业。2017年度假区招商集团完成项目储备16个，签约各类项目6个（其中包括国际旅游学院、亚信医疗康养等公共服务设施配套项目），协议签约资金14.45亿元，在谈项目4个。全年到位投资12.5亿元，其中续建项目投资10.5亿元，新建项目投资2.2亿元。

【征地拆迁】 创新开展征地拆迁工作，探索出旅游农业用地通过集体经济组织转包的这一创新形式，解决重大项目配套用地的根本问题，既释放农村经济活力，又促进旅游重大项目顺利实施。2017年，协调完成土地征收50.13公顷、流转160公顷，兑付补偿资金5869.33万元，落实征地安置人员158人。拆迁户建房实行统一聚居安置、统一规划设计、统一建筑风貌等原则，拆迁房屋面积5625.23平方米，支付补偿资金483.28万元；投入安置点建设资金480万元，投入房屋风貌改造资金613万元。

（区度假区管委会）

白马山度假区

【综述】 白马山旅游度假区位于武隆西南地区，与仙女山国家级旅游度假区和仙女山国家森林公园隔乌江相望，其核心区天尺坪距武隆中心城区35公里，距渝湘高速白马互通20公里，距乌江白马码头20公里，距在建的仙女山机场60公里，距拟建的渝湘高铁武隆站45公里，距重庆主城区125公里。管控面积478平方公里，范围包括赵家乡、大洞河乡、黄莺乡全域，白马镇2个村、羊角镇5个村、凤山街道3个村以及白马山市级自然保护区，共计辖21个村1个居委，142个村（居）民小组，9631户32247人。其中，旅游度假片区规划面积50.3平方公里，建设用地9.69平方公里，平均海拔1200米，主峰最高海拔1980米，森林覆盖率高达90%以上，按照国家级旅游度假区标准打造，突出原生态、高品质，突出森林康养产业特色，建成全国森林康养度假示范区。规划布局为“一心四组团”，五个片区既是一个整体，又各具特色。

度假区旅游资源丰富，有原始森林、原生高山杜鹃花海、黄柏淌高山湿地、望仙崖、城门洞、黄莺大峡谷、大佛岩、大洞河、赵云山等自然景观，也有“万寿桥”、黔蜀门屏、朝天望、天尺坪茶海、神龙湖等人文景观，爱情文化、盐茶古道文化、茶文化、红色文化、森林科普文化悠久厚重。

度假区按照“生态、文化、休闲、养生、科普”五大功能定位，坚持“政府主导、市场运作，面上保护、点上开发，立足优势、突出特色，统一规划、分步实施”的开发原则，突出文旅融合、娱乐体验、科普探秘、康养休闲的旅游特色，逐步打造国家AAAAA级景区、国家级旅游度假区和全国森林康养度假示范区。

【机构】 白马山旅游度假区管理委员会是区委区政府派出机构，属正处级行政单位，办公地点设在水漾年华3楼，核定行政编制5名，内设机构5个（党政办公室、国土规划局、建设管理局、旅游文化局、市政环保局），下属事业单位白马山旅游度假区综合服务中心，核定事业编制30名，内设6个科室（办公室、土地房屋征收办公室、建设协调科、招商服务科、旅游发展科、资源保护科）。

【规划工作】 完成《天尺坪片区控制性详细规划及城市概念设计》《白马山原始森林景区修建性详细规划》。完成天尺坪度假片区功能用房、农村居民聚居点、公共体育中心、公墓殡仪点、西坡公路改造等配套项目设计。审定度假区加油站、采石场、商混站等项目规划选址工作。开展车盘竹坝至黄柏淌公路、望仙崖景区二期项目规划论证。完成五个度假片区的地形图测绘工作。启动四大片区控制性详细规划。继续推进度假区总规地质灾害评估报告修编、天尺坪采空区地质灾害监测工作。

【项目建设】 望仙崖景区项目全面开工建设，大小项目共计开工43个，游客接待中心、白马仙街、浪漫天街、琴台茶寮、真爱礼堂、爱情魔方等重点建筑主体建设基本完工；景区入口服务区、白马驿站、马厩、现代观光茶园、贡茶园、巴古石林公园、天尺谷、同心桥、望仙台等基本建成；游步道基本完工。及时启动度假片区配套项目建设，天尺坪环道公路全线施工，野奢茶庄完成主体工程90%，车盘至红庙公路改造进展顺利，天尺坪片区公墓开工建设。全年完成固定资产投资4.5亿元。积极协调区各级有关部门加快度假区基础设施建设，白马至白果坪、马溪河至大陆垭、豹岩至赵家、竹坝至白果坪公路改造开工建设，启动长坝至大洞河公路、黄莺至木梯子、白马收费站至黑大桥、赵家至贵州省道真县三桥镇等公路设计；完成天尺坪水厂提水工程建设；完成4G基站新建21个，新建基站移动全部开通4G信号。

2017年12月，白马山望仙崖景区游客接待中心完成主体工程建设　（李华　摄）

【招商引资】 完成客商考察接待100余批次，落实在谈项目4个，意向引资60亿元左右。成功与上海东方明珠房地产公司签订投资合作协议，规划范围约400公顷，建设用地约153.18公顷，投资50亿元以上；与山东鲁商集团、重庆长德置业、香港华龙投资达成投资合作意向。

【旅游接待】 开展旅游接待服务，实施美食打造工程，编制完成白马山特色菜谱。实施服务提升工程，清理建立天尺坪现有旅游接待设施台账，按照国家级旅游度假区标准，制定旅游接待设施建设规划。实施产品开发工程，委托专业文创机构开展白马山特色旅游商品及文创设计.实施文化挖掘工程，委托重庆市散文家协会、区文联编制完成《探秘白马山》《神山奇水梦幻间》《白马啸乌江》书籍。开展天尺坪农家乐从业人员旅游技能培训.接待乡村旅游度假游客125万人次，实现旅游综合收入2.5亿元。

【旅游管理】 2017年，拟定《景区运营方案》《景区人员编制方案》《景区观光车采购方案》《景区马车运营方案》《景区商业招商方案》《景区物资采购清单》《景区人员招录培训方案》《景区岗位职责》等，完成景区导游词编写。开展天尺坪片区环境综合整治，完成景区茶山景观提升设计，拆除景区农户畜圈和应拆未拆农房，引导景区农户加快改造提升危旧住房。

（区白管委）

森林公园

【概况】 2017年，武隆县仙女山国家森林公园管理处更名为重庆市武隆区仙女山国家森林公园管理处（以下简称仙管处），为区林业局管理的正科级事业单位，与重庆市武隆区国有仙女山林场、重庆市武隆区阳水河湿地自然保护区管理处实行“一套班子、三块牌子”管理模式；其中，林场总面积7318.1公顷（公园面积2339.7公顷），阳水河湿地自然保护区总面积6025公顷；核定编制11人，实有在编在岗8人、退休职工24人。

2017年完成中幼林抚育333.33公顷，封山育林133.33公顷；《重庆仙女山国家森林公园总体规划（2015—2025）》修编获得国家林业局批复；国有林场改革工作稳步推进；完成荞子溪老场部危旧办公楼改造项目，完成仙女山森林防火视频监控系统建设；仙女山林场侯家坝、四方碑危旧管护站改造、仙女山湿地保护管理站建设项目主体工程完工；仙女山森林生态资源展示厅完成招投标、仙女山森林自然体验健康径完成施工图审查；帮扶的19户贫困户实现精准脱贫；完成12户羊角地质灾害避让搬迁户选房签抽工作。

林区连续47年实现“零火情”；公园年接待游客365万人次，实现旅游直接收入1.7亿元；森林公园成功入选全国16个“2017中国森林旅游年度成长力旅游地”榜单。

【森林资源培育】 投入资金60万元，实施中幼林抚育补贴试点任务，完成中幼林抚育333.33公顷；投入资金25万元，实施天保二期封山育林项目166.67公顷；投入资金30万元，实施仙女山国家森林公园林相改造项目，改造面积40公顷，栽植红枫、樱花等彩叶观花景观树种。

【国有林场改革】 编制完成国有林场改革实施方案并报市局审批备案；完成国有林场定性定编工作，林场由财政差额拨款事业单位调整确定为公益一类全额拨款事业单位，规格为正科级；完成国有林场资产负债清理认定，实现收支分离管理；编制完善森林资源保护培育各项制度，森林面积、森林质量、森林景观和森林覆盖率逐步增长；国有林场职工均已按规定参加社保；森林旅游产业效益明显，年接待游客365万人次，旅游直接收入1.7亿元；已将森林火灾、林业有害生物防控等纳入政府防灾减灾能力建设，标准化管护站建设和C、D级危房改造工作正逐步改善；完成国有林场岗位结构调整。

【基础设施建设】 投入资金200余万元完成荞子溪场部、四方碑管护站修复建设。投入资金80万元建设仙女山保护利用设施，完成仙女山森林防火视频监控系统安装，监控面积4000余公顷，占林场总面积55%；完成仙女山森林生态资源展示厅、仙女山森林自然教育体验健康径施工图设计。仙女山湿地保护管理站项目完成公开招投标并启动建设。

仙女山森林防火视频监控系统4月建成并投入使用

【安全生产】 2017年仙女山林区实现“零火情”，无一起安全责任事故发生。完善《仙女山林区森林防火安全生产工作方案》，制定《护林人员工作目标考核办法》，建立森林资源管护激励机制，实行巡查排查、不定期检查、信息收集等工作考核机制；严格执行巡山护林制度，每位管护人员每月出勤天数均在25天以上；在森林旅游旺季的高温期、音乐节、暑假等期间，开展景区森林防火大检查、大排查活动，增聘临时人员90余人次实行24小时巡查，保证森林资源安全。

【景区管理】 2017年1月至7月，规范仙女山景区管理。整治景区经营秩序，牵头开展为期1个月的旅游市场经营秩序综合集中整治，查处违法违规经营行为1起；开展仙女山景区“安全生产月”“安全生产专题行”“食品安全大检查”活动，协助查处违法违规经营行为10余起，规范经营摊位170个。监管景区环境卫生，持续推动对仙女街、土特产品市场的环境综合整治，落实专人对景区生活垃圾、建筑垃圾进行定时清运，确保仙女山景区良好环境。

（区仙管处）

喀斯特景区

【概况】 重庆市武隆喀斯特（集团）公司成立于2007年9月，系国有独资公司，注册资金1亿元。公司成立后，及时开展对原仙女山公司、芙蓉江公司股权、江都旅业公司整体资产进行收购。截至2010年12月，公司取得仙女山公司100%股权、取得芙蓉江公司85%股权（汇邦公司持有15%），收购江都旅业公司整体资产。仙女山公司从2008年1月经营并取得收入，芙蓉江公司

（天生三桥景区、地缝景区、芙蓉洞景区、芙蓉江景区、黄柏渡漂流）从 2008 年 9 月起经营并取得收入。其间，成立地心之旅公司、印象武隆公司、华沣公司、重庆隆畅旅游有限责任公司、重庆惠隆乡村旅游公司等子公司。（集团）公司主要经营景区和业务有：芙蓉洞、芙蓉江、天生三桥、龙水峡地缝、仙女山、“印象武隆”及旅游综合服务。在册职工 1380 人。

2017 年喀斯特旅游区接待游客 472 万人次，业务同比增长 5%；实现综合收入 4.78 亿元，同比增长 6%；融资 13.6 亿元；完成固定资产投资 4.33 亿元。

【旅游市场】 2017 年 3 月 17 日，由泰国速远集团主办、泰国组团社 NU TRAVEL INCENTIVE GROUP CO.LTD.、喀斯特旅游（集团）公司协办的首趟泰国包机（包机游客共 400 多人）抵达武隆参观游览天生三桥、仙女山、印象武隆。据悉，这是自 2 月份武隆景区赴泰国参加第 20 届泰国出境旅游博览会后的首趟大规模包机。

2017 年 5 月 5 日，第十一届“台北两岸观光博览会”在台北世贸一馆开幕，作为重庆旅游名片的世界自然遗产地——重庆市武隆喀斯特（集团）公司应邀参展。

通过“仙女山雪地光猪跑”“仙女山国际风筝季”等系列活动的实施，被央视报道 5 次。利用电影《三生三世十里桃花》、电视节目《我们十七岁》拍摄外景增强武隆景区的市场曝光度和影响力。

【精品景区】 芙蓉洞景区从 2017 年 2 月 3 日起开始对洞内灯光、步游道、栏杆等设施进行闭园升级改造。升级改造后的芙蓉洞，融入多种艺术和科技元素。届时游客仅需自费 70 元往返索道费，亦可直接步行进入景区。2017 年 4 月 25 日，历经 3 个月升级改造的新版芙蓉洞景区即上午 10 点开园，并于 4 月 25 日至 27 日，对广大游客免费开放 3 天。

2017 年 8 月 20 日，重庆市武隆喀斯特（集团）公司推出景区套票政策，游客可一票玩转武隆五大景区。9 月 12 日起，游客可在各大电商平台自行选择购买武隆景区套票，同时也可在各景区指定售票窗口，但是购买时均需实名制。

【印象·武隆】 2017 年 9 月 24 日，总导演王潮歌率北京导演组舞蹈编导和灯光技术人员到“印象·武隆”，通过对巴渝文化的深度挖掘和艺术提炼，对演出细节进行全方位修改完善，提升演出质量。该次节目维护的重点是“川江号子”历史文化与节目艺术表现形式的融合。如何让演出更加贴近纤夫当年的生活场景；如何让观众从纤夫平凡的生活中感悟团结协作，顽强拼搏的精神成为导演组关注的焦点。导演组通过思维碰撞和反复修改，让节目内容更加朴实，情绪更加饱满，观众更容易融入现场氛围。“特色的剧场、特色的灯光、特色的舞美、特色的演艺、特色的服务”五大特色打造出重庆市一台高水准的“特色演出”——“印象·武隆”大型山水实景演出；并被科技部列为“区域特色民俗文化现代展示与实景演出示范项目”。是年，“印象·武隆”全年演出 341 场，接待观众 35.43 万人次，实现经营收入 4812.42 万元。

【武隆旅游＋国家平台】 央视多次直播武隆喀斯特神奇风光，央视还对《吉尼斯中国之夜》走进世界自然遗产地武隆天生三桥景区，两位全球顶级钢丝高手将在此展开“蒙眼走钢丝”高空竞速，向新的吉尼斯世界纪录发起挑战。央视二套 2017 年 4 月 29 日中午 12:30 分播出的《吉尼斯中国之夜》（重播时间：5 月 1 日晚 21:51 分）。

2017 年 6 月 10 日中午 13:13 分，央视一套《大美中国·文化和自然遗产》播出武隆长达 1 分钟的视频,向世界展示武隆雄奇险峻的独特美景。

2017年10月5日上午8:30、10:00和下午4:00,央视新闻频道新闻直播间《江山多娇·生命篇》分别以《喀斯特:水石交融间改天换地》《天生三桥:鬼斧神工天生成》《武隆喀斯特:天坑中的神来之笔》对武隆喀斯特地貌天生三桥、芙蓉洞等进行三次直播,并在《新闻联播》《晚间新闻》《24小时》等栏目重播,总时长达10多分钟。

央视新闻直播间《江山多娇·生命篇》直播武隆喀斯特风光直播中,央视采用航拍、俯视和仰视等多个角度全方位展现世界最大天生桥群天生三桥,展示推介武隆喀斯特之美,并对武隆喀斯特的成因和价值做详细阐述。武隆喀斯特作为《江山多娇·生命篇》的开篇,节目评价重庆武隆喀斯特地貌是中国南方喀斯特地貌的主要代表之一,与其他熟知的喀斯特地貌相比,这里更是地平面下的艺术,它们藏匿于地下,谦逊内敛而不失遒劲豪壮。

【"武隆喀斯特旅游区"品牌价值303亿元】 2018年1月25日,由中国品牌建设促进会、经济日报社、中国国际贸促会、中国资产评估协会等单位联合举办的"2016年中国品牌价值评价信息发布会"在北京举行。"武隆喀斯特旅游区"入围2016年中国品牌价值评价信息榜单,品牌强度为800,品牌价值为303亿元。

【武隆喀斯特(集团)公司获2016年度"互联网+"旅游智慧创新奖】 2017年4月20日,在杭州举行《2017中国"互联网+"数字经济峰会》,中国著名经济学家周其仁、娃哈哈集团董事长兼总经理宗庆后、联想集团董事长兼CEO杨元庆、腾讯公司董事会主席兼CEO马化腾等众多嘉宾出席。重庆市武隆喀斯特(集团)公司获得2016年度"互联网+"旅游智慧创新奖。(集团)公司与腾讯签订"互联网+"战略合作协议,重庆市武隆喀斯特(集团)公司董事长吕劲松和腾讯网副总编辑葛錟出席签约仪式并签证;重庆市武隆喀斯特(集团)公司常务副总李建国与腾讯政务旅游总经理舒展签约。

【武隆喀斯特(集团)公司获中国(行业)十大领军品牌大奖】 2017年9月9日,被誉为亚洲品牌年度"奥斯卡"的第12届亚洲品牌盛典在香港举行,重庆市武隆喀斯特(集团)公司斩获中国(行业)十大领军品牌大奖。同时,重庆市武隆喀斯特(集团)公司董事长吕劲松荣获中国(行业)品牌十大创新人物奖项。该届亚洲品牌盛典是由亚洲品牌网、中国亚洲经济发展协会、香港大公文汇传媒集团主办,商务部国际商报社等权威机构联合主办 。

【"仙女山无顶图书馆"创意荣获媒介创意类金奖】 2017年11月29日,首届IAI国际旅游奖在龙虎山金足迹论坛上揭晓。武隆旅游凭"仙女山无顶图书馆"创意荣获媒介创意类金奖。IAI国际旅游奖终审会由中国传媒大学教授、广告学院院长、国家广告研究院院长丁俊杰担任监审主席,中国商务广告协会(原)副会长、IAI国际广告研究所所长刘立宾担任监审副主席;国家特殊津贴专家、北京第二外国语学院旅游研究所原所长、教授王兴斌担任评审主席,微博副总裁王雅娟担任评审副主席。武隆旅游"仙女山无顶图书馆"创意设计还将在北京追逐IAI2017年度国际大奖。

〔武隆喀斯特(集团)公司〕

乡村旅游

全区已建成白马镇天尺坪、土坎镇紫沨泉庄、双河镇木根铺、大洞河乡铁矿场、仙女山镇归原、火炉镇凉水井、土地乡犀牛寨、赵家乡白院子、大洞河乡穆杨沟、和顺镇打蕨村等10个乡村旅游示范村（点），9个美丽乡村示范村，其中市级示范村8个，国家级示范村1个；4个中国传统古村落（平桥红隆、沧沟大田、浩口田家寨、后坪天池坝）。

乡村旅游基础设施建设。有序推进乡村旅游干道公路、支线公路以及乡村旅游村（点）的道路交通建设，各乡村旅游示范村（点）通畅率达到100%。农村综合环境专项整治加快推进，安全饮水进一步改善。加快建设7条精品线路沿线停车场、道路及旅游标识标牌、观景台、摄影点、旅游厕所、景点步游道、旅游商品店和综合服务中心等基础设施建设，全区乡村旅游配套设施得到进一步提升。实施产业融合，带动全域旅游发展。加强乡村旅游与休闲农业、特色产业、电商商务的有机融合，强化旅游商品、旅游纪念品、土特产等"后备厢"工程，延长乡村旅游产业链。2017年，全区乡村旅游接待游客770万人次，综合收入14.23亿元，同比分别增长24.19%和34.75%；新发展乡村旅游接待户552户；全区乡村旅游直接和间接从业人员达到2万余人，乡村旅游接待户达到4583户，接待床位达到4.6万张。

旅行社

【万祥旅行社】 重庆武隆喀斯特万祥旅行社是重庆武隆喀斯特（集团）公司的下属企业，成立于2009年9月，是国有独资的旅游企业。公司主要经营旅行社业务有商务考察、包机包船、火车专列、高档酒店及商务信息咨询。办公地点位于芙蓉街道柏杨路50号。万祥旅行社取得国家导游证人员31人。

【华邦国际旅行社】 重庆华邦国际旅行社有限公司隶属重庆大型旅游企业重庆华邦旅业有限公司，原名武隆县芙蓉江旅行社。该旅行社成立于1995年，是武隆成立较早、规模较大、实力雄厚的旅行社之一。经十多年的发展，旅行社逐步建立起强大的餐饮、住宿、运输、导游等旅游接待平台与网络，有效保障并提升旅游团队的接待质量。华邦国旅主要业务之一为地接重庆旅游，尤其是武隆世界自然遗产游、乌江画廊旅游专线，年接待量上万人次，并连续3年成为武隆年接待量第一的地接社。华邦旅行社有导游人员16人，取得领队证人员10人。

【乌江旅行社】 重庆武隆区乌江旅行社有限公司隶属重庆市武隆区义友汽车运输（集团）有限公司，乌江旅行社前身为春龙旅行社，成立于1997年4月，2000年正式更名为乌江旅行社。旅行社主要经营区内旅游和国内旅游，拥有专业车队包括多辆旅游豪华大巴，服务项目包括专业旅游服务、组团、地接、预订酒店、机票、火车票、轮船票等。旅行社取得国家导游证人员6人。

旅游饭店

【旅游饭店（农家乐）】 2017年，全区农家乐达3250家，从业人员29250余人，年营业额4.88亿元。开展农家乐星级评定工作，评定三星级农家乐11户，四星级3户，市级星级农家乐9家。

（区商务局）

【星级旅游酒店】 是年，全区共有四星级酒店4家、三星级酒店1家。

（区旅发委）

旅游节会

【2017仙女山国际风筝节】 4月29日至5月

1日举行，由国际风联、欧洲风联、亚洲风联主办，潍坊工艺美术研究所和喀斯特（集团）公司承办。来自中国、美国、英国、新西兰、加拿大、德国、巴西、丹麦、埃及、乌克兰、泰国、卡塔尔等23支国内外顶级风筝高手，在海拔2000米的高山草原进行风筝放飞表演和比赛。德国队获得头奖，仙女山风筝队获得第六名。

2017仙女山国际风筝节　（喀斯特公司　供图）

【2017法拉利70周年拉力赛】 5月20日至21日，近20辆法拉利各种跑车车型集结在仙女山镇游客接待中心，驶入中国最美公路仙女山，通过摆出70造型、车队巡游等方式纪念法拉利跑车系列诞生70周年。

【仙女山C-MART露营集市开市】 7月22日，第三届全球首创概念——仙女山C-MART露营集市在仙女山大草原开市，喀斯特（集团）公司董事长吕劲松，新浪重庆总经理周燕一同鸣锣宣布开市。

露营节现场　（喀斯特公司　供图）

【2017仙女山国际音乐节】 7月28日至29日举行。邀请陶喆、张靓颖、李宇春、梁博4位华语歌坛实力唱将，两天观演人数达2.5万人。首次邀请意大利知名爵士乐队FUNK OFF和MAURO OTTOLINI & SOUSAPHONIX为游客献上独具异域风情的音乐盛宴，提升仙女山国际音乐节的品牌影响力。充分利用新浪网、新浪微博等平台大力宣传，前期宣传覆盖人群3亿，参与微博讨论高达300万，点赞1.5亿。演出期间，通过一直播、映客直播、水滴直播进行实时直播，累计观看人数高达2000多万人，互动量近5000万条。

2017仙女山国际音乐节　（喀斯特公司　供图）

【2017首届中国武隆航模表演赛】 9月23日至24日在仙女山、天生三桥举办。大赛吸引世界航模冠军、航模高手及爱好者共计百余人参加，飞机数量达数百架，品种涵盖航拍无人机、遥控电F22模型飞机等十余种。航模表演赛首次在世界自然遗产地举行，选手在天生三桥首次挑战飞越高度达280米，宽度不足10米的三座石桥，并获得成功。中央电视台、人民日报、新华社、重庆电视台、新浪等全国知名媒体参与报道，实现电视、报纸、网络、新媒体的全覆盖，曝光量超过100万次。经中国航模专家多次考察评测，活动现场仙女山被授牌重庆航模飞行基地，将定

期举办国际、国内航模比赛。

【首届西南地区冰雪运动会】 12月23日在仙女山开幕，来自世界各地的近100名优秀运动员现场表演大型滑雪特技、空中技巧滑雪等，这标志着仙女山室外滑雪场成为全国首个除专业竞技比赛雪场之外实现空中技巧滑雪表演的雪场。

〔武隆喀斯特（集团）公司〕

表17　　2017年全区星级旅游酒店情况表

序号	酒店名称	星级	联系电话	地址	客房（套）
1	长松国际大酒店	四星级	(023)87701906	武隆区仙女山国家森林公园景区内	120
2	仙女山学府大酒店	四星级	(023)77707777	武隆区女山国家森林公园景区内	129
3	瑜珠花园酒店	四星级	(023)77799888	武隆区芙蓉街道芙蓉西路16号	169
4	宏福饭店	四星级	(023)85612166	武隆区芙蓉街道柏杨路2号	168
5	凯迪酒店	三星级	(023)77782888	武隆区芙蓉街道五龙商都商务楼	130

城乡建设

综　述

【概况】 全区建成区道路面积52.86万平方米，其中，车行道35.76万平方米，人行道17.10万平方米。全区公共停车场停车位数919个，路内停车位523个。安装路灯道路长度39.31公里，道路照明灯盏数3660盏。道路清扫保洁面积114.10万平方米，生活垃圾清运量5.60万吨，垃圾处理率100%。全区环卫直管厕所38座。全年新增环卫车2辆，总数达到38辆，其中生活垃圾运输专用车辆25辆。全区城区绿化覆盖面积398.82公顷，其中绿地面积276.89公顷；公园3个，面积139.04公顷，其中建成区内公园面积111.10公顷。

成功创建国家园林区城，建成投用棉花坝至大木桥污水管网，完成黄金水岸、职教中心等支路整治，打造白杨路、芙蓉中路2条交通秩序示范道路。全年争取特色小镇建设项目1个、市级美丽宜居村庄3个、改善农村人居环境市级示范片1个、全市首个智慧村镇试点项目1个，申报绿色示范村庄5个，历史文化名村3个。仙女山镇被评为全国特色景观旅游名镇。

重庆市武隆区城乡建设委员会和重庆市武隆区城乡规划管理中心是两块牌子一套班子，核定领导职数1正3副（即：主任1名、副主任3名），纪检组长按有关规定配备。实际配备领导8人，副调研员1人。城乡建委共核定总编制109名，现在编105人（其中行政编制11人、参公编制职工12人、事业编制79人、待分配事业3人）；退休职工16人；劳务派遣人员33人。核定内设机构10个，现设有办公室、组织人事科、行政许可科（法规科）、财务科、建管科、基建科、村镇科、档案室等8个科室，规划管理科、地理信息管理科等2个科室未设置。核定下属事业单位16个，其中正处级1个：规划管理中心；正科级15个：开发办、执法大队、招标办、质监站、安管站以及巷口、白马、江口等10个城乡建设管理所。

2017年，在本地注册的建筑企业47家（含劳务）；从事房地产开发的企业27家（其中，中心城区9家，度假区及乡镇18家）。

【城乡建设投资及争资立项】 2017年，完成城乡建设投资46.5亿元，完成建筑业产值60.97亿元，较上年增长4.3%，建筑业增加值增长9.3%，占全区地区生产总值的比重为22.8%，建设行业实现税收5.1亿元（其中房地产业实现税收2.7亿元），建筑业对全区经济增长的贡献率为28.3%，拉动经济增长2.2个百分点。建成区面积达22.42平方公里，城镇化率提高1.3个百分点，达到42.68%。

2017年，争取特色小镇建设项目1个、农村危房改造616户、市级美丽宜居村庄3个、改善农村人居环境市级示范片1个、全市首个智慧村镇试点项目1个，申报绿色示范村庄5个，历史文化名村3个，共争取棚户区改造及村镇建设项目到位资金5514万元。

【房地产开发】 全年开工建设御江华府、北城半岛项目；续建国平时代天街二期、江上明珠、锦江竹苑、渝兆新天地等开发项目；利丰鸿泰新居、利丰印象望江苑、南城中央广场二期项目顺利完工。完成房地产开发投资23亿元。新开工商品房面积24万平方米，竣工商品房面积22万平方米；销售商品房4573套、32.4万平方米，实现销售收入约16.5亿余元。城建招商引资完成项目4个，签约26.7亿元，到位投资13.9亿元，占全年目标任务的101%。

【重点项目建设】 立体停车场项目完成一期建设用地的规划选址和设计方案，并经区政府第27次常务会研究审定；梓桐片区旧城改造已完成概念性规划方案，完成土地房屋征收185户、3.6万平方米；复烤厂片区开发、瑜珠酒店西侧开发、高速公路出口至苏家河桥连接公路、龙江花园片区改造正在推进。

【民生实事】 停车场建设。北滨广场停车场、南滨广场及停车场主体完工，新增城区停车位2590个，完成全年新增1000个停车位目标任务。

农村危房改造。将“十三五”建卡贫困户危房计划与扶贫攻坚危房改造有机结合，完成市城乡建委下达给武隆区的616户建卡贫困户的D级危房任务。

棚户区改造。全年完成棚户区改造362户，5.5万平方米；着力推进桐梓片区、复烤厂片区、老车站片区、瓦厂坝片区等4个棚户区改造项目土地房屋征收，按照市级规划，初步拟定《武隆区2018—2020年棚户区改造计划（送审稿）》，并经区政府多次召开专题会研究论证。

市政消火栓补建及其他。顺利建成投用世纪五龙城停车场A区出入口车行桥，完成市政消火栓补建115个；完成农资公司房屋外墙安全隐患的立面改造。

（区城乡建委）

城乡规划

【机构】 重庆市武隆区城乡规划管理中心位于武隆区芙蓉街道芙蓉中路82号，内设4个科室，即综合科、技术审查科、城镇规划科、乡村规划科。核定事业编制15名，其中主任1名，副主任2名。内设科室领导职数4名。

【概况】 总规修编基本完成。总规文本编制于2017年10月经市规划局专题会审查同意，正进入市政府申报审批程序。重点规划加快编制。整合城乡规划、土地利用规划、生态环保等各项规划推进“多规合一”编制；完成全区主要道路两侧管控方案编制并通过专题会审查；“老街记忆”综合打造、建设东路环境综合整治方案完成初步方案；完成184个村规划编制审查。规划审查更加规范。完善规划审查工作机制，修订出台规委会、规划初审会议事规则，筹备召开规委会7次、审查重大议题55项，召开规划初审会25次，审议议题220项。规划审批更加严格。审批建设项目选址意见书15件，审批用地面积3.95万平方米；建设用地规划许可证15件，审批用地面积14.33万平方米；建设工程规划许可证22件，审批建筑面积29.95万平方米；市政项目选址意见书20件；市政用地规划许可证7件；市政工程规划许可证5件；全年征收配套费5000万元。“两违”整治攻坚有力。分类处置“两违”存量50户，强制拆除“两违”存量820件，拆除新增79件，征收罚款及规费约1500万元。

【城乡规划宣传】 2017年3月1日，新版《重庆市城乡规划条例》实施。区城乡建委组织开展《重庆市城乡规划条例》(2017年版)宣传活动；成立宣传领导小组；利用《武隆门户网》《武隆日报》《武隆电视台》以及城区主要地段LED幕屏对《重庆市城乡规划条例》(2017年版)进行宣传。通过下乡对广大群众提出的有关规划建设等问题进行宣传解答，同时发放相关宣传资料1000多份，悬挂宣传标语10幅。

【城乡规划审批】 2017年，区城乡规划管理中心审批建设项目选址意见书15件，审批用地面积3.95万平方米；建设用地规划许可证15件，审批用地面积14.33万平方米；建设工程规划许可证22件，审批建筑面积29.95万平方米；市政项目选址意见书20件；市政用地规划许可证7件；市政工程规划许可证5件；农村村民住宅工程许可证4件。

【城乡规划效能监察】 2017年，劝导自行消除新增违法建筑28宗，强制拆除15宗。中心城区存量违法建筑分类处置7685平方米，征收罚款187余万元，强制拆除1050平方米。在配合土地房屋征收工作中，共认定（处置）征地拆迁范围内“两违”建筑54宗，涉及建筑面积8566.5平方米。根据市指挥办要求对“三图三表”违法建筑整治，中心城区违法建筑148件，违法建筑面积20545.75平方米。根据五年整治计划，2017年任务为25件，已处置21件3626平方米，完成年度处置计划的82.23%。2017年1月至10月，支队依法依规对建设项目进行竣工规划核实。共计规划核实17件，核实总面积383686.55平方米。信访件44件，其中重庆市违反城乡规划举报中心移交件22起，市规划局信访移交件1起，区信访件21件，在规定时限内按时回复交办单位44起。

（区城乡规划中心）

勘测设计

【概况】 武隆区城乡规划建筑设计院位于武隆区芙蓉街道芙蓉西路世纪广场负一楼114号，注册资本100万元，是区属国有科技型企业。企业具有建筑设计资质丙级、规划资质丙级、测绘资质丙级，主要从事工业与民用建筑设计、城乡规划、工程测量等方面的工作。企业现有员工70人，有退休员工6人。下设办公室、财务室、考核办、建筑所、方案所、规划所、测绘队等7个部门，中层管理干部11人。

2017年，全年实现主营业务收入约817万元，同比1200万元减少26.5%。实现利润117万元，同比120万元降低2.5%。上缴国家税金97万元，同比110万元减少11.82%。期末资产总额855万元，负债总额260万元，所有者权益595万元。

【建筑设计】 2017年，完成火炉中心小学幼儿园、区儿童福利院、区救灾物资储备仓库、后坪乡公共服务中心、仙女山镇核桃小学扩建工程、龙江花园临时农贸市场、石桥派出所业务用房、桐梓镇中心小学校运动场工程、鸭江片区中心福利院、清水小学校学生食堂、仙女山竹园安置点一期工程、望仙崖景区建设项目茶马古道、仙女山机场搬迁居民聚居点基础设施建设、人民医院精神科业务楼改建、白马罡阳机械厂厂房、武隆中心城区补建完善市政消火栓工程、浩口村公共服务中心、彭水县文武和鹿鸣小学运动场建设、后坪乡中心小学校文化广场一期、浩口乡卫生院业务用房、白马天街安置点、仙女山镇曲家坝、苏岭美丽宜居市级示范点、龙湖路及桂圆路改造、23个乡镇二三级供水管网等各类大小建筑工程设计项目共计155个，完成设计总建筑面积16.67万平方米，同比15.63万平方米增加6.65%，签订建筑设计合同金额491万元。

【规划项目】 2017年，完成凤来乡总体规划1个、调整沧沟乡、后坪乡总规2个。完成天尺老年休闲养生康复乐园、长坝镇河东片区人居环境改造工程、后坪乡民族文化特色小镇等修建性详细规划3个。完成G353道路两侧详细控制规划、武仙路沿线管控方案、武隆区省道428道路管控方案、S203道路两侧详细控制规划等道路控制性规划5个。完成双河镇、后坪乡改善农村人居环境市级示范片规划2个。完成仙女山镇白果村苏岭社、石桥乡八角村青杠垭社、后坪乡中岭村姚家坝、火炭山、马福嵌等美丽宜居示范村庄规划6个。完成后坪乡中岭村、凤来乡高楼村、土坎镇关滩村、双河镇木根村等村规划编制10余个。完成沧沟乡关庙村、白云乡红云村、浩口乡邹家村、后坪乡高坪村等村规划指引40余个。全年签订规划合同金额519万元，同比500万元增加3.8%。

【工程测量】 地形图　完成仙女镇人居环境改造市级示范片、白马片区生态工业园、冉家坝生态猪腰枣园、武隆县中堆坝基础设施项目、肖家沟综合整治、武隆区主要公里两侧控制性详细规划地形、实验中学迁建项目、白马天街、26个乡镇污水管网、后坪传统村落等地形图测量项目121个，测量面积24.29平方公里，同比24平方公里基本持平，签订测绘合同金额168万元。

放线　完成北城半岛、五洲国际商贸城等放线项目15个，签订合同金额25万元，同比133万元下降81.2%。

竣工测量　完成武隆工业物流中心、渝兆.新天地、武隆中学等规划验核测量等16个，总面积49.74万平方米，签订竣工测量合同金额69万元，同比67万元基本持平。

完成县城消火栓调查测量并绘图，正在进行的沉降观测项目4个，其中望江苑沉降位移观测已经圆满结束。

（区城乡规划设计院）

市政管理

【机构】 武隆区城市管理局位于芙蓉街道桃花山公园。2017年12月，城市执法体制改革，由重庆市武隆区市政园林管理局更名为重庆市武隆区城市管理局，加挂城市管理综合行政执法局牌子。机关内设办公室、组织人事科、财务审计科、市容管理科、道桥管理科、排水管理科、安全应急科、行政许可科（执法监督科）等8个科室，下属城市管理执法支队（副处级）、环境卫生管理所、公园广场管理所、园林绿化管理所、路灯灯饰管理所、数字化城市管理中心等 6 个事业单位。机关行政编制 6 名。

【概况】 2017 年，环境卫生管理城区面积 63.33 万平方米，职工 307 人（其中，正式人员 11 人、临聘人员 292 人、退休人员 4 人），配有垃圾收运车 13 辆、勾臂车 10 辆、冲洗清扫车 12 辆、餐厨垃圾收运车 1 台、吸污（粪）车 1 辆、水域巡逻车 1 辆、水域清漂专用吊车 1 辆、全自动清漂船 2 艘、普通保洁船 1 艘、半自动清漂船 1 艘。

清扫保洁实行精细化管理制度，实行定人、定责、定时、定段的“四定”工作措施和“两班”工作机制，坚持 1 次普扫（早上 7 时前）16 小时保洁制，同时对路段 2 米以下设备设施和花台进行不定时擦洗。公厕管理实行定人、定时，8 小时保洁制。垃圾收运实行两班四运转的巡回收运模式，全面开展垃圾收运“三进”（进单位、进小区、进社区）工作，在 79 个社区、小区内设置 95 个箱体，日均清运垃圾约 80 吨。化粪池安全监测实行定时监测和重点区域在线监控机制。水域清漂实行属地管理，城区水域段实行日巡查、日清理、日运输方式。垃圾处理实行日收集日处理日消杀日覆盖模式，入场后采用卫生填埋方式。

2017 年，日处理垃圾约 150 吨左右、污泥约 15 吨、年处理约 6300 吨，城市主干道机扫率达 100%，冲洗率达 100%，垃圾无害化处置率达 100%。安全检测化粪池 175 个。

【市政设施建设】 道路　投入 3030 万元；启动桂圆路整治前期工作；完成黄金水岸道路加固工程，影剧院道路和旅游执法支队人行道整治工程，职教中心支路整治工程，南溪街支路综合整治工程；协助完成木林岩道路国平段 500 米拓展和人行道工程。

管网　投入 2000 万元（争取中央预算内资金 1440 万元），建成长约 10 公里的棉花坝至大木桥污水管网工程。整治拦山堰 1000 余米。

桥梁公厕　投入 200 余万元，新建城区公厕 2 座，翻修 1 座。投入 100 余万元，对城区 7 座桥梁进行外包管理服务。

路灯灯饰　投入 300 万元，新安装实验三校校区、武隆中学棉花坝校区、武仙路复线杨叉岭节点 3 条道路路灯 144 盏。

【市容管理】 2017 年，与五创办、综治办、公安交警等部门开展联合执法 10 余次；与教委、工商、卫生等部门开展校园周边环境整治 12 次；开展市容整治 24 次。共处理违章案件 912 件，罚款 185584 元，下达整改通知书 367 份，清理流动商贩 15200 余次，取缔占道经营 17621 余次，暂扣物品 237 余车，清除乱张贴广告 4000 余个。

2017 年，对 42 个经营停车场收费进行进一步规范。依法查处违停车辆 10524 辆，罚款金额达 210.48 万元；打造白杨路、芙蓉中路两条交通秩序示范道路。

2017 年，通过市场化运作，投入 80 余万元，建成城区 10 处公交站亭广告；投入 300 余万元，启动建设红五星等处大型户外广告电子屏幕。打造白杨路、建设西路、芙蓉中路、芙蓉西路、芙蓉中路等 5 条扬尘管控示范道路。

【公共行业监管】 行政审批施工占道、道路挖掘 22 件，占道宣传 5 件，户外广告 2 件，污水排入排水管网许可证 1 件。

【数字化城市管理】 通过“信息采集、案件建立、任务派遣、任务处理、处理反馈、案件核查、结案和综合评价”7 个环节来完成对城市管理流程。并对管理平台流程问题中“发现、立案、派遣、结案”四个环节进行分析和评价，形成内部考核和外部评价的综合评价机制。2017年中心平台共受理各案件428件，结案420件，结案率达98%；受理群工件235件处，理率100%。处理“12319”城市管理服务热线56件，处理率100%。

【乡镇管理】 2017年，围绕旅游第三战场重点，强化乡镇管理，严格按照“十有”要求，统筹乡镇监督考核。全面启动农村垃圾收运工作，重点开展农村生活垃圾前端清扫保洁项目、“百日清扫”和“非正规垃圾堆放点清理”专项行动，规划设置双河、江口、石桥3条垃圾收运示范线路。

【城市执法体制改革】 2017年，成立城市管理新机构。按照城市执法体制改革改进城市管理工作新要求，理清职责边界，明确责任划分，于2017年12月完成区市政园林局改革为区城市管理局（区城市管理综合行政执法局）。建立城区综合执法长效机制、城区垃圾清运清扫保洁长效机制、市政设施精细化管理长效机制、园林绿化长效化管理机制、城区及背街小巷清洁卫生检查评比机制等“1+5”个机制。拟定并以区委、区政府名义印发《武隆区入推进城市执法体制改革改进城市管理工作的实施意见》；完成全区在编在职一线城市管理执法人员统一着装工作，数字化城市管理平台整合工作和城市管理执法队员轮训和持证上岗工作。

园林绿化

【园林建设】 公园建设 投入7100万元，即将建成龙山公园A区，截至2017年年底，已完成1.23公里公路建设、花海1.5万平方米绿化栽植、阳光草坪1.1万平方米草坪铺装，形象进度已达90%。投资7030万元，启动建设梓桐公园。投入350万元，配合启动梓桐游园建设。

园林养护 投入340万元，完成柏杨路、芙蓉中路、三桥转盘、高速路出口等几个主要节点的园林绿化提升工程，对城区主要节点、重要道路分季节实施城区四季鲜花布景，提升城区绿化整体形象。

2017年，建成区绿地总面积218.20公顷，绿化覆盖面积245.24公顷，公园绿地面积为125.32公顷，绿地率36.98%，绿化覆盖率41.57%，人均公园绿地面积（含现状生态公园）11.87平方米/人。

【创建国家园林县城】 9月17日，根据《国家园林城市系列标准及申报评审管理办法》等相关文件要求，住房和城乡建设部委托广西壮族自治区专家对武隆区创建工作进行实地考察。10月12日，住房和城乡建设部在住建部网站首页上发布《关于对2017年国家生态园林城市、国家园林城市、县城和城镇拟命名名单的公示》。11月1日，住房城乡建设部对武隆区创建国家园林县城正式命名。

（区城管局）

环境保护

【概况】 2017年3月，设置重庆市武隆区环境保护局，为区政府工作部门；下设办公室（应急管理办公室）、水污染防治科、固体废物及辐射污染防治科、大气污染防治科（污染物总量减排科）、行政审批科、农村环境保护科（土壤污染防治科）；机关行政编制4名，共有职工50人。

是年，以“碧水、蓝天、绿地、田园、宁静”五大行动为抓手，把保护环境和优化发展相结合，环境基础设施能力增强，环境污染得到控制，主要污染物排放总量削减，完成市级134项污染防治项目；成立环境宣教信息中心，区环境保护公众开放周活动获表彰。

城区空气质量优良天数331天，高于考核任务数31天，PM10浓度均值62微克/立方米，同比下降10%；PM2.5浓度均值为35微克/立方米，优于考核要求。地表水符合水域功能要求，集中式饮用水源地水质监测达标率100%。区域土壤环境质量总体良好。城市交通噪声平均值为67.9分贝，区域环境噪声平均值为53.8分贝。环境安全风险保持总体可控，全年未发生较大以上环境安全事故。

【"碧水行动"】 是年，全面落实"河长"制，继续实施《乌江水体达标整治方案》和《大溪河水体达标整治方案》；全面推进河长制，制定《沿沧河河长制工作实施方案》《沿沧河"一河一策"方案》；建立区、乡镇、村（社区）三级河长体系，常态化开展水质断面联合监测和巡查，完成加油站防渗漏改造和7个新增饮用水源地保护区标识标牌建设工作。

【"蓝天行动"】 是年，淘汰黄标车及老旧车322辆，任务完成率107.3%。制定实施武隆区空气质量达标规划，划定高污染燃料禁燃区和高排放非道路移动机械禁止区域，建立区内区外空气污染联防联控机制。

【"绿地、田园、宁静行动"】 绿地行动。完成《武隆区生态保护红线划定方案》。

田园行动。发布《武隆区土壤污染防治计划工作方案》，实施50个行政村农村环境连片综合整治，关闭和搬迁禁养区畜禽养殖场（户）9户，竣工2.2万头生猪当量污染治理配套设施工程。

宁静行动。开展交通、工业、建筑施工和社会生活噪声专项治理，成功创建检察院小区为市级安静居住小区。

【总量减排】 2017年，全年削减化学需氧量251.70吨、削减氨氮27.16吨、削减二氧化硫196.1吨、削减氮氧化物191.9吨。

【环境执法监督】 2017年，区级多职能部门先后联合开展化工企业、汽修行业、小水电行业、餐饮行业、非煤矿山及河道采沙的专项检查执法，督促30余家企业完成环境风险评估和应急预案编制、修订。加强对环境风险敏感区域巡查，有针对性地排查隐患，积极防范突发环境事件，守住环境安全底线。2017年，完成排污费征收205.22万元，受理各类环境投诉425件，调查处理率100%，回访满意率95%；抽查检查企业91家，共出动监察队员210人次；立案查处环境违法案件43件，共处罚金235万元。全年受理查处各类环境投诉429件，其中，受理12369中心交办件244件，信箱投诉39件（市政府信箱20件、公开武隆信箱19件），市信访系统投诉7件，环保部信访信息系统投诉2件，受理人民群众电话投诉90件，群众来信1件、群众来访9件，群工系统投诉15件，网络投诉7件、环保微信15件，调查处理率达100%，回访满意率95%以上。

【生态环保重点工作】 2017年，落实环境监测监察垂管改革，紧盯队伍人心不散、精神干劲不松、环境质量不降三个目标，实现环保新旧体制平稳过渡；完成国家生态文明建设示范区创建规划和24个乡镇级生态文明建设规划编制，加快推进生态文明建设；按期划定《武隆区生态保护红线划定方案》，进一步加强对环境准入的硬约束管控；推动《白马山市级自然保护区修编规划》通过专家评审，助力建设白马山旅游第二战场；落实环评制度改革，推进环评和排污许可管理有机衔接，强化环境保护服务重大项目和服务民生的责任，加强环境准入管理，全年否决不利于生态发展的项目8个；落实中央环保督察问题整改，26项整改任务总体整改进度89%，完成阶段性任务。

【大气污染防治】 开展燃煤锅炉污染治理。全区禁止新建20蒸吨/小时以下燃煤锅炉，已淘汰工业企业燃煤锅炉5台，包括重庆久味夙食品有限公司、武隆县富民鞋业有限责任公司、武隆县廷江纺织厂、武隆县宏能煤炭有限责任公司和武隆县宏能煤炭有限责任公司天宝煤矿。

推进机动车污染防治。2017年完成淘汰黄标车323辆，完成全年任务的107%。

强化工业污染治理。督促全区混凝土搅拌站落实《重庆市预拌混凝土搅拌站控尘十项措施》；完成辖区汽车和摩托车整车制造及零配件生产、印刷包装、汽车维修等行业清理和台账管理；制定全区8家烧结砖瓦企业分类整治方案。

加强餐饮油烟整治。督促新开餐饮店全部使用清洁能源；城区公交、出租车全部使用CNG或LNG清洁能源；与县食药监局、县工商局建立审批信息互通机制，严格城区餐饮企业环境管理；督促餐饮店主动完成安装完成油烟净化处理设施和专用的排油烟管道。

严控城市扬尘污染。创建巩固芙蓉中路、芙蓉东路、芙蓉西路、龙湖路、白杨路5条扬尘控制示范道路；配备城区洒水车4辆、机扫车4辆，加强道路保洁；严格建筑渣土准运证管理，从严查处冒装渣土、带泥上路和沿途撒漏等污染行为；督促建筑工地落实尘污染防治设施和管理措施，新增车辆冲洗设施设备10余套，全部使用预拌混凝土，杜绝现场搅拌混凝土，创建巩固御江华府、北城半岛、江上明珠、中医院、新建殡仪馆5个扬尘控制示范工地。

【排污许可工作】 2017年，根据环保部2017年7月28日颁布实施的《固定污染源排污许可分类管理名录（2017年版）》，经初步梳理，全区纳入此名录管理的行业共15类，涉及企业40余家。

是年共核发排污许可证50个，其中重庆灵烽纸业有限公司和重庆市山拔尔桑水泥有限责任公司2个为国家级排污许可证。

8月4日，区环保局为园区企业负责人讲解《排污许可名录》（裴霞 摄）

【固体危险废物及辐射管理】 2017年全区共转移废矿物油19吨，废盐酸77.2吨，表面处理废物（磷化渣）9.42吨。4家危险废物产生单位规范化考核合格率100%。设立12个医疗废物暂存点并与涪陵固体废物处理中心签订《医疗废物集中处置服务协议》，实现医疗废物转移全覆盖，全年全区共转移医疗危废173吨。开展渣场和铝冶炼行业污染排查工作，确定重庆市鼎泰拓源氧化铝开发有限公司为排查对象。开展汽修厂危险废物专项行动，17家二类汽修厂和30余家三类汽修厂均与有处置资质的转移单位签订转移合同，全面实现规范转移；对7家汽修厂不规范处置和规范危废申报登记行为进行立案处罚。完成长江经济带化工行业污染整治专项行动工作，全区涉及武隆捷利实业有限公司，主要是使用硫酸，有相关危化品风险防范措施，风险隐患等级一般。开展辐射安全专项行动，处理基站投诉5起、输变电投诉3起，全年未发生因辐射投诉引发的上访事件。

【全区地表水国考断面实施采测分离】 按国家

环评保统一部署，2017年10月起对国家地表水环境质量监测事权上收，实施采测分离模式和水质自动监测站建设同步推进。采测分离模式，是将考核断面水质采样和分析测试工作交由不同单位承担，改变现行属地监测模式，从机制上与利益相方脱钩，保证国控地表水监测数据准确可靠。按照要求，区环保局在市局现场督办工作组的督导下于9月底完成国控断面的断面桩设立及水质自动监测站选址工作。10月10日，按采测分离计划，对接市生态环境监测中心和第三方监测采样机构，完成乌江锣鹰、乌江白马、大溪河鸭江和芙蓉江江口镇国控监测断面的“采测分离”工作。

【完成全区生态保护红线划定】 10月31日，区环保局完成全区生态保护红线范围的划定工作。全区共划定生态保护红线斑块71个，涉及25个乡镇，总面积871.6965平方公里，占辖区面积的30.17%，其中包括重点生态功能区红线、禁止开发区红线、生态敏感区红线、其他区域红线四大类型，实施分区管理，做到分类施策。

【农村环境连片整治项目垃圾收运设备发放】 9月8日，区环保局农环科组织人员在南滨路完成2017年全区农村环境连片整治项目第二批垃圾收运设备（120升垃圾桶）的发放工作。该次发放垃圾收运设备共涉及巷口镇、白马镇、羊角镇、平桥镇等13个乡镇，总计1900个垃圾桶。

9月8日，长坝镇工作人员正在领取发放的垃圾桶

（张兴福　摄）

【开展突发环境事件应急演练】 12月26日上午，区工业园区管委会、区环保局、白马镇人民政府联合重庆市隆泰稀土新材料有限责任公司开展突发环境事件应急演练。9时30分，重庆市隆泰稀土新材料有限责任公司酸洗车间1号盐酸储存罐底部发生盐酸泄露，存在较大环境风险，若不及时控制，泄露的盐酸将会进入石梁河，造成环境污染事故。该公司立即启动环境应急程序，向区环保局和相关部门报告，区环保局接到报告后，立即组织应急监测、监察人员赶赴现场，并协调园区管委会及白马镇政府通知相关应急队伍前来支援，同时请示相关领导启动应急预案。在突发环境事件应急中心的指挥下，现场调查组、现场处置组、应急监测组、后勤保障组、抢险救援组、信息报送组等6个工作组进行系列有序演练，由于应急处理及时得当，环境污染被有效控制，11时演练结束。此次突发环境事件应急演练，共有50余人参演，出动指挥车1辆，叉车2辆，应急救援车1辆，环境监察车1辆、应急监测车1辆、消防车1辆，医疗急救车1辆。

12月26日，武隆区2017年重庆市隆泰公司突发环境事件应急演练现场　（江小敏　摄）

（区环保局）

垃圾处理

城区垃圾处理场2003年7月建成并投入使用，占地面积13.4公顷，位于城东村张家碛农业社，离城区约12公里，设计容量86万立方米，设计日处理垃圾135吨，使用年限17年，使用容积达73余万立方米，使用率达93%。

2017年，完成垃圾处置费征收291.3万元，目标完成率达108%。餐厨垃圾年产生量约4951吨，全部进入垃圾场进行无害化处理，处置率达100%。

污水处理

【概况】 武隆污水处理工程于2002年3月动工建设，2003年4月竣工并投入生产运行，同年8月整体移交给重庆水务集团三峡水务公司经营，正式注册组建"重庆市三峡水务武隆排水有限责任公司"，公司下设综合管理办公室、生产技术科、财务科、管网科四个科室，下辖巡检组、管网组、化验组、维修组、江南泵站管理组、江北泵站管理组6个班组，现有正式职工48人，其中男职工30人、女职工18人，中共党员17人，全部为大中专及以上文化程度，人均年龄40岁。服务面积8平方公里，服务人口11.8万（常住8.35万人、流动3.5万人）。厂区污水处理系统占地1.4公顷，主要从事武隆城区污水处理的运营和管理。

武隆污水处理项目是根据国务院《三峡库区及其上游水污染防治规划》而实施的三峡库区第一批水环境治理项目，污水处理设计能力远期规模为日处理污水3万吨，近期规模为日处理污水为1.5万吨，采用改良型氧化沟生化处理工艺，污水处理为二级处理，排放达到国家GB18918–2002一级B类排放标准。现在排放达一级A类标准。

武隆排水公司生产运行由厂区污水处理系统和管网收集系统两大部分构成。管网收集系统由一、二级干管40公里，三级支管34公里，5座提升泵站，一座大型过江管桥构成。城区无直接向水体排污现象，污水集中处理率达92.18%，污泥全部进入垃圾处理厂填埋处理，污泥处置率达100%。

2017年共处理污水5692.46立方千米，比计划6100立方千米减少407.54立方千米；完成计划93.3 %，比去年同期减少406.48立方千米；日处理污水15.59立方千米。耗电2294738千瓦时，比计划增加7238千瓦时，比去年同期增加25188千瓦时。集团水质监测站抽检水样12次、县环保监测站抽检水样12次，三峡公司中心化验室抽检水样13次，各项数据全部达标。全年无安全责任事故和无设备设施责任事故，无环保处罚和环境污染事故。设备完好率99.47%，管网完好率100%。

【更新改造项目】 2017年，更新改造项目管网3项：F1管道改造、C5线管道改造、油坊沟接水口改造，共计28.8万元，生产7项：视频监控改造、更换潜水搅拌机、格栅机改造、CLO2消毒改造、除磷剂投加系统改造、新增维修项目等共计29.65万元。

【设备管理】 全年设备运行正常，无设备事故发生。关键设备使用250台，利用率99.8%；维护保养140台，预防性检修95台，预防检修完成率100%;大修2台，大修计划完成率100%。合计设备故障台数200台，累计停机396小时。做好设备现场管理工作，发现和处理设备故障190台次。

【管网工作】 加强管网巡查，对全城巡更点进行打更巡查，巡视管线2511公里，巡视检查井76258座。加强管网清淤工作，加强雨污合流口的清掏工作，确保水量收集；日常性清理检查井1941座次；疏通堵塞管道990米；更换井盖和井座27套。管网上被占压、断裂、漏水、坍塌24

处，均得到及时修复。加强气体检测工作，按计划对繁华地段、汽修厂、源头水质等进行气体检测，检测1661次，无气体超标现象；对小区自建化粪池进行排查，要求小区对化粪池进行开盖透气、加强清理，按时进行清理。对环城路片区破损老化污水管道进行更换；对全城雨污合流口进行管理清掏，增加水源；查找新的污水水源，对廊桥水岸污水口、老看守所接水口进行接入，确保污水收集率。

【安全工作】 组织全体职工开展防暴雨、爆管、洪灾、消防、二氧化氯泄漏、特种设备等演练5次，通过演练逐步修订完善预案。开展配电设施、房屋接地、高低压线路的检测，无重大安全隐患。厂区、泵站、厂区分别购置水基灭火器、安全帽、消防水带、配电室绝缘垫等消防安全设施。严格按要求开展危毒药品清理、采购和盘存；坚持季度安全、生产工作形式分析会。定期对安全生产管理人员、特种作业人员进行新训和复训。全年安全经费投入11.7万元。

（武隆排水公司）

村镇建设

【特色小镇建设】 编制完成江口特色小镇项目的初步方案，并通过市城乡建委项目评审会，完成建筑风貌整治路段房屋质量调查、规划设计方案和施工图设计。

【农房风貌改造及传统村落保护】 投资2000多万元完成武仙路沿线、白马山片区、后坪场镇等农房风貌改造418户；完成凤来、双河、文复、黄莺等乡场镇风貌规划设计。平桥镇红隆村成功列入2018年中国传统村落中央补助项目，完成6个全国第五批传统村落资料收集和上报工作，加强第三批3个传统村落修缮保护工作。

【改善农村人居环境】 全年筹备召开1次领导小组会和1次专题会，研究审议《武隆区改善农村人居环境工作整体规划》。成功申报仙女山镇改善农村人居环境市级示范片项目及白果村曲家坝、苏岭、庙树村河坝等3个美丽宜居村庄，正有序推进人行道、停车场、房前屋后绿化、房屋立面亮化美化等建设内容，已完成总工程进度的90%。成功申报2018年深度贫困乡后坪乡改善农村人居环境市级示范片1个，美丽宜居村庄4个，规划设计方案通过市级评审。

【农村住房环境整治】 以农村不安全住房及农户环境卫生整治为抓手，牵头拟草脱贫攻坚农村不安全住房及农户环境卫生集中整治方案，印发《关于脱贫攻坚农村不安全住房及农户环境卫生集中整治工作的补充通知》，明确整治标准及相关要求。投入资金1.8624亿元，完成农村不安全住房集中整治12558户，集中改厨4750户，改厕9282户，改院坝55.71万平方米，全力助推脱贫攻坚。完成深度贫困乡后坪乡场镇规划、美丽宜居村庄及人居环境规划，启动场镇风貌设计。帮助后坪乡修编场镇总体规划，编制人居环境市级示范片规划，排查农村不安全住房，加大文凤村天池坝传统村落的保护力度，争取改善农村人居环境市级示范片和美丽宜居村庄指标。

【羊角场镇避险搬迁工程质量监督】 2017年，区城乡建委全力推进羊角场镇避险搬迁攻坚工作，设立现场工作办公室，由分管领导挂帅并落实10名技术人员开展工程安全质量监督，组织安全教育培训8次，发放安全整改通知书30余份，整改安全隐患70余起。开展质量单项验收监督260余次、综合验收监督100余次，发放质量隐患整改通知书22份，对484栋房屋进行工程质量复查整改和实体验收。

（区城乡建委）

城乡发展

【概况】 武隆城乡建设发展（集团）有限公司成立于2011年8月，现注册资本金14.47亿元。内设综合部、党群工作办公室、人力资源管理部、工程管理部、财务管理部（下设内审中心）、投资发展部、土地开发部、资产经营管理部、安全管理部9个部室，下辖区投资公司（下设环境治理分公司）、祥宇农业公司、利丰房地产公司（二级开发资质）、绿园物业公司（二级资质）、堤防公司、卓艺园林绿化公司、冉家坝农场7个全资子公司，兴农融资担保公司（下设穗隆典当公司）1个控股子公司，山水新城工程项目管理公司、喀斯特印象文化公司、乌江环保咨询公司3个参股公司。2017年8月30日，经重庆市工商行政管理局武隆区分局审核，并准予同意公司名称由“重庆市武隆县城乡发展（集团）有限公司”变更为“重庆市武隆城乡建设发展（集团）有限公司”。公司党委于2017年4月10日由区委同意设立，设党委委员5名，其中党委书记1名，副书记2名（1名由总经理担任，1名为专职副书记负责党建工作），由区委直接管理；下设党组织根据工作需要及有关规定调整、划转、设立并报备。公司有党委委员2名，其中党委书记1名，党委委员1名。下辖2个党支部，党员37名（含预备党员3名），入党积极分子2名，党建工作隶属组织部管理。

全年完成融资到位22.5亿元，完成计划的100%；固定资产投资完成约12亿元，完成计划的75%；经营收入约2.25亿元，完成计划的129%，资产总额133亿元，比年初增长25%，上缴各项税费约0.89亿元，支付征地拆迁款和工程款9.75亿元。

【项目融资】 区城乡集团加大同国开行、农发行、农行等金融机构沟通衔接，融资到位22.5亿元，争取上级补助资金1.32亿元，包括中央预算内投资0.67亿元，亚行资金0.65亿元；完成计划储备项目15个，总投资约70亿元；成功发行武隆区首笔停车场专项债8亿元；与西南证券公司、西证渝富管理公司共同投资10亿元成立武隆双创股权投资基金合伙企业，为全区城乡建设提供资金保障；成功收购武隆融兴村镇银行5%的股权，为今后融资发展奠定基础。

【项目建设】 羊角危岩避险搬迁新址基础设施建设按期完成建设任务，为险区群众顺利搬迁入住提供基础保障；左岸堤防、南滨路加高项目基本完成主体工程建设；城区污水处理迁（扩）建项目迁建工程厂区通水并试运行；城区建筑弃渣填埋项目投入使用；中堆坝广场及停车场完成停车场主体工程建设，广场完成主体的50%；北滨路乌江二桥至一桥段开工建设；城区

南滨路加高工程已完成主体工程

（区城乡发展公司　供图）

建成投用的北滨广场及停车场项目

（区城乡发展公司　供图）

生活垃圾处理厂项目确定工艺为焚烧发电；瓦厂坝滨江体育中心及配套设施项目、三桥至棉花坝南北滨江路前期工作顺利推进。民生实事取得新进展。北滨广场及停车场项目完工并投入使用；梓桐停车场及附属设施项目完成方案优化设计，地质详细勘察，并通过区规划初审会审查，边坡支挡设计通过安全专项论证；巷口镇廉租房、土坎廉租房项目完工；棉花坝廉租房项目完成主体的30%。生态环保顺利推进。江口、平桥污水处理厂完成提标改造工程，提升污水出水水质达A类标准；乡镇二、三级管网建设完成初设、地质勘查、施工图设计等。房地产项目稳步推进。望江苑项目2、4号楼顺利完工并投入使用，3号楼完成所有施工内容的85%；中庭车库已完工，中庭景观绿化完成80%；鸿泰新居项目4、5、6号楼完工开盘销售；锦江竹苑项目完成所有施工的90%。城区基础设施项目招商引资持续推进。城区基础设施招商引资工作，涉及全区基础设施项目9个项目，分两个项目包打捆招商，招商金额26亿元。于5月完成公开招投标。受国家财政政策影响，未能完成招商协议签订，正进一步与两家中标单位开展合作协议洽谈相关工作。其他项目建设取得新成效。木林岩防疫站应急道路加宽项目完工并投入使用；棉花坝采石场顺利投产；检察院技术与办案用房完成装饰施工并投用；仙女山人居环境示范片区项目基本完成改造。

【经营管理】 全年实现经营收入3.25亿元。

房地产销售取得重大突破。望江苑、宜居佳苑住宅全部售罄，鸿泰新居正在销售中，销售额突破3亿元大关。农业发展取得新进展。以“绿色生态发展，建设现代化农业产业”为战略，实现苗木、绿化收入610万元。

担保典当业务。推进土地经营权抵押、拓展产矿权证质押贷款，在保1170户，在保余额3亿元，实现经营收入688万元；其中典当累计发生11笔，金额1804万元，实现收入110万元。发放金融精准扶贫担保贷款5090万元，覆盖全区26个乡镇，受益建档贫困户达1092户共计5000余人。

物业管理实现经营收入761万元，并解决约200人就业。创新经营理念，确保国有资产保值增值。全年完成资产经营收入200万元。

运营管理全区39个污水处理设施及1个垃圾填埋场，全年处理污水约124.8万吨，安全处置污泥约198吨，开展水质分析检测96天次，检测水质指标1474项，处理垃圾约12088吨，实现经营收入272万元。

【项目用地保障】 积极协调推进土地指标报件。取得棉花坝学校储备用地约10万平方米土地指标市政府批文，开展乡镇污水垃圾项目土地指标报件资料准备。全力保障项目建设用地。开展北滨路堤防工程、城区污水处理项目迁扩建工程等重大项目建设的征地拆迁工作，为项目建设提供用地保障。强力助推棚改工作。完成房屋拆迁协议签订约205户，约4万平方米房屋拆迁。启动中横街、复烤厂、原武警中队西侧、老车站等片区棚改项目征地拆迁工作。开展2018—2020年拟棚改地块摸底调查、规划设计、项目融资等前期工作。积极开展土地招商引资，推进土地出让划拨等供地。2017年，共出让中堆坝、木林岩2

11月30日，重庆市武隆城乡建设发展（集团）有限公司举行“环境杯拔河比赛”

宗地块，约2万平方米，划拨1宗约6666.67平方米地块，供地收入约9500万元。

〔武隆城乡建设发展（集团）公司〕

房地产管理

【概况】 全区资质内房地产开发企业施工面积199.81万平方米，较上年增长4.9%；竣工面积37.67万平方米，较上年增长62.9%；新开工面积35.67万平方米，较上年下降18.2%。实现商品房销售面积33.73万平方米，较上年增长22.8%；实现商品房销售额178929万元，较上年增长32.5%；销售住宅3854套，较上年增长17.3%。

全区商品房待售面积21.0万平方米，同比下降9.5%。其中，住宅待售面积8.47万平方米，与上年年末住宅待售面积相比减少5.85万平方米，同比下降40.8%。

【房地产市场监管】 是年，推动出台《重庆市武隆区人民政府办公室关于印发武隆区整顿规范房地产开发销售中介行为专项工作方案的通知》（武隆府办发〔2017〕89号），全面加强房地产市场日常巡查检查和依法置业宣传工作。全年处理涉及房地产的投诉38起，对发现的问题楼盘依法进行告诫、警戒，房地产市场秩序健康平稳。

（区国土房管局）

住房公积金管理

【机构】 重庆市住房公积金管理中心武隆区分中心（以下简称分中心）是根据市委市政府上划区县住房公积金管理职能的文件精神，经市编委批准，于2008年9月28日上划重庆市住房公积金管理中心直管，属市住房公积金管理中心的派驻机构，机构规格副处级，党建工作归属区国土房管局事业支部。武隆县分中心于2017年5月更名为“重庆市住房公积金管理中心武隆区分中心”；受市中心委托，负责全区辖区住房公积金的归集、提取、信贷管理及核算工作。武隆分中心下设综合科、业务科、财务科三个职能科室，内设服务大厅1个，归集提取贷款业务集中在服务大厅办理。现有职工13人，其中在职职工7人，临聘职工4人，退休职工2人；有主任1人，副主任1人。2017年荣获“重庆市巾帼文明岗”称号。

【概况】 2017年，全区共有公积金缴存单位349个，缴存人数17140人。全年归集公积金2.96亿元，归集余额为8.54亿元；办理提取4854人次，提取金额1.87亿元；发放个贷542户，发放金额1.83亿元，贷款余额为6.24亿元；取得增值收益968万元。

（区住房公积中心）

交　通

综　述

【概况】 全区公路总里程5072.35公里，其中等级公路3737.39公里，铁路里程达76公里。养护总里程4461.52公里，客运站2个，营运客车616辆14407座、货车2361辆6693吨，公路客运运量749（万人），客运周转量48182（万人公里），公路货运运量443（万吨），货运周转量3649（万吨公里），通航里程119公里、营运船舶客船5艘156座、货船17艘3万吨，运量59.1

万吨，周转量 5924.9 万吨公里。地方重点建设项目 13 个，总投资 8.35 亿元，2017 年完成 6.8 亿元。部级文明单位 1 个，市级文明单位 1 个，区级文明单位 9 个。

表 18　　2017 年武隆区交通概况表

公　路			
通车里程（公里）	总里程：5072.35		
	其中	高速公路	88.50
		一级公路	
		二级公路	299.53
		三级公路	31.42
		四级公路	3317.94
		等外公路	1334.96
公路密度	以国土面积计算（公里／百平方公里）		174.84
	以人口数量计算（公里／万人）		120.77
通达情况	通公路的乡镇 26（个）占乡镇 100（%）		
	通公路的村 186（个）占村 100（%）		
养护里程（公里）	总里程：4461.52		
	其中	国、省道	585.119
		县道	203.469
好路率（%）	国、省道		86.36
	县道		76.91
绿化里程（公里）	国、省道		437.40
	县道		161.231
客运站（个）	总数：2		
	其中	一级站	
		二级站	1
		三级站	
		四级及以下站	1
营运汽车	客车 616（辆）14407（座）		
	货车 2361（辆）6693（吨）		
公路运量	客运	运量（万人）	749
		周转量（万人公里）	48182
	货运	运量（万吨）	443
		周转量（万吨公里）	3649
地方重点建设项目	总数（个） 13		
	新开工（个）站（点）	路桥	5
	续建（个）站（点）	路桥	8
	总投资（亿元）		8.35
	2017 年完成（亿元）		6.8

内河航运			
通航里程（公里）	总里程：119公里		
	其中	四级航道	64
		五级航道	
		六级航道	
		七级航道	40
港口（码头）	数量（个）		
	吞吐量	旅客吞吐量（万人）	
		货物吞吐量（万吨）	
营运船舶	客船 5 （艘） 156 （座）		
	货船 17 （艘） 3 （万吨）		
水路运量	客运	运量（万人）	
		周转量（万人公里）	
	货运	运量（万吨）	59.1
		周转量（万吨公里）	5924.9
地方重点建设项目	总数（个）1		
	新开工（个）	航电枢纽	
		港口码头	
		航道渠化（整治）	
	续建（个）	航电枢纽	
		港口码头	1
		航道渠化（整治）	
	总投资（亿元）		0.83
	2017年完成（亿元）		0.4
文明单位			
国家级	新建/（个）保持（个）		
部级	新建/（个）保持1（个）		
市级	新建/（个）保持1（个）		
区（县）级	新建/（个）保持9（个）		

【交通项目建设】 2017年，完成投资16.6亿元（含铁路6.1亿元、农村公路2.15亿万），占全年投资计划的101.8%。聚焦仙女山、白马山两大旅游主战场，围绕旅游提档升级、城乡协调发展、脱贫攻坚三大重点任务推建设。土坎乌江大桥、武仙路复线、S429白马至鸭江段改造3个项目已完工投入使用；推进渝怀铁路复线、仙女山机场连接路、G65土坎互通、龙溪乌江大桥、城区北环西线等20个在建项目；农村公路路网建设，全区下达农村公路建设计划172个共642.67公里，完成275公里，其余项目正在抓紧实施。按照“规划一批、成熟一批、实施一批”的滚动发展模式，推进垫江—丰都—武隆—道真高速公路、白马至白涛高速、渝湘高速扩能、

渝湘高铁、土坎至城区景观大道、武仙路大修改造、仙女山有轨电车、郊村坝乌江大桥、城区南环线、G65 白马互通改造工程等 23 个重点项目前期工作。

（区交委）

施工建设中的龙溪乌江大桥　（曾光全　摄）

2017 年 5 月，土坎乌江大桥全面通车　（曾光全　摄）

道路养护

【概况】 重庆市武隆区公路局位于重庆市武隆区凤山街道建设东路 17 号，最初成立于 1950 年 9 月，原名武隆工务段，属彭水总段管辖，先后经历 8 次机构调整或名称变更，于 2016 年武隆撤县设区后更名为重庆市武隆区公路局。局机关内设五科一室，即党政办公室、组织人事科、财务科、安全生产技术科、农村公路管理科、政策法规科，下设江南、江北、白马三个养护所；管辖 11 个公路管理站（分别是江口、银盘、车盘、白马、和顺、鸭江、平桥、白云、火炉、桐梓、白果）。现有在职职工 139 人，负责管理养护全区境内国、省、县道公路 479.97 公里（其中国道 44 公里、省道 35.02 公里、县道 400.95 公里），指导并考核各乡镇农村公路养护管理工作。

【公路养护管理】 2017 年，区公路局坚持“服务群众惠民生、保障畅通助发展”这一主题，扎实推动公路养护管理工作。推行“五定五包”，落实管养责任。五定即定管养里程、定人员编制、定公路路况、定生产任务、定管养经费；五包即包公路路况、包生产任务、包管养经费、包安全生产、包集体财产，明确各管理站养护管理目标，较好地完成全年养护管理工作。推行季度考评，狠抓预防性养护和小修保养。做到公路病害早发现、早治理，共填补坑槽 8500 立方米，修复路面 18000 平方米，沥青灌缝 32 公里，全年路面使用性能指数 PQI 值达 83.34。加强干线公路巡查巡检工作，坚持做到国、省道每天用巡查车上路巡查，县道由各管理站每天巡查，确保及时发现道路隐患、病害并采取相应处置措施。落实公路养护管理各项服务保障工作，积极收集整理日常管理资料、图片，及时录入并上报各类养护管理信息。强化桥隧养护专项管理。落实桥梁养护工程师制度，严格执行《公路桥隧养护管理制度》，建立完善管理站《桥隧管理台账》，全面加强桥隧管理基础工作；定期排查桥隧隐患并及时上报，并开展整治工作，复建涵洞 3 道，配合市公路局、区交委完成桥梁定期检测工作。开展应急演练。在彭鸭路 K52+200m 处开展一次因边坡垮塌造成公路中断的公路抢险应急演练，并组织应急队伍参加全区应急演练。

【公路应急抢险】 区公路局成立应急抢险分队，有应急设备有挖掘机 1 台、装载机 3 台、吊车 1 台、巡查车 2 辆、小型货车 1 辆、云梯车 1 台、应急保障队员10名。2017年3月21日，全区遭受到强降雨影响，导致S204武务路K28+100m（浩口采石场）处发生山体滑坡，塌方体约10000立方米，造成该段公路交通中断。区公路局确立抢险方案，并派遣应急抢险分队到现场投入抢险工作，于次日13时将塌方及隐患全面清除，道路交通恢复正常。2017年11月23日17时43分，武隆区发生5.0级地震，区公路局立即启动应急预案，成立应急工作组，按照“先通后畅再保洁”的应急抢险原则，开展安全隐患排查及应急抢险工作。排查国、省、县道公路里程479.97公里，收集、排查农村公路3400余公里。共出动人员648人次，机械16台（辆）45台班，清理坍方6000余方，保障受损公路及时恢复正常通行。

（区公路局）

水上交通

2017年，共完成退市船舶拆解21艘，撤销渡口10个，完成拆解退市客渡船10艘，淘汰老旧船5艘，增设2个临时重点工程专用渡口。强化安全日常巡查检查，出动检查车辆293辆次、执法人员916人次，检查船舶998艘次，检查港口码头等705次，查出问题42件次，整改落实42件次，整改完成率达100%；银盘海事监督站于9月正式投入使用。

（区交委）

公路运输

【概况】 2017年，全区拥有道路运输客运企业8家，其中班线客运3家，旅游客运企业1家，公交客运1家，出租客运企业3家。拥有营运客车616辆，其中班线客运车辆318辆，旅游客运车辆86辆，公交客运车辆66辆，出租车146辆。全区共有客运线路133条，其中公交线路9条，客运班线124条（省际班线10条，车辆19辆；县际班线28条，车辆65辆；境内农客班线86条，车辆234辆）。全区乡镇通客率达100%，按照市运管局标准（2公里辐射范围）行政村通客率达100%，按照区委、区政府要求标准（通达村活动室）还有33个行政村未通客，行政村通客率82%。境内有二级客运站1个，乡镇五级客运站10个（其中有9个尚未验收投入使用），农村客运招呼站335个，全行业客运从业人员达3100余人。货运企业15家（指车辆拥有5辆以上的企业），货运车辆2044辆。维修企业（业户）289户（包括摩托车维修）、其中二类维修企业16户，三类维修业户273户。驾驶员培训机构5家，教练车辆有150辆，从业人员达200余人。2017年共办理557件审批业务，其中新增客运线路8条，货运车辆新增89辆，机动车维修企业经营许可19家，出租车驾驶员客运资格证核发396人，货运车辆迁出20辆，客运车辆报废25辆。

【运输行业管理】 2017年，共清退63辆黄标车，车辆源头管理工作，鼓励使用新能源，开展以“优选公交、绿色出行”为主题的“公交出行宣传活动周”，促进城市公共交通出行的宣传和引导。抓行业安全监管，持续深化“大排查、大整治、大执法、大督查”行动；针对客运、养护、重点工程、水上交通等行业的具体实际列出详细的检查清单，开展“清单式检查”；重要节点实行“日排查、日报告、日研判”制度，落实道路交通运输安全生产措施；针对群众反映的热点、难点问题，全方位开展道路运输市场秩序整治工作，严厉打击各类违法、违规行为。运输保障能力提高。针对城区学校部局调整后学生乘车难，制定预案，强化运力调度，运管部门周末现场办公，确保广大师生出行便捷。火车站设置简易汽车站，服务游客，压缩非法营运。

【客运安全】 全年共计发班108691班次，输送旅客134.29万人次，召开安全会议43次；全天播放《安全带——生命带》安全警示宣传片和《旅客安全告知》，播放安全标语55条；开展安全咨询日1次，发放宣传资料500余份；安全生产知识培训12次、安全考试1次；安全巡查128次，共查出安全隐患29件，落实整改合格29件；例检车辆79880辆次，查出隐患3136辆次，整改合格3136辆次，对例检不合格的车辆一律停班，确保发班车辆例检率、合格率达100%；应班客车驾驶人员、车辆相关证件检查合格率达100%；共检查出站班车109574辆次，查出超员超载33辆次，当场卸载或转运33起，车辆出站检查整改率达100%；安检旅客行包161.21万件次，查处隐患1591件次，劝其出站或没收1591件次，确保无“三违品”进站上车。

交通执法

全年共查处路政案件147件，审批路政案件95件；检查涉嫌超限运输车辆27800余台次，处理超限运输车辆187余台次；检查客运车辆7000余辆次，处理客运违章129台次，暂扣非法营运车辆199台，处理违章维修企业15户，处理危化品运输车辆1台次。全年共排查安全隐患51处，消除安全隐患51处。

（区交委）

铁路运输

2017年日均接发列车62列，货物列车36列，共计接发列车22600列；客运日均发送旅客人数1574人，共计发送旅客57.44万人，其中管内发送人数49.89万人，直通列车发送人数7.55万人，客运收入2394.85万元；货运日均装车3辆151.8吨，日均到达1.4辆89.8吨，共计装车847辆55405吨，到达525辆32788吨，货运总收入437万元。

（武隆火车站）

民航运输

【概况】 仙女山机场位于仙女山镇仙女村，毗邻仙女山、天生三桥等景区，与城区直线距离15公里、公路里程43公里，占地154.87公顷，按民航4C级标准建设，跑道标高1746.5米，长2800米，宽45米，总投资16.79亿元。根据规划，到本期目标年2025年，旅客吞吐量为60万人次，本期建设6个C级机位，拟使用机型有空客319系列、波音737系列及部分50座以下的EMB145、CRJ等机型。项目预计2019年基本建成，2020年建成投用。项目建成后拟开通至北京、上海、广州、成都、西安、昆明等城市的航线；结合武隆旅游及客运发展等实际情况，将逐步开通至张家界、桂林、九寨沟、长江三峡等旅游目的地之间的旅游专线；远景规划将仙女山机场建成西南地区的旅游门户机场。

【推进情况】 仙女山民用机场自2008年开展前期工作以来，2010年取得国家民航局选址批复；2015年5月，取得国务院和中央军委立项批复；2016年取得可研、总规、初设及先行用地批复，并完成相关手续办理，同年9月23日奠基开工；2017年3月实现主体工程实质性动工；4月6日，正式取得国家林业局出具的《使用林地审核同意书》（林资许准〔2017〕133号）文件；永久性用地手续通过国土资源部部委会，等待出具批复文件。截至2017年年底，土地征收工作基本完成。完成搬迁户数33户139人，兑付房屋拆迁款834.7万元；坟墓搬迁381座，兑付补偿资金 123.85 万元；红线内土地征收面积 139.64 公顷（未包含国有林场），兑付补偿资金 4182.02 万元（包含国土代扣代划参保资金 2238.43 万元），临时用地 86.07 公顷、兑付补偿资金 1013.92 万元。已完成飞行区试验段工程竣工验收；飞行区场道工程于 2017 年 12 月 31 日开工。已完成全部临时设施搭建，草皮土清理，土石方运输便道修筑，土石方爆破累计超过 150 万立方米；房屋建构筑物地质勘查完成 50%。

邮　电

【综述】 全年实现邮电业务收入 26464 万元，较上年增长 10.1%。其中，邮政业务收入 3590 万元，较上年增长 28.80%；电信业务收入 22834 万元，较上年增长 7.6%。年末全区拥有固定电话 4.62 万户，较上年下降 7.4%；年末移动电话 36.17 万户，较上年增长 9.5%。

邮　政

【概况】 中国邮政集团公司重庆市武隆区分公司位于重庆市武隆区凤山街道建设东路 11 号，是一家为推动地方经济发展服务的大型国有企业；主要经营国内和国际邮件寄递、国内报刊发行、邮政储蓄、三农分销、普遍服务等业务。设有综合办公室、财务室、市场营销部、渠道平台中心、集邮与快递包裹文化传媒中心、机要室、库房中心，下有 14 个邮政网点，1 个邮件处理中心，1 个包裹投递组，员工 119 人。

2017 年，全年实现业务收入 3321 万元，完成确保目标的 103.56%，完成奋斗目标的 101.54%，同比增长 18.24%，比全市平均增幅高 0.33 个百分点。实现营业利润 253 万元，比上年增加 413 万元；能力建设支出实现利润 422 万元，比上年增加 245 万元。全口径人工成本增长 11.28%。

是年，荣获十佳企业称号、市分公司先进集体、“创新创优”业务发展劳动竞赛先进单位。

【储蓄业务】 全年新增余额 2.06 亿元，新增余额市场占有率达到 19.27%，比上年提升 4.28 个百分点；新增存款占全市邮政代理的比重为 0.79%，比上年提升 0.01 个百分点；期末余额达到 13.24 亿元，市场占有率为 11.27%，排全区第三位，比上年末提升 0.8 个百分点，差距与市场占有率前两名分别缩小 1.8 个百分点和 1.22 个百分点。全年实现储蓄存款收入 1560.16 万元，同比增长 13.63%；增收 187.13 万元，增收贡献率达到 36.55%。

【保险业务】 全年实现寿险保费 8506 万元，同比增长 48.11%；实现代理寿险业务收入 372.72 万元，同比增长 59.35%，增收 138.82 万元，增收贡献率达到 27.11%；代理寿险手续费率达到 4.38%，比上年提高 0.31 个百分点。加快发展代理车险业务，实现业务收入 90.74 万元，同比增长 50.3%。积极探索发展代理简易险业务，按照上级的统一部署，自 8 月开始发展代理简易险业务，到年末共销售简易保险 10 万元。

【包裹快递业务】 以电商市场为重点，突出协议客户开发，推动包裹快递业务发展。全年实现包裹快递收入 182.66 万元，同比增长 44.6%，增收 56.35 万元，增收贡献率达到 11.01%；其中实现标快收入 50.49 万元，同比增长 3.95%；实现快包收入 111.25 万元，同比增长 88.91%。

区邮政公司为电商中心提供包裹运输

【市场开发】 普惠金融市场。在自有网点安装 ATM 1 台、CRS 2 台，在便民网点新增商易通 5 台，在商户新增 POS 机 18 台。

文化传媒市场。全年实现报刊业务收入 160.28 万元，同比增长 9.48%；其中实现图书文创收入 11 万元，同比增长 456%。联合检察院开展预防职务犯罪宣传，实现文化传媒收入 10.5 万元。

校园经济市场。收订校园报刊 15.6 万元，开展少儿书信比赛活动，积极培育校园经济。

旅游经济市场。依托旅游景区，丰富产品，积极探索主题邮局发展模式，在巩固天生三桥自营主题邮局发展的基础上，采取代办方式在仙女山镇游客接待中心、天坑寨子、芙蓉洞等处发展，全年主题邮局实现自营收入 49.8 万元，代办收入 2.8 万元。继续做好门票印制服务，实现门票印制收入 90 万元。

便民服务市场。持续深化邮税合作，在所有自营网点开办“双税双代”业务，全年代收税金 718 万元，实现代理业务收入 35.88 万元。

【经营组织架构改革】 设立综合办公室、市场营销部，及渠道平台、金融业务、包裹及文化传媒等 3 个中心，并按照有利于生产管理及配合的原则对相关班组进行调整；同时配置营销、理财及包裹专兼职揽收人员，增强经营管理及市场营销能力。

（区邮政分公司）

电信业务

【概况】 中国电信股份有限公司武隆分公司（以下简称中国电信武隆分公司）位于重庆市武隆区芙蓉街道柏杨路 43 号，分公司分为五大部门（销售服务部、网络部、综合服务支撑中心、综合管理部、政企客户部），十个支局（江南、江北、城郊、桐梓、鸭江、江口、白马、仙女山、火炉、长坝），分公司现有人员共 126 人。

2017 年，全年收入增幅完成 12.7%，超进度 0.36%，电视完成 T0（收入目标值）202%，三类第一，全公司第三；移动完成 T0 值 211%，三类第一；宽带全年完成 T0 值 227%，三类第二，全公司第二；收入份额全年提升 0.95%；移动过网份额提升 4.94%，全公司第五。2017 年，全年新加入公司渠道网点 16 个，全公司实体渠道网点 79 个，其中城区 20 个，乡镇 59 个，核心代理商 22 个。

【通信能力建设】 截至 2017 年 12 月，中国电信武隆分公司投资 800 万元新建基站 285 个，实现道路、景区及村以上的区域 4G 网络全覆盖；投资 750 万元进行农村地区光网络改造，新增

中国电信武隆分公司对外宣誓“五项服务承诺”活动现场

中国电信武隆分公司开展服务礼仪和商务礼仪培训

端口能力3万线，新增覆盖5万户，行政村以上的区域基本实现100M光网络覆盖；城区完成1000M光网络改造，适应大宽带用户需求。全年完成旅游区光网覆盖，行政村上网络覆盖率超过70%；建有一支15人组成的专业通信应急保障队。

【服务质量】 全年执行“提速降费”、“防范打击通信信息诈骗”等各项工作，内部出台各项文件提升用户体验感知，让电信每位员工树立“用户至上”的服务理念，执行制度建设，规范经营行为，缩短用户办理业务的时间，明确投诉通道，培训员工自身素质，微笑服务，用户至上，用心服务，并在2017年实现上门服务以及“当日装、慢必赔”的新承诺。

（中国电信武隆分公司）

移动业务

【概况】 中国移动通信集团重庆有限公司武隆分公司（以下简称武隆移动）隶属于中国移动通信集团重庆有限公司，位于重庆市武隆县巷口镇建设东路190号，下设综合部、市场部、建维部、集客部4个部门；1个宽带业务中心；仙女山分局、江口分局、火炉分局、白马分局、鸭江分局5个分局，2017年年底共有员工85人。

2017年，全年开通4G基站198个，开通比达97.99%，宽带覆盖46894户。围绕以4G的领先优势+套餐用户价值的提升，家庭宽带规模及份额持续增长，集团信息化整体贡献等重点工作，年累计财务收入1.39亿元，同比增幅10.50%，行业增幅差0.2%。

【公司业绩】 全年实现收入1.35亿元，较上年增长300万元，完成计划的100%。全年纳税金额超416万元。

2017年，移动总用户达到22.37万户，其中4G用户12.4万户，上年增长0.79万户。全量4G渗透率从2016年的53%提升到55%，手机上网用户数在2017年突破17万；DOU达到1.3G，4G用户的DOU更是高达1.9G，流量迎来第一个爆发高峰。

全区驻地网资源达已达到13万线，其中，城区4.5户占比35%；乡镇8.5户，占比65%。仅2017年新建驻地网建设5万户。截至12月31日，分公司宽带用户2.5万户，全年新增1.5万户、全年净增1万户，用户规模较去年增长41%。OTV用户1万户，全年净增0.6万户，用户规模较去年增长60%。

截至2017年12月，2G站点达到394个，全年建设15个；4G站点达到920个。家宽覆盖46894户，其中存量39987，完成86%，公约2336户，完成87%，政企4557户，完成91%，FTTB光改14户，完成100%。重点建设仙女镇宽带覆盖，共计建设16000户，发展2300户，开通比例为14.4%。

【网络建维工作】 2017年，公司在仙女山旅游景区新建基站27个，其中4G基站26个；白马山旅游区：政府规划需求19个，分公司实际规划基站22个。其中，建成开通21个，在建1个，预计2018年22个全面完成开通。

完成3个基站和6条线路搬迁。积极配合武

隆城区提档升级，自主投资近70万元，对城区及3个乡镇场镇进行线路改造。

圆满完成音乐节、户外公开赛、国庆节等通信保障，申请应急通信车两次，完成音乐紧急开站保障流程，及时对音乐节现场灵活调度，音乐节全程无投诉产生，4G网络使用畅通。

持续提升4G覆盖率，累计规划宏站139个、室分站点157个，解决城区MR弱覆盖点19个，解决室分弱覆盖22个，旅游景区信号问题83站点。

通过规划解决投诉热点区域5个、乡村旅游度假景区4个；网络调整解决A类集团5个（武隆县仙女山机场、仙管委、山王庙广场、依云美镇、区信访办）。网络规划解决投诉热点区域5个：仙女镇洋房花园小区、仙女山镇荆竹村、大洞河乡、浩口乡邹家、白马镇中铁集团等。规划解决新兴乡村旅游度假景区4个：白马山景区、万丰林海景区、天池坪景区、铁矿大洞河景区等。

重点推进4G占网时长提升，同步开展高倒流小区现场优化，不合理覆盖小区整治，4G基站建设进度提高，深度覆盖不足区域补充。截至12月底，4G占网时长已到达97.52%，较去年同期提升5个点子。优化能力全面提升，全程负责武隆驻地优化、仙女山专项优化项目，优化结果良好。

完成家宽覆盖46894户，FTTB光改14户，完成率100%。重点建设仙女镇的宽带覆盖，共计建设16000户，发展2300户，完成羊角旧镇搬迁及新镇建设等，通过光改，弱光整治，跨区域接入整治等手段，实现宽带兆数提升，最高可达200兆。

【提升服务质量】 2017年，武隆移动共有实体渠道63家，渠道占比43.45%，较2016年提升2.73%。结合渠道规划与渠道占比情况，新建规划区域渠道6家，核心商圈渠道占比40.62%，较2016年大大提升。加强与公开卖场以及异业渠道合作，期间通过与苏宁易购武隆店合作，在宽带发展方面有较大提升。启动社区服务站建设计划，完成1家社区服务站建设，成功选址4个。

（武隆移动公司）

联通业务

【概况】 2017年，通信服务收入完成预算的95.2%，同比增长1.9%，同类排名第三；移动用户净增1200户，总用户数达到5.1万户；宽带用户数净增900户，总用户达到1.4万户。盈利能力提升，全年实现毛利890万元。员工待遇大幅增长，工资增长比例达到26%。

【市场经营】 以4G为引领，加强有效发展，狠抓重点产品和重点模式的销售上量，新增用户质量有所提升，新增收入完成率同类第三，新增收入同比增长率高于新增用户同比增长率26个百分点；以低消和3/4G登网为抓手，存量经营取得一定成效，拍照用户保有率较去年提升2个百分点，4G用户渗透率较去年提升12个百分点。以融合业务拉动宽带发展，宽带新增同比下降3%；专人专职做好宽带维系工作，宽带续费率长期位列同类第一，宽带用户有效净增完成率111%；用户改光率达到100%，FTTH端口占用率达到42%。渠道建设取得一定进展。新建合作渠道4家，填补核心区域的渠道空白1处，宽带社区店22个，沃店联盟活跃度达到37%。政企市场进一步拓展，累计政企业务收入完成计划的118%，创新业务储备收入150万元。

【网络建设】 完成4G网络建设任务37个，总计占规模达到598个，网络基础能力进一步增强；宽带网络方面全面完成全区光纤网络改造，解决驻地网7个35幢住宅楼宇入驻和仙女山度假区主要小区宽带接入，现有光纤宽带端口18000个，全部具备200兆以上带宽接入能力。与电信广泛合作，通过共建传输线路、宽带接入光缆共享、室分建设合路等手段，共节约投资80余万元。

【服务质量】 新建综合性营业服务网点7个，提升服务的便利性。投申诉量和投申诉率大幅度下降，特别是网络质量和网络覆盖的申诉量下降比例达到850%，流量争议申诉量下降300%，不明扣费等行业的突出问题在2017年未出现一例。全面落实实名制登记工作，新增用户100%实名入网，规范管理和检查力度，未发生实名制违规行为和网络与信息安全事件。

【安全生产】 全面落实安全生产责任目标，完善组织机构，成立分公司微型消防站，坚持召开安全生产例会，把落实安全生产职责贯彻到部门管理的全过程并严格考核。加强安全教育培训，提高员工安全意识和自我保护意识，并开展安全消防演练，提高员工安全技能。定期和不定期组织安全检查，组织安全检查4次，发现并排除隐患两处。全年未发生一例安全生产事故。

（武隆联通公司）

财政税务

【综述】 全年实现辖区内财政收入282767万元，较上年增长5.1%。完成地方财政收入223005万元，较上年增长5.3%。其中，公共财政预算收入149691万元，较上年增长1.3%；基金预算收入68314万元，较上年下降12.0%；国有资本经营预算收入5000万元，较上年增长66.4%。公共财政预算收入中，税收收入79611万元，较上年增长9.2%；非税收入70080万元，较上年下降6.4%。在主要税种中，增值税29885万元，较上年增长47.5%；企业所得税8063万元，较上年增长13.6%；个人所得税3218万元，较上年增长60.6%。

全年完成地方财政支出576476万元，较上年下降0.9%。其中，公共财政预算支出510778万元，较上年增长14.2%；政府性基金预算支出61837万元，较上年下降53.3%；国有资本经营预算支出3861万元，较上年增长83.9%。

财　政

【机构】 2017年3月，设置重庆市武隆区财政局，为区政府工作部门；增加中介机构从事会计代理记账业务审批、财政资金预算绩效管理、会计从业资格审核管理、政府综合财务报告编制职责。机关内设机构17个科（室），即：办公室、财政监督科、组织人事科、财法综合科、预算科、国库科、政府采购办、行政政法科、教科文科、行政事业单位国有资产管理科、经济建设科、农业科、基层财政科、社会保障科、企业财务科、会计管理科、金融科。下属正处级事业单位区国有资产管理中心1个；下设四个科室，即：综合科、考核分配科、产权管理科、审计科；下属正科级事业单位5个，即：区财政国库支付中心、区乡镇财政管理中心、区非税收入管理中心、区财政投资评审中心、区财政信息服务中心。全局在职职工93人，退休职工19人，离休干部1人；正、副局长、主任8人，党组成员5人（其中：派驻纪检组组长1人），科室负责人29人。

【财政支出】 2017年，全区一般公共预算支出完成51.1亿元，加上解支出1.4亿元、债务还本支出3.4亿元、安排预算稳定调节基金1.1亿元、结转下年支出1.5亿元后，支出总计58.5亿元。其中：教育支出8.2亿元；社会保障和就业支出5.9亿元；医疗卫生与计划生育支出4.5亿元；农林水支出9.9亿元；节能环保支出3.8亿元；文化体育与传媒支出0.6亿元；科学技术支出0.4亿元；公共安全支出2.0亿元；城乡社区支出2.3亿元；交通运输支出3.3亿元；资源勘探信息等支出1.3亿元；商业服务业等支出1.3亿元；国土海洋气象及粮油物资储备支出1亿元；住房保障支出1.8亿元；一般公共服务支出4.2亿元；其他支出0.6亿元（主要用于：国防、债券付息等）。

【财政监督】 全面落实审计、监督、财政检查问题整改。审计署特派办、财政部专员办、重庆市审计局以及其他监督检查部门对全区涉农、扶贫等领域进行多次专项检查、审计，指出全区各级各部门在财政资金使用中存在的问题，区财政局高度重视，全面梳理问题，与部门一起整改，全区各专项检查的问题全面整改完成，收回财政资金6460万元。全力助推纪委“1+3”专项治理行动和扶贫领域专项整治，对26个乡镇和61个部门的“三公”经费、津补贴发放、工会福利等13个方面进行专项督查，梳理归纳问题93类，即查即改，督查问题全面整改完成，追回财政资金413万元。切实加强财政管理，清理规范全区财政专户，撤销11个，保留14个，将乡镇账户信息、资料和监管纳入大平台单位账户管理系统，实现动态管理；加强乡镇财政管理，完善乡镇国库集中支付，加大乡镇财政资金监管力度，充分运用审计、专项检查结果，督促整改落实和责任追究；加强行政事业单位国有资产管理，发挥资产使用效益，促进资产收益最大化；加强非税票据管理，做好非税系统新旧衔接，规范财政票据管理使用；加大财政投资评审，提高财政投资效益，完成项目评审181个，金额23.5亿元，审减净额4.2亿元，净审减率15.3%；加强政府采购，完成集中采购项目165个，合同金额2.2亿元，节约资金0.2亿元，节约率9.1%；加强债务管理，落实限额管理和预算管理，严控增量，严格整改违规担保承诺举债行为，全区政府债务34.8亿元，在市上下达的限额之内。

【财政队伍建设】 2017年，区财政局举办“全面从严治党，我与财政同行”迎十九大朗诵比赛和征文比赛，用十九大精神指导财政工作实践。全面加强机关党的建设，推进“两学一做”学习教育常态化制度化，严格落实党建工作责任，按要求开展“主题党日”和争创“武隆先锋”活动，坚持“三会一课”制度，落实“两个责任”，建立班子成员联系科室、联系基层财政所，支委成员联系党员和党员联系非党员职工制度。开展集体约谈3次，个别谈话50余人次，组织全局职工到区看守所开展廉政教育1次，坚持节假日廉洁提醒警示制度，编发廉洁提醒短信30余条。严格落实重大事项集体决策制度，召开党组会23次，专题会30余次。开展党组中心组学习13次，将中心组学习扩大到中层干部，建立层级管理干部模式，落实班子成员联系科室、联系普通职工机制。修改完善机关职工平时考核办法，并严格按照考核办法执行，对51名干部职工进行轮岗交流调整，培养和锻炼干部，增强机关活力，提高办事效率，促进勤政廉政。开展机关作风明察暗访5次，加强“八小时以外”活动的监督管理。

（区财政局）

国家税收

【概况】 武隆区国家税务局是主管全区国家税收工作的行政机构，位于芙蓉街道芙蓉中路48

号，现有在职职工 94 人，退休职工 44 人，内设 10 个科室，即办公室、政策法规科、货物和劳务税科、所得税科、收入核算科、财务管理科、征管与纳税服务科、人事教育科、监察室、机关党办，1 个事业单位信息中心，1 个稽查局，下设 7 个派出机构，即第一税务所、第二税务所、第三税务所、第四税务所、第五税务所、第六税务所、办税服务厅。担负全区 26 个乡镇的税收征管工作，辖区内主要税源为烟草、电力、房地产、金融和建安行业。

2017 年，区国税局以组织收入为中心，以绩效管理为抓手，精准制定征管举措，共组织税收收入 7.93 亿元，同比增长 29.77%，增收 1.82 亿元。分级次看，中央级税收收入 4.89 亿元，同比增长 21.55%，增收 7956 万元；地方级税收收入 3.44 亿元，同比增长 51.99%，增收 1.18 亿元。分税种看，增值税实现税收收入 5.92 亿元，同比增长 37.62%，增收 1.62 亿元;消费税实现税收收入 3935 万元，同比增长 5.27%，增收 197 万元;企业所得税实现税收收入 1.2 亿元,同比增长 15.55%，增收 1617 万元；车辆购置税实现税收收入 4138 万元，同比增长 4.81%，增收 190 万元。

【税收综合改革】 2017 年，区国税局做好改革前期准备，先后到南川、巴南、忠县、石柱等区县税务部门学习交流，多方位开展改革调研和宣传引导，前后 4 次召开专题会议审议《税收综合改革实施方案》，于 2017 年 5 月 1 日正式实施改革；重新整合各项资源，根据“属地 + 专业化 + 风险”三位一体的征管模式，收缩 3 个税务所，重新整合形成 3 个属地管理所，1 个重点税源 + 重点行业所，1 个风险评估所，优化人员配置，合理规划税源管理，确保高效便捷为纳税人服务。

【税收法治】 2017 年，区国税局税务行政处罚案件 696 件，处罚金额 14.4 万元，办理行政许可审批事项 202 件，向重大税务案件审理委员会移送审理案件 4 件。

【税收征管】 开展漏征漏管专项督查，清理漏征漏管户 926 户，查补税款 11.23 万元;开展定额核定清理，调增定额 86 户次;抓好所得税汇算清缴，完成 280 余条汇算清缴错误数据审核，完成汇算清缴 1034 户；全面开展建筑房地产行业、部分现代服务业、欠税企业、连续三年亏损企业四项专项清理工作，共计查补税款 1926.3 万元，调增应纳税所得额 1.23 亿元，调减以前年度亏损 244 万元，清理新欠 587.4 万元，清理陈欠 94.1 万元;落实风险防控，组织开展风险应对 44 批次 180 户，共计入库税款 1530 万元，滞纳金 43 万元。

【税收政策落实】 全面清理落实小微企业、新“营改增”（营业税改征增值税）四大行业纳税人各项税收优惠政策，切实规范税收优惠政策后续管理。2017 年，共办理出口退税 479.82 万元；资源综合利用退税 390.61 万元,民政福利企业退税 144.48 万元,全区享受小微企业增值税优惠减免 4543.23 万元，享受所得税优惠 2556.28 万元，享受面达到 100%。

【纳税服务】 聚焦部门合作共赢，以国地税联席会议为媒介，深化税邮合作，16 个邮政网点实现代开代征，代开发票 9337 张，代征税款 388.93 万元，深化“银税互动”，为符合纳税人申请贷款 194.9 万元；聚焦提升办税体验，设立电子税务局专区，注册并绑定电子税务局 7437 户，推广“互联网 + 有奖发票”，印发宣传资料 4000 余份，全面落实税收规范，持续推进“便民办税春风行动”；聚焦税收宣传培训，结合新媒体、传统媒体宣传优势强化税收宣传，与区地税局联合开展税法宣传进校园和“开学第一课”税收知识竞赛、手抄报等税收宣传活动，重点围绕税收综合改革、电子税务局、互联网+有奖发票等重点工作，在综合性纳税人学堂举办6期培训，累计1200余人次参加。在2017年度全市纳税人满意度调查中，综合得分排名第11位。

4月21日，在武隆中学以手抄报、演讲等形式开展税收宣传进校园活动

9月2日，武隆国税局、地税局开展喜迎十九大“金秋开学季 税法伴成长”税法知识竞赛

【税务稽查】 是年，完成税务总局6户集团企业重点检查、承接税务总局农产品收购行业、医药行业等专项整治工作，同时积极开展举报和自选案源查处，组织开展税收专项检查，全年共立案查处涉税违法案件18件，查处违规发票1714份，稽查查补入库税款、罚款及滞纳金950.6万元，调减增值税留底税额1492.9万元，调增应纳税所得额1975.8万元。

（区国税局）

地方税收

【概况】 2017年2月9日，根据《重庆市编办关于设立重庆市武隆区地方税务局的复函》（渝编办〔2017〕11号）精神，撤销武隆县地方税务局，设立重庆市武隆区地方税务局，机构规格为正处级，内设机构8个，直属机构3个，派出机构5个，共有在职干部职工93人。

2017年，区地税局围绕“强基础、优服务、助发展”工作主线，抢抓“撤县设区”机遇，扎实做好稳增长、促改革、调结构、惠民生、防风险各项工作，为区域经济社会高质量发展作出积极贡献。

【税费收入】 2017年共组织税费收入14.4亿元，同比增长28%。其中，税收收入5.6亿元，同比增长12%（区本级收入4.5亿元，同比增长13.5%）。非税收入8.8亿元，同比增长82.9%。其中，社会保险费收入8.1亿元，同比增长91.7%。

【税收征管】 风控中心全年共计承接应对市局推送的中高风险4批28户，向下推送14批181户风险点，入库税款5311.5万元，成效贡献率9.5%；信息管税、信用税管、合作管税等新管税模式合计入库税款7700多万元；落实环保税改革，完成环保税税源数据的接收、纳税人识别和纳税辅导等工作，做好环保税开征准备。加强纳税人信用管理，对693户纳税人开展信用等级评价工作，评定A级61户，D级91户。积极推广“征信互认、银税互动”服务，为6户诚信纳税企业发放贷款194.9万元。

【税收法治】 坚持严以用权、规范执法，全面加强内控机制建设，有效防范执法风险和廉政风险。出台十三五时期全面推进依法治税工作实施方案和税收法治宣传教育第七个五年规划；扎实推进法治税务示范基地创建；开展法治宣传月、宪法宣传日、税法进校园等一系列法治宣传活动，让税收法治建设向更深层次延伸。全面落实行政审批制度改革，及时取消下放承接行政审批事项，保留并公示行政许可 5 项；清理核准类和备案类减免税项目 14 个 347 项。

【税收政策落实】 不折不扣落实税收普惠政策，推行“互联网 + 优惠政策”，依托纳税人微信群、QQ 群等网络平台，使优惠政策宣传在时间和空间延伸，确保税收优惠应享尽享，切实为企业减税降负。2017 年，共计减免税收 1.36 亿元。

【纳税服务】 深化国地税合作，完善合作机制、融合办税服务，成立行政服务中心税务分中心，落实“一票清”工作，互派干部挂职，筑牢合作根基，实现“进一家门、办两家事”。落实“放管服”要求，坚持“权力做减法，服务做加法”，将 173 项依申请审批事项全部前移，推行预约服务、限时办理、免填单服务等 9 个方面的便利化措施，降低纳税人办税成本，提升办税效率。推行“互联网 + 税务”服务，积极推广电子税务局，累计开通 6704 户；推动存量房办税制度改革和实名办税改革，网上受理自然人二手房交易 155 件；做好 12366 二级热线上线的各项准备工作，畅通纳税人维权渠道，切实为纳税人提供功能互补、流程对接、办税自主、维权自助的线上线下一体化办税服务。

【税收宣传】 开展第 26 个全国税收宣传月活动，与县国税局联合开展税收街头宣传活动，发放小微企业税收优惠政策、契税、个人所得税等税种的宣传手册 1200 余册，接待群众咨询 2000 余人次。以企业所得税汇算清缴为契机，依托纳税人学堂，对 350 余户企业开展分配培训，加强税收优惠政策宣传和纳税辅导。与县国税局、武隆中学联合举办“开学第一课，税法宣传进校园”活动，将校园打造成税法宣传教育主阵地，带动青少年学生以“争当小小税收宣传员”“校园税收宣传志愿者”等方式，将自觉纳税的良好意识传播到家庭，扩散到社会，切实增强全社会的税法意识。

【税务稽查】 以整顿税收秩序和规范稽查工作为目标，稳步推进随机抽查和定向稽查，着力深化国税地税联合稽查，积极推动税警协作，持续加大大（要）案件查处力度，累计开展立案检查和督导自查 49 户，查补收入 2998.35 万元；查处 100 万元以上的大（要）案件 4 件，其中 500 万元以上的 1 件。

（区地税局）

金融业

【综述】 全年金融业实现增加值 73689 万元，按可比价计算，较上年增长 7.8%，占全区地区生产总值的比重为 4.6%。年末，全区金融机构存贷款余额 4057745 万元，较上年增长 9.5%。其中，存款余额 2152303 万元，较上年增长 8.9%；贷款余额 1905442 万元，较上年增长 10.2%。

【金融扶贫工作】 出台《武隆区金融扶贫的实施意见》《金融精准扶贫贷款风险补偿金管理暂行办法》等政策文件，开展金融扶贫大行动，积极推动贫困村支付服务基础设施建设，实现贫困村基础金融服务全覆盖。设立 1000 万元的“金融精准扶贫贷款风险补偿金”，对建档立卡贫困户开展的扶贫小额贷款业务，累计向 3285 户建档立卡贫困户发放扶贫小额贷款 1.54 亿元。2017 年通过建行“助保贷”为区内 8 家企业发放贷款

1855万元。

【区域性金融风险防范】引导区内金融机构对市场前景好、诚信经营，但暂时有困难的企业不断贷、不抽贷，鼓励商业银行对诚信经营、发展前景好、产品适销对路的中小微企业贷款适当降低门槛、给予优惠利率支持，区内15户企业或转贷应急贷款5185万元。出台《武隆区金融精准扶贫贷款风险补偿金管理暂行办法》（武隆府办发〔2017〕76号），设立1000万元风险补偿资金，鼓励金融机构对贫困户提供资金支持。出台《武隆县中小微企业贷款风险补偿金管理办法》（武隆府办发〔2016〕85号），对银行机构和担保公司的风险补偿额度分别为经法院裁判确定贷款本金的50%和80%。区兴农融资担保公司有2笔共计650万元待法院判决后按文件补偿。印发《武隆区农村信用体系建设实施方案》（武隆府办发〔2017〕108号），加快推进农村信用体系建设，优化农村金融生态环境，加大金融服务"三农"力度。

【防范、处置非法集资工作】印发《武隆区2017年防范和处置非法集资工作要点》（武隆府办〔2017〕29号）、《武隆区2017年防范和处置非法集资宣传教育工作方案》（武隆府办〔2017〕30号）、《武隆区2017年非法集资专项整治工作方案》（武隆府办〔2017〕31号）等，对全区非法集资专项治理的工作目标、职责分工、工作措施和要求进行明确。召开打非领导小组会议，传达学习上级打非工作精神，安排部署2017年打非工作，将打非工作纳入对区级有关部门和乡镇的综合目标考核。开展集中宣传活动4次。投入经费20万余元，在城区各住宅小区的电梯口投放打非电视广告，在55辆公交车的车载电视上播放打非宣传视频，在武隆日报上刊登打非知识，在武隆电视台每天晚上的黄金时段播放打非宣传视频，在城区内人口密集地段的公交车站投放站台灯箱广告，印发宣传单和公开信16万份。

银　行

人行武隆支行

【概况】2017年，人行武隆支行开展"责任作风年"建设，贯彻实施稳健中性货币政策，推动金融改革创新，加强金融风险防控，履行基层央行职能，助推地方经济平稳健康发展。

2017年年末，全区本外币存贷款余额分别为215.23亿元、190.54亿元，新增17.51亿元、17.60亿元，增长8.86%、10.18%；"三农"贷款余额162.45亿元，新增13.43亿元，增长9%；中小微企业贷款余额116.6亿元，新增11.57亿元，增长11%。

全年发放扶贫再贷款7315万元，带动445户贫困户增收致富，惠及贫困人口1110人，推动金融精准扶贫。

2017年年末，辖区累计注册用户数34户，融资额突破10亿元，新增成交额8.04亿元，同比增加6.91亿元，增长6倍，完成2017年中支下达目标任务。

【推进金融精准扶贫】推动区政府出台《关于武隆区金融精准扶贫的实施意见》，持续开展金融精准扶贫"四大行动"，新创建20个金融扶贫示范点。大力发展扶贫小额信贷实施精准对接，扶贫小额信贷余额1.60亿元，在全市处于领先地位，取得新突破。聚焦深度及重点贫困地区，制定下发《武隆区金融支持深度及重点贫困地区脱贫攻坚实施方案》，加强与市级深度贫困乡镇对接，积极推进全区20个深度及重点贫困乡镇、村脱贫攻坚。截至2017年年末，全区扶贫贷款余额72.11亿元，新增9.29亿元，增长14.79%，惠及贫困户13033户、贫困人口37972人，其中对建档立卡贫困户直接支持贷款余额1.87亿元，惠及贫困户3923户、贫困人口15599人。2017年5月11日，人行武隆支行成功承办全市金融精准扶贫现场推进会，在全市金融扶贫效果专项评估中名列第一，为全区打赢脱贫攻坚战提供有力金融支持。武隆区火炉镇筏子村被重庆认定为第四批金融扶贫示范村，武隆县洪山茶叶专业合作社、重庆市渝蔬农业发展有限公司被认定为第五批金融扶贫示范企业。

【土地经营权抵押贷款试点】 坚持突出重点、创新推动，重点组织开展示范点创建，指导涉农银行推出“重点大户＋农户”、创新推出“央行再贷款＋农地贷”等创新服务模式，创新推出抵押登记备案制度，建立正向激励考核机制。截至2017年年末，共创建示范点7个，土地经营权抵押贷款余额3234.12万元，累计发放贷款528笔、金额3524万元，惠及535户农户、8个涉农经济组织，助力破解“三农”融资难、融资贵难题。2017年6月6日，人行武隆支行在全市农村“两权”抵押贷款试点工作现场推进会上作经验交流发言，相关工作情况相继在市委改革办《改革工作简报总第181期》、市政府办公厅《昨日简况》第245期和《专报信息》2017年第5期刊发报道。

【加强支付体系建设】 推进农村金融服务基础建设，武隆融兴村镇银行设立石桥乡惠农服务站，农行武隆支行在乡镇设立3个离行式自助银行，在75个贫困村布放“四融”平台服务终端，弥补农村地区网点覆盖率不足的短板。邮储银行在全区186个乡村打造农村电商综合服务平台。推进金融IC卡在旅游、医疗、超市、物业、公交等公共服务领域的应用。“云闪付”、二维码支付等移动支付方式广泛应用在各大商超和出租车领域中。

【加强人民币管理】 推进人民币净化工程，共投放货币9.29亿元，回笼货币13.86亿元，投放小面额货币0.43亿元，回收残损币7.74亿元，提高流通中人民币的整洁度，让人民群众用上“干净钱”。加强反假货币管理，深入推进假货币零容忍专项治理工作，共收缴假币2563张、21.688万元，维护人民币良好信誉，让人民群众用上“放心钱”。

【加强国库管理与服务】 加强国库标准化建设，继续做好“负面清单”管理，强化对财政拨款、收入、退库的监督，规范国库经收业务操作，确保国库资金安全完整、高效运转，共办理财政预算收入282766万元，办理财政预算支出918516万元；办理预算收入退库2629万元，堵住不规范支出9笔，金额23395万元，堵住不规范退库25笔，金额8万元，实现国库资金“零风险”，牢牢守住国库资金安全和国库系统运行安全两条底线，全面提升国库服务水平。

【加强征信体系建设】 推动地方政府出台《武隆区农村信用体系建设实施方案》，加强农村信用信息基础数据库建设，在全区3个乡镇正式启动农村信用体系建设试点工作，组织开展“223”农村信用工程建设试点，积极推动信用乡镇、信用村、信用户三级联建，农村信用信息基础数据库维护农户数48236户，农村经济组织数13个，信用乡镇数6个，信用村数29个，信用户数273户，改善农村信用环境。强化征信普惠服务建设，支行政务大厅新设个人自助查询终端1台，优化各类征信查询服务与管理，全年共受理各类征信查询9523次，同比增长4.89倍，办理机构信用代码证1091户，方便人民群众，提升央行征信服务质效。加大征信知识宣传力度，组织编印《征信知识简明读本》，积极开展征信知识进校园进课堂活动，探索建立诚信文化教育基地，诚信文化建设不断深入。

【加强反洗钱监管】 人行武隆支行对辖区21家义务机构开展反洗钱分类评级工作。组织对辖区3家反洗钱义务机构履职情况进行现场监管走访，对武隆融兴村镇银行反洗钱工作开展监管约谈。宣传贯彻人总行反洗钱3号令，成立贯彻实施“3号令”专项工作组，组织辖区21家义务机构开展反洗钱工作培训，加强对各义务机构督导，夯实反洗钱工作基础。成功安装反洗钱通用数据分析系统，提高反洗钱执法检查效率。

【调查统计基础工作】 推进完善调查统计业务操作规范，建立数据质量提升机制，建立全流程数据质量控制体系。紧紧围绕国内外最新宏观经济金融运行特点、热点及难点问题，积极开展定向监测和调查分析，共上报金融运行动态监测信息11篇，研究观点动态信息12篇，调研报告3篇。积极组织开展“金惠工程”活动。加强金融学会建设，召开武隆金融学会成立大会和2次秘书长会议，制定学会《财务管理办法》、《招标课题管理办法》等制度，组织24家会员单位开展“推进普惠金融发展”现场研讨会，组织完成涪陵金融学会《推动绿色金融发展之路径探索》招标课题研究。

【金融风险防控】 依法开展行政执法检查。推动落实金融机构重大事项和重要信息报告制度，组织对辖区21家银行、证券、保险业金融机构开展综合评价工作，并将考核结果抄送其上级主管部门。加强流动性监测与管理，对存在流动性风险隐患的金融机构进行早期提示，防范金融机构出现流动性风险。依法有序实施存款保险制度，做好村镇银行存款保险评级、现场核查和保费缴纳工作，组织开展辖区银行机构存款保险标识使用准备情况巡查。加强宏观审慎评估管理，对个别金融机构违反自律管理规定开展约谈，促进稳健发展。严格行政执法检查，先后对农行武隆支行的征信管理、建行武隆支行的金融统计和反洗钱、重庆银行和重庆三峡银行的国库经收业务、重庆市武隆融兴村镇银行支付结算开展专项执法检查，促进金融业的稳健发展。

【金融监测分析】 加强重点领域金融风险防控，围绕地方政府债务、影子银行、不良资产、非法集资等重点领域，按季组织开展重点领域金融风险监测分析和风险排查，加大对辖区经济发展、产业结构调整和转型升级方面情况的跟踪分析，密切关注辖区去产能、去库存、去杠杆重点行业风险，为上级行决策提供信息支撑。抓好地方政府融资平台、房地产运行、民间融资的监测分析，协助工商银行武隆支行通过担保企业代偿收回到期担保贷款1.8亿元，有效防范各种不稳定因素对金融的冲击，完善金融风险应急处置预案，提高金融风险的应急处置能力。

【建设法治央行】 人行武隆支行制定《法治央行建设实施意见（2017—2020年）》和《法治宣传教育第七个五年规划》，组织学习贯彻《中华人民共和国网络安全法》等新法规，参加第十一届全国百家网站 微信公众号法律知识竞赛活动。组织开展“3·15”金融消费者权益保护、“6·14”信用记录关爱日、“金融知识普及月”、“12·4”宪法日等金融法治和金融知识宣传活动。与区教委加强协作，开展“人民币知识进课堂”和“征信知识进校园进课堂”活动。组织开展辖区金融广告治理工作，全面治理违法违规金融广告，规范金融产品宣传活动。

（人行武隆支行）

农行武隆支行

【概况】 农行武隆支行内设5个部室，下辖营业机构6个，其中营业部1个，二级支行5个，在职员工127人。

2017年，信用管理工作被总分行评为“先进集体”，运营质量考核位居重庆市农行第二位，火炉、白马支行成功创建“三铁”单位，全年无安全责任事故及案件发生；荣获武隆区2016年度综合目标绩效考核“优秀单位”。全年实现营业收入、中间业务收15325万元、2568万元，同比分别增长1296万元、435万元，中间业务收入市场占比同业第一。实现拨备前、拨备后利润10802万元、8645万元。

【业务发展】 负债业务　截至2017年年末，时点、日均余额分别为28.74亿元、29.48亿元，分别比年初增长2.66亿元、3.34亿元，日均存款同比多增0.48亿元，其中对公存款上升较为突出，日均余额较年初增长16794万元，连续四个季度保持同业第二。

资产业务　时点、日均余额分别为46.57亿元、44.93亿元，分别较年初增长4.48亿元、6.12亿元。其中，对公贷款比年初增加37523万元，存量和增量份额均位列四行第二位。

资产质量　截至12月末，A+级及以上优质法人贷款余额278619万元，比年初增加5500万元。全年清收处置不良贷款834万元、不良现金清收373万元、不良核销178万元、收回核销50万元，年末不良贷款余额850万元，控制在市分行下达1166万元以内，不良占比0.18%，信贷资产质量继续保持较高水平。

【服务“三农”】 2017年，农行武隆支行被重庆市扶贫开发领导小组确定为武隆区金融“精准扶贫”主办行，支行党委地方政府深化合作关系，执行与区政府成功签订300亿元“十三五”期间金融服务战略合作协议，并且与火炉镇政府达成共同推进火炉镇“精准扶贫”工作的合作意向。投放的1亿元“美丽乡村贷”用于支持农村人居环境改善，成功创建金融扶贫示范点5个，在全区174个行政村布放“惠农e通‘四融平台’”79台，实现火炉、后坪两个乡镇全覆盖，自7月相继投产运营以来，累计实现交易10788笔、1006.3万元，得到国家扶贫验收组的高度认可。农行武隆支行“三农”服务工作模式及经验受到地方党政、人行、银监部门高度肯定，中国日报、区电视台等媒体相继进行专题报道。年末，涉农贷款余额42.48亿元，较年初增长3.86亿元，同比多增0.49亿元，完成市分行计划124.52%。

9月22日，农行武隆支行召开第三季度业务分析会
（农行武隆支行　供图）

【综合管理】 2017年运营质量考核位居全市第二，火炉、白马支行成功创建“三铁”单位。修订完善《2017年费用配置实施细则》《2017年绩效工资分配办法》。开展学习培训，制定《中国农业银行重庆武隆支行柜员“三基本”学习培训实施方案》和培训学习计划，定期开展业务技能的测试，按月开展对运营监管经理、运营主管及运营副主管的综合培训。积极清收不良贷款，成功清收373万元，完成全年计划的104.71%；不良资产处置834万元，完成全年计划的248.67%；逾期管控计划、潜在客户风险退出、委托资产清

零均完成全年计划。开展警示教育活动，荣获2017年度“三化三铁”“三化三达标”等荣誉称号，在接受区银监、公安安全评估考核中荣获“优秀单位”称号。

（农行武隆支行）

农发行武隆支行

【概况】 截至12月末，支行各项贷款余额168602万元，较年初增加3200万元，增幅为1.93%，各项贷款日均余额14 3811.38万元，较年初增加5029.95万元，增幅为3.62%；各项存款余额127764万元，较年初减少60207万元，减幅为32.03%，各项存款日均余额122680.60万元，较年初增加36266. 69万元，增幅为41.97%；实现各类贷款投放总额51900万元，不良贷款余额为零；实现中间业务收入13.89万元，账面利润4737.17万元，人均利润249.32万元，人均日均存款6456.87万元，人均中间业务收入0.73万元。

【业务发展】 2017年，共上报贷款项目4个，金额合计86100万元，获批贷款项目2个，分别为武隆区仙女山度假区农贸市政综合体项目扶贫过桥贷款9100万元和重庆港武隆港区白马作业区货运码头工程项目农村流通体系建设中长期贷款17000万元，金额共计26100万元。其中武隆区仙女山度假区农贸市政综合体项目已于12月29日发放贷款2900万元。

2017年，支行有效对接扶贫过桥贷款项目1 5个，涉及融资需求23.81亿元，全年共发放已批待放贷款49000万元，分别是重庆市武隆区投资有限责任公司武隆区巷口镇农民集中安置住房建设项目10000万元；重庆市武隆区工业发展（集团）有限公司武隆区易地扶贫搬迁项目建设39000万元。截至12月末，累计支付易地扶贫搬迁专项债券6016万元，专项贷款2000万元，专项基金464万元；支行存款余额127764万元；实现中间业务收入13.89万元，其中，代理保险业务手续费收入5.51万元。

【内部管理】 全年共审查各项费用开支1433笔，金额582.71万元。加强会计基础工作，强化制度落实，做好业务宣传，抓好财务会计规范化管理。全年共办理业务22487笔，对所有的账户资料进行清理，本年度新开立、变更、销户账户都及时在账户管理系统中备案。重点落实银企对账工作，截至12月底，对账收回率达100%。加强财产管理，开展财产清理工作。全年组织职工安全教育学习12次，组织消防知识培训1次，应对火灾预案演练2次，应急疏散演练1次，防抢应急预案演练1次、电力抢修演练1次。全年开展安全检查68次，其中行领导参与检查29次，对检查出的问题均责令相关部室进行整改。在武隆区银行业金融机构第五轮安全评估中得分97分。

【风险防控】 开展上、下半年案件风险排查，对信贷业务况、财会业务和员工行为进行全面排查。严格执行有关反洗钱的各项规章制度，加强反洗钱工作力度，进一步防范和化解金融风险，学习关于反洗钱的各项规章制度，严格对照文件执行，并在上下半年各开展一次反洗钱知识培训和客户风险等级评定。严格落实风险预警管控机制，按要求开展全面风险排查，狠抓贷后管理，全力整改内外部检查发现问题，严格控制各类风险，确保稳定运营。

（农发行武隆支行）

建行武隆支行

【概况】 2017年，中国建设银行股份有限公司武隆支行辖 2 个基层营业网点，其中 1 个营业部、1 个二级支行；在职员工 50 人。

2017 年，拨备前利润 4001 万元，同比下降 8. 6%；一般性存款余额时点余额 17.40 亿元，同比增速 1.28%；各项贷款时点余额 10.03 亿元，同比增速 1.10%，其中个人贷款新增占比 16.70%，中间业务收入 1403 万元。

【存款业务】 一般性存款时点余额 17.40 亿元，同比增速 1.28%，四行占比 35.24%，日均余额 16.1 亿元，其中对公纯存款时点余额 11.33 亿元，日均余额 10.66 亿元，储蓄纯存款时点余额 6.06 亿元，日均余额 5.44 亿元。

【贷款业务】 各项贷款时点余额 10.03 亿元，同比增速 1.10%，2017 建行武隆支行共发放对公融资 75591.7 万元，其中公司类贷款 7591.7 万元，表外融资 68000 万元；个人类贷款 20269.95 万元；公积金贷款 18302 万元。积极支持全区旅游发展。2017 年实现对武隆喀斯特集团 5 亿元理财产品的投放，为地方旅游建设提供资金保障。为城乡集团提供 1.8 亿元的债券投资。多渠道营销小企业贷款，做大客户规模。全年共计发放小微企业贷款 4731 万元；发放助保贷 8 户，金额 1855 万元；通过“大数据”平台优势，成功实现线上小微快贷、云税贷等发放信用贷款 1416 万元。

【综合管理】 2017 年，建行武隆支行通过区红十字会向定点扶贫村巷口镇东山村捐款 11.8 万元，用于人行便道建设；向巷口镇渝港小学捐款 0.3 万元；春节、春耕等重大节庆，对贫困户发放米、油、肥料等物资；积极向分行争取向武隆人民医院捐赠救护车一辆，价值 20 余万元，于 2018 年 1 月 3 日交车。加大农户信用贷款投放。支行积极运用金融扶贫创新产品助推扶贫工作，截至 2017 年末，支行针对烟草种植户，已累计向烟草种植户发放“金叶贷”195 户，金额 524.37 万元。提供教育培训支持。与巷口镇一起邀请农业专家结合东山村农村资源作产业发展方向培训，西瓜种植培训等；将武隆区渝港小学校作为定点扶贫乡镇属小学纳入建行希望小学培训计划，组织该校 2 名在岗教师到西南民族大学定点扶贫村教师培训班参加培训。创建金融扶贫示范企业。截至 2017 年年底，已成功创建重庆渝蔬农业、武隆廷江纺织等一批优秀金融扶贫示范企业。产业带动乡镇农户、低保户、贫困户等就业人数数百人。

（建行武隆支行）

工行武隆支行

【概况】 2017 年，工行武隆支行下辖 1 个营业网点，3 个离行式自助银行、1 台离行单台取款机，在职员工 17 人。

全年实现拨备前利润 3992 万元，较上年较少 219 万元；实现税收 589 万元，较上年增加 28 万元。荣获人民银行武隆支行“金融机构综合评价 A 级单位”、涪陵分行“运行管理先进集体”、第五轮安全评估优秀单位等荣誉称号，连续 4 年内控综合评价为一级行，连续 11 年实现事故案件“零”目标。

【存款业务】 2017 年年末，各项存款余额 32294 万元，较上年增加 7194 万元，其中储蓄存款余额 22015 万元，较年初增加 2797 万元；对公存款余额 10279 万元，较年初增加 4397 万元。

【贷款业务】 2017 年实现贷款投放 2 户，共投入贷款 16,795 万元。同时储备武隆水务集团公司“沙河水库”、城乡发展集团公司“乌江护岸工程”、大唐国际“白马电航枢纽工程”、武隆仙女山区开发有限公司“仙女山旅游度假区旅游综合商贸中心”等重大项目，为2018年信贷业务发展奠定基础。截至2017年年末，各项贷款余额246084万元，较上年增加12378万元。全年累计投放公司贷款142765万元，个人贷款705万元，个人信用贷款（融e借）投放1600万元。

【中间业务】 利用个人及对公优质客户关系管理系统，发挥系统在分析客户需求、综合营销等方面的科技优势，通过加强对客户需求的分析，以产品交叉销售为手段，重点营销电子银行、信用卡、基金、贵金属销售等新兴中间业务，实现中间业务收入481万元，较上年减少192万元（主要原因是按国家和监管部门要求对企业实行利率优惠减轻其负担和取消部分收费项目，让利于民）。

工行武隆支行利用晨会等多形式对柜员开展优质服务培训

【客户增长情况】 2017年，5万~20万客户1109户，较2016年增加140户，金融资产9553万元；20万~100万元个人客户252户，较2016年新增41户，个人金融资产9152万元;100万~800万元客户12户，较2016年新增1户，金融资产1815万元；800万元以上新增1户，金融资产2412万元。截至2017年末工行个人客户数36554户，个人中高端客户新增190户 。日均金融资产1万元以上3859户增加460户，日均金融资产1万~20万元3,652增加424户，日均金融资产20万~100万元192户增加29户，日均金融资产100万~800万元14户增加7户。

狠抓工商注册拓户工作，年末拓户率已超过13%。截至年末，对公账户333户(1000万元存款账户3户)，定期存款账户1户，金额6000万元。2017年新开对公账号120户。

（工行武隆支行）

农商行武隆支行

【概况】 农商行武隆支行共有营业网点35个，其中：营业部1个、一级分理处24个、二级分理处10个，35个营业网点均处于正常营业状态。共有在岗员工303人，其中在岗正式员工299人、辅助类派遣工1人、工勤类派遣工3人。坚持“做小微做零售”的市场定位，重点支持三农和小微发展。信贷资源持续向三农和小微企业倾斜，助力乡村振兴战略的实施，支持农业产业化发展和小微企业做大做强。

2017年，支行各项存款余额106亿元，较年初净增13亿元，增幅14%，其中对公存款36亿元，较年初净增8亿元；储蓄存款70亿元，较年初净增5亿元。各项贷款余额66亿元，较年初净增12亿元，增幅23%，其中公司条线贷款净增7亿元；零售条线贷款净增3亿元；小微条线贷款净增2亿元。实现经营收入3.1亿元，同比增加0.44亿元，增幅16.4%。

【业务拓展】 成立重点机构客户维护营销团队，重点对财政、国土、房管、城建、水务、机场集团等客户开展定期维护和营销。探索建立联动营销机制。建立支行与分理处、贷款中心抱团营销、上下联动、公私联动的营销机制，深挖客户价值。加大重点项目跟进力度。围绕武隆区域战略部署，重点支持旅游业、水电、城乡建设及特色农业等重点项目发展。2017年，累计发放重点项目贷款18.2亿元，重点项目贷款余额43.2亿元，较年初净增7亿元。拓宽企业融资渠道。积极沟通总行购买城乡建设集团“棚户区建设项目”债券资金2.2亿元，满足企业多元化的融资需求。

【客户发展】 全年开展“金融知识进万家活动”379场，提高社会认知度和客户黏度。夯实客户基础。在做好存量客户维护的同时，抓潜力客户挖掘，积极拓展优质VIP客户，全年新增VIP客户数2569户。

【小微业务】 创新服务小微企业工作机制。与市农业担保公司、武隆兴农担保公司、武隆中小企业担保公司紧密合作，创新多种小微贷款担保方式。推出小微企业续授信业务，中小微企业转贷应急周转资金服务业务，50万元以内的自动续贷业务，满足小微企业多样化的融资需求。2017年，支持小微企业及小微企业主户数282户，较年初增长43户，小微贷款余额32.78亿元，累计发放小微企业贷款7.69亿元、个体工商户和小微企业主贷款12.59亿元，与区内同业相比，对小微企业信贷支持力度位居首位。

农商行武隆支行召开2017年第一次工作会
（农商行武隆支行　供图）

【风险管理】 着力风险管控，确保资产质量总体稳定。加强形势预判和行业分析。严格控制“两高一剩”行业的信贷投放，密切关注小贷公司、民间借贷等出现的风险事件，防止外部风险转嫁传染，增强风险管理的主动性和前瞻性。建立不良贷款管控的长效机制。制定《关于落实贷款风险全程管控工作的通知》，明晰不良贷款各管控环节职责，建立监测台账，不定期召开风险分析例会，对信贷经营中存在的风险进行分析通报，落实催收化解措施和责任，强化压力传导。多措并举，加大不良贷款清收力度。运用总行风险化解政策，对核心风险可控，临时性资金周转困难造成的还款困难的，灵活采取展期、借新还旧、续贷等措施；对清收难度大的大额风险贷款，加强与借款人、担保方的联系沟通，加大催收力度，有效遏制不良贷款反弹。2017年年末，不良贷款余额344万元，较年初下降269万元，不良贷款率0.05%，资产质量持续向好。

【金融扶贫】 在区金融服务中心、区财政局、区扶贫办等部门的大力支持下，签订《扶贫小额信用贷款合作协议》，落实贴息政策及风险补偿机制。对建档贫困户发放扶贫小额信用贷款3429户，金额1.61亿元，占全区98%。积极配合政府做好羊角镇避险搬迁金融服务工作，支持避险搬迁户新址购房融资需求，发放“美丽乡村”专项贷款578户，金额4700万元。制定《武隆区后坪乡深度扶贫方案》，恢复后坪物理网点的全天营业，全年对后坪乡新发放贷款1295万元，持续提高对后坪乡金融扶贫的力度。做好火炉镇新田村64户贫困户结对帮扶，制定脱贫规划，安排3名员工组成驻村工作队，捐款捐物达10万元，以实际行动帮助新田村脱贫。

【队伍建设】 对4个贷款中心主任和6个重点集镇分理处主任职位进行公开竞聘。逐步推进中层干部契约化管理，加大中层管理人员的选拔和培养力度，全年新提拔中层管理人员7人，退出管理岗位6人。加大客户经理队伍建设力度。加大客户经理培训力度，强化客户经理年度履职考核，严格准入、退出机制，建立客户经理每周培训学习、工作周计划、业绩跟单计酬等机制，全年新加入客户经理队伍11人，退出客户经理队伍4人。

（农商行武隆支行）

重庆银行武隆支行

【概况】 重庆银行股份有限公司武隆支行办公地点位于武隆区芙蓉街道芙蓉西路117号、凤山街道建设中路2号附8–11号。支行内设公司业务部、小微业务部、零售业务部、营业部、风险管理部、综合部和保卫部等7个部门，共有在岗员工27人。

2017年5月，支行团支部荣获“2016年度重庆市武隆区五四红旗团支部”荣誉称号；在全区银行业金融机构第五轮安全评估工作中获评先进集体及个人。

【经营情况】 2017年，支行日均存款余额116227万元，其中公营日均存款95245万元，储蓄日均存款20986万元。

支行贷款余额147107万元，其中公司类贷款余额124698万元，个人贷款余额22409万元。公司贷款中，小微贷款74065万元。

（重庆银行武隆支行）

武隆融兴村镇银行

【概况】 2017年，融兴村镇银行以“拓市场、控风险、保发展”的工作总体思路，以“农村市场拓展年”为导向，深入拓展农村地区客户群体；以有效防范信贷风险为重点，加大逾期贷款清收力度，严控不良贷款发生；加大地方党政的争取力度和存款组织力度，有效应对存款大幅下滑的不利局面，为今后发展奠定良好的基础。

截至2017年12月，融兴村镇银行资产总额为105558.88万元；各项存款余额为69620.35万元；日均存款50038.51万元；各项贷款余额为69807.51万元；净利润2231.06万元；不良贷款余额250.39万元；贷款不良率为0.36%；成本收入比50.8%。

2017年，获得2016年涪陵辖区银行业小微企业金融服务“先进单位”、2016年度农村金融服务“先进单位”、2015—2016年度农村金融服务“明星网点”；获得第四届全国村镇银行综合业务发展情况排名活动“百强村镇银行”荣誉称号；获得全国地方金融2016年度“十佳支持三农银行”。获得财政补贴625万元，人民银行扶贫再贷款8265万元。

【业务发展】 创新手段拓展市场业务。2017年，筹建“惠农服务站”，建立有效的联络机制，将农村地区作为存贷业务发展的主要增长区域。截至12月，服务站开卡137张，开通惠农通41户，手机银行11户，存款166余万元（其中定期存款100万元）。同时，融兴村镇银行还以“惠农服务站”为平台，以信贷衔接沟通、信用评级协助等方式，累计为农户及贫困户发放小额农户贷款17笔、54万元，扶贫小额贷款29笔、118.5万元，抵押贷款10笔、360万元，保证贷款9笔、228万元，合计758.5万元。创新尝试推进农村承包土地的经营权抵押贷款工作，完善土地经营权抵押贷款相关管理办法，制定《农村承包土地的经营权抵押贷款试点工作方案》；全年累计向4家涉农企业发放土地经营权抵押贷款580万元。围绕当前金融精准扶贫政策，运用人民银行扶贫再贷款资金为贫困户及涉农企业提供信贷支持，累计为贫困户11户，涉农企业51家发放贷款10815万元。

【严控不良贷款】 融兴村镇银行成功处置有多个查封（扣押）的问题贷款客户抵押房产，处置房产款项总计350万元，收回贷款350万元。加上通过担保公司代偿的850万元及上门催收收回的贷款75万元。2017年，融兴村镇银行共处置问题贷款和不良贷款1275万元。

（武隆融兴村镇银行）

邮储银行武隆支行

【概况】 中国邮政储蓄银行武隆支行于2008年1月正式挂牌成立，2017年因武隆撤县设区，支行升级为武隆区支行。支行下辖1个营业部，2个二级支行、15个邮政储蓄代理网点。支行内设2个部门：综合管理部、综合业务部。全行在职人员45人，其中大学专科学历以上45人，占比100%。

2017年，支行围绕“提升能力、强化管理、高效发展”主线，坚持“质量、效益、规模”协调发展，严控各类金融风险，积极支持实体经济发展和服务民生薄弱领域，保持稳健良好的发展态势。依托邮政网络优势，扩大金融服务覆盖面。提升金融服务能力。在农村基础金融服务“最后一公里”建设工作中，实行农村金融服务行政村“全履盖”，是年末，支行资产规模达19.71亿。

【业务发展】 2017年，支行成立三农金融事业部，挂靠在综合业务部，专职负责三农及金融扶贫工作。是年，支行共计投放信贷资金1136笔，金额2.38亿元，其中发放金融扶贫贷款1.07亿元。

【综合管理】 2017年，开展常规检查45次，专项检查4次，对发现的问题进行全面的整改。积极组织员工开展安全培训学习15次，集中演练3次。开展“强基固本2.0”、共产党员承诺践诺主题教育等活动；支行荣获2017年度“合格职工小家”荣誉称号。

（邮储银行武隆支行）

三峡银行武隆支行

【概况】 2017年，重庆三峡银行武隆支行内设综合管理部、业务部两个部室，下辖营业部一个营业网点，在职员工17人，均为本科以上学历。支行开设贵宾服务区1个，对公业务专柜1个，个人业务专柜3个，布放自助存取款机3台。重庆三峡银行武隆支行长期致力于服务“科学发展、富民兴渝”，秉承“一切为你着想”的经验理念，客户满意度不断提高，社会影响力持续增强，各项指标实现稳健、可持续发展；全年继续保持案件事故零目标，案防工作被区公安局及区银监办评为先进单位。

【业务发展】 各项存款余款3.79亿元，比上年下降1.71亿元。其中储蓄存款余款1.61亿元；对公存款余款2.18亿元；各项贷款余额6.54亿元，比上年减少1.56亿元，主要支持县域基础设施建设、房地产开发等重大项目及个人住房按揭等；推出“小额抵押贷”信贷产品，以“手续简单、利率低、期限长”为特色，倾力支持小微企业、个体工商户和私营业主；实现经营利润0.23亿元；总体上，各项经营指标呈现“稳中趋好”的发展态势。

【三农业务】 履行社会责任，在羊角镇田湾村建立“四个一”结对帮扶机制，逐户制定脱贫增收措施，切实解决贫困户生产生活难题；开展“三峡送爱”系列送温暖献爱心、节假日慰问活动等；成功创建金融扶贫示范企业3个，并顺利通过验收。

【综合管理】 修订并完善《绩效考核管理办法》《营销费用管理办法》《员工考核管理办法》等。出台《案防及安保工作计划》《反洗钱工作计划》《授信法律文书面签工作细则》；将内控合规纳入员工综合绩效考核；明确岗位职责，执行AB角双人互相监督机制；从严落实“两违”回头看整改工作，问题整改率100%。建立健全案防与安全管理制度6个，新增安全应急预案3个，组织开展消防知识培训3次，防爆防抢应急演练2次；按月对保安人员开展安全教育讲座等。

（三峡银行武隆支行）

保　险

人保财险武隆支公司

【概况】 中国人保财险武隆支公司内设综合部、理赔分部、商非团队、农险部、营销部、中介部、车商部、电商部9个职能部门，下设白马、平桥、仙女山3个营销服务部及2个销售部。从业人员从最初的2人发展为现今68人，险种从期初的车辆险、家财险、简易险、少儿险等10种发展到现在的车险、财险、船货险、意外健康险、责任险和信用险、农险六大类，为参保客户提供多达60余种的风险保险保障。

全年公司实现表列保费收入9101.17万元，同比增长17.64%，完成区政府下达任务目标7500万元的121%，上缴税金340.53万元，综合成本率80.65%，同比上升5.84个百分点，实现考核利润1555.34万元。应收保费56.84万元，应收保费率0.62%；费用率32.73%，同比增长2.35%。

【理赔工作】 全年赔款支出4587万元，同比增加42.27%，共赔付各类损案6137件，同比上升3.49个百分点。其中赔付车险5473件，赔款3110.52万元；赔付商业非车险664件，赔款499.01万元；农险664件，赔款978.37万元。2017年全年理赔质量考核排名全重庆第一名。

【内部管理】 加强承保管控　坚持业务有效益地发展。从承保前端入手，加大承保质量复核、检查。强化承保操作违规行为责任人的问责机制。同时发挥好再保支持作用，促进理赔反馈承保机制，提高对风险客户和低价值客户的鉴别能力，较好地控制承保风险。

加强理赔管控　开展人伤理赔、诉前调解工作。严格送修、合理估损、打假防骗，建立重大案件和大面积灾害事故业务与理赔人员协同处理机制，在2017年理赔线劳动竞赛中获得车险未决清理能手、打假防骗能手、优秀理赔管理者、车险未决清理能手、车险未决周期控制能手、打假防骗能手等奖项。强化理赔队伍建设，提高理赔技能，强化理赔廉洁从业教育。是年，公司在市分公司每月理赔管控指标考核中均名列前茅。

（人保财险武隆支公司）

中国人寿武隆支公司

【概况】 中国人寿武隆区支公司服务网络遍布全区各乡镇，经保监会批准成立鸭江、平桥、和顺、长坝、白马、羊角、江口、火炉、桐梓等9个乡镇农村营销服务部，且都有固定的经营场所和工作人员，与全区各大银行建立代理合作关系。

2017年武隆公司贯彻落实集团公司、总公司和重庆市分公司工作会议精神，把握“重价值，强队伍，优结构，稳增长”的经营思路，坚持“强化对标、聚焦突破”的经营策略。确保武隆寿险市场主导地位。“规模效益并重”，统筹好规模、速度与结构、效益的关系，实现量和质的同步提升。

【业务发展】 截至2017年12月31日，公司共实现总保费收入9736.92万元（不含大病保险），同期增幅13.57%；标保748.82万元，达成率为86.67%，同比增幅70.73%；长险首年保费（含短险）5390.78万元，达成率为111.59%，同期增幅12.57%；首年期交保费1587.81万元，达成率为99.18%，同期增幅54.01%；十年期1088.51万元，达成率为110.73%，同期增幅84.86%；保障型十年期交388.50万元，达成率为152.35%，同比增幅140.63%；短险保费1484.90万元，达成率为118.79%，同期增幅12.58%。续期4346.23万元，同比增幅14.83%。

个险渠道全年实现标保600.43万元，达成年度预算的82.93%，同期增幅56.52%；首年期交1107.01万元，达成年度预算的95.27%，同期增幅48.31%；十年期保费864.77万元，达成年度预算的106.89%，同期增幅63.26%；保障型十年期344.23万元，达成年度预算的156.47%，同期增幅143.47%；短险190.66万元，达成年度预算的108.95%，同期增幅64.07%。

银保渠道全年实现标保140.71万元，达成年度预算的100.51%，同期增幅172.38%；首年期交470.41万元，达成年度预算的107.15%，同期增幅67.42%；十年期交213.76万元，达成年度预算的122.85%，同期增长284.46%；保障型十年期38.16万元，达成年度预算的109.03%，同期增幅130.02%；短险37.17万元，达成年度预算的218.65%，同期增长117.75%。

团险渠道全年实现短险1256.97万元，达成年度预算的118.81%，同期增幅6.02%；其中意外险749.08万元、健康险507.89万元。团险主抓农村小额保险、旅游保险、扶贫保险、学生保险、法人业务以及建安险等业务。经常性拜访区委、区政府及相关单位、部门和主要领导。重点是参与人力社保局劳务办抓农村小额保险，民政局老龄保险、优抚对象保险、三无人员保险等，并协助乡镇、村社召开启动会；教委学生险、教职员工保险等。截至12月31日，大短期险共赔付712.72万元，简单赔付率为48%。

【队伍建设】 个险渠道架构人力372人，其中主管39人。其中高级处经理2人、处经理1人；资深组经理5人、高级组经理6人、组经理25人。有效人力季均184人，达成率为103.37%。银保渠道架构人力70人，其中保险规划师57人。其中主管4人。季均有效人力季均21人，达成率为123.53%。团险渠道架构人力28人，其中主管1人。季均有效人力季均14人，达成率为233.33%。

【内控管理】 加强后管人员管理，分工明确，责任到人，做到人人身上有担子，人人身上有责任。领导为员工服务、后管为一线服务、全员为销售服务。充分发挥导师的作用，组建和完善功能小组。在销售队伍方面，重点抓好出席管理，活动量管理，举绩管理和制度管理。加强主管履职，加强培训辅导，提升队伍自主经营能力，提升队伍发展能力，确保后劲十足。三支销售队伍同步发展，银保、团险与个险同频共振，树立全员销售观念，公司整体一盘棋。

（中国人寿武隆支公司）

阳光财险武隆支公司

【概况】 阳光财产保险股份有限公司重庆市武隆支公司是阳光财产保险股份有限公司在渝设立的四级支公司，于2015年12月成立，正式员工5人。公司坚持“合规经营，价值发展”，2017年实现保费收入400.26万元。

【业务发展】 2017年，实现保费收入400.26万元，占年计划350万元的114.28%。车险产品线：

实现保费收入 295.76 万元，同比下降 23.95%；财产险产品线：实现保费收入 36.48 万元，同比增长 231.25%；意外健康险产品线：实现保费收入 68.02 万元，同比增长 59.92%，非车险占比达 26.10%。综拓渠道实现保费收入 206.34 万元，同比下降 4.81%；车商渠道保费收入 102.50 万元，同比下降 32.43%；网电渠道实现保费 75.58 万元，同比下降 1.24%；直管渠道保费 15.84 万元。综拓渠道实现保费收入 206.34 万元，同比下降 4.81%；车商渠道保费收入 102.50 万元，同比下降 32.43%；网电渠道实现保费 75.58 万元，同比下降 1.24%；直管渠道保费 15.84 万元。总体经营成本控制在 90.62% 以内，达到预期目标值；非车险较 2016 年正增长 86%，占比得到提升，达到 26.10%。

【理赔工作】 2017 年，公司全险种综合赔付率 39.35%。完善理赔管理制度，协助客户进行汛期防灾防损检查，预防事故的发生进行排查，隐患时处理，减少客户的财产损失。对业务范围在承保的企业财产险、工程险进行全面检查。对武隆区大溪河电力有限责任公司的大坝，引水渠、压力管道、尾水渠、厂房以及机器设备进行现场勘查。对武隆县川源水电开发有限公司的泉塘电站进行防灾防损检查。对承保企业重庆市实力公路开发有限公司承建的武隆区白马辖区 G355 线白马车盘路面改建工程，实地检查。

（阳光财险武隆支公司）

经济管理

经济发展与改革

【机构】 2017 年 3 月，设置重庆市武隆区发展与改革委员会，为区政府工作部门；取消已由国家、重庆市取消的行政审批事项；取消非行政许可审批事项；加强对全区节能减排和碳排放的审查监管职责、牵头推进全区重点项目建设、加强履行环境保护和安全生产监管等相关职责。机关内设职能科室 12 个，即办公室、组织人事科、综合规划科、经济体制改革科、政策法规科、固定资产投资科、重点办（挂靠固定资产投资科）、工业发展科、农村经济发展科、社会发展科、招投标管理科和价格管理科；行政派出机构 1 个，即武隆县物价检查所；下属事业单位 5 个，即机场办、能源办、页岩气办、经济信息中心、价格认证中心（参公管理）。共有编制 58 个，现有在职职工 46 人。其中，机关行政 12 名，专项行政 9 名，参公事业 4 名，下属事业 17 名，机关工勤 4 名。

【重点领域改革】 积极承接中央、市区部署的改革事项，深入实施改革创新，统筹推进经济体制改革。协调推进“三去一降一补”供给侧结构性改革，实施落后产能负面清单管理，供需两端推进房地产库存消化，协调推动“涉企 35 条”“营改增”等政策落地。深化投融资体制机制改革，加快渝湘高铁武隆站至仙女山旅游度假区轨道交通等项目前期工作，推进 PPP 投融资模式突破，激发社会投资动力和活力；完善政府投资体制，加强“政银企”三方联动。推进重点领域价格改革，建立天然气阶梯联动价格制度，每立方销售价格直降 0.93 元；全面推开公立医院综合改革；对取消或停征中央设立的行政事业性收费项目进行清理。落实中共中央、国务院《关于完善主体功能区战略和制度的若干意见》，统筹抓好生态文明制度改革。牵头搭建全区社会信用体系平台，武隆区与华龙信用联袂打造的“信用武隆网站”已于12月正式上线运行，进一步修改武隆区公共信息目录。

【概况】 促进经济发展有新贡献。面对复杂多变的国际国内形势和艰巨繁重的改革发展任务，牵头加强经济运行监测调度。立足发展要务、问题导向和短板需求，加大经济预判、预调、预控力度，完善落实月度监测、双月分析、季度调度的运行机制；加强各项预期指标落实情况预测预判，研究梳理运行中存在的问题并及时提出政策措施建议；认真谋划、科学研判，精准高效完成年度计划报告、半年计划报告执行情况编制并牵头做好落实情况督查。2017年，全区实现地区生产总值160.5亿元，增长7.7%，增速列渝东南第2位；三次产业增加值分别增长5%、9.9%、6.5%，产业结构比调整为14.1∶40.7∶45.2；城乡居民人均可支配收入20279元，增长11.2%。

宏观战略研究有新成果。加强“十三五”规划总体纲要实施管理，19个重点专项规划全部编制完成并印发实施；牵头编制全区人口发展规划、后坪乡深度脱贫攻坚规划。深化重点问题研究。牵头推进武隆撤县设区重大战略问题研究、武隆创建国家公园前期问题研究、武隆资源环境承载能力评价等，清理形成全区投资和产业准入负面清单；立足经济社会发展中的重点、难点、热点问题，围绕长江经济带发展战略、基础设施保障、开放型经济发展等研究形成建议思路或意见方案50余篇，为区委、区政府科学决策提供可靠依据。

争取要素支持有新突破。全区累计完成争资36.63亿元、到位31.68亿元，其中区发改委争资到位8.34亿元。推动项目建设融资工作迈上新台阶，向农发行融资落实易地扶贫搬迁项目6.75亿元，后坪乡深度脱贫攻坚基础设施、生态建设与“三农”发展项目融资需求34.48亿元已对接纳入农发行、国开行贷款支持范围；统筹推进欧投林业贷款和亚行二期贷款等外资项目建设。全年完成储备项目324个，估算总投资998亿元；其中发改委储备项目21个，总投资256亿元。

【固定资产投入】 全年实现固定资产投资144.3亿元，增长10%；发挥重点办统筹协调作用，深入落实区级领导联系推进重大项目的工作制度，实行项目“红黄绿灯”管理，全年100个区级重点项目累计完成投资65.87亿元，占全年投资总额的45.6%；研究制定规范全区国有资金投资项目招标投标活动和非必须招标国有投资工程建设项目发包行为等系列文件，抓好招投标突出问题整改。全年共完成工程建设招标项目95个、增长37.16%，公开招标率100%。

【重点项目建设】 推动发改委直接牵头的重点项目取得突破性进展，乌江白马电航枢纽项目完成咨询评估，并上报国家发改委进行项目核准；仙女山机场项目完成航站楼、配套设施设计，基本完成试验段建设，飞行区场道工程三个标段已做好施工准备，累计完成投资6亿元；页岩气开发项目完成投资2.47亿元，开钻13口评价井、完钻10口评价井，其中隆页1井实现商业试采、全年销售727万方；武陵山天然气“县县通”工程全部完成，具备通气条件；江口罗洲坝电站和芙蓉江浩口电站实现所有机组并网发电；大洞河乡大梁子风电项目实现开工建设；临空经济产业项目完成与龙浩集团战略合作协议签订，完成通用航空产业布局规划编制；渝湘高铁武隆站至仙女山旅游度假区轨道交通项目完成四种制式比选方案编制；巴南东泉至武隆浩口接垫武丰道高速公路项目已完成可研编制。

【行政审批】 全年完成审批事项212项，完成民间投资项目备案53个。推进行政许可标准化建设，不断优化审批流程；积极推行网上行政审批，严格落实限时办结制，所有区级审批事项办理时限均缩减三分之一以上；建立健全联合审批工作机制，针对市级、区级重点项目开辟审批“绿色通道”。

（区发改委）

国有资产管理

【机构】 重庆市武隆区国有资产管理中心根据区政府授权管理区属国有企业，履行出资人职责；内设机构4个科（室），即：国资综合科、国资产权科、考核分配科、审计科；中心在职职工14人；正、副主任4人，科室负责人4人。

【企业国有资产】 2017年度，武隆区纳入统计范围的全级次国有企业52户。根据管理层级，一级企业19户，二级子企业31户，三级子企业2户；根据经营规模，微型企业21户，小型企业19户，中型企业9户，大型企业3户，各占40.38%、36.54%、17.31%、5.77%；根据资本构成，国有独资企业50户，国有控股企业2户。

截至2017年年末，全区国有企业资产总额404.17亿元，负债总额225.55亿元，所有者权益178.62亿元，营业收入18.73亿元，营业总成本20.41亿元，利润总额2.0亿元，净利润1.70亿元，国有资产保值增值率101.08%，全区国有企业年末从业人员数3349人，年末职工人数3087人，全年平均在岗职工3065人。

【国资管理】 2017年，行政事业单位下属国有企业经营性资产纳入国资管理中心统一监管，行政事业单位经营性国有资产由财政局统一监管，起草制订《武隆区行政事业单位国有资产管理办法》。所有经营性国有资产出租、处置等要严格审批，并通过重庆市联交所公开交易；建立动态监测体系，定期分析国有企业运行状况，编制国有企业运行情况分析月报12期；完善出资人财务监督统计评价；全面实施预算管理；从严管控国企物资采购及资产核销，严格审查对外捐赠、赞助和投资，审查财政、国资资金事项76项；严控机构设置和人员扩编。

【国资国企改革】 起草“1+9”国资国企改革方案和相关配套制度。推进剥离国有企业办社会职能和解决历史遗留问题，完成1055户供水、18户供电、30户物业、1079名退休人员剥离移交任务。参与并助推喀斯特旅游（集团）公司景区回购和企业重组上市工作等。

【国企债务管控】 制订融资平衡计划；拓展基金投资、公司债券、带资入场等融资方式，2017年，区属国企共到位融资44笔，落地“基金”10亿元，融资到位资金64.05亿元，债券融资8亿元。严控融资成本，全部融资综合成本为5.67%；牵头制订《股权投资基金管理办法》。

【国企考核监督】 开展2016年度经营业绩考核和2014—2016年企业人负责任期经营业绩考核工作，开展2016年度经营业绩目标专项审计。

（区国资管理中心）

行政审批工作

【机构】 武隆区行政服务中心位于凤山街道建设东路2号，是区委、区政府打造为民、便民、利民的政务超市，是集中展现区委、区政府的形象窗口，是推动政府职能向创造良好发展环境、提供优质公共服务的转变，是更好服务群众的有效途径。现内设8个科室，即综合科、行政许可管理科、行政许可协调科、基层服务指导科、资源交易管理科、资源交易一科、资源交易二科、信息技术科。全办核定编制23名，实有在编在职22人，退休1人。

2017年，区行管办创新服务举措，增强服务意识，强化窗口建设，规范各项管理，提升服务水平，开展好行政审批、公共资源交易、服务群众等各项工作，努力将中心建成政府勤政为民、高效服务的有效载体和人民群众满意的服务窗口，为进一步优化全区的经济发展软环境作出积极贡献。

【概况】 2017年，行政服务中心全面推进行政审批工作事项改革，共办理各类审批服务项目187868件，无一逾期办件。其中，行政许可20399件，中介、公共服务办件166235件。全面完成行政许可标准化建设。一方面根据市政府办公厅工作要求，结合武隆区实际情况，编制完成《武隆区行政服务标准体系》，在全区所有行政审批职能部门、4个试点乡镇公共服务中心（含便民服务中心）全面施行标准化建设。另一方面对全区所有行政许可事项进行清理确认，形成行政许可事项清单，共清理出272项（父项）行政许可事项。再一方面根据行政许可标准化体系建设的“五个标准化”要求，对全区319项（子项）行政许可事项开展流程再造，逐一制定行政许可审查工作细则和流程图，编印指南40000余份，规范行政服务行为。另完成区行政服务中心和仙女山镇、羊角镇、石桥乡、白云乡4个试点乡镇公共服务中心（含便民服务中心）的服务场所标准化建设，在原有设施设备基础上重点对标识标牌、背景墙、窗口屏、叫号平板、便民利民设施设备、窗口入驻等方面进行改造完善，并对着装进行统一规范。2017年12月区行政服务中心顺利通过市上行政许可标准化检查验收。积极清理规范公共服务事项。对区国土房管局、区城乡建委、区林业局、区交委等52个单位涉及公民、法人或其他组织办理相关事项时，需政府部门提供关于政策支持、法律和信息查询等12类160项公共服务事项进行全面清理。继续深化“两集中、两到位”改革。2017年在区级各行政审批部门调整内设科室的基础上，进一步深化“两集中、两到位”改革。2017年，区发改委、区教委等12个部门单设行政许可科，区人力社保局、区畜牧兽医局等8个部门科室挂牌设置行政许可科，区编办事业单位机构编制管理科、区统计局政策法规科等10个部门科室明确履行行政审批职能。通过授权，常设窗口部门授权窗口接件达100%，授权窗口审核达到96%，授权窗口直接签批达到60%。推进网上行政审批工作。全年网审平台受理接件19512件，办结19268件，办结率为98.8%。对全区32个行政审批职能部门网审平台开展业务指导、业务培训、业务督查、事项变更、人员调整、预警督办等工作，将区国土房管局的农房审批这一事项延伸至乡镇实现网审办件。

行政许可标准化建设后的行政服务中心通道
（王江华 摄）

【行政审批窗口管理】 区行政服务中心共进驻具有行政审批职能的单位38个，其中常设窗口23个，综合窗口1个（协调15个部门审批服务）。设立人力社保、交巡警、税务3个分中心。进驻中心的行政审批项目582项，收费项目211项。另有涉及审批的8个中介机构及工会困难职工帮扶中心、民生燃气2个公共服务项目，财政票据、银行收费、公证服务等整体入驻中心。进驻窗口人员170余人。加强审批项目管理。凡已纳入中心办理的项目，未经区政府批准不得撤回。配合区编办对精简、调整、下放、取消、变更、新增的行政审批项目，报经区政府同意后实施，及时更新行政审批项目库。加强窗口管理。对窗口及窗口人员继续实行“双重管理”，严格推行窗口“工作函告”制度。窗口人员管理，严格执行中心工作人员行为规范，认真推行窗口考核管理办法，加强窗口人员思想、作风和工作纪律管理，坚决落实“五个严加”和窗口人员“八不准”等制度，定期加强窗口人员素质培训、提高窗口人员服务水平。加强审批监督管理。搞好网上办件的监察，发挥行政效能监督作用，加强对行政审批部门行政效能监察考核。加大审批监督力度，对行政审批中违规审批办件、超期办件、吃拿卡要等违纪违规行政审批行为纳入单位的年度目标考核。

行政许可标准化建设后的行政服务中心办事大厅
（王江华　摄）

【重大建设和重点项目服务保障】 2017年，区行管办为7个新入驻企业、19个招商续建企业和22个重大项目办理317件次审批手续；为4个投资项目启动“四段式”并联审批服务；进园区、新区、社区服务20次。建立招商引资项目“四段式”并联审批制度，将四个阶段主办部门原串联式审批承诺时限117个工作日缩减为37个工作日，节省80个工作日，审批提速68.3%，从而降低企业投资“软成本”，为企业创造良好的营商环境。在区行政服务中心设立招商项目“一站式”并联审批服务工作区，在办公区专为投资企业设立开展审批服务工作的“企业服务港”，为入驻企业和项目业主进行“一站式”服务。完善投资项目督办机制。建立投资项目审批考核台账，督促审批协调、审批部门、审批窗口等人员全力搞好审批服务，促进项目早开工、早投产。

【群众工作信息管理系统】 2017年，群工系统总体运行良好，共受理群众诉求事项15368件。其中，已经办结15353件，办结率99.9%；已评价15287件，满意率99.6%。阳光政务工作得到群众认可，2017年阳光政务热线共接受群众咨询服务15116件次。其中政务信息咨询13647件次，座席在线解答率99.8 %。

【公共资源交易】 2017年共完成招投标211宗，交易额13.56亿元，完成交易服务费382.0549万元。其中，工程建设项目交易93宗，交易额11.16亿元；土地公开出让13宗，成交金额3.41亿元；政府采购项目94宗，成交金额2.39亿元，节约资金2103.65万元，资金节约率为8.79%。全年无一件有效投诉。

（区行管办）

审计工作

【综述】 2017年度，全年共完成审计项目52个（其中专项审计调查3个）。查出主要问题金额1619196万元，其中违规金额56168万元、管理不规范金额1563028万元；审计发现非金额计量问题183个；损益（收支）不实金额15559万元；出具审计报告和专项审计调查报告57篇，被批示、采用8篇。审计处理处罚金额66902万元，其中应上缴财政36049万元、应归还原渠道资金

19890万元、应调账处理金额10963万元；移送司法机关、纪检监察机关和有关部门处理事项3件，移送处理人员1人。审计促进整改落实有关问题金额26696万元、挽回（避免）损失10839万元、核减投资10906万元。全年根据审计发现的问题，向被审计单位提出审计建议170条，被采纳158条；提交审计信息67篇。依法向社会公告审计结果1篇。

【机构】 2017年1月，设置重庆市武隆区审计局，是全区27个政府工作部门之一。内设办公室（电子数据审计科）、法规审理科、整改督查与内审管理科、财政审计科（重大政策跟踪审计科）、企事业审计科、投资审计科、经济责任审计科（经济责任审计工作联席会议办公室），核定机关行政编制16名、机关后勤服务人员事业编制2名。

【国家重大政策措施贯彻落实情况跟踪审计】 以"稳增长、调结构、促改革、惠民生、防风险"为目标，对"涉企减负30条"贯彻落实情况、扩大就业技能培训、重点生态环保项目推进情况等事项进行审计，揭示"助保贷"使用效率低、多家企业未申请稳岗补贴、违规享受财政专项补贴、网上审批等便民措施落实不到位、黄标车治理及工业聚集区污水处理项目等生态环保事项未按序时推进等问题，相关部门及时整改，并建立相应的机制体制，彰显审计服务国家治理的建设性作用。

【财政审计】 开展2016年度本级预算执行情况和编制县级决算（草案）审计，同时，对地方税收及非税收入征缴情况进行审计。在充分肯定财力根基不断加强、支持民生力度不断加大、财政改革不断深化等成绩的同时，揭示财政资金未及时收缴入库、违规出借财政资金、重复享受社会保障待遇、违规向非预算单位拨款、部分专项资金支出进度缓慢、乡镇公路建设自筹资金比例过高等问题，促进增收节支15194.51万元。延伸审计区政府办、区委统战部、区财政局等11个单位的预算执行情况，揭示虚列支出、"三公"经费超支、决算编制不实等方面的问题。区财政局及相关部门采取转变机制、改进管理、完善制度等举措，积极整改，推动财政管理更加高效规范。

【经济责任审计】 受区委组织部的委托，以领导干部经济责任的履行情况及个人廉政建设为重点，对区档案局、区中医院等11个单位的19名主要领导干部的经济责任进行审计，揭示重大决策程序存在瑕疵、内部控制机制不健全、建设项目管理不规范、民生资金使用监管不到位、非税收入未及时解缴等问题，查出问题金额652809万元，其中违规金额4793万元、管理不规范金额648016万元；审计处理处罚金额4973万元（其中应上缴财政72.85万元）；提出审计建议71条。审计结果按要求报送区委组织部、区纪委、区人社局等部门，区委组织部针对审计发现的问题作出批示，并将审计结果存入领导干部个人档案，区纪委也将审计发现的问题列入领导干部廉政档案管理。

【固定资产审计】 2017年度，以公共建设资金的管理和使用情况为重点，对羊角危岩滑坡整体搬迁项目公共建筑工程、巷口白杨至仙女山驼骆铺森林防火应急通道工程、2016年抗旱应急引调提水工程等19个民生工程和重点建设项目进行竣工决算审计或跟踪审计，揭示出项目建设前置手续不完备、超概算未经审批、挤占建设成本等问题。全年送审金额90880万元，审减投资10906万元。项目建设单位针对审计建议，积极整改，促进公共建设项目程序的规范和公共建设资金的安全。

【民生资金审计】 关注惠民政策和惠民资金的落实情况，开展全市保障性安居工程跟踪审计、全市教育重点专项资金等专项审计调查项目3个。揭示违规享受保障待遇、民生建设项目未发挥应有效益、民生项目资金滞留闲置、超范围使用项目经费、国有资产监管缺位等问题，查出问题金额2112万元。被审计单位根据审计意见强化整改，民生资金使用更加规范。

【审计信息化】 全年投入资金32余万元，建立数字化审计分析平台，建立审计模型159个。通过该平台分析的数据，在2016年度本级预算执行情况审计和教育资金专项审计中，发现少缴个人所得税、扩大范围计提住房公积金等传统手段不能发现的问题，提高审计效率，丰富审计手段。区政府印发《关于定期采集和报送审计电子数据的通知》，明确审计电子数据的报送对象和内容，为审计数据的采集提供良好的保证，全年共采集各类电子数据43.76GB。

【内部审计管理和社会审计监督】 强化内部审计管理，以区级重点国有企业为着力点，逐步向重要经济管理部门推进，督促相关单位建立健全内部审计机构，并积极指导其开展内部审计工作。截至12月31日，全区各部门、各企事业单位设内部审计机构25个，其中专职机构6个；配备内部审计人员85人，其中专职审计人员17人。2017年完成内部审计项目213个。审计总金额3408810万元，增收节支3942万元，提出建议意见被采纳130条。依法对2个社会审计机构出具的相关审计报告进行核查，并对相关社会审计机构法人进行约谈，对社会审计机构不合法、不合规的行为起到警醒作用。

（区审计局）

统计工作

【机构】 2017年1月，设置重庆市武隆区统计局，划入原武隆县统计局职责，取消“涉外调查事务监督管理”和“统计从业资格考试组织工作”的职责，增加“全面小康监测、自然资源资产负债表编制和生态文明建设统计”职责。机关内设机构4个，即：办公室、政策法规科、综合核算监测科、社会经济统计科。管理的科级事业单位3个，即：重庆市武隆区社会经济调查队（参公）、重庆市武隆区统计执法检查支队（公益一类）、重庆市武隆区普查中心（公益一类）。

2017年6月，“重庆市武隆区社情民意调查中心”更名为“重庆市武隆区普查中心”（挂“重庆市武隆区社情民意调查中心牌子”）；2017年10月，重庆市武隆区统计执法检查队更名为重庆市武隆区统计执法检查支队。

核定重庆市武隆区统计局机关行政编制8名，机关后勤服务人员事业编制1名。重庆市武隆区社会经济调查队编制10名，重庆市武隆区统计执法检查支队编制5名，重庆市武隆区普查中心编制6名。

2017年年底，全局共有在职干部职工25人，包括行政人员8人、工勤1人、重庆市武隆区社会经济调查队9人、重庆市武隆区统计执法检查支队4人、重庆市武隆区普查中心3人。

【社情民意调查】 2017年度，区社情民意调查中心共开展三次大型民意调查。2017年3—4月，按2016年度全区综合目标考核要求，对各部门和乡镇民意调查。调查采用CATI电访（计算机辅助电话调查）为主，CAPI面访（移动面访调查）相结合的方式。其中乡镇部分共调查电访样本2044个，面访样本260个；部门部分共调查电访样本2999个，面访样本500个。2017年5月，对全区扶贫攻坚工作贫困户满意度调查。采取计算机辅助电话调查为主的方式，对全区在档建卡贫困户，围绕“两不愁、三保障”以及各级各部门和干部帮扶工作满意度等方面开展调查，按7.5%的比例随机抽取调查样本，全区共成功调查样本1142个。2017年12月受区综治办委托，开展2017年公众安全感调查。以计算机辅助电话调查方式。全区共调查样本1450个，其中农村样本1033个，场镇样本417个，调查结果显示全区公众安全感指数为97.4%，社会治安满意度为98.2%，分别比上年提高1.3和4.3个百分点。

【人口抽样调查】 2017年11月，开展2017年人口变动抽样调查，武隆区抽中调查小区样本17个，涉及12个乡镇，17个行政村。调查1517户，户籍人口4243人，常住人口4075人，出生人口38人，死亡人口34人。

【统计培训教育】 做好统计继续教育和统计专业技术资格考试工作。在举办业务培训班、召开统计业务培训会的基础上，以网络继续教育为平台开展统计继续教育，坚持自愿原则，引导统计从业人员自觉参加学习，优化知识结构。2017年，共有69人参加统计继续教育报名学习；有15人报考统计初级技术职称，9人报考统计中级职称。全年共培训“四上企业”统计人员160余人，乡镇统计人员50余人。利用党校主体培训班机会，开展全区各级领导干部培训，全区各行业部门、乡镇各级领导干部近200人次。

11月21日，武隆区统计违法案件整改座谈会召开
（区统计局供图）

【统计规范化建设】 加强局机关统计规范化建设。制定《行业统计实施细则》，修订《干部职工绩效量化考核办法》，出台《数据质量管控制度（试行）》和《数据质量工作责任制度（试行）》，加强过程质量控制，对统计基础工作和统计数据质量高标准严要求。严格执行行政规范性文件“三统一”编号管理制度，对本单位2015年度和2016年度的全部文件进行清理，规范公文运转程序，健全文件档案管理机制，确保规范性文件合法性审查全覆盖。加强地方统计规范化建设。组织乡镇、“四上”企业统计人员学习统计年报定报制度，了解主要统计指标含义、调查范围、调查方法、计算方法、抽样调查样本量等信息。组织懂业务、明法律、有经验的统计执法力量，合理正确运用统计法律，定期开展执法巡查、重点抽查等执法工作，确保各项调查有效完成。组织各专业人员深入“四上”企业开展现场培训和业务指导，并督查各单位做好原始记录和统计台账的维护更新与归档管理。

加强乡镇统计规范化建设。以台账式管理规范乡镇基础工作，认真落实《重庆基层统计工作规范化建设考评执行标准》，推进乡镇统计机构固本强基，规范管理。加强重点镇街统计基础建设和统计队伍建设，确保重点乡镇统计人员全部参加市局统计轮训工作，确保重点乡镇统计工作人财物得到保障，确保重点乡镇规范化建设全部达标。

【乡镇统计经费保障落实】 根据《中共武隆县委、武隆县人民政府〈关于加强全县统计工作的意见〉》（武隆委发〔2010〕37号）文件精神，予以乡1万元、镇2万元的标准（除双河镇1万元外），向全县26个乡镇下拨统计工作经费，共计38万元。

【统计服务】 2017年，开展三峡库区数据收集整理监测11次；开展妇女儿童发展纲要（规划）监测统计培训会1次，完成2016年度的综合统计报表、报表说明、分析报告和工作总结，收集整理数据7大项，共计127小项。全年撰写统计分析资料51篇，完成统计信息简报253篇条。有3篇理论文章在国家统计局发表，8篇被市统计局采纳。为区委、区政府及乡镇（街道）、区级部门提供各类数据咨询服务230余次，充分发挥出统计工作的参谋助手作用。编辑《武隆统计年鉴（2017）》并印发205册。编辑《武隆领导干部手册（2017）》，为各级各部门领导使用统计数据提供方便。编辑2017年度《统计月报》共11期（1月份不编辑），收集统计法规、统计知识、指标解释等内容，每月印发200份。发布《武隆统计公报（2016）》，用文字、数据、图表等多种形式详细总结当年全区国民经济和社会发展情况。开发建设“数据武隆”APP客户端并成功面向党政机关和社会各界试运行，用网络平台发布统计信息资料，为统计数据库建设插上信息化的翅膀。同时，联系广告公司印制“数据武隆”宣传册，在各类会议上广泛宣传。

【统计宣传】 2017年，区统计局新浪、腾讯官方微博共发布统计宣传1298条，粉丝总数累计达11826人。

【普法宣传活动】 以第三次全国农业普查契机，组织各乡镇开展法治宣传活动。从2016年12月起至2017年11月底，利用都市广场LED显示屏每天轮播农业普查宣传片，在各乡镇的客车座位上安装印有农业普查宣传广告的靠背垫，在《武隆日报》开辟统计专版宣传《全国农业普查条例》。要求26个乡镇的统计办利用法制宣传日，开展农业条例法制宣传。以三月法制宣传月为契机，深入社区开展集中法治宣传活动，在都市广场设立宣传咨询点，发放《中国人民共和国宪法》《中国人民共和国统计法》等宣传资料300余份，接受群众咨询20余人次。以2017年8月1日《统计法实施条例》颁布实施为契机，号召全区各单位认真学习贯彻统计法律法规。及时推动区政府办出台学习贯彻《统计法实施条例》（以下简称《条例》）的工作方案，将《条例》纳入全区普法规划内容，将《条例》的学习贯彻情况纳入年度统计目标考核，多渠道提升《条例》的影响力。严格按照上级要求，认真组织全区统计人员学习贯彻《统计违纪违法责任人处分处理建议办法》。

【执法检查】 2017年，区统计局严查瞒报、漏报、迟报等统计违法行为，查处迟报企业1户；对工业、能源、商贸等领域60余家企业开展清查和整改。

【执法队伍建设】 2017年3月份对全区的统计执法人员开展专项清理，清理对象包括全区（含所辖乡镇）已经取得“统计执法检查证”的统计执法人员，凡不符合有关条件的人员一律取消统计执法资格，注销其统计执法资格并收回统计执法检查证。同时按照国家统计局的工作要求，组织5名统计业务人员参加统计执法检查资格学习考试，有1人取得统计执法检查证。

（区统计局）

调查工作

【概况】 国家统计局武隆调查队是国家统计局的派出机构，是政府统计调查机构，也是统计执法机构，依法独立行使统计调查、统计监督的职权，独立上报调查结果，并对上报调查资料的真实性负责。内设办公室、综合科、城镇调查科、农村调查科4个科室。全队核定编制12人，2017年年底在编在岗职工12人，退休干部3人。

2017年，武隆调查队做好城乡居民收入、农林牧渔产值及增加值、特色效益农业、规下工业增加值重点指标调查及常规调查等19项调查统计工作；聚焦业务主责，按照国家、市、县的统一部署，推进第三次全国农业普查工作，完成普查各项任务。

【调查业务管理】 2017年，武隆调查队所负责的调查统计业务涉市级抽样调查网络15项，包括城乡住户（城乡居民收入）调查、规模以下工业调查、流通消费价格调查（CPI）、主要畜禽监测调查、农产量调查、规模以下服务业调查、工业生产者价格调查、房地产价格调查、固定资产投资价格调查、限额以下批零、住宿、餐饮调查、贫困监测调查、农民工监测调查、农产品生产者价格调查、农产品中间消耗调查、新设立小微企业和个体经营户跟踪调查；涉市级全面统计内容4项，包括农业全面统计、农业核算、区域统计、畜牧业统计。做好事关民生领域的监测调查工作及常规调查监测调查任务以及其他临时性调查工作。立足业务主责，推进第三次全国农业普查工作，完成普查各项任务。严格执行《统计执法“双随机”抽查办法》，采取随机抽样的原则，于7—8月开展统计执法检查。做到按程序执行，持证上岗、依法检查、文明执法。

【调查网点管理】 加强基层调查员的管理及调查能力提升。严格人员变更报备，规范人员变动情况的报备程序，保持调查人员相对稳定。强化基层基础培训，落实培训制度，不断提升调查员业务能力，召开业务培训会10余次，受训1000余人次。激励调查员，提高调查员补贴，为调查员购买意外伤害险、落实调查员慰问制度等。强化各专业调查网点的维护与管理。规范样本调整报备程序，加强调查网点的动态管理，切实保障调查样本的代表性和调查工作的严谨性。做好住户收支调查、居民消费价格、工业生产者价格调查等专业的样本轮换、基期轮换及权数调整后的样本管理及数据衔接工作。加强统计法治宣传教育。利用重要时间节点，通过面向统计用户、面向统计基层、面向调查对象“三个面向”的法制宣传30余场次，开展全面自查和抽取重点单位执法检查相结合统计执法检查15次，营造调查统计的法治环境，规范统计调查行为、提高调查对象的配合度和调查数据的真实性。

【数据质量管理】 加强数据质量审核评估。加强上报审核，各专业的数据上报前必须进行数据审核评估，评估坚持纵横参照，点面结合，发现趋势不一致现象，查清原因，作出说明。坚持主要负责人审签制度，各专业数据上报前，需由分管领导、队长对上报数据进行审核审签，审签后方能上报。加强统计执法监督和数据质量检查。对居民收支调查、畜禽调查、规下工业调查按季度开展调查数据质量检查。按年度对农村统计调查工作和价格类调查工作基础工作自查。

【统计服务】 2017年，撰写调查分析53篇，调查信息22篇，各级全文采用或摘要采用56篇，区委区府主要领导批示近10篇次。做好统计调查产品的生产，定期向区领导分送调查分析成果，同时，局队协作配合，及时编辑出版《统计月报》《统计年鉴》《领导干部手册》等调查统计资料。

（武隆调查队）

安全生产监督管理

【机构】 2017年3月，设置重庆市武隆区安全生产监督管理局，为区政府直属正处级行政机构增加职业卫生安全监管、非煤矿山、烟花爆竹、危化品安全生产行政审批、安全政策法规和行政许可审批管理职责。内设综合、监督指导、行业监管、政策法规、行政许可、职业健康和煤炭行业管理等7个科室。下设安全生产执法支队、煤矿安全监察所和安全生产应急指挥中心等3个事业单位。区安监局现有在册正式职工33人(其中女职工10人)。现有管理人才21人(处级干部5人，科级干部16人)；专业技术人才有工程类专业技术人员6人(其中副高级1人，中级4人，初级1人)；有技师1人，高级工2名，中级工1名。

2017年，武隆区在全市2017年度考核中被评为安全生产优秀区县;区安监局获得“十二五”全市安全生产先进单位、全市职业健康、综合监管、应急管理等多项先进集体，被区委、区政府表彰为中共十九大期间全区维稳安保工作先进集体。

【概况】 2017年，全区共发生各类生产安全事故8起、死亡8人，其中建设施工事故2起、死亡2人;道路交通事故5起、死亡5人。2016年同期发生18起、死亡19人，同比事故起数下降55.6%、死亡人数下降57.9%。

【机制建设】 健全完善责任体系。全区相继出台《安全生产“党政同责、一岗双责”的实施意见》《深化平安武隆建设加强安全生产“三基”工作的实施意见》《加强全区安全生产责任体系建设的意见》《武隆区安全生产领域失信联合惩戒和“黑名单”管理制度》等文件规定，从目标考核、举报奖励、责任追究等方面全方位推动安全生产责任落实，形成“横向到边、纵向到底”的安全责任体系。严格督查考核。坚持每季度召开安全生产工作会议，区政府安委会督查组每月两次督查、两次通报，全年共发出督查通报24期，通报批评单位23个，批评项目25个，给予5个单位黄牌警告，实施挂牌整治重点隐患45条,发出安全隐患督办通知8份。提升安监配置水平。为首批14个乡镇更换配置监管执法专用车；筹资100余万元推进3个标准化乡镇和1个工业园区的基层安监能力建设。落实企业主体责任。推进企业标准化建设，全年完成危险化学品标准化企业创建25家，复评25家；完成率达100%。

【职业卫生】 推进职业卫生安全管理,全年纳入台账管理的企业123家,其中120家达到合格及以上标准，合格率为97.5%。2017年武隆区安监局荣获全市职业卫生先进单位并在全市职业健康安工作总结表彰大会作经验交流发言。

【应急救援】 2017年，全区应急预案备案企业58个，其中非煤矿山企业、危化企业和烟爆企业备案率实现100%。全年共开展安全应急培训73次，受训人数达1636人；开展各类应急演练活动117次,其中开展大型应急演练活动1次。

【考试培训】 组织全区安全监管监干部执法培训14期365人,其中安监执法培训2期90人次，安监执法视频培训9期200人,区级安委会成员单位安全监管行政执法培训2期63人，安全基础知识培训1期12人。组织全区非煤矿山、危险化学品，烟花爆竹等企业主要负责人，安全员考试308人，合格率大100%。组织特种作业人员复训考试519人,其中电工复训7期，321人，经考试合格率达96%;焊工复训3期，32人，经考试合格率达69%；高处作业复训7期,166人，经考试合格率达96%；积极开展行业领域安全培训专项督查。非煤矿山19家，危险化学品31家，重点工商贸5家，查处隐患96条，整改96

条，整改率达100%。其中查处安全培训案件1起，罚款壹万元。

【宣传教育】 组织全区安全监管监干部执法培训14期365人，其中安监执法培训2期90人次，安监执法视频培训9期200人，区级安委会成员单位安全监管行政执法培训2期63人，安全基础知识培训1期12人。组织全区非煤矿山、危险化学品，烟花爆竹等企业主要负责人，安全员考试308人，合格率大100%。组织特种作业人员复训考试519人，其中电工复训7期，321人，经考试合格率达96%；焊工复训3期，32人，经考试合格率达69%；高处作业复训7期，166人，经考试合格率达96%；开展行业领域安全培训专项督查。非煤矿山19家，危险化学品31家，重点工商贸5家，查处隐患96件，整改96件，整改率达100%。其中查处安全培训案件1件，罚款1万元。

（区安监局）

食品药品监督管理

【机构】 2017年2月16日，设立重庆市食品药品监督管理局武隆区分局，由市食品药品监督管理局垂直管理，属行政执法单位。内设8个科室，即办公室（监察室）、综合科、法制监督科（稽查科）、行政审批科、食品监管一科、食品监管二科科、药品监管一科（加挂不良反应监测牌子）、药品监管二科。主要负责贯彻实施食品（含食品添加剂、保健食品，下同）安全、药品（含中药、民族药，下同）、医疗器械、化妆品监督管理的法律、法规、规章和方针政策。依法承担食品生产企业、食品流通企业、餐饮服务单位的行政许可事项。组织实施食品、药品、医疗器械、化妆品监督管理稽查制度，依法查处辖区内食品药品违法违规行为。

2017年，贯彻落实市局和区委决策部署，围绕全区中心工作，开展各类专项整治和监督检查，全年未发生重特大食品药品安全事故，荣获区委、区政府综合目标考核一等奖。

【概况】 突出食品生产环节监管。深入开展乳制品为原辅材料、非食用原料加工食品、白酒、桶装水、食用植物油、腊肉制品等10余项专项整治，完成55户小作坊备案登记，56户企业巡查率达100%。突出食品经营环节监管。组织开展学校及周边食品安全、农村食品安全、火锅食品、网络食品、食品保健食品欺诈和虚假宣传等专项整治，联合开展春秋期学校食堂及校园周边监督检查5次280户次，完成重大活动保障36起，印发相关制度2200余套，完成明厨亮灶建设单位697户（包括开放式厨房385户），示范建设312户，学校食堂实施率达100%。推动111户学校食堂全部投保食品安全责任险，开展农村家庭宴席备案管理和现场指导1106起。突出药械及化妆品监管。开展整顿和规范药品流通市场、含麻黄碱类复方制剂、复方磷酸可待因口服溶液、医疗器械冷链管理、中药饮片、化妆品、美容美发场所等12项专项整治，完成药品不良反应报告185例，医疗器械不良事件报送117例，药物滥用报告25例，化妆品不良反应报告60例。

【食品安全示范城市创建】 创建规格提升。成立以区委书记任大组长、区长任组长的创建领导小组。将示范创建纳入全区“五创”工作，区政府常务会专题审议通过并以区政府名义印发《武隆区食品药品安全“十三五”规划》和《创建国家食品安全示范城市武隆区实施方案》，组织召开区委会议、区政府会议、全区专题工作会议6次安排部署工作，支持创建工作经费405万元。行业创建实施。开展示范商圈、示范乡镇、示范学校、示范企业、“放心肉菜示范超市”等8个类别的示范主体创建活动，全年辖区7户超市主动申请创建“放心肉菜示范超市”，全区26个乡镇、规模以上食品生产企业、餐饮服务单位和学校食堂均积极参与主体示范创建。按要求完成1600批次食品抽检规定动作，完成城区不达标农贸市场整治，启动餐饮服务单位托底整治的自选动作。营造宣传氛围，城区大型显示屏、55辆公交车车载视频及部分车身、重要结点的公交车站、100面小区物业轿厢、100余家酒店、116所学校、150余台出租车、26个乡镇部分重要路口等持续广泛高强度宣传创建工作要求和动态。全年共发放宣传资料20万余份，张贴宣传图画15000余张，制作视频宣传短片1部，发送手机短信100余万条。

【“四大行动”整改落实】 以食安办名义印发《关于进一步加强全区食品安全工作的通知》和《武隆区食品药品安全风险隐患大排查大整治大执法大督查专项行动方案》等，成立专项领导小组，召开会议安排部署，建立定期督查、科室联系基层所、定期风险研判等工作制度。2017年共出动监督检查2579人次，排查单位6376家，发现安全隐患961个，责令整改单位868户，约谈单位40户，立案查处52件，取缔无证1户。同时，针对市局第四督查组检查时提出的4个大项7个小项问题，区食药监局立行立改，形成由局长负总责，班子成员根据分工抓落实的工作格局，通过分解整改任务、细化整改措施、明确整改科室等方式，采取强化督查、强化宣传、强化执法、强化创建、强化考核等7项措施加强整改力度。年底，各类问题已整改完毕。

【食品药品风险隐患管控】 强化食品安全委员会平台建设。组建区食品安全委员会，将食品药品安全纳入政府工作报告和年度目标考核，并实行正向打分，分值3分。同时签订目标责任书52份，召开部门协调会议8次，开展联合检查4次。抓实基层风险管控。完成26个乡镇基层所（办）规范化建设，制发网格化监管公示牌5000余张，开展食品生产企业风险等级评定56户，开展餐饮服务单位日常监督检查结果评定和风险评定2200余户，完成食品快速检测2100批次，发现异常率达6.15%，完成各类食品药品抽检910批次，合格率达96.2%。抓实景区专项整治。在元旦春节、中秋国庆、夏季炎热时节等重点时段，组织食药监、商务等部门开展景区及沿线联合检查和专项整治，保障游客2800余万人次的饮食用药安全。

【社会共治】 2017年，区食药监局以创建国家食品安全示范城市为契机，利用报社、电视台、LED显示屏和手机短信平台等媒介，结合“食品安全我承诺我负责”、食品安全宣传周、安全用药月等活动开展食品药品安全知识宣传。2017年全区食品药品监管信息被市、区主流媒体刊播数量创历年新高，其中《重庆电视台》播报1次、《重庆日报》登载1篇、《武隆电视台》播报20次、《武隆日报》和武隆手机报登载47篇，随手拍摄影作品入选总局网站2张。畅通监督渠道。主动公布“12331”举报投诉电话和分局24小时值班电话，主动邀请部分人大代表、政协委员等现场观摩体验食品安全检测，组织各层级人员开展业务知识及技能培训，编发《武隆区品药品安全协管员工作手册》1000余本。是年共召开各类培训21期约3000人次，受理投诉举报89件，办结率和群众满意率达100%。深化行政审批。严格按照有关规定实施行政许可，切实把好食品药品安全准入关。共办理各类行政许可2157件。打击违规行为。按照“全覆盖、零容忍、严执法、重实效”的总要求，坚持问题导向，深化行刑衔接，严厉打击食品药品安全违法犯罪。2017

年共查办各类食品药品违法案件161件，较2016年增长11%，罚没款近120万元，较2016年增长25%（其中基层所罚没款68余万元，较2016年增长15%），公示行政处罚案件信息5期，净化食品药品市场秩序。

（区食药监局）

烟草专卖管理

2017年，区烟草专卖局积极争取地方党政、公安、工商、邮政等部门支持，建立联合协作打假机制，扎实开展日常市场监管和专项行动整治，全年组织集中检查和专项行动22次，参与“铁鹰”行动2次，组织铁路登车检查5次，高速执法1次，物流快递120余次，隐蔽场所整治2次，边界市场整治8次，取缔3家名烟名酒店，维护卷烟市场秩序，最终实现向打假打私要市场、要销量、要效益。全年共查获涉烟违法案件297起，其中查获违法卷烟4345.9条，非法流通真烟527.2条，寄递违法卷烟986.7条，案值99.8万元，完成案件任务的299%，市场净化率达到99%以上。

（区烟草专卖局）

物价管理

2017年，区发改委加强市场价格监测预警，准确分析研判价格形势，强化通胀预期管理，掌握市场变动情况，引导合理价格预期，每月将周边区县农副产品价格动态和本地商品价格动态在《武隆日报》发布，实行动态监管；开展旅游、涉农等重点领域市场专项检查，全年办理价格举报投诉42件次，办结旅游消费投诉11起，办结率100%；全年办理各类涉案财物价格鉴证案件49件，鉴证标的金额48.15万元。

（区发改委）

企业管理

工商行政管理

【机构】 2017年，重庆市工商行政管理局武隆区分局内设科室11个，直属机构1个（执法支队），派出机构5个（基层工商所），事业单位1个（消委会）。是年在职干部职工65人，离退休干部39人。

【概况】 全区新增市场主体3525户（其中，内资企业615户，个体户2807户，农专102户，外资1户），全区市场主体总量达29926户。

【改革措施有序推进】 减少前置事项。推进“先照后证”改革，215项工商登记前置审批事项调整成后置，保留涉及金融、安全、房地产、教育培训、投资等50类，精简率达到80%，登记审批效率进一步提高。整合证照事项。推行从“一照三号”“三证合一”“五证合一”“十证合一”到“多证合一”改革，将涉及16个部门的20项涉企证照事项全部整合到营业执照中，实行“一套材料、一表登记、一窗受理”工作模式，减少企业在多个部门之间奔波申请，节省时间成本。畅通主体退出渠道。推行个体工商户和企业简易注销登记，简化登记程序、减少申请材料，破解主体“入市容易退市难”的问题，推动“僵尸”企业退出市场，提升市场主体内在质量。2017年，全区有1182家主体办理注销登记，其中20%的主体采取简易注销程序。

【服务流程创新优化】 窗口效能显著提速。在流动办照的基础上，探索实施委托登记，在大洞河、赵家等偏远乡镇探索实施委托乡镇便民服务中心通过代收登记资料、窗口集中办理的方式进行代办登记，边远乡镇申请人可在家门口就近办照，逐步建立“乡镇服务中心＋工商所＋区行政服务中心”三级联动的注册登记体系，政务服务水平有效提升。放权力度持续加大。除由区工商局登记的公司登记外，其他各类市场主体的登记管理权限全部下放至各工商所。登记流程不断创新。打破属地限制，推行“随地办”，实现区域内个体工商户异地登记注册，申请人可根据需求选择全区任一窗口进行登记。

【登记质量稳步提升】 对工商所办理的内资企业档案进行抽检，对问题卷进行及时的修改、归档，每日数据监测数据合格率均为99%以上。在原有的二维码办事指南、格式化示范文本、微视频等便民措施基础上，开通微信在线咨询、初审等渠道，群众办事渠道更多、更方便，登记材料齐全、符合法定形式可实现当日办结、当天领照，注册窗口当日办结率已达到80%，三日办结率99%。

【市场监管】 推进市场主体年报工作，内资企业年报率94.34%，农民专业合作社年报率98.07%，个体工商户年报率82.48%。以信用监管推动全区诚信体系建设。新归集信用信息1287条，免费提供信用查询服务、出具信用报告227份。传统市场和新兴市场管控并举。加强家具市场、二手车市场等特色专业市场秩序管控，开展投资类市场主体、低俗店招店牌、供水供电和房地产行业格式合同条款、房地产广告等专项整治工作，发现纠正不公平合同格式条款29条，立案查处供水、供气等公用企业滥收费用1件。集中开展“双打双创”专项执法行动，2017年共查处产品质量案件20件，罚没款37.88万元；查处不正当竞争案件1件，罚没款45.2万元；开展打击“善心会”等传销组织专项行动，充分运用市局电子取证室固定证据1件，联合公安部门启动立案查处传销案件1件，涉案金额197.83多万元，参与人员达380人，扣留财物40余万元，罚没款31万元，查处违规直销案件1件，罚没20.1万元。

【商标品牌】 开展商标强企活动。通过组织培训、上门走访企业等活动，做好商标培育发展工作，做大全区商标总量，全年共开展品牌培育系列宣传6次，新申报商标247件，注册商标355件（商标总数达1650件），成功注册地理标志商标1件。联合相关职能部门，开展以“武隆碗碗羊肉”为主导的“品牌兴区”战略，通过整合资源优势、成立行业协会、培育发展品牌等，塑造全区传统品牌形象。

【消费维权】 完善12315维权网络体系。继续开展“12315”五进工作，对符合创建12315消费维权服务站的8户企业进行备案。提升流通领域商品质量监管效能。在瓷砖、成品油、化肥、消防器材等行业，共计开展流通领域商品质量抽检4次74组。创新旅游市场监管体制机制，构建起全时段快速维权反应、区域重点行业跟踪监测、群体纠纷分类处理的点面结合消费纠纷解决机制，受理消费者投诉举报474件，解决率100%，为消费者挽回直接经济损失30余万元。

【创新工作】 探索实施三级行政服务窗口互通互动注册登记机制，采取“互联网＋代理登记”的方式，通过“区＋乡镇＋工商所”三级登记窗口的协调和内部运作，实施工商执照乡镇代理登记，解决服务群众“最后一公里”问题。创新旅游市场综合监管体制，成立旅游市场管理局，整理监管责任清单，规范监管工作流程，完善投诉受理机制，加强旅游市场综合监管水平，为武隆“两区一地”建设保驾护航。创新商标运用机制，完善区域商标品牌培育体系，推进地理标志和农产品商标的使用增值，助推农业农村发展，为武隆脱贫摘帽作出重要贡献。运用讲好“微党课”、开展“微服务”、树立“微典型”、搭建“微平台”的“四微工作法”，推进宣传思想工作常态化制度化。

【非公党建】 坚持抓基础、抓重点、抓规范、抓结合、抓落实，推进“小个专”非公党建工作。指导“小个专”非公党组织开展“两学一做”，严格落实党组织生活，执行好“三会一课”等基本制度，保证活动数量，提升活动质量。以重点推进出特色，突出抓好微企党建，探索加强电商党建，继续开展党员“三亮”和“双帮双培双带”，促进党组织和党员在“双创”中发挥积极作用。以示范带动创特色，加大非公党建工作规律探索，精心培育和提升“鸿程支部”等示范点建设。扎实开展“非公为公红心颂”宣传活动，持续开展“非公三走”，推进“八个一”系列活动。党员“三亮”达395名，联系帮扶党员创业户21名，已建非公党组织43个，“小个专”非公党组织组建率和工作覆盖率达到100%。

（区工商局）

土地资源管理

【概况】 2017年，撤县设区后，武隆县国土资源和房屋管理局改为重庆市武隆区国土资源和房屋管理局，内设科室12个，下属事业单位6个，派驻乡镇的国土房管所10个。2017年获得全区综合目标考核“优秀单位”。

2017年，区国土房管局围绕全区100个重点项目和基础民生类项目，重点保障羊角场镇搬迁、芙蓉江浩口水电站、白马山旅游开发和仙女山旅游开发等重点项目用地及医院、学校等民生项目用地。全年取得建设用地计划指标240公顷，超额完成200公顷的年度目标任务。全区供应土地30宗、面积158.6公顷，成交价款7.26亿元，已入库7.1亿元，超额完成年度目标任务。全面完成永久基本农田划定工作，全区共划定永久基本农田45120公顷，基本农田划定量核减6666.67公顷。全年投资200万元，完成20公顷的矿山植被恢复工作。全年完成补充耕地221.07公顷，建成高标准基本农田2160公顷，均超额完成市政府下达任务。

全年办理各类审批941件；办理各类不动产登记21250件、发放不动产发证书8666本；办理农村产权抵押融资鉴证及农村集体土地流转鉴证业务29宗，位居全市各区县前列。从公租房制度实施以来，全区累计开工建设保障房4630套，投入使用2794套，共分配入住保障房2732户，2017年新入住1742户，实现入住率97%以上，累计发放租赁补贴1054万元。

全年完成商品房销售32.4万平方米，房产市场平稳健康。全区投资1.05亿元实施土地整治项目14个，共完成建卡贫困户建设用地复垦项目17个、29.8公顷，涉及19个乡镇、802户贫困户。

【用地保障】 2017年，区国土房管局重点保障羊角场镇搬迁、芙蓉江浩口水电站、白马山旅游开发和仙女山旅游开发等重点项目用地及医院、学校等民生项目用地。全年取得建设用地计划指标240公顷，超额完成200公顷的年度目标任务。及时高效审批，助推项目落地。及时以区政府办名义下发《2017年区领导联系重点项目用地保障方案》，并积极主动服务、指导用地单位做好报批组件工作的同时，加大与市国土房管局的沟通协调力度，加快审批进度、缩短审批时间，为项目用地提供制度保障。完成设施农用地备案20宗，完成市、区级项目用地预审38宗，为项目及早完善用地手续确保项目早日落地，提供要素保障。优化规划布局，力拓用地空间。完成并优化土地利用总体规划，增加武隆区城镇工矿用地空间3.4平方公里，为全区城镇建设用地提供有力保障；完成包括后坪乡等28个村土地利用规划的初步成果编制。

【征收工作】 2017年，区国土房管局实行征收项目组长负责制，由项目工作组长对该项目征收工作负全责，建立实物调查“四到场”“一复核”“一抽查”制度。推进征收工作，启动梓桐旧城改造、北滨路建设工程、中堆坝（原武警中队西侧）棚户区危旧房改造等9个房屋征收项目，涉及被征收户545户、建筑面积12.3万平方米；已完成房屋征收补偿协议签订230户、建筑面积约4.18万平方米。指导乡镇推进集体土地房屋征收工作，完成失地农民养老保险893人，启动办理养老保险96人。做好中堆坝木林岩防疫站片区和公安局东侧危旧房改造项目共计440户被征收户的延期过渡临时安置工作，对待处理并有效化解南滨路堤防加高工程、南城中央广场（二期）等项目信访遗留问题，共接访约1000人次，及时化解不稳定因素。全年完成新增整治性及控制性储备土地211.33公顷，收回收购国有存量土地7.67公顷。

【土地出让及争资】 全区供应土地30宗、面积158.6公顷，成交价款7.26亿元，已入库7.1亿元，超额完成年度目标任务。同时，加大土地供后监管力度，及时按相关规定对闲置土地予以收回，2017年共收回闲置土地2宗、面积约10公顷。加大欠缴土地价款的催收力度，共催收到位欠缴土地价款1.04亿元。争资立项成绩突出，2017年，取得地灾防治、土地整治、土地复垦等项目资金5691万元，超额完成5000万元的目标任务。

【资源保护】 划定基本农田，预留发展用地。全面完成永久基本农田划定工作，全区共划定永久基本农田45120公顷，基本农田划定量核减6666.67公顷。全年完成补充耕地2210.07公顷，建成高标准基本农田2160公顷，均超额完成市政府下达任务。启动赵家乡、土地乡、接龙乡等乡镇受特大暴雨灾毁地的复垦工作，开展青木村煤矿等历史遗留及关闭矿山损毁土地复垦试点工作。全年共投资200万元，完成20公顷的矿山植被恢复工作。是年，全区土地整治投资1.05亿元实施土地整治项目14个；新建蓄水池64口，维修山坪塘9座，修建排灌沟渠108.7公里，修建生产路128.5公里，田间道硬化102.6公里，土地平整101公顷。

【执法检查】 全年立案查处各类违法案件27件、涉及占地面积63.63公顷，没收违法建筑37.7万平方米，拆除违法建筑0.74万平方米，罚没款兑现入库1192.2万元。开展非煤矿山动态巡查173次，排查发现非法采石点29处，立案查处矿产违法案件4件，涉及越界开采矿产源约2.56万吨，罚没款兑现入库60.14万元。开展2017年卫片图斑的核查工作，及时制止、纠正违法行为，保护国土资源。积极主动自查，全面落实整改。积极开展全区违法用地清理摸底及整改工作，成立土地例行督察整改工作领导小组，推动出台《武隆区2018年土地例行督察自查问题整改工作方案》。

【地灾防治】 地灾防治“四重”网格化管理体制不断健全，376处隐患点逐一落实“四重”网格员防治责任；21处重大隐患点开展专业监测；35处地灾警示防范区全面建成运行；在全市率先建成应急指挥中心，对全区343名“四重”网格员率先实行信息化动态考核管理。地灾应急演练、应急会商、应急处置、宣传培训等地灾防治工作全面推进。白果树滑坡等9个工程治理项目全面完成，总投资3500万元；正在实施甄子岩危岩等4个项目，总投资3100万元。已申报并完成勘察设计治理项目20个，总投资21000万元，国家和市级已下达投资5600万元，通过工程治理要基本消除重点集镇、人口聚集区的地灾安全隐患。果断处置52起地灾（灾）险情，紧急避险撤离人员76户288人，未造成一例人员伤亡。群策群力，降低地震损失。区国土房管局在第一时间启动应急预案，及时有效应对5.0级“11•23”地震，安排车辆和人员深入灾区开展救灾和城镇房屋大排查工作，最大限度的保障震区群众的生命财产安全。

【房屋管理】 推动出台《重庆市武隆区人民政府办公室关于印发武隆区整顿规范房地产开发销售中介行为专项工作方案的通知》（武隆府办发〔2017〕89号），加强房地产市场日常巡查检查和依法置业宣传工作。全年完成销售商品房面积32.4万平方米，完成年度目标任务，房地产市场得到巩固和稳定。住房保障制度更加完善。以区政府办名义印发《关于廉租住房和公共租赁住房并轨运行管理的通知》，进一步规范各环节的管理，并在城区实行公租房摇号配租政策，确保各环节更公平、公正、公开；通过政策宣传、降低租金、放宽收入限制等方式扩大公租房保障人群；累计开工建设保障房4630套，投入使用2794套，分配入住保障房2732户，2017年新入住1742户，实现入住率97%以上，累计发放租赁补贴1054万元，超额完成市级下达的分配目标任务。小区物业监管逐步加强。修改完善《武隆区物业服务星级管理考核办法》，进一步规范物业服务企业经营行为。配合相关部门做好南城中央广场、财富国际等物业小区物业纠纷和群体性事件，累计调处纠纷93起，确保社会面上平稳，群众幸福指数不断攀升。房屋安全工作逐步夯实。全面加强城镇危房排查、巡查工作，全年无人员伤亡、财产损失。

【登记发证服务】 全年共办理各类不动产登记21250件、发放不动产发证书8666本。办理农村产权抵押融资鉴证6宗、面积约649.07公顷，位居全市各区县第一位。办理农村集体土地流转鉴证业务23宗、面积354.04公顷，位居重庆市各区县前列。增设咨询服务台等便民设施，全面升级窗口建设，加大便民力度。

【行政审批】 行政许可科整体入驻区行政服务审批大厅，采取统一受理、并联审批的“一站式服务”形式，缩短审批时限，优化审批流程，实现窗口受理率达100%。同时，建立行政审批制度，健全行政审批体系，对招商引资项目实行“四段式”并联审批，并首次将农房审批纳入网审平台，印发《农房审批台账》模板，草拟并推动出台《行政许可标准化工作考核办法》。此外，为老、弱、病、残等特殊群体开辟绿色通道和提供上门服务，让服务更加便捷、贴心。全年共办理各类审批992件，其中农房审批875件，其他各类审批、许可件117件。涉诉涉访总体平稳。全年应诉案件22件，其中胜诉21件，败诉案件1件，且法院明确不是区国土房管局责任。信访案件110余件，均按业务程序进行处置。

【土地复垦】 2017年，全区共完成建卡贫困户建设用地复垦项目17个、面积29.8公顷，涉及19个乡镇、802户贫困户。其中完成验收、交易12个、涉及约3000万元，农户复垦补偿款正在发放中，3个项目已完成市级复核验收，2个后坪乡深度贫困乡镇的复垦项目已完成前期测绘工作。

（区国土房管局）

土地储备

2017年，全区开展土地储备机构的名录更新工作。按将原不符合国家要求的武隆区土地储备和土地房屋征收中心变更并升格为武隆区土地储备中心（挂征收中心牌子），规范全区土地储备机构，顺利报国土资源部进行名录更新。2017年，市上下达给土地储备中心新增储备土地计划50.8公顷，平台公司会同土地储备中心完成新增整治性储备土地58公顷，控制性储备土地153.33公顷，土地储备中心收回收购国有存量土地3宗，面积7.67公顷。

（区国土房管局）

地质环境管理

2017年，经专业机构排查，全区共有地灾隐患点376处，涉及1.1万户、3万人。截至2017年12月，全区共发生地灾灾（险）情45起，紧急撤离避让76户288人，因群测群防处置及时得力，未造成一例人员伤亡。

全区建成35处地质灾害警示防范区，落实各项防灾措施。完善地质灾害应急指挥中心，对全区重大地灾隐患点均拍摄360度全景影像图。建立地质灾害无人机调查机制，在地质灾害应急处置时，充分利用无人机开展地质灾害调查。

（区国土房管局）

矿产资源管理

【概况】 2017年6月30日，区国土房管局完成矿产资源规划的编制及评审工作，并报市国土房管局备案入库。

根据市政府文件规定，全区非煤矿山控制指标保留数为45个，2017年年底，全区共有非煤矿山41个。从投产状况和证照完善看，全区有生产矿山29个，停产矿山6个，待生产矿山4个，正在招拍挂的2个。从矿种看，全区有建筑石料用灰岩（采石场）29个，砖瓦用页岩矿山7个，大理石矿山1个，石英砂岩1个，饰面用灰岩1个，水泥配料用砂岩1个，铝土矿1个。从采石场分布情况看，全区有29个采石场，设计生产规模1200万吨。主要分布在鸭江平桥片5个，白马和顺片7个，巷口土坎仙女镇片10个，江口文复浩口片3个，桐梓火炉后坪片4个。

【采矿行政许可】 2017年，区国土房管局对全区僵尸企业作清理，凡采矿许可证到期一年以上，经区国土房管局催办一直未申请延续登记的企业实施公告注销。全年，区国土房管局共审批新建采矿权5件，延续登记9件，变更登记4件，抵押登记2件，注销登记11件。

【煤矿和非煤矿山关闭工作】 根据上级相关文件精神，积极配合安监局做好煤矿关闭后续工作。切实做煤矿企业闭坑地质报告的编制，查清资源剩余储量，按时注销煤矿采矿许可证，主动协调市国土房管局搞好各煤矿企业剩余价款的退还工作。全年，共注销煤矿采矿许可证2个；编制煤矿闭坑地质报告2个，已退还煤矿剩余价款7个，退还价款金额约1800万元。针对武隆区非煤矿山在生态红线范围附近和可视范围内的矿山实施关闭，并按照要求编制闭坑地质环境恢复治理和土地复垦报告，正在按照恢复治理要求有序推进。2017年，区国土房管局根据企业自愿申请已对3个非煤矿山开展闭坑工作。配合市国土房管局完成武隆区报废矿井、钻进的封井回填工作。

（区国土房管局）

质量技术监督

【概况】 区质监局位于凤山街道冯家坡3号，由市质监局垂直管理。单位在编职工16人，下设办公室（行政许可管理科）、质量科、计量科、特种设备安全监察科和执法大队等5个科室。主要负责全区质量技术监督、生产领域产品质量监督、计量监督管理、标准化、认证认可的监督管理工作，承担生产企业产品质量诚信体系建设责任、特种设备安全监督管理及行政许可审批工作和行政执法工作。

2017年，区质监局以“创新提质增效”为主题，坚持质量为本、安全第一、改革当先、主动作为，统筹推进“两学一做”学习教育常态化制度化、质量水平提升、旅游提档升级、品牌培育建设、安全领域监管、扶贫脱贫攻坚和党风廉政建设等重点，为全区经济社会发展提供保障。

【质量监督】 为加强质量强区和品牌质量建设，编制《关于加快实施质量品牌建设促进“绿色崛起、富民兴区”的意见》《重庆市武隆区区长质量管理奖评选办法》《武隆区品牌培育和质量提升奖励扶持办法》《关于发挥标准引领作用促进质量提升的实施方案》4个文件。

按照《重庆市质监系统“双随机一公开”实施细则》，组织开展液化石油气、瓦楞纸箱产品“双随机”，采用摇号方式随机确定抽查对象和抽样人员，并立即开展抽样送检工作。开展名牌产品培育和QC小组活动，积极动员组织隆泰公司和灵峰纸业公司开展重庆名牌产品申报工作。组织喀斯特公司等2家企业开展QC小组活动。积极协调动员武隆喀斯特旅游（集团）有限公司申报第三届“中国质量奖”，并成功入围中国质量奖服务业受理组织名录。积极争取区政府支持，主动向分管领导汇报，组织申报创建“武隆区全国高山蔬菜知名品牌示范区”。开展日常质量监管工作，加强对食品相关产品的监督检查工作，强化质量后处理和持续保持获证条件的监督检查，对存在问题的企业进行跟踪整改。强化标准化工作，协调组织市标准化专家对“仙女山洋瑜生态园观光农业标准化示范区”创建工作进行现场指导，创建工作得到有序推进。积极开展质量月活动和质量进校园活动以及武隆区第一届“我心中的质量”少儿绘画比赛。

【特种设备安全监管】 2017年，区质监局开展特种设备“三大攻坚战”“四大专项整治”和大排查大整治大执法活动，强力督促企业落实安全生产主体责任，严厉打击非法违法安全生产经营行为，狠抓安全隐患排查治理，切实保障特种设备安全运行，坚决杜绝特种设备安全事故的发生。对辖区内15家拥有20台以上特种设备使用单位和重点单位开展使用单位标准化管理达标活动。开展系统数据维护，确保数据可靠。开展特种设备档案清理三查工作，先后共清除“僵尸设备”20台套，更正使用单位信息56家，办理特种设备使用登记70件。开展应急演练，提高应急处置能力。组织21家液化石油气经营企业开展应急知识培训演练。组织全区44家物业管理单位现场学习电梯应急演练。组织开展芙蓉江客运索道应急救援演练。

【认证认可管理】 2017年，区质监局积极开展2017年“提升认证公信力，提升认证贡献率”活动（简称：“双提升”）工作。组织全区33家资质认定获证检验检测机构、自愿性认证获证组织、强制性产品认证获证企业开展专题培训。对全区8家资质认定获证检验检测机构、26家自愿性认证获证组织、1家强制性产品认证获证企业质量管理做到日常巡查覆盖率达100%。认真开展认证“双提升”服务园区、服务企业活动。开展“6·9世界认可日”宣传，指导茶游公司在内的6家企业获得食品农产品认证证书。

【行政执法】 2017年，出动执法人员672人次开展特种设备、电线电缆、玻璃、建筑材料、农资打假及儿童玩具专项执法检查。开展质量监管抽查工作。对全区6家定量包装企业开展定量包装商品计量监督专项检查。在执法的同时，认真开展法治质监建设。坚持“主要领导讲法律知识、中层干部讲执法经验”开展法制教育工作。建立学习制度，组织职工参加各类法制培训。

【计量监管】 2017年，区质监局开展基层医疗计量器具免费检定工作，对全区206家医疗机构在用的376台计量器具开展免费检定，解决“看不准病”的问题。免费对5家集贸市场在用的557台电子计价秤完成周期检定，对57家农家乐及餐馆、6家固定农产品销售摊位、5家超市、3家销售商经营场所在用的143台计量器具开展监督检查。完成加油机的计量专项检查工作，对辖区内25个加油站开展全覆盖检查，共计检查加油机153把，受检率达100%。

（区质监局）

招商引资

【机构】 重庆市武隆区招商中心为重庆市武隆区经济和信息化委员会管理的财政全额拨款正处级事业单位。内设综合科、项目服务科、招商一科、招商二科、招商三科5个职能科室，核定编制23名，在职职工17人。

【概况】 2017年1月至2018年1月正式签约项目14个，签约总额184.01亿元（发改委招商集团引进项目2个，签约额100.21亿元；白马山度假区招商集团项目1个，签约额50亿元；专业招商团引进项目4个，签约额21.1亿元；工业园区招商集团引进项目4个，签约额4.2亿元；农业招商集团引进项目1个，签约额3.5亿元；旅游招商集团项目2个，签约额5亿元）。

各类项目2017年累计到位投资49.04亿元（其中新动工项目17个，到位投资8.56亿元；续建项目42个，到位投资40.48亿元）。其中工业项目14个，到位投资13.62亿元；城建项目27个，到位投资24.42亿元；农业项目4个，到位投资1.01亿元；商贸项目5个，到位投资3.25亿元；文创项目3个，到位投资3.31亿元；旅游项目6个，到位投资3.44亿元。在谈项目83个，预计签约额约343亿元。其中总部经济或结算中心项目4个、工业项目34个、城建项目7个、农业项目5个、商贸项目6个、文创项目5个、旅游项目14个。全年1至4季度实际利用内资40.71亿元，同比增速32.74%。

（区招商中心）

仙女山滑雪场

文化

WENHUA

武隆年鉴

文 化

综 述

【概况】 2017年，全区拥有乡镇（街道）文体中心27个；博物馆（纪念馆）1个，藏品3285件；区级文化馆1个；公共图书馆1个，总藏量160077册（件），其中图书112812册。非物质文化遗产名录110个，其中市级名录14个，区级名录96个。

全年公共电视节目播出时间11680小时，其中自制节目播出时间1640小时，占14%。全区调频、电视转播发射台3座，广播综合覆盖率95.1%，电视综合覆盖率96.0%，无线广播综合覆盖率95.0%。有限广播电视传输干线网络总长达2560公里，较上年增长3.6%。有线广播电视户数71995户，其中数字电视户数61535户。

全年共办理文化体育行政审批44件、检查各类文化经营场所2144家次，立案查处文化违法案件21起，收缴非法出版物2267册，处以罚款8.6万元。

（区文化委）

文化事业

【概况】 重庆市武隆区文化委员会（重庆市武隆区体育局）设5个内设机构，分别为办公室、文化广电科、体育科、法规市场科（行政许可科）、产业科，核定机关行政编制8名，其中主任1名、副主任3名；内设机构领导职数5名。机关后勤服务人员事业编制3名。

2017年，新建农家书屋86个、文化中心户66户。实施农体项目12个、新建乡镇健身广场4个、建成农村登山步道和健身路径25条。投入374万元，完成17个“百县万村”示范点建设；投入88万元，完成44个村级文化活动室文体设施配置；投入17万元，为186个行政村农家书屋续配93000余册图书。完成区政府购买公共文化演出服务暨2017年送演出下乡活动156场次；启动实施乡镇流动文化服务进村工作，投入资金221万元，完成流动文化服务进村1240场，其中送演出850场，送图书、送展览、送辅导培训、送法规政策宣讲共390场，服务总人数40万人次，推动基层文化发展。

全年投入230万元，开展“两馆一站”免费开放绩效评价工作，指导督促文化馆、图书馆、乡镇综合文化站按照开放空间、开放项目和开放时间等规定要求，开展免费开放工作，组织开展培训、图书借阅、电子阅览等活动。区博物馆全年共接待观众22万人次；区图书馆、区文化馆大力推进总分馆制建设。其中，区图书馆完成1个总馆和27个分馆建设，并顺利通过第六次全国公共图书馆评估定级迎检；区文化馆在26个乡镇设立“文化馆分馆”，组织开展音乐、舞蹈、美术、书法等艺术培训26场，培训群众2300余人次。

成功申报第五批市级非物质文化项目代表性传承人7人，新增区级非物质文化遗产代表性传承人130人，整理挖掘10个非遗文化产业项目；投入资金48万元，启动编制4处区级文物保护单位修缮工程设计方案；投入资金177万元，对大石箐石林寺进行抢救性保护修缮；投入资金

51万元，完成武隆区和平中学旧址消防系统工程；加快羊角文物避险搬迁建设进度，积极推进武隆重庆乌江博物馆建设；开展考古发掘，共发掘墓葬28座，发掘面积650平方米；完成《古镇·羊角碛》书籍初稿编写，编撰《武隆区第一次全国可移动文物普查成果》，并进行初步排版。

2017年举办“唱响武隆”原创歌曲演唱大赛决赛、2017年春节团拜会、2017年迎春文艺晚会、2017闹元宵游乐暨猜灯谜活动、武隆区第六届广场舞大赛、百公里越野赛、首届区运会、仙女山冰雪节、文化惠民消费季等大型文体活动10余场；组织开展区政府购买公共文化演出服务暨2017年送演出下乡活动156场次，开展“4·23”世界读书日系列读书活动、暑假读书系列活动等各类读书活动30余场；积极做好农村电影放映惠民工程工作，共放映电影2700场，观看群众40万余人次。

（区文化委）

文学艺术

2017年，文联所辖的9个文艺协会认真贯彻中共十九大精神和习近平总书记在文艺工作座谈会上的重要讲话精神，开展“到人民中去”主题实践活动，配合各区级部门、各乡镇开展形式多样的文化活动，并积极主动参与、承办、协助开展好区上的各类大型文化活动，丰富广大人民群众的文化生活。

是年，文联牵头举办4次大型文艺活动。5月，武隆区大洞河乡人民政府与武隆区文联共同举办“赵云山杜鹃花文学笔会”，邀请重庆知名散文家12人，武隆本土作家5人到大洞河、赵云山、大佛岩采风创作，收获精品文章20余篇，宣传和推介大洞河景区。7月，文联组织区摄影家协会、区书法家协会、区美术家协会，在仙女山文化宫举办“申遗成功和度假区管委会成立”双十庆祝书法美术摄影展，各有200余幅精美作品参展，展示武隆旅游建设和度假区建设成就。9月，由文联主办的全国著名作家笔会在仙女山举行，邀请郑彦英、梅洁、陈世旭、马力、叶兆言、彭见明、王剑冰等16名全国著名作家，到武隆仙女山、天生三桥、犀牛寨、天坑寨子等景区采风创作，并相继收到各位作家的优秀文章20余篇，有的文章都在《人民日报》、中国作家网等著名刊物和网站上发表，对武隆旅游强有力的宣介。12月，由宣传部、文联、文化委联合举办的“庆十九大，共筑中国梦”书画摄影展，作品突出十九大精神这一主题，全面反映全区人民在决胜全面小康社会、夺取新时代中国特色社会主义伟大胜利、实现中华民族伟大复兴的中国梦的征程中取的巨大成就，以及武隆秀美的自然山川风光，多姿多彩的民风民俗等。此次共展出书法82件、美术64件，摄影60件。是年，文联所辖9个文艺协会组织会员开展笔会、展演、培训、竞技等各类文艺活动共86次，以活动为载体，凝聚人心，展现技能，服务群众，效果显著。

（区文联）

文学创作

2017年，广大文艺协会会员学习贯彻中共十九大精神和习近平总书记在文艺工作座谈会上的重要讲话、认真落实群团改革精神，扎实开展“到人民中去”主题实践活动，勤奋创作，取得优异的成绩。其中，作协会员共在域外发表作品106篇首，其中国家级15篇首，省市级91篇首，主要作品为诗歌和散文，特别是诗歌取得历史以来的丰收之年。诗人吴沛发表诗歌散文50篇首，其《梅瓶》等5首作品发《诗刊》《中国同题诗年选》等；郑立发表诗歌47篇首，其《夜静思》一首入选《诗星空》杂志社编选《当代诗词三百首赏析》，《德之于山》获首届“中华大德·源自德山”新日杯全球华语厚德微诗大会优秀奖。其他艺术创作也取得可喜成绩，共有49件作品获得市级以上奖励。较为突出的有刘辉的音乐作品《三月秧鸡》在第五届重庆市社区文化节荣获三等奖；吴春芳的舞蹈作品《云中的草原》在“中国梦、巴渝风”2017年重庆市群众广场舞展演荣获三等奖；张琰的版画作品《鸟鸣山更幽》在第十八届重庆市美术书法摄影联展荣获一等奖；张小伙的摄影作品《喜悦》在第五届重庆市社区文化节荣获二等奖；李昌凤、谢怀寿、魏华利、黄小凤等人的书法作品屡次在市上获奖。

（区文联）

表19　　2017年全区文艺作品获奖情况统计表

序号	获奖人	所在协会	作品名称	举办活动名称	获奖级别	获奖等次	发证机关	获奖时间
1	宾胜	音协	民歌大赛	首届武陵山民歌大赛	市级行业	铜奖	涪陵区文艺联合会	2017.7
2	刘辉	音协	三月秧鸡	第五届重庆市社区文化节	市级	三等奖	重庆市文化委员会	2017.3
3	谢怀寿	书协	教师组书法	课堂内外杯重庆市第二十届师生书法、绘画艺术大赛（毛笔）	市级行业	一等奖	重庆市教委	2017.4
4	李昌凤	书协	教师组书法	课堂内外杯重庆市第二十届师生书法、绘画艺术大赛（毛笔）	市级行业	一等奖	重庆市教委	2017.4
5	李昌凤	书协	教师组书法	课堂内外杯重庆市第二十届师生书法、绘画艺术大赛（硬笔）	市级行业	一等奖	重庆市教委	2017.4
6	魏华利	书协	教师组书法	课堂内外杯重庆市第二十届师生书法、绘画艺术大赛（硬笔）	市级行业	一等奖	重庆市教委	2017.4
7	王运萍	书协	教师组书法	课堂内外杯重庆市第二十届师生书法、绘画艺术大赛（毛笔）	市级行业	一等奖	重庆市教委	2017.4
8	杨 欧	书协	教师组书法	课堂内外杯重庆市第二十届师生书法、绘画艺术大赛（毛笔）	市级行业	二等奖	重庆市教委	2017.4
9	黄小凤	书协	教师组书法	课堂内外杯重庆市第二十届师生书法、绘画艺术大赛（毛笔）	市级行业	一等奖	重庆市教委	2017.4
10	黄小凤	书协	教师展	课堂内外杯重庆市第十九届师生书法、绘画艺术大赛	市级行业	指导一等奖	重庆市教委	2017.4
11	谢怀寿	书协	教师展	课堂内外杯重庆市第十九届师生书法、绘画艺术大赛	市级行业	指导一等奖	重庆市教委	2017.4
12	黄小凤	书协	教师组书法	课堂内外杯重庆市第十九届师生书法、绘画艺术大赛（毛笔）	市级行业	一等奖	重庆市教委	2016.4
13	吴春芳	舞协	《云中的草原》	“中国梦、巴渝风”2017年重庆市群众广场舞展演	市级	三等奖	重庆市文化委	2017.3
14	倪永胜	根石协会	玻璃陨石	第十届中国（重庆）万石博览会	市级行业	金奖	重庆万石博览组委会	2017.12
15	雷 振	根石协会	稀有金属陨石	第十届中国（重庆）万石博览会	市级行业	金奖	重庆万石博览组委会	2017.12

序号	获奖人	所在协会	作品名称	举办活动名称	获奖级别	获奖等次	发证机关	获奖时间
16	李朝素	根石协会	故乡月	第十届中国（重庆）万石博览会	市级行业	银奖	重庆万石博览组委会	2017.12
17	倪永胜	根石协会	玻璃陨石母石	第十届中国（重庆）万石博览会	市级行业	银奖	重庆万石博览组委会	2017.12
18	周世明	根石协会	种瓜得瓜	第十届中国（重庆）万石博览会	市级行业	银奖	重庆万石博览组委会	2017.12
19	蒋国森	根石协会	幽思	第十届中国（重庆）万石博览会	市级行业	铜奖	重庆万石博览组委会	2017.12
20	肖　明	根石协会	远古之美	第十届中国（重庆）万石博览会	市级行业	铜奖	重庆万石博览组委会	2017.12
21	吴登学	根石协会	螺丝	第十届中国（重庆）万石博览会	市级行业	铜奖	重庆万石博览组委会	2017.12
22	黄正体	根石协会	羊头	第十届中国（重庆）万石博览会	市级行业	铜奖	重庆万石博览组委会	2017.12
23	杨雷	演讲协会	用蜡染装点青春	重庆好老师演讲比赛	市级行业	二等奖	重庆市教委	2013.7
24	易中华	演讲协会	下黔江	寻找最美朗读者重庆市首届诵读大赛	市级	二等奖	重庆市全面阅读活动办公室	2017.11
25	胡兵	演讲协会	送沈太守之云南	寻找最美朗读者重庆市首届诵读大赛	市级	二等奖	重庆市全面阅读活动办公室	2017.11
26	胡兵	演讲协会	主持人大赛	“都市风采”京津沪渝直辖市主持人大赛	市级	银奖	京津沪渝四直辖市群众艺术馆	2017.6
27	张琰	美协	鸟鸣山更幽	第十八届重庆市美术书法摄影联展	市级	一等奖	重庆市文化委	2017.10
28	李斌	美协	家音	第十八届重庆市美术书法摄影联展	市级	三等奖	重庆市文化委	2017.11
29	董存友	作协	榨菜，袅在舌尖上的乡愁	涪陵榨菜记忆 . 征文大赛	市级	二等奖	涪陵区作家协会	2017.1
30	董存友	作协	忠义：耸立在西充的人文坐标	西充——中国西部现代农业公园”旅游征文大赛	市级	优秀奖	四川省旅游局、重庆晚报	2017.4
31	郑立	作协	散文	第二届“中华情”散文联赛	国家级	金奖	中华散文网	2016.1
32	郑立	作协	诗歌	见诗如面竞赛活动	市级	优秀奖	蓝草诗歌编辑部	2017.3
33	郑立	作协	《老井》	首届“书源杯”	市级	优秀奖	江西书源科技公司	2017.4
34	郑立	作协	诗歌	2017 全球华语爱情诗	市级	优秀奖	金堂县旅游局	2017.5
35	郑立	作协	在艾蒿与菖蒲之间	中国魂端午诗赛	国家级	优秀奖	中国魂杂志社	2017.5
36	郑立	作协	水墨西湖	中国五台山世界和平祝福大法会采风	国家级	荣誉证书	中国新闻摄影协会	2017.7
37	郑立	作协	诗歌	中国诗歌 2017 实力选本网络卷	国家级	荣誉证书	中国好诗杂志社	2017.11
38	郑立	作协	德之于山	首届“新日杯”德山华语微诗大赛	国家级	优秀奖	中国诗歌网	2017.11
39	郑立	作协	诗歌	第三届“中国诗河鹤壁”诗歌大赛	市级	提名奖	鹤壁日报社	2017.9
40	张小伙	摄协	喜悦	第五届重庆市社区文化节	市级	二等奖	重庆市文化委	2017.3

序号	获奖人	所在协会	作品名称	举办活动名称	获奖级别	获奖等次	发证机关	获奖时间
41	毛盛明	摄协	社区幼儿园	第五届重庆市社区文化节	市级	优秀奖	重庆市文化委	2017.3
42	王德强	摄协	社区婚礼	第五届重庆市社区文化节	市级	优秀奖	重庆市文化委	2017.3
43	张放	摄协	社区美食节	第五届重庆市社区文化节	市级	优秀奖	重庆市文化委	2017.3
44	张小伙	摄协	土家山寨摆手舞	第十八届重庆市美术书法摄影联展	市级	二等奖	重庆市文化委	2017.10
45	唐春光	摄协	幽静的山谷	第十八届重庆市美术书法摄影联展	市级	入选	重庆市文化委	2017.10
46	毛盛明	摄协	美丽的旋律	第十八届重庆市美术书法摄影联展	市级	入选	重庆市文化委	2017.10
47	王德强	摄协	金秋	第十八届重庆市美术书法摄影联展	市级	入选	重庆市文化委	2017.10
48	刘东	摄协	山乡霞光	第十八届重庆市美术书法摄影联展	市级	入选	重庆市文化委	2017.10
49	张放	摄协	苕粉飘香	第十八届重庆市美术书法摄影联展	市级	入选	重庆市文化委	2017.10

说明：本年度市级以上获奖文艺作品共 49 件，其中作协 11 件、音协 2 件、书协 10 件、美协 2 件、舞协 1 件、演协 4 件、摄协 10 件、根石协 9 件，共有等级奖 32 件。作协会员共在域外发表作品 106 篇首，其中国家级 15 篇首，省市级 91 篇首

文化市场

【概况】 2017 年 10 月 30 日，经区编委研究同意，单位机构名称由原重庆市武隆区文化市场行政执法大队变更为重庆市武隆区文化市场行政执法支队（以下简称支队），内设办公室、文体执法科、广电新闻执法科。有工作人员 12 人，其中在编 6 人，协勤 6 人。2017 年，支队按照上级有关要求，以年初全市宣传文化工作会议精神为工作重点，在文化市场管理和“扫黄打非”等战线上，依法办案，严格执法，积极开展各类专项整治行动，取得积极成果。全年出动执法检查人员 2093 人次，检查各类文化经营场所 901 家次（其中网吧 390 家次，歌舞娱乐场所 136 家次，书报刊市场 199 家次，印刷、复制市场 159 家次，以及演出、音像制品、文物市场和电影放映等场所 17 家次）。先后办理各类案件 21 件，收缴非法出版物 2267 册，处罚款 8.6 万元。

【文化市场管理】 2017 年，区文化市场行政执法支队开展“扫黄打非”进基层活动，出台《武隆区“扫黄打非”工作进基层的实施方案》，全区 27 个乡镇（街道）成立“扫黄打非”进基层工作站，确定联络员，初步构建武隆区“扫黄打非”进基层的工作网格。支队利用春秋开学之际，加大对校园周边文化环境的日常巡查力度，收缴非法出版物 2267 余册（其中 3 月收缴河南籍男子在白马擅自经营出版物 607 册）。加强广电管理，开展安全播出治理，严厉打击盗窃破坏广播电视设施等违法行为。严格管控广告播出，督促指导媒体单位履行广告发布审查职能，建立健全广告业务的承接登记、审核、档案管理等制度，对电视购物类节目进行清理整顿。加强网吧日常巡查，召开网吧义务监督员会议 2 次，召开网吧业主会议 4 次。加强娱乐场所日常监管，重点对高、中考重要节点的经营情况进行检查。加强“印象·武隆”、天坑寨子、仙女恋歌等营业性演出场所常规性检查，对仙女山国际露营音

乐节和仙女山夏季啤酒节的演出现场全程监管。加强文物保护单位的日常巡查，并完善文物保护单位一户一档的建立。开展体育市场日常监管，确保体育经营场所规范有序。

【文化市场专项行动】 开展“扫黄打非”专项行动，组织开展“净网”“清源”“秋风”“护苗”“固边”五大行动。针对学校放学期间、节假日、寒暑假期等非工作时间，开展网吧专项整治行动。开展内部资料性出版物专题整治行动，开展农村市场演出专项行动，开展打击侵权盗版专项行动，开展2017年度秋季校园及周边治安综合整治专项行动，开展2017年度开展创建“无小耳朵”小区工作专项行动，开展打击网络侵权盗版“剑网2017”专项行动，开展打击网络谣言和网上淫秽色情信息、查处违法违规网站等专项行动。

【文化市场安全监管】 落实文化行业经营业主安全生产主体责任，签订2017年《安全生产责任书》达180余份；加强安全宣传教育，指导各文化市场行业协会和业主加强行业自律，开展安全生产教育培训6次，组织开展消防演练2次。指导各文化经营单位完善各项安全生产管理制度，加强平时的安全巡查检查，对发现的安全隐患责令整改，重大安全隐患函告相关部门；强化文化场所日常监管，在元旦、春节、清明、五一、端午、国庆和中秋等节假期间，对全区的网吧、歌舞娱乐场所、影院、体育市场开展安全大检查。

（区文化委）

群众文化

【概况】 重庆市武隆区文化馆，国家一级文化馆，成立于1950年9月，当时命名为武隆县人民文化馆，馆址设在县府宿舍内。1951年，人民文化馆修建综合楼一幢，内设办公室、少儿阅览室、小会堂等。1952年，武隆县人民文化馆更名为武隆县文化馆。2016年12月，更名为重庆市武隆区文化馆。

区文化馆坐落于区世纪广场内，馆舍建筑面积5777平方米，由位于芙蓉西路52号的宣传文化中心、建设西路29号的文化馆分馆以及建设中路111号的区影剧院三部分组成。其中免费开放的文化活动厅室12个，面积达到4040平方米，常年免费开设播音主持、民族民间舞及广场舞、拉丁舞、书法、初级声乐、国学、少儿合唱、少儿美术、木叶吹奏、民族器乐、摄影、瑜伽等艺术培训班。

馆内机构设置为两个部门，即专业辅导部和综合业务部，专业辅导部下设美术、书法、音乐、舞蹈、摄影、戏剧、文学创作辅导等室，非遗保护办公室，免费开放，老年大学等；综合业务部下设党支部、影剧院、办公室、财务室、档案室、服装道具保管室等。馆内现有职工17人，其中正式职工12人，聘用职工5人另有文化志愿者3人。

2017年来，文化馆组织各类大中型群众文化活动共20余场次，特别注重品牌特色文化的建设，打造诸如迎春文艺晚会、闹元宵游乐暨猜灯谜活动、送文化进基层、广场舞大赛、“唱响武隆”系列活动等一批特色群众文化活动品牌，各项活动突出亮点，反映时代，在广大人民群众中产生积极的影响。

【群众文化活动】 2017年，区文化馆围绕丰富全区城乡文化生活这一主题，面向基层，面向农村，开展一系列群众喜闻乐见的大中型文化活动20余场次。主要有迎春文艺晚会、春节团拜会、闹元宵游乐暨猜灯谜活动、民族团结进步周宣传活动，非物质文化遗产（重庆·回兴）展演活动，第六届社区广场舞大赛，“文蔚庙垭·梦里老家”古典诗词文赋朗诵大赛，2017扶贫募捐文艺晚会，第八届文化遗产宣传月活动，文化馆第二届少儿模特大赛，中国武隆二胡大师班夏令营师生音乐会，免费开放艺术培训班汇报演出，“携手追梦天使，共度中秋佳节”关爱残疾儿童活动，与区武警中队共庆建军90周年联谊活动，文化馆艺术培训班汇报演出，仙女山女国家级旅游度假区首届群众文艺会演、首届区运会广场健身操（舞）比赛、纪念中国老年节五周年暨武隆区老体协成立三十周年文艺晚会、首届舞蹈专场演出等。免费开放率达100%，参与人数达10余万人次。通过各种形式开展送文化进基层活动以及配合重庆杂技团、重庆川剧院、重庆民族歌舞团等开展“渝州大舞台城乡文化互动工程送演出进基层活动”30余场次。2017年政府购买公共文化服务活动送到乡镇104余场次，由乡镇送到村社800余场次。

【免费开放】 2017年，区文化馆将影剧院、惠风国学堂、非遗展厅、播音主持室、计算机与网络教室（图书室）、舞蹈排练厅、音乐室、钢琴室、文化活动室、美术室、摄影棚、多功能厅等活动用房对外免费开放，同时对各厅室、楼道的文化元素进行合理植入，营造浓厚的文化氛围；馆内常设免费开放项目包括播音主持班、民族民间舞及广场舞班、拉丁舞班、书法班、初级声乐班、国学班、少儿合唱班、少儿美术班、木叶吹奏班、民族器乐班、摄影班、瑜伽班等12个项目，另外开设有艺术大讲堂、艺术视频分享试听课堂等。文化馆还建立有红叶民乐团、民族歌舞艺术团、武陵合唱团、灵动舞蹈团、莲萧腰鼓队、梦幻演义艺术团、煞破狼艺术团、豪情文艺演出团、传媒宏声演义艺术团以及县城所辖8个广场健身队共17个业余文艺团队，长期活跃在城乡开展群众文化工作，并采取多种形式进乡镇、社区和学校，开展学生课外活动实践。邀请重庆市群众艺术馆活动部副主任邹春常开展免费摄影知识讲座，全国著名二胡演奏家邓建栋、陈春园、马向华在仙女山镇举办2017中国武隆“二胡大师班”专题讲座、武隆区书法家协会副主席郭晓强开展《书法基础知识讲座》，以及馆内文艺专干黄森、宾胜、吴春芳、胡兵等开展的相关专业方面的多项讲座。文化馆专业人员常年对全区各乡镇和社区实行划片联系制度，专业人员分别到各乡镇开展音乐、舞蹈、二胡、摄影、美术、书法等艺术辅导培训。乡村文化活动丰富多彩，如庙垭乡乡村旅游文化节、仙女山啤酒节、石桥乡乡村旅游季、火炉镇刨猪文化节等，让广大基层老百姓同样享受到公共文化服务。

【宣传活动】 2017年1月6日，“印象·武隆”是重庆市的“非物质文化遗产传承基地”，作为“最具观赏价值旅游文化重点项目”的“印象武隆”川江号子，受邀参加2017年重庆市春节联欢晚会的节目录制。2017年1月，由中共重庆市委宣传部、重庆市文化委员会、重庆市文学艺术节联合会、重庆市美术家协会共同主办的第六届重庆市美术作品展评选结束。区文化馆精心组织十一幅作品参加此次评选。区文化馆参赛作品有张琰版画《春日暇游》，张其昱版画《乡情之一》、曾衍涛中国画《溪山行舟图》、黄智伟油画《街角空瓶》入选。其中张琰作品《春日暇游》获版画类三等奖。3月14日至15日，“花漾春天.相约潼南”第五届重庆市社区文化节暨“中国梦.巴渝风”2017重庆市群众广场舞展演活动在潼南区奋进广场举行。武隆区文化馆组织参加广场舞展演、社区歌咏会和社区生活摄影展三项活动，并最终荣获12项大奖的好成绩。6月4日下午，由天津市文化广播影视局、北京市文化局、上海市文化广播影视管理局、重庆市文化委员会主办，津沪渝三直辖市群众艺术馆、北京文化艺术中心承办的2017“都市风采”京津沪渝主持人大赛在天津举行，由全国四直辖市组织选拔的40名优秀选手在天津光华剧院同台竞技，武隆区文化馆音乐干部胡兵以优异的表现夺得本次大赛银奖。“喜庆十九大·共筑中国梦”第十八届重庆市美术书法摄影联展在铜梁区举行。区文化馆组织27件作品参加，共有17件作品入围，其中张琰版画《鸟鸣山更幽》获一等奖，李斌油画《家音》获三等奖，张小伙摄影《土家山寨摆手舞》获二等奖，李斌《家音》，肖怡颐国画《秋山寒泉图》获网络人气奖。

12月28日晚，“舞动新时代、逐梦青春行”2017年武隆区首届舞蹈专场演出活动在区影剧院举行。活动由中共重庆市武隆区委宣传部主办，区文联、区教委、区文化委联合承办，区文化馆、区舞蹈家协会具体执行。

（区文化馆）

非物质文化遗产

【概况】 2017年，全区非物质文化遗产名录110个，其中市级名录14个，区级名录96个。

【非遗工作】 2017年，区非遗中心加大非物质文化遗产的保护力度，切实保护、传承好民族民间文化。全区成功申报区级非物质文化遗产代表性传承人130人，成功申报第五批市级非物质文化项目代表性传承人7人。继续实施后坪苗族土家族文化生态保护区项目和非遗档案建设项目。规划设计文化馆非遗展厅，目前规划设计已经结束，正报上级审批中。组织武隆区非遗产品参加市上的各类展演（渝洽会、文博会、市文化委非遗相关活动）以及区内非遗活动。深入乡镇调研（浩口蜡染、石桥石雕、羊角豆腐干、青吉棕编等）非遗文化产业发展及文化生态保护区保护工作。积极开展国家级“武陵山（渝东南）苗族土家族文化生态保护试验区”建设工作，对市上规划提出合理化的建议，修订武隆区规划方案等。后坪、浩口、石桥、青吉等4所小学被命名为市级非遗传承教育基地，武隆区蜜园蜂蜜专业合作社、重庆市蓝群食品有限公司、武隆羊角豆制品有限公司等3企业被命名为重庆市第三批非遗生产性保护示范基地。开展历时2个月的第二次全区非遗普查工作，搜集非遗线索200余条，新增非遗项目150余项。

2017年2月，重庆市2017年春节期间非物质文化遗产展演（武隆专场）在渝北区进行　（陈红　摄）

表20　　2017年武隆区第五批市级非物质文化遗产传承人情况

序号	姓名	性别	民族	出生年月	项目类别	项目名称
1	张文渊	男	汉	1932.1	传统音乐	平桥薅秧号子
2	张麒麟	男	汉	1972.4	传统音乐	石桥木叶吹奏
3	张奎林	男	汉	1963.11	传统技艺	羊角豆腐干传统制作技艺
4	彭绪兵	男	汉	1973.1	传统技艺	羊角老醋传统制作技艺
5	蒋斗琼	女	汉	1969.11	传统技艺	火炉药膳羊肉传统制作技艺
6	张　梅	女	汉	1974.12	传统技艺	白马天然蜂蜜传统酿制技艺
7	刘明忠	男	汉	1932.4	民　俗	风来大石箐香会

【7人入选市级“非遗”项目传承人名单】2017年9月，平桥薅秧号子传承人张文渊、石桥木叶吹奏传承人张麒麟、羊角豆腐干传统制作技艺传承人张奎林、羊角老醋传统制作技艺传承人彭绪兵、火炉药膳羊肉传统制作技艺传承人蒋斗琼、白马天然蜂蜜传统酿制技艺传承人张梅、凤来大石箐香会传承人刘明忠入选第五批市级非物质文化遗产项目代表性传承人名单。

【宣传活动】2017年3月30日，第二届重庆市民间文化之星选拔决赛在丰都举行，文化馆组织选送的民间音乐作品《三月秧鸡》和民间民族乐器作品木叶吹奏《苗岭的早晨》均入围优秀作品奖。经武隆区非遗中心申报、专家评审委员会评审、社会公示和复核，武隆区张麒麟等7人为第五批市级非物质文化遗产项目代表性传承人。6月22日，第20届中国重庆国际投资暨全球采购会在重庆国际博览中心举行。武隆区非遗保护中心组织武隆区部分非遗项目石桥石雕、浩口蜡染、青吉粽编、羊角豆腐干、江口野生鱼干以及其他具有武隆地方特色的文化产品亮相渝洽会。第六届重庆文化产业博览会于9月14日至17日在重庆国际博览中心北展馆举办，非遗特色食品："羊角豆腐干""江口野生鱼干""鸭江老咸菜""羊角老醋""犀牛洞洞藏酒""白马天然蜂蜜"。工艺品类："石桥石雕""浩口蜡染""青吉粽编""浩口竹艺制品"等亮相展馆。

（区文化馆）

文物管理

【概况】重庆市武隆区文物管理所于1990年5月经武隆县人民政府批准成立，1999年5月增挂武隆博物馆牌子。为全额拨款事业单位，隶属重庆市武隆区文化委员会。现有编制9人，实有8人，其中管理人员2人，文博专业技术人员6人。以保护和传承全区物质文化遗产为宗旨；贯彻落实国家关于文物保护法律、法规；研究制定辖区内文物保护发展规划；申报各级文物保护单位，建立合理有序的文物保护体系；规范和保护民间文物。武隆博物馆从2009年1月1日起面向全社会实行免费开放。

【文物安全】文物安全基础工作不断夯实，文物分级监管制度全面铺开。重点文物重点管理，全面升级文物看护制度。部分乡镇落实重点文物保护单位看护人看护经费，将义务看护人变成责任看护人，增强看护人员的责任意识。提高博物馆消防管理能力，建立消防户籍化管理系统。建成武隆区博物馆微型消防站。落实保安消防人员6名，配备、更新一批消防器材和消防辅助设备，制定相关制度，完善相关预案，做好相应流程，组织相应培训，消防工作“四个能力”建设得到有效提高。古建筑协同管理，实施古建筑挂牌保护工作。加大对传统古建筑的保护力度，根据古建筑特色，制作保护标识牌6块，明确未定级古建筑所在地看护人员责任，做到依法挂牌进行有效保护的目的。

文物安全制度逐步建立健全，“三查一会”制度全面推行。完善“区、乡、村、社”四级文物安全保护网络，开展安全常规巡查工作。做到市、区级文保单位每季度专项巡查一次，填写巡查记录表160余份。同时各乡镇加强安全巡逻和管理。开展夏秋两季专项文物安全检查。制定安全工作预案，加大暴雨、洪涝、滑坡、泥石流等自然灾害频发期间的文物安全检查与督查工作。文物保护单位古建筑消防安全检查。重点对全区45处文物保护单位中的古建筑和区博物馆进行消防安全检查，发现并整改各类安全隐患7处，投入资金30万元。建立文物安全例会制度。年初召开全区文物安全工作会，安排部署全年全区文物安全工作，签订市、区两级文物保护单位《安全目标责任书》90份；半年召开全区文物安全形势分析会，详细分析、认真应对可能出现的各种问题和安全隐患；每年组织开展一次全区文物保护单位管理人员和博物馆人员应急培训演练，学习操作规程，分析问题、处置隐患，严格执行各项管理制度，提高消防安全应急和处置能力。

【文物项目】 配合做好羊角险区文物搬迁保护工作。完成文物调查、勘探、初步发掘、实地测量测绘、文物影响评估工作方案、专家咨询及项目评审、专家评审、文物点公布、制定文物拆除方案及施工图、编制文物保护规划选址及概念性方案等工作，现正在开展立项工作。

启动市、区级文物保护单位保护修缮工程。区财政落实资金60万元，委托重庆市文化遗产研究院对刘秋佩故居、灵官庙、二路红军司令部政治部旧址、谭家庙4处区级文物保护单位编制修缮保护方案。投入资金175万元，实施大石箐石林寺保护修缮方案编制工作。投入15万元对市级文物保护单位和平中学旧址进行陈列布展设计。

完成市、区级文物保护单位消防工程。投入资金75万元实施和平中学旧址消防工程，安装消防火灾自动报警系统、消防广播系统、疏散指示标志和消防应急照明系统、消火栓系统，投入22万元对区级文物保护单位二路红军司令部政治部旧址等5处文物古建筑实施电器线路穿管保护工程。

实施馆藏文物修复项目。投入维修经费50余万元，委托重庆中国三峡博物馆对馆藏东汉兽首双耳青铜洗、战国青铜钺、明代鼻钮青铜镜等32件馆藏文物进行修复，确保馆藏文物安全。

【博物馆免费开放】 提升服务满意度。加强讲解人员培训和考核力度，对原解说词进行修改，更新展厅标识牌4个。博物馆全年进馆观众达到22万人，青少年约8万人，约占总人数的36%。

搭建宣传平台。博物馆新建公开网站和微信公众号，2017年微信公众号累计推动文博知识98条，博物馆官网累计发布信息经30条。

开展馆校共建。结合文物保护知识进校园活动，与实验第二小学、实验中学和白马中学建立了共建关系，利用“5·18”国际博物馆日和文化遗产宣传月，组织送展览和文物知识进课堂等活动。

开展送展下乡。先后在白马镇、江口镇、长坝镇等20个乡镇及区人民广场开展文物图片展览活动。共展出文物图片800张，悬挂宣传标语10幅，发放宣传单2.5万余份，接待观众4万余人。

区文管所在人民广场进行文化遗产月宣传活动（李智涛　摄）

【考古发掘】 长孙无忌墓试掘。配合市文化遗产研究院在江口长孙无忌墓周边进行试掘，未发现长孙无忌墓和附属建筑的原建基址。

沙河水库工程征地区墓葬发掘。配合市文化遗产研究院对区人畜饮水项目沙河水库工程征地区的明代板桥石室墓、明代大园子生基凼石室墓群、明代坟堡石室墓群进行考古发掘。发掘墓葬28座，发掘面积650平方米，出土有四系瓮、明代瓷片等文物。

沙河水库发掘现场　（周霖　摄）

【书籍出版】 完成《古镇·羊角碛》书籍初稿编写工作。《古镇·羊角碛》初稿全文共有 6 万余字、120 余张文物建筑图纸和 300 余张图像资料。编撰《武隆区第一次全国可移动文物普查成果》一书，已收集整理完毕，精选文物图片 220 余张并进行初步排版。

文艺表演

【“拥抱新时代　践行新思想　实现新作为　武隆区学习贯彻党的十九大精神”“六进”文艺宣传】 2017 年 12 月，区歌舞剧团深入机关、校园、企业、农村、军营、社区开展“拥抱新时代 践行新思想 实现新作为 武隆区学习贯彻党的十九大精神”“六进”文艺宣传 26 场次。

图为活动现场　（陈红　摄）

【2017 年送文化下乡活动】 2017 年 1 月至 12 月，由区委、区政府主办，区委宣传部、区文化委、区财政局承办，区文化馆、区歌舞剧团具体执行实施的 2017 年送文化下乡活动，全年在全区 26 个乡镇共送演出 156 场次。

图为活动现场　（陈红　摄）

报刊图书

《武隆日报》

【概况】 经区编委会 2017 年第 1 次全体会议研究同意，武隆报社确定为正处级事业单位，编制 20 名，领导职数为：社长 1 名（兼），总编辑 1 名，副总编辑 3 名；主要负责《武隆日报》、《武隆日报》数字报、《武隆手机报》、《武隆印象》APP、《武隆日报》微信公众号的采编出版赠阅和运行维护；负责对外新闻宣传，指导培训各乡镇、部门通讯员，发展传媒产业等。

是年，武隆报社安全出版《武隆日报》249 期、《武隆日报》数字报 249 期、武隆手机报 249 期、武隆印象 APP365 期、武隆日报微信公众号 249 期，分别刊发各类新闻稿件 7600 余条（幅），有效覆盖读者、用户 20 多万人。

【媒体融合发展】 2017 年,武隆报社拓宽宣传渠道，开通“现场云”直播平台，在区内的各项重大活动中发挥宣传推广作用,在“武隆区首届运动会广场健身操大赛”的直播中,通过图文以及视频直播方式,吸引大量关注者,浏览量达 30 万人次。近年来，武隆报社先后推出《武隆日报》数字报，办起“武隆手机报”“武隆印象”APP，开通“武隆日报微信公众号”，初步形成多位一体的融合发展格局，有效覆盖读者、用户 20 多万人。

【加强主题宣传】 2017 年,武隆报社围绕重大宣传主题，紧跟时势，积极谋划、主动作为，及时推出系列重大主题报道:抓好喜迎党的十九大胜利召开的新闻宣传，开设“把总书记的重要讲话精神落实在重庆大地上——武隆篇”“实干树形象、实绩惠民生——‘两学一做’特别关注”“砥砺奋进的五年”等专栏;全方位、多角度报道区党代会、区“两会”；聚焦“脱贫攻坚”、“羊角避险搬迁”和“两学一做”常态化制度化、重大项目建设、民生实事等经济社会发展和党的建设的方方面面，组织一系列有高度、有深度、有影响的报道。截至 12 月 15 日,全媒体各平台刊发各类稿件（图片图表）20000 余条（幅）。

【推进策划报道】 2017 年，武隆报社先后推出连续报道，如学习贯彻全国两会精神，学习贯彻市、区党代会精神，市区两会精神等；推出深度报道，如“把总书记的重要讲话精神落实在重庆大地上——武隆篇”“实干树形象、实绩惠民生——‘两学一做’特别关注”“砥砺奋进的五年”“扎实推进重大项目建设”等；推出特别报道，如“抓教育就是抓未来”“我的扶贫故事”“雷锋在身边”“特色亮点经济”“春耕春播进行时”等；推出专题报道，如“关注 2017 高考”“就业招聘会”“音乐节”及健康、法治、种养殖专刊等；推出大型任务巡访“出彩武隆人”系列报道；推出监督报道，如“记者调查”“茶余饭后话文明”“不文明曝光台”等。基本上是一周 1 个小策划，一月 1 个大策划。

【强化对外宣传】 截至 2017 年 11 月,报社各采编人员，在市级以上主流媒体刊发消息、通讯、图片、深度报道等各类宣传武隆稿件 2238 条。其中,《重庆日报》165 篇，华龙网 2031 条,《当代党员》14 篇,《农民日报》1 篇，中国文明网 12 条,《重庆晨报》2 篇，今日头条头条号 13 篇。

【“出彩武隆人”系列报道】 2017 年 9 月,由区委、区政府主办的“出彩武隆人”采访报道活动启动。采访报道将由武隆电视台、武隆报社抽调精干采编力量，组成若干采访组赴全国各地采访。

是年，寻访报道的出彩武隆人共 12 人，分别为国际著名蚕学专家向仲怀、白马山战役老战士李志顺、武隆本土音乐人罗继联等。

“出彩武隆人”征集寻访对象历时近一年，在全国各地寻找武隆籍（或祖籍武隆、在武隆工作过）的成功人士和平民英雄近 100 名,涵盖经济、科技、文化、教育、艺术等领域，分专家学者、创业先锋、民间绝技、书山学海、美德懿范、文艺名家、其他类别等七个类别。

（武隆报社）

《芙蓉江》杂志

【概况】 《芙蓉江》杂志是重庆市武隆区文学艺术界联合会主办,是区委宣传部主管的一本纯文学刊物,为文学双月刊。办刊宗旨是“贯彻落实习总书记在文艺座谈会上的讲话精神，弘扬社会主义价值观、传播正能量”，培养文学艺术新人，深入挖掘旅游文化，展示地域特色文化，推动武隆文化健康发展。《芙蓉江》于 2009 年 9 月创刊，现已出刊 47 期，2017 年出刊 6 期，期号为 42—47。

2017 年，杂志社全面贯彻习总书记文艺精神，扎根基层，服务群众，专做一期特刊，纪念武隆申遗 10 周年和仙女山度假区创建 10 周年。《芙蓉江》杂志栏目分为 8 个常规版，分别是名篇赏析、名家有约、重庆作家看武隆、武隆头题、本土文学、域外文坛、文学理论、艺术鉴赏。2017 年共刊登 200 余篇文学作品，以散文、诗歌为主，有 70% 的篇幅反映武隆地域的自然风光、人文历史和民俗同情。培养和发现文学新人 10 人左右。

（区文联）

图书馆

【概况】 区图书馆隶属区文化委下属单位，根据武隆县编委发〔2011〕29 号文件规定，核定图书馆事业编制 9 名，其中领导职数 2 名；现实有在编人员 8 名，其中领导 1 名。

2017 年，区图书馆免费开放工作有序开展，并做好新书的编目、上架工作，热心服务读者，提升图书馆在群众心中的认可度和美誉度。全年共新办理读者借阅卡 1200 余张，接待读者 60000 余人。

【总分馆制建设】 2017 年，区图书馆推进分馆建设，现已建成 1 个总馆和 27 个分馆，其中 24 个分馆已实现统一业务系统、统一管理、统一标识、统一采购、统一编目、统一制度及通借通还。11 月，区图书馆对分馆工作人员进行系统的培训并为各分馆配送相关图书、设施、设备，为分馆工作有序开展提供保障。

区图书馆推进总分馆制建设　（杜艳　摄）

区图书馆开展《中华人民共和国公共文化服务保障法》普法宣传活动　（杜艳　摄）

【第六次全国公共图书馆评估定级工作】 7 月，区图书馆全面完成评估定级指标网上填报；8 月，区图书馆通过国家评估定级工作小组的实地考评。

【图书活动】 根据年初的读书活动安排，每个月区图书馆都将开展各种形式的读书活动，全年共开展各类读书活动 30 余次，开展“4·23”世界读书日系列读书活动、“用行动点燃爱心 关爱留守儿童”爱心服务活动、“童心喜阅”—残健共读—武隆区图书馆走进区特殊教育学校活动、暑假读书系列活动等活动；2017 年重点开展第二届知网杯“我爱重庆”少儿数字阅读知识竞赛，武隆两名参赛选手进入决赛，获得“智慧星”称号；区图书馆获得优秀组织奖；第二届动漫公仔创意涂鸦大赛获得广大少年儿童喜爱，百余儿童争相报名参加；区图书馆首次参加红岩少年故事大赛，选手安子然同学荣获一等奖好成绩。通过开展各类读书活动，受惠读者2万余人。

【辅导培训】 对区图书馆总馆乡镇分馆管理人员进行图书的分类、贴标、录入、上架的辅导培训。利用“3·8”妇女节邀请区妇幼保健院院长曹元秀为近百名女性读者朋友作健康知识讲座。利用暑期开展纪念建军90周年系列活动、公益视频讲座及计算机公益培训。邀请北京大学心理学硕士云祥开展《日常心理减压与心理调适》公益讲座。邀请中国名医、按摩正骨疗法创立者曾传宜教授走进白马镇敬老院开展《健康及健康的自我管理》主题讲座。

【宣传报道】 全年共撰写简报信息47篇，国家级媒体用稿13篇，其中图书馆报用稿1篇，中国图书馆学会网站用稿12篇；市级媒体用稿35篇，其中华龙网用稿5篇，重庆机关党建网用稿10篇，重庆图书馆门户网站用稿20篇，县内媒体用稿23篇。

（区图书馆）

区图书馆开展“用行动点燃爱心 关爱留守儿童”爱心服务活动 （杜艳 摄）

区图书馆举办“演绎经典 激扬人生”少年儿童语言综艺会演 （杜艳 摄）

体 育

【概况】 全区有体育馆1个，体育场1个，标准游泳池1个，标准篮球场310个，网球场23个，中小学校塑胶运动场200片。标准羽毛球场65个、乒乓球场209个。全区教练员人数29人，三级运动员人数45人，各类项目体育后备人才506人。全年开展群众活动128次，参加人数达到13.5万人。

【2017武隆百公里越野赛】 5月6日至7日，2017 Garmin · Xtrail武隆百公里越野赛在仙女山镇举行，来自全国以及尼泊尔、泰国、南非、日本、加拿大、美国、英国等国家的近600名

运动员参加。所有选手都由起点仙女山广场出发，穿越喀斯特地质公园、天生三桥、龙水峡地缝和仙女山景区。赛事分为100公里、50公里、25公里三个组别，最长线路历时26小时。运动员祁敏以9小时39分18秒，夺得100公里男子组冠军，郑丽萍用时12小时40分29秒，夺得100公里女子组冠军；泰国选手JANTARABOON KIANGCHAIPAIPHANA以4小时37分32秒的成绩获50公里赛事男子组冠军，姚妙用时4小时55分54秒，成为女子组冠军；25公里男、女子组冠军分别是黄道勇(2小时4分10秒完赛)和张辉骤(2小时48分7秒完赛)。

【2017武隆区首届运动会】 12月1日至6日举行。运动会共设有篮球、网球、乒乓球、羽毛球、台球、钓鱼、象棋、田径、游泳、山地越野、跳绳、拔河等12个大项，参赛代表队93支，运动员5000余人。区级机关组中区教委、区喀斯特旅游（集团）公司、区交委获得团体第一、二、三名；乡镇组中巷口镇、火炉镇、江口镇获得团体第一、二、三名。

（区文化委）

武隆区首届区运会开幕式　（代君君　摄）

武隆区首届区运会跳远项目　（徐强　摄）

表21　2017年武隆区首届运动会比赛情况表

序号	时间	类别	参赛队伍（支）	参赛人数	比赛地点	比赛结果（第一名）
1	12月2日	山地越野跑	72	284	桃花山公园	区级机关组：喀斯特旅游（集团）公司队 乡镇组：江口镇队
2	12月3日	钓鱼	80	162	火炉镇车坝村	区级机关组：区公安局队 乡镇组：巷口镇队
3	12月3日	田径	52	502	武隆中学（新校区）	区级机关组：区教委队 乡镇组：巷口镇
4	12月4日	跳绳	70	758	桃花山篮球场	区级机关组：区水务集团队 乡镇组：巷口镇队
5	12月4日	篮球	82	815	体育馆	区级机关组：区国土房管局男子队；喀斯特旅游（集团）公司女子队 乡镇组：巷口镇男子队；文复乡女子队
6	12月5日	拔河	69	1037	世纪广场	区级机关组：区教委队 乡镇组：和顺镇队
7	12月3日至6日	象棋	69	197	区歌舞团	区级机关组：区交委队 乡镇组：巷口镇队

序号	时间	类别	参赛队伍（支）	参赛人数	比赛地点	比赛结果（第一名）
8	12月2日至6日	足球	28	294	实验小学凤溪小学	区级机关组：区城乡发展集团公司队 乡镇组：巷口镇队
9	11月22日至24日	网球	32	76	体育馆	卫计委队
10	11月17日至20日	乒乓球	107	387	体育馆	区级机关组：区人力社保局男子队；区城乡发展集团公司女子队 乡镇组：巷口镇男子队；平桥镇女子队
11	11月24日至27日	羽毛球	67	451	体育馆	区级机关组：区教委队 乡镇组：巷口镇队
12	11月15日	广场操（舞）	26	571	体育馆	区级机关组：区国土房管局队 乡镇组：火炉镇队

【学校体育】 6月16日至20日，第29届中学生运动会在实验中学举行，全区11所学校400余名运动员参加田径和篮球比赛，武隆中学获高中组团体总分第一名，实验中学获初中组团体总分第一名；9月20至23日，第八届小学教职工运动会在实验小学凤溪校区举行，全区18所学校24支代表队190余名运动员参加比赛，江口镇中心校获男子冠军，实验小学获女子冠军，白马镇中心校获集体跳长绳冠军，火炉镇中心校获5×200米接力冠军。10月25至28日，第二届小学生校园足球锦标赛在第二实验小学举行，全区25所乡镇中心校和2所城区小学共39支代表队400余名运动员参加比赛，第二实验小学获男子甲组冠军，土地乡中心校获男子乙组冠军，火炉镇中心校获女子组冠军；10月31日至11月6日，全区小学、初中、高中10支足球代表队到秀山县参加渝东南校园足球赛，第二实验小学男女子组皆获第三名、火炉镇中心校女子组获第四名，武隆中学获高中男子组第五名；参加重庆市中小学生篮球比赛，第二实验小学女子组获第五名，实验小学男子组获第八名，实验中学获初中男子组第八名。

（区教委）

广播电视

【概况】 重庆市武隆区广播电视台位于芙蓉街道芙蓉中路61号，为重庆市武隆区文化委员会管理的独立行使工作职责的正处级全额拨款事业单位，成立于2005年2月，前身为武隆县广播电视局，主要负责全区广播电视频道、频率、节目、栏目的开办和维护，对全区广播电视宣传实施统一管理和指导。现开办综合和文旅2个电视频道、广播电台节目1套，已开通“视界武隆”网站、“视界武隆”微信服务号、武隆手机台等新媒体平台。编制49名，现有在职职工43人，退休职工14人。内设办公室、组织人事科、总编室、计划财务科、电视新闻中心、广播信息中心、技术制播中心、新媒体信息中心等8个科室中心。

区电视台下属正科级全额拨款事业单位1个：重庆市武隆区龙洞坪发射台。主要负责落实上级有关无线覆盖、广播电视节目的接收发射、发射信号的安全传输等工任务作。编制4名，现有在职职工4人。

2017 年，区电视台以习近平新时代中国特色社会主义思想为指引，以喜迎十九大、学习十九大、贯彻十九大为宣传主线，如终坚持党管宣传、党管意识形态、党管媒体，始终坚守新闻媒体的政治责任和社会责任担当，始终秉承“新闻立台、创新活台、融合强台、产业富台、和谐兴台”的工作理念，把握总基调、唱响主旋律，紧紧围绕区委、区政府重大决策部署，围绕全区脱贫攻坚、重点工程、旅游、城市建设等方面工作，深入开展相关主题宣传和栏目创新，为全区中心工作的顺利开展提供强大的舆论支撑，实现广播、电视、新媒体等平台节目安全播出“零目标”。

是年，区电视台荣获区委、区政府“2016 年度综合目标考核优秀单位”，区电视台党支部荣获中共武隆区直机关工委“先进基层党组织”，区电视选送《六天的“急速营救”——记武隆县羊角场镇危岩搬迁纪实》获 2016 年度第二十届重庆新闻奖（广播专题）三等奖。

表 22　　武隆区广播电视台 2017 年度自办节目情况统计表

频道呼号：综合频道
日播总时长：1080（分钟）

项目	类别	节目名称	制作时长（分）	周播时长（含重播）	播出方式	节目来源	备注
自办电视节目情况	新闻类	武隆新闻联播	20	420	日播	自制	
	专题栏目类	武隆党建	30	60	半月播	自制	
		武隆法制	20	40	周播	自制	
	综艺类	出彩武隆人	20	80	半月播	自制	
		小城故事	10	40	半月播	自制	
	影视类	仙女山剧场	45	1260	日播	采购	
		830 剧场	45	1260	日播	采购	
	生活服务类	五创视角	20	160	半月播	自制	
		健康百科	20	40	半月播	自制	
	涉农服务类						
	广告	（商业广告）	180	420	日播		
		（公益广告）	60	120	日播		
	其他						
转播节目情况	转播节目	中央新闻	30	210	日播		
		重庆新闻	30	210	日播		

表 23　　武隆县广播电视台 2017 年度自办节目情况统计表

频道呼号：文旅频道
日播总时长：930（分钟）

项目	类别	节目名称	制作时长（分）	周播时长（含重播）	播出方式	节目来源
自办电视节目情况	新闻类	武隆新闻联播	20	420	日播	自制
	专题栏目类	武隆党建	30	60	半月播	自制
		武隆	20	240	周播	自制
	综艺类					
	影视类	乌江剧场	45	1260	日播	采购

项目	类别	节目名称	制作时长（分）	周播时长（含重播）	播出方式	节目来源
自办电视节目情况	影视类					
	生活服务类	五创视角	30	300	周播	自制
		旅游资讯	30	420	日播	自制
	涉农服务类					
	广告	（商业广告）	180	1260	日播	
		（公益广告）	60	420	日播	
	其他					
转播节目情况	转播节目					

表 24　　武隆县广播电视台 2017 年度自办广播频率节目情况表

频率呼号：武隆人民广播电台
日播总时长：1080 分钟

项目	类别	节目名称	制作时长（分）	周播时长（含重播）	播出方式（日播、周播、不定期）	节目来源（自制、采购、交流）
自办广播节目情况	新闻类	武隆新闻	20	400	日播	自制
	专题栏目类	农村天地	15	90	周播	自制
	专题栏目类	法律知识讲堂	25	280	日播	自制
		天气预报	5	70	日播	自制
	广告	（商业广告）	20	140		
		（公益广告）	5	70		自制
	其他					
转播节目情况	转播节目	重庆卫视新闻联播	30			
		中央电视台新闻联播	30			

【广播宣传】 2017 年，区广播电台确立以车友和老年朋友为主的听众定位，依据听众喜好和收听习惯，通过同重庆文艺广播电台合作，重新调整栏目编排，设置《中国之声——新闻和报纸摘要》《武隆新闻联播》《音乐随想》等栏目 13 档，其中引进栏目 9 档，转载栏目 2 档，自办栏目 4 档（包括直播栏目 2 档），日均在线播出节目时长达 18 小时。同时，将广播电台部分优质节目内容上传至区电视台旗下新媒体平台，实现武隆籍在外听众可随时随地点听武隆广播电台优质节目。

【电视宣传】 频道改版 2017年1月，区电视台完成电视频道全新改版，对武隆综合和武隆旅游两个电视频道重新定位和包装，命名为综合和文旅频道，全高清制作所有栏目及剧场的片头、片尾、字幕条、字幕模板、角标，推出新高清版本的台标和呼号，凸显生态和旅游两条主线。

新闻报道 全年，《武隆新闻联播》播出新闻稿件2487篇。突出做好中共十九大、全国“两会”，市委全会、市“两会”，区委全会、区“两会”精神和各种重要会议的宣传报道；重点策划《把十九大精神全面落实在重庆大地上·武隆篇》《把习近平总书记重要讲话精神落实在重庆大地上·武隆篇》《实干树形象 实绩惠民生“两学一做”特别关注》《脱贫攻坚进行时》等多个有深度、有影响的系列新闻主题报道20余个；重点营造节日节庆氛围。

栏目设置 新引进《拍案说法》《记住乡愁》等14档栏目；重新包装编排《中国旅游》等6档原有节目；制作播出《武隆党建》栏目24期、《小城故事》栏目32期；新开办《出彩武隆人》栏目1档，制作节目25期，播出10期。

专题制作 全年制作全区各类综合性专题24个，包装标语289个，时长139分钟。其中制作的《2017春晚——铺就幸福的康庄大道》全方位展示2016年度全区在旅游发展、脱贫攻坚、重点项目、民生实事等方面取得的卓越成效，为2017年春晚的烘托良好气氛；制作的《凤凰涅槃 蝶变新生》脱贫工作迎检汇报片，全面展示全区在脱贫攻坚中的具体做法和取得的成效。

【媒体融合宣传】 全年，视界武隆微信公众号推送新闻1800余条；视界武隆网上传新闻1230条（其中时政要闻400余条、民生事实280条、社会动态300余条、国际国内250余条）；武隆手机台发布新闻快讯500余条、开展手机直播5场次，武隆手机台访问量突破50万人次。9月23日，武隆手机台首次开启“中国武隆首届航模表演赛”活动直播。

【对外宣传】 2017年，区电视台采取主动沟通衔接、丰富外宣形式、拓展外宣渠道的工作思路，推动外宣工作取得突出成效。全年上送央视用稿30篇，上送重庆电视台用稿460篇（其中重庆卫视和新闻频道用稿273篇，市网络广播电视台用稿187篇）。武隆分别以直播、连线、专题、纪录片等形式多次亮相央视各频道栏目荧屏。4月30日，《央视新闻直播间》以《景区迎客流高峰 多举措疏导分流》为题直播武隆节日旅游盛况；5月11日，《咱们家乡春天美—重庆武隆：生态旅游 春财兴隆》以专题的形式在央视财经《生财有道栏目》播出，讲述武隆通过旅游带动老百姓致富的4个故事；5月25日、26日，《“仙鬼”奇坑》以纪录片的形式在央视科教《地理中国》栏目播出，讲述武隆天坑寨子的奇妙景观。

【重要工作宣传】 中共十九大 2017年是中共十九大召开之年，为全面落实好中共十九大精神宣传贯彻工作，区电视台主要领导多次召集分管宣传副台长、宣传科室负责人及骨干记者专题研究中共十九大宣传工作，提前精心策划中共十九大会前、会中、会后宣传方案，先后推出《喜迎十九大》《十九大时光》《把党的十九大精神全面落实在重庆大地上·武隆篇》等4个新闻版块，从会前、会中、会后对中共十九大进行全方位的报道，10至12月共在武隆台策划播出新闻稿件100余篇，上送重庆台用稿20篇。

脱贫攻坚 2017年，为助力脱贫攻坚工作，区电视台主要领导带分管宣传副台长、总编室及电视新闻中心负责人等一行就做好全区脱贫攻坚宣传报道工作来到扶贫办，同扶贫办主要领导、班子成员和相关科室负责人进行深入探讨和沟通，达成共识。开设《聚焦脱贫故事》《春耕生产干部帮扶月》《脱贫攻坚进行时》《脱贫一线党旗红》等脱贫主题系列报道，从不同层面展示全区坚决打赢脱贫攻坚战的信心、做法和成果。1至7月，共采访播出脱贫攻坚新闻稿件168篇。

抗震救灾　“11·23”武隆地震发生后，区电视台第一时间与央视新闻频道进行现场连线，分派6组记者，跟随区领导赴火炉、沧沟、江口等地了解震中受灾情况，收集第一手新闻素材，及时传播权威消息，消除市民担心；11月24日，全台新闻记者全部出动，报道武隆区主要领导赴震区察看灾情，航拍震中震后情况，采访震后市民的生产生活、景点景区运营、公路水利隐患排查等情况，专访地震专家权威解读本次地震的成因及注意事项；织技术力量赴电视节目播控及龙洞坪、寺院坪发射台检查人员及设施设备安全，保证信号正常播出。从11月23日18：00至24日12：00，区电视台共滚动播出拉底字幕230次/条，新媒体推送相关信息8条，播发电视新闻3条；与央视新闻频道在6点档和9点档分别视频连线2次；与央视新闻频道《24小时》栏目视频连线近5分钟；在24日《朝闻天下》中播出及时情况；在重庆台23日晚《第一眼》播出2条地震相关消息，24日中午《直播重庆》播出2条新闻。

【公共文化服务】 龙洞坪改扩建项目　于2014年开工，2017年3月竣工，新建业务功能用房542平方米、整修原房屋680平方米、硬化道路1000米等8个子项目建设，总投资262.725万元。

数字无线覆盖项目　于2016年3月开工，2017年3月建成，包括在武隆区和顺镇打蕨村寺院坪景区新建寺院坪辅站1座（新建68平方米的标准机房1间、45米铁塔1座及电源等配套设施），在龙洞坪发射台和寺院坪辅站安装中央无线数字电视发射设备各1套，总投入资金371万元。项目建成，扩大鸭江、平桥、白马、长坝等10余个乡镇、8万余人的广播电视节目无线覆盖范围，实现龙洞坪和寺院坪两个发射点免费传输数字广播节目1套、数字电视节目16套（其中包括央视12套、重庆本地节目2套、武隆本地节目2套）。

（区广播电视台）

档案地方志

【概述】 2017年，档案工作纳入全区年度综合目标考核；档案执法监督检查30个单位；档案业务指导42个单位；举办业务培训5次；接收31个立档单位新文书档案进馆；完成馆藏档案数字化工作；接待档案查阅利用者1696人次；开展“6·9”国际档案日宣传活动；内部出版2种档案编研资料；全年发表信息文章91条（篇）。

是年，出台《武隆区地方志管理办法》；启动《武隆县志（1996—2016）》续修工作；完成《武隆年鉴（2017）》公开出版；出版首部乡镇志——《土坎镇志》，推进武隆地方志系列丛书工程；加强旧志整理，内部出版《武隆史料辑存》；地方志工作成效明显。

档　案

【概况】 2017年3月，设置重庆市武隆区档案局（重庆市武隆区档案修志馆、中共重庆市武隆区委党史研究室），为局馆合一机构；下设办公室、档案业务指导科、档案馆务科、地方志编修科、党史研究科；机关行政编制4名，事业编制10名，其中：局长1名，副局长3名；内设机构领导职数5名。是年底，共有职工12人。

【档案工作纳入年度综合目标考核】 2017年，区委办、区政府办印发《武隆区2017年度综合目标考核》《2017年度部门、乡镇经济社会发展实绩和党的建设工作考核指标》文件，首次将档案工作纳入全区部门、乡镇综合目标考核；档案工作实行倒扣分，分值为1.5分，由区档案局牵头考核，考核内容针对档案室建设、档案收集、档案保管和档案移交工作，重点对是否按时移交本单位2012年以前相应门类档案进行考核。

【档案业务指导及培训】 2017年，对全区42个单位进行现场档案业务指导，规范单位档案收集、管理；同时举办各类档案业务培训5次，内容涉及乡镇、区级部门、企业、重点建设项目等各个领域的档案业务及电子文件备份，受训人数达409人，包括1期精准扶贫档案培训班、2期文书档案培训班、1期企业档案培训班、1期重点建设档案培训班。

【档案执法监督检查】 9月至10月，对全区30个机关团体、乡镇、企业进行档案行政执法监督检查，采取“看、听、查”的方式，听取档案管理工作汇报，查阅相关档案情况，实地查看档案收集、整理、保管保护和利用情况，并将检查结果反馈，发放书面整改意见和建议。

【档案接收进馆】 是年，严格档案接收进馆标准，制订《武隆区到期档案进馆的接收标准》和电子照片进馆规范标准；完成31个立档单位新文书档案（同步接收电子目录及相关的电子版全宗介绍、大事记等辅助材料电子副本）进馆工作：共计5762盒，118830件、1403280页，完成计划任务的155%；接收巷口镇林权档案321盒、9544件、66657页；接收民政局2016年婚姻档案144盒；接收组织部干部死亡档案78盒。征集全国文明家庭杨兴明家训实物进馆。

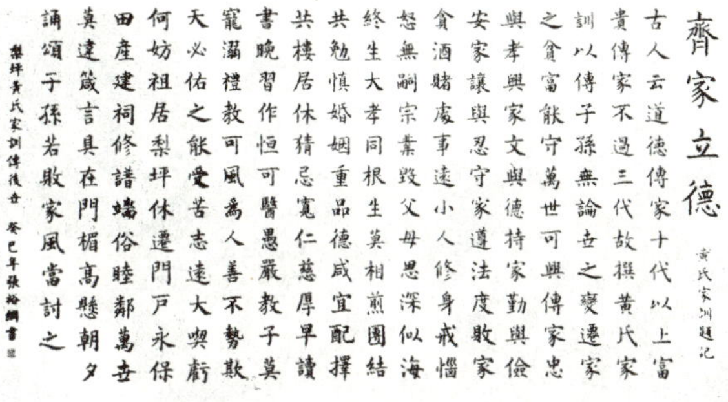

全国文明家庭——武隆羊角杨兴明家庭家训

【档案利用体系建设】 是年，全面完成馆藏档案数字化扫描、录入、上传、挂接工作，共计原文扫描12298762页，条目录入2227189条，于11月14日通过市档案局检查验收。完成1954年—1955年涉及72个全宗1585卷31652件鉴定开放工作，其中涉密文件3636件、鉴定为延期开放文件22327件、开放文件5689件，并将延期开放文件级目录上报市局审批。完善消防安全应急预案、档案安全问责办法等制度，加强24日安全巡查工作，无一例安全事故发生。争取资金49万余元，对档案馆外墙砖进行维修改造；添置3台除湿机、更换维修监控设备等档案安全设施设备。完成档案馆爱国主义教育基地升级改版，档案安全保管基地、档案利用服务中心、政府信息公开中心、电子文件管理中心“五位一体”功能逐渐完善。截至12月10日，档案馆接待档案查阅利用者1696人次，涉及查阅4099卷次、11706件、75640页；复印10380页，提供证明2698份。爱国主义教育基地接待参观62批次、2415人次。

【“6·9”国际档案日宣传】 “6·9”国际档案日期间，区档案局在人民广场开展宣传活动，展出“家的档案，家的记忆”展板13块，发放档案馆简介等宣传资料50余份，发放档案法律知识宣传挂图100份，全区各单位档案人员共80

余人参加，观展群众达2000余人，接受业务咨询30余人次。

图为活动现场　（李莉　摄）

【《重庆市武隆区政府工作报告汇编（1980—2016）》内部出版】 2017年9月，由区档案局、区委党史研究室编写，共65.9万字；收录1980年到2016年的历年政府工作报告，展示区政府在这段时间里不同的重点工作和取得的成就，展现全区人民奋斗历程，为政府决策提供参考，为后人了解武隆历史、编史修志提供史料。

（区档案局）

地方志

【概况】 2017年，恢复“重庆市武隆区地方志办公室”牌子，下设地方志编修科；被市志办表彰为全市2017年度地方志工作先进单位；一名职工被中国地方志指导小组办公室、国家方志馆通报表扬。

【续修《武隆县志（1996—2016）》】 是年，区委、区政府调整区地方志编纂委员会，由区委副书记、区政府区长卢红担任主任，区政府副区长何林任副主任，区委办、区人大办、区政府办、区政协办等单位主要负责人为成员；委员会下设总编室；区政府第18次常务会议讨论地方志工作，会议要求高度重视地方志编纂工作，区财政局要做好地方志和年鉴编纂工作的经费保障；以区政府办名义出台《武隆区地方志工作管理办法》；完成县志纲目修改；区地方志办公室对《武隆县志（1996—2016）》纲目进行修改完善并报市志办审核通过；12月4日，区委办、区政府办印发《关于续修武隆县志（1996—2016）的通知》（武隆委办发〔2017〕157号），将县志编纂工作纳入经济、社会发展计划和本届政府工作任务，纳入区级部门和各乡镇的年度目标任务考核。续修县志所需经费，由区财政根据工作需要，逐年核拨，确保续修县志工作顺利进行。

【《武隆区地方志工作管理办法》出台】 2017年9月，区政府办印发《武隆区地方志工作管理办法》，是全区首部地方志工作规范性文件。办法共十九条，内容涉及地方志的范畴，政府对本行政区域地方志工作的领导，地方志工作主管机构及其职责，同时还对地方志编纂人员、地方志资料的收集管理明确要求，规定地方志的编纂程序、书籍的出版及其著作权，以及表彰和奖励等。

【《武隆年鉴（2017）》公开出版】 2017年12月，《武隆年鉴（2017）》由中国文史出版社公开出版，是全区公开出版的第一部综合年鉴。该书由区人民政府主办、区地方志办公室承办；全面、系统、准确反映2016年度全区政治、经济、文化、社会、生态等各方面的建设成就；设大事记、专记、特辑、概貌、旅游、政治、经济、文化事业、社会、乡镇、人物、荣誉等部目，共81.2万字，图片近百幅。该书的公开出版，将对于宣传武隆、承载历史、弘扬先进文化、促进经济社会发展等方面发挥重要作用。

【首部乡镇志公开出版】 2017年10月，重庆市武隆区土坎镇人民政府编、重庆市武隆区地方志编纂委员会纂的《土坎镇志（1949—2015）》由北京燕山出版社公开出版。全志共设序、概述、大事记、建制沿革、自然、政治、经济、文化、社会、人物等13章56节，31万余字。该书记载土坎发展轨迹、重大事件、真实现状和历史经验教训，为人们认识土坎过去、了解土坎现状提供帮助，发挥资治、教化、存史作用。

【《武隆史料辑存》内部出版】 2017年10月，重庆市武隆区地方志办公室完成《武隆史料辑存》内部出版，全书共分为三册，收录古地图5张、文字20余万字，是该区第一部史料辑存。全册共分舆地、规建、祠祀、食货、职官、学校、武备、选举、人物、人物、附录等章；有助于全区广大干部群众了解武隆，从中吸取营养。

（区方志办）

中国传统村落——平桥镇红隆村全景

社会事业

SHEHUI SHIYE

武隆年鉴

社会事业

科学技术

【机构】 2017年3月16日，经区委、区政府批准设置重庆市武隆区科学技术委员会(重庆市武隆区知识产权局)，核定机关行政编制3名，机关后勤服务人员事业编制1名，内设办公室、科技管理科、知识产权科3个科室。下设正科级事业单位“重庆市武隆区科技服务中心”1个，中心人员编制6名，其中主任1名。现有在职人员9人。

【科技下乡】 完善政策体系，建立帮扶机制，出台《武隆区科技扶贫方案》，选派国家、市、区级科技特派员115名，围绕贫困村产业发展、企业技术水平提升开展“一对一”帮扶，“点对点”技术指导，助推脱贫攻坚，全年开展下乡指导、培训300余次，培训人员5000人次，培养技术骨干、乡土人才48人，引进新品种12个，推广先进适用技术36项。2017年争取国家“三区”科技人才21名，到位资金42万元，《武隆区“科技特派员”深度扶贫攻坚行动》项目获市科委立项支持，争取市级科技特派员28名，资金140万元，争取市级其他科技扶贫项目3个，资金60万元。

全国第四个扶贫主题日，区科委在大洞河乡开展技术培训

【科技型企业培育】 新增入库科技型企业40家，全区累计入库科技型企业52家，完成市科委下达目标任务的144%，完成率居全市第一；获国家高新技术企业认定2家，累计达3家，获市级高新技术产品认定5个，累计达7个。

【科技计划】 2017年争取国家、市级各类资金312万元(含科技扶贫项目资金)。高山蔬菜市级农业科技园区申报通过市上评审，凤来谷众创空间运行良好，运营管理团队获市创新创业团队计划支持20万元，已签约企业123家，入驻武隆籍企业49家，新培育高山水果和黑土猪科技专家大院2家和科技服务中介1家；争取中央引导地方专项2个，获资金50万元；实施区级科技计划项目19个，立项补助资金69万元；“121”高山蔬菜科技支撑示范工程项目顺利完成结题验收。

（区科委）

知识产权

全年专利申请量233件，专利授权145件，其中发明专利授权4件，有效发明专利21件，全区专利密度达到0.60（件/万人）。

（区科委）

地 震

【“11·23”地震抗震救灾】 2017年11月23日，武隆区火炉镇车坝村东北方向约1.31公里震级5级，震源深度10公里，影响范围26.23平方公里。区地震办第一时间组织4名地质队员在内的14人救灾工作组，分别赶赴火炉镇、沧沟乡、江口镇及周边开展救灾工作。全区迅速成立应急领导小组，下设6个工作组全面开展抗震救灾工作，启动地震应急预案；组织14个工作组、14辆车、35人在全区26个乡镇全面开展地灾、房屋大排查工作，及时有效处置各类灾险情。针对排查出地灾、房屋灾险情第一时间落实责任，消除隐患，确保安全。震后第一时间派出防灾减灾知识宣传小分队，深入火炉镇、沧沟乡等受地震影响较大的乡镇，开展防灾减灾知识宣传，累计发放宣传资料5000余份，制作宣传展板数十块。

【防震减灾】 运用防震减灾信息管理平台，将平台接入局安全应急指挥中心。会同区城乡建委等相关部门定期督查区内重大项目地震安全性评价工作开展情况，并纳入前置规划要件之一。同时局执法监察队对18起违章建筑和不符合抗震设防要求的建筑给予拆除，拆除面积6184平方米。加强农村民居地震安全宣传和抗震设防技术培训，以高山生态移民搬迁和地灾害金土工程搬迁为重点，定期开展农村民居地震安全宣传，树立农村民居的地震安全理念，传授农民抗震设防技术。以“5·12”防灾减灾宣传周、山地震纪念日、科技宣传周、世界地球日等重点时段为契机，开展防灾减灾宣传工作。2017年以来，展出防震救灾宣传板等30余张，发放防震减灾资料8000余张（份），接受群众咨询3000余人次。充分利用网络、电视、报刊、微信等媒介大力宣传防震减灾知识，特别是“11·23”地震后，组织5个宣传组到全区26个乡镇开展防震减灾法律知识和科普知识“进学校、进社区、进企业、进机关、进农村、进家庭”活动，同时组织全区干部职工参加全市第五届防震减灾网络知识竞赛。是年，区实验第二小学校取得国家级地震示范安全学校，教育馆列为武隆区科普教育基地之一，同时实验第二小、火炉中学校取得市级防震减灾科普示范学校，武隆中学（棉花坝校区）正在创建防震减灾科普教育基地。在全市中学生防震减灾知识竞赛中取得优胜奖，观摩2017年“张衡杯”中学生防震减灾知识竞赛。切实加强防震减灾群测群防工作。以地灾监测预警体系为基础，全面建立防震减灾“三网一员”工作体系，完善相关制度，269名地灾群防人员和52乡镇名片区负责人聘为兼职地震灾情速报员。

表25　　2001-2017年武隆监测到的有感地震情况表

次数	时间	地点	震级	震源深度	备注
第一次	2001年7月30日	武隆县火炉镇筏子村东北方向约1.47公里	3.2级	1公里	
第二次	2003年1月26日	武隆县江口镇蔡家村东北方向约2.65公里	3.5级	1公里	
第三次	2003年9月22日	武隆县江口镇蔡家村东北方向约2.65公里	3.0级	15公里	
第四次	2013年2月3日	武隆县火炉镇车坝村东南方向约1.97公里	3.3级	6公里	
第五次	2017年11月23日	武隆区火炉镇车坝村东北方向约1.31公里	5.0级	10公里	影响范围26.23平方公里

【应急监测预报】 及时修订《重庆市武隆区地震应急预案》，指导督促乡镇、学校、医院等重点部门开展修订工作。特别是“11·23”地震后，对武隆区应急预案再次进行修订完善，做到实化、简化、流程化、图表化。按照区应急救援指挥中心统一安排部署，建立防震减灾应急队伍管理数据库，制订综合应急救援队伍训练计划，对全区6支应急救援队伍和5支保障队伍分期分批开展应急演练（拉练）。2017年5月10日，在土坎镇松树坡滑坡开展大型地震（地灾）无脚本应急演练。强化应急物资储备；已储备棉被4631床、大衣1527件、帐篷333顶、救生衣1700件、编织袋12000条。应急设备、应急车辆随时待命。应急值守到位。制定地震24小时值班制度，随时做好应对地震突发事件的准备，并配备地震应急专题图。定期开展地震年度、年中趋势会商，落实专人，强化信息报送，积极配合抓好地震宏微观异常核实及台站维护，配合推进国家和全市地震烈度速报和预警工程。

（区国土房管局）

气象事业

【概况】 2017年1月，重庆市气象局决定撤销武隆县气象局，设立重庆市武隆区气象局，机构规格为正处级。原工作职能、编制、领导职数、内设机构不变。内设机构有办公室（法规科）、防灾减灾科；直属事业单位有气象台、气象服务中心。地方事业机构有武隆区防雷中心、武隆区人工影响天气办公室、武隆区自然灾害预警预防管理办公室。年底共有职工20人，其中在编10人、外聘10人，退休人员3人，在编职工中有工程师8人。1月8日，刘胜任重庆市武隆区气象局副局长、主持工作。

是年，实现灾重天气预报准确率达63%，乡镇晴雨预报准确率达76%。气候趋势预报基本准确，灾害性天气过程均提前2 ~ 3天。

【气象保障服务】 2017年，向区委、区政府及相关单位提供江河水库防汛、中小河流洪水和山洪地质灾害、森林火灾等重大防灾决策服务材料437期，发送决策预警短信148条。区委、区政府应急办文件转发或引用20余次，区政府领导在决策气象服务材料上批示10次。成功开展中国武隆国际百公里山地越野赛、仙女山国际音乐节、仙女山啤酒节、“五一”“国节”黄金周、国家脱贫验收、武隆区首届运动会等多项重大活动的气象保障服务工作。

2017年3月20日，武隆区气象局在梓桐社区开展世界气象日宣传活动 （王延成 摄）

【气象现代化建设】 2017年，先后完成风来乡气象自动骨干站升级改造；仙女山、白马、中心三个土壤自动水分站建设任务；白云、羊角、土坎、平桥、铁矿等自动气象站的搬迁工作；称重式降水项目于11月完成安装调试及正式运行。同时对地面综合观测业务软件ISO（Ver2.0.0.0）进行升级，国家级站全面使用集成版观测业务软件。仙女山机场气象观测场设备安装及观测运行实施项目已经全部完成并投入运行。结合实际，完成对武隆区68个区域站站点维护、维修外包协议签订。

【气象防灾减灾】 2017年，升级改造天气会商系统大屏，并签订突发事件预警信息发布平台软件维护协议。制订突发事件预警信息发布平台通报管理制度，加强突发事件应急值守。召开气象灾害防御联席会议1次，与国土、林业等部门建立地质灾害、森林火险及森林病虫害气象风险预警及信息发布机制。全年通过“突发事件预警信息发布平台”发布预警信号19条；累计向防灾应急处置人员和灾害危险区群众发布气象预警短信30万余人次；通过气象信息服务站、农村综合气象信息显示屏发布农业气象服务信息15期，农业气象信息广泛覆盖全区农村。编制《武隆区突发气象灾害应急预案》，送区政府办审核。组织开展有关乡镇的创建动员会暨培训会，与乡镇签订创建目标责任书，完成16个标准化气象灾害防御乡镇创建任务。

2017年9月15日，武隆区气象局开展全国国科普日宣传活动　（王延成　摄）

【“11·23”地震灾害气象保障服务】 2017年11月23日17时43分在重庆武隆区火炉镇，沧沟乡之间回龙村、何家湾村、车坝村及盖平一带发生5.0级地震，震源深度10千米。地震发生后，重庆市启动地震应急Ⅲ级响应，武隆区气象局积极跟踪监测，加强与市气象台、彭水等周边区县气象局天气会商，通过突发平台、电子显示屏、手机短信及时发布各乡镇天气实况及未来天气趋势预警信息。制作并上报各乡镇天气实况及未来天气趋势预警信息2期，手机预警信息2条9380余人次，终端234条次。

【气象灾害敏感单位认证】 2017年，在全区林场开展气象灾害敏感单位认证；与区林业局共同下发《关于在全区林场开展气象灾害敏感单位安全管理的通知》。10月初，仙女山林场、白马山林场相继上报气象灾害敏感单位认证材料。经区气象局综合检查及初步评定，认定仙女山林场、白马山林场为气象灾害敏感单位三类；在市气象局组织召开片区评审会上，区气象局上报的仙女山林场、白马山林气象灾害敏感单位认证通过专家组综合评定。

【人工影响天气工作】 2017年3月初，召开全区人工影响天气工作会议，总结2016年人影工作，安排部署2017年人影工作，同时对全体高炮作业人员进行为期三天的安全操作技能培训。配合市人影办、兰州北方机电工程公司相关技术人员，完成对所有高炮、火箭装置年度综合年检。是年，人影高炮作业共计55次，用弹1500发；火箭作业8次，用弹32枚。规范从业人员管理，以临时聘用方式与乡镇作业点全体作业人员签订劳务聘用协议书。

【防雷减灾体制改革】 2017年4月26日，区政府办印发《武隆区优化建设工程防雷许可实施方案》文件；会同区安监局、区经信委、区商务局、区公安局等单位共同下发《关于加强易燃易爆、矿山等建设工程和场所防雷安全工作的通知》《关于开展2017年防雷装置安全性能定期检测工作的通知》等文件，促进全区防雷安全检查工作的积极开展。组织召开防雷工作联席会议，通报全区雷电灾害防治情况，积极探索优化建设工程防雷许可后全区的雷电灾害防御工作。同时调整优化气象行政审批改革流程，积极推进与地方网审平台的融合。推进行政审批标准化建设，编制防雷设计审核、防雷工程竣工验收等服务指南、工作规则等，简化程序，提高服务效率。全年共完成防雷检测100余次，防雷非税收入15.26万元，全部上缴区财政。

【“三农”气象服务专项项目】 2017年，针对“三农”服务专项工作的需要，结合《重庆市武隆区气象局2017年中央财政“三农”服务专项实施方案》，组织26个乡镇及相关部门的业务培训，进一步明确建设内容和建设目标。完成仙女山寻梦园蓝莓气象服务示范基地和白马山鹤葡萄园气象服务示范基地项目建设，建设农业气象观测站、精细化气象保障服务系统等，为基地（园区）提供精细化气象服务、专家指导服务、预警信息发送服务等。

（区气象局）

教　育

【概述】 2017年，全区教育事业发展以中共十九大和习近平总书记视察重庆重要讲话精神为指导，持续凝聚教育“五大认识”，强力实施教育“五大工程”，集中攻坚教育重大项目建设，实施城区学校重大布局调整，顺利通过国家义务教育发展基本均衡区验收。

是年，全区4项教学成果获市政府奖励，区教委获得全国青少年普法教育先进单位，武隆中学、实验中学被中国关工委、司法部、中央综治委办公室评为“青少年普法教育活动零犯罪学校”，实验小学被评为市级书香校园，浩口小学被命名为重庆市民族教育特色学校，石桥小学、浩口小学、后坪小学、青吉小学被命名为重庆市第三批非物质文化遗产传承教育基地。

是年，全区有各级各类学校123所，较上年无变化；在校学生59762人，比上年减少1143人，下降1.88%；有教职工4426人，比上年增加255人，增长6.11%。全区学校占地122.44万平方米，比上年增加11.83万平方米，增长10.7%；校舍建筑面积78.4万平方米，比上年增加11.55万平方米，增长17.28%。全年教育经费总收入99902.07万元，比上年增加14620.5万元，增长17.14%；总支出103126.6万元，比上年增加22524.7万元，增长27.95%。

表26　　2017年武隆区教育事业情况表

单位：所、人

	学校数	毕业生数	招生数	在校生数	教职工数	
					计	其中专任教师
总计	123	16429	15673	59762	4426	3775
中等职业教育	2	1313	1252	3523	295	274
普通高中	4	2086	2030	5760	729	654
普通初中	7	3804	4503	12718	739	625
普通小学	57	4663	3715	26740	2120	1938
特殊教育	1	24	11	164	32	26
学前教育	52	4539	4162	10857	511	258

说明：此表数据包含民办教育，数据来源于《2017—2018年学年初武隆区教育事业统计综合报表》

教育发展

【学前教育】 学前三年毛入园率86%，普惠覆盖率95.7%。组织专家新评定6所等级幼儿园，全区增至60所；新增普惠性幼儿园4所，全区增至59所。是年，武隆获得市级首批学前教育改革发展示范区创建资格。以示范园为基地，以园本教研为根基，纵深推进联园教研，形成3所城区优质园帮扶3个片区、带动25所乡镇中心园辐射辖区内民办幼儿园和村完小附属幼儿园的"城区—乡镇—农村"三级幼教教研网络。

【义务教育】 开展课程创新，浩口小学《蜡染》、青吉小学《棕编》、龙洞小学《根雕》等民族文化艺术特色课程已成为区级品牌。仙女山镇中心校、鸭江镇中心校、江口中学校、鸭江中学、第二实验小学被市教委确定为重庆市中小学研学旅行试点学校；与仙女山华邦酒店、洋瑜生态园等企业合作建成两个市级社会实践教育基地。开展以"聚焦课堂，提高质量"为主题的教育论坛和卓越课堂全员赛课展评活动。

【普通高中教育】 全区现有武隆中学生物、武隆中学数学课程创新基地，市级精品课程6门，市级科研课题6项，高效实施高中发展促进计划。聘请市内外专家30余人到武隆中学现场指导；组织4所高完中分管教学副校长和高三备课组长100余人到外地交流学习。2017年，全区2141人参加高考，专科以上上线2110人，上线率98.56%。其中普高考生重本（含体育）上线381人，一般本科上线852人，专科上线879人；职高本科上线204人，专科上线235人。

【职业教育】 2017年，招收高一新生1378人，在校学生共3581人。组织34名教师赴企业参加行业实践，组织525名学生参加跟岗实习、406人参加顶岗实习。4月30日，职教中心改扩建项目一期工程完成；7月9日，改扩建项目二期工程开工建设。5月11日，武隆区第三届职业教育活动周启动仪式在区职教中心举行。大力开展联合办学与校企合作，学生就业率达98%，双证通过率达85%。10月11日，重庆市中等职业教育改革与发展示范项目学校阶段工作会在职教中心召开；11月23日—24日，重庆市贫困地区职业教育服务区域经济发展调研会在武隆区召开；12月23日，武隆职教中心汽修专业接受重庆市中等职业教育特色专业验收；12月2日至29日，职教中心师生参加重庆市第十届中职学校职业技能大赛，共有16个项目23人次获等级奖。开展扶贫创业、新型职业农民等各类培训共12期，1595人参加。

【成人教育和社区教育】 2月23日，召开全区社区教育专兼职干部会议。3月28日，上海市浦东新区社区学院院长毕虎、副院长蔡瑾一行5人到武隆考察交流社区教育工作。4月20日，开展区级社区教育讲师团成员培训。5月，组织参加第三届NERC杯全国社区教育优秀微课程大赛获等级奖1个；11月，鸭江镇社区教育学校被评为2017年"优秀成人继续教育院校（培训机构）"；12月，鸭江镇被命名为全国社区教育示范镇。多样化开展居民素质提升培训，参培率达28.2%。争取市级专项资金10万元，全年划拨到乡镇社区学校专项经费共计64.76万元。

【民办教育】 2017年，审批民办幼儿园1所，全区增至20所。全区普惠性民办幼儿园18所，占民办园总数的90%。落实普惠性幼儿园生均公用经费补助政策，普惠性一、二、三级民办幼儿园补助标准为每生每年800元、700元、600元，比同级同类普惠性公办幼儿园高100元。全年对18所普惠性民办幼儿园发放奖补资金251.33万元，惠及3933名幼儿。落实民办园教师与公办学校教师同等享受培训、评职等待遇，120名民办园教师参加国培。加强文化类民办教育培训机构的监督和管理，全年组织开展2次联合执法检查。

【特殊教育】 实施特殊教育提升计划，采用普通学校随班就读、特殊教育学校就读、送教上门等“一人一案”的分类教育安置,实现义务教育阶段残疾儿童“全覆盖、零拒绝”。特殊教育学校设置职高班，毕业生双证通过率和就业率均达100%。特殊教育学校建立孤独症康复平台，开展康教结合实验，6名孤独症儿童康教训练成效明显。

表27　　2017年武隆区办学条件情况表

单位：万平方米、万册、亿元、万册、台

	占地面积	校舍面积		运动场地面积	固定资产值		图书		教学用计算机
		计	其中教学行政用房		计	其中教学仪器设备值	计	其中电子图书	
总计	122.44	78.4	5.06	22.19	9.08	0.79	81.79	0	7518
中职教育	9.23	5.42	0.37	0.15	0.48	0.23	0.49	－	906
普通高中	30.19	22.35	1.26	8.48	4.71	0.18	22.05	－	1122
普通初中	16.55	10.24	0.41	4.95	0.83	0.1	16.92	－	1326
普通小学	56.73	32.26	2.54	7.64	3.06	0.28	36.7	－	4164
特殊教育	0.2	0.33	0.04	0.05	－	－	0.08	－	－
学前教育	9.54	7.8	0.44	0.92	－	－	5.55	－	－

注：此表数据包含民办教育，数据来源于《2017—2018年学年初武隆区教育事业统计综合报表》

表28　　2017年武隆区教育经费与办学水平情况表

单位：万元、元、%、人、年

类别	数量	类别	数量
教育经费总收入	99902.07	每万人口在园幼儿数	－
其中：国家财政性教育经费	94658.20	每万人口在校小学生数	－
社会捐、集资办学经费	110.91	每万人口在校初中生数	－
事业收入	4600.28	每万人口在校高中阶段学生数	－
教育经费总支出	103126.60	学前三年毛入园率	－
其中：事业性经费支出	103126.60	小学适龄人口入学率	－
基本建设投资项目支出	12520.10	初中适龄人口入学率	－
财政预算内教育经费支出占财政支出的比例	15.32	高中阶段教育入学率	－
政府教育财政拨款的增长与财政经常性收入的增长比例	12.62	小学毕业生升入初中比例	－
小学生均预算内教育事业费	11885.96	初中毕业生升入高中阶段教育比例	－
初中生均预算内教育事业费	15095.74	教育人口占总人口的比例	－
普通高中生均预算内教育事业费	6276.59	人均受教育年限	－
中等职业学校生均预算内教育事业费	13314.75		
小学生均预算内公用经费	2305.18		
初中生均预算内公用经费	3101.19		
普通高中生均预算内公用经费	845.11		
中等职业学校生均预算内公用经费	4131.32		

注：此表数据包含民办教育，数据来源于《2017年全国教育经费统计报表》

学校基础设施建设

【财务管理】 2017年，教育经费总投入99902.06万元，比上年增长17.14%。其中财政性投入94658.2万元，占总投入的94.75%。全年下达基本建设项目经费14952万元，其中投入义务教育发展资金5350万元、高中教育发展资金6450万元、职业高中教育发展资金2000万元。全年投入资金3588万元改造农村义务教育薄弱学校。

【教育装备与信息化建设】 2017年，投入280万元新建教育城域网，投入246.65万元升级改造班班通和功能室多媒体118套，投入287.72万元配置计算机860台，投入413.2万元建设六大功能室并配齐教学仪器和药品，投入191.21万元为41所中小学购置图书及设备。组织全区学校装备管理人员开展“建、管、用”水平提升培训。开展全区“一师一优课，一课一名师”活动，评出区级优课979节，获评市级优课30节。

【基本建设】 全年续建和新开工项目20个，面积241327平方米，完成投资45118万元。其中，区领导联系重点项目7个，完成投资36586万元。投入8532万元完成寄宿制学校、全面改薄、高寒地区学校学生宿舍取暖物资采购等项目。是年，新建武隆中学、实验小学凤溪校区、凤溪幼儿园和改扩建江北幼儿园在9月正式投用。办理486本“两证合一”的不动产权证书，聘请重庆华盛建筑工程质量检测有限公司对全区76所学校的378幢非框架结构校舍进行安全检测。

【脱贫攻坚】 区教委扶贫集团认真实施基础设施惠民行动、产业提升帮扶行动、特困救助爱心行动、智力帮扶结对行动、金融扶贫创新行动、重点时段攻坚行动。投入36万元改善文复乡基础设施，集资27万元建立特困帮扶基金，向部门协调项目资金200万元发展核桃等特色产业，落实贷款100万元解决产业大户发展资金问题，筹集44.2万元改建文复小学厕所和高隆村塑胶球场。

教师队伍建设

2017年，全区有特级教师6人、市级学科带头人2人、市级学科教学名师3人、市级农村学科带头人1人、市级骨干教师96人、区学术技术带头人和后备人53人、区级骨干300人，市级骨干校长1人；正高级教师3人、高级教师378人、一级教师1502人。组建第三届中小学名师工作室7个，学员58人；组建第一届小学名校长工作室1个，学员9人。全年举办干部教师培训共22期，1355人次参培，组织248名青年教师参加教师基本功考核。对义务教育阶段学校和幼儿园在职教师取得本科及以上学历发放补助金共2万元，发放乡村教师岗位生活补助1000万元。招聘新教师141人、外区调入14人，安排到农村学校111人，与20名学生签订小学全科教师培养协议。

教育教学改革

【教育领域综合改革】 启动2个市级社会实践教育基地和15所中小学研学旅行试点学校教学活动，开展4所实验学校家校共育课题研究，实施组建实验小学和第二实验小学两个办学集团，全区28所城乡学校开展结对帮扶，启动6个乡镇小学附属幼儿园独立建制工作。开展第七届中小学教育论坛，校本化实施学生综合素质评价。改革全区学校在职教师缺额招聘办法，取消招聘课堂考核（面试）环节，以业绩考核和笔试成绩综合确定在职缺额岗位中聘人选。

【教育科研】 全年课题立项区级23项、市级3项。11月，对教育部重点课题、市规划办重点课题、市高中教育教学改革重点课题、市教育学会专项课题等12个课题进行集中开题。是年，结题市级课题3项，结题表彰区级规划课题26项。成功举办全区教育科研工作推进会暨2016年“关注教学行为改进，促进教师专业发展”专项课题负责人阶段答辩会。

【学校德育】 开展志愿服务、清明祭扫、童谣传唱、向国旗敬礼、大自然笔记大赛、班主任基本功大赛等中国梦教育实践活动。建设乡村学校少年宫4所，组织9所中央级乡村学校少年宫参加市级考核。印发《武隆区中小学团队改革实施方案》，加强中学团队工作督查。开展“三源共育区域研究”市级重点课题研究，指导实验中学等4所市级家校共育实验学校开展工作，申报市级家校共育子课题1个。组织开展2次读书主题教育活动，在五好小公民读书活动中武隆中学获“示范校”称号，在教育部朗诵总决赛中2人获等级奖，1人在中华魂活动中获全国表彰。

【体育卫生与艺术教育】 修改《学生综合素质监测实施方案》，全区《国家学生体质健康标准》合格率达95%以上，每个学生基本上能较熟练掌握2项运动技能，建立健全体育竞赛机制。桐梓中学创建为“市级足球特色学校”，武隆中学被国家教育部命名为“国防教育示范学校”。

贯彻执行《学校卫生工作条例》，落实健康教育课程、师资和考核制度，积极预防学生近视率上升和学校疫情等级事件发生。3月和9月分别对全区所有学校开展食品卫生专项检查；9月至11月对全区中小学生开展健康体检监测工作，建立学生健康档案。2月15日和11月29日，分别召开学校传染性疾病防治专题培训会。12月开展区级卫生示范学校评比工作，实验中学、实验小学、第二实验小学、土地乡中心校、浩口乡中心校获“武隆区卫生示范学校”称号。

启动实施《中小学校艺术教育工作自评办法》和《中小学校艺术教育发展年度报告办法》。在重庆市中小学生艺术月活动中，武隆中学校园集体舞获市级一等奖、浩口乡中心校“蜡染艺术工作坊”获市级一等奖；9月13日，举办全区中小学合唱队指导教师合唱指挥专项培训；10月初，启动与文化馆共同打造一支区级精品童声合唱团项目；12月，组织教师参加2017年武隆区首届舞蹈专场展演活动；在2017年重庆市中小学合唱艺术视频展评活动中，武隆中学高中部合唱团、实验小学合唱团获市级二等奖；在武隆区第一届少儿绘画比赛中，实验小学《正宗老酒》、土坎镇中心校《地球质量检测》、和顺镇中心校《快乐公寓》获一等奖。

【科技创新】 承担教育部重点课题《青少年创造发明教育的体系构建与教学实践研究》，在重庆出版社出版《青少年创新生物发明法》《身边创意科学小实验·小学科学》《身边创意科学小实验·初中物理》《身边创意科学小实验·初中生物化学》学术专著。承担的市教委改革项目《农村中小学科技创新教育改革》课题，获重庆市第二届教育综合改革试点成果三等奖。开展科技教育成果评选，评出区级奖260项，选送参加全市科技创新大赛获奖12项。

【语言文字】 组织普通话测试2期共400余人次。1月至6月，开展武隆区中学生规范汉字听写大赛，土坎中学在区级比赛中获团体及个人第一名。9月，开展第20届全国推广普通话宣传周活动。9月至11月，参加全市第五届中华诵经典诵读比赛，选送节目《诗经·卫风》获教师组一等奖。9月至12月，成立3个调查组开展县域普通话普及情况调查。

教育行政管理

【党的建设】 区委教育工委下辖支部47个，党员1630名，其中离退休党员292人，举办专题培训共152人次。全年组织中心组学习12次，召开党工委会议13次，研究议题61个。制定十九大精神“进校园”方案，成立宣讲队开展宣讲245场次，受众师生5万余人。5月31日，在实验二小召开全区教育系统“两学一做”学习教育常态化制度化推进会；6月30日，在区实验小学召开教育系统庆祝建党96周年大会，表彰先进基层党组织5个、优秀党务工作者10名、优秀共产党员21名，慰问贫困党员185名。从4月起每月开展“支部主题党日”活动共324次，书记讲党课194堂次，集中学习461次。评选机关“教育服务先锋”和学校“立德树人标兵”415人次，优秀党员、教书育人先进个人81人次。

4月，乡镇学校党组织划转到教育工委，撤销21个村（完）小党支部，成立26个乡镇中心校党支部。43所中小学幼儿园实现书记校（园）长“一肩挑”，8所较大规模学校配备专职副书记。全年任免干部21人，选派2名贫困村第一书记，派出12名党员组建3支突击队驻乡开展扶贫攻坚月活动。开展学校班子情况大回访、大调研，建立校级正副职后备干部库，储备后备干部137名。培养入党积极分子39名，发展党员13名，预备党员转正20名。

【教育督导】 2017年，全区开展均衡发展专项督导4次，召开专题会9次，实现全区中小学校责任督学挂牌督导全覆盖，发挥教育督导督政、督教、质量监测三大职能。配合区人大就区政府贯彻落实《教育督导条例》开展执法检查和审议意见办理，开展乡镇教育实绩目标考核。对校园文化、校舍维修、安全稳定、全面改薄、中小学体育工作、规范幼儿园办园行为等专项督导8次；开展全区中小学第二轮办学水平综合督导评估和年度校长绩效考核，评定武隆中学、实验二小、江口小学、浩口小学等20所优秀学校；开展年度办学特色评估，命名区级特色学校1所、特色项目学校3所。开展重庆市义务教育质量监测，全区8所初中、12所小学共867名学生接受监测。

【学生学籍管理】 2017年，全区共办理异动2853人次。其中跨省转入128人，跨省转出68人；市内转入共计701人，区外转入124人；市内转出809人，转出区外232人；区内转进转出共计577人。休学112人，复学102人。

【教育民生】 投入3132万元，在全区78所农村义务教育学校实施学生营养改善计划，惠及2.6万人；在8所城区义务教育学校及高完中学校实施“学生奶项目”和“爱心午餐”项目，惠及学生1.5万人。整合各类资金共3503.54万元，资助各类贫困家庭学生30517人次；发放生源地信用助学贷款和生源地补充助学贷款3249人次，共计2392.73万元。对全区500名建卡贫困留守儿童发放实物和慰问金，共计4万余元；投入140万元建设乡村学校少年宫7所，为留守儿童课余活动提供场所。投入专项资金80万元，在海拔800米及以上的18所中小学实施暖冬计划，解决2059名寄宿生防寒保暖问题。

【安全稳定】 修编《武隆区学校突发公共事件应急预案》。举办全区消防安全示范课评比活动和“安全在我心中”美术书法大赛。排查整治各类隐患746起、按期办理信访件112件、接待来访群众137人次、化解信访积案1件。实验二小、火炉中学分别创建为国家级、市级防震减灾教育示范学校。

【教育宣传】 2017年，区教委向区委、区政府和市教委编辑报送信息共采用204条；党务信息在全区“同目标分数段”和总排名中均为第1名，政务信息排名居全区第7名。通过《中国教育报》《重庆日报》、重庆电视台等市级主流媒体宣传武隆教育，全年发表稿件60余篇。6月，区教委荣获全市教育信息工作先进集体。

（区教委）

卫 生

综 述

【概况】 是年，全区各级卫生机构数341个，床位2248张；共有卫生技术人员1126人，其中执业医师（含助理）535人，注册护士858人。全区有医院9所，乡镇卫生院26所，村卫生室195所。全区孕产妇死亡率0.25‰，婴儿死亡率4.58‰。

【卫生医疗机构建设】 2017年，区卫计委加大区级医疗机构投入，累计投资1亿余元，做强区级卫生基础。投资7455万元的区中医院新建工程即将完工；投入1300万元的区医院精神科建设完成主体工程；投入1000万元完成区妇幼保健院改扩建；启动区疾控中心业务综合楼、区妇幼保健院儿科大楼建设，完成前期工作；投入240万元，为三家区级医院增配抢救监护型救护车。加大基层卫生机构投入。累计投入2100余万元，夯实基层基础。投入1000万元完成土坎医院新建并投入使用；投入400万元的浩口、白云卫生院主体工程完工；投资350万余元，购置DR10台，建立远程诊疗系统；投资260万元，为12个乡镇卫生院配置自动生化分析仪；投资100万元，完成50个村卫生室设备标准化配置和67个村卫生室的健康一体机配备；乡村两级标准化建设基本完成。加大民营资本投入。计划投资4.5亿元，启动福康医院、博爱医院搬迁项目，已完成前期工作；引进民营投资1500万元，批准设置2家民营中医医院，正实施验收。

【公共卫生服务】 2017年，区卫计委开展公共卫生服务宣传与培训，做强公共卫生服务能力，强化公共卫生服务知晓。居民知晓率达到65%以上；健康科普讲座436场次，居民健康素养水平达到13%以上；全面开展家庭医生签约服务，组建服务团队157个，落实签约医生340人，实施签约21.4万人，签约率61.8%，其中，城镇居民3.77万人，完成任务的136.59%，农村居民17.65万人，完成任务的188.17%，建卡贫困户、计划生育特殊家庭等特困群体实现全覆盖，累计为签约人群提供基本医疗服务38万余人次、公共卫生服务50万余人次；孕产妇系统管理率达88.53%，婴儿死亡率4.58‰，出生缺陷发生率3.36‰；育龄群众避孕节育服务咨询率达100%，术后随访率达90%以上；疾病防控不断加强，无甲类传染病发生，共报告乙、丙类传染病17种计2086例、发病率297.07/10万，死亡2例、死亡率0.49/10万；结核病管理390例、管理率100%、规范管理率90%，艾滋病管理123人、管理率96.85%，艾滋病等三位一体模式覆盖100%；“八苗”接种率维持在95.30%；加强严重精神障碍管理，建立联合服务管理组织，实施联席会议制度，落实以奖代补政策，开展精神疾病评级筛查，与综治、公安、民政、残联实现信息共享，管理重精患者1260人，定期规范随访率达90%以上；出生缺陷免费检查3241人，占全年任务108.03%，农村适龄妇女“两癌”免费筛查22476名，占全年任务224.76%。

【医疗服务】 开启特色重点专科建设。拓展新技术22项，区人民医院、中医院微创外科、疼痛科等6个专科成为市级特色重点专科；鸭江、平桥等5个卫生院中医内涵突出，赵家卫生院获得市级中医业务能力建设项目支持，中医院蜡疗术、三伏贴等技术深得群众认可；结合旅游发展积极推动特色创建，石桥乡卫生院突出苗医内涵，双河、和顺、江口、黄莺、后坪、仙女山等乡镇卫生院突出中医医养、医旅融合，服务游客15000余人次；26个乡镇卫生院与当地敬老院签订医养服务协议，为近万名老年人开通绿色通道，提供医养结合服务工作。启动医疗联合体建设。组建以区级三家医院为核心的3个医联体，与乡镇卫生院形成医共体；区妇幼保健院与涪陵中心医院、重医附属儿童医院建立专科联盟，区中医院与涪陵区中医院建立专科联盟，区人民医院与陆军总医院附属新桥医院麻醉科、重庆市肿瘤医院、重医附属儿童医院建立专科联盟；鸭江、平桥、白马、仙女山等卫生院分别与重医附一院、涪陵中心医院形成远程医疗协作网，方便群众看病就医，减轻群众医疗负担。实施“满意乡镇卫生院”建设。火炉、平桥、仙女山卫生院荣获国家卫生计生委“群众满意乡镇卫生院”称号，区人民医院1名护士荣获重庆市“最美护士”称号。推进卫生信息化建设。投入460万元，完成区级数据中心，构建区域信息交换服务架构、区域信息基础服务与应用平台、三大基础数据库和数据仓库及卫生信息专网。强化爱国卫生升级建设。全区卫生县城通过国家爱卫会复查并授牌，江口镇、仙女山镇、石桥乡市级卫生乡镇通过复查验收，白马镇成功创建市级卫生镇，全国卫生城区建设工作正在着手实施，城乡环境明显改善。

【公立医院综合改革】 综合医改强化服务保障。强化组织领导，成立以区长为组长的公立医院综合改革领导小组，成立以区长为主任的公立医院管理委员会，全力推进公立医院改革。实施药品采购“两票制”（指药品从药厂卖到一级经销商开一次发票，经销商卖到医院再开一次发票），2017年6月1日起正式实行药品采购“两票制”，减少中间环节，规范药品流通领域改革。推进单病种付费和临床路径改革，区人民医院、中医院分别实施35和16个单病种付费改革，合理控制医药费用增长。实施“两取消、一调整”（指取消药品加成和药事服务费，调整医疗服务项目价格），区人民医院、中医院自2015年10月1日实行药品“零差率”，每年让利患者1000余万元；9月9日，根据全市统一安排，区人民医院、中医院取消药事服务费，区妇幼保健院取消药品加成，同时完成首批439项服务项目价格调整，并按规定执行医保报销和财政补偿配套政策。加大补偿投入，2015年10月至2017年9月执行药事服务费政策期间，区财政落实每年400万元专项补助资金；2016年，落实公立医院改革发展专项补助资金1000万元；“两取消、一调整”后，由市、区两级财政补偿3家医院共160万元，后续补偿将根据全市政策及医院实际情况落实；每年为区医院贷款贴息500万元；建立卫生人才专项资金每年200万元；每年安排300万元用于基层医院设施设备更新。

【应急管理强化卫生保障】 巩固卫生应急示范区建设成果；筹集资金270万元，贮备医疗器械药品69种819台件（盒），贮备防疫、防护、检测、消杀药品76种14162件（盒），实施应急指挥系统升级，配置对讲机35台、定位系统33台，应急物资储备库建设达标80%以上；充实医学救援、传染病防控、中毒处置应急队伍，开展H7N9禽流感等培训，先后演练20余次；开展风险评估，与食药监、畜牧、旅游、水务等交换评估结果；成功开展“11·23”地震应急救援，成功处置腮腺炎、手足口病、诺如病毒等疫情6起。

【培育工程强化人力保障】 公开招聘和招录8名本科生到区级医疗机构，安置农村订单定向本科毕业生7名到基层医院；从四川省乐山引进麻醉专业正高1名、从新桥医院引进脑外科博士1名；公开考核招聘紧缺实用专技人才3名和属地化医学专科生10名，需到基层卫生院服务5年以上才可调动。继续与高校合作，每年选送10名高考定向生到高校学习，共有在读定向生24名。基层专技人员必须到上级医疗机构进修半年或一年，并作为晋升职称的重要条件，3人参加市级全科医师转岗培训，5人到市级医院进修，51人到上级医院进修。注重学术技术带头人培养，现有第五届区级学术技术带头人18人，后备人选24人。

【许可监督强化法治保障】 在成功构建区乡村三级监督执法体系基础上，积极探索将卫生协管与监督执法有机结合，实现两者职责统一，使全区重点难点工作得到全方位有效监管。进一步规范监督执法行为，推进执法全过程记录制度，实施痕迹管理。加强执法人员业务能力提升，开展集中培训4次；开展科室对接片区进行业务指导，走在全市前列。突出工作重点，在做好城区日常监管基础上，全力抓好旅游景区、乡村旅游沿线的卫生监管，累计查处违法案件131件，罚处23.9万元。深化行政审批制度改革，规范统一19项行政许可目录，优化网上行政审批流程，实施行政许可标准化建设，办理各类审批1242件。加强事中事后监管，全面推开“双随机一公开”监管新模式，强化检查结果运用，在政府网站实时公开，推进社会信用信息体系建设。

【安全稳定强化基本保障】 完善安全责任体系，推行一岗双责，失职追责，完成8个卫生院消防双通道基础建设，32个单位视频监控建设，推进日周月安全排查制度，强化重点部门重点领域重点节段安全监管；接访130件次，化解医疗纠纷34件，稳控退岗乡村医生、计生并发症等。

【计生工作】 2017年，其卫计委通过计生赶场、卫生下乡、专栏、电视、网络等媒体，传播婚育新风等知识，营造深入推进计划生育基本国策的良好氛围。重拳出击保障性别治理。实施“关爱女孩”行动，开展打击“两非”专题培训2次，会同食药监等部门开展联合执法5次，出生人口性别比控制在105。通过“自主采集、办事采集、共享采集”多种形式确保数据真实。全员人口信息覆盖率、准确率达99.8%、99%，户籍家庭准确率达96%，居住家庭准确率达90%，亲缘家庭准确率达70%。深入完善生育服务登记制度，进一步优化办理流程、简化办理手续，推进网上办理和承诺制、代办制等便民利民措施。全年共办理生育服务证3035本，生育登记服务目标人群覆盖率为86.81%，符合政策生育率为97.17%，出生人口信息准确率为100%。共13397人（次）享受各类奖励扶助等政策，发放资金1094万元，政策落实及时率达83.72%；实施全覆盖慰问，发放慰问金约17万元；健全落实结对帮扶制度，落实“3+X”联系人750人（次）；筹资5.9万元，为330人办理住院护理保险，已受理理赔案44件，办结37件，理赔到位金额7.68万元；组织心理医生开展计生特殊家庭精神慰藉和心理疏导服务。注重流动人口服务覆盖。深入开展流动人口服务，加快流动人口信息管理平台建设，流动人口“一盘棋”机制有效建立，建立服务档案15006份，建档率65%。

卫生监督

【概况】 2017年，全区有区级医疗机构5个，民营医院7个，乡镇卫生院26个，村卫生室195个，个体诊所82个，单采血浆站1个；有宾馆酒店664家、美容美发273家、洗浴单位15家、歌舞娱乐11家、游艺厅6家、影剧院1家、商场9家、学校109所；集中式生活饮用供水单位32个，二次供水单位4个。

【卫生监督执法检查】 2017年，全区卫生计生年度监督覆盖率达到99%以上，其中生活饮用水卫生、学校卫生、职业（放射）卫生技术服务机构、放射诊疗、医疗卫生、采供血机构、计划生育等7个专业监督覆盖率达100%；公共场所卫生、传染病防治等2个专业监督覆盖率达99%以上。全年人均查办案件数实现新的突破，共计查处卫生案件143件、同比增长53.76%，监督员人均查办案件近10件，其中简易程序案件未超过一般程序案件的20%。

2017年，夯实“三级”监管体系。先行先试，将卫生监督协管服务移交到乡镇政府，通过反复的“培训＋考核＋复检”，基本达到迎检标准。保障乡镇协管经费，促进乡镇监督执法及协管工作推动更加顺畅。提升乡镇执法队伍能力。全年累计培训执法（协管）人员300余人次；专题研究乡镇监督执法和协管工作4次；开展集中督导考核2次；科室实地指导乡镇达100多次，其中指导协管资料规范60余人次。加大监管工作力度。全年监督检查覆盖公共场所980户、医疗机构311家、学校109所、集中式供水站36个。同时，完成公共卫生、学校卫生等8个专业监督抽检工作，共抽检城区公共场所单位453家、学校14所、饮用水卫生单位36家，医疗卫生单位144家，职业卫生和餐饮具集中消毒服务单位各1家以及抽检计划生育专业5家。完成民营医院依法执业、医疗机构医疗废物、游泳场所卫生等3项专项监督检查行动。全年查处公共场所案件59件、生活饮用水13件、传染病防治33件、医疗机构违法24件、放射诊疗2件、无证行医9件、学校卫生3件。全年共受理各类审批事项1340件，办结1298件，准予行政许可1295件，发放健康证是11700本。

（区卫计委）

疾病控制及预防

【传染病防治管理】 甲乙类传染病发病情况。根据中国疾病预防控制中心疾病监测信息报告管理系统统计分析结果，全年无甲类传染病发生，共报告乙、丙类传染病17种计2258例，死亡2例（肺结核、艾滋病各1例）（按审核日期统计）。其中：报告乙类传染病11种，发病1346例，发病率320.47/10万，死亡2例，死亡率0.49/10万，发病较去年上升24.28%。报告发病率居前三位的依次为：肺结核（159.76/10万）、肝炎（96.67/10万）、梅毒（37.14/10万）。报告丙类传染病6种，报告发病912例，无死亡病例，发病率为217.14/10万，发病较去年下降40.78%。报告发病率居前三位的依次为：其他感染性腹泻病（121.90/10万）、手足口病（66.90/10万）、流行性腮腺炎（22.62/10万）；按时完成12期疫情月分析、5期突发公共卫生事件风险评估报告、2期传染病疫情预测预报的编写及上报工作；对各网络直报单位进行技术指导，及时审核订正直报单位报告的传染病报告卡并剔除重卡。

重点传染病防控成效明显。全年无霍乱病例发生，无H7N9病例报告，据不明原因肺炎病例监测报告汇总统计表统计，门诊共计登记病例数89077例，发热病例数473例，呼吸系统发热病例数290例，发热肺炎例数121例，对城区兴旺农贸市场及红豆农贸市场的4个活禽宰杀摊位进行H7N9环境监测，共采集标本60份，检出禽流感病毒阳性标本42份，阳性率70.00%，其中H5、H9核酸检测阳性标本分别为5份、37份，5份标本为混合阳性，无H7N9阳性标本；全区报告手足口病病例281例，无重症病例及死亡病例发生，发病率为66.90/10万，较上年同期下降59.28%，开展手足口病样品检测，共采集肛拭子或粪便标本30例，检出阳性20例，其中CoxA1610例，EV711例、其他肠道病毒9例；无一犬伤多人事件发生，区人民医院设立24小时狂犬病疫苗接种门诊，运行良好；无流感疫情发生，学校流感防控意识进一步增强；开展乙肝项目监测工作，共报告乙肝病例350例，其中区内医疗机构报告乙肝172例（急性乙肝15例，慢性乙肝157例），无未分型肝炎报告，对非慢性乙肝个案流行病学调查31例，调查率100%。

【暴发疫情突发公共卫生事件处理】 2017年全区累计发生突发公共卫生事件13起，其中传染病突发事件6起，疑似食物中毒6起，水污染1起。按事件级别分类，较大事件1起，一般事件2起，未分类事件1起，未达事件报告级别7起。及时有效处置仙女山诺如病毒、平桥镇水污染、实验小学水痘等疫情。

【性病艾滋病防治工作】 全年共报告性病4种245例，无死亡病例报告，报告发病率为66.22/10万，与去年相比上升20.10%。其中淋病42例占17.14%，梅毒156例占63.67%，尖锐湿疣33例占13.47%，生殖器疱疹14例占5.72%。

【结核病防治项目工作】 全年就诊可疑结核病人数1202人，可疑就诊率为300/10万，咳嗽咳痰大于等于2周可疑结核病患者检查率为100%；共发现活动性肺结核395例，患病率96/10万，其中新涂阳64例占16.2%，复治涂阳11例占2.7%，初治涂阴320例占81.1%，395例均纳入免费治疗和结核病健康管理，及时申请医保慢病报账；按时开展健康服务、第一次入户随访和督导随访管理；完成密切接触者筛查，共登记肺结核涂阳病人75例，密切接触者筛查85例，筛查率100%，未发现结核病患者；TB/HIV双感筛查360例，筛查率为90%，发现艾滋病患者1例；耐药筛查痰培养100例，已出报告95例，痰培养阳性60例，送市结防所做药敏试验52例，发现单耐利福平1例，及时转诊到南川区人民医院治疗并申请医保办理耐药结核病单病种结算。2017年全区发现肺结核学生31例，占肺结核病例总数的7.84%，其中活动性肺结核27例，结核性胸膜炎4例，辖区内学校发现学生结核26例，均纳入治疗管理，按规范要求及时向学校反馈学生结核病诊断通知单，出具休学证明和复学证明。对25例开展疫情处置和密切接触者筛查（另1例密切接触者筛查由高考体检完成），共筛查学生肺结核密切接触者940人次，其中结核菌素试验（PPD）225人次，胸片394人次，结核抗体321人次，发现疑似肺结核病例6例，确诊1例肺结核。全年应转诊、追踪530例，追踪到位207例，转诊到位17例，总体到位224例，总体到位率41%。

【地方病项目工作】 布鲁氏菌病防治监测　对全区巷口、仙女镇、庙垭、沧沟等11个乡镇开展布鲁氏菌病防治监测工作，累计完成1020人重点人群（接触牲畜及畜产品者）布病疫情监测摸底，完成236名重点人群的血清学采集和检测，检出1例布病阳性感染者。

芙蓉江浩口电站水库库底卫生清理　完成电站水库库底卫生清理，完成芙蓉江浩口电站水库一般性污染源牲畜栏17处，消毒牲畜栏面积2046平方米，清理粪池17个，清运数量682立方米，回填量682立方米，消毒面积2046平方米，清理普通坟墓203座，消毒面积达5000平方米，其中小于15年的1座，消毒面积15平方米，大于15年的202座，消毒面积3030平方米，任务完成率100%；对居民区开展鼠类灭鼠4108平方米，开展耕作地灭鼠263000平方米，累计投放毒饵1000千克。

碘缺乏病监测。对全区26个乡镇开展居民饮用水水碘含量监测，共监测水碘样品502个，针对小学8～10岁学生开展重点人群碘营养现状监测230份，针对100名孕妇尿碘、家庭食用盐情况进行抽样检测。共采集区人民医院、区中医院、区妇幼保健院、区疾控中心、福康医院污水样品20个进行致病菌检测，结果均合格。

【慢性病防治】 全年累计管理高血压23634人，管理率为34.30%，规范管理高血压患者14201人，高血压规范管理率为60.08%，最后一次血压控制达标12775人，血压控制率为54.05%；累计管理糖尿病3121人，管理率为17.60%，规范管理糖尿病患者1882人，糖尿病规范管理率为60.30%，最后一次血糖控制达标1604人，血糖控制率为51.39%。各医疗机构按规范要求认真对建档患者进行健康体检和至少4次面对面随访工作。全年已终审死亡2706人，粗死亡率7.81/10万，26个乡镇已实现死亡报告全覆盖；全年共报告恶性肿瘤657例，报告发病率189.50/10万，报告脑卒中786例，报告发病率为226.71/10万；开展全民健康生活方式行动和“三减三健”（减盐、减油、减糖，健康口腔、健康体重、健康骨骼）活动。组织开展2017年武隆首届“万步有约”职业人群大奖赛，共20个小分队，400名队员参赛，大赛万步率达到90%的人占参赛人数的33.08%。

【免疫规划】 冷链运转　对全区26个乡镇继续坚持一月一次冷链运转，全年共发放生物制品21种94857支，其中一类疫苗66711支，二类疫苗28146支。基免报告接种率：卡介苗99.83%(2936/2941)，脊灰疫苗99.76%(10459/10484)，百白破99.81%(9770/9788)，麻风99.78%(3231/3238)，乙脑99.75%(3637/3646)，流脑99.72%(6421/6439)，甲肝99.83%(3441/3447)，乙肝99.84%(8777/8791)，其中首针及时率98.84%(2376/2404)。加强免疫报告接种率分别为：麻腮风99.79%(3376/3383)、百白破99.65%(2859/2869)、乙脑99.63%(2997/3008)、A+C流脑99.68%(5342/5359)、脊灰疫苗99.80%(2943/2949)、白破二联99.22%(3195/3220)。向26个接种单位免费发放接种证5000本；加强免疫报告接种率均高达99%以上。向26个接种单位免费发放接种证5000本。

流动儿童管理　全区流动儿童基础免疫报告接种率卡介苗100%(6/6)、脊灰疫苗100%(87/87)、百白破100%(89/89)、麻风100%(30/30)、乙脑100%(37/37)、流脑100%(69/69)、甲肝100%(21/21)、乙肝98.12%(53/54)。加强免疫报告接种率分别为：麻腮风100%(25/25)、百白破100%(47/47)、乙脑100%(32/32)、A+C流脑100%(68/68)、脊灰疫苗100%(40/40)、白破二联100%(51/51)。

【公共卫生监测】 全年完成各类卫生监测2000余件，获取监测数据3万余条。预防性健康体检。从业人员体检方面，全年累计免费体检食品和公共场所从业人员12000余人次，减免费用190余万元，实现行政性事业收费取消后的平稳过渡。职业健康体检方面，全年职业健康体检986人，检出疑似职业病33例，均为疑似尘肺，职业禁忌证32例。学生体检方面，对全区84所中、小学校共体检46238人次，体检率92.91%，体检覆盖率100%，中心完成城区及巷口镇所辖区域19938名学生健康体检，其余26300名学生体检由所辖乡镇卫生院完成。

卫生监测方面，完成各类水质监测454件，合格252件，合格率55.5%，不合格的主要原因是感官、微生物、耗氧量、pH值、锰等指标超标。农村环境监测方面，完成5个乡镇20个监测点、100个监测户、5所小学校环境监测，完成20个村的土壤样品农村环境卫生监测，检出蛔虫卵4件（分别是沧沟乡大田村、黄莺乡黄莺村和隆兴村、双河镇团兴村），重金属铅镉铬未见超标。

食品风险监测方面，累计完成国家食品安全风险测11类123件样品的采样、检测，上传数据483条，上报食源性疾病病例46例和1起食物中毒事件；完成重庆市地方食品监测95件样品的采样、检测和上报。国家食品安全风险监测情况：完成食品化学性污染物和有害因素监测44件，上传检测数据233条，其中常规监测包括米粉15件、鸡蛋9件；专项监测富硒食品20件（包括水果、保健食品、谷物及其制品、茶叶等7类）。44件样品分别来自农贸和批发市场（占30%）、超市（占18%）、食杂零售店（16%）和网店（36%），检测结果均未超过标准限值，完成食品食源性致病菌监测75件，上传检测数据250条。样品类别包括餐饮食品、乳与乳制品、水产品等6大类，完成率100%。结果在1件食品中检出致病菌，致病菌检出率1.33%；对3所哨点医院开展食源性疾病病例监测及暴发监测食源性疾病病例46例，其中区人民医院20例；区中医院3例，福康医院23例；食物中放射性污染监测共采集本地（双河镇、黄莺乡、巷口镇）4件样品送市疾控中心检测，包括秋季蔬菜（菠菜、莴笋、莲白）3件和大米1件。地方食品监测情况：共监测食品95件，检测指标17项，上报检测数据1475条，样品包括鲜辣椒和鲜辣椒（晒干或烘干）样各20件，监测铅、镉、铬、二氧化硫、农药残留（包括敌敌畏、辛硫磷、毒死蜱、溴氰菊酯等11项）等指标；干辣椒和辣椒面各20件，监测指标包括铅、镉、铬、二氧化硫、农药残留、罗丹明B、碱性橙Ⅱ；火锅汤料15件，监测指标包括酸价、过氧化值、总砷、铅、铬、镉、汞、亚硝酸盐、苯并芘、黄曲霉素B1、羰基价和极性组分。

职业病危害因素监测，完成职业病危害定期检测2家，所检测指标包括噪声、工频电场、总粉尘浓度、呼吸性粉尘浓度、游离二氧化硅含量等5项，采样件数20余件，现场检测15次。

公共场所用品卫生监测351家790件，64家68件不合格，合格率分别是81.77%、91.39%；完成巷口镇、双河镇等11个乡镇重庆市“双随机”重点监督抽检任务，累计监督抽检47户，合格7户，合格率14.89%。其中住宿旅馆业35户合格4户，美容美发业12户合格3户。不合格原因主要是公共场所用品微生物和室内空气PM10超标。

【健康教育】 全年印发各种宣传资料12种共计29万余页（册），自制艾滋病宣传资料50000余份，自制基本公共卫生服务宣传实物170000余个，新增印刷公民健康素养66条宣教本50000册、艾滋病宣传折页20000份。利用预防接种日、结核病日、全民健康生活方式行动日、世界艾滋病日等卫生日积极开展公众健康教育咨询活动，结合中医养生、慢性病防治等健康知识开展大型宣传、咨询活动290期次，进一步提升公众健康素养；全年累计更新专栏1232期次，开展讲座436期次；充分利用电视、报纸、LED等大众传媒传播健康知识，武隆电视台对健康教育工作和多个主题公益广告进行多次播报；《武隆报》、政府公众信息网、华龙网共刊登健康核心知识37期次；利用乡镇客运小巴座套，宣传国家基本公共卫生服务知识，打造健康教育宣传的新局面。

（区疾控中心）

爱国卫生

【卫生单位日常管理】 对45个重庆市卫生单位、

10个区级卫生单位，2个重庆市卫生乡镇（仙女山镇和江口镇）进行复查，2个市级卫生乡镇（石桥乡和白马镇）迎接市爱卫办的复查验收，16个重庆市卫生村、22个区级卫生乡镇开展年度复查，对36个无烟单位（含乡镇卫生院）开展督导检查。

【病媒生物防制工作】 坚持以环境治理为主的综合防制原则，利用周末大扫除，全县各单位、各行业开展以消除卫生死角、消除病媒生物滋生地为重点的环境卫生整治行动。请区病媒生物防制公司专业人员对病媒生物防制工作进行2次培训，参训人员有社区、居委及重点单位人员，培训人员100余人次。在化学防治中，统一使用国家推荐使用的杀虫、灭鼠药物，全年开展全县春秋季统一灭鼠活动和农村农户灭蟑螂行动，以及夏季灭蚊灭蝇和灭蟑螂活动。接受市爱卫办组织的2017年度县城区病媒生物防制工作绩效考核。全年全区26个乡镇2万户农户统一灭鼠投放鼠药3800千克，城区公共区域（公路两旁绿化带，街心花园、乌江沿岸，社区，农贸市场，汽车站，火车站、公厕、垃圾站、点等）城区临街“五小行业”900多家进行集中消杀，全年共投放灭鼠药1910千克、灭蚊蝇打药86725千克，投放蟑螂药14088包，安放毒饵盒2015个，发放宣传单2万余份，宣传册2000余本，受教育群众50000余人。

【健康教育工作】 印发各种宣传资料13种共计9万页（册），自制基本公共卫生服务宣传实物（雨伞、围裙、扇子、手提袋、年画）5万余个。全区开展结核病日、预防接种日、高血压日、糖尿病日、艾滋病日等相关宣传、咨询327次，其中参与人数达200人以上的大型宣传活动有30余次，开展健康知识讲座和健康生活方式宣传活动546期，内容涵盖中医养生、慢性病防治、季节性传染病知识，基本公共卫生服务项目内容，其中重点针对学校艾滋病防治知识大型巡讲17次。累计更换健康教育专栏1221期，其中村卫生室896期、公立医院312期。利用电视、LED、报纸、就诊大厅避孕药具发放机和资料存放架等平台开展健康知识传播。电视台对武隆区健康教育工作进行15次专题报道，并在固定时段播放《送烟＝送危害》《国家基本公共卫生服务》《给自己信息，让家人安心》《防治艾滋病，我们一起来行动》等主题公益广告；《武隆报》累计刊登健康知识22期；利用LED宣传平台滚动播放人感染H7N9禽流感、国家基本公共卫生服务政策、艾滋病公益宣传、洪涝灾害卫生应急等健康知识6期；利用手机短信平台发布手机报健康信息23条。利用公交车车载电视播放呼吸道传染病的防治、艾滋病宣传和接种疫苗宣传合计1000余小时。成功承办“三减三健·共享健康”全民健康生活方式行动暨“万步有约”健走赛启动仪式及颁奖仪式，举办武隆区第一届“万步有约”职业人群大奖赛，招募20支小分队，396人参赛，累计招募健康生活方式指导员100名，覆盖对象包括居民、学生、干部、医务人员等共计16万人。完成4期健康教育工作季度报表上报及各项工作简报、信息的编写和报告合计20余份。

【宣传工作】 组织策划实施“4月爱国卫生月”“5·31控烟日”宣传活动，共主办宣传专栏280期（块），发放宣传资料20余种50000余份，受教育面达30000余人（次）。

（区卫计委）

妇幼保健

【重点民生实事】 农村妇女“两癌”免费检查项目。共免费检查宫颈癌14115人，查出宫颈癌癌前病变35人（CIN1：19人，CIN2–CIN3：16人），宫颈癌2人。免费检查乳腺癌8361人,查出乳腺癌3人。孕前优生健康检查项目。2017年免费筛查1835人,完成任务数(1828人)的100.38%,高风险人群随访率95.56%,家庭档案合格率100%。

孕妇产前唐氏综合征免费筛查项目。共免费筛查1431人,发现高风险人群23人,完成新生儿随访11人。孕期胎儿缺陷免费筛查项目。共免费筛查1191人,筛查率92.35%,筛查出缺陷儿4例,出生缺陷发生率0.34%。

【妇幼健康服务工作】 产科质量管理。邀请附二院妇产科专家开展妇产科业务培训1次,培训人员150人。降低非医学需要剖宫产率。全区剖宫产率40.14%,比上一年降低4个百分点。孕产妇和儿童系统管理。孕产妇系统管理率88.53%,0～6岁儿童健康管理率93.31%。计划生育药具管理和技术服务工作。全区免费发放各类药具3万套,免费开展各项计划生育手术170例,免费总金额1.5万元。贫困地区儿童营养改善项目。开展区级项目培训2次,培训项目人员125人次。全区儿童营养包应发放49180盒,实际发放46236盒,营养包发放率94.01%,有效服用率76.53%。监测评估调查儿童共300人,贫血患病率19.33%,比2016年下降21.55%,生长发育迟缓患病率6.33%,比2016年下降7.99%。妇女儿童健康指标。孕产妇死亡率为25.46/10万,婴儿死亡率4.58‰,出生缺陷发生率3.36‰。健康教育工作。全年进社区、机关、企事业单位开展健康知识讲座5期。开展"宝宝爬行比赛"和"孕妈风采秀"大型公益活动各1期。深入乡镇、社区等开展义诊宣传和免费发放药具活动12次。根据季节性变化制作疾病预防、用药指导等知识的健康教育宣传专栏6期。开展个性化健康教育入户访视425余人。全年发放健康教育处方6000份,受教育人数达约2万人。

(区妇幼保健院)

急　救

【概况】 武隆区人民医院内设急诊抢救室1间,急诊手术室1间,内、外诊室各1间,留观病房多间,以及重症监护病房(ICU)单元,总占地面积约800平方米。急救部急诊抢救室抢救设施齐全,配备有呼吸机2台、便携式呼吸机1台、除颤起搏监护仪2台、多参数监护仪2台、喉镜2套、LION微量注射泵2台、全自动洗胃机1台、便携式心电图机等设备。

2017年,区人民医院共接待门急诊22638人次(门诊13348,急诊9290),全年(1—11月)"120"出诊1570人次;向科室输送住院病人1645人次;收治住院病人1003人、留察病人1918人、抢救112人、洗胃77人、血液透析4800人次。完成指令性任务50余次,出动100余人次。业务收入:1556.54万元,其中门诊收入1009.34万元,住院收入547.2万元,药占比% 32.63%。

是年,区人民医院成为"重庆市重症医学联盟单位";在参加区卫计委组织的卫生应急技能竞赛"紧急医学救援(中毒处置)"中斩获团体一、二等奖。

【医疗安全质量】 成为中国急诊质控联盟、急诊医学联盟会员单位。建立完善急诊"绿色生命通道"服务的流程、预案,确保及时、顺捷、有效、安全。完善"24小时"急诊医疗服务的目录与内容、急诊工作流程、文件资料管理、规范生命医疗服务体系的建设与管理,协调各个临床科室对急诊科工作的配合。建立对"大批量病员及灾害性应急工作"进行分类管理的程序。完善"急诊留观病人24小时内明确诊断、病情稳定到安全入院"的急诊分流工作。加强上级医师急救指导及三级会诊制度的执行力度,加强与其他专科的协作配合,提高危重症患者的抢救成功率，达到98%以上。组织全科室医务人员重视消防安全，强调医疗安全及消防安全的重要性，开展消防应急预演。承担支援仙女镇卫生院暑期应急、医疗质量、急危重症的处理，完成医疗保障任务几十起（山地越野赛、仙女山音乐节等大型活动）。1—11月份完成10余起大型医疗应急救援抢救。执行首诊负责制、交接班制度、危重病人抢救制度、各级各类人员职责制度、依据病情优先获得诊疗程序。加强留观病历考评工作，重点检查与医疗质量和患者安全相关的内容，完善“定期检查、考评、反馈、总结”的质控制度。重点监控“环节管理、疑难病历讨论、死亡病历讨论、三级医师查房处理意见、院前病历的管理、交班本、门诊登记本、危急值登记本、医疗质量控制记录本等”，做好急诊工作中的医院感染管理工作，急诊专业护士岗位培训及继续教育，带教护理实习生80余人。

【设备管理】 区卫计委配置80余万元监护型救护车，强化对急诊医疗设备的定期维护、监测及专人管理，及时发现问题、排除故障，抢救设备完好率达到100%。加强专业训练、规范操作，要求医护人员熟练掌握、正确使用，确保满足急救需求。严格控制院内感染，强调制度化管理。

【服务管理】 全年无医疗事故发生；延伸服务范围，保证服务质量，全面提高医疗服务水平，提高患者满意率，构建和谐的医患关系。全年共获得锦旗、感谢信、表扬、满意度调查数十人次。护理上提高服务质量主动迎接病人，要求护士听到救护车的鸣声后要迅速推车到急救部大门接诊病人。为无陪人的老弱病人代挂号、取药。每个急诊住院病人均有护士和护工护送入院。

【院前急救】 完善“院前急救体系”的建设，健全全区120指挥中心，合理配置车载急救设备，如心电监护除颤仪，简易呼吸机、电除颤等高级生命支持等；加强院前急救知识及专业技能的培训力度，提高急救专业队伍的院前急救水平。完善“急诊医疗体系”的建设，实现“急诊及急救业务”的新增长点。

（区人民医院）

中　医

【概况】 2017年，中医处方总数为57748张，占处方总数71%，全院中医非药物治疗处方数为31729张。

【宣传工作】 为宣传贯彻《中华人民共和国中医药法》（以下简称中医药法），弘扬发展中医药文化，医院开展多种形式的宣传活动。首先，在组织职工学习中医药法的要义，通过展板、LED显示屏等展示中医药法的精神。其次，举办中医药法宣传周义诊活动。主要开展中医药法及中医药知识宣传、患者咨询服务、免费测量血压服务，专家诊治免收挂号费、专家费。

【中医药服务能力】 加强中医药服务能力建设，推进中医药健康管理服务项目。全年培训各乡镇中医药健康管理人员50余人次，到各乡镇卫生院督导中医药健康管理服务4次，组织芙蓉中路社区老年人体检350人次，中医体质辨识400余人。举办中医住院医师培训，组织西医人员学中医药知识和技能培训，全年共计100学时，考核合格率达96%。启动医联体建设，提高医疗服务水平，济南市中医院、涪陵区中医院对口支援，亲临医院进行现场考察和调研。全年派出业务骨干到上级医院进修7人次，参加各类中医学术交流及培训40余人次。坚持每周二参加中医药适宜技术网络视频学习，全年共计48次，掌握中医药知识，学习推广中医中药知识和中医事宜技术。培养和引进专业技术人才，引进中医类本科毕业生 5 名。

【专科建设】 加强学科建设，重点培育针灸理疗、风湿疼痛科、肛肠科建设。医院主持申报的区级课题平衡针中药蜡疗配合颈椎牵引治疗寰枢关节紊乱的临床研究，已获区科学技术委员会立项申请，现正在实施中。积极开展新业务、新技术项目 9 项，包括针灸科开展的中药封包及蜡疗技术。

（区中医院）

人力资源与社会保障

【综述】 2017 年，全区参加失业保险 20965 人，失业保险费收入 620.33 万元，领取失业金 455 人，失业保险金支出 582.99 万元。全区参加工伤保险 39394 人，工伤保险费收入 1433.41 万元；享受工伤保险待遇 543 人，工伤保险待遇支出 1729.29 万元。全区参加城乡合作医疗保险 344809 人，享受待遇 783303 人次；大病保险覆盖 344809 人，享受待遇 17375 人次。生育保险参保 25440 人，参加城乡居民基本养老保险 155305 人。

全年有 4716 人享受城市居民最低生活保障，16417 人享受农村居民最低生活保障，其中涉及建档立卡贫困户 5844 人。农村特困人员救助供养人数 1323 人。全年资助 33086 名困难群众参加基本医疗保险。

【概况】 重庆市武隆区人力资源和社会保障局位于芙蓉街道芙蓉中路 45 号，是区政府的 27 个组成部门之一，内设 14 个科室，即办公室、政策法规科、规划财务科、人力资源市场科、公务员管理科、事业单位人事管理科、劳动关系科、工资福利退休人员管理科、工伤认定科、社会保障科、社会保险基金监督科、调解仲裁科、劳动保障监察科、组织人事科。下属正处级参公事业单位 1 个（社会保险局），副处级参公事业单位 1 个（就业和人才服务局），正科级参公事业单位 3 个（监察支队、仲裁院、劳务办），正科级事业单位 3 个（信息中心、职业鉴定所、档案管理所）。全系统核定编制 114 名，现有在编职工 106 人，在职职工 107 人（其中派驻纪检组长编制在区纪委），退休职工 25 人。2017 年，区人力社保局坚持以“民生为本、人才优先”为工作主线，开展城乡就业、社会保障、人事管理、劳动维权等工作，推进人力社保事业改革发展。

【工资福利】 完成 2016 年全区机关事业单位的

表 29　　2015-2017 年主要社会保险的参保人数统计表

单位：万人

指标名称	2015 年	2016 年	2017 年
失业保险	2.06	2.07	2.10
工伤保险	2.93	3.51	3.74
生育保险	2.39	2.42	2.54
城乡养老保险	15.48	15.77	15.53
城乡医疗保险	35.41	35.24	34.48

工资年报和公务员试调查审核工作。审批完成2017年全区机关事业单位在职人员晋级、晋档、晋薪、岗位变动、学历变动、重新确定等工资变动1446次；完成2016年机关事业单位年终一次性奖金审批；完成2017年事业单位基础绩效标准调整；完成2017年遗属生活困难定期补助标准调整；审批兑现2017年全区事业单位超额绩效；审核兑现全区机关事业单位2017年绩效目标考核奖。完成退休“中人”一次性补贴审批；完成建初干部生活补贴标准调整；完成离休干部护理费调整；完成健康休养费调标兑现。全面审核机关事业单位退休人员纳入养老保险的基础数据，完成机关事业单位养老保险中间库数据的对比、整理和导入。规范未休年休假待遇的管理。办理新增遗属生活困难补助31人；办理“中人”老办法退休待遇177人。

【社会保障】 2017年，全区参加城镇职工养老、城乡居民养老、城镇职工医疗、城乡居民医疗、失业、工伤、生育保险分别达3.5万人、15.5万人、3.4万人、34.5万人、2.1万人、3.9万人、2.5万人，征收城镇职工养老、城乡居民养老、城镇职工医疗、城乡居民医疗、工伤保险费分别达24161.49万元、1759.44万元、17894万元、5045万元、1433万元，征收机关事业单位养老保险费48111.76万元，城乡居民养老和医疗保险参保率稳定在95%以上；发放社会保险待遇8.9亿元。社保卡持卡人数达41.2万人，持卡率达99.8%。城乡居民门诊统筹签约23198人，门诊统筹报销751.2481万元。

推进社保制度改革，全面落实退休社保关系跨省市、跨城乡、跨区县无障碍接续；实现机关事业单位退休人员从财政发放退休金推进到由社保基金发放养老金的平稳过渡。推行医保支付制度改革，建立三级审核机制，实行按项目付费、床日付费、单病种付费，多种付费相结合；全程跟踪督查指导和对医疗费用支付的测算等措施助推公立医院改革，确保全区公立医院改革工作顺利启动。

落实困难企业降低缴费基数和小微企业降低费率的政策。为103户小微企业和101户困难行业企业减负约3253万元。从2015年落实降低社保费率政策以来，累计为103户小微企业和101户困难行业企业减负约9620万元。

落实待遇审核计算、调整及发放工作。企业退休人员：全区符合调整基本养老金退休人员23050人，参与调待人员21974人（因未进行资格认证无法核实生存状况暂停发放养老待遇的1076人未纳入本次调待范围），其中参加城镇企业职工养老保险退休人员6442人，月增养老金108.9万元，人平均月增169.05元；“两类人员”15532人，月增养老待遇150.82万元，人平均月增97.1元。通过连续13年的调整，全区参加城镇企业职工养老保险退休人员基本养老金已从2005年的人月平均502元提高到2451元，“两类人员”从2008年人月平均养老金从500元提高到1143元。机关事业单位退休人员：全区符合2017年调整基本养老金的退休人员3710人，月调整基本养老金总额为761435元，其中：每人定额调整标准50元；在定额调整的基础上，厅局级月调增210元、县处级月调增165元、乡科级及以下月调增125元；对70岁以上的退休人员再在上述调整基础上每人每月再增加50元。上述调整标准从2017年1月起执行，并按全市统一要求于7月28日将1月至7月补发调待资金全部通过银行兑付到退休人员银行卡中。所需经费1818万元和527万元，分别由城镇企业职工养老保险和机关事业单位养老保险基金支付。

【就业管理】 2017年，城镇新增就业4944人，完成目标任务的124%；城镇失业、就业困难人员就业 4455 人；发放创业担保贷款 1.03 亿元，完成目标任务的 180%；城镇登记失业率下降到 1.96%；市外农民工返乡创业就业 4180 人，完成目标任务的 104%。

开展春风行动、就业援助月、贫困劳动力专场招聘会等专项活动，努力保障高校毕业生、城镇零就业家庭、“4050”人员、退役士兵等重点群体就业；指导建设创业孵化基地 1 个，入驻企业 20 余家；推荐 3 个大学生项目申报全市“泛海扬帆”行动，1 人获得资助；新增乡村旅游、特色瓜果栽培、蜡染等 3 个重点特色职业（工种）培训项目，全年开展职业培训 1566 人；服务去产能企业等领域供给侧结构改革，减轻企业负担，发放稳岗补贴 237.9 万元；发放社保补贴 121 万元，惠及企业 270 余家；定期开展人力资源市场供需信息分析，开展招聘活动 20 余次，提供岗位 8000 余个；发布招聘信息 519 条，职业介绍成功 1902 人；落实送工激励政策，为市重点智能终端企业送工 6230 人。

【农村劳务开发】 促进农村劳动力和贫困劳动力就近就地转移就业。开展车站归途服务活动、农民工日政策宣传送岗位等活动，为农民工提供政策咨询，信息引导和维权服务，全年开展政策咨询活动 50 余次，发放宣传资料 3 万份，提供政策咨询 8000 人次，新增就近非农就业 4155 人。2017 年，全区农村建卡贫困户累计转移就业 7013 人。大力发展家庭服务业促进就业。全年培训中级养老护理员 200 人。开展农民工新市民培训，促进农民工社会融合。在巷口镇、火炉镇、文复乡、沧沟乡等通过开设道德礼仪、安全法纪等课程，共培训新进城农民工 2000 人，提高农民工的综合素质。开展农村劳务经人培训。组织两期农村劳务经纪人培训共 260 人，保障每村有 1—2 名农村劳务经纪人。对接东西部扶贫劳务协作。与山东省济南市人社局签订家政服务劳务对接扶贫行动协议和劳务扶贫框架协议，济南与武隆人力资源市场信息互联，在济南市招聘网和武隆区人力社保局网站上开辟东西部扶贫劳务协作专栏，相互开放和提供网上用工和人力资源信息。组织开展东西部专场招聘会 1 次，前往东部就业 10 人。组织东西部扶贫协作农村建卡贫困户 SYB 创业培训 1 期共 50 人。

保障市外渝籍农民工合法权益。召集饰品、建筑、电子商务等在各自行业领域具有代表性的民工代表举行座谈会。2017 年驻义乌劳务办事处及时解决民工诉求，成功处理因劳资纠纷事件 76 起，交通事故善后纠纷 3 起，工伤事故纠纷 16 起，为重庆籍农民工挽回经济损失 102 万元。

开展外出务工人员意外伤害保险。2017 年全区共参保 36894 人，参保 45539 份，政府补贴保费 68.3 万元。截至 12 月底，全区处理医疗事故 245 例，赔偿 21107.86 元；伤残 3 例，赔偿 12000 元；死亡 17 例，赔偿 642000 元。

10 月 27 日，中式烹调师培训在区职教中心举行

（窦春胜　摄）

【劳动仲裁】 2017 年，累计办理劳动人事争议案件 1075 件，处理结案 1075 件，按期结案率达 95% 以上，全年累计为劳动者挽回经济损失 3000 余万元。加强裁审衔接，多次与区法院、市三中院、市仲裁院等单位沟通衔接，统一裁审标准，妥善处理辖区内某豆制品公司关于解除劳动合

同经济补偿金争议案。加强部门联动，多次与区司法局、区总工会、工业园区等相关部门联合处理辖区内发生的群体性劳动争议案件，妥善处理某车业有限公司、某劳务公司、某文化公司拖欠劳动报酬案件，为劳动者调解劳动报酬320余万元。加大网上办案系统信息录入，做好案件纸质件与网上办案同步录入。

【劳动监察】 有序开展日常接访和案件处理工作，实行“24”小时值班制度和“首接首问”责任制度，安排专人负责接待来电来访，跟踪案件处理进度。2017年受理举报投诉案件59起，立案54起，结案46起，其中工资类案件49起，为891名劳动者追发工资1557万余元。案件数、涉及人数和金额均较2016年略有上升。有序开展集中摸排处置“欠薪”问题。2017年共摸排出欠薪隐患矛盾21个，同比下降57.1%；涉及1744名劳动者，同比下降58.4%；涉及工资金额2753万元，同比下降62.7%。已解决13个项目，1384名劳动者，1764万元工资。没有发生因拖欠工资引发的恶性案件。严厉打击恶意欠薪行为。向公安机关移送案件5起，涉及劳动者260名，涉及工资288.89万元。实现应移尽移，与2016年相比下降40%。加大执法惩戒力度。2017年就用人单位不缴纳社会保险，拒不履行监察指令书的行为，区劳动保障监察支队对三家用人单位下达行政处罚决定1.8万元，实收罚款1.8万元。

开展清理整顿人力资源市场秩序专项行动。检查职业中介组织1户，检查招聘广告栏25处，核实清对招聘信息300余条，检查园区、景区各类用人单位100户。开展用人单位遵守劳动用工和社会保险法律法规情况专项检查。重点是劳务派遣企业、招用农民工较多的建筑、制造、采矿、餐饮企业和其他中小型劳动密集型企业以及个体经济组织，已补签劳动合同300余份。

建立农民工工资支付制度，完善考核机制。制订武隆区农民工工资应急预案，修正完善司法联席会议机制，严厉打击拒不支付劳动报酬案件。配合做好农民工工资保障金管理工作。对符合条件的缴纳农民工工资退还情形，及时反馈信息，对工资保障金的管理起到监督管理作用。全年收取7个项目保证金442.42万元，审批退还17个项目保证金415.49万元。

（区人力社保局）

社会事务

残疾人

【概况】 2017年，办理二代残疾证1162人，农业户口1067人，非农业户口95人；全区共有残疾人13512人，其中农业户口12232人，非农业户口1280人。

【残疾人信息数据动态更新】 扎实开展残疾人基本服务状况和需求信息数据动态更新工作。开展2017年度全国残疾人基本服务状况和需求信息数据动态更新，组织各乡镇对13340名持证残疾人进行核查、入户调查、资料收集、数据录入工作，完成调查人数13340人，其中入户调查12276人，电话调查644人，死亡注销352人、搬迁22人、空挂户9人、外出26人、查无此人11人，入户率达95.02%。建立残疾综合信息系统、办证系统和精准康复系统。

【惠残助残政策】 区政府办印发《武隆区“十三五”加快残疾人小康进程规划》《武隆区残

疾预防行动方案》和《武隆区残疾人精准康复服务行动实施方案（2016—2020年）》等一批政策性文件，为促进残疾人小康进程、推进残疾人精准康复奠定基础。聚焦残疾人“两不愁、三保障”，康复、就业及残疾预防等方面，进一步保障和改善残疾人民生，帮助残疾人全面小康社会，促进全区残疾人事业与经济社会协调发展。

【残疾人康复工作】 以“筑梦善行·残健共融”为载体，全面实施残疾人精准康复服务。投入57.25万元实施精神病患者康复服务865人，实现精神病患者康复服务全覆盖；转介全区各乡镇肢体残疾儿童到市残联定点医疗机构实施康复手术及康复训练19人；组织重庆市浩安假肢公司相关专业人员实施儿童矫形器验配15人；组织西南医院假肢中心实施矫形器验配2人，假肢验配15人，其中大腿10人，小腿5人，装饰性上肢4人；组织重庆市爱尔眼科医院对全区范围内视力残疾人进行白内障筛查，筛出有手术指针103人，办证手术33人，翼状胬肉4人；开展“爱耳日”活动，组织对300余名听力残疾人进行了免费检查及助听器验配，引资570万元为残疾人验配免费助听器150台。

【残疾人教育就业扶贫工作】 实施残疾人大学生（10人）和残疾人家庭子女大学生（78人）入学救助和残疾人在校大学生（12人）的生活补贴，救助金额25.9万元；开展武隆区第四届残疾人就业专场招聘会，参加专场招聘的残疾人500多人，达成意向性就业协议286人，实际就业38人；实施安置盲人按摩师就业扶持1人，扶持资金9000元；开展62名有意向性就业培训的残疾人电子商务培训，培训资金12.4万元；围绕全区“脱贫摘帽”工作本年度残疾人家庭退出建档立卡贫困户473户；残疾人康复扶贫贷款贴息项目3人，贴息金额14万元；农村贫困残疾人实用技术培训780人，投入资金18.6万元；农村贫困残疾人危房改造354户，投入资金354万元；扶持残疾人种养殖大户12户，扶持资金23.5万元。

【残疾人社会保障工作】 投入资金62.34万元，实施“阳光家园”托养服务项目1039人，实现就业年龄段智力残疾和重度肢体残疾人居家托养服务全覆盖；实施国家项目就业年龄内的残疾人托养，日间照料38人，投入资金5.7万元；贫困残疾人医疗救助困难救助12人，救助金额4.5万元；做好“残疾人两项补贴”审核发放，完成重度残疾人护理补贴和贫困残疾人生活补贴的审核、发放工作，为3611名贫困残疾人发放生活补贴157.43万元，为3865名重度残疾人发放护理补贴180.955万元；争取上级项目资金843万元；区级残保金征收670万元。

【残疾人宣传文化体育工作】 以“筑梦善行，共享芬芳”为主题，在全市率先组织开展基层残疾人文化进家庭“五个一”活动；投入资金30万元在区特殊教育学校、白马镇三溪社区、仙女山镇明星村、和顺镇沙子沱村、接龙乡接龙村、浩口乡创建6个残疾人文体示范点；积极组队参加重庆市残疾人乒乓球锦标赛；全年开办电视手语节目48期；完成信息上报80篇；利用各类新媒体宣传残疾人事业，重庆日报网4条，重庆商报1条，市残联网站登载45条，电视台20条，武隆报专版1版、报社信息20条。

（区残联）

老年人

【概况】 2017年，全区总人口41.27万人，60岁以上老年人口8.51万人，占总人口的20.57%；65岁以上老年人口6.37万人，占总人口的15.43%，比上年同期增长3.21%；70岁以上老年人口4.19

万人，占总人口的10.16%；80岁以上老年人口1.13万人，占总人口的2.76%；90岁以上老年人口1197人，其中男性508人，女性689人。全年发放高龄老年津贴6.12万元。人均期望寿命77.4岁，65岁以上老年人健康档案建档率100%。

全区老年人协会有35个，其中区级老年协会6个，乡镇老年协会26个，社会老年协会3个，入会人数1.22万人。老年志愿者人数达314人。

全区城乡基本养老保险参保人数15.53万人，其中，城镇职工基本养老保险人数3.51万人；城乡低保老年人数为6717人，临时医疗救助老年人数为2.26万人。

【社会养老服务体系建设】 2017年，全县有养老服务机构28个，总床位2448张。其中，城镇养老机构1个，床位600张；乡镇敬老院27个，床位1848张。社区养老服务中心（站）13个，床位82张。

老年医疗护理机构1个，护理床位总数750张。老年活动中心（室）216个，总占地面积6.83万平方米，总建筑面积7.45平方米。老年大学1所，在校学员累计1310人，2017年止，毕业人数累计210人次。远程教育集中收视点226个。老年体协6个，会员人数5600人，经常参加活动人数3200人。

【老年人权益维护】 2017年，法院受理涉老案件19起，审结涉老案件18起，执行涉老案件24起，其中赡养纠纷16起，财产、房产纠纷8起。受法律援助老年人数43人次，受法律援助老年人总金额89.1万元。老龄办接待来信来访人数7人次。全年发放老年优待证742个，优惠乘坐公共交通工具线路8条，免费开放的公园、景点6个，免普通挂号费医疗机构28个。

【百岁老人名录】 2017年年底，全区共有百岁以上老人9位，其中，最高年龄为108岁。

（区民政局）

表30　　2017年全区百岁老人名录表

序号	姓名	性别	名族	年龄	家庭住址
1	刘兴淑	女	汉	108岁	武隆区鸭江镇羊岩村
2	冯意素	女	汉	105岁	武隆区火炉镇保峰村
3	何春芝	女	汉	104岁	武隆区双河乡坨田村
4	陈德烈	男	汉	103岁	武隆区芙蓉街道建设中路5号
5	肖庆华	女	汉	103岁	武隆区凤山街道建设中路112号
6	吴世英	女	汉	102岁	武隆区凤山街道广坪村唐家坝组
7	曹树芳	女	汉	101岁	武隆区芙蓉街道石龙村大田坳组
8	吴延开	男	汉	101岁	武隆区平桥镇红隆村团山子组
9	任官芝	女	汉	101岁	武隆区火炉镇筏子村瓦子屋基组

民政工作

【机构】 2017年3月，设置重庆市武隆区民政局，为区政府工作部门。增加的职责:组织拟订全区社会工作发展规划，推进社会工作人才队伍建设和相关志愿者队伍建设;落实孤儿、事实无人抚养困境儿童保障政策；落实经济困难的高龄、失能老人养老服务政策;落实农村留守老人、农村留守儿童关爱保护政策；社会办养老机构的安全监管由区民政局和所在乡镇共同承担。办公地点位于芙蓉街道芙蓉中路30号。内设办公室、组织人事科、优抚安置科、救灾救济科、社会救助科、基层政权建设科（社会工作科）、老龄工作科、社会事务科（行政许可科）、财务统计科、双拥办10个内设机构，有武隆区救助管理站、武隆区殡葬管理所（武隆区殡葬执法监察大队）、武隆区民政局婚姻收养登记处、武隆区军队离休退休干部服务管理中心、武隆区最低生活保障管理中心（武隆区救助家庭经济状况核查认定中心、武隆区城乡医疗救助管理中心）、武隆区殡仪馆6个直属事业单位。机关行政编制10名。

【城乡低保】 落实“两线合一”政策，兜底保障一批。将农村建卡贫困户中，无劳动能力、无产业项目、不能通过扶贫措施脱贫越线的建卡贫困户3144户6907人纳入低保兜底脱贫越线，占全区建卡贫困人口5.5449万人的12.5%；占全区农村低保户16319人的42.3%。全年城乡低保保障11679户，21534人，发放低保资金8697万元。

【医疗救助】 开展职工网上医疗救助，开通救助端口。加强医疗救助与城乡居民大病保险的有效衔接。扩大医疗救助范围，医疗保障一批。筹集扶贫济困基金1000万元（由区民政、财政、扶贫三部门整合），将建卡贫困户全部纳入医疗救助系统，享受“一站式”救助服务。资助因病致贫家庭重病患者11988人参加农村合作医疗保险，全年资助参保资金147万元。全年医疗救助108553人次，总救助金额2106万元。扶贫济困基金共救助969人次，总救助金额178万元。

【临时救助】 主动开展临时救助，救急解难一批。启动福彩助学金64万元，资助160名低保户、贫困户等困难群众优秀大学新生入学;全年共发放临时救助资金1266万元。大幅度提高临时救助标准，特困供养人员和孤儿每人每年最高可获5万元的医疗困难临时救助，特殊情况可获15万元救助。建卡贫困户、民政建档人员、因病致贫人员每人每年最高可获3万元的医疗困难临时救助。

【福利事业】 建成社区养老服务中心（站）2个，继续推进机构养老，重点抓好居家养老和社区养老。积极引导社会资本，建立医养护一体化的养老机构，提升养老服务水平。完成区儿童福利院主体工程，健全留守、孤困儿童的关爱服务，促进残疾人康复保护。完善区社会福利综合服务中心增加建设规模及投资后续工作，招标运营。贯彻落实《慈善法》，加强区慈善会、乡镇稻草援助中心的业务指导，开展“慈善情暖万家”“普瑞光明行”等慈善救助活动，规范慈善捐助活动和捐助行为，未出现违规设立慈善组织、违规开展慈善活动等情况。慈善会共筹募慈善资金65.8万元。有效管理福彩发行。新建福彩快开站点6个，均未发生安全事故。2017年，完成福彩销售（不含中福在线）3240万元。

【婚姻登记】 严格依法办理婚姻收养登记。办理结婚2375对，离婚1128对，补发结婚证1339对，补发离婚证142本，登记合格率达100%。接待群众来访来电咨询办理收养登记政策规定82人次。加强对婚姻档案的整理立卷归档。严格执行婚姻登记档案管理规范工作要求，落实专人按月整理形成的婚姻登记档案材料；将2015年的婚姻登记档案清理移交给档案馆妥善保管；提升对过去存量婚姻登记档案的数字化管理水平，实现纸质档案与电脑数字化档案“双套制”保管目标。规范登记流程，树立窗口形象。组织登记员多次学习《婚姻登记工作规范》《婚姻登记工作规范有关问题的解读三》等相关法律法规，持证上岗人员都取得市局授予的婚姻登记员证，办证质量明显改善，程序更加科学规范。

【殡葬事业】 加强城乡殡葬服务设施建设。占地3.3公顷、建面13300平方米功能完善的区殡仪馆，主体工程基本完工。严格落实殡葬惠民救助政策。办理无名尸体、活人墓优惠补助、殡葬优惠补助、羊角危岩避险搬迁殡葬减免等费用共计57.59万元。创新开展殡葬管理服务。推出殡葬礼仪“一条龙”服务，多人争抢提供殡葬服务的现象消失，殡仪馆内秩序井然。投资10万余元对殡仪馆、公墓进行升级改造，民政窗口服务形象和经济效益双提升。

【特困供养】 精准识别特困人员，供养保障一批。局机关每个月及时研究特困供养人员对象，现全区共有特困供养对象2862人，其中集中供养1388人，分散供养1474人，累计发放供养金2126万元。

【双拥优抚安置】 全面解决优抚对象“三难”。全年帮扶生活难优抚对象60户，累计解决资金20万元，解决优抚医疗保险、医疗补助、医疗救助2412人次、240万元，解决优抚对象住房难。全年共解决5批次40户、60万元。提高大学生义务兵优待奖励。在足额发放义务优待金的基础上，对应征入伍的大学生给予10000元的一次性优待奖励。全年发放大学生入伍奖励金114万元，发放义务兵家庭优待金344人276万元，发放义务兵立功奖励金84人15万元。扩大重点优抚对象保障范围。为全区50周岁以上的重点优抚对象购买老年意外伤害保险。人均发放慰问金500元，全年发放慰问金慰问品共计150余万元。订制发放“光荣军属”牌 191块，发放“光荣之家”“优抚年画”各4000多张。开展优抚医疗巡诊，惠及优抚对象500余人次、5万余元。出资10万余元开展优抚疗养活动，惠及优抚对象66人次。涉军维权有效稳控。通过国务院督导组对武隆区1978年以来退役士兵安置和权益保障工作的督查，督导组一致肯定武隆区安置和权益保障工作。烈士褒扬进一步加强。投资110万元，对城区、火炉、江口3个烈士陵园进行重新改造，助力乡村旅游和扶贫示范基地的红色旅游项目的提档升级。9月30日，安排组织全区16个乡镇8000余人参加烈士公祭活动。

【基层政权】 加快社区政地建设。投入200万元，新建和改扩建巷口镇广坪村、庙垭云丛村、黄莺乡、双河镇的社区便民服务中心。培育和打造火炉木水村、白马三溪村、梓桐社区、红豆社区等4个和谐示范村（社区）。确定并培育2个村协商民主创制试点。制定协商民主实施办法，明确协商内容，丰富协商形式，规范协商程序，建立村（社区）协商制度。积极开展换届选举后续工作。采取区里统一、各乡镇分别组织的形式，开展第十届村（居）委会换届后新任村（居）委会培训工作，共计培训27次，28350人。指导各村（居）委会开展建章立制工作，修订完善村（居）民自治章程、村（居）规民约、村（居）民会议制度、村（居）民代表会议制度等各项制度。

（区民政局）

公用事业

自来水供应

【概况】 武隆区自来水有限责任公司隶属于重庆武隆水务（集团）有限公司，内设工会办、办公室、安全科、财务科、人力科、生产科、业务科、管网监察科、化验室、安装工程公司、纯净水厂等部门，现有职工117人，其中专业技术人员34人，日供水能力达3.3万立方米，是集制水、化验、销售、管道安装、管道维修功能于一体的国有企业。2017年，荣获水务系统“2017年度先进单位”“2017年度安全生产先进单位”荣誉称号。

是年，实现总产值2658万元，全年计划2150万元，超额完成535万元，比上年增长25%，其中：供水产值1334万元；安装产值999万元。供水量为577万立方米，比上年增长3%；售水量494万立方米，比上年增长7%；上缴税金130万元，比上年增长9%。完成市级民生实事“一户一表”安装138户。新安装入户水表1205个，完成城区管网改造636米，投入改造资金30万元。城区用水户2.37万户，供水普及率达99.9%以上；水质综合合格率100%。

【强化供水管理】 2017年，落实出厂水日检测制度，并根据检测结果合理添加消毒药品，水质综合合格率达100%；加强对易制毒危化品（盐酸）购买、使用和存放的规范管理；联系中心庙源水单位和执行油坊沟源水巡查制度，随时掌握源水储备量，确保城区市民用水需求；实时监控城区总压力阀和压力表，供水压力控制在0.7兆帕范围，保证城区供水压力均衡、可控；更换超龄水表1500余只；查处偷盗水行为3起；新增设建行缴费业务，恢复江北收费大厅，方便用户缴纳水费，设置意见箱和文明守礼提示标牌，利用电子显示屏和电视滚动播出收费标准文件、服务公约、水质信息等。

（区自来水公司）

电力供应

【综述】 国网重庆市电力公司武隆区供电分公司（以下简称“公司”），承担着全区覆盖全境供电任务，供电面积2901.3平方公里，服务人口41.7万人，供电客户16.39万户。

全年完成固定资产投资1.05亿元，其中电网投资8954万元；实现售电量5.75亿千瓦时，同比增长20.63%；综合线损率11.18%，比年计划少0.02个百分点；营业收入3.1亿元，超年计划1.02个百分点；利润亏损5263万；全员劳动生产率34.49万元/人；安全生产实现“八不发生”；公司企业负责人业绩考核排位保持A段。

【机构】 公司由国网重庆市电力公司（控股95%）与武隆县投资有限公司（参股5%）共同出资组建，于2003年11月14日挂牌成立，注册资本金为人民币17229.47万元。注册名称为重庆市武隆县供电有限责任公司。2013年6月更名为国网重庆武隆县供电有限责任公司，简称国网武隆县供电公司。2016年8月1日起，成为国网重庆市电力公司武隆县供电分公司，简称国网重庆武隆县供电公司。2017年5月3日更名为国网重庆市电力公司武隆区供电分公司，简称：国网重庆武隆区供电公司。

公司以投资、建设和运营电网为核心业务，内设9个职能部门，包括：办公室、人力资源部、财务资产部、发展策划部、建设部（项目管理中心）、安全监察质量部（保卫部）、监察审计部（纪委办公室）、党群工作部（工会、团委）、电力调度控制中心；3个业务实施机构，包括：运维检修部（检修分公司）、营销部（客户服务中心）、物资供应中心。1个集体企业：武隆博能电力有限公司。1个供电服务公司：创隆供电服务有限公司。

【概况】 全区电网形成以220千伏武隆站和144座小水电为电源点的相对独立的电网。110千伏电网形成“一环三分支”结构。“一环”以220千伏武隆站、110千伏城关站和110千伏黎明站、110千伏长途河站构成的日字形环网。“三分支”东部为110千伏仙女山变电站、110千伏木棕河变电站；西部为110千伏高兴变电站。通过110千伏四黎线进行风电电量收集，110千伏武土东西线对渝怀铁路土坎牵引站进行双回供电；35千伏变电站依托110千伏网架发展，分布全县主要乡镇，基本上满足“N-1原则”；10千伏配电线路依托110千伏、35千伏变电站分布发散至各村社。

截至2017年12月，武隆电网共有220千伏变电站1座，主变2台，主变容量360兆伏安；110千伏变电站6座，主变11台，主变容量399.5兆伏安，110千伏线路14条，全长共计286.109千米；35千伏变电站10座，主变19台，变电容量155.40兆伏安，35千伏线路25条，全长共计284.85千米；10千伏公用配变共计2723台，容量347.855兆伏安，户均配变容量1.98千伏安，10千伏公用线路72条，全长共计2972.22千米。

【电网建设与发展】 主动对接区委、区政府，有效推进武隆“十三五”电网规划落地。加快主网项目建设，220千伏浩口水电送出工程、110千伏长途河输变电工程、“黔电入渝”项目及配套工程建成投运，110千伏大梁子风电送出工程进展顺利。完成79项农网改造升级、33个中心村配电网改造任务，实现专变、公变台区采集全覆盖。加快新能源项目建设，促成市公司与武隆区政府签订《新能源充电基础设施建设战略合作协议》，3座直流快充站、224个充电桩如期建成投运。2户分散式光伏发电投入运行。

【经营管理】 积极应对市场竞争加剧、成本刚性增长等严峻形势，大力增供扩销、降本增效，全面完成市电力公司下达经营指标。严格落实中央“八项规定”，“三公”经费控制在年度预算内。争取城市附加返还资金189万元、稳岗补贴27万元，持续落实“三免三减半”等所得税优惠政策，已取得企业所得税返还45万元。按照市公司要求，开展资金安全自查工作，整改资金安全问题3项，整改率100%。完成问题清单“四上”材料整理报送，按照国网公司和市公司对问题清单的相关要求，通过各部门梳理，最终确认上报的7个问题，并针对上报的问题确立整改措施、整改期限、责任部门和相关责任人。全面开展往来款项清理工作，严格执行国网公司往来款项管理办法，与物资供应中心保持联动，超三个月应付暂估物资款保持为零，压降三年以上应付款项余额至33万元，按时清理备用金借款余额。加强预算全过程管控，杜绝无预算超预算费用发生。以分月预算为基准，实现月初、月中和和关账前多次预警，确保完成月度、年度指标。全年完成资本性投资8950.26万，完成预算10174.23万元的87.97%；完成成本性投资301.53万元，完成预算338.39万元的89.11%。

【安全生产】 落实安全主体责任，主要领导主持召开月度、季度安全会16次，处理问题92项，安排资金135.9万元，解决一线安全工器具、劳动防护用品298件。开展安全生产大检查，组织基建反违章专项行动和安全问题清单梳理，发现治理各类安全隐患418项。开展设备消缺、廊道“三清理”等运维保障工作，消除各类缺陷905项，变电主设备保持“零”故障，输、配电设备故障率同比下降50%、58%。查处违章482起，考核金额33.2万元，3家外施工单位被纳入“黑名单”。加强电网运行风险管控，落实特高压跨境线路属地化管控职责，实现电网七级以上风险工作预警全覆盖，完成迎峰度夏（冬）、党的十九大、“11·23”地震抢险救灾等各类供电保障任务。

【营销工作】 建设充电站3座，充电桩224个。完成电能替代324.82万千瓦时，节约电量108.57万千瓦时。2017年接入电网运行有“江苏辰午”“仙女山机场”“白马山旅游度假区”等政府重点工程。全年新增业扩报装容量8.02万千伏安，治理137个低电压台区，开展配网不停电作业157次，实现多供电量11.09万千瓦时。完成营业普查1.5万户，查处各类违约用电265起，追补电费389.61万元。推广大型企事业单位银行定向支付结算83户。开展线损专项治理。解决关口计量缺陷、线变户关系混乱、营配调数据贯通等基础问题1600余项，全面提升同期线损系统各项指标，其中10千伏分线达标率由年初20%提升至98%，台区线损合格率由年初40%提升至94%。

【农电工作】 提升运检管理水平，大检修同业对标排区县公司第7名。强化设备精益运维，设备健康水平持续提升，在电网最大负荷增幅16%的状况下实现安全度夏；电网综合电压合格率和用户供电可靠率均超越计划指标，城网综合电压合格率为99.997%，农网综合电压合格率为99.566%，同比分别提高0.003和0.348个百分点，较公司年度考核指标分别高0.003和0.319个百分点；城市用户供电可靠率99.935%，农网用户供电可靠率99.766%，分别较计划高0.0113和0.003个百分点。全面完成年度任务，79个配电网、15个技改大修、29个专项成本建设项目任务全部完成，实现按期关账和转固；按时完成武隆区脱贫攻坚贫困户用电设施集中迁改和羊角危岩搬迁土坎新址建设配套电力建设工作，得到区委、区府高度肯定，并据此给重庆市电力公司致以书面感谢信。供电服务水平和能力明显提升，配网故障率、运检投诉率、故障平均抢修时间同比分别下降45%、23%、49%；确保±800千伏过境特高压直流线路的通道和运行安全。配合完成220千伏武隆站技改、220千伏浩武线、110千伏长途河输变电工程等基建任务，并组织完成验收投运；实现武隆片区第一个110千伏智能化站的成功投运。稳步实现220千伏武隆变电站的运维实质化交接，设备管理水平逐渐提升。完成对党的十九大、金砖国家峰会、武隆区脱贫验收、全国高中考、两会、公立医院医改、露天音乐节等系列重要保电任务。通过国家电网公司对公司生产技改大修管理、县域配网不停电作业质量评估、输电线路属地化运维工作的检查、考评。依法治企工作得到加强，按时完成对国网农网审计等查处问题的整改，举一反三，强化管控，工程管理得到持续规范。

【科技与信息】 2017年开展市公司科技项目《大规模风电接入对武隆电网脆弱性影响研究》，完成市公司下达的科研经费计划，通过本项目的实施，探究出大规模风电接入对武隆电网的脆弱性影响机理，为后续大规模风电接入武隆电网提供技术支撑，提出的在兴顺风电场加装SVG装置的解决措施已用于工程实践，工程实践表明效果良好，相关成果先后被EI检索杂志录用，并获得国家专利局授权实用新型专利2项。2017年信息设备总体运行情况良好，各项运行指标达到安全性评价和技术监督要求。利用“统一账号申请”平台，细化用户账号权限的新增、变更、删除等流程，并对账号权限进行全面梳理，实现规范化管理。常态化开展信息安全检查工作，进一步细化检查项目、检查内容，共发现各类隐患9项，按照“边检查边整改”的原则和“五落实”的要求及时组织整改，并取得实效。加强公司信息安全保密工作，落实各级人员信息安全保密责任制，预防各类信息安全保密事件的发生，确保公司秘密不被泄露。在全公司范围内开展信息安全保密宣传培训，签订信息安全保密承诺书，签订率达100%。定期检查计算机终端三率安装情况，对新增或调整计算机安装安全软件，确保三率的100%，有效防范不安全因素对内部网络构成的威胁。完成长途河变电站通信设备的建设，新增加光设备1套，通信电源1套，通信数据网设备1套。

【优质服务】 加强服务前端建设，提升客户感知。加快推进“全能型”乡镇供电所建设落地，通过建机制、提效率、强素质、严考核，完成“一长三员”“片区负责人”“台区经理”设置，打造6个集“业务末端融合、快速响应、效率为先、前端服务”的全能型供电所。

落实“互联网+营销服务”便捷电力客户。智能电能表采集覆盖率100%。2017年新增客户8271户，线上业务办理和线上缴费，提供19种缴费方式，高压线上办电率100%，低压线上办电率90%以上，电子化缴费比率78.79%。

强化服务监督体系，服务管控具体落地。制定《优质服务明察暗访》《投诉回头看》等优质服务落地方案，提高故障抢修、业扩报装、电费催收、抄表服务等现场工作服务应急能力，十项承诺兑现率达100%。通过微信、协同、电话告知等方式对业扩报装工作全过程管控，跨专业协同配合显著提升。

服务地方脱贫攻坚，彰显央企社会责任。扶贫干部结对143户贫困户精准帮扶脱贫。解决全区863户搬迁房屋贫困户的装接用电，完成移民搬迁点供电配套工程建设1项。实施“光束行动”，结对帮扶5名农村贫困留守儿童。

（区供电公司）

天然气供应

2017年，全区燃气行业有序健康发展。城镇天然气和CNG用气有序健康运行，并持续增长，民用、集体、商业天然气用量年累计938.1855万立方米，同比增长18.44%，其中工业用气年累计256.968万立方米，同比增长18.84%；CNG用气年累计257.98万立方米，同比增长6.23%。

（区经信委）

石油供应

2017年，全区共有成品油加油站25座，其中：中石油加油站12座、中石化加油站5座、社会加油站8座，主要分布在13个乡镇。液化石油气充装站4个（2个营业，2个歇业），液化石油气瓶装供应站（点）46个（其中液化气储存库房23个）。全年加油站和充装站没有发生无故停业和歇业的情况，成品油供应82345吨，同比增长10%，其中汽油销售33679吨，柴油销售48666吨。中石油汽柴油销售量占全区供应量比重分别为75%、69%；液化石油气销售1800吨，同比下降5%。

（区商务局）

乡镇

XIANGZHEN

武隆年鉴

乡 镇

巷口镇

【概况】 巷口镇原名树德乡，1930 年（民国 19 年），因其处于乌江入关滩峡之口而改名为巷口。巷口镇位于武隆区城区所在地，是全区政治经济文化中心。2003 年乡镇建制调整时，由巷口镇、中嘴乡、广阳乡、青吉乡、蒲板乡等五个乡镇合并而成，2004 年 7 月，在村（居）委规模调整中，将原 49 个村，311 个村民小组，合并为 21 个行政村、8 个社区，170 个村民小组，35 个居民小组，有户籍人口 74061 人，其中非农业人口 45277 人，农村人口 28784 人。

2017 年 12 月 1 日，重庆市政府批准撤销巷口镇，设立凤山街道和芙蓉街道。凤山街道，行政区域面积 187.05 平方公里，辖原巷口镇油坊、复兴、中山、红豆、梓潼 5 个社区和凤山、芋荷、黄渡、城东、走马、蒲板、万银、杨家、广坪、芦红、出水、中堆坝 12 个村；街道办事处驻长滨路 217 号。芙蓉街道，行政区域面积 89.05 平方公里，辖原巷口镇芙蓉西路、芙蓉中路、中嘴 3 个社区和白杨、三坪、中鱼、黄金、东山、中兴、青吉、堰塘、石龙 9 个村。街道办事处驻芙蓉中路 51 号（原巷口镇政府驻地）。

【经济发展】 概况 2017 年全镇实现工农业总产值 21.963 亿元，增长 7.72%，其中工业总产值 18.5 亿元，增长 3.48%，农业总产值 3.463 亿元，增长 9.1%，农民纯收入达到 15490 元，增长 11.6%，入库税金 79090 万元，增长 14.35%，社会消费品零售总额 25 亿元，增长 12.33%，本级财政收入达到 4632.81 万元，本级固定资产投资完成 70680 万元，增长 10.4%。

农业产业 全镇发展烤烟种植面积 387 公顷，收购烟叶 624415.45 千克；蔬菜种植面积 1667 公顷，中药材种植 200 公顷；新增特色经果种植面积 66.7 公顷。建科技示范户 10 户，林果科技示范园 10 个；生猪出栏 1.2 万头，肉牛出栏 0.1 万头，山羊出栏 0.53 万只。

工商业 全镇新增个体工商户 611 户，新增内资企业 355 家，新增市场主体 4521 户，个体工商户共 8815 个，农家乐 103 户。新增五洲国际商贸城、观江苑、江上明珠、北城半岛、浙皓名邸等商业营业面积约 125400 平方米。

【社会事务】 信访工作 全镇排查调处矛盾纠纷 78 起，调处率达 99%。网上信访办理案件 204 件，其中本级来信来访 11 件，办结 11 件；网上信访交办 153 件，办结 153 件；上级交办转办 40 件，办结 40 件，领导走访接访群众 106 件次。

社会保障 全镇发放各类民政资金 1060.51 万元，其中自然灾害救助 2.43 万元，临时救助 90.21 万元，优抚 327.96 万元，低保 567.58 万元，五保供养资金 72.33 万元。对 138 户 259 人按程序纳入低保，停发 31 户 43 人，调减 32 户 38 人。对 564 户困难群众进行资金救助，发放救助资金 73.51 万元;对 1472 户发放物资救助，折合人民币 16.71 万元。报区民政局解决巷口镇临时救助 167 户，解决资金 88.45 万元。按程序上报审批 20 户五保人员。申请贫困残疾人生活补贴共 368 人，直补资金 16.14 万元；重度残疾人护理补贴共 563 人，直补资金 26.07 万元。办理小额担保贷款 278 户，完成办理小额担保贷款2948万元；办理城乡居民养老保险新参保167人，累计参保16838人；开展领取养老金人员生存验证8302人；农民工意外伤害保险参保2599人。

失业就业 全镇组织参加创业培训的共计92人；城镇新增就业人员1136人；城镇登记失业人员668人实现就业；就业困难人员224人实现就业，各村（社区）共为群众代办民政、计生、社保等各类事项300余件。

宣传工作 全镇开展五创教育讲座17场，受教育市民1万余人次，组织业务培训2期、510余人次，印发宣传手册、张贴宣传海报、温馨文明提示语1万余份，LED滚动播出创建标语80余条。召开院坝会50余次，开展各类居民活动20余次，办宣传专栏30余期，累计受教育市民2万余次。

【基础设施建设】 全年共启动基础设施项目12个，改扩建公路共29.1公里。新建人行便道路181千米。完成80户C级危房和88户D级危房的改造工作。新建水池22口3250立方米，维修水池13口1791立方米，安装管道540.99千米。新增设13口山坪塘栏杆共675米，彻底解决塘库周边出行的人身及财产安全；维修整治19口山坪塘24.75万立方米和大堰1条960米；规划实施生态扶贫200户708人，启动生态扶贫搬迁融资项目3个，涉及资金900万元，实施农村危房整治和三改3000余户500万元。

【重要会议】 2017年5月12日召开武隆区巷口镇第十九届人民代表大会第二次会议；雷波当选为武隆区巷口镇第十九届人民政府副镇长。12月12日召开巷口镇第十九届人民代表大会第三次会议；代奎、谢卫当选为巷口镇第十九届人民政府副镇长。

（巷口镇）

白马镇

【概况】 白马镇是武隆区的西大门，东距武隆城区24公里，西距重庆市主城区120公里，乌江干流横穿而过，国道319线、353线、渝怀铁路、渝湘高速公路纵贯全境，是全区的工业重镇、移民大镇。东与本区羊角镇、巷口镇、黄莺乡（龙洞）相邻，南与本区赵家乡，长坝镇、贵州省洛龙镇比邻，西与本区和顺镇相连，北与涪陵区白涛镇、本区羊角镇接壤。全镇辖区面积221.7平方公里，城镇建成区面积5平方公里。辖10个行政村（104个村民小组），2个居委会（7个居民小组），全镇总人口3.3万余人，其中农业人口2.1万余人，常住人口2.8万余人，户籍人口2.7万余人，流入人口5836人，流出人口4944人；少数民族207人。全镇城镇化率51%，森林覆盖率63.5%，海拔180米至1951米，年降水量1280毫米，气候温和，属亚热带温湿季风气候。

白马镇作为城区两大组团之一，镇党委、政府始终坚持生态环保和绿色发展有机相融，推进“三区一镇”（生态工业核心区、特色农业展示区、乡村旅游示范区、优秀旅游城镇）建设。先后成功创建为“重庆市市容整洁镇”“全国重点镇”“重庆市生态镇”“重庆市平安农机示范镇”“重庆市安全示范社区”“重庆市文明村镇”。豹岩村已先后获得“重庆市十佳避暑休闲目的地”“中国十大最美乡村”“重庆市生态文化村”“重庆市绿色新村”等荣誉称号。2014年和2016年白马镇党委被市委分别表彰为“重庆市学习型党组织”“重庆市先进基层党组织”。连续三年被区委、区政府评为“优秀乡镇”。

【白马镇第十九届人民代表大会第二次会议】 于2017年8月31日至9月1日在白马镇文体中心三楼会议室召开，大会应到代表57名，实到代表50名，符合选举规定人数。通过无记名投票，刘源当选为重庆市武隆区白马镇人民政府副镇长。

【白马镇第十九届人民代表大会第三次会议】 于2017年12月26日至12月27日在白马镇文体中心三楼会议室召开。大会应到代表57名，实到代表52名，符合选举规定人数。通过无记名投票，刘源当选为重庆市武隆区白马镇人民政府镇长，李宁化当选为重庆市武隆区白马镇人民政府副镇长。

【经济发展】 全镇实现工业总产值50亿元，同比增长16.3%，其中镇级工业企业总产值1275万元。完成固定资产投资12.5亿元，其中500万元以上的地方投资项目8个；实现社会消费品零售总额5.3亿元，同比增长13.5%。完成本级税收7233万元，其中国税4645万元，地税2588万元，同比增长6.88%。全体居民人均可支配收入13653元，同比增长12.2%左右。

农业　全年实现农业总产值13858万元，增加值8350万元，同比增长9%左右；农民人均纯收入达到12169元，同比增长13%以上。农业产业一村一品格局进一步优化，规模化、集约化经营日益优势突出。全镇共计流转土地1084公顷，占全镇耕地总面积的29.5%；农业龙头企业2家，特色种养殖小微企业200余户，各类专业合作社63个。经第三次全国农业普查全镇农业经营户5481户，其中规模农业经营户31户；有注册农业经营单位277户。全年农作物播种面积5556公顷，产量32381吨，其中粮食播种面积2737公顷，同比增加0.2%；产量9956吨，同比增长1%；蔬菜种植面积1294公顷，同比增加1%；产量22910吨，同比增长2%；生猪33228头，同期增长2%；山羊4007只，同期增长0.8%；出栏鸡74508只，比去年同期增长8%。

二、三产业　辖区在册企业523户，较上年末增加近20户，其中工业企业72户（含园区企业19户），有规模以上工业企业12户；资质以内建筑、房地产企业2户；限额以上批发零售企业2户，2017年新增1户；个体工商户2000余户，较上年末增加近180户。

项目建设　完成房屋建设并通过镇级验收73户282人，已提交申请并启动建设13户53人，全年完成搬迁350人左右。成功争取生态扶贫搬迁融资项目2个，项目总投资1440万元，其中豹岩村村道公路建设项目10公里，计划投资620万元；铁佛村村道公路建设项目11.5公里，计划投资820万元。

【社会事务】 教育　辖区内有中学校1所，中心小学校1所，完校5所，村小1所，在建小学1所，公办幼儿园1所，民办幼儿园2所。

白马中学始创于1994年，是武隆区率先实行全员招聘的重点高完中。学校占地1.27万平方米，现有教职工151人，本科学历达90%以上，注册学生2300人，45个教学班级。学校坚持“科研兴校”的理念，2017年在研和结题的区级课题有11个，市级课题2个，市级精品课程1门。中考综合积分连续四年位居全区（县）第一名。

白马中心小学占地面积8258平方米，现有校舍建筑面积3750平方米，教学班26个，学生1565人，有教师99人。功能室基本齐全，活动面积3700平方米，绿化面积210平方米。中心校下辖5所完校和1所村小，共31个班级，近600名学生。

白马镇第二小学校工程建设于2016年6月正式启动。该工程占地16533平方米，建筑面积9600平方米，总投入3930万元。涉及18个小学教学班，10个幼儿教学班，可容纳1100名学生。将于2018年9月1日正式投入使用。

文化体育 全年开展各类文化体育活动共11项20场次。开展迎春晚会、元宵灯谜和狮子腰鼓队游行、送文化下乡、白马镇第三届象棋比赛、钓鱼比赛、送演出下乡、“九九重阳杯”老年运动会、送文化演出到各村等活动，参加武隆区第七届广场舞大赛获一等奖。全年开展送文化下乡演出10场，实现每村送图书下乡1场。开展农村电影放映“惠民工程”，全年实现放映惠民电影100余场次，其中在镇文体中心多功能厅室内放映近30场，各村、社区露天放映70余场次。

全镇10个村的农家书屋均配齐书柜、书籍等，年初镇文体中心为每个农家书屋再次配送图书100册，达到平均藏书2100余册。落实专职图书管理员管理农家书屋，并定时开放，丰富群众文化生活。实现每村发展文化中心户3户，并按照标准配备器材。辖区内共有文化体育经营户34户，经营秩序良好。实施全国公共文化资源共享工程，“两室两厅”全面实行免费开放，在全市2017年免费开放工作效能考核中，被评为优秀等次，并顺利通过重庆市第三方对2017年免费开放工作的检查验收。

9月21日，白马镇豹岩村农家书屋 （曾光全 摄）

人口卫生 全镇有卫生院1所（白马卫生院），民营医院1所（中山医院），规范化村级卫生室10个。

白马卫生院占地面积近667平方米，中西医业务用房约2700平方米，开放床位22张，现有编制30人，实有职工34人。白马卫生院设有内科、外科、妇科、儿科、中西医科、中医肛肠科、公共卫生科，抢救室、中西结合科、药房和手术室等，辅助设置检验科、放射科、彩超室，设有规范化、数字化的预防接种门诊；现有医疗设备彩超、DR、全自动生化分析仪、尿分析仪、全自动血球分析仪（五分类）、C反应蛋白、动态心电图、十二导联心电图机、心电监护仪、简易呼吸机、中医理疗设备全套等各类中高档医疗设备。全年门诊病人10476人次，住院病人1232人次，开展手术46例，业务收入300.8万元。同比，门诊人次减少609人次，减幅5.5%；住院病人增长290人次，增幅30.8%；手术病人增长6例，增幅13%；业务收入增长53.04万元，增幅21.4%。

公共卫生 全镇共建立纸质健康档案28204份，建档率达98.71%，居民健康电子档案录入26342份，建档率92.19%。健康档案动态使用率54.67%。健康知识宣传栏15块，卫生院办专栏8期，发放宣传教育资料9万余份，开展健康主题日咨询活动13次，举办健康教育讲座12次。孕产妇系统管理：辖区内孕产妇265人，系统管理率100%。开展艾滋病、梅毒、乙肝检测65人，检测到乙肝1人，未检测到艾滋、梅毒。营养包应发放368人，实际发放320人，总发放3523包。计划免疫管理：辖区内开展一类疫苗接种3040针

12月14日，在白马镇开展综合应急救援队伍集结演练活动 （曾光全 摄）

次、二类疫苗接种2218针次。全年共登记传染病病例10例，突发公共卫生事件发生2起。中医药健康管理服务目标人群覆盖率达90%以上。组建6支家庭医生签约服务团队共38人，签约户数5029户、签约人数13487人。

就业保障　安置困难群体人员就业300余人，发放小额担保贷款890万元，收回贷款963万元，财政贴息66万元。开展创业培训2期，培训学员180余人。实现城镇新增就业271人，指导和帮助下岗失业人员就业和再就业168人，办理就失业登记5432人，申报4050人员社会保险补贴223人，享受财政补贴173.6万元。申报公益性岗位补贴26人，享受财政补贴39.3万元。城镇登记失业率控制在3%以内。发布各类用工信息8期。农民工就近非农就业新增转移350人，农民工返乡创业56人。

社会保障　全年城乡居民保险参保新增110人，办理城乡医保死亡退保113人，新接管城镇退休职工102人；完成各类人员社会保险补贴249人222.9万元。规范最低生活保障审核审批程序，加强城乡低保的规范管理，严格有进有出的动态管理机制，保证低保政策公平、公正、公开，新报批低保户36户，取消10户，群众满意率达98%以上。巩固和完善城乡医疗救助制度，救助困难群众292户28.34万元，临时救助50户27.79万元。完成4名优抚对象危旧房改造资金6万元，救助5名特困家庭大学新生2万元。

综合治理　完善民意诉求及时反应机制和民事纠纷综合调处机制，规范治安巡逻秩序，推进小区楼长制和自然村落管护制，发挥民间自治，提高自我防范意识。投入资金25万元增设场镇视频监控设施，进一步完善人技联防体系。深入推进网格化管理，全镇共26个网格，聘请3名专职网格员，落实24名兼职网格员，实现管理服务全覆盖。深入开展重点地区整治，铁佛寺社区挂牌整治顺利通过验收。严厉打击违法犯罪行为。强化刑释、社区矫正人员教育和管理，共清理新增流动人口1311人，出租房屋274间。开展三月法制宣传月、6月26日国际禁毒日等普法宣传，发放资料7000余份，法律书籍400余本，宣传画报600余份。

9月23日，白马镇开展"迎接十九大·忠诚保平安"警务技能展示活动　（曾光全　摄）

信访工作　规范干部下访制度，积极妥善处置群众诉求，共排查调处矛盾纠纷331起，成功率100%。处理网上来信来访上访45件次，网上投诉12件次，上级批（交）办信访件在规定时间内办结，回复率达100%。全体机关干部职工每月4次到联系村及项目实施点开展接访下访。是年，全镇干部共下访群众4106人次，接访群众3263人次，其中党政主要领导接访346件次，下访群众400余人次。

生态文明　开展集中式饮用水源调查，规范化标识标牌建设，开展饮用水源监测3次。对各村生活垃圾按照"户分类、村收集、镇转运、集中处理"的原则，实现垃圾无害化处理，处理率达90%。开展环境检查10次、危废环境检查环境检查5次、养殖场环境检查6次；巡查辖区饮用水源保护区4次、辖区内主要河流水质变化情况6次。清理黄标车14辆，注销4辆。全年处置回复环保信访6件，处理率达100%。开展生态文明建设宣传活动1次，发放宣传资料600余份。豹岩村成功创建为“重庆市生态文化村”“重庆市绿色新村”。板桥村成功创建为“武隆县绿色新村”。

【基础设施建设】 坚持城乡规划，建设管理并重，城乡发展品质不断提升。城镇建设有序推进，全面启动大锣溪至城镇天然气管道安装工程、简弯公园建设，建成城镇公（廉）租房1200套；推进石梁河库岸治理工程；深入开展爱国卫生运动，加强“净、绿、美、亮”的精细化管理，巩固创卫成果；开展城镇环境综合整治，全面完成城镇监控和道路抓拍取证系统安装，实现城镇干净整洁、规范有序。

启动天尺坪、白马场镇水厂建设，完成易地扶贫搬迁配套融资基础设施建设项目，豹岩村特色微企基础设施建设项目有力推进。

推进页岩气勘探开发、工业园区、渝怀二线、白马二小新建、白马中学改扩建等重点项目建设。累计完成望仙崖景区、车盘至红庙公路等项目用地征收25公顷，流转土（林）地171.6公顷，拆迁房屋38户、1.4万平方米，搬迁坟墓69座，兑付资金3000余万元。完成第2批建卡贫困户复垦项目的勘查、测量、施工和资料完善，涉及豹岩、车盘等6个村，共计4696平方米。完成原麻纺厂职工确权房避险搬迁农户15户。

规范城乡建设，加强城镇管理。开展“两违”清理整治，处置“两违”户2户，收缴罚款8000元，实现“两违”零增长。全年联合执法检查22次，签发安全隐患检查记录22份，下达停工整改指令书14份。完成铁佛寺居委至工业园区二、三级污水管网铺设工作，建成完善工业园区污水处理系统。

农村建设　加快特色产业发展，全镇共种植特色林果380公顷，规模种植蔬菜333公顷、茶叶333公顷、榨菜面积267公顷，适度规模种养殖大户35户，豹岩村被评为“全国生态文化村”。对灵山村、铁佛村、豹岩村、杨柳村的特色林果进行现场梨子管护技术培训2次，并督促完成春冬两季200公顷梨园管护除草、施肥管理工作。

完成车盘村大泉居民点美丽乡村100万元，渔光村、沙台村、灵山村人行便道项目156万元的一事一议建设项目。完成天尺坪万群蜂养殖场基地的建设和沙台林果基地两个观景平台项目建设。

交通　推进自然村通畅工程，完善镇域路网。完成居民点对外交通工程项目建设，实施村社道路改造33.2公里，新建人行便道29公里。全年农村通畅工程达9个，三溪村麻园公路2.3公里和灵山村上坝公路3.2公里项目全面完工，动工建设东升村杨家田公路3.4公里和三溪村道角公路0.4公里项目，解决群众出行难问题。升级改造国道353豹岩至白果坪段、省道429白马至和顺段共15公里。

水利　全面推进河长制，制定《白马镇全面推行河长制工作实施方案》《白马镇河长制考核问责制度》《白马镇河长制工作督查制度》《白马镇河长会议制度》《白马镇河长制部门联动工作制度》《白马镇河长制信息共享与发布制度》《白马镇河长制验收办法》，保障河长制工作的顺利开展。全年先后召开各村干部河长制工作专题会5次，设立严禁倾倒垃圾警示牌10多处，悬挂宣传标语5幅。进村入户宣传80余次。

全镇共完成山坪塘整治2口，库容约10万立方米，新增库容2万立方米，完成第一批人饮水池建设83口，12240立方米，安装管网274.3公里，完成第二批人饮工程17处，水池17口，1400立方米，管网安装36千米，解决2915户12590人饮水难问题。

全年对全镇的小水电站、水库、山坪塘、渠道进行的汛前检查21次，要求业主及时整改5处，确保安全度汛，时时将及端天气情况预报，通过电话或QQ群传递信息，确保“最后一公里”信息畅通，加强对山洪灾害预警设施设备及防汛抗旱物资的管理，做到进出有台账可查。加强旱情报告工作，全年无因汛因旱造成人员伤亡事件发生。

（白马镇）

仙女山镇

【概况】 仙女山镇于2002年建制，撤白果乡，将巷口镇的荆竹村、杨柳村、茶坪村，土坎镇的四合村、和顺村，双河乡的仙女村析置仙女山镇，政府驻地由百果铺转到石梁子。位于武隆区北部，东接火炉镇，南与巷口镇接壤，西与土坎镇、双河乡相连，北邻土地乡，距城区20公里。辖区面积278平方公里，耕地面积4066公顷。辖白果、明星、荆竹、桃园、龙宝塘、仙女、庙树7个行政村45个村民小组，石梁子1个社区居委14个居民小组。户籍总户数5423户，总人口16061人，其中非农业人口2473人，农业人口13588人，人口密度84.4人/平方公里。辖区内有散居少数民族种类13个158人，分别是白族、布依族、侗族、回族、黎族、傈僳族、苗族、仫佬族、水族、土家族、彝族、仡佬族、壮族，是全镇总人口的0.98%。

仙女山镇海拔高度在260米至1930米之间，立体气候明显，森林覆盖率达65%。拥有仙女山国家森林公园、天生三桥、龙水峡地缝、《爸爸去哪儿》拍摄地——石院天坑寨子、大型实景歌会《印象武隆》等自然和人文旅游资源。近年规划实施的中银汇金国际影视城、国际会务中心、仙女山旅游支线机场、阳光童年、星际未来城等60余个重大项目均在镇辖区，“十三五”期间辖区内项目建设投资达300亿元。

仙女山镇已获重庆市商贸百强镇、重庆市文明标兵镇、重庆市卫生镇、重庆最美小城镇、中国“最美乡村”、全国重点镇、中国特色旅游景观名镇、全国特色小城镇、国家级旅游度假区等称号。2017年成功创建重庆市特色旅游小镇。

【仙女山镇第十九届人民代表大会第一次会议】 2017年1月2日召开，参会的有49名人大代表，63名列席人员。会议听取和审议政府工作报告、人大工作报告，审查并通过财政预决算报告。选举产生镇长1名，副镇长4名，镇人大主席1名，人大专职副主席1名。会议共收集代表意见建议30条。

【仙女山镇第十九届人民代表大会第二次会议】 2017年7月28日召开，参会的有48名人大代表，63名列席人员。会议听取和审议扶贫专项工作报告。选举产生镇长1名。

【经济发展】 概况　2017年，全镇实现工农业生产总值3.68亿元、农民人均可支配收入15731元、社会消费品零售总额3.27亿元、地方财政收入2767万元、辖区接待游客2000万人次，分别同比增长9.5%、11.6%、13%、26.17%、15.7%；完成辖区固定资产投资40亿元。

农业产业　种植烤烟360公顷，高山蔬菜1933公顷，保持中药材在地面积2000公顷，其他作物1333公顷；新培育农业大户18户；新建规模化养殖场1个，新增种羊存栏3500只、土鸡存栏1.2万只；组建专业合作社5家，培育创建扶贫示范基地3个。

乡村旅游　截至2017年12月，全镇共发展农家乐650户、个体工商户200余户、乡村旅游接待户526户、星级酒店15家，旅游日接待能力达2.5万余人。

【社会事务】 教育　全镇有中学1所，小学3所，幼儿园3所，在职教师103人，学生1353

人，适龄儿童入学率100%，按政策规定实施两免一补、蛋奶工程及营养午餐。争取资金900余万元，改扩建镇希望小学和核桃小学；争取沙区民进的援助，开展古筝等艺术培训，农村学生素质均衡发展。

文化体育　播放惠民电影90余场，电视网络实现全覆盖。组织举办登山健身、广场舞、踏青等文体活动，参加区第六届社区广场舞大赛和区首届全民运动会。

人口卫生　全镇常住人口出生160人，出生率10.39‰，人口自然增长率为3.2‰。采取多形式、全方位宣传人口计生工作，发放宣传品4000余份，组织100人参加免费孕前优生健康检查。全镇有卫生院1座，下设分院2个，村级卫生室5个，社区卫生室1个。镇卫生院设有10余个科室，病床30张，救护车3台，医护人员20人。未发生食品安全事故。

社会保障　完成社保服务大厅、敬老院、6个村（社区）卫生室的规范化建设。年发放低保金198.23万元、优抚金94.74万元、无息创业贷款1000万余元，城乡居民合作医疗、养老保险参保率均达到99%。

综合治理　落实安全信访稳定“党政同责”“一岗双责”，连续五年实现安全生产零事故，连续三年无一例群体性上访事件、无较大负面影响事件发生，被国务院防邪办评为“创建无邪教示范乡镇”。

【基础设施建设】 重大项目　2017年完成65个重大项目征地拆迁和协调服务任务；签订房屋拆迁协议38户，征地协议9宗，征地面积451.6公顷，兑付征地资金近1亿元，化解各类矛盾纠纷300余件，解决历年争议地块6宗，化解钉子户9户，保障辖区内仙女山机场、阳光童年、星际未来城、天坑寨子、武仙路复线、归原艺术农业、核桃水库、仙女山水库、大河沟水库等全区重点项目顺利实施。

场镇建设　投入140万元，新建完善污水处理一体化设备1台，管网2公里；投入资金525万元对全镇8个村进行集中整治。整治院坝25万平方米，改造厕所444个、厨房120个，维修房屋330幢，新建房屋76幢。投入25万元，新配发垃圾收集桶500个、垃圾中转车1台，农村垃圾收运300余次612吨。投资3200万元打造白果农村人居环境市级示范片1个，建成龙宝塘市级绿色村庄，美丽宜居村庄3个。新建桃园村活动室农贸市场建设和公厕。

水利建设　整合投入资金3.8亿元，新建核桃水库、仙女山水库，改扩建大河沟水库；巩固提升饮水安全工程26处，发放安装饮水管道173公里，解决农村8000余人的饮水安全问题，完成西部片区管网建设，保障西部片区建设用水。

交通建设　整合投入资金1080余万元，改造升级农村公路桃园村扶贫公路、庙树村沙子岭公路、白果村曲家坝产业公路、荆竹村小坪至黄金公路等24.6公里。

电力建设　完成仙女山至龙坝、铁路复线等电力线路安装，仙女山水库、滑雪场、机场、仙核路、仙双路线路改造。

（仙女山镇）

江口镇

【概况】 江口镇是武隆的东大门，位于武隆东南部，东邻文复乡，南连浩口乡、石桥乡，西接凤山街道，北与火炉镇、彭水苗族土家族自治县高谷镇接壤。场镇坐落于芙蓉江与乌江交汇处，距城区17公里。辖区面积138.5平方公里，耕地面积1506.4公顷，林（草）地面积72平方公里。辖蔡家、黄桷、花园、黄草、谭家、荆竹坝、三河、银厂8个行政村（73个村民小组），上街、下街2个居委会（3个居民小组），户籍总户数8468户，总人口21802人，其中非农业人口7702人，农业人口14461人。

319国道、渝怀铁路、渝湘高速公路东西向贯穿全境，武务路向南通往贵州，水陆交通十分便利，是渝黔两地重要的通商口岸和乌江流域主要的物资集散地，自古商贾云集，市场繁荣，素有“金江口”、“小天津”之美誉。

江口有装机30万千瓦的江口电站和装机60万千瓦的银盘电站两个水电站，有被誉为“斑驳辉煌的地下艺术宫殿，内容丰富的洞穴科学博物馆”、世界自然遗产、国家5A级景区——芙蓉洞，有被誉为“川东九寨沟”的国家5A级景区——芙蓉江风景名胜区和“唐长孙无忌墓”、“李进士故里石刻”、“蒋经国行辕遗址”等人文景观。江口镇是重庆市中心镇、卫生镇和文明镇。

【经济发展】 *农业发展* 全年种植粮食作物2000公顷，油料作物3.3平方公里，蔬菜10平方公里，烟叶0.67平方公里，其他作物1.3平方公里。打造“一村一品”产业发展，建成黄桷村0.1平方公里柚子产业园、黄草村0.1平方公里猕猴桃产业园、蔡家村天子坟安置点0.2平方公里砂仁产业基地，改造三河村0.4平方公里柚子和谭家村0.1平方公里枇杷产业园。新培育农业大户、专业合作社等新型农业经营主体8户，全年出栏生猪2.9万头、牛0.1万头、山羊1.2万只、禽类5.6万只。深入农户和田间开展果树管理等各类技术培训和指导服务500余人次，发放宣传资料3000余份。完成全国第三次农业普查。

集体经济 立足区位、资源等优势，积极探索壮大农村集体经济经营模式，采用出租、入股、再开发等方式，盘活集体资源资产，增加集体经济收入，消除“空壳村”。黄桷村、花园村利用闲置的渣场出租增收，三河村、荆竹坝村积极探索“合作社+农户”模式发展经果林试点，实现群众收入和集体收入“双增长”。

工业企业 工业产值再创新高。2017年工业总产值突破14.8亿元，连续六年突破10亿元大关。重点企业运行平稳。银盘电站、江口电站正常运行，罗洲坝水电站实现并网发电，三河口花酒厂、廷江纺织厂、潘庄苕粉厂等企业产销两旺，营销网络更加健全。企业建设推进有序。2017年新发展小微企业18户，累计发展达249户，新发展个体工商户183户，累计发展达1445户，带动全镇数千余人致富增收。政策引导持续加强。加强对工企业培育和指导，成功召开企业经营管理人员培训会，加强涉企政策宣传，推动企业减税降费政策落地。

商贸发展 强化商贸培育，强化商贸规划和实施，推动商旅融合，建设粮食应急网点，新发展微企7户。大力发展电子商务，举办电子商务专题培训班5期，全镇8个电商点全年完成交易共45万元。推动全镇批零住餐发展，商品销售额稳步增长，社零总额保持全区前四，消费拉动全镇经济增长，成功创建“市级商贸强镇”。

乡村旅游 紧紧围绕“旅游兴区、富民强区”发展思路，立足本身实际，从梦里水乡亲水游、传统村落民宿游、生态旅游体验游等着手，大力推动乡村旅游的发展。结合区级“梦里水乡”乡村旅游示范线路，依托芙蓉江、乌江，重点打造江口场镇、黄草—银厂和三河口亲水游节点；将乡村旅游要素与大景区建设相融合，借助已有芙蓉洞、芙蓉江等旅游景点的吸引力，争取客源，以形成资源共享，优势互补。抓住江口旅游接待中心建设这一契机，在蔡家村丁家坳打造景区周边型乡村旅游示范点，游客看完芙蓉洞后就可在接待中心旁的农家里充分体验农耕文化。打造银厂周家堡、蔡家梨子坪传统村落，承接芙蓉洞大景区游客体验民俗文化。2017年，新增农家乐35家、停车场8个，接

待床位累计达到286张，停车位达到1000个，乡村旅游从业人员达到250人；立足资源优势，加快推动农业与扶贫示范基地的建设。现已打造"江口鱼"、芙蓉江野鱼干、三河口花酒、"武隆三宝"、潘庄苕粉、保健枕头等旅游产品。加快培育建设谭家村枇杷园、三河柚子园等"一村一品"项目和丁家坳采摘观光园，推动集体验、休闲、观光、生态为一体的农业产业园建设，从而推动农业与旅游融合。

美丽乡村建设项目——黄桷村登山步道

【社会事务】 公序良俗　申报黄桷村、花园村为"公序良俗示范村"，评选"整洁庭院""好婆婆""好儿媳""乡贤""文明家庭"共计180户，培育"孝老爱亲、敬贤思齐、洁美宜居、遵规守序"的乡村文明新风尚。

社会保障　城乡居民合作医疗参保18504人，占全镇人口的98.68%，贫困户和特殊困难群体参保率达到100%，稳居全区第一。7690人参加城乡居民社会养老保险，占全年任务数的132%。办理灵活就业人员社会保险补贴共39人19余万元。审批发放无息创业贷款376万元，新增城镇就业334人，城镇失业人员再就业171人。

民政保障　2017年全年共新增低保18户38人，停止低保25户42人，全年共发放低保金1890万元；发放城乡医疗救助597人次，96.8万元；发放救助物资38.79吨；发放优待抚恤78.5万元；发放残疾人两项补贴25万余元，残疾或残疾家庭大学生助学金3万元。同时，五保、三无等人员管理进一步规范。

卫生计生　积极开展健康扶贫，全年共救助12人23.2万元；全面落实计生奖扶政策和两孩政策；全力开展"孕优""两癌"筛查工作，超额完成任务数；立案查处公共卫生场所3起，约谈袁学明非法行医1处；通过"计生赶场，卫生下乡"等多种形式宣传政策，知晓率达95%以上。

民生实事　完成易地扶贫搬迁38户140人，D级危房改造13户28人；完成场镇自来水厂的前期规划和选址；成功创建黄桷、黄草等6个农村生活垃圾收运示范村项目；完成江口日间照料中心主体工程建设；启动实施场镇和部分重点隐患村的电网升级改造；江口小学扩建工程稳步推进；启动东山公园步道建设和爱情堡公园建设；完成焦村坝移民点乌江岸坡治理工程。

文化体育　成功举办2017年春节联欢晚会；组织2017年"芙蓉杯"江口白马象棋友谊交流赛和公序良俗评选活动；参加全区第六届社区广场舞大赛和全区首届全民运动会并取得优异成绩。

科学教育　实现适龄儿童入学全覆盖，加快推进义务教育优质均衡发展，支持江口小学改扩建项目建成投用，强化师德师风建设，提升师资队伍水平。江口小学被中国青少年发展中心评为"红领巾特约记者站"。

安全稳定　推行安全领域镇、村、社干部"包片监管"和人、车、路"一对一"管理制度；启动"村规民约"村级体系化的多重管理模式；推行安全监管"四单一书"管理制度；实施驾驶员"双定双签学习"制度。实现全镇安全监管责任范围内生产安全事故零目标，多次受到市、区表彰，镇安监办荣获"全国安全生产先进单位"称号，分管领导李斌荣获"2017年全市安全生产工作先进个人”称号。全年排查调处各类矛盾纠纷1264件，其中包括办理各类信访案件103件，化解民间纠纷206件，处理群工系统问题955件。

【基础设施建设】 场镇建设　推进“乌江驿”市级特色小镇建设项目，争取资金600万元启动上街风貌环境优化整治项目建设；投入500万元完成江口汽车客运站主体工程建设；投入350万元启动肖家河沟综合整治项目建设。完成江口日间照料中心主体工程建设；江口小学扩建工程稳步推进；启动东山公园步道建设和爱情堡公园建设；完成焦村坝移民点乌江岸坡治理工程。投资1200万元，完成江口镇场镇污水管网一二级建设和两座污水处理站项目建设。区级重点项目龙溪大桥已完成拱桥合龙，渝怀铁路复线、天然气管道等项目正稳步实施。

江口特色小镇项目——上街风貌改造

交通建设　争取资金840万元，完成马鞍山、神溪沟、三河村沿湖路（兴田沟至檀木坪）、余家店等14公里公路硬化；争取资金2200万元，启动蔡家村三井溪、丁梨路、黄桷村金子、谭家村白羊坨至黄桷处朱家田、花园村社道、荆竹坝村银盘山至白房子、三河村沿湖路（猫子垭至黄桷湾）、三河村沿湖路（檀木坪至梁子上）等37公里公路建设。投入资金40万元，新建人行便道10公里，解决蔡家村天子坟、张家湾和花园村长房子、刺竹坝农业社1300人的出行便捷问题。

水利设施　投入资金154万元，新建人饮水池23口3000余立方米，新安装管网92公里，饮水安全基本解决。争取资金248万元，规划建设谭家、蔡家、三河、荆竹坝等村的人饮水池20口4400立方米，安装管道121千米，提升3800余人的人蓄饮水质量。

【江口镇第十九届人代会第三次会议】 于2017年8月29日在政府三会议室召开，大会应到会代表54人，实到代表39人，实际参加测评人数39人，通过无记名投票方式，测评扶贫工作、城乡建设工作、江口小学工作的满意度，测评结果均为满意。

（江口镇）

平桥镇

【概况】 平桥镇位于城区西部，乌江支流大溪河畔，毗邻和顺镇、鸭江镇、凤来乡和南川区中桥乡、水江镇，是武隆面对重庆主城的西大门。全镇辖区面积73.4平方公里，辖8村1社区，54个村民小组，5个居民小组，共6683户18653人（常住人口5516户13795人）。境内交通四通八达，南涪高速、南涪铁路、省道303线、区道788线和180线横贯全境。平桥距武隆、南川、涪陵三个区县城区均在50公里以内，距主城98公里，处在“一小时重庆主城、半小时周边区县”的特殊区位上，是武隆离重庆主城最近的一个镇。辖区有盛勋机械、通耀铸锻等共计18家企业。农业传统产业主要有水稻、蚕桑、生猪，新兴产业主要有翠冠梨、藕渔、果桑、砂仁、花椒等，注册有大溪河、精平桥等4个农业产业商标。

2017年，平桥镇按照“贯穿一条主线、抓好两大保障、决战决胜一场战役、突出五大重点工作”的“1215”工作发展思路，以实施“三大富民工程”项目为载体，上下一心、苦干实干，在巩固传统产业的基础上，新发展66.67公顷砂仁、66.67公顷花椒、66.67公顷辣椒，打造重庆“香料之乡”，找准产业脱贫新路子，助推脱贫致富奔小康。

【经济发展】 概况　2017年，平桥镇实现工业总产值56568万元，工业增加值13678万元，农业总产值23145万元，农业增加值22689万元，固定资产投资46666万元，社会消费品零售总额16348万元，农民可支配收入13218元。

工业　促成通耀铸锻、盛勋机械两大企业持续稳定发展；园区二期安置房顺利抽签分房；协调做好茅坪和乌杨页岩气开发建设工作，茅坪页岩气182号平台完成第2口井钻井，实现产量16万立方米，183号平台建成投产。加大招商引资工作力度，桑葚基地及干红加工项目引进生产线一条，完成投资500万元；雯昊商贸生产线完成升级投产；莲藕基地藕粉产品加工生产项目开始投产；南坪花椒油加工项目正式投产；平胜砂仁加工厂完成选址。大溪河电力有限责任公司实现转体。

农业　围绕稳定传统产业种植面积，完成水稻种植533公顷，玉米种植400公顷，油菜种植300公顷，蔬菜种植467公顷，林果及其他经济作物种植面积800公顷。完成涉农总投资3000余万元，巩固提升涉及翠冠梨、脆桃、藕渔立体养殖等主导产业；完成平胜村66.7公顷砂仁种植示范基地建设、村级集体经济组织试点项目已启动建设；新发展86.7公顷核桃示范园；组织申报特色效益农业经营大户37户；完成新增造林133.3公顷。8村一村一品格局凸显，集体经济组织基本形成。

乡村旅游　完成乡村旅游规划编制，实施以平胜村为核心区域的乡村印象公园、以精品乡村线为核心区域的乡村民俗公园、以红隆石莲寨为核心区域的乡村艺术公园、以寨门为核心区域的寨堡文化公园的五园共建；高速公路出口至高屋村活动室的扶贫旅游精品线路已经完成规划设计；中村乡村旅游接待中心已投入使用，启动红隆村第四批中国传统村落打造规划。

【社会事务】 文化体育　兴办覆盖全镇的“新时代农民讲习所”；完成送文化下乡16场次，开展文体活动6次，完善8村文化中心户8户建设，完成高屋村综合文化示范村申报；完成各村文化体育设施设备的申报储备；加强文物保护利用和非遗文化保护传承；打造综合文化服务中心示范点1个；年放映免费电影120余场、送文化下乡演出36场次，丰富居民文化生活。

社会保障　完成新增就业308人、下岗失业人员就业和再就业198人、“4050”人员就业78人；新发放小额贷款298万元；完成城乡合作医疗8599人、城乡居民合作医疗保险16212人。

民政事业　组织西北片区受灾人员紧急避险转移安置演练，落实临时救助103户26余万元，完成残疾人建房补助17户17万元，完成79户残疾人“阳光家园”补助项目。

人口卫生　全面推进“阳光计生”，办理生育服务证96件，上报审批奖励扶助74人，对计划生育特殊困难家庭，落实结对联系“3+X”帮扶制度，加强卫生监督执法力度。

教育　全镇有中学1所、中心小学1所、村完小3所、幼儿园2所，共有职高生272人、初中生365人、小学生1134人、在园儿童459人。2017年，平桥中学初中升学率和高考上线率均达到100%，高考本科上线率38%。全年为中小学协调教育资金投入41万元。

安全生产　全年未发生重大安全事故。开展“打非治违”“百日攻坚”等安全专项行动，出动各项检查累计1240人次，收取罚没款8万余元，安装波形钢护栏5公里，安装劝导站摄像头8个，保障全镇的交通安全。成功处置“5·24”天然气管道泄漏事件。

食品药品安全　完成办理食品经营许可证39家、食品生产抽检40个批次，审批上报农村家宴38户。

信访稳定　化解矛盾纠纷98件。

环境保护　全镇面源污染治理项目基本完工；制定全镇农村生活治理方案，新建农村生活垃圾收集池90余口；全年共接到环保投诉8次，办结率100%；开展环保检查20次，充分保障群众利益，督导企业单位自觉加强环保。对全镇辖区范围内的养殖业进行排查，对排查出的问题实行销号处理，关闭3家、面源污染治理7家，自行整改6家，理赔144万余元。成功处置“11·27”平桥供水站水源污染事件。

【基础设施建设】 城镇建设　全面完成城镇三网合一工程，完成投资3000余万元；中村污水处理厂建设完工，完成投资100余万元；乌杨溪滨水步道主体完工，完成投资160万元；王家湾综合健身广场完成基础建设工作，完成投资70余万元；日间照料中心、社区服务中心已完成主体工程，正在装修，完成投资300万元；平桥镇殡葬服务中心建设完成土地测设；完成场镇100个垃圾桶更换、1000余盏路灯的日常维修，完成投资35万元；启动高速路匝道景观改造；平凤二桥完成招投标及征地拆迁；油化平桥中学校内公路1段；荣获2017年百万网民点赞重庆最美小镇网络评选“重庆最美特色小镇”。

农村建设　完成南坪、红隆村居民点路灯安装。加大存量“两违”处置力度，共计发现违法建设行为5起，其中上报区两违整治办立案2起，督促整改3起；高屋村土地整治项目完成投资280万元；中村、龙园、红隆土地整治工程全面完工，完成投资420万元。完成高屋、乌杨村级便民服务中心建设，中村便民服务中心及广场建设完成前期工作，龙园村阵地建设完成规划选址。

交通　20公里公路招投标项目落地；投资1100万元完成幸新路、升过路、武长路、芭石路、红隆、南坪6条53公里的公路建设；新建人行便道28.2公里。

水利　健全河长制领导机构，建立巡河制度，发挥“网格化”服务工作队作用，对经河沿线的各类建筑渣、生活垃圾及辖区山坪塘、水池等进行全面巡查和清理。完成12口山坪塘整治，维修渠堰11.8公里，铺设人饮管道8000余米。

【重要会议】 平桥镇第十九届人民代表大会第一次会议　于2017年1月3日在镇文体中心三楼会议室召开，会期2天。大会表决通过邓小兵、邓月春（女）、印权、印克文、刘正、陈达平（女）、陈鸿玲（女）、钱臣、梁伟9人为平桥镇第十九届人民代表大会主席团成员；无记名投票选举梁伟为平桥镇第十九届人民代表大会主席团主席，选举王蔚蔚为平桥镇第十九届人民政府镇长，选举崔照文、李云开、郑锋3人为平桥镇第十九届人民政府副镇长。

平桥镇第十九届人民代表大会第二次会议　于2017年5月22日在镇文体中心三楼会议室召开，会期2天。大会通过无记名投票选举王蔚蔚为平桥镇第十九届人民政府副镇长。

平桥镇第十九届人民代表大会第三次会议　于2017年8月30日在镇文体中心三楼会议室召开，会期2天。大会通过无记名投票选举王蔚蔚为平桥镇第十九届人民政府镇长。

（平桥镇）

火炉镇

【概况】 火炉镇位于城区东北部，距城区 30 公里，由原火炉镇、万峰乡、龙坝乡（除五一村外）合并而成，东与沧沟乡、彭水县相连，南与江口镇、芙蓉街道相接，西与仙女山镇相邻，北与土地乡、桐梓镇相通，辖区面积 179.6 平方公里，耕地面积 5223.8 公顷、林地面积 6168 公顷，辖 15 个行政村（居），114 个村（居）民小组，9897 户 31939 人。

历史文化 火炉古称福来乡，因四周高寒，中间地暖，形似烤火炉而又得名“火炉”。古时为渝至湘、鄂、赣、黔必经之道，619 年（唐武德二年）武隆置县后，为发展商贸，修建驿道大唐路，作为连接涪州（今涪陵区），通往黔州（今彭水县）、酉州（今酉阳县），东出湖广的官道，设有“一楼九铺”，火炉铺为其中最大最繁荣的一铺。勤劳智慧的火炉人民创造多姿多彩的文化，百川寺、观音殿的佛教文化盛极一时、万天宫、万寿宫等移民文化、红色文化、码头文化等交相辉映，舞火龙等民间艺术独具特色。

区位优势 火炉地处重庆市东南部乌江下游，南接“溶洞之王”江口芙蓉洞，西连国家 AAAAA 级景区仙女山、天生三桥、印象武隆剧场，北通世界自然遗产后坪天坑群。龙溪大桥通车后，火炉将直接串联到渝湘高速上，同时，将使天生三桥、仙女山等众多景区串成一圈，火炉也将成为通往各景区的必经之地，旅游大环线中心优势将更加凸显。届时到城区车程 25 分钟，到芙蓉洞 20 分钟，到仙女山 20 分钟。

旅游资源 火炉最低海拔 200 米，最高海拔 1680 米，属亚热带季风性湿润气候，立体气候明显，融山、水、林、泉、洞、花为一体，集神、奇、秀、幽、古、美于一身，四季有花、四季有果，山秀水奇，景色宜人。海拔 200 米至 400 米处有“江南水乡、特色渔村”——梦冲塘特色渔业示范园区，有千年的龙溪驿站，幽美的龙溪漂流，神奇的梦冲塘，神秘的天心眼和渝东南最大的地下暗河，还有万年的活化石——大鲵；海拔 700 米至 1000 米有“森林氧吧、荷塘月色”的万峰林海湿地休闲度假公园，负离子含量是重庆主城的 110 倍，有迷人的十里荷花、林海迷宫，有相拥千年的夫妻树——五棵树，有佛教文化遗址庙百川寺、观音殿，有神奇的“三潮圣水”，有世外桃源大小石院—果老凼，有温度达 60 摄氏度的官桥温泉；海拔 1000 米至 1680 米有周家山、东山箐两大林场，有林地 2.51 万公顷，是踏青游玩、赏花阅木的好去处。

【经济发展】 *概况* 全年农业生产总值 33247 万元，同比增长 13%；农业增加值 20406 万元，同比增长 11%；工业总产值 8535 万元，同比增长 18%；固定资产投资累计突破 2.26 亿元，社会消费品零售总额达到 20641 万元；农村常住居民人均可支配收入预计为 14824 元，同比增长 11.1%。

农业 围绕“特渔、特果、特花、特烟、特畜”，巩固传统产业。2017 年，粮食产量实现 15113 吨，山羊出栏 1.5 万头、生猪出栏 6 万头、牛 2000 头、家禽 10 万只，蔬菜种植 32000 公顷，烤烟产量 49.15 万千克；新增养殖水面 230 公顷，投放蟹苗 20 万尾，经济增效 540 余万元。全镇农业企业 23 家，种养殖大户 349 家。2017 年新增专业合作社 8 家，家庭农场 3 个，农业企业 2 家，规模种养大户 86 个，农业发展后劲显著增强。推进农业与扶贫示范基地 3 个、美丽乡村项目 1 个、验收特色效益农业项目 36 个，农业综合开发项目完成工程量的 80%；完成火炉镇镇级电商服务中心建设。申报农业产业项目 38 个，资金 700 万元。新注册农产品商标 3 个，火炉脆桃、万峰张家坡大米成功认证为绿色产品，火炉羊肉获得 QS 认证，注册羊肉、脆桃、猕猴

桃、大米、竹菌等商标5个。

旅游　万峰林海核心区域打造初见成效，风雨廊桥、环湖步道和接待设施全面完工；木水槽“十里荷塘”建设成型；完成筏子至向前景观大道建设；向前村凉水井等7个乡村旅游示范点初具规模。新发展乡村旅游经营户30户、星级示范户5户、森林人家3户。新增接待床位100张、乡村旅游从业人员30人、停车场10个，乡村旅游从业人员达到200人。2017年接待游客25万人次，实现旅游收入550万元。成功举办“第三届武隆大闸蟹秋捕节暨第二届重庆武隆火炉森林旅游文化节”、“火炉镇迎春晚会”、“凉水井刨猪乐民俗文化节”等节庆活动。

【社会事务】 教育科技　小学7所，中学（含职高）1所。每年召开全镇教育工作大会，表彰先进教师和优秀学生，设立镇教育发展基金，奖励优秀师生和资助贫困学生。火炉中学中考进入全区前千名94人，居全区中学第四位；中职上本科线100人，居全区中职学校第一位。

文化体育　启动《火炉镇志》编撰工作，文化遗产官桥得到有效保护；火炉羊肉、火炉篾浆、火炉耍锣鼓、火炉民间医药单方等非物质文化得到深度挖掘。全面完成烈士墓公园一期工程。区首届运动会上斩获乡镇组团体第二名，多个项目迈进前八强。

社会保障　养老保险完成基础养老金征收118万元，宅基地复垦人员养老保险新增405人，征收养老金1221万元；城乡居民合作医疗参保28904人，较上年增加356人；新增就业558人，城镇失业人员再就业203人，就业困难人员就业120人。申请留守老人营养补贴0.48万元；对151人高龄失能人群，发放补贴36.24万元；投入资金16万元为50户贫困残疾人实施无障碍改造项目；对775人次残疾人发放补贴45万元；77名重度残疾人纳入“阳光家园计划”，发放资金4.62万元。

综合治理　荣获“创建无邪教示范乡镇”“创建无邪教示范村”等称号。开展“渝安2号”、“护航2号”、“村霸”、“敲门行动”、“重点地区整治”等专项整治行动。辖区做到“七个坚决防止”，全年刑事打击11人，治安处罚48人，民事立案判决396件。开展企业现场检查20次，下达限期整改指令10份，整改31条，现场处罚2次；强化交通安全巡查，全镇12个劝导站全面运行；对辖区的“四品一械”以及生产、销售经营等环节实行随机监督检查，共立案行政处罚11起；全年未出现安全生产事故和涉险事故，意外亡人事件较往年实现“双下降”。

信访工作　认真落实领导包案、首问负责、限期办结等信访工作制度，全镇成功化解矛盾纠纷105件，化解老信访户2件。

【基础设施建设】 场镇建设　场镇管网建设完工，天然气管网、自来水管网与污水管网实现三网合一。场镇铺砖5500平方米，增园添绿200余棵；寨子堡红色公园一期建成；新建公共厕所2座。

农村建设　依法依规审批房屋394宗，对规划区内的24户申请建房户进行审核。摸排2467栋危旧房，收集音像资料，建立基础台账。整合危房改造资金670.4万元，对678户危旧房整治；易地扶贫搬迁完成132户520人，全部搬迁入住。全面整治不安全住房，投资620万元改造危旧房1163户，硬化院坝52239平方米、改厕542户、改厨283户，全镇人居生活环境显著改善。建立农村垃圾处理长效机制，日常清运总量1099吨。农村垃圾处理纳入考核制度，开展卫生评比制度，执行定期不定期巡查制度。

交通建设　硬化村社道路10条37.67公里，改扩建农村公路4条14.11公里，维修整治社道路42公里。完成团堡社道等8条的交竣工验收检测，新启动胜庙公路硬化建设，开展畅通公路200公里全覆盖养护工作以及万峰林海和木水至云峰改扩建工程，完成车坝公路等7条公路前期测量设计工作。

水利建设　万峰水厂完成项目前期工作，新建水池26口，安装管道400公里，修建渠道0.268公里；木水大灌区主体工程完工；后槽等村节水灌溉工程管网系统完工。

【火炉镇第十九届人民代表大会第一次会议】 于2017年1月4日召开，各项议程均按照法定程序进行，1月5日下午4点闭幕。大会应到代表61名，实到代表57名，因病因事请假4名，符合选举规定人数。通过无记名投票共选举第十九届人大主席团主席1名，镇长1名，副镇长4名。冯乐当选为镇第十九届人民代表大会主席团主席，甘元胜当选为火炉镇人民政府镇长，刘晋思、覃涛、王华、谢成毅当选为镇人民政府副镇长。

（火炉镇）

鸭江镇

【概况】 鸭江镇与南川区和涪陵区接壤，全镇辖区面积120.7平方公里。全镇辖9个行政村1个居委会，66个村民小组3个居民小组，户籍人口21883人，其中场镇常住人口9000余人。距城区56公里、距重庆90公里。处于重庆三环高速（南涪高速）以内，已融入重庆一小时经济圈。最高海拔1400米，最低海拔168米，立体地形和立体气候明显，适合农作物生长，是典型的农业重镇，大溪河穿境而过，有着丰富的水资源和矿产资源。拥有全国八大小三峡之一的鸭江小三峡和古汉平古县城遗址等。

【经济发展】 工业　灵烽纸业完成技改扩能框架性协议签订，筹集资金500万元；东楚翔石材完成“升规”的前期工作，产值达2000万元；高悦山泉桶装水厂产品推向市场，销售额达540万元。生态工业增效扩能取得较好成绩。大溪河二级电站、大溪河三级电站获得全国第一批“绿色小水电”称号，是重庆仅有的两个获此殊荣的电站。引进企业成果显著。新引进总部经济实体1家，新建苕粉加工厂1个，新培育微型企业、个体工商户等实体经济45家。新能源开发取得突破性进展。诚信煤矿成功转型，现已启动电站厂房建设；页岩气开发完成前期勘测，即将进入生产阶段。

农业　实施农业增收攻坚行动，特色农业朝着规模化、标准化发展。规范管理柚子园100公顷，梨园133公顷、柑橘园66.7公顷，新增柑橘类种植20公顷，启动城周绿色经济带建设；集中打造100公顷立体循环生态柚园1个、脆冠梨基地1个、改造茶园1个、李子园1个，推行林果社会化管理153.3公顷，特色林果园区建设全面推进；打造标准化畜禽养殖基地1个、新发展畜禽养殖300只（头），畜禽养殖示范区建设逐步推进；种植红苕666.7公顷、种植榨菜鱼酸菜666.7公顷。

旅游　以乡村旅游突破发展为带动，严把“后续跟进关”。投资400余万元完成鸭江小三峡观光步道建设3公里、新建小三峡环线公路2公里，解决鸭江小三峡可进入性问题。将乡村旅游与集体经济发展有机融合，在完成青峰村青龙嘴武隆“涂鸦村”“涂鸦”的基础上，组建集体经济企业，将农户的房屋、土地等资源作为股份进行集体经营，对武隆涂鸦村进行统一管理。

12月2日，区共青团、妇联届别政协委员到鸭江中心校捐赠“奇趣礼物”

【社会事务】 教育　鸭江中学学校占地3.3公顷，有教学大楼2幢，实验大楼1幢，办公楼1幢，学生公寓2幢，教师宿舍3幢，5000平方米的塑胶运动场1片，250米跑道1个，标准篮球场4个，室内羽毛球馆1个，室外羽毛球场2片。学校现有高初中教学班19个，学生近800人，教职工101人，2017年鸭江中学高考上本科线25人，完成目标任务的833.3%。初中教学质量综合积分居全区第二名；社区教育获国家级表彰；送月庙教学点代表全区顺利通过国家义务教育均衡发展验收。

综合治理　鸭江镇全年共处置各类案件130起，司法调节和审结143件次，“渝安2号”专项整治行动和公安主要任务工作获全区第一名；全年未发生较大及以上安全生产事故，食品药品安全事故零发生；全面完成十九大期间的安保和维稳工作。

就业创业　城镇新增就业265人，城镇失业人员、就业困难人员就业148人，征收社会保险基金93.86万元，发放社会保险待遇467.15万元。

民生项目　鸭江中心校改扩建工程加快推进，全面启动殡仪馆建设，启动建设鸭江片区中心福利院，完成羊角搬迁18户对接户分房和入驻任务。

社会保障　全年共发放最低生活保障资金434万元，发放各类救助95.25万元，社会保障体系更加完善。

文化体育　2月上旬举办鸭江镇2017年“古韵汉平、锦绣鸭江”为活动主题的迎春晚会；举办“闹元宵”活动；开展“三八妇女节”活动；在五一举行“庆五一迎五四”暨“舞动鸭江 全民健身”第三届广场舞比赛；进行鸭江镇送文化进村活动。

2月11日，鸭江镇举行“闹元宵”活动

【基础设施建设】 场镇建设　完成场镇的补植补造和路灯改造工程；投资80万元完成鸭大路场镇段的人行道改造5000平方米，投资60万元完成高速路出口休闲公园建设，投资28万元完成室内篮球场建设，投资30万元完成马头山体育公园建设，投资16万元完成青龙嘴停车场建设，场镇功能逐步完善。

交通　完成429省道油化改造、启动鸭庙路路面和羊送公路路面改造工程，交通骨架更加完善。

水利　完成场镇污水管网的规划设计和一期改造工程、顺利推进石朝门滑坡治理，发展基础更加夯实。全面落实“河长”制，常态化开展巡查和保护。场镇污水处理厂正常运行，大溪河面源污染治理项目7个规划点顺利竣工，并投入使用。

（鸭江镇）

长坝镇

【概况】 长坝镇因境内石梁河两岸有较长的冲积坝而得名。清末设置永顺乡，1930 年改乡为永顺镇。中华人民共和国成立后，1952 年 2 月更名为长坝乡，自 1985 年起辖长坝居委和镇宜、红光、新生、尖峰、红丰、鹅冠、白沙、大元、大岭、何家、沙窝、简村、乐道、胜利、光明 15 个村，90 个村民小组，1992 年撤区并乡时建长坝镇，镇人民政府驻地长坝场。2003 年 10 月建制调整后由原茶园乡、东山乡、长坝镇合并为现在的长坝镇。

长坝镇位于城区西南地区，东邻赵家乡，南接大洞河乡，西与白云乡接壤，北与和顺镇相邻。全镇海拔 205 米至 1611 米，年均气温 18 摄氏度，降水量 1060 毫米；镇内交通便利，国道 353 贯穿全境，距渝湘高速路出口 5 公里，距城区 38 公里，距主城区 85 公里。全镇辖区面积 104.4 平方公里，其中耕地面积 1500 公顷，林地面积 6400 公顷，森林覆盖率达 56.2%；现有总人口 6199 户 2.06 万人，辖 1 个居委、9 个行政村 62 个农业社。长坝镇是武隆工业园区三大组团重镇之一，园区规划建设面积 2 平方公里；农业以生猪、蔬菜为主，发展有无花果、西瓜、金秋梨、软籽石榴、豪猪等特色种养殖业。境内石梁河贯穿全境，山水如画、风光旖旎，有区级文物腰占铁索桥，乡村旅游进入蓬勃发展阶段。

【长坝镇第十九届人民代表大会第一次会议】 于 2017 年 1 月 2 日至 3 日在镇公共服务大厅五楼会议室召开，应到正式代表 54 人，实到代表 52 人，会议选举产生镇人大主席李锋、镇人民政府镇长代春雷、副镇长刘娟、副镇长张明志、副镇长张树清。

【长坝镇第十九届人民代表大会第二次会议】 于 2017 年 4 月 26 日至 4 月 27 日在镇公共服务大厅五楼会议室召开，应到正式代表 54 人，实到代表 45 人，会议选出重庆市武隆区长坝镇人民政府副镇长代春雷。

【长坝镇第十九届人民代表大会第三次会议】 于 2017 年 12 月 7 日至 12 月 8 日在镇公共服务大厅五楼会议室召开，应到正式代表 54 人，实到代表 48 人，会议选出重庆市武隆区长坝镇人民政府副镇长张明志。

【经济发展】 *概况* 2017 年实现固定资产投资 1.7 亿元；实现社会消费品零售总额 1.88 亿元，同比增长 11.2%，农村居民可支配收入预计达到 12800 元，同比增长 11.93%，存款净增 5000 万，贷款净增 2000 万。

工业发展 基本完成工业园区长坝组团三标段场平建设工程；久味夙食品有限公司已顺利投产运行，劳动力转移 300 余人；新引进重庆市武隆区新金联建材有限公司，厂房建设正有序推进；完成焦页 7 号平台的探气工作，新规划前进村页岩气井平台一个；茶园东山电站发电 660 万度，技改持续推进。

农业发展 完成粮油播种 3000 公顷，完成蔬菜种植 1667 公顷，完成胜利、何家堡 66.7 公顷柑橘示范基地建设，红光猪腰枣 6.7 公顷栽植，大元、红光西瓜种植完成 33.4 公顷，鹅冠完成楠竹种植 6.7 公顷，民主 20 公顷种植油茶正在推进中。新增前进村澳洲坚果种植、茶园脆桃种植、灯坪雷竹种植、胜利何家堡柑橘种植等专业合作社及企业 6 个；抓好乡村振兴战略计划的逐步推进，做好二、三产业的融合发展，培育科技示范户 80 户，新建专业合作社 3 个，引入龙头企业 2 户。同时，特色养殖业向好发展，全镇豪猪年存栏 1890 头，山羊、肉牛、土鸡养殖存栏分别达 1880 只、570 头、15.65 万只，淡水养殖新增 0.33 公顷，水面养殖面积总量达 13.8 公顷。

长坝镇大元村腰占桥

【社会事务】 社会保障　全年发放小额贷款570万，带动创业就业250人次；健全城镇登记失业人员动态明细台账，城镇登记失业人员新就业数176人，指导困难人员就业66人；组织长坝镇有创业愿望的劳动力60人进行SYB初步创业培训，IYB中级创业培训20人；办理“4050”人员灵活就业社保补贴44人，发放补贴22万元；城乡居民养老保险全年扩面参保99人，完成任务数的160%，居民养老保险完成125.25万元，完成任务数的121%，新增退宅基地养老保险参保及征收153人；城乡医保新增参保294人，新增制卡316张，补卡246张，发卡17535张。

民生保障　对1921户贫困户、低保户、特困人员、残疾、优抚等困难群众发放慰问物资。解决地灾32户104人倒房重建避让费17万元。对城市最低生活保障73户99人、农村451户741人累计发放低保金313万元；临时救助110户物资折合30万余元；残疾人危房改造19户。

医疗卫生　全年出生221人，死亡182人，自然增长率为1.8‰；全面两孩政策和优生优育工作顺利推进，完成孕前优生检查41对，两癌筛查1300余人次；对4例大病进行医疗救助，查处3例非法行医行为。

教育科学　长坝小学2017年荣获综合督导评估二等奖；在区教委组织的中华魂演讲活动中，荣获二等奖；参加第八届教职工运动会获女子第四名，第二届小学生足球锦标赛获第六名；被长坝镇政府评为先进集体；师生参加各级各部门主办的各项活动，多人次获得等次奖。在第二轮（2015–2017年）办学水平综合督导评估中获区级二等奖。

文体活动　举办2017年春节联欢晚会；组织参加区第六届社区广场舞大赛和武隆区首届全民运动会并取得较好成绩，文化下乡演出合计36场，其中山东省文化厅到长坝镇的文艺演出反响强烈。

【基础设施建设】 交通建设　累计投入1525万元，硬化茶园李子堡公路6.5公里、东铁公路10公里、李高山公路4.3公里、大岭公路10公里；新增钢护栏11公里。

水利建设　投入147万元整治12口山坪塘，新建红光、简村2口人饮池，完成管道安装2.8万米，新启动43口第二批人饮工程。完成大元、红光、鹅冠、简村人行便道35公里建设；

场镇建设　投资10万元扩建农贸市场，新增700平方米彩钢棚，新增摊位100余米；投资15万元提升场镇亮化工程，整治场镇及滨江路路灯100余盏。投入10万元在全镇修建垃圾池60余个，在公路主干道沿线配置垃圾箱8个，场镇及各村人群聚集点摆放垃圾桶200余个，试点村做到户集中，村收集，镇转运的要求。

农村建设　开展以“孝、贤、洁、序”为重点的公序良俗建设活动。开展千家万户立家训。

以“重家教、立家规、传家训、正家风”为主题，将家风正、品德好、书香浓、环境美、邻里和等作为评选条件，推进创建“最美家庭”活动常态化、制度化。开展乡贤评选。开展环境卫生大整治。发挥群众的主体作用，人人动手，家家参与，自觉整治门前院后、田园道路环境卫生，做到庭院卫生整洁、村居环境整洁美观。开展村（居）规民约大讨论和婚丧喜庆大操大办专项整治。围绕法律法规和形势政策教育、健康生活方式引导、践行社会主义核心价值观等内容，开办广播、电视专栏节目，在固定时段常年播放，教育引导广大群众提高文明素养。

（长坝镇）

羊角镇

【概况】 羊角镇位于城区西部，距城区 21.4 公里，重庆 157 公里，乌江、国道 319 线、渝怀铁路和渝湘高速公路从东向西穿境而过，交通便利，区位优势明显。东连土坎镇、南接巷口镇、西至白马镇、北与双河乡和涪陵区武陵山乡接壤。辖区面积 100.3 平方千米。辖 10 个行政村、72 个村民小组、1 个社区居委、4 个居民小组。总人口 18930 人，比上年减少 0.09‰，其中非农业人口 2692 人，农业人口 16238 人；人口密度 188 人 / 平方千米。有苗族、土家族、仡佬族等 7 个少数民族，主要分布在永隆等村，少数民族总人口 170 余人。是重庆市“中小企业创业基地”和“枣子之乡”，是市级“非物质文化遗产”豆干、老醋生产地，羊角三宝——豆、醋、枣闻名全国。2012 年，羊角场镇出现危岩滑坡险情，开始启动实施避险搬迁，并于 2016 年完成整体搬迁，羊角古镇成为永久的历史记忆。

【经济发展】 概况　全镇地区生产总值 7.95 亿元，增长 9.5% 左右；财税收入 2461 万元，增长 9% 左右；固定资产投资 3.03 亿元；社会消费品零售总额 2.75 亿元，增长 11% 左右；城乡居民人均可支配收入 13531 元，增长 11% 左右。

农业产业　特色产业稳步发展，永隆、庙岭、田湾等矮化密植猪腰枣、脆桃、脆李等示范基地逐步投产见效；启动实施鹅岭、碑垭、永隆村长江绿色生态廊道特色林果 333.33 公顷示范基地项目；场镇险区竹笋绿化产业已栽植 133.33 公顷；新发展农业企业 5 家，家庭农场 8 家；畜禽规模养殖场达到 56 家。

农村电商　产品销售 10 万元；粮食作物播种面积 2766.67 公顷，产量 1270 万吨；羊角老醋、羊角豆干、碑垭菜油、永隆大米、羊角碗碗羊肉、羊角苕粉等旅游特色产品实现产值 2.75 亿元。

【社会事务】 教育　投资 100 万元，完善中心小学体育场所，新建艳山红小学教师周转房，接受国家义务教育基本均衡评估验收。

卫生医疗　新增就业 292 个，城镇登记失业率下降到 2.13%；农村适龄妇女“两癌”免费筛查 700 人次；羊角标准化卫生院建设完工，近期将搬迁入住开展医疗服务，全年无重大传染病和疫情发生；城乡合作医疗保险参保率 96% 以上；城乡养老保险参保率达 95% 以上；农民工意外伤害保险 2190 人。

通信　实现 4G 通信信号镇域全覆盖，光纤有线信号传输安装到行政村中心，通信网络进农村、进农家，安装到户 600 户。

社会保障　落实政策补助资金 812.9 万元，实施易地扶贫搬迁 52 户 196 人、改造农村危旧房 259 户；新建永隆、庙岭养老中心，对 31 户五保户、留守老人户、困难户实施集中安置，资助贫困户学生 751 人次、医疗救助 169 人次、新建人行便道 45 千米、新纳入低保生活保障 111 户 324 人。

文化　配套建标准化卫生室、电商超市、体育等功能设施；启动永隆标准化文化舞台建设；免费送文化下乡10场次；组织参加全区首届运动会，获得团体赛第8名；开展文化下乡40场次，杨兴明荣获“全国文明家庭”称号；出版《羊角古镇记忆图集》1250幅、《羊角记忆》书刊1000余册。

信访工作　截至12月，共受理信访案件108件，其中已化解处理97件，其他11件正在处理，村级化解矛盾纠纷71件；积极消减信访存量，着力解决信访突出问题。开展好险区搬迁信访和石床渣场矛盾纠纷等11件信访案件的协调处理；加强稳控措施，制定《羊角镇突发事件应急处置工作预案》《羊角镇规模集访处置工作手册》。

综合治理　社会治安防控体系全面加强，公众安全感指数明显上升，成功创建市级安全社区，依法严厉打击违法犯罪活动，社会治安环境明显改善；全面落实安全生产党政同责、一岗双责、企业主体责任，加强安全生产监管和地质灾害防治，一年来未发生重特大安全事故，未出现安全生产责任事故。

【基础设施建设】 交通　全年投入近2000万元，实施通畅公路13条36.5公里，通达公路3条8公里，申报通畅公路储备项目26个132公里，即将启动建设公路30公里；G65高速土坎互通工程、渝怀铁路复线建设加快推进；羊角古镇至白马山加宽改造已完成设计规划。

农村建设　新建永隆、庙岭养老中心，配套建设标准化卫生室、电商超市、体育等功能设施；对碑垭和永隆部分村组农电实施升级改造；启动永隆标准化文化舞台建设；落实政策补助资金812.9万元，实施易地扶贫搬迁52户196人、改造农村危旧房259户

水利　投入126万元，维修整治超大型山坪塘3口，整治灌溉渠堰25条71.5千米；投资近1亿的花园水库即将开工建设；加大农村安全饮水工程建设投入，全年共投入310万元，启动安全饮水池建设40口5500立方米，安装入户饮水管43.2千米。

【羊角搬迁安置大事记】 羊角搬迁安置区自2016年3月启动房建工程以来，历时22个月全面完成484幢、1936套共28万平方米，并通过房屋实体验收。机关事业单位安置区于2017年4月完成验收并交付使用，羊角镇政府、派出所、卫生院、中小学校等9家机关事业单位从2017年5月开始陆续入驻办公。12月26日至29日，利用4天时间圆满完成A、B、C、D户型1902套房屋及配套门面的集中抽签选房工作。

（羊角镇）

土坎镇

【概况】 土坎镇地处城区西北部，有武隆门户之称。坐落在仙女山脚下，东西最大距离8公里，南北最大距离4公里，东临巷口镇，南接乌江，西连羊角，北靠仙女山，全镇辖区面积41.3平方公里，辖关滩、新坪、五龙、松树、清水5个行政村35个村民小组和1个社区居委3个居民小组；镇政府所在地土坎场，距城区8公里。现有耕地386公顷，其中：土224公顷，田162公顷。总人口10554人，总户数3126户，人口自然增长率为1%。现有武丰公路、渝怀铁路、乌江黄金水线穿越其境，距镇政府100米处设有铁路货运站。渝怀铁路、319（川湘）国道、乌江黄金水线贯境。景点有和尚崖风景区、“瀑头观峻”、“响水临江”、“层严两榜”等。全镇主要为东高西低的坡形地势走向，海拔高度在200米至1400米之间不等，地处亚热带湿润季风气

候区，立体气候明显。

【土坎镇第十九届人民代表大会第一次会议】 2017年1月3日至4日召开。大会实行无记名投票等额选举，选举史禄科为镇长，蒋坤胜为人大主席，王川、冯涛、袁勇、黄垒为副镇长。大会通过2016年土坎镇人民政府工作报告、2016年土坎镇人大主席团工作报告、2016年土坎镇财政工作报告。

【土坎镇第十九届人民代表大会第二次会议】 2017年9月18日召开。大会通过2017年土坎镇人民政府半年工作报告、2017年土坎镇人民政府扶贫工作专项报告、2017年财政半年预算执行情况报告、镇第十九届一次会议代表建议办理情况的报告。

【土坎镇人大主席团会议】 2017年3月27日，召开武隆区土坎镇人大主席团会议，会议确认史禄科由原武隆县土坎镇人民政府镇长改任为重庆市武隆区土坎镇人民政府镇长，蒋坤胜由原武隆县土坎镇人民代表大会主席改任为重庆市武隆区土坎镇人民代表大会主席。5月26日，召开武隆区土坎镇人大主席团会议，会议确认袁勇、冯涛由原武隆县土坎镇人民政府副镇长改任为重庆市武隆区土坎镇人民政府副镇长。

【经济发展】 *概况* 2017年全镇实现工农业总产值6.8亿元，比上年增加1.5亿元；财政税收收入2037万元，比上年增加407万元；社会消费品零售总额8403万元，比上年增加1103万元；农村居民可支配收入达到13420元，比上年增加716元；农户存款达到3.4亿元。

农业产业 实施“产业+”工程。投资121万元完成桐坝微企园规划设计及场地平整等前期工作，发展壮大2家QS认证苕粉加工企业，示范带动周边苕粉加工农户180余户，苕粉年产量达到1700吨，产值3000万元；全年完成粮食作物播种423.33公顷，粮食产量3285吨，完成蔬菜种植304.33公顷，产值1032万元；全年生猪出栏9965头，肉牛出栏1060头，山羊出栏5860只，家禽出栏51833只，畜牧业产值达6758万元。

旅游发展 实施“旅游+”工程。聘请重庆香樟林旅游规划设计有限公司对土坎镇美丽乡村建设进行全方位规划设计。同时以巷双路、垫道路旅游主干线为依托，打造以关滩果园、清水龙湾、雨水花谷、懒坝国际艺术主题公园为核心的乡村旅游示基地；完成乡村旅游观景平台规划2处，新发展农家乐8家，新增接待床位200余张，全年接待游客20余万人次，实现旅游综合收入2000余万元。

【社会事务】 *教育文化* 投资3850万元新建土坎中心小学教学楼、运动场地及学生标准化食堂，投资360万元完成教学设备设施采购安装及校园美化绿化工作；完成投资3000万元新扩建土坎中学教学楼、综合楼及学生宿舍12000余平方米，扩建运动场地2000平方米；投资110万元完成清水小学学生食堂改扩建1116平方米；全年投入教育经费290万元，用于工作经费开支及基础设施维修和校园文化打造；土坎镇教育硬件设施在全区排名靠前。一年来，共计31名教师获得各类表彰及考核优秀等次，57名学生获得书画、文章等各类表彰及“三好学生”荣誉称号；小学获得全区综合督导考核优秀和安全稳定先进集体，中学中考再创佳绩，共有42人考入区重点高中；全镇实现义务教育全覆盖，适龄儿童入学率达100%。积极组织参加区首届运动会，并取得优异成绩；争取22万元村级标准化文化广场建设专项资金，建成松树村标准化广场；全年免费播放电影70余场次。

卫生计生　2017年新农合参合人数8487人，参合率达95%以上；投资1300万元的镇卫生院综合业务楼及办公楼建设项目竣工并投入使用；开展家庭医生签约服务工作，全镇共计签约4825人，其中建档立卡贫困户、计划生育特殊家庭及重点人群签约实现全覆盖。加大“全面两孩”政策宣传力度，深化计生优质服务，完成人口自然增长率控制指标。

社会保障　全年累计发放特困家庭大病医疗救助、临时困难家庭救助、受灾家庭救助资金56.72万元；发放重点优抚、残疾军人、烈士遗属、复员军人、参战人员补助金47万元；共148户340人列入城乡低保户，累计发放低保金139万元，实现低收入人群应保尽保；完善就业和保障体系，举办创业培训班及农村劳动力转移培训班8期，培训1000余人次，发布用工信息2300余条，实现就业人数238人；完成养老保险指纹认证928名，发放养老金111.36万元。

双拥共建　全镇范围内通过设立专栏、标语、短信等形式开展国防教育知识宣传，激发广大民众支持国防建设的热潮；春节、“八一”期间组织慰问军烈属、退伍军人及军人家属，巩固军民关系；完善基层武装部软硬件设施建设，加强民兵基层组织规范化建设，落实资金2.8万元购置民兵应急所需物资；先后组织民兵应急分队50人参加全区民兵应急综合演练和区武装部民兵年度军事训练；完成义务兵役登记和夏季征兵任务，实现义务兵役登记100%，新兵上站人数、体检政审双合格数、输送新兵数各项数据均创历年之最。

安全生产　全面推进“一岗双责”责任制，推进各领域、各行业安全隐患排查整治工作，召开安全生产专题会议10余次，通过宣传车、标语、宣传资料等方式强化宣传，全年未发生区上考核指标安全生产事故发生。持续开展安全生产大排查大整治工作，累计排查出安全隐患122处，当场督促整改90处，限期整改32处，下发整改通知书29份。实时开展交通安全检查工作，联合区交警大队、区执法队等区级执法部门开展有针对性执法工作，累计纠正处罚各类违法行为785人次，农村道路交通违法得到有效遏制；投入资金完成镇辖村交通安全劝导站建设全覆盖，保障运行资金，保证劝导站运行正常，全年检查劝导1200余人次。加强辖区内地质灾害点的群测群防和应急演练，投入资金8万余元对地灾点内的D级危房户进过渡安置。开展食品药品安全管理工作，对辖区内中小学、农家乐、建筑工程伙食团等餐饮单位定期展开检查，对关键时点开展重点检查整治，全年累计开展12次，发现问题20个，现已全部整改完毕，加大对宴席申报管理，全年无食品安全事故发生。加大森林防火宣传力度，配齐配强护林员，及时添置应急物资，全年未发生森林火灾。

信访维稳　完善镇领导下访接访制度，依法及时处理来信来访；深入开展信访稳控工作，共排查出矛盾纠纷76件，成功调处71件，调处成功率达93%；加强对重点对象稳控力度，完成十九大及市党代会等重要活动节点安全维稳任务；强化治安防控体系建设，做好社区矫正和吸毒人员社区戒毒康复工作。

【基础设施建设】 农村建设　投资1000余万元的清水松树市级国土综合整治项目建设有序，已完成工程总量的80%，项目所在村社的基础设施条件提升；投资337万元建成松树村、清水村标准化便民服务中心，投入使用；争取市公安局援建资金283万元完成松树村蚂蝗田农副产品交易中心、松树村老大桥箱涵、桐坝盖板涵及松树村广场建设项目。

交通建设　投资977万元建成长清水小学

至中坪柏林、长杆子至杨二屋基、松树林酒店至荞子溪、牛场至黄泥堡及堡上至青龙公路；投资185万元的七星公路建设项目，已完成工程总量的50%；投资422万元的新坪公路已完成前置手续审批及项目评审，待施工图及概算批复后进入招投标程序；完成清水村、松树村194万元基础设施建设项目实施方案编制及规划设计工作；投资109万元的茶店生态停车场建设项目进入勘测设计等前期工作；投资63万元完成新坪村10公里、清水村4.5公里和松树村3.5公里的“一事一议”人行便道硬化工程。

人饮工程　投资34万元完成茶园、店子等第一批人饮工程，总投资120万余元的第二批人饮工程部分村社启动建设。

农网改造　投资400余万元完成五龙村建设组和新坪村硝厂组农网电力升级改造。

重点工程　完成羊角危岩避险搬迁户新址选房助推工作；完成万家保组团安置房建设施工单位比选进场及7.15万平方米主体工程建设；完成狮子岩危岩避险搬迁安置房选址，规划设计，地质探测等工作，安置房主体工程完成总工程量的60%；完成铁路复线征地7.53公顷，安置242人，兑现落实安置补助847万元，拆迁房屋5户；完成懒坝LAB项目19.66公顷征地前期工作，流转土地202公顷，签订房屋搬迁9户，拆迁安置6户，搬迁坟墓79座，大园子安置点建设基本成型；完成污水处理厂项目建设征地2.18公顷，搬迁坟墓13座；完成新址水厂规划选址、用地和青龙电站征收工作；完成公租房建设项目主体工程建设，正在完善配套设施建设；土坎乌江大桥全面竣工并实现通车。

（土坎镇）

桐梓镇

【概况】桐梓镇地处城区东北部，辖区面积100.3平方公里，海拔在332米至1694米之间，有耕地2682公顷，林地6237公顷。全镇辖6个村（长征、香树、桐梓、繁荣、官田、双凤）1个居委（同心社区），46个村民小组、2个居民小组，3912户12405人，其中非农人口2449人。总人口以汉族为主，达12342人，占99.49%，少数民族63人，占0.51%。2017年人口出生153人（出生率11.19‰），死亡86人（死亡率6.38‰），人口自然增长率4.81‰。

【经济发展】概况　全镇农业总产值1.23亿元，增长4%；固定资产投资3.13亿元，增长50%；社会消费品零售额总额9838万元，增长14%，农村常住居民人均可支配收入13125元，增幅11.7%。一般公共预算收入1673.95万元，一般公共预算支出1645.42万元，其中2016年结转至本年资金支出367.47万元，本年预算资金支出1277.95万元。用于改善民生的投入724.6727万元，占一般公共预算支出的44%。全镇两家金融机构存款余额4.3亿元，同比增长35%；贷款余额0.45亿元，同比增长300%。

农业　2017年，农业增加值7641万元。稳定传统种植业。种植粮食作物2438公顷，产量7562吨；种植辣椒200公顷、烤烟126.7公顷，产值1500万元。壮大传统养殖业。年出栏山羊4000头、肉牛500头、生猪8000头、家禽50000只，产值2610万元。发展特色产业。新栽绿茶、老鹰茶、油茶等133公顷，生态茶园面积扩至366.7公顷；管护金银花200公顷；管护花卉苗木400公顷；完成武隆高山茶QS认证；申报特色效益农业项目20个。引进和培育市场主体。继金尊食品、飞红园林、沐树农业、鑫生农业、桐鞍农业、梓归农业、凤坪农业、重庆榕岚农业等农业企业外，又引进茶游农业等公司落户，生态农业产业进一步壮大；帮助金尊、飞红、沐树、鑫生、桐鞍、茶游、梓归等农业企业，申报特色效益农业项目补助资金300余万元;新培育家庭农场5个，专业合作社11个,种养殖大户35户。品牌培育。继续做大做强“桐梓山”系列农特产品品牌，官田大米、长征大米、长征菜油、香树珍珠鸡等农（畜禽）产品深受市场青睐。加快林业产业发展。新增退耕还林面积72.13公顷；完成中央财政造林131.8公顷。

乡村旅游　完成乡村旅游项目投资600万元，启动绿茶基地文化阵地、休闲长廊、观景亭等基础设施建设，硬化紫薇园、老鹰茶寨、双凤山等景点入园公路10公里；提高乡村旅游接待能力，新增接待户3户，新增床位76张，创建三星级接待户1户。全年接待游客11万人次，实现旅游综合收入3200万元。

农村电商　完成电商网店村点建设全覆盖，镇级服务中心线上交易金额突破50万元。引进顺达货运部，形成由顺达货运、京东快运、邮政快递和煜丹电子商务有限公司构成的物流运输服务体系。培育煜丹电子商务有限公司，通过融合运作，让申通、圆通、中通、韵达等知名快递企业变相落户桐梓。

商业外贸　全年新增餐饮店面8家，同比增长30%。

【社会事业】 教育科技　投入500万元建成桐梓中学11人制标准足球场，硬化油化校园公路400米，完成校园文化墙、实验室、图书室等建设；投入190万元完成桐梓小学旱厕改造、运动场建设、教师办公条件改善、学生冬季取暖设备购置；投入110万元建成双凤小学六大功能室、塑胶运动场;原镇政府办公楼无偿划拨给桐梓小学。桐梓中学在2017年中考中进入全区前千名77人，打破历史纪录；桐梓小学在多项全区性活动中获奖。全年开展旅游接待、蔬菜种植、动物养殖等各类培训12次，1150余人次参训。引进市级技术专家2人、县级技术专家3人，培育新型职业农民65人。

文化体育　2017年，投资50万元建成休闲健身广场。全年举办镇级以上活动5次，参加区级活动2次。3月干部群众趣味活动、6月拔河比赛、7月银花杯登山比赛、8月第二届金银花杯羽毛球邀请赛、9月庆祝国庆节文艺晚会，10月参加区首届运动会，11月参加区第六届广场舞比赛。全镇有农村文化中心户18户，年内各村举办农村文化体育活动20次，读书活动70余次，放映农村电影76场次。

人口卫生　2017年，成立镇村级计生协会8个，开展协会活动16次；组织参加乳腺癌和宫颈癌筛查480人。全面完成春、秋重大动物疫病集中防控，人畜防疫、免疫率达100%。发放各类计生、卫生宣传资料1000余份，张挂标语30余条，群众政策知晓率达95%以上。

社会保障　2017年投入70万元改扩建敬老院，投入20万元建成同心社区养老服务中心。全年累计对城镇低保户51户79人,农村低保户177户370人发放低保金191.3万元；对各类重点优抚对象89人发放优抚对象资金93.97万元;对分散供养特困人员50人发放生活费40.96万元；对175户601人困难家庭发放临时困难救助金42.67万元；发放救灾大米8.49吨，棉絮、棉被371床，棉衣69件，菜油12.14吨，发放自然灾害救助资金2万元，涉及受益群众781户2418人。城乡居民养老保险参保率达98%，对2074位60岁以上老人累计发放养老金270万元；城乡合作医疗参保率达98%，受益群众10541人次，获得新农合补偿200万元；外出务工人员意外伤害险1562份；大病医疗救助5人6万元。

综合治理　完善场镇、村活动室周边视频监控网格，加大反暴恐、打黑恶、扫除“黄赌毒”力度，治安、交通、市场秩序“三项整治”

不断加强。强化安全监管力量，安监办独立设置为乡镇综合办事机构，增配人员3名，投入5万元建成6个交通劝导站；建成食品快检工作室，配备必要设施设备，食品安全和安全生产集中排查整治等常态化。开展公序良俗建设，获评区级守法农户3户，乡风文明持续提升，杜绝滥办酒席现象。

信访工作 全年领导干部接、下访337次，网上信访系统自办信访件104件，网上代理信访件53件，群众诉求办结率为100%，满意率达100%，社会大局保持稳定。

【基础设施建设】 *交通* 投资76万元，完成纸房沟金银花产业园公路、上下湾至狮子丘公路等通达工程2条6公里；投资1355万元完成双凤产业路、大石板公路、林家森公路等通畅工程12条32公里；启动官田活动室至双凤场4.05公里公路加宽改造工作。

人饮 投资26万元整治长征山坪塘2口；投资185万元，启动新建水池5口1900立方米，维修水池13口4200立方米，安装水管21000米。

电力 投资100万元完成高坎子等农业社新增或扩容台区3个，容量400千伏安；新架设10千伏线路1000米、低压线路2000米。

场镇建设 投资350万元，完成镇公共服务中心建设及装修工程；完成场镇建设规划调规工作，重点区域详规覆盖率逐渐提高，启动盛家坪广场建设和大众广场升级改造设计及报审前期工作；投资1500万元，修建污水处理厂1座，新铺设场镇污水管道8000米，打通场镇5处排水节点和3处排污节点；投资160万元油化盛家坪街道，拓展场镇规模；投资20万元改造场镇路灯、公共服务中心灯饰，完成街道绿化提挡升级；投资50万元建成休闲健身广场。

居民聚居点 投资200万元，通过铺装路沿石、透水砖，安装路灯、壁灯，加装窗棂、琉璃瓦，安装污水管道等对双凤场、天台寺、清沙坡、花房子等居民点进行升级改造；投资40万元建成官田农耕文化广场；投入15万元，营造长征活动室、官田凉风垭、双凤场等文化氛围。居民点空间布局持续优化，集聚效应明显增强。

农房改造 投入410万元，整治农村房屋750户，新建厕所730所，硬化院坝37500平方米。投入48万元，对15户D级危房和23户C级危房进行整治。

【“11·23”地震受灾情况】 2017年11月23日17时43分，重庆武隆区（北纬29.40度，东经107.94度）发生5.0级地震，震源深度10千米。桐梓镇辖区内共有4人受伤，房屋受损49户，牲畜伤亡51只，公路不同程度损毁，双凤村4个农业社电力中断，造成经济损失约35.51万元。

【桐梓镇第十九届人民代表大会第二次会议】 2017年10月18日至19日召开。大会应到代表48名，实到代表39名，因事请假9名。会议听取《扶贫工作报告》和《议案办理情况专项报告》。会上，桐梓镇司法所、桐梓镇中心小学校、桐梓国土资源管理所、桐梓供电所所长、重庆农商行桐梓分理处等单位负责人作工作述职，代表对其进行测评。

（桐梓镇）

和顺镇

【概况】 和顺镇地处城区西部弹子山上，距主城130公里，至涪陵50公里，至武隆45公里。东与白马镇相连，西与平桥镇、鸭江镇接壤，南与白云乡、长坝镇相邻，北与涪陵白涛街道隔江相望。辖区面积103.2平方公里，海拔164米至

1668米，属立体气候十分明显的高山乡镇。全镇辖9个村、1个社区，49个村民小组、3个居民小组。总户数4557户，总人口13960人，其中非农业人口2026人。有市级贫困村3个（海螺、打蕨、周家山）、区级贫困村1个（金坪）。

和顺镇交通十分便捷，渝湘高速、南涪高速公路与319国道沿江公路对全镇形成闭合交通环线，省道S429东西横贯全境。矿产资源丰富，和顺是全区历史最悠久的煤炭工业基地，全区的煤矿资源80%都分布在和顺；辖区还蕴藏有大量页岩气。风能西南领先，大唐国际已开发建成风力发电机组55台，单机容量850千瓦，总装机4.9万千瓦，寺院坪风电为西南地区的第一个山地风力发电站。旅游资源独特，辖区内壮观的风车与竹海、石林浑然一体，寺院坪佛文化远近闻名，平均海拔1200米、森林覆盖率65%以上，田园风光秀丽、气候凉爽宜人，乡村旅游发展潜力巨大。

2017年8月11日，重庆商报社主办的“重庆最具特色镇街”活动中荣获“重庆十佳特色镇街”称号。

【和顺镇第十九届人民代表大会第一次会议】 于2017年1月4日在和顺镇政府会议室召开，应到会代表50名、实到会代表45名，符合法定人数。通过无记名投票方式选举徐军为镇人民政府镇长，蔡洪为镇人民政府人大主席，张宁、左昌坤、郑继东为镇人民政府副镇长。大会通过2016年政府工作报告、2016年人大工作报告、2016年财政结算报告和2017年财政预算报告。

【经济发展】 概况　2017年全年实现地区工业总产值5624.2万元；工业入库税金696万元；完成固定资产投资1.35亿元；完成农业总产值1.09亿元，同比增长10%；人均可支配收入13851元，同比增长10.3%。

工业　全镇共有工业企业6户，其中，规模以上工业企业1户，即重庆大唐国际武隆兴顺风电有限责任公司；新增工业企业2户，即重庆市武隆区滑兵水泥制品加工厂、重庆棋泓药材加工有限公司。另有，个体工商户191户；新增微型企业11户，新增专业合作社2户。

电子商务　2017年和顺镇开辟“农村电商+乡村旅游”发展的新模式。9个行政村全部拥有农村电商服务平台和运营者。残疾创业青年张永红电商发展突出，年销售额达到510万元，于11月接受中央电视台的专题采访，成为全区农村电商特别是电商扶贫的一个亮点。另外，还涌现出左廷会、陈蜜蜂等多位发展迅速的电商带头人。9个村电商服务点增强自身服务功能，镇村物流配送中心1个，增设网点18家，代销代购营业额达692万元，广泛开展存取款、代收代转金融服务，代充话费、代购车票机票等便民服务257单。培训电商专业技术人员9人，开展群众电商知识培训160人。带动农家乐发展18户，吸引乡村旅游2万人次。

农业产业　全年种植烤烟面积266.67万平方米，收购烟叶45万公斤。同步发展糯玉米、金银花、茅草坪辣椒、高山天麻等特色效益农业，并结合资源优势，养殖娃娃鱼3000多尾，成为全区名副其实的“大鲵之乡”。完成中央财政农业生产发展产业及产业链项目蔬菜种植15.33万平方米，总投资20.85万元。完成生态扶贫集中安置点农业产业发展项目蔬菜种植30万平方米，建设生产作业便道1400米，投资46.2万元。种植高山反季节金科糯玉米146.67万平方米，为522户169.87万平方米玉米购置保险，理赔102.87万平方米。完成果园管护项目20万平方米，总投资12.07万元。完成高山皇冠梨种植项目8万平方米，总投资9万元。完成高山水果种植项目10万平方米，项目投资15万元。开展重大病虫集中统防统治，推广使用高效、低毒、低残留农药防治水稻螟虫20万余平方米。

【社会事务】 文化体育　2017年，和顺镇文化站实行周一至周日错时免费开放，安排专人负责日常工作，完善设备登记与外接制度。9个行政村的农民体育健身工程全部建设完成，现已投入使用。广播电视“村村通”工程，新增用户200余户，新增直播星接受设备780余面，新安装智能扩音机（高音喇叭）256只、音柱（调频音响）24台，覆盖8个村和3个场镇。送文化进村演出18场次、送辅导培训10场次、送政策法规8场次。放映农村惠民电影80场次，观众人数达5156人次。

人口卫生　全镇有1所卫生院，8个村卫生室，8个理发店，3所小学。公安户籍人口13960人，常住人口12012人。全年共计为群众办理准生证78本、再生育服务证2本。新增奖励扶助人员31人。组织27对夫妇参加孕优检查、530人参加乳腺癌和宫颈癌筛查。

社会保障　社保所窗口接待服务对象2000人次以上，为人民群众提供居保、医保、就失业管理等各类服务达10000人次以上，做到零投诉。超额完成就业创业工作目标任务，城镇登记失业率控制在3%以内，城镇新增就业310人，失业人员再就业128人，城镇就业困难人员就业103人。发放140万元扶持创业贷款；完成城乡医保参保10685人，全镇的建卡贫困户参保率100%。外出务工人员参加意外伤害保险254人，异地验证和工伤遗属等资格核查2人；完成城乡居民养老保险新参保34人，现正常参保5889人。完成复垦养老保险新参保150人，风电场征地领待手续8人。完成养老金领取人员指纹和头像采集1123人，接收企业新退休人员社会化服务管理45人。

安全稳定　2017年和顺镇安全稳定秩序整体良好，无较大以上安全和信访事件发生。全年开展8次安全生产集中大检查，开展非煤矿山专项整治32次；开展道路交通安全整治，上路检查1245次、查处违法613次。针对辖区内的学校、建筑施工、道路交通、非煤矿山、危险化学品、烟花爆竹等全面开展安全生产隐患大检查大整治，查找安全隐患27余处，逐一落实整改责任人和整改时限，努力消除安全隐患。食品安全监管有序推进，受理、核查、办理“食品经营许可证”26户，办理核查农村家宴申报审批63户。信访稳定形势得到明显改观。建立专职巡逻队伍6人，扎实抓好重点区域、重点部位、重点时段巡逻防控。组建平安志愿者队伍，以人防技防相结合，在街道及重点场所和路口增设安装摄像头8个，动员微型企业、社会力量安装监控摄像头11个。全镇共排查出各类矛盾纠纷48起，已化解43件，稳控5件，调处满意度95%。

【基础设施建设】 场镇建设　2017年，和顺镇完成城镇居民人饮管道自来水入户安装，纳入乡镇供水公司规范管理；投入资金414.2万元完成人饮安全水利项目，其中新建水厂1座2000立方米，新建水池31口7720立方米，管网16300米。实施人行便道建设10公里；新建村级公路12.7公里；完成横槽公路4.5公里、祝家公路5.7公里、寺院坪公路二期4.5公里、海螺公路13.15

冬雪下的沙子坨街道　（黄庭果　摄）

公里。完成弹子场镇、兴顺场镇污水处理厂主管网铺设和厂区建设；实现天然气管道设施进场安装，辐射场镇500余户、沿途70余户居民。加强场镇卫生环境管理，启动场镇灯饰工程和文化工程建设，加大场镇街边接点的绿化；完成韭菜塘环境整治；完善乡村旅游主干线及场镇街道房屋的立面改造。

沙子坨街上桃子坪公园 （黄庭果 摄）

【乡村旅游】 全镇接待规模已达到6000余张床位，接待长期避暑游客5000余人，共接待游客20万人次，实现旅游收入2000万元。429省道油化工程白马至和顺段全面完工，改善和顺镇乡村旅游的交通出行瓶颈。完成太阳寺、土地庙规划重建，建设300平方米景区风车观景平台和51米观景台廊道，新建停车场450平方米，建设寺院坪竹简45平方米，新建寺院坪景区大门以及景区字牌一座，形成协调统一的景区文化。投入资金300余万元打造7公里的水杉景观大道，完善乡村旅游沿线的标识标牌，实施场镇、冒沙广场、冒沙垂钓池、河沟等景观节点打造、农家乐庭院美化以及文化植入工程。新建乡村旅游示范接待中心，按照四星标准打造哈阳民俗酒店，提升游客接待档次。邀请专业航拍团队到和顺镇拍摄制作时长5分钟多的旅游宣传片，在“CQTV-生活资讯”滚动播放；邀请平面模特拍制“有一种信仰在和顺”“有一种幸福在和顺”主题宣传照；出版《神奇寺院坪》《大美和顺》宣传书籍各2000册。开办乡村旅游培训班，对农家乐老板、旅游从业服务人员开展培训达200多人次。

（和顺镇）

双河镇

【概况】 双河地处城区北部，距城区40公里。东临仙女山镇，南接土坎、羊角镇，西与涪陵大木、武陵山镇接壤，北靠丰都县仙女湖镇，东北角与仙女山国家森林公园相连，与接龙、土地乡隔山相望，地处“环大仙女山”的核心区，素有“北大门”之称。全镇辖区面积227.8平方公里，辖8个村、1个居委会，40个村民小组，2个居民小组，总人口1.3万人，其中农业人口9899人，城镇化率达到13%。境内交通发达，垫道路纵贯全境，村道路全部通畅，形成支系发达的交通网络。有耕地3038公顷，林地11667公顷，森林覆盖率达65%。蔬菜和烤烟是全镇的特色支柱产业，年稳种面积在0.36万公顷左右（含复种）和400公顷左右。林业资源和旅游资源较为丰富，实施退耕还林66.6公顷，森林抚育266.6公顷，封山育林133.33公顷，开展天然林保护0.97万公顷，森林覆盖率达65%。自然生态林面积1.11万公顷，拥有著名的千年古树九耙树和仙女石等旅30游景点，是旅游观光的好去处。全镇农业产业主要以蔬菜、烤烟、镇村旅游、畜牧业为主，是全市高山无公害蔬菜生产基地，也是乡村旅游重点发展镇和蔬菜、烤烟生产大镇。

近年来，在区委、区政府的坚强领导下，双河镇深入实施“旅游富民、和谐兴镇”战略，以打造“全国高山蔬菜之乡、全市田园度假原乡、渝东南特色风情小镇”为目标，大力发展蔬菜、乡村旅游、烤烟三大支柱产业，完善基础设施建设，加大民生改善和生态环境保护力度，正逐步向建成生产、生活、生态“三生和谐”的高山特色风情小镇迈出坚实的步伐。2017年，双河镇农村常住居民人均可支配收入达到17274元，增幅10.6%。

【经济发展】 概况　完成农业总产值3.2亿元，完成工业总产值860万元，增加值180万元。完成第三产业总产值1.8亿元（其中实现社会消费品零售总额9404万元）。完成固定资产投资2.2亿元。一般公共预算收入2760万元。2017年，双河镇农村常住居民人均可支配收入达到17274元，增幅10.6%。年末银行存款余额达2.5亿元。

农业　坚持以产业兴镇、以产业富农，加快高山蔬菜、烤烟等支柱产业快速发展。全年完成农业总产值3.2亿元，增幅5.6%。发展高山蔬菜3666.67公顷（含复种），产量13万吨。坚持科技兴烟、提质增效原则，落实烤烟在地面积286.67公顷，收购烟叶50.5万公斤，实现产值1144万元。

双河镇蔬菜产业基地

【社会事务】 教育科技　按照“七个一”标准开展新春村综合文化服务中心示范点建设工作；对8个村和1个社区的农家书屋以及18个外借点进行了规范布置；完成惠民电影放映81场；开展“三八”妇女节庆祝活动，评选表彰一批“好婆婆”“好媳妇”“好邻居”“最美家庭”“三八红旗手”；开展非物资文化遗产普查工作。双河镇中心校、木根完小新增大学生教师4名，教师队伍不断壮大。

人口卫生　落实计划生育奖励扶持对象62人，独生子女家庭41户69人。完成孕前优生检查3对。建立居民健康档案7846份，管理0–6岁儿童686人，孕产妇22人，免费发放叶酸20人次。

社会保障　对发放类的各项惠农政策补贴及低保、大病救助等全部坚持标准实行“一卡通”发放到位。粮食直补141.67公顷，共计发放资金243余万元；发放各类民政资金321.384万元。机场路征地已接近尾声。石坝村、铁炉村基本达到通客条件。

【基础设施建设】 场镇面貌　双河场镇、木根铺和平公路沿线绿化美化。成功申报5个农村垃圾收集保洁工作试点村。累计投入100余万元，发放环境整治清洁大礼包2811份、垃圾桶305个。拆除禁养区新春村八角庙陈大华养猪场、陈永富养殖场和双河街道韩世林养猪场3家畜禽养殖场，辖区环境卫生条件得到改善。

水利　实施人饮项目41处，受益人口达878人。其中，新建人饮水池10口820立方米、安装管道50.84千米；完成杨柳坝提水工程建设，安装管网4千米；建成梅子坳至双河场镇、木根铺近15公里的应急供水管网。投资8925万元、总库容达85立方米的木根水库启动建设，2017年完成永久性土地和临时性用地征地分户工作。

双河镇乡村旅游产业

【乡村旅游】 新发展农家乐58户、新增床位2722张，接待游客88.4万人次，实现旅游接待收入7100万元。完成青杠堡至木根铺游客休闲步道全长5.8公里的基础开挖。完成双河游客接待中心项目设计、征地、地勘等前期工作，并启动主体建设。木根铺生态停车场建成并投入使用。木根场镇公共WIFI实现全覆盖。投资100余万元，全面启动九耙树乡村旅游示范点建设。丰富旅客精神文化生活，为游客免费播放露天电影32场次。开展旅游营销，在仙女山国家旅游度假区开展乡村旅游推介会，提升双河美誉度和知名度。

（双河镇）

凤来乡

【概况】 凤来乡处在重庆外三环重要节点上，位于城区西部，乌江支流大溪河畔，东临平桥镇，南接南川区骑龙乡，西靠涪陵区同乐乡，北连庙垭乡。全乡辖区面积52.3平方公里，辖6个行政村，50个村民小组，4642户，17185人。耕地面积1107公顷，人均耕地面积0.065公顷；人均林地面积0.27公顷。

凤来交通优势十分明显，距南涪高速入口和涪南铁路11公里，距武隆城区59公里、涪陵65公里、南川49公里、重庆主城138公里；省道429和县道180横穿而过；境内100%的行政村通水泥路，95%以上的农业社通水泥路。

境内乡村旅游资源十分丰富。有大石箐石林寺、刘秋佩故居、狮子塞、麒麟寨、八卦崖等历史文化景点10处，县级重点保护文物7处。水资源较为丰富，水库5座，大小山坪塘500余口。森林面积达到4600公顷，森林覆盖率达40%。乡村旅游发展前景广阔。

【凤来乡第十九届人民代表大会主席团第一次会议】 2017年4月10日召开。会议确认，原武隆县凤来乡第十九届人民代表大会第一次会议依法选举产生的乡人民政府乡长张泽恒，改任为重庆市武隆区凤来乡第十九届乡人民政府乡长。依法予以确认的结果，乡人大主席团已对外进行公布。

【凤来乡第十九届人民代表大会主席团第二次会议】 2017年6月13日召开。会议确认，原武隆县凤来乡第十九届人民代表大会第一次会议依法选举产生的乡人民政府副乡长陈敏，改任为重庆市武隆区凤来乡第十九届乡人民政府副乡长。依法予确认的结果，乡人大主席团已对外进行公布。

【经济发展】 概况 全年实现农业总产值1.46亿元，同比增长4.3%；工业总产值5751万元，同比增长14.8%；固定资产投资2.735亿元，增长4.5%；社零总额7988万元，增长11%，农村常住居民人均可支配收入11869元，增长11.5%。经济社会发展稳中有进、进中向好。

农业 围绕精品线路建设，巩固传统优势产业，加快发展特色产业，促进农民就业增收。

凤来乡“鳅田稻”被2017年国家标准委列入第九批国家级水稻种植标准化示范区增补项目

巩固发展一批传统产业。在巩固生猪、蚕桑等传统产业持续发展的基础上，引导群众自觉发展胭脂萝卜153.33公顷、榨菜173.33公顷。推进两大特色产业。扩大鳅田稻、大闸蟹两大特色产业的发展规模。鳅田稻达到200公顷，大闸蟹达到50万只，两大产业市场销售也遍及全国近10个大中型城市。中央电视台对两大特色产业进行专题报道，“鳅田稻”被列为国家级水稻种植准化示范区建设项目。新建丑柑、翠冠梨、猕猴桃、大溪河李子等5个水果采摘园。新申请注册“高福寿”、“我想李”等3个产业商标。

【社会事务】 社会保障　推进养老、医疗、工伤、生育、失业保险扩面、就业等工作；健全农村“三留守”关爱帮扶体系，完善残疾人权益保障。

综合治理　加强综治信访和农村矛盾纠纷调解工作，加强对道路交通、地质灾害、森林防火等重点领域的日常安全监管和安全隐患排查。一年来，全乡范围内未发生一起责任性安全生产事故，无一例赴市进京上访现象，社会发展大局安全稳定。

人口卫生　加强对医疗机构的巡查检查，完善网络队伍建设，实现乡、村两级办理生育登记服务90名，登记率和办证率均达到80%。配备专职计生工作人员1名，兼职1名，落实工作责任，明确工作职责。完成对扶助家庭和60周岁计生对象纳入帮扶和奖扶。

文化体育　建成各村活动室及球场并投入使用。每天坚持图书室8小时以上的免费开放，全年接待人次创历年新高。全年共放映电影88场，其中农村电影放映48场，室内放映20场，广场放映20场。

教育科技　每年为学校办2件以上实事，划拨经费2万元用于学校基础设施建设，优化师生办公环境。

信访工作　2017年，风来乡共接待群众来信来访解决矛盾纠纷65件，办结65件，办结率100%，其中网上信访系统录入15件，信访代理17件，上级督办件1件，上级交办件14件。

【基础设施建设】 场镇建设　围绕规模拓展、功能配套和形象提升三大重点，强力推进城镇建设。突出规模拓展。城镇拓展区主体工程全面完工；完成120米进场公路加宽改造；完成风来迎宾大道项目工程设计；启动建设13.33公顷的狮子寨森林公园，城镇规模得到有效拓展。完善功能配套。4800余平方米的金凤广场和环城路建成投入使用，配套完善各类体育健身器材；狮子塞公园已建成2.1公里登山步道，完成步道两旁绿化，即将启动路灯、亭台等配套设施建设；青少年活动中心暨励志馆全面完工；完成司法所办公楼建设；新建或改造公厕4个，改造停车场1座。提升整体形象。对场镇4个重要节点进行综合整治；改革场镇卫生和秩序管理体制，交由商会组织群众加强管理，实现24小时保洁和巡逻的常态化。

交通建设　硬化公路13.4公里、改扩建5公里社道公路；新建人行便道48公里；安装24.9公里通客路防护栏。

水利建设　新建人饮水池或过滤池7口；整治山坪塘4口；安装人饮管道9.46公里；整治渠堰13公里；新建污水处理站2个。

【乡村旅游】 利用化旅游资源和产业发展优势，起步发展乡村旅游，旅游人气提升较快。完成乡村旅游规划和重点区域项目设计。启动一批旅游配套项目。打造农业与扶贫示范线路1条；启动“花前枣下”生态农场建设；新建鳅田稻农耕文化园1个；乡村旅游酒店建成2个并投入使用。落实一批辅助性措施。大石箐石林寺已成功申报为市级文物保护单位；每月开展2次乡村自驾游活动，全年到凤游客达到2.3万人次；重庆电视台生活麻辣烫剧组到凤来拍摄50集网络言子情景喜剧《西游拌饭》。

（凤来乡）

庙垭乡

【概况】 庙垭乡位于城区西部，距城区75公里，离重庆市外三环高速11公里。庙垭乡是全区辖区面积最小但人口密度最大的乡，是典型的农业大乡，素有“鱼米之乡，文化名乡”之称。全乡辖区面积35.9平方公里，辖蒲坪、和平、云丛、双桥、凤游5个行政村，42个村民小组，有耕地面积1691.88公顷，山坪塘357口，小二型水库2座。2017年年末人口总户数3927户，12411人，非农业人口2643人，人口自然增长率约-0.01%，辖区内共有9个少数民族即苗族（19人）、土家族（12人）、彝族（7人）、布依族（6人）、仡佬族（5人）、壮族（4人）、仫佬族（2人）、侗族（2人）、拉祜族（1人），主要分布在和平村、云丛村、凤游村等3个村，少数民族以苗族为主，占全乡少数民族总数的32.8%。

【经济发展】 概况 2017年全乡农村常住居民人均可支配收入达12530元，同比增长6.63%；农业总产值达16940万元，同比增长14.71%；工业总产值达2650万元，同比增长9.87%；社会消费品零售总额达5599万元，同比增长9.46%；固定资产投资完成18863万元，同比增长17.5%。

农业 全乡五个村，按照“一村一品”，深入探索循环农业经济，发展生态产业。其中，和平村发展经作林产业园、蒲坪村发展油菜产业园、双桥村发展中药材产业园、云丛村发展水产养殖产业园、凤游村发展青菜头产业园已初具规模，“猪—沼—菜”等种养模式的立体循环农业示范园建设成效明显；2017年全乡经果林约133公顷、药材约20公顷、水产约13公顷、青菜头约200公顷，粮食种植面积约1800公顷，产量6800吨，油菜播种面积约620公顷，蔬菜播种面积约800公顷，建成存栏500头母猪的能繁猪场1个，国家级生猪养殖专业合作社1个，市级生猪养殖专业合作社1个，荣获国家和市级诚信农业企业一个，全年出栏生猪4.8万余头，山羊3500余只，家禽5万余只。

工商业 2017年投入资金8万元，精品打造寻味武隆庙垭电商集散中心，巩固5个村的电商平台建设，落实电商快递员5名，电商服务体系更加完善；完成庙垭大闸蟹、手工糍粑、出水田纯菜油、西瓜、老咸菜、药材和青花椒等土特产品的包装和营销，全年销售额达100余万元；2017年新发展民营企业1家、个体工商户15户、专业合作社1家、新增微型企业17家。

【社会事务】 社会保障 全年发放优抚金119.54万元、低保金258.58万元、各类临时救灾救助金46.56万元。

文化体育 举办和参加各种文体活动10余次，获首届区全运会男子篮球、乒乓球、钓鱼和跳绳4个第四名的好成绩，举办各类晚会和送文化下乡演出20余场次。

8月23日，中国山水画创作院画家到庙垭乡采风

（邓帮华 摄）

教育　支持乡九年制学校实施义务教育基本均衡创建经费7.5万元，2017年顺利通过国家检查验收。

人口卫生　免费为全乡老人、儿童体检和适龄妇女两癌筛查，全乡新型农村合作医疗参保率达95.2%，完成城镇新增就业150人，无息创业贷款50万元，农民工外出务工意外伤害险1400份。

综治信访　2017年开展“护航2号”、“渝安2号”行动、“七五”普法、“阳光信访”工作，依法规范信访秩序，提升社会治理水平，构建立体化社会治安防控体系，依法防范和惩治各类违法犯罪活动，增强公众安全感。

公序良俗　推进孝贤洁序为主题的公序良序建设行动，践行社会主义核心价值观，在全乡范围评选“法治示范户”、“最美庭院”、“乡贤”、“好婆婆”和“好媳妇”等，起到示范效应。

【基础设施建设】 场镇建设　全面完成休闲公园和场镇灯饰工程，建成场镇标志性观景平台等文化内涵元素，完成商贸市场建设的前期工作，场镇卫生市场化管理不断加强，场镇管理更加规范。

水利建设　加大对山坪塘、人畜饮水、渠堰等整治力度，完成人饮项目16个，财政补助资金44.9万元，完成山坪塘整治项目6个，财政补助资金43.27万元；全面启动第二批人饮项目，涉及资金519.9万元，整治水池59口，300公里的管网铺设。

交通建设　完成公路硬化共21.2公里，路面通达改造共3.5公里，农业产业道路30公里，人行便道15公里，全乡交通大为改善；协助区交通主管部门完成鸭庙路的前期工作和正式开工仪式，预计2019年全面完工；完成金庙路、大石路、庙河路共22.5公里的道路测设和前期工作，2018年将全面开工建设，完成天宝寨至白云书院乡村旅游道路和“交通三年大会战”40公里“小康路”建设项目的规划。

生态文明建设　全年实施退耕还林绿化工程53.33公顷，巩固国土综合整治项目和荒山造林工程成果，强化乡林场和面上林业资源的管理和保护，落实公益林管护和生态护林员工作，全年未发生森林火险和火灾，加强松材病虫害及枯死木清理整治工作。推进农业面源污染治理，完成面源污染治理项目，开展秸秆焚烧专项整治行动。推进河长制，坚持每月定期和不定期巡查及每季度综合协调会议的制度，全乡生态环境不断优化。

人居环境工作　整治沟渠堰20余公里，绘制以孝贤洁序和社会主义核心价值观为主题的墙画2000余平方米，新建20个垃圾屋、摆放垃圾桶1000余个，集中整治脏乱差环境200余处、20余万平方米，落实专人开展农村重点区域环境卫生清扫保洁和垃圾清运，全乡环境卫生得到改变，推进“美丽庙垭”乡村建设，开展清洁家园、清洁水源、清洁田园行动。

【庙垭乡十九届人民代表大会第二次会议】 于2017年7月30至31日召开，会议应到代表49名，实到代表45名，改选产生人大副主席1人，副乡长1人。郎雪健改选为庙垭乡人大副主席，饶明川选为庙垭乡人民政府副乡长。

【武隆庙垭2017年油菜花乡村旅游季】 2017年3月庙垭乡成功举办“文蔚庙垭·梦里老家”武隆庙垭2017油菜花乡村旅游季活动，该活动历时三周，开展“醉美庙垭”开幕式、成人礼；赏花、观看“梦幻庙垭”之夜大型文艺演出；组织垂钓邀请赛、摄影大赛、打糍粑吃糍粑比赛、“文蔚庙垭”古典诗词文赋朗诵大赛及“寻味武隆”武隆电商平台农副产品展销会；此外，还举行鸡年纳福，花海寻宝等活动。

据统计，2017 年累计前往庙垭乡旅游的人数达 40000 余人，乡村旅游收入达 500 余万元。通过举办乡村旅游季活动，为 1256 户农户（含贫困户 175 户）提供创收的渠道。

3 月 8 日“文蔚庙垭 · 梦里老家”武隆庙垭 2017 油菜花乡村旅游季活动启动仪式　（代申建　摄）

（庙垭乡）

石桥苗族土家族乡

【概况】 石桥苗族土家族乡位于城区东南部，距城区 27 公里，辖区面积 102.7 平方千米，辖 6 个村 43 个村民小组，1 个居委 2 个居民小组，3277 户 11317 人，其中农业人口 8037 人，劳动适龄人口 5993 人，常年在外劳动力约 3000 余人，全乡农民的主要收入来源为烤烟、务工等。全乡耕地面积 928.47 公顷，人均耕地 0.12 公顷，林地面积 6174 公顷，水面面积 266.67 公顷。

具体乡情可以用四句话来概括。一是移民大乡。2002 年，因江口电站建设，共计被征占地 252 公顷，涉及移民 1032 户、3725 人，占全乡总人口的三分之一。二是民族之乡。乡内有苗族、土家族、仡佬族等少数民族 4299 人，2009 年 9 月，经重庆市人民政府批准成立苗族土家族乡。三是资源特乡。全乡海拔在 300 米至 1200 米之间，境内拥有湖面近 266.67 公顷的石桥湖，同时拥有国家级风景名胜区、芙蓉湖国家湿地公园两块金字招牌。四是希望之乡。武务路横贯全境，距世界自然遗产芙蓉洞 10 公里。2017 年，八角村被国家民委评为“中国少数民族特色村寨”。

【经济发展】 概况　2017 年，全乡实现地区生产总值 2.2 亿元，比 2016 年增长 7%，其中，预计工业总产值 8240 万元，增长 3%，农业总产值 1 亿元，增长 2%；财政收入 2137 万元，完成固定资产投资 17200 万元，增长 6.2%，社会消费品零售总额 7422 万元，增长 15%，农民人均纯收入 12732 元，增长 15.7%。

农业　种植烤烟 227 公顷。订单蔬菜稳定在 333 公顷，12 万只蛋鸡养殖项目运行良好。打造总规模达 67 公顷的葡萄、猕猴桃、脆红李采摘园。发展 133 公顷金银花、67 公顷林果。在大坪村砖房组启动土地股权化改革试点，成为扶贫资金收益试点乡镇。成功创建规范化乡镇林业站，打造贾角山蜂糖、芙蓉蜜柚、芙蓉石雕等电商品牌，全年销售额达到 300 万元。

乡村旅游　投资 5 亿元的芙蓉仙山（原云暖香浓）项目完成合同签订，保证金已经打到区招商中心账户，规划编制已经完成。投资 5000 万元的蝉音栖谷项目完成合同签订以及保证金收取。挤入全市 10 个重点民族文化村镇，已编制完成石桥乡总体规划。新发展农家乐 5 个。争资 500 万元，在贾角场镇实施 78 户的农房风貌改造，配套建设乡村旅游休闲健身广场，完成登山步道建设。已完成独竹漂训练基地建设。

【社会事务】 教育科技　持续投入 40 多万元支持教育事业，民族教育得到全面发展。传承非物质文化遗产。石桥中心小学校 80% 以上的学生都会用木叶吹奏简单的歌曲。学校还建立二胡、唢呐、民族舞蹈教学室，分别有二胡、唢呐 100 余件。

文化体育　公共文化全覆盖。完成贾角、六棱村级文化示范点建设项目，农民技能培训 600

余人次。建成独竹漂训练基地，其中80人掌握独竹漂技能。民宗事业发展良好。完成芙蓉水巷风貌改造，融入民族文化元素，得到市民宗委的好评。12月28日，举办民族团结进步宣传周活动。

卫生医疗　全乡6个村均有农村卫生室。农户签约家庭医生实现全覆盖，户户就医有保障。

社会保障　社会保险全覆盖。常年城乡居民医疗保险参保率达98%、养老保险参保做到应保尽保，居民就业充分。

综合治理　建立常态化矛盾纠纷排查化解机制，突出一线处置、信息畅通、领导包案等，强化“一岗双责”，健全安全体制机制，无安全责任事故发生。落实“五位一体”举措，建立夜间巡逻队伍，对石桥场镇和贾角场镇开展夜间巡逻。开展干部大下访，排查矛盾纠纷；关注关爱重点特殊人群。

信访工作　2017年，宣传人次2000余人，发放宣传资料3000余份，进村入户100余次，张贴信访条例23份，张贴打击违法信访通告12份，处理人民来访事项10件，处理人民建议5件，处理网上信访12件，解决群众困难200余件。领导干部接访下访153人次并全部按期办结。

【基础设施建设】　场镇建设　场镇配套的芙蓉公园初具雏形，总投入达到1200万元，投资近900万元完成路基工程，投资300余万元，完成入口牌坊、花架，配套具有苗家特色的栏杆，同时建设集少数民族文化、当地传统文化等于一体的文化墙，集观景、文化展示、民族体育项目训练等于一体的独竹漂训练基地建成投入使用。同时，场镇雕塑也全面完工，场镇配套的民族广场已完成主体工程。

农村建设　公共服务全覆盖。投入300多万元，新建贾角、香龙、八角便民服务中心，改造大坪、六棱便民服务中心。

交通建设　先后争取社通畅项目近80公里，推进“社社通畅”工程，截至12月底，完成八角村、香龙村、大坪村等三个村的所有农业社近50公里的村通畅工程。还有近30公里的公路硬化正在前期工作或建设。

水利建设　投入水利资金近400万，建成贾角水厂。实施小农水项目20个，基本实现人饮项目全覆盖。

【石桥苗族土家族乡第十九届人民代表大会第一次会议】　2017年1月3日召开。大会应到代表46名，实到代表46名。大会通过《2016年乡人民政府工作报告》《2017年乡人大主席团工作报告》《2016年财政预算执行报告及2017年财政预算报告》。选举黄传绪为乡人大主席，李宗季为乡人民政府乡长，舒德奎、冉义明、王勇为乡人民政府副乡长。

（石桥苗族土家族乡）

黄莺乡

【概况】　黄莺乡位于城区南部，地处重庆与贵州交界处，东北与原巷口镇接壤，西邻白马镇，东南与贵州省洛龙镇、阳溪镇相连，乡场镇距武隆城区16公里。辖区面积149.3平方公里，有耕地1051公顷、林地11257公顷，森林覆盖率75.4%。全乡辖6个行政村、1个社区，45个村民小组、2个居民小组，总人口10318人（其中农业人口9967人）。境内海拔260米至1980米。人口绝大多数为汉族，有苗族、仡佬族分布在靠近贵州省的黄莺、新树、隆兴、复兴等村。全乡经济以农业为主，主要有高山蔬菜、特色林果、山羊养殖、淡水养殖、烤烟。全年实现地区生产总值1.35亿元；农村居民人均可支配收入12150元；人口自然增长率控制在5‰以内；2017年末脱贫户45户146人，贫困发生率1.3%。

【经济发展】 全年收入总计2833.95万元。(其中一般预算转移支付补助825.08万元，专项转移支付补助2008.87万元)。全年支出总计1661.88万元。(其中一般公共服务支出505.55万元，文化与传媒支出29.1万元、社会保障和就业支出138.77万元、医疗卫生支出58.53万元、农林水事业支出822.62万元、住房公积金62.31万元)。结转项目资金1366万元。

农业　发展文旅融合农业产业，推进“一村一品”，建设特色经果林，新增种植金秋梨、桃子、柚子、板栗等特色林果53.33公顷。巩固高山有机无害化示范片蔬菜266.67公顷，在蔬菜基地建成专业合作社8个，种植面积163公顷，在市级贫困村复兴村培育非贫困种植大户10户、种植面积97公顷，贫困户种植大户7户、种植面积55公顷。完成烤烟面积种植133.33公顷，产量23.7万公斤。

【社会事务】 文化体育　乡级文化站1所，建筑面积300平方米，兼职工作人员3人。实施文化中心和农家书屋对群众、机关职工、游客免费开放，到站活动人数5500余人次；指导完善18个文化中心户建设，设置6个文化宣传专栏；以中心户为点开展乡村旅游游客与当地群众的院坝文化开展送电影下乡、进学校活动，放映76场次，观众人数达8000余人次；举办文化体育活动4次，开展送公共文化服务进村24场次。

社会保障　全年累计发放低保金236.60万元，其中农村低保252户512人192.83万元，城镇低保65户82人43.77万元。完成新农合参保8954人(任务9250人)。完成养老保险5429人，领取农村养老保险5429，养老保险新增45人，已登记社会劳动就业65人。

卫生计生　出生人口上报率、死亡人口上报率均达100%。全员人口FIS信息各项基础性指标准确率达95%以上，全员人口信息覆盖率达99%以上；同时全员流动人口信息录入90%以上，流动人口统计准确率达85%以上，流动人口信息平台各项指标处理率100%。农村部分计划生育家庭奖励扶助做到奖励扶助对象不错报、不漏报，完成率100%；落实计划生育特殊家庭“3+X”联系人制度，见到率85%以上，春节走访慰问率100%。

教育　乡财政投入5万元支持学校硬件设施建设。实施龙洞小学“百年老校”打造计划。黄莺乡中心校占地面积5981.33平方米，校舍面积1831平方米，有教学楼2栋，办公楼2栋，配备学生食堂，公共厕所。运动场面积4904平方米，塑胶运动场1200平方米。学校现有6个教学班，共有学生155人，学前教育2个班，共有学生33人。学校现有专任教师30人，教师学历达标率为100%。龙洞小学位于龙洞场，于1712年开坛立教，1903年更名为龙洞公立学堂，1908年正式命名为龙洞小学，是当时武隆县的七所高等小学之一。学校占地面积8087平方米。校舍面积4173平方米，绿化面积1121平方米。现有教职工20人，其中本科学历13人，大专学历7人，学校现有小学生212人，在园幼儿38人。近年来，龙洞小学探索校园文化建设，打造以根雕、毛编、烙铁画、书法等为特色的乡村少年宫，用传统文化浸润学生，彰显百年老校的魅力。

【基础设施建设】 交通　全年公路建设共争资投入3100余万元，对黄莺村道、中岭公路、国强坝公路实施路面改造；新开挖双河村白岩弯公路、黄莺村美丽乡村示范点公路、黄莺村六井坝连接路；实施凉风公路、山峰、上村公路硬化工程。完成复兴、新树的通客项目建设；新修人行便道47公里。

水利　全年水利建设投入资金500余万元，实现市级贫困村复兴村、黄莺村人饮整村销号；

维修整治山坪塘 11 口；启动建设隆兴、复兴、群力渠堰整治及龙洞水厂。

场镇建设　完成政府办公楼改造、黄莺场镇风情小镇规划、实施场镇二、三级污水管网建设。

人居环境　全乡购置垃圾桶 300 个，中型垃圾清运车 1 辆，机动三轮垃圾车 2 辆。

重点工程　沙河水库工程。沙河水库工程是一座以城乡供水为主，兼有农田灌溉功能的中型水利工程。水库正常蓄水位 412 米，坝顶高程 416 米，最大坝高 77 米，校核洪水位为 414.34 米，总库容 1064.9 万立方米。工程主要由混凝土面板堆石坝、泄水建筑物、取水建筑物、输水建筑物和灌区渠系建筑物组成。水库建成后，年平均供水量达 2178 万立方米。将作为武隆城区供水的主要水源，解决城区以及黄莺乡、巷口镇、羊角镇、土坎镇近 19 万人饮水问题，农业灌溉面积 393 公顷。工程批复总投资 5.82 亿元，建设总工期 43 个月。2017 年 2 月 27 日正式开工。龙洞电站技改工程。2017 年 9 月开始对龙洞电站实施增效扩容技改工程，主要涉及龙洞片区电站（一级站、二级站、四级站）。白马山旅游开发工程。已完成竹坝至黄柏淌公路初测和地质钻探工作，乡镇、村社分界协调工作。

【重要会议】 黄莺乡第十九届人大一次会议于 2017 年 1 月 4 日召开。大会应到代表 47 人，实到代表 46 人，符合法定程序。通过无记名投票共选举乡人大主席 1 名，乡长 1 名，副乡长 2 名。大会选举倪兵当选为乡长，曾庆华当选为乡人大主席，唐波、王常有当选为副乡长。大会通过 2016 年政府工作报告和 2016 年财政结算报告及 2016 年财政预算报告。

黄莺乡十九届人大二次会议于 2017 年 7 月 31 日召开。会议应到人数 46 人，实到 43 人，符合法定程序。与会代表通过无记名投票方式选举产生重庆市武隆区黄莺乡人民政府副乡长 1 名。倪兵当选为重庆市武隆区黄莺乡人民政府副乡长。

（黄莺乡）

沧沟乡

【概况】 沧沟乡于 1930 年置乡，地处城区东北部，东以木棕河为界，与彭水县鹿鸣乡接壤，南临乌江与江口镇隔江相望，西与火炉镇、土地乡相连，北与桐梓镇相接，距城区 56 公里。全乡辖区面积 73 平方公里，海拔在 220 米至 1400 米之间，有耕地 1862 公顷，森林面积 3956 公顷。沧沟乡域内有沿沧河和木棕河两条河流，因盛产野生大鲵，曾被誉为“娃娃鱼之乡”。具有本地特色的“沧沟西瓜”和“沧沟板角山羊”获得“国家地理商标认证”。辖区内的旅游资源得天独厚，木棕河畔的大田村学堂堡被列入“中国第三批传统村落保护名单”、“市级农民新村”。龙溪乌江大桥建成后，沧沟将成为进出桐梓山片区及彭水的重要交通要道，将实现“半小时武隆、两小时重庆”。

全乡人口 3186 户、10722 人，全乡辖 5 个村（其中市级贫困村 2 个），29 个村民小组。2017 年，按照全区“绿色崛起、富民兴区”发展战略和“十三五”规划，紧紧围绕“创建基层党建示范乡镇、特色产业示范乡镇、生态文明示范乡镇、乡村旅游魅力乡镇”四大目标，狠抓脱贫攻坚、基础设施建设、产业结构调整、人居环境整治等工作。

【经济发展】 2017 年全乡实现工农业总产值 17157 万元，比 2016 年增加 2307 万元；实现财政收入 388.34 万元左右，同比增长 9% 左右；常住居民可支配收入达到 10784 元，增长 10% 左右。

农业发展　巩固西瓜产业，新建大棚 26 个，建设西瓜精品示范园 19.2 公顷，基地 61.73 公顷；完成烤烟种植 137.6 公顷，收购烟叶 18.9 万公斤，产值378.3万元。全乡种植南瓜、榨菜等蔬菜200公顷，板角山羊存栏在2000只以上，新建大闸蟹养殖基地1个，种植云南红豆杉66.67公顷，九叶青花椒33.33公顷，“瓜乡苕粉”取得QS认证。

乡村旅游　着力发展大闸蟹产业带动乡村旅游，完成大田古村落广场建设，完成大田风貌改造9600平方米，新建实木舞台一个，培育一批乡村旅游接待户，打造一批星级示范户。

电子商务　着重加强电商人才培养、特色农产品质量提升及品牌宣传打造，利用电商平台，包装瓜乡苕粉、土著蜂蜜、高山腊肉等一批网销产品，沧沟娃娃鱼获得“网民最爱武隆产品”称号。

【社会事业】 抗震救灾　“11·23”5.0级地震灾情发生后，全乡各级干部和民兵应急分队迅速行动，深入农户开展摸排，疏导灾民情绪，及时撤离危险群众、恢复道路，组织群众开展灾后重建，确保灾区平安稳定。

教育科技　抓好教育扶贫工程，加大投入力度，全年共计投入7.2万元用于中心校义务教育均衡发展，义务教育入学率已达到100%。乡、村建立健全科协工作机构，科协组织全覆盖，开展科普宣传活动12次，开展以烤烟、西瓜、山羊为主的农村实用技术培训6次，受益人数超过1000余人，加大科普示范基地的建设力度，建成沧沟西瓜、板角山羊科普示范基地。

文化卫生　全面开放乡文化体育综合站、农家书屋，举办文体活动5次，购买文化下乡20次，放电影60场。落实健康扶贫政策，12个签约医生健康帮扶490户贫困户。完成农村妇女“两癌”检查400人，为2名贫困母亲申报“两癌”救助专项资金。投入5万元为大水村卫生室更新设备。

社会保障　全年发放救灾救济款7.5万元、低保金164.55万元、民政定补人员供养金86.75万元、临时救助49.26万元。加强敬老院管理，提高五保户供养水平。实施残疾人危房改造18户。继续落实9562人新型农村合作医疗制度。

公序良俗　开展农户环境卫生“五干净一规范”的检查评比和建立运行奖励机制，按照公序良俗建设工程实施方案，序时推进村规民约星级户、清洁卫生示范户、道德模范、文明家庭、最美家庭、乡贤、好婆婆、好媳妇等等评选，并对有代表性的55户进行表彰，关庙村被评为全国文明村。

综合治理　依法化解社会矛盾纠纷。畅通和规范群众诉求表达、权益保障渠道，引导群众运用法律手段解决纷争、维护权益。完善信访事项纳入法治程序等工作机制，完善人民调解、行政调解、司法调解联动工作体系。实施新《中华人民共和国安全生产法》，强化党政同责、一岗双责和企业主体责任，开展重点行业和重点区域专项整治，坚持防控重特大事故。依法强化食品药品安全监管，推进基层监管机构规范化建设。完善防灾、减灾、救灾综合管理体制，强化各类预案更新编制，提升突发事件应急处置能力。全年未发生重特大安全事故，未发生安全责任事故。

【基础设施建设】 场镇建设　开展场镇提升工作规划，完成老街污水管道建设和小河沟整治，启动场镇污水二三级管网建设前期工作，场镇环线公路实现初通。

交通建设　沧（沟）后（坪）公路沧沟段2.78公里路基工程完成95%，全乡硬化公路5公里，改扩建15公里，维修社道公路35公里，硬化人行便道15公里，实现100%行政村通畅、通客，100%农业社通达。

水利建设　新建人饮水池6口900立方米，安装人饮管道5万米，完成青杠山坪塘整治2万立方米。

农村建设　完成青杠村、沧沟村丁木的电

网升级改造，推进大田村梁子上电网升级改造。新建大水村便民服务中心400平方米，硬化人行道近1000平方米，完善大水居民点的设施设备。开展大田传统村落的污水处理规划工作。

（沧沟乡）

文复苗族土家族乡

【概况】 1956年文复设乡，素有武隆“东大门”之称，有“甜柿之乡”的美誉，曾是进入西、秀、黔、彭主干道上的重要驿站，商贸流通、热闹繁华。全乡辖区面积109.9平方公里，辖6个村42个农业社，2512户9645人，少数民族9个3698人，现有4个市级贫困村，贫困人口34户103人，贫困发生率为1.06%。根据区委“以点带面发展乡村旅游的功能定位”，实现全国最美乡村旅游目的地的目标，文复乡抓住乡村旅游，发挥民族、产业、高山三大优势，努力把文复建设成为“民族风情小镇、全市甜柿产业基地、高山休闲纳凉避暑胜地和边贸集镇”。

2017年实现工农业总产值1.2亿元，社会消费品零售总额3292万元，农村居民人均可支配收入12415元。

2017年文复乡入乡标识完工并向游客开放

【经济发展】 概况　2017年，全乡全年实现工农业总产值12770万元，增长9.69%；农业总产值11903万元，增长9.26%；工业总产值867万元，增长15.6%；农业增加值实现6891万元，增长15.6%；全社会消费品零售总额达到3292万元，增长10.5%；累计完成固定资产投资16000万元，增长8.1%；农村常住居民人均可支配收入12763元，增长13.5%。

农业　农业产业化稳步推进，基本形成以烟叶生产为主导，甜柿产业为特色，传统生态种养殖业为辅的产业构架。常年种植烤烟4200公顷左右，实现产值1182.66万元，税收230余万元。投资40余万元，重点打造磨家湾、太阳湾、楠木溪甜柿示范园，长期邀请全国甜柿首席专家指导文复乡甜柿发展，2017年新增甜柿面积200公顷左右，挂果面积800公顷，产量25万公斤，产值150万元。同时因地制宜发展发展桃子400公顷、榨菜2670公顷、莲藕500公顷、李子300公顷、茶叶200公顷。

【社会事务】 文化体育　新建电子阅览室一间；组建15户文化中心户；开展“送文化下乡”活动30场次；参加武隆区首届全运会，女子篮球获得全区第一名；协助开展全乡非物质文化整理工作，申报苗家山歌非物传承人1名；组织11人参加少数民族文化培训；创建成功市级文明新村1个。

教育事业　投资3.5万元为文复小学添置办公桌椅，现有区级名师2名，教育质量逐年提升；文复小学在全区综合督导评估中荣获三等奖；新编以竹竿舞、木鼓舞、摆手舞为主的特色大课间，开展首届“小学冬季运动会”，共举办校级文体活动10余次。

卫生事业　建立覆盖城乡居民的基本医疗卫生制度，推进医疗、医药、医保联动，巩固扩大医改成果，城乡居民医疗保险参保率保持在95%以上。开展临时救助和大病医疗救助工作，实现病有所医。

综合治理　开展“七五”普法活动，推进

平安建设，加强社会治安综合治理，完善治安防控体系，设立三个视频监控系统；严厉打击各类违法犯罪行为，坚决打击邪教组织和非法组织活动，赶场天派驻1～2名干警到文复；开展矛盾纠纷排查，化解各类矛盾纠纷和历史遗留问题，构建和谐社会。

社会保障　及时发放大米1003袋，棉被50床，油973桶，棉大衣50件，救灾资金17.7万元，救助210户，其中用于生活救助的110户、住房3户、治病87户、其他10户、五保83户；发放临时救助21.08万元，救助136户；优抚金发放34.86万元，涉及47人；低保金发放250万元，三无集中供养经费45万元，供养24户；积极开展农村养老保险领取指纹认证工作，已成功认证1100人，按时足额发放居民养老保障金175万元；宣传小额担保贷款政策，完成小额贷款120万元；增收社会抚养费2万元；免费孕前优生健康检查40人，完成任务数的100%，全面实行二孩政策；为2户无房户新建房屋；加强敬老院管理，完成消防通道的改造。

【基础设施建设】 交通建设　投资929.56万元硬化公路路面4条21公里；投资46.55万元改扩建公路4条6.8公里；投入140万元修建人行便道35公里。聘请22个工人，对辖区内70余公里通常公路实施定期保洁和通畅。

水利设施　投资495.76万元，启动实施人饮水池73口共计10230立方米；安装管网147.1千米；启动高隆村沙坝水库建设，完成前期征地工作；今年8月，因辖区内无有效降雨，及时组织群众蓄水拉水，惠及农户1026户3840人，大牲畜4000余头。全面落实“河长制”，常态化开展水质断面联合检测和巡查。

人居环境　投资590余万元开展人居环境、生态扶贫搬迁和CD级危房改造，完成全乡182户不安全住房改造、1002户农家院坝硬化9.06万平方米、修建农户厕所493个、改厨64户。启动甑子岩危岩治理地灾治理工程。

场镇建设　按制度审批农村酒席办理36起；落实场镇段长责任制；规范场镇垃圾的收集、清扫、运输；基本规范车辆的停放和场镇的常态化管理。

农村建设　推进农村“三变”改革试点，发展壮大西山村集体经济。推进深化农村土地承包经营权确权登记颁证工作。加大农业项目财政补助资金股权化改革力度。鼓励发展多种形式的适度规模经营。推动特色优质农业保险提标扩面。深化农村金融、农村水利、供销合作社、集体林权等改革。

2017年文复乡观景平台完工并向游客开放

【文复苗族土家族乡十九届人民代表大会第二次会议】 2017年8月28日召开。出席大会代表46名，实出席43名。大会专题学习习近平总书记“7·26”重要讲话内容，听取政府脱贫攻坚专题报告、人大代表建议办理情况报告。

（文复苗族土家族乡）

土地乡

【概况】 土地乡被誉为“人间净土·生态福地”，于1950年置乡，以驻地土地坳命名，位于城区东北部，东邻桐梓镇，南接沧沟乡、火炉镇，西靠仙女山镇，北与接龙乡相连。经土（地）仙

（女山）公路到城区48公里，经中（嘴）桐（梓）公路到城区62公里，辖区面积75.8平方公里，耕地面积620公顷，退耕还林面积341公顷。全乡海拔300米至1900米，辖小岩、六井、沿河、天生4个行政村23个村民小组，总户数2236户，总人口7607人，主要以汉族为主。

土地乡乡村旅游资源富集，具有良好的生态资源、优美的田园风光、险峻的峡谷景色、绝佳的石林奇观，全乡森林覆盖率达80%以上。其中，土地乡天生村（犀牛古寨）先后获得“全国绿色村庄”“全国双优古村镇”“中国传统古村落”“特色景观旅游名村”“全国田园建筑优秀实例奖”“醉美乡村好去处”“农民新村示范点”等殊荣。

【经济发展】 概况　2017年全乡工业经济总产值2300万元，比去年增加11%，农业经济总产值7900万元，实现税收120万元，完成投资6000万元，社会消费品零售总额4200万元，农民人均收入1.1万元。

农业　依托农综项目投入350万元改善茶山基础设施，引资打造原生态森林茶叶基地33.33公顷（一期投入100万元）。依托欧投项目投入780万元，培育经济林果460多公顷，栽植苗木68万余株（其中楠竹333.33公顷、核桃86.66公顷、脆桃39.6公顷），经市、区林业部门验收，成活率95%以上。同时，在小岩村投入3万元，实施“十园一中心”水果采摘园示范点，在六井村投入5万元，改进前胡种植基地和专业合作社运营，在天生村投入3万元改良脆桃采摘示范园，在沿河村投入30万元打造66.66公顷核桃产业基地。2017年全乡烤烟收购50.5吨，金额237.3万元。

养殖业　全年出栏生猪17238头、肉牛2244头、山羊7280只，完成蜜蜂存栏2220群。

林业　全乡自用材采伐指标650立方米，实际采伐数量为265.47立方米。全年完成新一轮退耕还林面积204.82公顷，落实2017年区、乡村造林绿化任务。

特色效益产业　投入70万元，在沿河村新建“土地香居”生态产业示范园，已修建人行便道1280米、产业路700米、观光台1个。投入160万元，在天生村犀牛寨实施乡村旅游提档升级项目，修建旅游步道2200米、观光亭3个、实木栅栏1000米。申请特色效益农业资金105.15万元，培育1个养殖大户75万元，5个种植大户15.9万元，惠及3个村29户贫困户14.25万元。

惠农政策　2017年全乡玉米、水稻、马铃薯等共投保1186户490公顷，受灾面积288.67公顷，理赔金额23万元。全乡兑付种粮直补80.8万元，惠及1665户，补贴面积470.6公顷；兑付种粮大户3户4.5万元，补贴面积13.1公顷。

【社会事务】 教育　2017年，全乡提供教育帮扶资金39.5万元，受益678人。由市区检察院帮扶集团、乡党委政府、爱心人士向仁权等分别出资，提供爱心助学金11.8万元，受益46人。为土地乡中心校提供教育支持2万元。

文化体育　全乡有4个免费开放的村级图书室，农家书屋实现全覆盖。开展送电影下乡48场次，组织流动送文化下乡活动。2017年1月，在人民广场举办“溶洞上的犀牛寨·中国醉美古村落”摄影大赛优秀作品展出。投资2万余元，更新乡电子阅览室设备10台。

卫生计生　新建天生村卫生室，办理生育服务证和再生育服务证40本，办证率85.6%。完成农村适龄妇女“两癌”免费筛查143人次，实施孕优健康检查覆盖率80%。发放计生奖励扶助金23人2.7万元。实施儿童营养改善项目，免费发放营养包500份。

社会保障　2017年，对民政优抚、社会救济、城乡低保、五保供养、重度残疾人等特殊对象，累计发放资金 211.9 万元，惠及 1570 人。加强低保动态管理，全乡城乡低保 224 户 391 人（其中，城镇低保 9 户 13 人，农村低保 215 户 378 人），全年审核取消不符合条件的保障对象 22 人，新增符合条件的保障对象 28 户 34 人。全年发放救灾资金 10.6 万元，惠及 217 户 864 人。解决临时救助家庭 21 户 11.7 万元。完成外出务工意外险参保 522 人 996 份。城乡社会养老保险实现应保尽保。医疗保险参保率达 96%，建卡贫困户 100% 参保。新增、补办城乡医保卡 160 张。2017 年，全乡医疗报销和医疗救助资金共 118.8 万元，受益群众 517 人次。

【基础设施建设】 场镇建设　投资 100 万元，实施场镇入口和新街 2 处改造项目，完成污水管网、人行便道、路灯安装、绿化美化等工程，逐步建成环境优美、配套完善、靓丽精致的高山康养小镇。2017 年，投入 37 万元，对场镇土地坳 2 号滑坡点进行治理，避险搬迁 8 户 42 人。

交通建设　投入 720 万元，实施硬化公路 4 条 14.62 公里（其中，已完成杨柳湾公路 5.37 公里、板田沟公路 0.75 公里。通过招投标已经启动实施硬化雪峰公路 4 公里、石板沟公路 4.5 公里，2018 年将竣工）。投入 12 万元，改扩建石板沟公路 1 条 3.3 公里。投入 55 万元，新建石板沟至垭口、石板沟至柏树坳连接公路 2 条 1.8 公里。完善道路交通安全警示标志标牌，配套安装安防设施 1.21 公里。投入 90 万元，在天生村、六井村共修建人行便道 22.5 公里。

水利建设　投入 15 万元，在天生村荆竹槽、六井村雪峰、小岩村新华等地新建人饮水池 5 口，管网延伸建设 1.8 公里。投入 40 万元，新建天生村大坪山坪塘 2 万立方米；投入 23 万元，整治维修小岩村车阳山坪塘，增加蓄水 2 万立方米。协调土地乡在外创业人士向仁权捐赠 100 万元，建成沿河村光辉农业社引水、蓄水工程。做好接龙烟水援建工程协调服务工作。落实“河长制”，开展监测巡查。

农业综合开发　投入 350 万元，在天生村实施茶叶基地农业综合开发，新建机耕道 1.5 公里、硬化机耕道 4.2 公里，新建农业设施水池 3 口 1200 立方米。

环境整治　投入 320 万元，改造农村危旧房和环境综合整治 1800 余户，全乡评出乡村“整治庭院”40 户。投入 175 万元，实施贫困户生态扶贫搬迁，已兑付 20 户 82 万元，余下部分检查验收后兑付。投入 28.6 万元，完成贫困户 D 级危房改造 13 户。投入 15 万元，实施场镇、犀牛寨、天生小镇以及各村的农村垃圾集中收集、统一储运处理，小岩村、沿河村、六井村纳入区级试点。

【特色旅游】 投入 280 余万元完成犀牛寨传统古村落楹联店招、污水管网、电线入地、庭院美化等环境综合整治。在文旅融合发展、古村文脉传承等方面，形成一定的品牌影响力。2017 年，天生村（犀牛古寨）被国家住建部评为“全国绿色村庄”“全国田园建筑优秀实例奖”。犀牛寨拍摄第一部院线电影《寻龙摸金》。完成天生桥（天生庙）民俗传统文化发掘。完善天生小镇康体养生基地绿化美化，初步完成垂钓池建设。引资 300 万元，启动雪峰山原生态旅游度假区核心地雪峰石林的打造，建成约 3 公里的旅游步道。完成一棵树民居特色小院示范打造。完成天生村四合森林人家建设。并对沿沧河大峡谷、酒村九坊、小岩观景台等地进行前期规划设计。犀牛寨、天生小镇等规范运营农家乐 25 家、客房 230 间、床位 352 张。全区第一个民宿“犀牛寨·启山宿”建成并投入运营。据不完全统计，2017 年，犀牛寨农家乐年纯收入达 7 万元以上 4 户，4 万元以上 6 户，从事乡村旅游接待户人均年收入达 8500 元。

【土地乡第十九届人民代表大会第二次会议】2017年4月27日召开，会期2天，大会应到代表45名，实到代表36名，通过无记名投票选举梁健为武隆区土地乡人民政府副乡长。

【土地乡第十九届人民代表大会第三次会议】2017年7月25日召开，会期2天，大会应到代表45名，实到代表39名，通过无记名投票选举梁健为武隆区土地乡人民政府乡长。

（土地乡）

白云乡

【概况】1951年析永顺镇置乡，以境内白云山命名。位于城区西部，东邻长坝镇，西通南川区水江镇，南与大洞河乡相望，北接和顺镇，距城区57千米，辖区面积40.1平方公里，海拔高度在350米至1575米之间，年平均气温14.8摄氏度。全乡土地面积3889.2公顷，其中：耕地面积1074.5公顷，25度以上耕地面积有394公顷，田383.9公顷，土690.6公顷，荒地91.4公顷；林地面积2112.8公顷，荒山24.4公顷，灌木林393.2公顷，森林覆盖率达45.2%。辖红色、红星、红云、莲池4个行政村22个村民小组，户籍人口共有2343户7262人，非农业人口1097，农业人口6165，密度181.09人/平方公里。

白云乡主要种养殖有玉米、水稻、洋芋、高山蔬菜、烤烟、特色水果、优质生猪、西门达尔肉牛等。截至2017年底，全乡建卡贫困户270户936人，完成全乡213户775人贫困户脱贫目标，贫困发生率降至2.15%。

乡内交通十分便利，全乡农村公路畅通率达90%，距白马、水江高速出口均半小时车程，省道411、长铁路横穿全境，构建起纵横交错的骨干交通网络。东连白马工业园，南通大洞河乡与白马山旅游开发区相连，区位优势明显，具有武隆西南门户之称。境内旅游资源丰富，有10余公顷千姿百态、巧夺天工的白云石林，有幽深的大洞河峡谷，有始建于唐朝的启教寺，有国家三级保护动物野猪、黄猴。

【经济发展】概况　2017实现工农业生产总值12903万元，同比增长12.3%；实现社会消费品零售总额5043万元，同比增长13.2%；农村常住居民人均可支配收入12099元，同比增长10.4%。全年完成财税收入1414.91万元。

农业发展　建成杉树坪高山特色水果示范园66公顷和以柑橘为主的集观光、采摘体验一体的水果四季采摘园3.33公顷。全年新增林果面积113.33公顷，建成以“爱媛38号”柑橘、脆红李、核桃、车厘子为主的“一村一品”高山特色林果433.33公顷。农业与扶贫示范基地加快推进，新修产业公路2公里、改扩建2公里，硬化采摘路3公里，新建蓄水灌溉池300立方米，安装引水管道9000米。巩固发展烤烟66.7公顷，产量11.35万公斤；种植高山蔬菜233公顷，出栏生猪2.5万头。农民专业合作社、微型企业、家庭农场等新型农业经营主体规模不断壮大。乡村旅游基础夯实，完成青杠坡公园、场镇至启教寺观光公路建设并投入使用；完成界碑至塘边旅游公路加宽改造；全面启动当坝乡村旅游示范点建设，新增停车位30个。农村电商服务体系加快完善，快递物流实现村级全覆盖，打造包装农特产品25个。在淘宝、京东等主流电商平台开设“中国武隆馆白云分馆”，在仙女山游客接待中心O2O线下体验馆设立白云农特产品展区，实施白云山货进主城计划，成功在主城奥园等高端社区建成白云涧山货实体体验店5家，实现线上线下销售100余万元。

【社会事务】教育科技　中心小学1所，村完小

1所，学前儿童入学率100%，义务教育普及率达100%，适龄学生辍学率为零。完成中心校入校公路、校门改建。建立扶贫集团教育基金，资助在校大学生新生64人11万元，资助贫困大学生193人次20万元，全乡无一例因家庭困难而辍学的情况发生。

文化体育　乡级文化站1所，建筑面积约300平方米，专职工作人员1人。完成乡文化健身广场建设。实施文化中心和农家书屋对群众、机关职工免费开放，到站活动人数1000余人次；以中心户为点开展送电影下乡、进学校活动，放映49场次，观众人数达3000余人次；举办文化体育活动10余次，开展送公共文化服务进村5场次。

人口卫生　完成乡卫生院迁建，完成4个村卫生室标准化建设。医疗卫生支出39.5万元。乡卫生院1所，病床12张，卫生技术人员7人，有5人取得执业医师和助理医师，收住院612人。计划免疫工作：儿童建卡率100%，乙肝及时接种率100%，九苗单项接种率达98%以上，强化免疫率100%。完成卫生院药品零利润服务工作。完成农村适龄妇女“两癌”免费筛查320人次。

社会保障　社会保障和就业支出102.91万元，比去年同期88.85万元，增长15.8%。其中社会保险机构支出11.05万元，比上年同期10.89万元，增长1.5%；行政事业单位离退休支出91.86万元，比上年同期66.96万元，增长37.2%。全年累计发放低保资金186.26万元，其中农村低保户209户369人142.14万元，城镇低保56户80人44.12万元，低保保障对象准确率达到100%；发放优抚、抚恤补助资金38.28万元，发放自然灾害生活救助支出15.74万元。完成小额贷款210万元，完成新农合参保6179人（任务6319人）；完成居民养老保险4586人；领取农村养老保险人数1353人，养老保险新增32人，社会劳动新增就业233人。

综合治理　启动“七五”普法工作，实施“候鸟工程”，加强乡村旅游流动人口管理，民事纠纷调解率100%，成功率98%以上，无刑事案件发生，建立治安巡逻队伍，配备治安巡逻车1台；新安装电子摄像头6处；安全生产事故和食品药品安全事“零”目标。

生态文明　全乡共有压缩式垃圾车3台、垃圾桶若干，建立“户集、乡收、乡转运、区域处理”的垃圾转运机制。投入10万余元进一步规范对场镇协会的管理，完善场镇卫生考核制度，规范场镇停车和摆摊设点，场镇容貌更加规范。落实“河长制”，常态化开展水质断面联合监测巡查。完成乡生态文明建设规划和场镇污水处理厂迁建扩容的前期工作。开展以“和、孝、美”为主题的公序良俗建设。

【基础设施建设】 基础设施　2017年农林水等事务支出693.22万元。投入600余万元，完成界牌至塘边公路5.6公里改扩建，硬化六角弯、拖仙岩、中心校入校路等公路5公里；新建及硬化人行便道15公里；新修人饮11处366立方米，新安装人饮管道20千米，整治及新建堰渠8132米，实现村社道路通畅率100%，人行便道入户率98%以上，农户自来水入户率100%。

场镇建设　2017年投入资金667万元，完成农村D级危旧房改造和生态扶贫搬迁86户230人；投入392万元，完成“三改”（改厨、改厕、改院坝）704户、农房整治326户，农户住房基本保障。投入资金290万元，完成乡公共服务中心、运动场、文化广场建设；投资500万完成青冈坡登山步道、卫生院建设。

【白云乡十九届人民代表大会】 2017年1月4日，白云乡第十九次人民代表大会召开，大会应到代表45名，实到代表42名。大会通过《2017

年政府工作报告》《2016年财政预算执行情况及2017年财政预算草案报告》《人大主席团工作报告》。选举产生新一届白云乡人民政府，选举朱晓琼为白云乡人大主席，梁永胜为白云乡人民政府乡长，张炜、许磊为白云乡人民政府副乡长。5月31日，白云乡第十九届人民代表大会第二次会议召开，大会应到代表45名，实到代表36名。选举朱晓琼为白云乡人大副主席。

（白云乡）

后坪苗族土家族乡

【概况】 后坪苗族土家族乡是2009年市政府批准成立的少数民族乡；位于城区东北部，地处武隆、丰都、彭水“一区两县”的交界处，距武隆城区108公里，全乡辖区面积87.3平方公里，辖6个行政村33个村民小组，村民总户数1935户、人口7640人（其中苗族、土家族2237人），全乡共有贫困户57户190人，脱贫户359户1459人，贫困发生率为2.47%。乡境内平均海拔约1200米，耕地二调面积为1800公顷，有林地6582.47公顷（其中森林面积5712.4公顷）。2017年，全乡实现地区生产总值1.35亿元，实现社零总额2885万元，农民人均可支配收入10643元，一般公共预算收入2085万元。

乡境内有县道公路42公里，乡村道公路147公里，行政村通畅率100%、村民小组通达率100%；已建成集中供水厂1个、人饮池74口，人畜饮水安全得到保障；100%农户通电，贫困村、贫困户100%解决人畜饮水。全乡有中心小学校和完全小学校2所学校，幼儿园2所，乡卫生院1所、村卫生室6个；乡综合文化站1个，后坪土家山歌被列入重庆市非物质文化遗产名录、有非遗传承人16人。

后坪风光秀丽、资源丰富。辖区内旅游资源独特——有世界唯一的冲蚀型天坑群世界自然遗产、亚洲最长溶洞、原始森林、石林等17处串珠式景点，是市级风景名胜区；矿产储量巨大——重晶石、石英砂藏量均在千万吨以上，同时还有丰富的页岩气；水利资源丰富——有小二型水库2座、山坪塘6口，是木棕河的发源地；后坪还是原川东地区第一个苏维埃政府所在地。

【经济发展】 概况　2017年，全乡地区生产总值1.35亿元，年均增长8%；一般公共预算收入2085万元，年均增长4.8%；固定资产投资7200万元，年均增长31%；社会消费品零售总额2885万元，年均增长7.4%；农民人均可支配收入10643元，年均增长5.4%。

农业产业　“三万五园”产业格局逐步推进。茶叶规模达到333.33公顷，高标准茶旅融合项目——“世界遗产·高山茶园小镇”项目正抓紧规划，茶叶加工厂和体验馆正加快建设。笋竹已达到166.67公顷，竹笋加工厂主体工程已基本建成。全乡特色水果面积达到166.67公顷以上。中华蜂养殖示范场正全面推进，蜂蜜加工厂和冻库完成选址并实质性启动，山泉水及蜂蜜饮品加工厂正在开展选址工作。传统产业烤烟任务完成，巩固生猪、肉牛、山羊养殖和高山蔬菜产业。在发展产业的同时，注重培育市场主体，高坪、白石、文凤新组建农业企业5个、引进农业企业2家，全乡农业企业达到9家，企业带动特色产业发展格局正在形成。

乡村旅游　2017年全乡旅游起步发展。示范点建设加快推进，按六条精品线路规划，天池苗寨民俗风情示范点基本成型，后坪场镇民族风情街完成基础设施，旅游接待能力进一步增强，全乡乡村旅游接待房间达到180余间、接待床位达到560余张，新增接待经营户2户，游客规模增加，人头山登山步道、入口广场、停车场建成投入使用。乡村旅游列入区级战略，区旅发委聘请专门团队开展乡村旅游规划，形成“一心两带三片四线”的建设方案；区喀斯特公司成立乡村旅游公司，对天池苗寨进行深入规划，高山民族风情小镇规划基本完成。

【社会事务】 教育　2017全乡教育质量稳步提升，排在全区同类学校第一位，学校标准化建设推进快，中心校体育场、鱼子小学体育场塑化项目全面完成投资460余万元；围绕产业扶贫开展一系列培训，农民的科技水平提高。

文化　开展一系列文体活动，成功申报8个县级非遗项目；综合文化站、电影放影厅项目申报成功；高峰槽红色文化公园完成规划；后坪商会组建成立。

社会保障　城乡居民医疗保险参保率稳定在95%以上、全乡贫困户、低保户、重病户实现一户一医，所有住院贫困人口均享受到健康扶贫政策，医疗负担在可承受范围内；社会养老保险参保达到3265人；新增就业141人、城镇失业就业75人，创业贷款15人150万元。2017年共发放城乡低保117余万元，支持6万元帮助6户残疾人改造危房。

人口卫生　全乡人口自然增长率、计划内政策生育率控制在正常范围内，达到95.2%，完成两癌筛查300人、孕优检查30人。

社会治理　全年共出动执法检查人员1193人次，查处违法行为510起，警告279起，处罚金11100元；加大食品药品安全检查，全年无安全事故发生，确保群众生命财产安全。

【基础设施建设】 交通　江（口）后（坪）公路（S421）后坪段一标段完成投资3200万元，二标段动工建设，完成投资规200万元；桐（梓）后（坪）公路（S204）正加快测设调整，后坪段开工2个标段，完成投资300万元；2017年计划的7条通畅公路完成5条，硬化总长22公里、新建1条5公里公路，完成投资1100余万元。全乡人行便道完成21公里完成投资150万元。

水利　西山水库完成投资2050万元，征地工作全面结束、项目部已组建成立，正在开展招投标工作；红山水库水源涵养工程、王家坝堤防工程、农田灌溉渠道完成测设；场镇水厂扩容工程正加快测设预算，人饮项目6个施工队已全部进场并完成基础开挖、主体工程已完成6口，管道采购3万米。

电力通讯　农村电网升级、场镇和天池苗寨管网上改下工程已完成规划；通讯机站已完成规划7座。

农村建设　全乡改造D级危房6户，扶贫移民搬迁45户192户；4月至7月，全乡共投入570万元，整治不安全住房310户，帮助660户农户改院坝6万余平方米、改厨497户（次），新建厕所370个。深度贫困乡人居环境示范片建设项目规划全面完成，正开展招投标工作；中岭村火炭山、姚家坝中国传统村落已基本通过评审；民族风情小镇风貌规划全面完成；全乡移民宅基地复垦工作全面推进、测绘152户。

【后坪苗族土家族乡文风村入选“中国少数民族特色村寨”】 2017年3月3日，国家民委发布《关于命名第二批中国少数民族特色村寨的通知》（民委发〔2017〕34号），全国共有717个

文风村天池苗寨

村寨被作为第二批“中国少数民族特色村寨”予以命名挂牌。后坪苗族土家族乡文凤村、浩口苗族仡佬族乡浩口村、石桥苗族土家族乡八角村位列其中。2017年11月28日，文凤村入选重庆市第一批历史文化名村名录。

【后坪苗族土家族乡第十九届人民代表大会第一次会议】 2017年1月4日至5日召开，大会应到代表45人，实到代表45人。大会听取并审议《后坪苗族土家族乡人民政府工作报告》《后坪苗族土家族乡人民代表大会主席团工作报告》《后坪苗族土家族乡财政预决算报告》。大会选举刘加海为后坪苗族土家族乡人民政府乡长，黄河清、谢雷为后坪苗族土家族乡人民政府副乡长。

【后坪苗族土家族乡第十九届人民代表大会第二次会议】 2017年6月10日至11日召开，大会应到代表45名，因事请假4名，实到代表41名。大会选举张文峰为重庆市武隆区后坪苗族土家族乡第十九届人民代表大会副主席。

（后坪苗族土家族乡）

浩口苗族仡佬族乡

【概况】 浩口苗族仡佬族乡位于城区东南部，距城区41公里，地处两省市（重庆市、贵州省）三区县（武隆区、彭水县、道真县）交界处，东邻彭水县润溪乡，南接彭水县大垭乡，西靠贵州省道真县洛龙镇、忠信镇，北与本区石桥乡接壤。海拔300米至1450米，立体气候较为明显。全乡辖区面积84.5平方公里，有耕地面积4696公顷（其中：田150公顷，土526公顷），森林面积3484公顷。辖6个行政村29个农业社，2017年户籍人口1896户6368人，常住1624户5846人，其中农业人口5076人，有苗族1943人、仡佬族350人、土家族124人等。全乡有小学、幼儿园、卫生院各1所，中型水电站一座。全乡农作物以烤烟、杨梅、老鹰茶等为主；养殖业以山羊、肉牛、生猪为主。拥有朱子溪、红军渡、化石峡谷、石墙一线天、落心堂老屋、亚洲第二高桥——芙蓉江特大桥以及田家寨仡佬特色民俗村寨等丰富的旅游资源。有二级保护动物黑猴、红腹锦鸡、相思鸟、鸳鸯等。全乡围绕“美丽仡乡、幸福浩口”发展目标，推进浩口乡各项事业发展。

【经济发展】 全乡实现农业总产值3387万元，增加值2202万元；工业总产值2344万元；农民人均纯收入11118元，增长19%；社会消费品零售总额3144万元。

经济　骨干项目主要为烤烟，种植烤烟226.67公顷，实现总产量38.5万公斤、总产值930万元；经果林以杨梅、老鹰茶、核桃等为主，新发展杨梅、核桃等经果林1333.33公顷；畜牧业以生猪、山羊、肉牛为主，常年生猪存栏5000头、黑山羊5000只、肉牛2000头。

【社会事务】 教育文化　协调资金20余万元，改善办学条件，帮扶贫困学生；实现仡佬蜡染进课堂，开展蜡染培训150期，制作蜡染作品560幅；浩口中心校被确定为重庆市民族艺术特色学校、武隆区基层文化示范点、武隆区民族艺术特色学校；蜡染、篾鸡蛋、竹竿舞成功申报市级非

12月28日，田家寨举行篝火晚会

物质文化遗产；举办仡佬民俗文化研讨会；开展送文化下乡演出24场次、惠民电影放映75场次。

社会保障　投入近300万元，建成卫生院，建筑面积1050平方米；完成城乡居民合作医疗保险6016人；完成养老保险扩面36人、意外伤害险完成1200份；临时救助23人，资金90225元；救灾救济490户，资金物资32.33万元。

综治信访　严格落实“党政同责、一岗双责、失职追责”的安全生产责任制，签订目标责任书，定期定时上路检查车辆安全，共检查车辆1万余辆次，车辆纠违800余辆次；开展驾驶员培训4场；干部大下访大走访280余次。

【基础设施】　交通建设　投入1304万元，完成花溪公路硬化，启动枫香坨等社道路硬化20余公里，升级改造社道公路79.5公里，维护养护公路57公里，完成29个农业社社道路全面维修。

水利建设　投入70余万元，建成水池20口920立方米、安装管道47千米；安装应急水管15千米。浩口电站提前7个月工期，主体工程竣工，于2017年12月11日实现3台机组发电。

12月11日，浩口电站3台机组实现发电

场镇建设　投入200余万元，建成4000平方米健身广场；投入100余万元，铺设场镇街面地砖2000平方米，完成管网铺设、堡坎防护、广场绿化等建设。投入100余万元，建成田家寨民俗文化广场2600平方米；投入近20万元，新建公厕1个；投入60余万元，完成17户房屋室内升级改造。

8月10日，浩口乡蓼垭安置点4000平方米健身广场建成

抢险救灾工作　2017年6月至8月和9月，浩口乡遭遇高温干旱和特大暴雨。灾情发生后，共走访慰问和帮扶农户317户1312人，发放慰问资金22.8万元、被条100床、大米100袋、菜油100桶；重建房屋13户、修复房屋17户；修复公路路基1850立方米、修复路面63400立方米；人饮水池修复28口1250立方米、安装水管6000米。

（浩口苗族仡佬族乡）

接龙乡

【概况】　接龙乡位于城区东北部，距城区81公里，东临桐梓镇，西北与丰都南天湖镇接壤，南连土地乡、双河镇；辖区面积114.4平方公里，辖3个村、30个村民小组，1740户、5894人；非农人口79户，140人（民族99%以上是汉族）。境内海拔700至1700米；有森林5800公顷、耕地1866公顷；年平均气温14.7摄氏度，年降雨量1260毫米。乡内有丰富的旅游资源，有千年银杏王、高山湖泊——接龙水库、与芙蓉洞媲美的犀牛洞及太平天国翼王——石达开的传说，有古朴的民居、纯朴的民风、适宜的气候，是消暑纳凉、洗肺养身的乡村旅游胜地。五年来人口自然增长率保持在0.33%。

接龙乡——千年银杏

【**经济发展**】 概况 2017年全乡实现农业总产值5667.46万元，增幅5.5%；实现农业增加值3647万元，增长5.2%；居民人均可支配收入达到12344.6元，增长12%；完成社会消费品零售总额2300万元，增长11%；完成固定资产投资3.3亿元（含接龙水库），增长1%；实现地方财政收入1349.83万元；居民年末存款8400万元，增长5%。

农业产业 完成烤烟种植面积266.7公顷，产量390吨，产值860万元。发展高山蔬菜在地种植133公顷，实现产值508万元；高坎蔬菜基地延伸产业链，将蔬菜超市开进小区，共设小区蔬菜超市3个；山羊年末存栏2150只、肉牛700头、生猪2300头，中华蜂2536桶。实现蔬菜等特色种植业政策补助5.22万元、特色养殖业补助24.34万元。发展高山冷水渔业，新增冷水渔养殖大户2户，面积0.67公顷。人工饲养细鳞鱼、棘腹蛙销往仙女山等景区餐饮。

乡村旅游 完成接龙乡旅游发展规划，编制小坪马庙、湾堂乡村旅游示范点概念性规划，并将接龙纳入桐梓山片区的康养乡村旅游规划。吸引高山消暑纳凉人群到接龙休闲度假，场镇服务场所开展试营接待。接龙公园、水库环湖沥青路、高坎子河道的生态治理、场镇易地扶贫搬迁市级示范点建设，结合乡村旅游规划设计，满足接龙乡村旅游发展需要。

电商物流 培育扩大电商经营种类和业务，以“武隆县颉珑电子商务有限公司”及3个村级便民服务中心为依托，全年实现网上销售260余单15万元，代收代发货运6500单。

【**社会事务**】 教育资助 小学1所，在读学生396人，教职工29人。教育资助方面，对2017年新考入大学的学生奖励支助23人8.9万元，其中乡财政支助5人2万元；解决3万元，对中心校寄宿学生生活用品进行规范和统一；联系重庆车友会社会资助学生48人2.4万元，学习用品3.6万元。扶贫政策持续支持在校学生人均3000元每学年18人5.4万元。

人口卫生 医院1所，病床8张，医护人员9名。全乡2018年新型农村合作医疗参保5232人，参合率达95%以上，乡财政为80岁以上的102名老人代缴合作医疗金14280元。推行建档立卡贫困户大病“先诊疗后付费”和大病民政、红十字会、大病医保、大病救助综合报销医疗费用，2017年就医报销57.07万元，三级补助大病救助28.33万元。

社会保障 2017年新增特困人员67人，为397名特困人员发放生活救助金172.42万元。

综合治理　全面落实“一岗双责”安全责任制，全年实现安全生产死亡事故零目标。全年排查各类矛盾纠纷47件，开展各项检查182次，实施行政处罚70150元（道路交通46000元、建设施工3680元、食品安全20470元）。

【基础设施建设】 公路硬化　三年来共投入资金7000余万元，建成接龙与丰都的外联通道，缩短接龙到武隆城区的距离。实现村道路100%通畅，社道路100%通达。全乡道路硬化率82%。2017年，主要硬化两河村重堂至桥上1.3公里，盖坪1.9公里；硬化泉丰公路2.7公里，小坪村实现社道公路100%通畅；通过农业综合开发项目，对高坎的产业基地路、石坝柒河沟社道路、庙垭口至朱家湾、蒋家湾社道路进行硬化；对两河口至田坝6公里泥石路进行加宽改造至6.5米。

人行道建设　争取农委下达资金80万元，建设人行便道21.7公里，其中小坪村9.5公里，两河6.6公里，接龙村5.5公里。通过农业综合开发项目修建人行便道1.4公里，沟带路2.9公里，机耕道6.1公里。

水利建设　新建及维修大坪、灰草坪、盖坪等11口人畜饮水池2520立方米，维修整治长坝子山坪塘，并新安装水管24.9千米。修建马庙水排洪沟814米、菜地湾排洪沟260米；农业综合开发项目排洪沟2962米。

接龙乡——接龙场镇

【重要会议】 2017年9月29日，接龙乡第十九届人民代表大会第二次会议召开，大会应到代表43人，实到代表40人。大会通过《接龙乡农村环境综合整治情况报告》《接龙乡教育工作情况报告》《接龙乡第十九届人民代表大会第一次会议建议意见办理落实情况报告》《接龙乡关于撤县设区机构设置和职务调整的情况说明》。

（接龙乡）

赵家乡

【概况】 1953年置乡，因早年赵姓在坝上聚居而得名。赵家乡位于北纬29° 东经107° ，处于武陵山与大娄山结合部的白马山，武隆区西南部，东与白马镇的车盘村接壤，南与贵州省道真县三桥镇相连，西与大洞河乡红宝村、长坝镇东山村、长坝镇茶园村相接，北与白马镇豹岩村相邻，距城区50千米。户籍总户数1578户，总人口5237人，汉族居多，其中街道63户102人，户平均人口3.32人，人口密度86.99人/平方千米。辖新华、香房2个行政村20个村民小组，辖区面积60.2平方公里，耕地面积1193.3公顷，境内有小型发电站2座、酒厂2家，有油茶、花酒、洞藏酒、蜂蜜、竹笋、猕猴桃及中药材黄连、天麻等特色产品。

赵家乡既有山水之美，又有人文之秀。全乡旅游资源丰富，有香房村万宝场剿匪战场遗址等红色人文景观，有独具科考价值的千年银杉等自然景观，有素有“国家水利风景区”之称的兼具旅游、灌溉、发电、泄洪等功能的山虎关中型水库，境内群山环绕，绿树成荫，青山倒映，绝美如画，是避暑纳凉、宜居养生、休闲旅游的理想之地。

【赵家乡第十九届人民代表大会第一次会议】 2017年1月2日召开。大会通过2016年政府工作报告和2016年财政结算报告及2017年财政预算报告。大会选举黄春华为赵家乡人大主席团主席，申健为赵家乡人民政府乡长，梁全、冉光锐为赵家乡人民政府副乡长。

【赵家乡第十九届人民代表大会主席团第一次会议】 2017年3月27日召开，会议同意原武隆县赵家乡人民代表大会主席团主席黄春华改任为重庆市武隆区赵家乡人民代表大会主席团主席。

【赵家乡第十九届人民代表大会第二次会议】 2017年4月26日召开。大会应到代表38名，实到代表34名。大会选举申健为重庆市武隆区赵家乡人民政府副乡长（主持政府工作）。

【赵家乡第十九届人民代表大会主席团第二次会议】 2017年5月29日召开，会议同意武隆县赵家乡人民政府原副乡长梁全、冉光锐转任为重庆市武隆区赵家乡人民政府副乡长。

【赵家乡第十九届人民代表大会第三次会议】 2017年7月24日召开，应到代表43人，实到代表40人，依法选举申健为重庆市武隆区赵家乡人民政府乡长。

【经济发展】 概况　实现地区生产总值10903.32万元，年均增长11.6%；税收收入360万元，年均增长9%；社会消费品零售总额2407万元，年均增长14%；居民可支配收入10700元，年均增长11.24%；固定资产累计投资9817万元，年均增长20%；农业生产总值4749万元，年均增长4.2%；工业总产值1132万元，年均增长21%。一、二、三产业结构比为43.5 ∶ 10.4 ∶ 46.1。

农业　粮食生产面积严格控制在1000公顷以上，粮食产量3000余吨。发展中药材667公顷、黑凤土鸡2万只，壮大主导产业；养殖蜂蜜3000群、竹笋100吨、冷水鱼1.66万尾；出栏生猪5400头、黑山羊2017头、肉牛835头、种植烤烟80公顷。新种植薄壳核桃120公顷、猕猴桃13.33公顷。

工业　全乡工业企业主要为洋河水力发电站、秋霖水力发电站、赵家花酒厂、上堡水泥制品加工厂，产值1132万元。

农村电商　成功注册“赵佳人”电商品牌，完成高山腊味、核桃、土鸡蛋、豆类、野生猕猴桃等产品在“武隆商城”APP、微店、“寻味武隆”、“重庆农家网”4家平台进行线上线下销售，打通电商物流网点服务最后一公里，交易额达到30万元。

【社会事务】 教育科技　共有赵家乡中心校1所，全乡九年制义务教育辍学率为零。乡政府协调资金9万元建成乡中心校校园文化墙、学校功能室，支持中心校实施校门维修、改善寄宿学生洗衣生活设备、学生“蛋奶”营养工程等资金34万元。

文化体育　开展民进渝中区文艺总支“同心筑梦”艺术支教。

进乡村活动，新建新华村便民服务中心和乡图书馆分馆，播放电影26次，公共文化服务下乡演出8场次，举办游客文体活动1次。

人口卫生　户籍总户数1578户，总人口5237人，全年出生婴儿51人。赵家乡卫生院是一所集医疗、预防、保健、康复为一体的基层卫生院，现有主治医师1人，医师（士）4人，其中国医馆是以“健康·养身”为主题的全区特色专科建设科室，是以发展中医药健康旅游产业的赵家乡卫生院中医馆。全年开展老年人免费体检869人、签约服务4968人，两癌筛查295人次。

社会保障　开展救灾救济53户5.03万元，发放低保、五保资金142.04万元，实施大病临时救助53人17.81万元。小额贷款发放160万元，新增城乡养老保险25人，全年新农合参保4687人。

综合治理　完成1个快检室和2个村交通劝导站建设，开展道路交通、建筑施工、危化物品、食品药品、卫生等重点领域的监管防范。按“五位一体”稳控责任体系确保中共十九大召开及其他重要节点期间的信访稳定。

【基础设施建设】场镇建设　成立场镇管理委员会，规范场镇市容市貌、环境卫生、供水管理等场镇秩序。投入8万元完成场镇小沟处防洪工程建设。

农村建设　投入54.1万元建成香房村香房居民点停车休闲广场1481平方米，完成香房村放牛坪、香房居民点移动公共wifi安装，完成金土地搬迁9户46人。投入320万元实施新华村老街、庙片、大田角农业社农业综合开发项目建设，完成沟渠硬化1323米，完成农用车道硬化4228米。投入320万元，实施香房村上堡片区土地整治项目，完成坡改梯砂浆片石堡坎1200立方米、硬化公路3.5公里，新建人行便道4公里、灌溉水池4口、进出管道6500米。

统战文化进乡村展览馆　（冉光锐　摄）

赵家乡“助推乡村旅游·打造美丽赵家”之旅游服务技能达人大赛　（徐强　摄）

交通　投入415万元硬化岩红、先锋、水口公路10.5公里，投入100万元改道香房村道盐店段937米（含箱涵），投入30万元维修水毁公路20公里，投入60万元安装上东公路钢护栏6.788公里。

水利　投入87万元新建人饮池9口920立方米，投入40万元建成洋涧河防洪工程268米。

【乡村旅游】围绕建设高山生态乡村旅游之乡的发展目标，突出“高山”“水乡”“鲜花”“养生”等特色要素，落实“一轴两翼三片区四季规划”的空间布局，荣获重庆市乡村旅游扶贫乡、市级乡村旅游示范乡、重庆最佳避暑休闲乡村等称号。制定《赵家乡村旅游发展规划》，与重庆理工大学签订《乡村振兴战略协议》，探路乡村旅游专业合作社开展农家乐“八统一”管理。投入140万元建成山虎关银杉休闲公园，建成全市首个“统战文化进乡村”展览馆，建立白马山微型植物博物馆、白院子农耕文化展示基地等科普基地。举办第三届乡村旅游游客运动会、“助推乡村旅游　打造美丽赵家”等活动，引进民进重庆市委开明书院、涪陵区美术家协会等写生基地。实施主公路沿线鲜花美化工程，实现主公路沿线垃圾收运全覆盖，实现“五干净一规范”环境卫生整治常态化。共发展140家农家乐，4000张床位，其中星级农家乐13家，接待游客达到35万人次，旅游产值累计5600万元。

（赵家乡）

大洞河乡

【概况】大洞河乡原为永顺乡（现长坝镇的

十九、二十、二十一保，于1952年设置）。1953年曾设境内红宝、矿山两村建和平乡，一年后撤并；原名共和公社。1981年地名普查改同名公社时，因境内蕴藏着丰富的铁矿和从解放前至今都在开采铁矿而更名为铁矿公社；1983年建乡时为铁矿乡。2016年7月，更名为大洞河乡。

大洞河乡位于境内西南部，东以硝厂沟、北以大洞河为界，分别与长坝镇东山、白云乡相望；西和南与南川区、贵州省接壤；东南与赵家乡为邻，辖区面积62.7平方公里。娄山余脉盘旋于全境，南高北低，沟谷峭壁，奇山异石到处可见。乡政府驻地海拔1010米，距离武隆城区65公里，距离重庆主城区135公里。全乡海拔在400米至1948米之间，属典型的山区立体地形，立体气候。夏季凉爽，平均气温25摄氏度左右；冬季适温，平均气温15摄氏度左右。

大洞河乡下辖幸福、红宝、百胜等3个行政村，共16个村民小组。户籍总户数1063户，总人口3975人，人口密度63人/平方公里。耕地面积753公顷，林地面积4560公顷。集镇面积0.8平方公里，集镇人口340人，城区化率10%。

全乡境内旅游资源丰富，境内旅游资源十分丰富，有神奇俊秀的大洞河、巍峨雄伟的大佛岩、气势恢宏的鸡尾山遗址、苍翠延绵的大梁子原始森林、绚丽多彩的杜鹃花海。还有传承着千年的农耕文化，穆杨寨、焦王寨、八阵图、练兵场等古遗址，还承载着悠远而厚重的民间传说。可谓既有山水之秀，又有人文之美，更有情怀之音。

【经济发展】 全乡实现地区生产总值8940万元，农业总产值7475万元，固定资产累计投资3000余万元，社会消费品零售总额4323万元，农村常住居民可支配收入10909元。

农业 成功打造中蜂养殖、中药材、畜禽、烤烟、高山蔬菜、特色林果、劳务输出七大支柱产业，形成林果、辣椒、竹笋、烤烟等种植示范园，肉牛、生猪、山羊、家禽等养殖示范园，黄连种植示范园。特色林果达到186.7公顷；竹笋类（包括野生竹笋）种植规模达133余公顷；烤烟种植规模发展到66.7公顷；中蜂养殖达到2000群；畜禽养殖肉牛1500余头、生猪10000余头、山羊2500余只、家禽2万余只；中药材种植规模发展到黄连166.67公顷。

工业 全乡有3座小型发电站，既美隆水电开发有限公司、贵洪水电开发有限公司、大洞河发电站，年发电量达2500余万千瓦时。

【社会事务】 *人居环境整治* 全面整治不安全住房，整合各类资金500余万元改造危旧房291户；改厕419户、改厨191户；绿华美化主干道公路10余公里，栽植景观树3000余株，安装生态节能路灯80盏；对全乡3个村实施农村环境连片整治，按照“五干净一规范”标准，出台500元/户奖补政策激励全乡农户开展环境连片整治，兑付奖补资金31.83万元，全乡人居生活环境显著改善。

就业指导 安置困难群体人员就业16人，发放小额担保贷款110万元；完成下岗失业人员就业和再就业44人，办理就失业登记30人，城镇登记失业率控制在2%以内，农民工返乡创业11人。

社会保障 全年新增城乡居民保险参保23人，办理城乡医保死亡退保10人；新报批低保户6户，取消3户，全年享受农村、城市低保金172户303人，发放资金113.65万元；救助困难群众60余户11万元；全年享受优抚34人，发放优抚金17.8万元；完成17户残疾人危旧房改造，其中15户已入住并通过区残联的验收。

教育卫生 完成中心小学校暖冬工程建设并投入使用；实施教育奖励扶持政策，对本乡籍考上重本的大学生和研究生每人每年资助0.3万

元，全年资助 10 人，共 3 万元。实施 50 人次农村适龄妇女孕前优生健康和“两癌”免费筛查。

【基础设施建设】 公路建设　实施村社道路改扩建及整治维修 23 公里，完成幸福村沙凼至梯子坎公路新建 3 公里，硬化沙凼公路 3 公里，硬化双龙至茶园堡公路 1.3 公里，硬化双龙组产业路 2.7 公里；硬化百胜村活动室至十五公里公路 3 公里；打通红宝村赵云山景区公路 7 公里。

基础配套　完成幸福村路灯安装 30 盏、百胜村路灯安装 20 盏、红宝村路灯安装 30 盏；硬化赵云山杜鹃花海景区观光步道 2000 米；完成了百胜村、红宝村易地扶贫搬迁配套融资基础设施项目前期建设；新建人行便道 36 公里。

水利建设　完善原新建 10 口人饮池扫尾工程，延伸边远吊散户管网 20 余公里；启动 3 个大型人饮水池共 1.1 万立方米，21 个小型饮水池前期建设。

场镇建设　启动“焦王寨”主题公园、场镇居民点、场镇文化广场建设，预计 2018 年全部投入使用。

重点项目建设　大梁子风电项目有序推进，完成进场道路和机座开挖，完成升电站场平，启动输出线路铁塔安装。生态扶贫搬迁融资项目已完成方案设计、用地预审、规划选址、环保审查等前期工作，即将启动招投标工作。大洞河水库已完成设计招标和地质勘查。

生态建设　累计造林 200 公顷，森林覆盖率 67.8%，地表水和集中式饮水水质达标率 100%，各村已实现垃圾收集转运体系。

【乡村旅游】 围绕打造宜居宜业宜游大美乡村为目标，抓住白马山片区连片开发的机遇，挖掘利用独特的自然资源和地理优势，大力发展乡村旅游。2017 年年底，已全面开放大洞河峡谷、鸡尾山地质公园、穆杨沟农耕文化园、大佛岩天然佛像、赵云山杜鹃花海等五大乡村旅游景点。全乡现有农家乐 85 家，家庭公寓 43 家，建有星级农庄、酒店 6 家。全年接待游客突破 20 万余人次，实现收入 4000 余万元，成为大洞河乡经济发展的支柱产业。

（大洞河乡）

仙女山草原

人物

RENWU

武隆年鉴

人　物

重庆市武隆区新任领导

【黄宗华】 男，汉族，重庆璧山人，1964年1月生，硕士研究生，高级经济师，1989年12月加入中国共产党，1984年8月参加工作。现任中共重庆市武隆区委书记。

1980年9月至1984年8月，重庆市水利电力学校电力网与水电站专业中专学习；1984年8月至1985年6月，四川省璧山县工业局科员；1985年6月至1990年8月，四川省璧山县经委科员、主办科员（其间：1986年9月至1989年6月，西南财大工业经济专业自考大专学习）；1990年8月至1993年4月，四川省璧山县乡镇企业局副局长、乡企科协理事长；1993年4月至1995年8月，四川省璧山县二轻工业局党委书记、局长（其间：1995年1月至1995年7月，市委党校第9期中青班学习）；1995年8月至1997年6月，中共四川省璧山县委常委、县委政研室、体改办主任；1997年6月至1997年10月，中共重庆市璧山县委常委、县委政研室、体改办主任；1997年10月至1998年1月，中共重庆市璧山县委常委（分管经济工作）；1998年1月至1999年6月，中共重庆市璧山县委常委、纪委书记，1999年1月，评为高级经济师（其间：1996年9月至1998年6月，重庆市委党校党建专业研究生学习；1996年4月至1998年6月，兼任璧山县盐井河水库扩建工程党委书记、指挥长）；1999年6月至2001年7月，中共重庆市璧山县委副书记（正县级）、西藏自治区芒康县委书记（援藏）；2001年7月至2003年2月，重庆市渝北区副区长（其间：2002年5月至2002年11月，挂职任上海静安区区长助理）；2003年2月至2007年2月，中共重庆市渝北区委常委、组织部长、区直机关党工委书记（其间：2002年3月至2004年5月，西南农业大学农业推广硕士专业学习，获农业推广硕士学位）；2007年2月至2012年2月，中共 重庆市渝北区委常委、常务副区长（其间：2007年9月至2008年1月，中央党校第7期中青班学习）；2012年2月至2013年4月，中共重庆市渝北区委副书记（其间：2010年7月至2012年12月，北京师范大学哲学与社会学学院管理哲学专业研究生课程班学习）；2013年4月至2016年1月，中共两江新区党工委委员、管委会副主任；2016年1月至2016年2月，中共重庆市北碚区委副书记，区政府党组书记、副区长、代理区长；2016年2月至2018年1月，中共重庆市北碚区委副书记，区政府党组书记、区长；2018年1月至今，中共重庆市武隆区委书记。重庆市第三次、第四次党代会代表，市四届人大代表，市二届政协委员。

【卢红】 女，汉族，四川井研人，1968年2月生，1989年7月参加工作，1993年6月加入中国共产党，大学、工商管理硕士，高级政工师。2017年1月至今，任中共重庆市武隆区委副书记、区政府党组

书记、区长。

1985年9月至1989年7月，四川大学法律系法律专业大学学习，获法学学士学位；1989年7月至1995年4月，重庆钢铁（集团）公司纪委监察处科员、副科长、科长；1995年4月至1996年3月，重庆钢铁（集团）公司纪委监察处检查室副主任；1996年3月至1999年7月，重庆钢铁（集团）公司纪委监察处执法监察室主任；1999年7月至2000年1月，重庆钢铁（集团）公司纪委监察处处长助理，1999年12月，兼任案件检查室主任；2000年1月至2003年12月，重庆钢铁（集团）公司纪委监察处副处长（其间：2000年4月至2002年12月，重庆大学工商管理学院工商管理专业学习，获工商管理硕士学位）；2003年12月至2005年8月，重庆市国资委纪委综合处副处长；2005年8月至2009年8月，重庆市国资委政策法规处处长（其间：2009年3月至2009年7月，清华大学经济管理学院工商管理高级课程班学习）；2009年8月至2011年1月，中共重庆市璧山县委常委（挂职），2010年3月，兼任县工业园区党工委书记，2010年9月，兼任县总工会主席；2011年1月至2012年1月，中共重庆市璧山县委常委，县工业园区党工委书记、县总工会主席；2012年1月至2014年6月，中共重庆市璧山县委常委、组织部部长，县工业园区党工委书记；2014年6月至2015年2月，中共重庆市璧山区委常委、组织部部长，区工业园区党工委书记；2015年2月至2016年2月，中共重庆市璧山区委常委、组织部部长，璧山高新区党工委书记；2016年2月至2016年12月，中共重庆市武隆县委副书记、县政府党组书记、县长；2016年12月至2017年1月，中共重庆市武隆区委副书记、区政府党组书记、县长；2017年1月至今，任中共重庆市武隆区委副书记、区政府党组书记、区长。

【王频】 女，汉族，重庆九龙坡人，1970年5月生，1992年7月参加工作，1991年6月加入中国共产党，研究生，经济学硕士。现任中共重庆市武隆区委副书记。

1988年9月至1992年6月，重庆师范大学化学系化学教育专业学习，获理学学士学位；1992年7月至1997年1月，渝州大学经济二系团总支书记；1997年1月至2001年5月，渝州大学经济学系党总支书记助理；2001年5月至2002年6月，渝州大学派斯国际经济管理学院党总支副书记（主持工作）；2002年6月至2007年2月，重庆工商大学国际合作与交流处副处长（其间：2004年9月至2005年10月，主持工作；2005年11月至2006年11月，挂职彭水县县长助理；2002年9月至2004年6月，西南师范大学经济学系政治经济专业研究生学习，获经济学硕士学位）；2007年2月至2012年2月，重庆市武隆县人民政府副县长；2012年2月至2016年5月，中共重庆市武隆县委常委、统战部部长；2016年5月至2016年12月，中共重庆市武隆县委副书记、县委党校校长；2016年12月至今，中共重庆市武隆区委副书记。

【石强桢】 男，汉族，安徽宿松人，1969年1月生，1991年8月参加工作，1995年3月加入中国共产党，研究生，文学学士。现任中共重庆市武隆区委常委。

1987年9月至1991年8月，青岛海洋大学社会科学系马克思主义基础专业学习，获文学学士学位；1991年8月至

1992年9月，四川省重庆市沙坪坝区歌乐山镇党政办公室秘书；1992年9月至1994年5月，四川省重庆市沙坪坝区乡企局工作；1994年5月至1995年3月，四川省重庆市沙坪坝区乡企局办公室副主任（其间：1994年7月至1995年3月，四川省重庆市沙坪坝区歌乐山镇歌乐村挂职任村委会副主任）；1995年3月至1997年4月，四川省重庆市沙坪坝区团委副书记（1996年7月主持工作）；1997年4月至1997年6月，四川省重庆市沙坪坝区乡企局副局长；1997年6月至1997年10月，重庆市沙坪坝区乡企局副局长；1997年10月至2002年11月，重庆市沙坪坝区团委书记、团市委常委、团中央候补委员、委员（其间：2001年5月至2001年8月，清华大学外语系进修学习；2001年10月至2002年3月，美国研修市场经济管理和公共行政管理）；2002年11月至2003年3月，中共重庆市沙坪坝区小龙坎街道党工委书记；2003年3月至2005年7月，中共重庆市沙坪坝区委宣传部常务副部长（正处级）（2001年9月至2004年7月，中央党校政治学理论专业研究生学习）；2005年7月至2007年1月，中共重庆市沙坪坝区委宣传部常务副部长（正处级）、区文联主席；2007年1月至2010年5月，重庆红岩联线文化发展管理中心副主任、党委委员；2010年5月至2011年8月，重庆红岩联线文化发展管理中心副主任、党委副书记；2011年8月至2016年12月，重庆红岩联线文化发展管理中心副主任、党委委员；2016年12月至2016年12月，中共重庆市武隆县委宣传部部长、武隆报社社长；2016年12月至今，中共重庆市武隆区委常委、区委宣传部部长。

【陈劲】 男，汉族，重庆北碚人，1971年1月生，1990年7月参加工作，1997年12月加入中国共产党，研究生，教育学博士。现任中共重庆市武隆区委常委。

1987年9月至1990年7月，四川省重庆市江北县师范学校学习；1990年7月至1996年9月，四川省重庆市江北县复兴镇中心校教师（其间：1992年6月，四川师范大学自考汉语言文学专业专科毕业；1995.年6月，四川师范大学自考汉语言文学专业本科毕业）；1996年9月至1999年7月，西南师范大学中文系中国古代文学专业学习，获文学硕士学位；1999年7月至2002年1月，重庆市广播电视局音像出版社编辑部工作；2002年1月至2003年12月，重庆市文明办调研处干部，2002年4月，主任干事；2003年12月至2004年10月，重庆市文明办调研处副处长；2004年10月至2006年7月，重庆市文明办未成年人思想道德建设工作处副处长；2006年7月至2007年12月，重庆市委宣传部基层工作处处长（2003年9月至2007年6月，西南大学教育科学研究所发展与教育心理学专业学习，获教育学博士学位）；2007年12月至2012年5月，重庆市委宣传部办公室主任；2012年5月至2016年12月，重庆社会科学院党组成员、副院长（其间：2013年1月至2016年3月，在中国社科院社会学学科从事博士后研究工作）；2016年12月至今，中共重庆市武隆区委常委、区委统战部部长。

【金鸿】 男，汉族，重庆巫山人，1967年8月生，1988年7月参加工作，1986年6月加入中国共产党，研究生，法学学士。现任中共重庆市武隆区委常委。

1984年9月至1988年7月，西南政法学院法律专业学习，获法学学士学位1988年7月至1992年12月，西南政法学院国际政治教研室教师；1992年12月至1993年2月，四川省重庆市乡镇企业管理局政策法规处干部；1993年2月至1996年1月，四川省重庆市乡镇企业管理局政策法规处副主任科员；1996年1月至1997年6月，四川省重庆市乡镇企业管理局政策法规处主任科员；1997年6月至1998年8月，重庆市乡镇企业管理局政策法规处主任科员；1998年8月至2003年2月，重庆市乡镇企业管理局政策法规处副处长;2003年2月至2004年1月，重庆市中小企业局政策法规处副处长、企业改革办公室主任（正处级）；2004年11月至2006年12月，重庆市中小企业局政策法规处处长；2006年12月至2011年7月，中共重庆市城口县委常委、组织部部长（其间:2008年9月至2011年6月，重庆市委党校区域经济学专业研究生学习）；2011年7月至2016年12月，中共重庆市武隆县委常委、组织部长；2016年12月至2018年12月，中共重庆市武隆区委常委、区委组织部部长。

【胡珍强】 男，汉族，重庆南岸人，1968年2月生，1990年7月参加工作，2001年6月加入中国共产党，大学，公共管理硕士，现任中共重庆市武隆区委常委、区政府党组副书记、常务副区长，行政学校校长。

1986年9月至1990年7月，浙江大学地球科学系地质专业学习，获理学学士学位；1990年7月至1994年12月，四川省重庆市巴县农机水电局工作；1994年12月至1997年6月，四川省重庆市巴南区农机水电局工作；1997年6月至1998年12月，重庆市巴南区农机水电局工作（其间：1998年1月至1998年12月，借调重庆市水电局水政水资源处工作）；1998年12月至2001年5月，重庆市水利局水资源管理站工作（1998年12月至2000年10月，借调重庆市水电局水政水资源处工作；1998年09至2000年10西南政法大学应用法学专业学习）；2001年5月至2007年11月，重庆市水利局政策法规处副处长；2007年11月至2009年8月，重庆市水利局政策法规处处长；2009年8月至2011年1月，重庆市大足县副县长（挂职）；2011年1月至2011年12月，重庆市大足县副县长；2011年12月至2012年2月，中共重庆市武隆县委常委；2012年2月至2012年8月，中共重庆市武隆县委常委，仙女山新区党工委书记、管委会主任；2012年8月至2015年9月，中共重庆市武隆县委常委，仙女山旅游度假区党工委书记、管委会主任;2015年9月至2015年10月，中共重庆市武隆县委常委、县政府常务副县长，仙女山旅游度假区党工委书记、管委会主任（2011年3月–2015年7月，清华大学公共管理专业学习，获硕士学位）；2015年10月至2016年6月，中共重庆市武隆县委常委、县政府党组副书记、常务副县长，仙女山旅游度假区党工委书记、管委会主任、县行政学校校长；2016年6月至2016年12月，中共重庆市武隆县委常委、县政府党组副书记、常务副县长，县行政学校校长；2016年12月至2017年1月，中共重庆市武隆区委常委、区政府党组副书记、县政府常务副县长，区行政学校校长；2017年1月至今，任中共重庆市武隆区委常委、区政府党组副书记、常务副区长，行政学校校长。

【周光】 男，苗族，重庆彭水人，1965年4月生，1983年7月参加工作，1990年12月加入中国共产党，研究生。现任中共重庆市武隆区委常委。

1980年9月至1983年7月，黔江县师范学校学习；1983年7月至1985年9月，四川省彭

水自治县猴栗乡、上岩西乡中心校教师；1985年9月至1987年7月，西南师范大学彭水大专班学习；1987年7月至1987年11月，四川省彭水自治县黄家职业中学教师；1987年11月至1989年8月，四川省彭水自治县文化局文管所工作；1989年8月至1992年3月，四川省彭水自治县委办公室秘书（1988年9月至1991年6月，西南师范大学中文系汉语言文学专业学习）；1992年3月至1992年10月，四川省彭水自治县郁山区公所副区长；1992年10月至1993年8月，四川省彭水自治县计委副主任；1993年8月至1996年3月，四川省彭水自治县委办公室副主任；1996年3月至1997年3月，四川省彭水自治县教委党组副书记、副主任（主持工作）；1997年3月至1997年6月，四川省彭水自治县计委副主任；1997年6月至1998年12月，重庆市彭水自治县计委副主任（其间：1998年5月至1998年8月，挂职任重庆市经委区县工业局局长助理）；1998年12月至2001年9月，重庆市彭水自治县扶贫开发办副主任；2001年9月至2003年5月，重庆市彭水自治县扶贫开发办党组书记、主任；2003年5月至2007年2月，重庆市彭水自治县发展与计划委员会党组书记、主任（其间：2002年9月至2005年6月，重庆市委党校区域经济学专业研究生学习）；2007年2月至2007年11月，重庆市彭水自治县政协副主席（兼），县发改委党组书记、主任；2007年11月至2011年1月，重庆市彭水自治县政协副主席（兼），县财政局局长；2011年1月至2011年12月，重庆市彭水自治县副县长，县财政局党组书记；2011年12月至2012年2月，中共重庆市武隆县委常委；2012年2月至2014年2月，中共重庆市武隆县委常委、县政府党组成员；2014年2月至2016年12月，中共重庆市武隆县委常委，县工业园区党工委书记、管委会主任；2016年12月至今，中共重庆市武隆区委常委，区工业园区党工委书记、管委会主任。

【马奇柯】 男，汉族，重庆永川人，1970年10月生，1995年7月参加工作，1993年7月加入中国共产党，研究生，法学博士。现任中共重庆市武隆区委常委。

1987年7月至1991年7月，武汉船舶工业学校内燃机专业中专学习；1991年9月至1995年7月，哈尔滨工程大学思想政治教育专业学习，获法学学士学位；1995年7月至1996年8月，武汉船舶职业技术学院电子专业部学生政治辅导员；1996年8月至1997年12月，武汉船舶职业技术学院学生工作处干事；1997年12月至1998年5月，武汉船舶职业技术学院党委宣传部部长助理（副科级）；1998年5月至2002年6月，武汉船舶职业技术学院团委书记兼学生工作处副处长、机关第四党支部书记（正科级）；2002年6月至2002年12月，武汉船舶职业技术学院团委书记兼学生工作处副处长、机关第四党支部书记（副处级）（2001年9月至2002年12月，武汉大学马克思主义理论与思想政治教育专业学习，获法学硕士学位）；2002年12月至2004年12月，武汉船舶职业技术学院经济管理系党总支书记兼经济管理系副主任（副处级）；2004年12月至2007年10月，武汉船舶职业技术学院党委宣传部部长（副处级）（2004年9月至2006年12月，华中师范大学马克思主义理论与思想政治教育专业学习，获法学博士学位，2005年12月，评聘为副教授)；2007年10月至2008年11月，中国人民大学马克思主义学院副教授(马克思主义学院思想政治教育专业博士后)；2008年11月至2010年5月，重庆市合川区长助理(挂职)；2010年5月至2012年1月，重庆市武隆县副县长；2012年1月至2012年2月，中共重庆市武隆县委常委；2012年2月至2012年8月，中共重庆市武隆县委常委、宣传部长；2012年8月至2016年6月，中共重庆市武隆县委常委、宣传部长、武隆报社社长；2016年6月至2016年12月，中共重庆市武隆县委常委、宣传部长、武隆报社社长，仙女山旅游度假区党工委书记、管委会主任；2016年12月至今，中共重庆市武隆区委常委、政法委书记。

【张小宁】 男，汉族，重庆梁平人，1966年11月生，1988年7月参加工作，1998年10加入中国共产党，大学，工学学士。现任中共重庆市武隆区委常委、区纪委书记。

1984年9月至1988年7月，成都科技大学水利工程系水文学及水资源利用专业学习，获工学学士学位；1988年7月至1994年9月，四川省梁平县水电局干部；1994年9月至1997年6月，四川省梁平县水电局副股长(其间：1996年10月—1996年12月中共梁平县委党校中青年干部班培训)；1997年6月至1999年7月，重庆市梁平县水电局大队长、股长；1999年7月至2001年9月，重庆市梁平县水电局副局长；2001年9月至2005年5月，重庆市梁平县招商办党组书记、主任；2005年5月至2006年10月，重庆市梁平县梁山镇党委副书记、镇长；2006年10月至2007年2月，重庆市梁平县发展计划委员会副主任、党组副书记；2007年2月至2007年8月，重庆市梁平县发展计划委员会主任、党组书记；2007年8月至2009年8月，重庆市梁平县发改委主任、党组书记(其间：2009年3月至2009年7月，重庆市委党校中青班培训学习)；2009年8月至2011年3月，中共重庆市武隆县委常委、县政府党组成员(挂职)；2011年3月至2012年3月，中共重庆市武隆县委常委、县政府党组成员，世界自然遗产党工委书记、遗管委主任；2012年3月至2016年12月，中共重庆市武隆县委常委、政法委书记；2016年12月至今，中共重庆市武隆区委常委、区纪委书记。

【杨国权】 男，汉族，重庆武隆人，1964年5月生，1981年7月参加工作，1983年10月加入中国共产党，大学。2017年1月，任重庆市武隆区人大常委会党组书记、主任。

1979年9月至1981年7月，四川省武隆师范学校学习；1981年7月至1982年7月，四川省武隆县清水乡小学教师；1982年7月至1984年7月，四川省武隆县羊角区小学教师；1984年7月至1986年11月，四川省武隆县羊角区小学副校长；1986年11月至1989年10月，共青团四川省武隆县委副书记(主持工作)(其间：1985年9月至1988年7月，广播电视大学汉语言文学专业大专学习)；1989年10月至1992年10月，中共四川省武隆县委统战部副部长；1992年10月至1993年3月，中共四川省武隆县委统战部副部长、工商联党组书记；1993年3月至1997年6月，四川省武隆县人民政府办公室副主、民族宗教办主任；1997年6月至1998年2月，重庆市武隆县人民政府办公室副主、民族宗教办主任；1998年2月至2003年2月，重庆市武隆县人民政府党组成员、办公室主任（其间：1998年9月至2000年12月，重庆市委党校法律专业大学函授学习）；2003年2月至2007年1月，中共重庆市武隆县委常委；2007年1月至2008年10月，中共重庆市武隆县委常委，新农办主（其间：2007年3月至2007年9月，挂职山东省泰山区委常委）；2008年10月至2010年2月，中共重庆市武隆县委常委，农工委书记；2010年2月至2010年3月，中共重庆市武隆县委常委，农工委书记、工业园区党工委副书记、管委会常务副主任；2010年3月至2012年2月，中共重庆市武隆县委常委，工业园区党工委副书记、管委会常务副主任；2012年2月至2016年12月，重庆市武隆县政协党组书记、主席；2016年12月至2016年12月，重庆市武隆县政协主席、县人大党组书记；2016年12月至2017年1月，重庆市武隆县政协主席、区人大党组书记；2017年1月至今，重庆市武隆区人大常委会党组书记、主任。

【蒋承谷】 男，苗族，重庆彭水人，1963年6月生，1987年1月参加工作，1987年11月加入中国共产党，研究生。现任重庆市武隆区人大常委会党组副书记、副主任。

1980年3月至1984年11月，四川省彭水县太原乡电影放映员；1984年11月至1987年1月，四川省彭水自治县太原乡电影放映员；1987年1月至1989年12月，四川省彭水自治县太原乡副乡长；1989年12月至1992年10月，四川省彭水自治县太原乡党委副书记、乡长（其间：1988年09至1990年07四川省委党校政治专业大专学习）；1992年10月至1994年10月，四川省彭水自治县砂石乡党委书记；1994年10月至1995年3月，四川省彭水自治县鹿角区工委副书记；1995年3月至1996年12月，四川省彭水自治县鹿角区工委书记；1996年12月至1997年6月，四川省彭水自治县郁山区工委书记；1997年6月至1997年12月，重庆市彭水自治县郁山区工委书记；1997年12月至2002年12月，重庆市彭水自治县副县长（其间：1997年9月至1999年12月，重庆市委党校法律专业大学学习；2001年5月至2001年11月，挂职任上海市宝山区罗店镇党委副书记）；2002年12月至2003年3月，重庆市彭水自治县政府党组成员；2003年3月至2004年5月，重庆市彭水自治县政府党组成员、调研员；2004年5月至2009年7月，重庆市彭水自治县副县长（其间：2001年9月至2004年6月，重庆市委党校宪法学与行政法学专业研究生学习）；2009年7月至2010年8月，中共重庆市城口县委常委、常务副县长；2010年8月至2014年1月，中共重庆市城口县委副书记，县委党校校长；2014年1月至2016年12月，重庆市城口县人大常委会主任、党组书记；2016年12月至2017年1月，重庆市武隆区人大常委会党组副书记；2017年1月至今，重庆市武隆区人大常委会党组副书记、副主任。

【吴成武】 男，汉族，重庆武隆人，1961年6月生，1981年7月参加工作，1985年7月加入中国共产党，大学。现任重庆市武隆区人大常委会党组成员、副主任。

1978年9月至1981年7月，武隆师范学校学习；1981年7月至1987年7月，四川省武隆县江口小学教师（其间：1985年9月至1987年6月，涪陵教育学院政教系脱产大专学习）；1987年7月至1990年7月，四川省武隆县江口中学任教（其间：1988 年 08 至 1990 年 06 四川教育学院政教专业脱产大学学习）；1990 年 7 月至 1993 年 2 月，四川省武隆县教育局政工股股长；1993 年 2 月至 1997 年 6 月，四川省武隆县教育委员会副主任兼政治部副主任；1997 年 6 月至 1998 年 11 月，重庆市武隆县教育委员会副主任兼政治部副主任；1998 年 11 月至 2000 年 10 月，重庆市武隆县巷口镇党委副书记、巷口镇镇长；2000 年 10 月至 2003 年 2 月，重庆市武隆县巷口镇党委书记；2003 年 2 月至 2007 年 1 月，中共重庆市武隆县委常委、县政府党组成员；2007 年 1 月至 2009 年 5 月，中共重庆市武隆县委常委、县委办主任；2009 年 5 月至 2010 年 2 月，中共重庆市武隆县委常委，县政府党组成员；2010 年 2 月至 2010 年 3 月，中共重庆市武隆县委常委，县政府党组成员，工业园区管委会副书记、副主任；2010 年 3 月至 2012 年 2 月，中共重庆市武隆县委常委，县政府党组成员，兼任平桥现代农业园区党工委书记、管委会主任；2012 年 2 月至 2016 年 12 月，重庆市武隆县人大常委会党组副书记、副主任；2016 年 12 月至 2017 年 1 月，重庆市武隆区人大常委会党组成员，县人大常委会副主任；2017 年 1 月至今，重庆市武隆区人大常委会党组成员、副主任。

【何太余】 男，汉族，重庆丰都人，1963 年 7 月生，1981 年 8 月参加工作，1988 年 1 月加入中国共产党，大学。现任重庆市武隆区人大常委会党组成员、副主任，总工会主席。

1978 年 10 月至 1981 年 7 月，涪陵农业学校中专学习；1981 年 7 月至 1981 年 12 月，四川省武隆县农业局农业技术推广站干部；1981 年 12 月至 1984 年 7 月，四川省武隆县委办公室秘书；1984 年 7 月至 1989 年 2 月，四川省武隆县委政策研究室干部（其间：1985 年 9 月至 1987 年 6 月，四川省涪陵地区教育学院中文专业脱产大专学习）；1989 年 2 月至 1991 年 10 月，四川省武隆县委办公室副主任；1991 年 10 月至 1993 年 2 月，四川省武隆县委办公室副主任、保密办主任、保密局局长；1993 年 2 月至 1997 年 6 月，四川省武隆县委办公室主任；1997 年 6 月至 1998 年 2 月，重庆市武隆县委办公室主任；1998 年 2 月至 2001 年 10 月，重庆市武隆县国土局局长、党组书记（1996 年 9 月至 1998 年 12 月，重庆市委党校法律专业大学学习）；2001 年 10 月至 2003 年 2 月，中共重庆市武隆县委统战部长（其间：2000 年 9 月至 2002 年 7 月，西南师范大学人文地理区域经济专业研究生学习）；2003 年 2 月至 2007 年 2 月，中共重庆市武隆县委常委、统战部部长；2007 年 2 月至 2016 年 12 月，重庆市武隆县人大常委会党组成员、副主任，县总工会主席；2016 年 12 月至 2017 年 1 月，重庆市武隆区人大常委会党组成员，重庆市武隆县人大常委会副主任，总工会主席；2017 年 1 月至今，重庆市武隆区人大常委会党组成员、副主任，总工会主席。

【涂华林】 男，汉族，重庆武隆人，1960 年 2 月生，1979 年 12 月参加工作，1983 年 3 月加入中国共产党，大学。现任重庆市武隆区人大常委会党组成员、副主任。

1976 年 9 月至 1978 年 9 月，四川省武隆县火炉中学校学习；1979 年 12 月至 1981 年 2 月，四川省武隆县火炉公社文书；1981 年 2 月至 1983 年 6 月，四川省武隆县龙坝公社文书；1983年6月至1984年1月，四川省武隆县火炉公社管委会代理主任；1984年1月至1986年7月，四川省武隆县火炉乡乡长；1986年7月至1990年1月，四川省武隆县火炉乡党委副书记；1990年1月至1992年9月，四川省武隆县火炉乡乡长（其间：1988年9月至1990年7月，涪陵地委党校政治专业脱产大专学习）；1992年9月至1993年3月，四川省武隆县火炉镇党委副书记、副镇长；1993年3月至1994年3月，四川省武隆县火炉镇党委书记、镇长；1994年3月至1997年6月，四川省武隆县国土局副局长；1997年6月至1998年1月，重庆市武隆县国土局副局长；1998年1月至2001年10月，重庆市武隆县人大办公室主任（其间：1998年9月至2000年12月，重庆市委党校法律专业大学学习）；2001年10月至2003年3月，重庆市武隆县商业委员会主任；2003年3月至2010年1月，重庆市武隆县人大常委会党组成员、副主任；2010年1月至2014年1月，重庆市武隆县人大常委会党组成员、副主任，喀斯特公司董事长、党委书记，县文体旅游局党组书记；2014年1月至2016年12月，重庆市武隆县人大常委会党组成员、副主任；2016年12月至2017年1月任重庆市武隆区人大常委会党组成员，县人大常委会副主任；2017年1月至今，任重庆市武隆区人大常委会党组成员、副主任。

【辛莉】 女，汉族，重庆江北人，1968年3月生，1990年7月参加工作，民进，大学，理学学士。现任重庆市武隆区人大常委会副主任。

1986年9月至1990年6月，四川师范大学数学专业大学学习，获理学学士学位；1990年6月至1997年6月，四川省重庆市第45中学教师；1997年6月至1998年9月，任重庆市第45中学教师；1998年9月至2001年9月，重庆市第45中学教导处副主任；2001年9月至2002年8月，重庆市第45中学教导处主任；2002年8月至2004年8月，重庆市第45中学副校长；2004年8月至2005年9月，重庆市江北区建新中学副校长；2005年9月至2010年4月，民进重庆市江北区委专职副主委；2010年4月至2014年9月，民进重庆市委会办公室主任；2014年9月至2016年12月，民进重庆市委员会参政议政处处长；2016年12月至2017年1月，重庆市武隆区市管领导干部；2017年1月至今，重庆市武隆区人大常委会副主任。

【刘高永】 男，汉族，重庆南川人，1973年8月生，1991年7月参加工作，1991年11月加入中国共产党，研究生。现任重庆市武隆区政府党组成员、副区长。

1988年9月至1991年7月，四川省南川师范学校中专学习；1991年7月至1992年7月，四川省南川县双溪乡政府工作；1992年7月至1993年6月，四川省南川县水江镇双溪管理处工作；1993年6月至1994年8月，四川省南平煤矿办公室主任；1994年9月至1997年7月，重庆交通学院建筑管理工程专业大专学习（脱产）；1997年7月至1998年11月，南川市焦化厂建设指挥部供应科长、办公室主任、厂长助理；1998年11月至2005年1月，重庆南川市政府办公室秘书、外事科长；2005年1月至2007年3月，重庆南川市交通局副局长（其间：2002年9月至2005年7月，重庆工学院工商管理专业本科学习）；2007年3月至2008年3月，重庆市南川区交通局党委副书记、副局长；2008年3月至2010年3月，重庆市南川区安全生产监督管理局党委书记、局长，南川区煤矿安全监督管理局局长（2006年9月至2009年7月，重庆市委党校区域经济学专业研究生学习）；2010年3月至2010年5月，重庆市安全生产应急救援指挥中心主任；2010年5月至2015年11月，重庆市安全生产监察执法总队总队长；2015年11月至2016年12月，重庆市安全生产监督管理局党组成员、副局长；2016年12月至2017年1月，重庆市武隆区政府党组成员；2017年1月至今，重庆市武隆区政府党组成员、副区长。

【何林】 男，汉族，重庆武隆人，1965年11月生，1986年8月参加工作，1992年3月加入中国共产党，大学，农业推广硕士，高级工程师。现任重庆市武隆区政府党组成员、副区长。

1983年9月至1986年7月，四川省林业学校林业专业中专学习；1986年8月至1992年4月，四川省武隆县林业局工作；1992年4月至1993年1月，四川省武隆县仙女山林场副场长（1989年4月至1992年10月，四川大学行政管理专业自考大专学习）；1993年1月至1994年3月，四川省武隆县林业局造林股股长；1994年3月至1996年4月，四川省武隆县仙女山林场场长、公园管理所所长；1996年4月至1997年6月，四川省武隆县林业局副局长，营林高级工程师；1997年6月至2003年4月，重庆市武隆县林业局副局长，2000年8月正科级（1995年09至1997年12四川省委党校经济管理专业大学学习）；2003年4月至2003年10月，重庆市武隆县扶贫办党组成员、副主任；2003年10月至2007年1月，重庆市武隆县政府农村工作办公室党组书记、主任（2004年3月兼任县农业综合开发办公室主任）；2007年1月至2007年2月，重庆市武隆县政府党组成员、县政府办公室副主任；2007年2月至2009年5月，重庆市武隆县政府党组成员、县政府办公室主任（2005年5月至2007年11月，西南大学区域经济农业推广专业学习，获硕士学位）；2009年5月至2012年2月，重庆市武隆县委办公室主任（其间：2010年08至2011年01重庆市委党校中青年干部二班学习）；2012年2月至2016年12月，重庆市武隆县政府党组成员、副县长；2016年12月至2017年1月，重庆市武隆区政府党组成员、县政府副县长；2017年1月至今，重庆市武隆区政府党组成员、副区长。

【罗建国】 男，汉族，重庆合川人，1965年5月生，1988年7月参加工作，1987年6月加入中国共产党，研究生，法学学士。现任重庆市武隆区政府党组成员、副区长，公安局党委书记、局长、督察长（兼）。

1984年9月至1988年7月，中国人民公安大学侦察系刑侦专业学习，获法学学士学位；1988年7月至1994年1月，四川省重庆市公安局市中区分局菜园坝派出所民警，1993年9月副主任科员；1994年1月至1996年8月，四川省重庆市公安局法制处行政复议科副主任科员；1996年8月至1997年6月，四川省重庆市公安局法制处行政复议科主任科员；1997年6月至1999年1月，重庆市公安局法制处行政复议科主任科员；1999年1月至2001年9月，重庆市公安局法制处行政复议科副科长；2001年9月至2005

年2月，重庆市公安局法制处案件审查科科长；2005年2月至2005年11月，重庆市公安局法制处执法监督科科长；2005年11月至2008年1月，重庆市巫溪县公安局党委书记、局长（副处级）；2008年1月至2014年12月，重庆市武隆县公安局党委副书记、政委（正处级）（2010年9月至2013年6月，重庆市委党校党政管理专业研究生学习）；2014年12月至2016年12月，重庆市武隆县政府党组成员、副县长，公安局党委书记、局长、督察长（兼）；2016年12月至2017年1月，重庆市武隆区政府党组成员、副县长，公安局党委书记、局长、督察长（兼）；2017年1月至今，重庆市武隆区政府党组成员、副区长，公安局党委书记、局长、督察长（兼）。

【陈清松】 男，土家族，重庆黔江人，1970年2月生，1990年8月参加工作，1995年4月加入中国共产党，大学。现任重庆市武隆区政府党组成员、副区长。

1986年9月至1990年7月，涪陵地区水利电力学校水利工程建筑专业学习；1990年8月至1996年9月，四川省黔江自治县水利电力局技术员；1996年9月至1997年2月，四川省黔江自治县水利电力局助理工程师；1997年2月至1997年6月，四川省黔江自治县水利电力局办公室主任（1994年9月至1997年6月，四川省干部函授学院行政管理专业大专学习）；1997年6月至1997年12月，重庆市黔江自治县水利电力局办公室主任；1997年12月至1998年9月，重庆市黔江自治县委办公室工作；1998年9月至1998年12月，重庆市黔江自治县委办公室主办干事；1998年12月至2000年9月，重庆市黔江自治县委办公室调研信息督查科科长；2000年9月至2001年5月，重庆市黔江区委办公室第三秘书科临时负责人；2001年5月至2003年8月，重庆市黔江区委办公室第三秘书科科长（1999年09至2001年12重庆市委党校法律专业大学学习）；2003年8月至2004年5月，重庆市黔江区委办公室综合秘书科科长；2004年5月至2007年3月，重庆市黔江区委办公室副主任；2007年3月至2007年4月，重庆市黔江区委办公室副主任、区委区政府督查室主任；2007年4月至2008年9月，重庆市黔江区委办公室副主任、党群系统党委书记；2008年9月至2012年2月，重庆市黔江区水务局党组书记、副局长；2012年2月至2014年11月，重庆市黔江区城乡建委党组副书记、主任；2014年11月至2016年12月，重庆市黔江区城东街道党工委书记；2016年12月至2017年1月，重庆市武隆区政府党组成员；2017年1月至今，任重庆市武隆区政府党组成员、副区长。

【刘朝煜】 男，汉族，江苏靖江人，1971年4月生，1990年9月参加工作，2004年2月加入中国共产党，研究生，工学硕士。现任武隆区政府党组成员、副区长。

1986年9月至1990年9月，南京建筑工程学院建工系工业与民用建筑专业大学学习，获工学学士学位；1990年9月至1993年7月，淮阴工业专科学校任教；1993年7月至1996年7月，重庆建筑大学建筑经济与管理专业硕士研究生学习，获工学硕士学位；1996年7月至1998年2月，广东省中山市盛兴幕墙有限公司任设计室主任；1998年2月至1999年1月，（香港）力基铝业工程有限公司广州代表处设计主管；1999年1月至2001年3月，重庆中城幕墙有限公司技术部经理、副总经理；2001 年 3 月至 2002 年 4 月，重庆市建设委员会城市基础设施建设处工作；2002 年 4 月至 2004 年 6 月，重庆市建设委员会城市基础设施建设处主任科员；2004 年 6 月至 2005 年 9 月，重庆市建设委员会政策法规处副处长；2005 年 9 月至 2007 年 9 月，重庆市建设委员会建筑管理处副处长（其间：2006 年 9 月至 2007 年 8 月由中国国际人才交流协会选派赴香港怡和集团顶岗培训）；2007 年 9 月至 2007 年 12 月，重庆市建设委员会科技教育处副处长；2007 年 12 月至 2009 年 2 月，重庆市建设委员会科技教育处处长（其间：2008 年 9 月至 2008 年 11 月由科技部选派遣赴日本参加地方公共事业管理培训）；2009 年 2 月至 2009 年 8 月，重庆市建设委员会办公室主任；2009 年 8 月至 2015 年 4 月，重庆市城乡建设委员会办公室主任；2015 年 4 月至 2016 年 12 月，重庆市城乡建设委员会发展计划处处长；2016 年 12 月至 2017 年 1 月，重庆市武隆区政府党组成员；2017 年 1 月至今，任重庆市武隆区政府党组成员、副区长。

【黄昕】 男，汉族，重庆北碚人，1967 年 11 月生，1989 年 7 月参加工作，民盟，研究生。现任重庆市武隆区政府副区长。

1985 年 9 月至 1989 年 7 月，南京大学环境科学系环化专业学习；1989 年 7 月至 1994 年 11 月，重庆医科大学检验系助教；1994 年 11 月至 2000 年 10 月，重庆医科大学检验系讲师（其间：1998 年 7 月获得重庆医科大学临床检验诊断学专业博士学位）；2000 年 10 月至 2001 年 5 月，重庆医科大学检验系副教授；2001 年 5 月至 2003 年 3 月，重庆市科学技术委员会社会发展处主任科员；2003 年 3 月至 2005 年 1 月，重庆市科学技术委员会社会发展处助理调研员；2005 年 1 月至 2009 年 8 月，重庆市科学技术委员会社会发展处副处长（其间：2005 年 5 月至 2006 年 4 月挂职任中国科学院院地合作局西部合作处副处长）；2009 年 8 月至 2011 年 9 月，重庆市科学技术委员会发展计划处副处长；2011 年 9 月至 2012 年 5 月，重庆市科学技术委员会基础研究处副处长（主持工作）；2012 年 5 月至 2016 年 12 月，重庆市科学技术委员会能力建设与基础研究处处长；2016 年 12 月至 2017 年 1 月，重庆市武隆区市管领导干部；2017 年 1 月至今，任重庆市武隆区政府副区长。

【潘晓成】 男，1964 年 5 月出生，汉族，重庆开州人。1984 年 7 月参加工作，1986 年 7 月加入中国共产党，西南农学院农学学士，研究生、西南大学管理学博士。现任中共政协重庆市武隆区委员会党组书记、重庆市武隆区政协主席。

1980 年 8 月至 1984 年 7 月，西南农学院农学专业学习，获农学学士学位；1984 年 7 月至 1988 年 3 月，四川省开县农业局工作（其间：1986 年 4 月至 1987 年 6 月，开县农广校教师）；1988 年 3 月至 1990 年 6 月，四川省开县白水乡副乡长；1990 年 6 月至 1991 年 4 月，四川省开县农业局办公室副主任、农情办主任；1991 年 4 月至 1993 年 2 月，四川省开县县委办公室干部；1993 年 2 月至 1995 年 6 月，四川省开县汉丰镇副镇长；1995 年 6 月至 1997 年 6 月，四川省开县政府办公室副主任；1997 年 6 月至 1998 年 3 月，重庆市开县政府办公室副主任；1998 年 3 月至 2002 年 2 月，重庆市奉节县委办公室主任（其间：1998 年 9 月至 2001 年 7 月，重庆市委党校区域经济专业研究生学习；2001年3月至2002年1月，重庆市委党校青干班学习）；2002年2月至2003年2月，中共重庆市奉节县委常委、办公室主任；2003年2月至2010年1月，中共重庆市奉节县委副书记（其间：2003年9月至2007年1月，西南大学农业经济管理专业学习，获管理学博士学位；2009年3月至2009年12月，重庆市委党校中青班学习）；2010年1月至2012年2月，重庆市南川区副区长；2012年2月至2016年12月，中共重庆市南川区委常委、副区长，2014年3月兼任南川区生态农业园区党工委书记；2016年12月至2017年4月，中共重庆市南川区委副书记；2017年4月至今，重庆市武隆区政协主席。

【徐正菊】 女，汉族，重庆武隆人，1962年8月生，1983年1月参加工作，1987年6月加入中国共产党，大学。现任中共重庆市武隆区政协党组副书记、区政协副主席。

1983年1月至1983年10月，四川省武隆县沧沟乡妇女干事；1983年10月至1987年7月，四川省武隆县万峰乡妇女主任兼文书；1987年7月至1989年12月，四川省武隆县火炉乡文书；1989年12月至1992年8月，四川省武隆县火炉乡党委委员、副乡长；1992年8月至1993年12月，四川省武隆县火炉镇党委委员、副镇长；1993年12月至1995年9月，四川省武隆县火炉镇党委副书记、镇长；1995年9月至1995年12月，四川省武隆县火炉镇党委书记；1995年12月至1997年6月，中共四川省武隆县委常委、武隆县火炉镇党委书记（其间：1993年9月至1996年7月，四川省委党校党政专业大专学习）；1997年6月至1997年12月，中共重庆市武隆县委常委、武隆县火炉镇党委书记；1997年12月至2007年1月，重庆市武隆县副县长（其间：1996年9月至1998年12月，重庆市委党校法律专业大学学习）；2007年1月至2007年3月，中共重庆市武隆县委常委、统战部部长；2007年3月至2007年12月，中共重庆市武隆县委常委、统战部部长，两新工委书记；2007年12月至2009年12月，中共重庆市武隆县委常委、统战部部长，两新工委书记、工业园区党工委书记、管委会主任；2009年12月至2010年2月，中共重庆市武隆县委常委、统战部部长，两新工委书记、工业园区党工委书记、管委会主任年、社会主义学校校长；2010年2月至2010年12月，中共重庆市武隆县委常委、统战部部长，两新工委书记、社会主义学校校长；2010年12月至2012年2月，中共重庆市武隆县委常委、统战部部长，社会主义学校校长；2012年2月至2016年12月，中共重庆市武隆县政协党组副书记、县政协副主席；2016年12月至2017年1月，中共重庆市武隆区政协党组副书记、县政协副主席；2017年1月至今，中共重庆市武隆区政协党组副书记、区政协副主席。

【黄崇义】 男，汉族，重庆北碚人，1962年10月生，1982年8月参加工作，无党派，大学。现任重庆市武隆区政协副主席（兼），工业园区管委会常务副主任。

1980年9月至1982年7月，泸州化工学校无机化工专业学习；1982年9月至1985年12月，四川省武隆县磷肥厂工艺员、车间主任、生技科长；1985年12月至1987年3月，四川省武隆县磷肥厂副厂长；1987年3月至1993年9月，四川省武隆县电解锰厂厂长；1993年9月至1996

年1月，四川省武隆县项目办干部；1996年1月至1997年6月，四川省武隆县经委副主任、项目办主任；1997年6月至2001年10月，重庆市武隆县经委副主任、项目办主任（其间：1998年9月至2001年6月，重庆市委党校法律专业大专学习）；2001年10月至2003年3月，重庆市武隆县经委副主任；2003年3月至2008年9月，重庆市武隆县政协副主席（兼）、县经委副主任（2001年9月至2003年6月，重庆市委党校法律专业大学学习）；2008年9月至2010年3月，重庆市武隆县政协副主席（兼），工业园区管委会常务副主任；2010年3月至2012年2月，重庆市武隆县政协副主席（兼），工业园区管委会副主任；2012年2月至2016年12月，重庆市武隆县人大常委会副主任（兼），工业园区管委会常务副主任；2016年12月至2017年1月，重庆市武隆县人大常委会副主任（兼），工业园区管委会常务副主任；2017年1月至今，重庆市武隆区政协副主席（兼），工业园区管委会常务副主任。

【雷云峰】 男，汉族，重庆武隆人，1962年5月生，1983年8月参加工作，1986年12月加入中国共产党，大学、法学学士。现任中共武隆区政协党组成员、区政协副主席，仙女山旅游度假区党工委副书记、管委会常务副主任。

1979年9月至1983年7月，四川师范大学政治教育系政治教育专业学习，获法学学士学位；1983年9月至1997年6月，四川省武隆县中学校教师（其间：1991年10月至1992年1月，四川省教育学院校长培训班学习）；1997年6月至2002年6月，重庆市武隆县中学校教师、政教处副主任、党支部副书记、副校长、党支部书记、校长；2002年6月至2003年4月，中共重庆市武隆县委党校常务副校长；2003年4月至2004年8月，重庆市武隆县仙女山镇党委书记；2004年8月至2007年2月，重庆市武隆县巷口镇党委书记；2007年2月至2016年12月，重庆市武隆县政协党组成员、县政协副主席，仙女山旅游度假区党工委副书记、管委会常务副主任；2016年12月至2017年1月，重庆市武隆区政协党组成员，县政协副主席，仙女山旅游度假区党工委副书记、管委会常务副主任；2017年1月至今，中共重庆市武隆区政协党组成员、区政协副主席，仙女山旅游度假区党工委副书记、管委会常务副主任。

【杨兴禄】 男，汉族，重庆武隆人，1963年3月生，1981年7月参加工作，1993年1月加入中国共产党，大学。现任中共武隆区政协党组成员、区政协副主席，工业园区党工委副书记、管委会副主任。

1981年7月至1982年3月，四川省武隆县凉水小学教师；1982年3月至1989年3月，四川省武隆县长坝小学教师；1989年3月至1991年3月，四川省武隆县长坝区教办工作；1991年3月至1993年3月，四川省武隆县教委政工科工作；1993年3月至1997年6月，四川省武隆县委宣传部工作（1994年6月任副局级理论教员，1996年5月任正局级理论教员）；1997年6月至1998年3月，中共重庆市武隆县委宣传部工作（其间：1995年9月至1997年12月，四川省委党校经济管理专业大学学习）；1998年3月至2000年8月，中共重庆市武隆县委宣传部副部长；2000年8月至2005年6月，中共重庆市武隆县委宣传部常务副部长；2005年6月至2012年2月，重庆市武隆县纪委副书记、监察局局长；2012年2月至2016年12月，中共重庆市武隆县政协党组成员、县政协副主席，工业园区党工委副书记、管委会副主任；2016年12月至2017年1月，中共重庆市武隆区政协党组成员、县政协副主席，工业园区党工委副书记、管委会副主任；2017年1月至今，中共重庆市武隆区政协党组成员、区政协副主席，工业园区党工委副书记、管委会副主任。

【罗斌】 男，汉族，四川资阳人，1964年1月生，1986年7月参加工作，民建，研究生，工程硕士。现任重庆市武隆区政协副主席。

1982年9月至1986年6月，成都科技大学工程力学专业学习，获工学学士学位；1986年7月至1998年5月，重庆市机电设计研究院技术员；1998年5月至1999年11月，重庆市机电设计研究院信息发展部副主任；1999年11月至2000年12月，重庆市机电设计研究院院长助理兼任信息产业发展中心主任（正处级）；2001年1月至2004年8月，重庆市机电设计研究院院长助理兼任创新服务中心主任；2004年8月至2012年3月，重庆市机电设计研究院副院长；2012年4月至2016年12月，重庆市机电设计研究院院长（其间：2004年3月至2012年12月重庆大学电气工程学院工业工程专业，获工程硕士学位）；2016年12月至2017年1月，重庆市武隆区市管领导干部；2017年1月至今，重庆市武隆区政协副主席。

【蔡敏】 男，汉族，四川渠县人，1963年10月生，1985年7月参加工作，农工党，研究生，文学博士。现任重庆市武隆区政协副主席（兼）。

1981年9月至1985年7月，四川大学中文系汉语言文学专业大学学习，获文学学士学位；1985年7月至2003年8月，重庆工学院教师(其间:1997年9月至2000年6月，四川大学文学与新闻学院文艺学专业研究生学习，获文学硕士学位；2000年9月至2003年6月，四川大学文学与新闻学院文艺学专业研究生学习，获文学博士学位)；2003年8月至2006年1月，重庆工商大学文学与新闻学院副教授；2006年1月至2010年1月，重庆工商大学文学与新闻学院副院长；2010年1月至2016年12月，重庆工商大学文学与新闻学院院长；2016年12月至2017年1月，重庆市武隆区市管领导干部；2017年1月至今，重庆市武隆区政协副主席（兼）。

先进代表

【傅小康】 男，汉族，重庆武隆人，1972 年 6 月生，大专。1990 年 12 月参加工作，1993 年 6 月加入中国共产党。现任农行武隆支行营业部高级客户经理，负责“三农贷款”业务工作。2017 年 4 月 27 日，被中华全国总工会授予全国“五一劳动奖章”，被中国金融工会全国委员会授予全国金融“五一劳动奖章”，被中国农业银行股份有限公司授予“第五届中国农业银行劳动模范”。

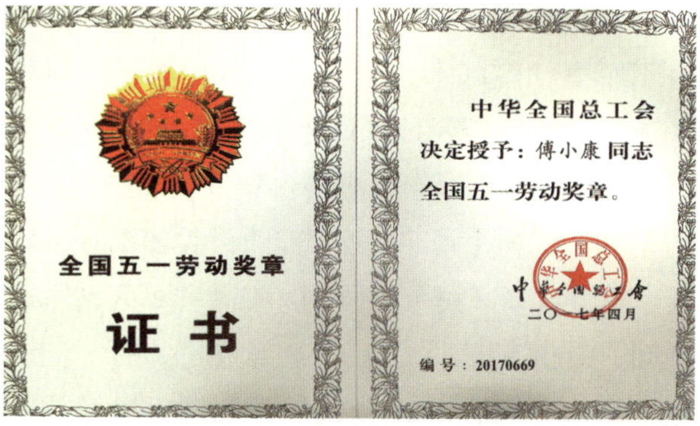
全国五一劳动奖章
证书
中华全国总工会
决定授予：傅小康同志
全国五一劳动奖章。
中华全国总工会
二〇一七年四月
编号：20170669

【吴小燕】 女，汉族，重庆武隆人，1990年10月生，硕士研究生，2012年11月参加工作，2011年6月加入中国共产党，现任重庆市武隆区国土资源和房屋管理局长坝所副所长。2017年5月，被中华全国妇女联合会表彰为全国“最美家庭”。

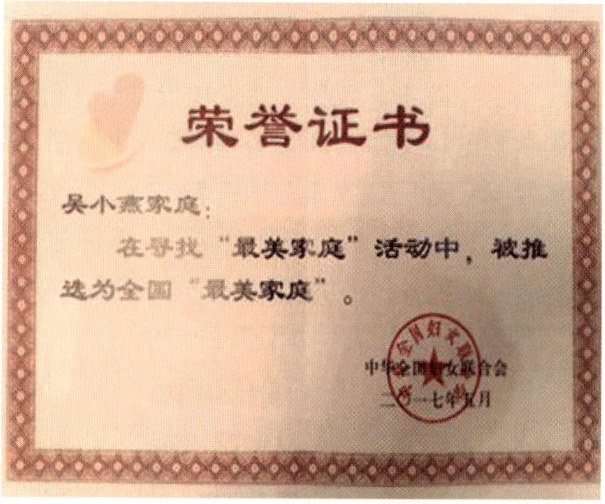
荣誉证书
吴小燕家庭：
在寻找“最美家庭”活动中，被推选为全国“最美家庭”。
中华全国妇女联合会
二〇一七年五月

【陈明亿】 男，汉族，重庆武隆人，1987 年 8 月生，大学本科，中共团员，武隆区电商运营服务有限公司总经理、武隆区总商会理事 2017 年 4 月，被中共重庆市委、重庆市人民政府授予“重庆市劳动模范”。

【谢莉苹】 女，汉族，重庆武隆人，1964 年生，大专，中共党员，武隆区鑫凤鸽子养殖专业合作社理事长。2017 年 4 月，被中共重庆市委、重庆市人民政府授予“重庆市劳动模范”。

【杨金鱼】 男，汉族，重庆武隆人，1975 年生，大专，中共党员，重庆市武隆喀斯特旅游（集团）有限公司职工。2017 年 4 月，被中共重庆市委、重庆市人民政府授予“重庆市劳动模范”。

【徐鑫】 男，汉族，重庆垫江人，1986 年生，本科，中共党员，武隆区公安局刑事侦查大队侵财中队中队长。2017 年 4 月，被中共重庆市委、重庆市人民政府授予“重庆市劳动模范”。

【刘黎】 男，汉族，重庆市武隆区交通行政执法支队支队长。2017 年 3 月，中共重庆市委组织部、重庆市人力资源和社会保障局重庆市公务员局表彰为“重庆市人民好公仆”。

党史人物

王辉（1929—1976）

【王辉】 男，四川省犍为县新民乡人。1948 年在南京加入了中国共产党，从事党的地下工作。1966 年 4 月 28 日，调任中共武隆县委书记。

从大城市到武隆山区，王辉即深入到山区农村基层蹲点 3 个月，开展调查研究，带领当地干部群众努力改变山区贫穷落后面貌。1974年，王辉调任中共彭山县委书记、县革委主任。在彭山工作期间，为改变边远丘陵山区落后面貌，到净皇公社联络大队（县净皇乡联络村）长期蹲点，因积劳成疾，于1976年9月24日去世，终年47岁。

郑荣祥
（1953.2—1993.8）

【郑荣祥】 男，河北省安固县人。1938年加入中国共产党，同年6月参加革命。1953年2月至1955年6月，任武隆县人民政府县长。1982年2月，在云南省曲靖专区财办离休。1993年8月14日，因病逝世，终年82岁。

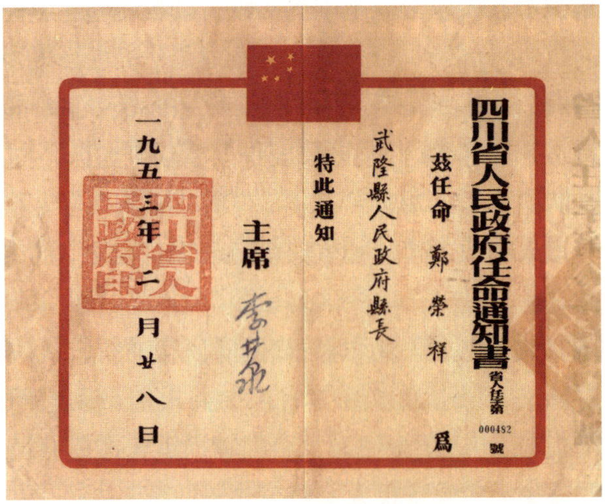

四川省人民政府任命通知書

000482 號

兹任命 鄭榮祥 爲

武隆縣人民政府縣長

特此通知

主席

一九五三年二月廿八日

四川省人民政府印

1953年2月28日，四川省人民政府任命郑荣祥为武隆县人民政府县长的通知书（由郑荣祥子女郑红霞等人捐赠）

徐君明
（1917.10.2—2007.6.20）

【徐君明】 武隆火炉人。1931年8月在湖南省参加红二方面军独立师并入伍，1935年加入中国共产主义青年团，1938年2月转为中国共产党党员。

土地革命时期，徐君明历任战士、警卫员、警卫班班长，参加湖南中堡战斗，并参加举世闻名的长征，到达延安后进入抗日军政大学学习；徐君明历任八路军一二０师三五八旅排长、连长、东北野战军吉林军区侦察参谋等职，参加过百团大战、晋西北军民夏季反"扫荡"等战役；解放战争时期，徐君明历任第四野战军独立六师二十四旅七十团营长、代理参谋长、七十一团营长，独立六师侦察一科、二科科长等职，先后参加辽沈战役之四平保卫战、长春战斗、平津战役以及渡江战役的团风战斗等战役战斗；中华人民共和国成立后，徐君明历任第四野战军一五０师四六六团参谋长、江西军区税警团参谋长、江西军区独立第一团参谋长；1951年11月进入中国人民解放军军事学院基本系学习；1955年被授予上校军衔。解放后历任长江口要塞区副司令员、守备第十五师副师长、崇明守备区司令员、安徽省徽州军分区副司令员、安徽生产建设兵团第一师师长、安徽省军区司令部顾问、安徽省军区副军职顾问，荣获三级八一勋章、三级解放勋章、三级独立自由勋章，1988年被授予中国人民解放军红星功勋荣誉章。2007年6月20日18时，在上海第二军医大学长征医院逝世，享年90岁。（徐君明子女徐海凇等人供图）

（区委党史研究室征集任务）

2017年"出彩武隆人"

【向仲怀】 男，武隆凤来人，1937年7月生，中国工程院院士，教授、博士生导师、国际著名蚕学专家。主持完成家蚕基因组"框架图"，2006年又创建完成家蚕基因组精细图，这是向人类贡献的第三大基因组研究成果。荣获"中国高等学校十大科技进展奖""日本蚕丝学会特别奖""何梁何丽科技奖""香港桑麻基金会纺织科技大奖""中华农业科教奖""全国茧丝绸行业终身成就奖"等荣誉。在国内外发表研究论文200余篇，主编学术专著7部，为国家培育一大批优秀高层次科技才人，建立一支优秀的科技创新团队，并组织获得国家“973”“863”“948”等重大项目资助，为蚕业科学与教育作出重要贡献。出版专著：《蚕丝生物学》《中国蚕丝大全》《中国蚕种学》《蚕遗传育种学》《蚕的营养学》《蚕的基因组》《桑树基因组》《家蚕转基因技术及应用》等。

【李志顺】 男，江西人，1930年生，居住在武隆，老战士，曾参加白马山战斗和参与山虎关水库的修建。

【罗继联】 男，武隆火炉人，1946年生，中师音乐高级讲师，重庆音乐家协会会员，武隆县音乐家协会一、二届主席。现为武隆区音乐协会名誉主席，终身顾问。1967年毕业于涪陵师范学校（现长江师范学院），之后在江口小学、中学从事音乐教学工作。1977年进入西南大学音乐学院音乐与汉语言文学系学习。之后40余年，他将所有的时间都奉献给武隆的音乐教育事业，为武隆的音乐教育事业发展殚精竭虑，倾注毕生心血，在此期间他走遍武隆各个大小乡镇村落，熟谙武隆的民风民俗，搜集整理大量武隆民歌、童谣、号子、小调等，并在此基础上创作一大批反映武隆地域特色的歌曲，谱写百余首作品。编著：《武隆县民族民间乐曲集成卷》《“爱我武隆”罗继联歌曲作品集》等。

【王官成】 男，武隆后坪人，1962年生，西南政法大学博士、教授，重庆工业职业技术学院党委书记、副院长。先后荣获重庆市高校中青年骨干教师、重庆市“五个一批人才工程”成员等荣誉。长期从事伦理学、法理学、管理学、马克思主义理论与思想政治教育的教学和研究工作，在《哲学研究》《道德与文明》《毛泽东思想研究》《探索》《改革》《学术论坛》等核心刊物发表论文30多篇，公开出版专著3部，参编教材4部。

【张春林】 男，武隆黄莺人，1970年3月生，四川大学文化与传媒博士，重庆大学工商管理博士后，四川外国语大学传播与发展研究中心主任、新闻传播学院教授、硕士研究生导师，重庆简帛文化发展研究院创始人；重庆市有突出贡献的中青年专家。在网络与新媒体、传播与社会发展、传媒及文化产业等领域，有丰富的科研成果，特别是在网络与新媒体领域，理论根底扎实，实践经验丰富，素有“自媒体达人”之称。

【付江波】 男，武隆巷口人，1963年生，中冶建工集团有限公司党委委员、副总经理，高级工程师。1979年从重庆钢铁学校电气化专业毕业后进入中国冶金工业部十八冶（简称十八冶），一干就是35年。期间，他带领施工队主攻专业技术难题，参与建设南坪国际会展中心等大型项目。

【杨凯】 男，武隆江口人，1965年生，重庆医科大学附属第一医院口腔颌面外科主任，国家住院医师口腔颌面外科规范化培训基地主任，博士生导师，中华口腔医学会口腔颌面－头颈肿瘤学组委员，国家自然科学基金医学科学部评审专家，重庆市口腔医学会口腔生物医学专委会主任委员，重庆市口腔医学会副会长。1983年考入华西医科大学六年制口腔医学专业，2001年获华西医科大学博士学位。

【朱明才】 男，武隆羊角人，1953年生，重庆医科大学附属第一医院胃肠科主任医师、教授。1969年，只有初中文化的他被迫辍学，在大队当起“赤脚医生”。1972年选派到重庆医科大学医疗系学习，四年后开始在重庆医科大学附属第一医院普外科工作，从住院医师、助教做起，如今成为胃肠科主任医师、教授。在此期间编撰的

《胃十二指肠手术》一书，为胃肠科医治提供鲜活案例，同时他还分别发明《肛肠阴道尿道手术环形牵开器》以及《盆腔手术自动牵开器》两项专利。

【王祯学】 男，武隆羊角人，1942年生，教授，曾任四川大学副校长、党委书记等职。1969年从四川大学无线电电子学专业毕业后留校任教，从教四十余年，2007年退休后仍然工作在教学科研第一线。其间，从助教、讲师到副教授、教授；从无线电系总支副书记、总支书记、校组织部部长到副校长、党委书记等职，“党政管理+教学科研”双肩挑。在学术上，主要从事建模与辨识、自适应控制与智能控制、信息安全等领域的教学和科研工作，先后培养30多名研究生，6项科研成果通过原国家科委、省科委组织的鉴定，其中有3项成果获省部级科技进步奖。发表学术论文50余篇，出版专著两部，自编教材，从事六七门专业课教学，并一手创建四川大学信息安全研究所，至今仍关心研究所的建设和发展。

【胡刚】 男，武隆江口人，1970年1月生，教授级高级工程师，一级注册建造师，成都市第三建筑工程公司党委书记、总经理。1994年7月从四川工业学院（现西华大学）工业与民用建筑专业毕业后，一直从事建筑施工管理工作，先后在成都市第七建筑工程公司和成都市第三建筑工程公司工作并担任“一把手”。其管理的3个施工项目获得国内建筑行业工程质量最高荣誉奖“鲁班奖”。胡刚个人先后荣获“全国建筑业企业优秀项目管理者”“优秀职业经理人”“四川省建筑业优秀经理”“四川省优秀企业家”“成都市建筑企业优秀经理”“成都市创先争优优秀共产党员”等多项荣誉。

【王建】 男，武隆庙垭人。1995年12月入伍，1997年7月加入中国共产党，现任成都市青羊区消防大队大队长。从警22年，参加过汶川、玉树地震等多次重大抢险救援，先后被授予“全国抗震救灾模范”荣誉称号1次、荣立一等功1次、二等功2次，三等功12次，2次被评选为“成都市119十佳卫士”，2次被评选为“全国岗位练兵先进个人”，以及“全国特级优秀人民警察”等众多称号。

【杨光洪】 男，武隆长坝人，1995年12月入伍，现任成都青羊区消防大队参谋。参加过汶川、玉树地震等多次重大抢险救援，荣立三等功。

【肖代兵】 男，武隆江口人，1982年生，四川盛誉木业有限公司董事长。2005年从黑龙江工程学院毕业后，在四川省商务厅外商投资企业服务中心工作8年，2013年到广州下海经商，从事服装生产和代卖，2014年进军中高端家居行业，在成阿工业园区成立全国首家环保水性漆家居定制工厂，创建水星漆应用实验室，并率先将3D打印技术应用于定制家居，投产后年产值1.5亿元，目前正着手进军国际市场。

（《武隆日报》2017年采访）

荣誉

RONGYU

武隆年鉴

荣 誉

表33　　2017年武隆区国字号名片

序号	单位	表彰名称	表彰时间	授予单位	表彰文件
1	重庆市武隆县羊角镇永隆村	第四批美丽宜居村庄示范	2016年12月28日	住房城乡建设部	建办村〔2016〕71号
2	重庆市武隆区后坪苗族土家族乡文风村、浩口苗族仡佬族乡浩口村、石桥苗族土家族乡八角村	第二批中国少数民族特色村寨	2017年3月3日	国家民委	民委发〔2017〕34号
3	重庆市武隆区土地乡天生村、后坪民族土家族乡文风村	全国第一批绿色村庄	2017年5月3日	住房城乡建设部	建办村函〔2017〕296号
4	重庆市武隆区	2017年百佳“深呼吸小城”	2017年5月19日	中国国土经济学会	
5	重庆市武隆喀旅游区	全国通用航空旅游示范单位	2017年8月3日	国家发改委、民航局、体育总局、旅游局	授牌
6	重庆武隆喀斯特旅游(集团)有限公司	中国(行业)十大领军品牌大奖	2017年9月9日	第12届亚洲品牌盛典	
7	重庆市武隆县	国家园林县城	2017年10月12日	住房城乡建设部	公示文件
8	重庆市武隆区人民检察院、武隆区沧沟乡关庙村	全国文明单位、全国文明村镇	2017年11月17日	中央文明办	

2017年度“全国五四红旗团委(团支部)”

重庆市武隆喀斯特旅游(集团)有限公司天生三桥片区团支部

中青发〔2018〕5号

2017年全国“五一劳动奖章”

傅小康　中国农业银行重庆武隆支行营业部客户经理

总工发〔2017〕7号

全国方志馆工作通报表扬个人

李才东　重庆市武隆区地方志办公室

中指办字〔2017〕146号

表 34　　2017 年市级表彰情况

序号	姓名	单位	表彰名称	表彰时间	表彰文件	表彰单位
1	杨运华	武隆区移民局后续科科长	重庆市三峡后续管理工作先进个人	2017 年 1 月 22 日	渝人社发〔2017〕25 号	重庆市人力资源和社会保障局、重庆市移民局
2	冉义斌	武隆区司法局副局长	重庆市法律援助工作先进个人	2017 年 1 月 19 日	渝人社发〔2017〕20 号	重庆市人力资源和社会保障局、重庆市司法局
3	代　均	武隆区司法局仙女山司法所所长	重庆市法律援助工作先进个人	2017 年 1 月 19 日	渝人社发〔2017〕20 号	重庆市人力资源和社会保障局、重庆市司法局
4	彭　勇	武隆区土地储备和土地房屋征收中心副主任	重庆市国土房管系统先进个人	2017 年 1 月 22 日	渝人社发〔2017〕24 号	重庆市人力资源和社会保障局、重庆市国土资源和房屋管理局
5	杨忠武	武隆区蔬菜产业发展办公室副主任	重庆市农业系统先进个人	2017 年 2 月 17 日	渝人社发〔2017〕40 号	重庆市人力资源和社会保障局、重庆市农业委员会
6	黄建林	武隆区农村能源办公室副主任	重庆市农业系统先进个人	2017 年 2 月 17 日	渝人社发〔2017〕40 号	重庆市人力资源和社会保障局、重庆市农业委员会
7	刘　黎	武隆区交通综合执法大队副大队长	2016 年重庆市人民好公仆	2017 年 2 月 28 日	渝人社发〔2017〕49 号	中共重庆市委组织部、重庆市人力资源和社会保障局
8	李淑琴	武隆区巷口镇人民政府	2016 年度全市禁毒工作成绩突出个人	2017 年 3 月 15 日	渝禁毒委〔2017〕1 号	重庆市禁毒委员会
9	邹小华	武隆区沧沟乡综治专干	2016 年度全市禁种铲毒工作优秀个人	2017 年 3 月 15 日	渝禁毒委〔2017〕3 号	重庆市禁毒委员会
10	雷　华	武隆区江口镇专职消防队副队长	2016 年度乡镇政府专职消防队先进个人	2017 年 4 月 21 日	渝防办〔2017〕5 号	重庆市消防安全委员会办公室
11	刘　璐	武隆区火炉镇专职消防队班长	2016 年度乡镇政府专职消防队先进个人	2017 年 4 月 22 日	渝防办〔2017〕6 号	重庆市消防安全委员会办公室
12	陈建红	武隆区长坝镇专职消防队队员	2016 年度乡镇政府专职消防队先进个人	2017 年 4 月 23 日	渝防办〔2017〕7 号	重庆市消防安全委员会办公室
13	陈明亿	武隆区电商运营服务有限公司副经理	重庆市第五届劳动模范	2017 年 4 月 26 日	渝委发〔2017〕12 号	中共重庆市委、重庆市人民政府
14	谢莉苹	武隆区鑫凤鸽子养殖专业合作社理事长	重庆市第五届劳动模范	2017 年 4 月 26 日	渝委发〔2017〕12 号	中共重庆市委、重庆市人民政府

序号	姓名	单位	表彰名称	表彰时间	表彰文件	表彰单位
15	杨金鱼	重庆市武隆喀斯特旅游（集团）有限公司职工	重庆市第五届劳动模范	2017年4月26日	渝委发〔2017〕12号	中共重庆市委、重庆市人民政府
16	杨　鑫	武隆区公安局刑事侦查大队侵财中队中队长	重庆市先进工作者	2017年4月26日	渝委发〔2017〕12号	中共重庆市委、重庆市人民政府
17	刘丹国	武隆区信访办主任	全市信访工作先进个人	2017年5月9日	渝委发〔2017〕14号	中共重庆市委、重庆市人民政府
18	朱　华	武隆区公安局办公室副主任	全市信访工作先进个人	2017年5月9日	渝委发〔2017〕14号	中共重庆市委、重庆市人民政府
19	田春林	武隆区庙垭乡政府经济发展办公室副主任	重庆市统计系统先进个人	2017年5月31日	渝人社发〔2017〕125号	重庆市人力资源和社会保障局
20	代陆红	武隆区妇联维权部负责人	重庆市实施妇女儿童发展纲要和规划先进个人	2017年6月25日	渝人社发〔2017〕146号	重庆市人民政府妇女儿童工作委员会、重庆市人力资源和社会保障局
21	冉茂坤	武隆区妇幼保健院副院长	重庆市实施妇女儿童发展纲要和规划先进个人	2017年6月25日	渝人社发〔2017〕146号	重庆市人民政府妇女儿童工作委员会、重庆市人力资源和社会保障局
22	蒋俊杰	武隆区纪委第一纪检监察室主任	重庆市纪检监察系统先进工作者	2017年9月22日	渝人社发〔2017〕221号	中共重庆市纪委机关、重庆市人力资源和社会保障局
23	罗全华	武隆区纪委驻区城乡建委纪检组组长	重庆市纪检监察系统先进工作者	2017年10月16日	渝人社发〔2017〕228号	重庆市人力资源和社会保障局、重庆市扶贫开发办公室
24	郑志银	武隆区巷口镇广坪村党支部书记	重庆市扶贫开发工作2017年度先进个人	2017年10月16日	渝人社发〔2017〕228号	重庆市人力资源和社会保障局、重庆市扶贫开发办公室
25	冯建华	武隆区财政局人事科科长（江口镇花园村第一书记）	重庆市扶贫开发工作2017年度先进个人	2017年10月16日	渝人社发〔2017〕228号	重庆市人力资源和社会保障局、重庆市扶贫开发办公室
26	徐　波	武隆区人力社保局办公室主任（庙垭乡双桥村第一书记）	重庆市扶贫开发工作2017年度先进个人	2017年10月16日	渝人社发〔2017〕228号	重庆市人力资源和社会保障局、重庆市扶贫开发办公室
27	李　兵	武隆区江口镇政府副镇长	重庆市安全生产先进个人	2017年11月7日	渝人社发〔2017〕246号	重庆市人力资源和社会保障局、重庆市安全生产监督管理局
28	李明红（女）	武隆区环保局主任科员	重庆市环保系统先进个人	2017年11月29日	渝人社发〔2017〕268号	重庆市人力资源和社会保障局、重庆市环境保护局

（区人力社保局）

2012—2016年度重庆市生态文明建设先进集体

先进集体

武隆区环境行政执法支队

渝府发〔2017〕49号

2017年度武隆区50户“守法农户”

巷口镇：

王天胜　出水村白果树社
史自胜　三坪村青杠坪组
黄群英　城东村雷家院子组

土坎镇：

傅兴全　清水村双龙组
郑自强　新坪村店子组
张明忠　关摊村关摊组

鸭江镇：

梁代玉　青峰村青龙嘴组
张正平　显灵村打龙弯组
肖久益　谭坪村学堂堡组

双河镇：

李大章　新春村新春组
罗世淑　梅子村六合组

白马镇：

侯小群　三溪村道角组
曾兴奎　沙台村烂田组
袁小波　铁佛村联盟组

和顺镇：

陈立儒　沙子坨村石拱坝组
杜洪伦　核桃坪组锅圈组

仙女山镇：

吴　勇　石梁子社区杨家槽组
吕生权　桃园村干沟组
冯志相　龙宝塘村龙宝组

江口镇：

马林珍　三河村大屋基组
陈世正　蔡家村天子坟组
杨国勇　谭家村史家坳组

长坝镇：

高清余　大元村黄桷组
张恒兵　红光村上坝组
杨大超　前进村土坝子组

火炉镇：

杨　东　向前村凉水井组
杨建国　向前村凉水井组

桐梓镇：

吴启树　桐梓村上下湾组
沈银合　繁荣村中房农业社
杨兴超　繁荣村药坪农业社

羊角镇：

董　兵　田湾村田湾组
龚玉琼　庙岭村凉风社
杨龙相　石床村河边组

平桥镇：

罗宝玉　乌杨村上松林组
刘信模　平胜村高家沟组
郎以模　红盛村长青安组

白云乡：

陈泽舫　红云村堰塘堡组

黄大清　红星村大槽组

后坪乡：

向光堂　中岭村二王洞组

黄云生　白石村油盆坳组

土地乡：

窦兴坤　沿河村土地坳组

谢文广　沿河村岩上组

大洞河乡：

黎　果　百胜村春天坪组

浩口乡：

李宗勤　浩口村胡家山组

庙垭乡：

纪兴谷　和平村王家湾组

任崇金　双桥村瓦泥堡组

石桥乡：

张大奎　贾角村茅台组

黄莺乡：

万锡治　双河村周家坡组

赵家乡：

黄明南　香房村香房组

接龙乡：

徐玉发　接龙场组

武隆司法发〔2017〕66号

2017年度武隆区优秀教师

武隆区优秀教育工作者（10名）：

黎正伟　武隆中学

郑立明　江口中学

杨小容　实验小学

李洪生　石桥乡中心校

郭朝强　白马镇中心校

冉建容　职教中心

任　田　鸭江中学

熊小菱　示范幼儿园

田仁卫　浩口乡中心校

王朝武　教委机关

武隆区教学骨干（20名）：

向明芬　武隆中学

伍仁容　实验中学

任和平　白马中学

谭琳小　长坝中学

游芳芳　实验小学

张　玲　特殊教育学校

古晓兰　仙女山镇中心校

龚　飞　石桥乡中心校

张　露　土坎镇中心校

冉水平　平桥镇中心校

黄　卫　职教中心

黄继霞　江口中学

陈泽云　白马中学

李朝茂　平桥中学

罗小路　第二实验小学

周中胜　火炉镇中心校

杨　雷　浩口乡中心校

张小会　黄莺乡中心校

刘　芳　鸭江镇中心校

李维葳　凤来乡中心校

武隆区教坛新秀（10 名）：

晏　妮　武隆中学
吴银华　火炉中学
肖园园　后坪乡中心校
王　鸿　土地乡中心校
葛　茜　江口镇中心校
蒋雪力　实验中学
赵　虹　江北幼儿园
陈　瑜　接龙乡中心校
王春艳　沧沟乡中心校
刘炫伶　长坝镇中心校

武隆区优秀乡村教师（10 名）：

况万奎　桐梓中学
任　何　巷口镇广阳小学
黄世学　白马镇凉水小学
传廷伟　和顺镇和顺小学
陈　蓉　白云乡中心校
吴建忠　火炉镇徐家小学
李小兰　羊角镇碑垭小学
安启权　赵家乡中心校
顾春阳　大洞河乡中心校
王玉芬　庙垭乡九年制学校

武隆委发〔2017〕23 号

第四届武隆区青少年科技创新区长奖

创新区长奖：

陈　臣　重庆市武隆区第二实验小学
肖友强　重庆市武隆区职业教育中心
王　童　重庆市武隆区第二实验小学
张紫玉　重庆市武隆区第二实验小学
向冰心　重庆市武隆区第二实验小学
陈建锋　重庆市武隆区实验中学
罗　佳　重庆市武隆区火炉中学校
郑淇元　重庆市武隆区鸭江镇中心小学校
陈枳邑　重庆市武隆区仙女山镇中心小学校
杨密语　重庆市武隆中学

创新区长奖提名奖：

杨贵川　重庆市武隆区第二实验小学
颜宾男　重庆市武隆区第二实验小学
蔡子鑫　重庆市武隆中学
蔡雨轩　重庆市武隆中学
冯兰蓝　重庆市武隆区第二实验小学
肖如霞　重庆市武隆区长坝镇中心小学校
徐艺珂　重庆市武隆区实验小学
晏　婧　重庆市武隆区文复苗族土家族乡中心小学校
邬文祺　重庆市武隆中学
黄文豪　重庆市武隆中学

武隆府发〔2017〕19 号

2017年度区直机关优秀共产党员、优秀党务工作者和先进基层党组织

优秀共产党员（30 名）：

姜　彪　　区纪委第一监察室干部
刘劲松　　区委政策研究室干部
刘建福　　区政府研究室社会事业科副科长
刘　刚　　区委组织部研究室主任
刘　祎　女　区委宣传部干部
倪　旭　　区委统战部办公室主任
张　城　　区委政法委干部
史禄冰　　区编办综合科科长
刘冬梅　女　区妇联综合部部长
冉应国　　区公安局治安大队副大队长
周　露　女　区民政局救助管理站副主任科员
杨光建　　区司法局巷口所干部
何　渝　女　区财政局国库科副科长

冉迎春　区人社局科长
陈江涛　区国土房管局地环站站长
刘　黎　区交通执法大队副大队长
王朝友　区农委退休干部
郑　彦　女　区农委办公室主任
苏永胜　区审计局政策法规科科长
杨运华　区移民局三峡移民后续工作科科长
董长武　区统计局主任科员
李才东　区档案局方志科科长
周德波　区行管办综合科科长
李华东　区国税局第五税务所所长
梁代鹏　区地税局主任科员
曾妮娜　女　区白马工商所副所长
陈润林　区中医院副院长
冉茂坤　区妇幼保健院副院长
谭文洪　白马山林场副场长
刘　会　女　区民爆公司副经理

优秀党务工作者（20名）：

贺玲娜　女　区人大办党支部副书记
张　婷　女　区委办党支部组织委员
陈洪良　区政府办党支部副书记
蔡　秋　女　区政协办党支部组织委员
刘庆林　区人民法院机关党委书记
豆丽华　女　区检察院第一支部组织委员
王付琴　女　区经信委党支部纪检、组织委员
王　宇　区公安局政治处副主任
冉桂英　女　区民政局党支部组织委员
谭　璐　区国土局总支事业支部书记
陈　红　女　区环保局党支部副书记
陈云峰　区交委机关支部组织委员
孔正波　区市政园林局党总支书记
冉义隆　区水务局支部书记
田　梅　女　区卫计委党总支副书记
罗　雪　女　区招商中心党支部书记
李宝君　区国税局机关党委组织委员
李德华　区地税局党总支书记
尤方庆　区工商局机关支部青年委员
肖云峰　区人民医院党支部书记

先进基层党组织（10个）：

中共重庆市武隆区委办公室支部委员会
中共重庆市武隆区检察院二支部委员会
中共重庆市武隆区发改委支部委员会
中共重庆市武隆区公安局机关三支部委员会
中共重庆市武隆区交委机关支部委员会
中共重庆市武隆区广播电视台支部委员会
中共国家统计局武隆调查队支部委员会
中共重庆市武隆区国税局一支部委员会
中共重庆市武隆区卫生计生监督执法局支部委员会
中共重庆市武隆区图书馆支部委员会

武隆工委发〔2017〕17号

2017年度武隆喀斯特世界自然遗产保护管理和仙女山国家级旅游度假区建设先进集体先进个人

武隆喀斯特世界自然遗产保护管理先进集体（10个）：

重庆市武隆区人民政府办公室
重庆市武隆区世界自然遗产管理委员会
重庆市武隆区水务局
重庆市武隆区环境保护局
重庆市工商行政管理局武隆区分局
重庆市武隆区地方海事处
重庆市武隆区林业局
重庆市武隆区江口镇人民政府
重庆市武隆区后坪苗族土家族乡人民政府
重庆市武隆喀斯特旅游（集团）有限公司

武隆喀斯特世界自然遗产保护管理先进个人（10人）：

任良生　重庆市武隆区财政局党组书记、局长
卫中华　重庆市武隆区仙女山镇党委书记
刘加海　重庆市武隆区后坪苗族土家族乡党委副书记、乡长
张　伟　重庆市武隆区城乡建设委员会副主任
肖　何　重庆市武隆区水务局水利科科长
谭　强　重庆市武隆区世界自然遗产管理委员会资源管理所副所长
李　鱼　重庆市武隆区森林公安局民警
王　伟　重庆市武隆喀斯特旅游（集团）有限公司芙蓉洞片区经营管理部经理
代发生　重庆市武隆区世界自然遗产管理委员会执法大队负责人
胡小洪　重庆市武隆区仙女山镇白果村村民委员会主任

仙女山国家级旅游度假区建设先进集体（10个）：

中共重庆市武隆区委办公室
重庆市武隆区仙女山旅游度假区管理委员会
重庆市武隆区发展和改革委员会
重庆市武隆区公安局
重庆市武隆区国土资源和房屋管理局
重庆市武隆区城乡建设委员会
重庆市武隆区交通委员会
重庆市武隆区旅游局
重庆市武隆仙女山新区开发有限公司
重庆市武隆区仙女山镇人民政府

仙女山国家级旅游度假区建设先进个人（10人）：

黄亚军　重庆市武隆仙女山新区开发有限公司董事长
郑德良　重庆市武隆区仙女山旅游度假区党工委委员、管委会副主任
黄　斌　重庆市武隆县仙女山旅游度假区管理委员会城市管理综合执法大队大队长
谢怀斌　重庆市武隆区自来水有限责任公司董事长
金　禾　重庆市武隆县公安局仙女山派出所所长
周大平　重庆市武隆区仙女山旅游度假区管理委员会党工委副书记、管委会常务副主任
吴　沛　重庆市武隆区社会科学界联合会主席，原武隆县仙女山旅游度假区管理委员会副主任
汪宏阳　重庆市武隆区畜牧兽医局党组书记、局长，原武隆县仙女山镇党委书记
张树伦　重庆市武隆区财政局党组成员、副局长，原重庆市武隆仙女山新区开发有限公司董事长
周小伟　重庆市武隆县城乡建设委员会党组成员、城乡规划管理中心副主任，原武隆县仙女山旅游度假区管理委员会国土规划建设局局长

武隆委办发〔2017〕103号

2017年度武隆区第二届劳动模范和先进工作者

劳动模范（13名）：

冯意成　　区环境卫生管理所环卫工人
曹　朋　　区喀斯特集团公司仙女山片区经营管理部执勤组执勤员
张春玉　女　区城乡发展集团公司董事、总经理
邱光华　　重庆穗通新能源汽车制造有限公司生产部副部长
周小英　女　武隆区周氏豪猪养殖专业合作社理事长
樊　霞　女　武隆区水森生态农业发展公司副总经理
李树群　　文复乡西山村甜柿技术员

谢怀庆　　羊角镇朝阳村支部书记
熊小菱　女　区示范幼儿园园长、幼儿园一级教师
陈　曦　　区人民医院外一科主任、副主任医师
任远志　　区动物卫生监督所所长、高级兽医师
王丽华　女　区水务局建设管理科科长、水工工程师
谭海燕　女　巷口镇农业服务中心主任、农艺师

先进工作者（7名）：

李　贵　区司法局办公室主任、桐梓镇繁荣村第一书记
徐　波　区人力社保局办公室主任、庙垭乡双桥村第一书记
谢　锋　区交委副主任
邓达平　区扶贫信息中心主任
杨　涌　羊角镇党委书记
易贵阳　区地税局仙女山税务所所长
潘建华　土坎镇人民政府主任科员

武隆委发〔2017〕31号

2017年度重庆市武隆区第三届“贡献奖”和“十佳人才”

贡献奖：

孙晓英　　区水务（集团）有限公司副总经理挂职
高飞虎　　市农业科学院农产品储藏加工研究所所长助理
任丛均　　区第二实验小学校长
罗旦华　　区公安局交巡警支队秩序大队负责人
洪　英　女　区文化馆原党支部书记
杨　涌　　羊角镇党委书记
任良生　　原区喀斯特（集团）公司董事长

十佳经营管理人才：

闫宝全　　重庆大唐国际武隆水电有限责任公司总经理
梁本基　　重庆穗通实业股份有限公司董事长
陈明亿　　重庆市武隆区电商运营服务有限公司总经理
熊向东　　中国烟草总公司重庆市公司武隆分公司原经理
徐　梅　女　原区工业发展（集团）公司董事长
王明伦　　区城乡发展（集团）公司财务总监
陈书洪　　区公路养护有限责任公司总经理
郭　勇　　区人民医院院长

十佳专业技术人才：

程明美　女　区教师进修校高级教师
杨永双　　区教育技术中心副主任
肖　波　　区教师进修校高级教师
邓达平　　区扶贫信息中心主任
谢　锋　　区交委副主任
张广权　　区畜牧技术推广站站长
李　红　　区农业生态和农能办负责人
李晏清　女　区人民医院副院长
曹元秀　女　区妇幼保健院院长
罗芙蓉　女　区示范幼儿园副园长

十佳社会工作人才：

周德波　　区肢残人协会会长
黄世龙　　区泓爱社工协会会长
路　杨　　区真善美公益协会会长
肖　霞　女　巷口镇梓潼社区居委会支部书记
徐　建　女　区蓝天幼儿园园长
万席升　　巷口镇复兴社区居委会支部书记
刘素云　女　巷口镇芙蓉西路社区居委会支部书记
代玲玲　女　巷口镇红豆社区居委会支部书记

十佳技能人才：

谢莉苹　女　重庆市武隆区鑫凤鸽子养殖专业合作社理事长
杜代余　　　区宏兴电力有限公司运行值长
童付勇　　　原宏能煤炭有限责任公司办公室主任
詹小荣　　　重庆市峰岑建设有限公司电工
陈洪秀　女　区喀斯特（集团）公司导游组长
曹庆军　　　阿兵美发工作室发型师
余　健　　　区供电公司班长
湛　雄　　　您好漂亮理发店店长
付　杰　女　区喀斯特（集团）公司讲解员
余书均　　　区自来水有限责任公司职工

十佳乡土人才：

申建忠　　　武隆区忠容水果种植股份合作社理事长
樊　霞　女　武隆区水森生态农业公司副总经理
刘小宏　　　武隆区尚枣家庭农场经理
谭胜华　　　武隆区博航畜禽养殖专业合作社理事长
赵伟成　　　武隆区洪山茶叶合作社理事长
董　军　　　武隆区康宽蔬菜种植专业合作社理事长
张永红　　　武隆区和顺镇海螺村大元组村民
陈从文　　　武隆区硕驰水果种植股份合作社理事长
王高峰　　　武隆区烟草公司江口烟叶工作站副站长兼普惠合作社经理

武隆委发〔2017〕32 号

2017年度武隆区“平安家庭”示范户和示范村（社区）

“平安家庭”示范户（99 户）：

巷口镇：

黄晓菊家庭、张英余家庭

白马镇：

任文明家庭、周世均家庭、陈光彬家庭、袁小波家庭、王世方家庭、文书兰家庭

江口镇：

杨国勇家庭、马林珍家庭、陈世正家庭

火炉镇：

杨天琼家庭

鸭江镇：

黄小容家庭、邓　均家庭、吴　广家庭

羊角镇：

郑小红家庭、杨兴明家庭

长坝镇：

李　恒家庭、谭武美家庭、刘朝木家庭、张恒斌家庭、陈均平家庭、张明香家庭、路　华家庭

土坎镇：

牟成林家庭、谢承兰家庭

和顺镇：

张　弦家庭、胡依旭家庭、冉素珍家庭、向成兰家庭

双河镇：

肖玉梅家庭

凤来乡：

李小兵家庭、周贵文家庭、吴兴寿家庭、陈　容家庭

庙垭乡：

张建华家庭、陈宾禄家庭、乐世权家庭、王　冬家庭、黄仁志家庭

石桥苗族土家族乡：

甘元志家庭、甘元斌家庭

黄莺乡：

秦守刚家庭、李天发家庭、杨世权家庭

沧沟乡：

梁天云家庭、徐万国家庭、肖发仁家庭、罗仁辉家庭、刘绪田家庭

文复苗族土家族乡：

陶加明家庭

土地乡：

徐　敏家庭

白云乡：

任恒生家庭、胡帮洪家庭、陈　明家庭

后坪苗族土家族乡：

余云明家庭、余先沛家庭、黄南明家庭

浩口苗族仡佬族乡：

罗来会家庭、廖道碧家庭、丁国香家庭、丁国全家庭

接龙乡：

陈金华家庭、古中荣家庭、何小群家庭、胡国权家庭、刘坤寿家庭、蒲昌洪家庭、王朝廷家庭、王有书家庭、肖任勇家庭、杨永峰家庭、张贵莲家庭、赵小军家庭、陈仲华家庭、何光银家庭、胡如倖家庭、李刚发家庭、彭万顺家庭、杨朝相家庭、杨代超家庭、杨永龙家庭、传廷华家庭、徐　德洪家、胡克刚家庭、姜永千家庭、唐欲发家庭、罗仁和家庭、朱传素家庭、周登学家庭、杨永国家庭、王小兰家庭、冯现波家庭、杨永高家庭

赵家乡：

曾小林家庭

大洞河乡：

袁兴海家庭、罗大模家庭、叶天文家庭、皮启文家庭

“平安家庭”示范村（社区）（23个）：

巷口镇：中山社区、中兴村

白马镇：三溪村、杨柳村

江口镇：黄桷村

羊角镇：石床村

土坎镇：清水村

和顺镇：和顺社区

双河镇：团兴村

凤来乡：高楼村、狮子村

庙垭乡：双桥村

石桥苗族土家族乡：八角村

黄莺乡：新树村、黄莺村

沧沟乡：关庙村

土地乡：沿河村

白云乡：莲池村、红云村

后坪苗族土家族乡：双联村

浩口苗族仡佬族乡：落心村

接龙乡：两河村

赵家乡：新华村

武隆妇发〔2018〕3号

2017年度武隆“最美家庭”

区级机关：

区政府办　刘建福家庭

区文化馆　胡　兵家庭

区遗管委　王　旭家庭

乡　镇：

芙蓉街道

何忠成家庭、陈　寿家庭

白马镇

代会平家庭、郭显林家庭、陈官香家庭、任中成家庭、陈治英家庭、王云兰家庭、张永菊家庭、魏　琼家庭、马烈英家庭、陈光彬家庭

江口镇

赵红珍家庭、王　琼家庭、熊兴珍家庭

仙女山镇

田海燕家庭、谭长书家庭

火炉镇

杨树生家庭、代云丰家庭、冉　兵家庭

鸭江镇

黄甫军家庭、李天会家庭、余小芬家庭

羊角镇

贺廷友家庭、龚　林家庭

长坝镇

谭武美家庭、刘顺海家庭

平桥镇

邹礼权家庭、谭国平家庭

桐梓镇

彭发生家庭、肖大权家庭、何昌盛家庭、张兴权家庭

土坎镇

王贞宝家庭、易树清家庭、李文淑家庭

和顺镇

佘兴梅家庭、郑云会家庭

双河镇

王可芳家庭、肖仕淑家庭

凤来乡

李新梅家庭

庙垭乡

魏清贵家庭、纪兴谷家庭、阚正林家庭、汪德梅家庭、邱华于家庭

石桥苗族土家族乡

孙素芳家庭、王　川家庭、夏远成家庭、肖大凤家庭、张佐良家庭、中永淑家庭

黄莺乡

周维芳家庭、冉光伦家庭

沧沟乡

邓小勇家庭、蒋成明家庭、石登贵家庭、张友香家庭、周朝银家庭

文复苗族土家族乡

代亨建家庭、易建学家庭、肖建波家庭、田仁友家庭

白云乡

黄　权家庭、黄长发家庭、任恒生家庭、黄　兵家庭

后坪苗族土家族乡

黄长江家庭、赵本堂家庭

接龙乡

曾正发家庭、陈金林家庭、刘坤华家庭、张银成家庭、王友琼家庭

赵家乡

胡小东家庭、罗光红家庭

大洞河乡

杨运琴家庭、叶天菊家庭、黄中贵家庭、张代美家庭、黄长江家庭

武隆妇发〔2018〕7号

2017年度关心下一代工作先进单位和先进个人

先进单位（10个）：

区教委关心下一代工作委员会
区司法局关心下一代工作委员会
区法院关心下一代工作委员会
区科协关心下一代工作委员会
区农委关心下一代工作委员会
仙女山镇关心下一代工作委员会
平桥镇关心下一代工作委员会
桐梓镇关心下一代工作委员会
石桥乡关心下一代工作委员会
赵家乡关心下一代工作委员会

先进个人（10个）：

范蔺武　江口镇退休干部
传光平　长坝镇退休干部
罗仁伟　区教委教育关工委秘书长
肖　酒　区司法局法律援助中心、区关工委宣讲团成员
田　娟　区城乡发展（集团）公司党群办主任、关工委成员
郑天华　区关工委办公室工作人员
封金蕾　文复乡党委委员

李　鱼　风来乡党委副书记、关工委主任
朱顺良　武隆中学德育处主任、关工委成员
冉玲历　武隆实验小学副校长

武隆关工委〔2018〕7号

2017年度优秀共青团员、团干部和五四红旗团组织

优秀共青团员（15名）：

豆金容　区公安局土坎派出所社区民警
付国霜　区公安局江南派出所社区民警
赵晔铭　区仙女山度假区管委会工作人员
冯春遥　区国税局科员
黄奥林　区地税局科员
李奉容　后坪乡大学生西部计划志愿者
汪　丽　浩口乡大学生西部计划志愿者
李成燕　平桥镇中心校大队辅导员
张宇诗　区人民医院团支部组织委员
徐　静　区喀斯特（集团）公司运输中心调度员
陈宏伟　武隆中学高2020级23班学生
李云芬　武隆中学初2018级7班学生
陈邵珊　职教中心2017级市场营销（会计）专业学生
韩敬谞　实验中学初2018级1班班长
杨建琼　火炉中学高2020级电子1班学生

优秀共青团干部（12名）：

万成兵　区委办团支部书记
吕俊霖　区法院团支部书记
向丽蓉　区国税局团支部书记
徐　霜　仙女山镇团委组织委员
田春林　庙垭乡团委副书记
牟香淑　接龙乡团委副书记
魏　琼　白马镇铁佛寺社区团支部书记
陈　蕴　武隆中学团委副书记（高中部）
李　仪　武隆中学团委副书记（初中部）
伍婧航　长坝中学教工团支部书记
吴仲学　鸭江中学团委书记
史白露　武隆新区开发公司团支部书记

五四红旗团组织（15个）：

白马镇团委
仙女山镇团委
江口镇团委
黄莺乡团委
白云乡团委
区仙女山度假区团工委
职教中心团委
实验中学团委
火炉中学团委
区公安局团总支
区司法局团支部
区城乡建委团支部
区行管办团支部
区疾控中心团支部
武隆中学高2019级13班团支部

武青发〔2018〕20号

2016年度乡镇政府专职消防队先进集体和先进个人

先进集体：

武隆区白马镇专职消防队

先进个人：

雷　华　武隆区江口镇专职消防队副队长
刘　璐　武隆区火炉镇专职消防队班长
陈建红　武隆区长坝镇专职消防队队员

武隆防办发〔2017〕9号

文献

WENXIAN

武隆年鉴

文　献

第十八届人民代表大会常务委员会工作报告

武隆县第十七届人民代表大会常务委员会工作报告

——2017年1月9日在重庆市武隆区第十八届人民代表大会第一次会议上

武隆县第十七届人大常委会主任　刘武华

各位代表：

我受武隆县第十七届人大常委会委托，向大会报告工作，请予审议。

过去五年工作回顾

过去五年，常委会在中共武隆县委的领导和市人大常委会的指导下，深入贯彻党的十八大、十八届三中、四中、五中、六中全会精神和习近平总书记系列重要讲话特别是视察重庆重要讲话精神，深入落实中央、市委关于加强县乡人大工作建设的若干意见和市委、县委人大工作会议精神，围绕“绿色崛起、富民强县”战略，依法履职，共听取审议了34项法定工作报告，28项专项工作报告，开展了4项专题询问、15项工作评议、18项集中视察、13部法律法规实施情况的执法检查，作出了35项重大决议决定，备案审查了26件规范性文件，依法任免国家机关工作人员182人次，为推动全县经济社会发展和依法治县作出了新的贡献。

一、围绕发展大局，推动县委重大决策部署落实有新成效

常委会始终坚持围绕中心、服务大局，把县委重大决策部署贯穿于人大工作全过程，积极主动融入全县大局，助推发展取得了新的成效。

围绕建设“国际知名旅游胜地”，积极助推旅游提档升级。为推动旅游品牌打造，对仙女山国家级旅游度假区创建工作开展了评议，提出了产品功能打造、基础设施配套、市场结构形象、服务品质管理等方面加强创建工作的评议意见。为推动旅游业态丰富，听取审议了精品景区打造、星级宾馆建设、中国武隆公园前期建设等工作情况的报告。为推动重大项目建设，对懒坝国际文化艺术主题公园、中下石院民俗文化村、仙女山机场、印象武隆等旅游重点项目开展了6次视察调研。县政府积极办理评议和审议意见，仙女山国家级旅游度假区成功创建，一批重点项目稳步推进，旅游发展再创辉煌。

围绕建设“生态工业经济强县”，积极助推工业提质增效。为推动园区建设和发展，常委会连续三年听取审议了园区配套设施建设和发展环境、招商企业入园落地和生产建设的专项报告，对微型企业发展开展了专题询问，组织代表对白马电航枢纽和浩口电站建设情况开展了视察调研，提出了完善园区规划、落实帮扶机制、清理招商协议、及时兑现优惠政策的审议意见。县政府及时清理兑现了优惠政策，对长期没有实际投资的14户企业进行了清退，促进了工业园区的健康发展。

围绕建设“生态文明示范区县”，积极助推生态保护和建设。为推动生态环境更加优良，开展了国家级生态县创建工作的评议，提出了进一步加强组织领导、加大水源地保护、加大环保基础设施建设力度的审议意见。为推动生态保护更加严格，对《环保法》、《环境噪声污染防治法》、《畜禽规模养殖污染防治条例》、《重庆市森林防火条例》等4部法律法规的实施情况开展了执法检查，听取审议了环境状况和环境保护年度目标任务完成情况的报告。针对群众普遍关注的饮水安全问题，2015年常委会对19个政府部门开展了水污染防治工作的专题询问，推动县政府完善了环境保护责任制，完善了水源地保护区的地理界标和警示标牌，启动了龙堡塘等重点水源地的环境综合整治，消除了中心庙水库至县城饮用水渠的安全隐患。

围绕建设“山水园林旅游新城”，积极助推城市品质提升。为促进城乡规划管理，加强规划法制建设，改善群众宜居环境，对《重庆市城乡规划条例》、《重庆市市政设施管理条例》、《重庆市城市房地产开发经营管理条例》、《重庆市建筑节能条例》等4部法规的实施情况开展了执法检查，对中堆坝片区开发建设工作开展了评议，组织市县代表对县城停车场、县城综合改造、仙女山西部片区开发和土坎大桥等重点项目开展了视察调研。针对规划编制与管理覆盖不够、规划刚性约束不足、违法建筑处罚难等问题，常委会于2012年和2015年对规划条例开展了2次执法检查，提出了改进工作的意见。县政府积极办理，规划的权威性和管理的有效性得到加强，特别是强力开展“两违”整治，“看得到的管不到，管得到的看不到”的问题得到解决，保护了生态环境，维护了群众生活秩序。

围绕“两大攻坚”任务，积极助推扶贫和羊角搬迁。常委会持续聚焦扶贫工作，从不同角度，用多种方式，加大对扶贫攻坚的监督力度。2012年开展了《重庆市农村扶贫条例》实施情况的执法检查；2013年对旅游扶贫实施情况开展了专题询问；2014年对白马山片区扶贫工作开展了评议；2015年组织市县代表对扶贫产业发展、基础设施建设开展了视察调研；在2016年脱贫摘帽的最后攻坚阶段，听取审议了县政府关于脱贫攻坚工作情况的报告。县政府及其工作部门认真办理审议、评议、视察意见，精准施策，精准发力，加大对贫困地区的交通、水利、通讯等基础设施的建设力度，大力发展乡村旅游、农村电商、农业特色产业，扶贫工作稳步发展，多次顺利通过国家、市级检查组的督查巡查。

为汇集多方力量、全力以赴推进羊角搬迁，常委会组织市县代表对羊角搬迁新址建设情况开展了2次集中视察，提出了进一步做好群众思想工作、加快推进项目建设进度、切实加强部门配合的建议意见，为实现平安搬迁、和谐搬迁作出了积极贡献。

围绕农业农村发展，积极助推农业“三大工程”。为推动农村基础设施建设，常委会先后开展了农田水利、农村饮水安全和山坪塘的视察调研，2次听取审议了县政府关于农村公路建设情况的报告。在调研审议农村公路建设中，发现全市撤并村普遍存在公路通达率和覆盖率低的问题，把这一情况带到市人代会上作为代表建议提交，引起市委、市政府的高度重视，撤并村通公路成为2013年全市22件民生实事之一得到解决。为推动乡村旅游发展，听取审议了乡村旅游发展情况的报告，提出了健全规划编制、组织领导、服务管理、培训宣传的审议意见，县政府完成了全县乡村旅游规划编制，出台了乡村旅游发展的优惠政策。为推动特色产业发展，先后对烤烟生产、高山蔬菜基地、立体循环农业示范园区进行了视察调研，听取了相关工作报告，推进了特色农业的提速发展。常委会还关注农村新型经营主体的培育，开展了农业龙头企业发展情况的工作评议，开展了《重庆市实施农民专业合作社法办法》实施情况的执法检查，对农村电商发展情况开展了集中视察，促进了农村新型经营主体的培育和发展。

围绕社会关切，助推民生事业发展。关注教育事业发展，对义务教育基本均衡县创建、农村寄宿制学校建设、中小学建设开展了3次视察、2次工作评议，开展了《重庆市义务教育条例》实施情况的执法检查。县委、政府高度重视，提出了大力实施教育“五大工程”，推动了武隆一中、中堆坝小学、白马第二小学等学校的建设，县城和部分中心镇学校“大班额”突出问题即将得到解决。关注城乡医疗卫生事业，对县人民医院创建“二甲”、标准化乡镇卫生院和村卫生室创建工作开展了视察调研和工作评议，对《传染病防治法》的实施情况开展了执法检查，推动了城乡医疗卫生事业的协调发展。关注文化体育事业，开展了《文物保护法》实施情况的执法检查，对全民健身工作开展了专题调研。关注食品安全，对《食品安全法》、《农产品质量安全法》、《生猪屠宰管理条例》的实施情况开展了执法检查。

二、改进监督方式，推动经济社会和民主法治建设有新实效

常委会坚持人大工作与时俱进，积极改进监督方式，不断提高监督实效。

加强财政预算审计监督。认真贯彻执行《预算法》，2014年设立了预算工委，依法开展财政预算编制的审查和执行监督。五年来，通过提前介入预算编制，审查预算草案，审查和批准财政决算、预算调整，对8个部门预算执行情况开展日常监督检查，对4个重点项目的财政专项资金绩效评价开展跟踪监督等方式，推动了预算监督由程序性向实质性转变，提高了财政资金的使用绩效。通过听取和审议审计报告及其查出问题整改落实情况的报告，对长期存在的问题建立跟踪监督的长效机制，有效地解决了“屡审屡犯”现象。推进部门预算公开，2012年14个部门公开预算，2016年已实现除涉密部门外的全部公开，促进了预算执行的透明度和公开化。

推进依法行政公正司法。为保证法律法规的贯彻和实施，常委会先后对《环保法》等13部法律法规的实施情况开展了执法检查，有力地促进了行政部门执法水平和执法质量。为促进“六五”普法规划的落实，听取和审议了“六五”普法规划执行情况的报告，针对普法工作存在的问题提出了工作建议，为“七五”普法的编制和开展奠定了基础。加强规范性文件备案审查，对县政府备案审查工作开展了评议，全面清理了县政府从直辖以来到2014年底印发的规范性文件，废止了144件，备案审查了26件，依法行政不断加强，行政败诉率逐年降低。推进公正司法，先后听取和审议了县法院关于支持地方经济社会发展、文明立案庭窗口创建、司法公开、巡回法庭等工作情况的报告，县检察院关于法律监督、预防和查处职务犯罪、加强基层建设、夯实基础工作、提升基本素质、检察官办案责任制改革试点等工作情况的报告，充分肯定了“两院”为全县发展提供的司法保障，在健全工作机制、加强队伍建设、强化执法办案等方面，提出了支持县法院、县检察院深化改革的审议意见。积极发挥基层人大参与立法调研的作用，协助市人大常委会开展了《预算监督审查条例》、《农村集体资产管理条例》、《河道管理条例》等20余部法规的立法调研，拓宽了基层代表和社会公众有序参与立法的途径。

创新工作方式增强监督实效。为提高监督实效，常委会在工作机制和工作方式方面，进行了一些新的探索。一是完善监督机制。建立了专题询问、工作评议、述职评议和"满意度"测评等制度，结合工作调研中发现的突出问题，先后对12个政府部门的年度重点工作开展了评议和"满意度"测评，其中有3个部门被评为"基本满意"，促进了部门作风不断转变。二是改进调研方式。常委会打破工作机构职责限制，整合工作力量，每项议题成立2个以上的调研组，各工作机构共同参与调研，调研的广度和深度不断提高。三是提高审议质量。围绕议题确定、会前调研、会中审议和审议意见办理等出台了12条工作意见，参与议题调研的常委会组成人员和人大代表准备发言提纲，审议意见的针对性和操作性不断加强。四是加强跟踪督办。坚持审议意见交办后，由常委会工作机构全程跟踪督办，坚持将办理情况报告和跟踪督办报告提请常委会会议审议，开展办理结果的"满意度"测评，先后有2件办理结果报告测评为"不满意"进行了重新办理，增强了监督实效。

三、依法行使决定权和任免权，议事决策水平有新提高

常委会坚持制度先行，以健全的制度和规范的程序，不断提高议事决策水平。

健全讨论决定制度。常委会主动适应新形势下对人大工作的新要求，修订了八年前制定的《讨论决定重大事项规定》，规范了重大事项的提出、审议、通过和监督等法定程序。五年来，围绕县委重大决策部署，对依法治县、国家级生态县建设规划、法治宣传教育等作出决议3项；围绕重点项目和重大工程建设，对农村人居环境改造、农村饮水安全、城市棚户区改造、移民生态工业园建设、停车场建设等作出决定39项；围绕法律法规明确的重大事项，对财政决算、"十二五"规划纲要部分指标调整、代表辞职、代表补选、代表换届等作出决议决定23项，为全县经济社会发展和民主法治建设提供了保障。

依法开展人事任免。坚持党管干部与人大依法任免相统一，修订完善了"一府两院"拟任人员的提名、推选、考察情况的介绍制度，建立了《拟任人员任前法律知识考试办法》、《宪法宣誓办法》、任免结果向县委报告备案等制度。五年来，常委会共依法任免国家机关工作人员182人次，人民陪审员110人，举行了5批次23人的宪法宣誓仪式，开展了任命人员的工作评议和"满意度"测评，增强了任命干部依法履职的使命感和责任感。

四、发挥代表主体作用，持续深入开展主题活动有新进展

常委会坚持代表主体地位，不断完善代表工作机制，努力为代表履职提供服务和保障。

深入开展主题活动。组织全县1500余名市、县、乡三级人大代表，围绕"密切联系群众，推动富民兴渝"主题，紧扣"绿色崛起、富民强县"战略，上下联动，走访调研，建言献策，打造典型，示范推进，先后开展了"四化两改善"、"四加快五着力"、"七推进"等助推发展和民生的五个专题活动。各代表小组围绕专题，有的组织代表开展以联系选民、联系贫困户、联系留守儿童为主的"三联活动"；有的组织代表开展以惠民资金、基础设施建设、村社财务为主的监督活动，有的组织代表开展以化解矛盾纠纷为主的"义务服务队"活动，深得群众的关注和支持。五

年来，各级代表提出意见建议623条，解决民生实事876件，化解矛盾713件，打造各类典型示范点300余个，持续深入推进了代表主题活动。

保障代表依法履职。为提高代表的履职能力，组织代表到全国人大深圳培训基地、重庆社会主义学院、县委党校进行了专题培训，代表轮训全部完成。为规范代表履职，制定了《代表联系群众制度》、《代表述职制度》、《代表履职登记制度》，每年组织三分之一的代表开展述职活动，本届代表已向选民至少进行了一次述职。为加强代表日常履职，通过邀请代表列席常委会会议、参加“主任接待日”活动和常委会监督活动、印送工作通报等方式，提升了代表的业务知识。

提高建议办理质量。为规范代表建议的提出、办理、督查、考核等程序，制定了《提高代表议案建议质量和办理实效的意见》，建立了县委、人大、政府领导认领督办重点建议制度。针对跨年度建议办理实效的问题，开展了建议办理“回头看”工作。针对闭会期间代表建议的处理问题，开设了代表建议网络提交平台，建立了闭会期间建议的审查交办制度。五年来累计办理代表建议616件，一批关系全县发展和民生的建议得到落实。

五、加强自身建设，人大工作不断与时俱进有新进步

常委会始终把思想政治建设放在首位，不断转变作风，不断加强自身建设。

干部政治意识明显增强。常委会党组认真落实主体责任，扎实开展了党的群众路线教育实践活动、“三严三实”专题教育和“两学一做”学习教育。结合教育活动中突出问题的整改，把加强政治理论学习摆在自身建设的首要位置，让理想信念牢固树立在心中，使讲政治守规矩成为自觉意识。

常委会履职能力明显提高。常委会以制度建设为抓手促进履职，五年来，共制定了专题询问、主任接待日、常委会任命人员述职评议、代表列席和公民旁听常委会会议等10余项工作制度，人大工作日趋规范，常委会履职能力不断提升。

机关服务水平明显提升。围绕全县工作大局，常委会积极发挥人大机关的牵头协调作用，积极调动机关工作机构的主动性，团结一致地完成了旅游营销、工业招商、城市创卫、扶贫攻坚等中心工作，为全县发展大局和人大依法履职提供了可靠的服务。

人大宣传力度不断加强。常委会牢固树立宣传人大制度，就是宣传党的领导、宣传人民当家作主的理念，狠抓人大宣传工作。每年召开人大宣传动员会，制定了《人大新闻宣传考核办法》，组建了骨干通讯员队伍，与县级媒体联办人大专栏、制作播放代表风采纪录片，不断宣传和普及人大制度、法律知识和人大工作。五年来，在市人大常委会主办的《公民报》发表稿件一直保持全市前列，其中连续两年位列第一。

2016年是本届人大常委会任期的最后一年。一年来，常委会紧紧围绕县委“4+2”发展思路，助推发展，依法履职，积极推动重大决策部署的贯彻落实。助推旅游提档升级，开展了景区建设和仙女山机场等一批重点项目的视察调研。助推工业提质增效，开展了园区配套设施建设和入园企业发展的调研视察。助推城市提质拓展，开展了城市建设重点项目和城市管理的调研视察，对县国土房管局年度重点工作开展了评议和“满意度”测评。助推生态文明建设，对城乡垃圾污水处理设施建设和管理开展了视察调研，听取审议了县政府关于环境状况和环境保护年度目标完成情况的报告，对县环保局年度重点工作开展了评议和“满意度”测评。助推“两大攻坚”，听取审议了县政府关于脱贫攻坚工作情况的报告，对羊角搬迁工作开展了集中视察。助推社会民生建设，听取审议了县政府关于城乡医疗和城乡低保工作情况的报告，开展了武隆一中、中堆坝小学、中医院、殡仪馆等民生建设项目的视察调研，开展了《环境噪声污染防治法》、《食品安全法》实施情况的执法检查。促进依法行政公正司法。听取审议了县政府关于“七五”普法规划、依法行政工作情况的报告；以法制宣传教育和制度建设为重点，作出了第七个五年法治宣传教育的决议；听取审议了县法院关于加强诉调对接工作情况的报告、县检察院关于规范司法行为的工作情况的报告；制定了《常委会拟任人员法律知识考试办法》，修订了《常委会评议工作规则》，支持和推动了“一府两院”重点工作。圆满完成县乡人大代表换届选举。按照中央和市委的统一部署，常委会在县委的统一领导和乡镇、部门的大力配合下，主动争取市人大常委会的指导，县乡人大代表换届选举工作依法有序、风清气正、顺利完成。一是超前谋划，制定方案。常委会本着问题导向原则，超前谋划，提前介入，深入乡镇开展了调查研究。在此基础上，向县委请示了换届选举指导意见和县乡选举委员会组成人员、县人大代表和常委会组成人员结构、乡镇人大主席团构成、羊角镇同步选举等“1+7”换届工作方案。县委高度重视、专题研究，及时作了批转。二是依法规范提名，严把素质结构关。常委会认真贯彻县乡人大换届提名各项规定，积极推荐履职优秀的代表参加连选，协助县委做好代表候选人建议人选的推荐提名工作。在此基础上，常委会和选举委员会还特别注重审查县乡两级代表初步建议人选、初步提名人选、正式候选人的身份和职业，以及妇女代表、党外代表的结构。三是加强培训，严格督导。为确保换届选举依法有序，常委会先后在动员部署、选民登记、提名推荐三个阶段，对乡镇领导和选举工作人员开展了5次专题培训，同时组建了由常委会领导带队的6个督导组，进行分片督促指导，及时研究解决选举中出现的热点难点问题。四是精心组织，依法选举。为调动选民参选积极性，制定了宣传方案，落实了宣传措施，进行广泛深入发动，营造了浓厚的选举氛围。为方便选民登记和投票，制定了选民登记办法和投票站、流动票箱设置方案，保证了选民参选率。为确保选举成功，制定了破坏选举活动、选举期间应对突发事件和代表预选、另选、重选、再次投票等3个应急处置预案。代表换届圆满完成，选举产生了209名区人大代表、1307名乡镇人大代表。在区人大代表中，有82名代表连任，基层代表的比例由26.9%提高到30%，妇女代表的比例由29%提高到32%，党外人士占33%，实现了代表结构“两升两严一保证”的要求。

各位代表，五年履职实践告诉我们，做好人大工作，更好地服务经济社会发展和民主法治建设，必须做到五个坚持：始终坚持县委的领导，牢牢把握正确政治方向。要坚持重要会议、重大事项、重大问题及时向县委请示报告，依靠县委总揽全局、协调各方的领导核心作用，人大工作才能不断适应党的新要求。始终坚持围绕中心、服务大局，推动经济社会发展。要始终围绕县委的重大决策部署、事关全县发展的重点工作、重大项目和人民群众普遍关注的民生问题，服务发展大局，人大工作才能不断发挥新作用。始终坚持人民主体地位，保证人民当家作主。要通过代表述职、主题活动、办理建议等方式，依靠人民的集体智慧和力量，人大工作才能不断回应群众的新期盼。始终坚持开拓创新，推动人大工作与时俱进。要立足实际，既要依法监督，又要坚持问题导向，人大工作才能不断探索完善新方式。始终坚持加强自身建设，提高依法履职能力。要坚持不懈地加强常委会和人大代表的思想素质和能力建设，不断增强依法履职的使命感和责任感，人大工作才能不断提高新水平。

各位代表，本届常委会任期五年所取得的成绩，这是县委坚强领导的结果，是全体常委会组成人员、人大代表和人大工作者努力的结果，是“一府两院”和乡镇人大积极支持与配合的结果，是全县人民和社会各界关心、参与、监督的结果。在此，向关心支持人大工作的同志们、朋友们，表示崇高的敬意和衷心的感谢！

回顾过去，常委会也清醒认识到，我们的工作还有许多不足：议题选择还不够精准，议题调研还不够深入，议题审议还不够充分，审议意见和代表建议办理的跟踪落实还不到位，同代表和群众的联系渠道还需要进一步拓展，常委会组成人员的履职能力和机关的服务保障水平还要不断提高。常委会将自觉接受人民监督，虚心听取代表意见，坚持问题导向不断加以改进。

今后五年工作建议

区第十四次党代会确立了今后五年全面建成“国际知名旅游胜地、生态工业经济强区、生态文明示范名区、山水园林旅游新城”和实现全面小康社会的“五个建成”总目标，需要我们凝心聚力，奋力拼搏，强力实施“绿色崛起、富民兴区”战略。新一届区人大及其常委会要在区委的坚强领导下，在全区各级人大代表和人民群众的大力支持下，认真贯彻区第十四次党代会精神，围绕“五个建成”依法履职，积极贡献新的智慧和力量！

一、围绕中心，依法监督，助推“五个建成”如期实现

突出监督重点。紧扣区委提出的发展目标、改革举措、法治要求，把“五个建成”中的重点工作、重大工程、社会民生建设作为监督重点，分年度确立阶段性监督重点和长期跟踪监督事项，推动区委决策部署的全面落实。围绕国际知名旅游胜地建设，助推旅游“五大战略”，重点对提档仙女山第一战场、攻坚白马山第二战场、夯实乡村旅游第三战场涉及的重大工程、重点项目开展视察调研，听取审议专项报告，推进旅游业态丰富。围绕生态工业经济强区建设，助推生态工业“五大行动”，重点对“一园四组团”建设、新能源汽车、新型材料、页岩气开发、食品加工、总部经济等平台构筑、转型升级、做强产业行动开展调研和工作评议，听取审议专项报告，推进园区建设和产业转型升级。围绕生态文明示范名区建设，助推生态环境“六个更加”，重点对环境状况和环保目标完成情况，农村环境连片整治、城乡污水管网和处理设施建设等重点项目开展视察、调研、评议，对《环保法》、《武隆喀斯特世界自然遗产保护办法》实施情况等开展执法检查，推进生态保护和生态建设。围绕山水园林旅游新城建设，助推城市功能完善和城市品质提升，重点对停车场建设、棚户区改造等城市提质拓展“十大工程”，特色镇、民族集镇等乡镇场镇标准化建设，全国文明城市、园林城市等创建工作开展工作评议、“满意度”测评和专题询问，推动工作落实。围绕全面建成小康社会，助推脱贫成果巩固，重点对精准帮扶推进落实情况，乡村旅游、电子商务、示范基地建设等农业“三大惠民工程”，教育、文化、卫生、创新驱动等实施情况，城乡社会保障等体系完善开展集中视察、专题询问，听取审议专项报告，推进民生保障和改善。

加强预决算审查监督。深入贯彻《预算法》和《重庆市预算审查监督条例》，结合听取审议半年计划和预算执行、审计及其整改情况的报告，审查和批准财政决算，运用询问、评议等方式推动工作落实。进一步健全全口径预决算审查监督工作机制，把政府全部收支纳入预算管理。加强对一般公共预算、政府性基金预算、国有资本经营预算等“三本预算”草案编制的过程参与，细化预算草案，重点审查预算安排的合法性、完整性、可行性，对重点支出和重大投资项目资金是否适当进行重点审查。继续开展好财政专项资金

绩效评价工作，加强部门预算和重点项目预算执行情况的跟踪监督，建立健全国有资产运行管理的监督机制和制度，确保国有资产保值增值，确保财政收支动态平衡。

推进全面依法治区。加强规范性文件备案审查工作，强化备案审查能力，推进依法行政。支持法院、检察院依法独立行使审判权、检察权，推进权力、责任、监督“三位一体”的审判权、检察权运行机制，推进阳光司法、便民司法，促进社会公平正义。加强“七五普法”决议执行情况的督促检查，推进特色法治文化建设、法治宣传创新、普法责任制落实、普法规划实施，推动全社会尊法学法守法用法。进一步拓展社会公众有序参与立法的途径，充分发挥基层代表参与立法修法的作用。

二、依法行使决定任免权，为实现“五个建成”提供保障

依法行使决定权。除法律法规明确的讨论决定重大事项外，重点围绕全区经济发展总体规划、城镇建设、重大民生工程、财政性资金投入重大项目、环境和资源保护、加强民主法治建设的重大事项和深化改革、创新驱动、对外开放等重大举措进行审议讨论，依法作出决定，为实现“五个建成”提供保障。

依法行使任免权。坚持党管干部与依法任免相统一，认真贯彻区委人事安排意见，完善任前资格审查、法律知识考试、任职表态、颁发任命书、宪法宣誓、任免结果向区委报告备案等制度。落实好对任命人员的述职述廉和“满意度”测评制度，促进干部依法履职、敢于担当、清正廉洁。

三、认真做好代表工作，为实现“五个建成”汇集力量

密切与代表和群众的联系。认真落实常委会组成人员联系代表、代表联系原选区选民并定期述职的“两联一述”制度。深入推进代表主题活动，完善主题活动考核体系，通过调研、视察、走访、直接联系选民、主任接待日、代表接待日等方式，加大对主题活动的督促指导，丰富闭会期间代表活动的内容和形式。畅通社情民意表达和反映渠道，依托人大门户网站，加强信息化、网络化建设，搭建方便快捷的履职信息平台和履职服务平台。落实好市县人大代表列席和公民旁听常委会会议制度，进一步扩大代表和群众对常委会工作的监督和参与。

提高议案建议办理质量。把办理代表议案建议作为支持代表依法履职、充分发挥代表主体作用的关键环节，坚持和完善区委、人大、政府领导认领督办重点建议机制，严格执行代表建议办理工作责任制、主要负责人审签等制度，积极建立办理过程公开、办理结果公开、组织代表开展“满意度”测评等机制，切实推动代表所提问题得到解决，促使办理工作由程序满意、回复满意转变为实质性满意。

加强代表履职服务保障。统筹抓好区和乡镇两级代表的学习培训，加大培训力度，力争届内培训全覆盖。建立完善代表履职补助制度，从经费上、组织上保障代表依法履职。落实好代表述职制度，组织更多的选民听取代表述职。完善代表履职档案，全面记录代表出席会议、审议发言、提交议案建议、参加学习培训、视察调研、执法检查等履职情况，定期通报代表所在单位，作为代表退出、换届提名的重要依据，为实现“五个建成”汇集代表和群众的智慧和力量。

四、加强人大自身建设，为实现“五个建成”提供服务

加强思想政治建设。全面从严治党，严格党内政治生活，坚持常委会党组中心组学习、“三会一课”以及常委会组成人员、人大代表集中学习等制度，深入贯彻党的群众路线，努力践行“三严三实”，讲政治、守纪律、懂规矩，增强常委会组成人员和人大代表的政治意识、大局意识、核心意识、看齐意识。

加强干部队伍建设。严格落实中央八项规定，市委政治纪律、生活作风和区委“八不准”等要求，以提高人大干部业务技能和综合素质为重点，扎实开展作风建设专项行动，建立完善权责明晰的工作机制，营造敢于担当、积极作为的浓厚氛围，为实现“五个建成”提供优质服务。

加强乡镇人大指导。建立健全工作制度，加大对乡镇人大的工作联系和业务指导，更好地发挥乡镇人大和乡镇人大主席团的作用。继续邀请乡镇人大固定列席常委会会议和开展工作交流，指导乡镇每年召开好不少于两次的人民代表大会会议。建立完善乡镇人大主席团工作机制，发挥好闭会期间组织代表听取审议乡镇政府专项工作报告、对法律法规实施情况开展执法检查、联系和组织代表开展活动，听取和反映代表、群众的意见建议的作用。

加强人大宣传工作。继续加强对人大制度和人大工作的系统宣传，抓好通讯员队伍建设，巩固骨干通讯员队伍，组织好区委党校主体培训班对人大制度的学习活动，积极参加市人大制度研究会相关活动，努力拓宽人大宣传渠道，推动宣传数量和宣传质量同步提升，推动人民代表大会制度理论和实践创新。

2017 年是实现“五个建成”的关键之年，也是新一届人大履职的开局之年。区人大及其常委会要认真贯彻落实区第十四次党代会精神，依法履职，敢于担当，为实现“五个建成”作出新的努力。建议重点抓好以下工作：

助推旅游提档升级，推进项目大建设。对仙女山机场、懒坝国际文化艺术公园等重点项目开展视察调研，听取和审议白马山第二战场望仙崖等核心景区和基础设施建设情况的报告，对乡村旅游开展专题调研。助推工业提质增量，推进项目提速和招商提质。听取和审议招商引资工作情况的报告，对白马货运码头、生态工业园物流通道等园区基础设施和配套功能开展视察调研。助推城乡协调发展，推进城乡规划和城乡配套。听取审议交通建设、全国文明城市创建等工作情况的报告，开展工作评议和“满意度”测评；对城区游客接待中心、滨江路堤防改造等城区提质拓展“十大工程”开展视察调研。助推农村“三大惠民工程”，推进示范基地建设和市场主体培育。听取和审议特色产业示范基地建设、农村电子商务发展等农业产业化推进情况的报告，对《农业技术推广法》实施情况开展执法检查，开展畜牧产业发展情况的专题调研。助推生态文明建设，推进生态建设与保护。开展生态建设和保护重点项目的视察调研，听取和审议环境状况和环保目标完成情况的报告，对《重庆市水资源管理条例》实施情况开展执法检查。助推社会民生事业，推进民生实事落实。听取和审议《重庆市教育督导条例》实施情况、公共文化服务体系、教育资助和城区新建学校工作情况的报告，开展《重庆市人口与计划生育条例》实施情况的执法检查，视察调研中医院建设等民生工程推进情况。助推两大攻坚成果巩固。听取和审议脱贫验收工作情况的报告，对羊角搬迁后续建设和发展开展视察调研。助推供给侧改革深化。对化解过剩产能和企业减负工作情况开展调研，听取和审议工作开展情况的报告。推动财政经济稳中求进。听取和审议计划执行、预算执行情况的报告，审查和批准财政决算，改进审计查出问题整改情况向常委会的报告机制，加大对查出问题整改情况的跟踪监督。开展重点项目实施情况、政府购买服务项目实施推进情况、城乡发展（集团）公司承接购买服务项目实施情况的专题调研。促进依法行政、公正司法。听取和审议区政府关于依法行政工作情况的报告，听取和审议区法院、区检察院关于司法体制改革推进情况的报告，开展《重庆市法律援助条例》实施情况的执法检查。强化干部责任意识。严格落实任职法律知识考试制度，建立考试结果向区委和人大常委会通报制度。组织好宪法宣誓,依法开展任命人员的述职测评。加强代表履职培训。完成区和乡镇代表五年培训计划的编制，今年在全国人大培训基地举办一期培训班，在区委党校举办两期专题培训班。围绕“五个建成”，规划好本届代表主题活动，协助市人大常委会组织市人大代表视察仙女山机场、工业园区、城市创建、旅游配套设施等重点项目建设情况。组织召开好区十八届人民代表大会第二次会议，顺利完成市人大代表换届选举任务。提升服务保障能力。从严依规抓好常委会和机关集中学习活动；加强常委会履职情况的报告，对重大事项、重点工作的监督情况，及时报告区委，为区委决策提供参考；积极争取市人大常委会的指导，建成常委会电子表决系统；加强机关创建活动，力争在代表主题活动、人大宣传、综合目标考核等方面，取得新的更大成绩。

各位代表，区第十四次党代会为我们描绘了今后五年经济社会发展的光辉前景。幸福的明天，必定属于全区人民；美好的未来，需要我们共同铸就。让我们紧密团结在以习近平同志为核心的党中央周围，在中共重庆市武隆区委的坚强领导下，不辱使命，依法履职，敢于担当，积极作为，为全面建成“国际知名旅游胜地、生态工业经济强区、生态文明示范名区、山水园林旅游新城”和实现全面小康社会而努力奋斗！

（区人大办）

天生三桥鸟瞰

政协重庆市武隆区第九届委员会常务委员会工作报告

中国人民政治协商会议
重庆市武隆区第九届委员会常务委员会
工作报告

——2018年1月11日在区政协九届三次会议上

潘晓成

各位委员：

我受政协重庆市武隆区第九届委员会常务委员会的委托，向大会报告工作，请予审议，并请列席的同志提出建议意见。

2017年工作回顾

2017年，党的十九大胜利召开，作出了中国特色社会主义进入新时代的政治论断，描绘了决胜全面建成小康社会、开启建设中国特色社会主义现代化强国新征程的宏伟蓝图，提出了新时代人民政协工作的新要求。区政协常委会在区委的坚强领导和市政协的指导下，高举中国特色社会主义伟大旗帜，紧密团结在以习近平同志为核心的党中央周围，以习近平新时代中国特色社会主义思想为行动指南，坚持团结民主两大主题，坚持“党委有决策、政协有响应，政府有需要、政协有呼应，群众有期盼、政协有回应”的具体导向，聚焦区委区政府中心工作、聚焦改革发展、聚焦民本民生，对政治协商的广度、民主监督的力度、参政议政的深度不懈探索，思想理论武装取得新成效、服务改革发展取得新成绩、协商民主实践取得新进展、政协自身建设取得新进步。

区政协常委会秉承优良传统，在发展中创新，在创新中提升，政协工作机制更加完善、形式更加丰富、成效更加明显。一是用新时代新思想坚定政治方向。区政协通过党组会、常委会、主席会、宣讲会、讨论会、座谈会、上党课、写心得等多形式、多渠道学懂弄通党的十九大精神，深刻领会把握其思想精髓、核心要义、丰富内涵，真正把党的十九大精神内化于心、外化于行、武装头脑。用习近平新时代中国特色社会主义思想指导政协工作全局，不断增强“四个意识”，坚定“四个自信”，坚决服从和维护以习近平同志为核心的党中央权威和集中统一领导，在政治立场、政治方向、政治原则、政治思想上同以习近平同志为核心的党中央保持高度一致。坚决清除孙政才恶劣影响和薄熙来、王立军流毒；严格遵守政治纪律和政治规矩，毫不动摇、不折不扣地贯彻落实党中央的决策部署，确保政令畅通，坚定政治方向；认真履行全面从严治党政治责任，全面执行党内政治生活准则，大力营造风清气正的良好政治生态。二是用新时代新任务推动中心工作。按照“人民政协工作要聚焦党和国家中心任务，围绕团结和民主两大主题，把协商民主贯穿政治协商、民主监督、参政议政全过程”的新要求，全面贯彻落实新发展理念，牢记以人民为中心的履职宗旨，围绕“五位一体”总体布局和“四个全面”战略布局，紧扣“五个建成”，从不同的角度、不同的层面、不同的视野凝心聚力、建言献策，推动武隆经济社会协调发展、可持续发展。三是用新时代新要求强化党的领导。坚定不移地坚持党的绝对领导，坚定不移地贯彻中央、市委、区委的决策部署，主动向区委报告重大工作、重要事项。区委坚持从发展全局谋划和部署政协工作，坚持常委领衔督办政协提案。区委领导多次到政协召开干部大会，听取建议、指导工作，解决政协的困难和需求。区政协认真落实区委对政协工作的要求，坚持“围绕中心、注重创新、凝聚人心、搞好自身”的工作思路，与区委“同唱一台戏”、“同念一本经”，努力使党的主张成为政治协商、民主监督、参政议政的共识，努力使区委重大决策和工作部署成为社会各界的广泛共识和自觉行动。四是用新时代新方式推进协商式监督。按照“有事好商量，众人的事情由众人商量”协商监督方式，准确把握人民政协民主监督的性质定位，依据政协章程，着力对重大方针政策和重要决策部署的贯彻落实、对重大项目的实施和重要事项的决定开展协商式监督，强化问题导向、找准薄弱环节、紧扣关键内容、精准聚力发力，努力从大局上、根本上、长远上提出务实建议。

一、服务发展大局，参政履职取得新成果

充分发挥人民政协作为协商民主的重要渠道和专门协商机构作用，坚持“跟进区委决策、服务中心工作、增强履职实效”的理念，努力做到思想上求精心、工作上求精细、成果上求精品，为推动武隆科学发展、跨越发展广纳民言、广集民智、广聚民意。

找准结合点，政治协商谋发展。政治协商是政协的首要职能，也是政协履职的核心所在。区政协坚持把发展作为第一要务，为党政决策当好参谋助手。全年组织开展“全区生态工业发展情况”等5次常委会协商、“两危整治工作推进情况”等5次主席会协商、“页岩气勘探和开发情况”等5次专委会对口协商，上报《协商会议建议》10期，提出建议意见68条。其中区主要领导批示7期。“羊角古镇建设情况”协商后，危治办认真研究6条建议意见，逐项吸纳，书面回复落实情况。进一步建立健全定期召开协调会机制，理顺部门关系，既守住政策底线，又解决实际问题；通过对古盐道、古居民楼的复建，对古法酿制豆干、老醋的技艺传承，对栈道的修建、还原纤夫生活等，充分挖掘地域文化，增添古镇文化内涵；围绕大旅游做文章，合理布局产业，调整产业结构，确保古镇产业发展有序，群众增收有渠道。

突出关键点，调研资政助发展。充分发挥政协联系面广、智力密集的优势，围绕全区改革发展稳定大局，先后就“国家森林城市创建、养老服务体系建设情况”等5个重点课题开展调研，上报《建言参考》6期，其中5期被区主要领导批示。《关于武隆区民族特色文化保护与发展的调研报告》上报后，区领导批示相关领导和部门落实。区委宣传部、区委统战部、区文化委等部门十分重视，在吸纳政协建议意见基础上，结合党的十九大提出“乡村振兴战略”，研究制定全区“民族发展、乡村振兴”重点工作计划。区委统战部组织区发改委、区商务局、区城乡建委、区旅发委等部门和四个民族乡，专题研究民族乡建设重点工作，建立完善民族文化保护发展工作联席会议制度，要求在“打造民族特色村寨村落、加强民族文化宣传普及、丰富民族特色活动、做优民族特色旅游产业、建设精品民宿示范、开展民族团结进步创建”等六个方面狠下功夫，并将民族发展、乡村振兴上升为区级战略，充分发挥文化力量在区域经济社会发展中的作用。

抓住着力点，视察建言促发展。委员视察是政协拓宽知情知政渠道、履行民主监督职能、提高参政议政质量的重要途径。一年来，组织开展“城市拓展区和棚户区改造规划建设情况”等委员视察16次，提出建议意见58条。“教育五大工程推进情况”视察协商后，区教委认真研究、采纳委员建议，进一步推进教育五大工程。在学校标准化工程上，按照义务教育均衡区创建标准，全面维修城乡校园校舍，配齐设备设施，有序改善办学条件；在校园文化工程上，以“棕编艺术”“木叶吹奏”等为突破口，加大特色学校建设力度；在名师名校工程上，制定名优校长、优秀教师引进、管理、培养办法，组建名校长、名教师工作室；在改革工程上，推动集团化办学改革，促进教育初步均衡；在教育保障工程上，建立了党政主要领导议教机制、教育扶贫资助机制、留守和特殊儿童关爱机制。顺利通过义务教育基本均衡国家督导。

二、推动工作落实，民主监督实现新突破

坚持寓民主监督于协商、视察、提案、反映社情民意信息等履职活动之中，促进区委区政府的决策部署更好贯彻落实。

充分发挥提案在民主监督中的主渠道作用。认真落实提案征集措施，不断完善办理机制，抓学习培训，抓质量提高，加大提案征集的组织力度；区政府坚持把办理委员提案作为“一把手”工程，严格程序、注重环节，健全和完善定期督办机制，确保办理效果。特别是在重点提案办理过程中，区领导领衔督办，区政协提案委跟踪问效，促使涉及经济社会发展和人民群众切身利益的问题得到解决。全年共征集提案179件，审查立案125件，并案后交办90件。立案率69.8%，办复率100%，满意率96.7%。区交委在办理22件提案时，通过电话联系、现场询问等方式，主动与提案委员对接，听取他们对提案办理的建议意见；主动与提案涉及的部门沟通协调，综合各方的意见，分析研判解决问题的途径。做到件件落实，件件让委员满意。如在办理汪孝东、曾凡凌、张永红等委员提出的《关于加强城乡“三轮车”管理，降低安全隐患的建议》提案，就与区公安局、区安监局协调配合，在深入乡镇、学校广泛宣传交通法律法规、增强市民法治意识和安全意识的同时，与公安、安监等部门联勤联动，利用乡镇交通安全劝导站、公巡队、治超站、执法点，严查重处违规违法行为，并开展了“三轮车”专项整治行动。

充分发挥委员在民主监督中的主体作用。民主监督是社会主义协商民主建设的重要内容。在实践中，着力找准监督重点。要求委员把国家法律法规的贯彻落实、党政决策部署的贯彻执行、改革发展重大问题作为监督方向，彰显政治担当；准确把握监督的力度。引导委员把监督寓于协商、视察、调研之中，既要反映问题，更要提出务实的对策举措，力求建议意见要说得实、说得深、说得新；探索委员集中监督。通过派遣特邀监督员参加重要会议、重要活动，监督部门日常工作和履职情况，反映群众建议意见。一年来，全区59名政协委员参与了公租房抽签摇号、党委党组书记述职、法院庭审、扶贫验收第三方评估、义务教育初步均衡化验收、部门预算评审协商等政务监督活动。通过这些活动的开展，增强委员的荣誉感和责任心，调动委员参与监督的积极性和主动性。

充分发挥社情民意在民主监督中的“直通车”作用。积极扩大委员和社会各界的联系，拓展信息搜集渠道，在维护群众利益上报实情、谏诤言、献良策。全年编发《社情民意》43期，区主要领导批示14期。其中上报市政协12期，《关于加快推进“综合行政审批改革试点”的建议》被转报全国政协。《关于加强凤山公园停车管理的建议》编发后，区城管局立即组织人员亲临现

场，并邀请政协委员参与，针对具体情况制定三条改进措施。第一是统一规划，明确摩托车、电动车、汽车各自停放区域；第二是主动协调区公安局巡警支队，对进入凤山公园路段道路安装了视频监控；第三是增加巡视警力，对乱停乱放车辆加大了查处力度。改进后的凤山公园，成了市民宁静、温馨的休憩乐园。

充分发挥协商式监督的特色优势作用。有效运用协商式监督方式，从大处着眼、小处着手谋划监督议题，从党政所思、群众所盼、政协所能出发选好监督议题，为区委区政府分类分项解决相关问题提供参考。区政协法制委组织委员开展了“农业农村发展用地”的协商监督。委员们在视察了土坎、双河等乡镇农业农村用地情况后，在双河镇召开协商会议，听取区农委、区旅发委等9个部门的发言，与相关职能部门就存在的问题和改进措施进行协商，指出了农业农村发展用地6个类别13个方面的问题，提出了15条建议意见。进一步统一了认识、统一了思想、达成了共识、推动了工作。

三、倡导建功立业，助推发展呈现新亮点

坚持把群众利益作为第一选择，把群众满意度作为第一标准，真心实意为群众排忧解难，使政协工作更加贴近民众、体察民情、反映民意，鼓励委员为武隆发展鼓实劲、出实力、干实事。

主动融入大局，投身一线讲实干。区政协始终把区委、区政府的中心工作作为政协的中心工作，始终围绕中心、服务中心，把实现区委区政府既定的经济社会发展目标任务作为己任。围绕“五个建成”和两大攻坚开展12次议政协商，助推“八大行动”快速推进；主席会成员认真落实区领导联系重点项目制度，经常到联系点了解情况，协调解决项目推进中遇到的问题；重点联系的征地拆迁工作全力做好“双百工程”中69个重大项目协调，拆迁集体土地房屋和构建筑物2.4万平方米，征收房屋3.79万平方米，征收土地287.13公顷；“11·23”地震发生后，主席会成员赶赴现场，稳定灾区群众情绪，指导抢险救灾、灾后恢复等工作；重点负责的生态工业发展、度假区建设等工作，圆满完成了年度任务；政协机关牵头开展旅游营销工作，与新疆、内蒙古的6个城市50多家旅行社和《新疆都市报》等10多家媒体合作，开展“走进醉美渝东南”大型宣传活动，全年组客1.7万人，完成任务的121.6%；政协机关牵头的羊角搬迁安置工作，与安监局、残联、庙垭乡等成员单位齐心协力，限时完成朝阳村垭口组70户搬迁选房任务；退休后的肖世杰同志，一如既往地全身心扑在羊角搬迁安置一线，兢兢业业、无怨无悔、默默奉献。

聚力克难攻坚，形成合力助脱贫。区政协坚持把脱贫攻坚作为第一政治任务扛在肩上，在精准帮扶、补齐短板、增加收入、改善环境、提振精神、准备迎检等方面狠下功夫，探索完善脱贫成效跟踪管理机制，引导发展长效产业，确保脱贫不返贫，促进持续增收致富。政协常委会围绕深度脱贫攻坚开展视察，并在沧沟乡举行季度协商会。会议指出18个方面的问题，提出37条建议意见。一致建议在产业发展上，要大力度拓展农民收入的空间。在生产生活环境上，要大力度打好组合拳。在激发内生动力上，要大力度做好帮扶工作，让贫困村、贫困人口一个不少地同步进入小康社会；政协扶贫集团坚持问题导向、完善工作思路、优化政策措施，组织帮扶干部对照贫困村“建八有”，贫困户“解八难、两不愁三保障”以及“两率一度”脱贫综合评定指标，在和顺镇大力发展乡村旅游扶贫、电商扶贫、产业扶贫等新业态。率农委、扶贫办、沧沟、后坪等部门乡镇到奉节县考察产业发展，拓宽贫困户收入渠道；主席会成员在“春耕生产帮扶月”“脱贫摘帽攻坚月”期间，吃住在村上。结合帮扶的贫困村、贫困户实际情况，

因地制宜、因人而异地落实精准帮扶措施，指导联系乡镇全面落实“规划到村、扶持到户、脱贫到人”的精准扶贫举措；主动对接市政协和市级部门对武隆的持续帮扶。台盟重庆市委等民主党派协调多个市级部门在土地等乡镇开展“三留守”帮扶活动。市政协新闻中心两次到大洞河乡持续助推；主动协调致公党渝北区委，在羊角镇永隆村开展以“深度脱贫攻坚”为主题的全国政协委员发言专题调研。

委员激情创业，岗位建功展风采。广大政协委员投身经济社会发展主战场，积极献计献策，主动“动手出力”。市政协委员武隆小组在认真调研的基础上，提出的“把白马山开发纳入市级战略”“加快推进渝黔高铁建设”“支持白马航电建设”等8个提案，全部立案并交办部门。为了推进公共服务均等化，该小组还承担了全市“社会保险服务均等化研究”课题，组织区内有关人士和市内专家深入渝东南6区县实地调研，采集生动实例20多条，收集翔实数据5大类640多项，前往市级部门协调3次，开展研讨活动6次，历时四个多月。《关于增强渝东南片区社会保险服务供给均等化专题调研报告》，提出8个方面29条建议意见报市委市政府；共青团、妇联等界别的委员筹集3万余元，为鸭江镇中心校、送月小学等300多名农村留守儿童送去奇趣礼盒；3名政协委员荣获区级劳模、8名政协委员荣获区“十佳人才”、1名政协委员荣获区先进工作者；十九大代表、区政协委员申建忠自建的脆桃基地，解决周边农户22个闲散劳动力就业，带动12个乡镇43个行政村1286户通过种植“火炉脆桃”逐渐走上了致富路。履职风采被《人民政协报》以《怀揣梦想到北京》为题进行了报道；区政协常委肖武文牵头的后坪深度扶贫美丽宜居规划设计获得全市第二名；区政协委员路杨带领真善美志愿者走遍186个乡村，筹资18万多元，把爱心倾洒在1000多名贫困孩子身上。

四、坚持凝心聚力，民主团结展现新作为

加强大团结、促进大联合，广泛开展内外联络联谊，拓宽工作视野，丰富工作内容，为武隆改革发展汇聚强大合力。

注重合作共事。认真贯彻落实党的十九大关于巩固和发展最广泛的爱国统一战线的战略部署，坚持走新时代中国特色社会主义政治发展道路，坚持长期共存、互相监督、肝胆相照、荣辱与共的方针，坚持一致性与多样性统一，为政协参加单位和政协委员履职创造条件。政协领导坚持定期走访制度，密切与民主党派、工商联、无党派人士、民营企业、宗教人士等联系，不断增进理解、化解分歧，增进认同、促进和谐，增进共识、促进团结，找到最大公约数，汇聚更多同行者，为“绿色崛起、富民兴区”发展战略和武隆的开放发展，营造生动活泼、安定团结的政治局面。

注重团结友谊。界别活动是增加委员联络、友谊和交流的良好平台。区政协以专委会为单位，组织界别活动33次。工商联界别委员开展“民营企业提升座谈会”，畅叙友谊、共话未来，并到中山大学参加能力提升培训；党外委员小组为委员每人赠送十九大报告读本，引导委员读原著学原文悟原理；区政协组织55名女委员在石桥乡开展“庆三八妇女节、展示女委员风采”视察联谊活动。在视察民族小镇、民族学校、民族医院和现代农业发展后，举行“促进民族乡经济社会发展座谈会”。委员们就保护与开发石桥湖优质旅游资源、打造建设具有民族特色的乡村旅游项目、发展现代农业产业等提出合理化的建议意见。同时，还与石桥乡女职工开展了丰富多彩的联谊活动。

注重联谊沟通。按照“发挥优势、扩大团结、彰显特点”的思路，开展联谊交往、沟通协商工作。组织承办了市政协“主席接待委员日”活动，来自武隆、丰都、忠县、石柱等区县政协委员、群众代表，就“加大对生态产业发展的支持、对生态补偿机制的研究，整合旅游资源，促进‘两翼’旅游联动发展”等提出建议意见，推进区域互联互通、融合发展；先后组织参加了“湘鄂黔渝边区政协第34次、35次联系会”“武陵山片区主席联席会”“渝南黔北文化旅游精品长廊第三次联动协作会”等会议，就“合作共建武陵山全域旅游示范区”的武隆实践、共同愿景、合作倡议等进行多方交流，广泛多层推动片区内全域旅游协同发展；圆满完成了全国政协专题提案办理分团、全国香港委员考察团、全国民主党派工商联暑休团等3批237人次的接待任务，与市内外39批536人次进行友好往来，充分展示神奇山水、梦想家园的魅力。全国政协委员、香港利万集团有限公司董事长王志良考察了天生三桥和《印象武隆》后激动地说：感谢武隆为我找回了童年的记忆，我要义务宣传武隆，让更多香港人来感受武隆的神奇；市政协认为“武隆政协的工作做得很好，应予表扬”。

五、强化自身建设，履职基础得到新提升

区政协把加强自身建设作为重要的基础性工作来抓，不断探索履行职能的制度化、规范化、程序化建设，从严抓好班子、带好队伍，夯实履职工作基础，努力建设干干净净的政协机关、干干净净的委员队伍、干干净净的政协干部队伍。

加强政协党的建设。充分发挥政协党组的核心作用，旗帜鲜明讲政治、守规矩，始终把遵守政治纪律和政治规矩摆在第一位。通过正确政治方向的引领，实现最广泛的团结与凝聚，努力使党的主张化为政协履职的共识，化为全体委员的共同意志，从而更加坚定地把党的方针政策、决策部署贯穿于履职的全过程；树立“为委员服务、为发展服务、为群众服务”的理念，认真贯彻落实全面从严治党各项要求。严格执行“三会一课”“民主生活会”等制度，用习近平治国理政新思想新战略新部署引导党员干部筑牢信仰之基、补足精神之钙、把稳思想之舵，自觉坚守真理、坚守正道、坚守原则、坚守规矩，提高政治站位。用张晓江严重违纪违法身边事例，结合在垫江监狱开展的警示教育，感知法律的威严，从而把好人生航向，更加珍惜岗位、珍爱生活；党组班子和主席会成员率先垂范，深入贯彻落实中央八项规定，持之以恒抵制“四风”，营造风清气正的政治生态；支持区纪委派驻政协机关纪检组开展工作，强化监督执纪问责，深入推进政协机关党风廉政建设。

加强委员队伍建设。按照“政治过硬、本领过硬”的要求，不断加强委员队伍建设。全体政协委员坚持用习近平新时代中国特色社会主义思想武装头脑、指导实践、推动工作，全面增强履职本领，努力做到懂政协、会协商、善议政、守纪律、讲规矩、重品行；通过在党校开办委员专题培训班和集中培训等形式，完成所有新任委员的学习培训任务；制定了委员履职规则，着力提高委员的政治把握能力、调查研究能力、联系群众能力、合作共事能力，切实发挥在政协工作中的主体作用、本职工作中的带头作用、界别群众中的代表作用。争做走出去会看、站起来会说、坐下来会写、弯下腰会干的“四会”委员。

加强理论研究新闻宣传。依据中共中央《关于加强人民政协工作的意见》，立足地方政协工作的规律性、时代性、创新性开展理论研究。区政协开展的统筹城乡发展研究，作为市社科院年度研究项目；参与了市政协“人民政协与国家治理体系现代化”研究课题，论文《地方政协参与乡村社会治理的思考》获三等奖；开展的“民主监督”“提高四种能力”研究，分别在市政协相关专题会上作了交流。坚持以习近平关于新闻舆论工作系列重要讲话精神为引领，坚持团结稳定鼓劲、正面宣传为主的方针，开展政协新闻宣传工作，采写有温度、有深度的稿件。全年在《人民政协报》《重庆日报》《重庆政协报》《武隆日报》等媒体刊发稿件197篇，多层次凸显履职亮

点，多角度展示委员风采，多方位宣传政协协商民主生动实践。连续六年被市政协表彰为新闻宣传工作先进集体。

加强政协机关建设。围绕“政治坚定、本领过硬、作风优良、风清气正、创新有为、包容真诚”的目标，努力打造工作一流的政协机关，为政协履行职能提供坚强保障。全面落实党的十九大“全面增强执政本领”的要求，严格按照《政协章程》履行职能，强化学习意识、正气意识、责任意识、服务意识、团结意识，坚持“讲政治、讲廉洁、讲效率、讲协作”的准则，着力打造适应新时代中国特色社会主义发展要求的政协机关；加强制度建设，先后修订完善《常委会议事规则》《专委会议事规则》等专项规则4个，建立完善《学习制度》《会议服务制度》等制度18个，讨论完善《岗位职责》，覆盖政协履职、委员服务管理、日常事务、机关建设等政协经常性工作的全过程，形成了较为完善的制度体系，推进政协决策的程序化、规范化、制度化。强化制度落实的督促检查，提高制度执行力，着力打造素质过硬的委员服务队伍；落实好、执行好二十字干部标准，在政治意识、担当意识、规矩意识等方面着力，拉高标杆、对标看齐，着力打造政治立场坚定、政治头脑清醒、服务群众能力强的政协干部队伍。

各位委员，一年来的工作之所以能卓有成效，主要得益于区委的正确领导和区人大、区政府的大力支持，得益于各级各部门和广大群众的关心支持，得益于政协历届老领导的辛勤付出，得益于政协各参与单位的不懈努力和广大政协委员的共同参与。在此，我谨代表区政协常委会，向所有关心、支持政协工作的各级领导和社会各界人士表示衷心的感谢！

一年来的工作尽管取得了一些成效，但仍然存在一些差距和不足。推动社会主义协商民主规范化、制度化、程序化还需要加强；落实重大项目、重大事项协商在决策之前做得不够好，协商领域不够宽；民主监督的渠道还需要进一步拓宽；一些部门对提案、社情民意的重视程度不够；调研视察质量还需要进一步提高；对政协建议意见领导批示的跟踪问效还需要进一步加强等等。所有这些，都需要在今后工作中认真加以解决、改进。

2018年工作安排

2018年是贯彻落实党的十九大精神的开局之年，是决胜全面建成小康、实施“十三五”规划承上启下的关键之年。区政协常委会要以党的十九大精神为统揽，在中共重庆市武隆区委的坚强领导下，拥抱新时代、践行新思想、实现新作为。区十四届三次全会已经明确了今年工作的重点，这是全区人民的奋斗目标，也是政协委员肩负的新使命。新的一年，全体政协委员要在服务大局上有更大的作为，在推进协商民主发展上有更深的探索，在深化团结合作上有更大的作用，咬定新目标、立足新起点、再铸新辉煌。

一、精准把握十九大精神深刻内涵，不断提高政治能力建设

深入贯彻落实新时代党的建设总要求，以习近平新时代中国特色社会主义思想为指引，深刻学习领会、坚决贯彻落实党的十九大精神，把党的政治建设摆在首位，以坚定理想信念宗旨为根基，以“不忘初心、牢记使命”主题教育为着力点，毫不动摇坚持党对政协工作的绝对领导。始终用党的创新理论武装头脑，不断加强党性锻炼，不断提高政治觉悟和政治能力，把对党忠诚、为党分忧、为党尽责、为民造福作为根本政治担当。深入贯彻落实新时代全面从严治党的各项要求，严格执行新形势下党内政治生活的若干准则，切实增强党内政治生活的政治性、时代性、原则性、战斗性。持之以恒地抓正风肃纪，

巩固“八项规定”成果，认真落实全面从严治党主体责任，尽快适应监察体制改革，加大监督执纪问责力度，让党员干部知敬畏、存戒惧、守底线，习惯在受监督和约束中工作生活。深入贯彻落实新时代巩固和发展最广泛的爱国统一战线的新部署，引导各党派团体、无党派人士和各族各界群众既同心同行画出最大同心圆，又求同存异各展其长，努力寻求伟大征程最优路径的公约数；引导政协参加单位重点围绕深化供给侧结构性改革、区域协调发展、乡村振兴等重大发展战略，深入考察调研，积极建言献策；引导党外知识分子、新的社会阶层人士、民族宗教人员，积极投身于“绿色崛起、富民兴区”实践的各项事业；引导非公有制经济人士增强发展信心，发展实体经济，积极履行社会责任，在打赢深度脱贫攻坚战等方面发挥重要作用。

二、精准把握新时代发展新常态，不断推进“八大战略行动”落地

深刻理解中国特色社会主义新时代社会主要矛盾的转化，准确把握“贯彻新发展理念，建设现代化经济体系”的战略部署，全力助推“八项战略行动”在武隆大地落地生根。围绕推进旅游形象、旅游服务、旅游产品、旅游营销、旅游管理、旅游环境“国际化”，助推对外开放战略行动；围绕推进“互联网+”、智能制造、智慧城市和大数据建设，支持企业技术改造、科技创新，培育品牌、创建品牌，助推创新驱动战略行动；围绕推进“六个更加”，建立健全资源有偿使用、生态补偿、损坏赔偿等制度，助推绿色发展战略行动；围绕“城市的核心是人，关键是衣食住行、生老病死、安居乐业”的要求，助推城市品质提升战略行动；围绕“产业兴旺、生态宜居、乡风文明、治理有效、生活富裕”的新时代美丽乡村目标，助推乡村振兴战略行动；围绕交通“三年会战”，补齐基础设施短板，助推基础设施建设提升战略行动；围绕教育“五大工程”、增强科技创新实力、集聚一批高素质专业化人才，助推科教兴区和人才强区战略行动；围绕增强人民群众获得感、幸福感和安全感，助推保障和改善民生战略行动。

三、精准把握社会热点难点焦点，不断助力“四大攻坚”见效

贯彻“以人民为中心”发展思想，把践行“不忘初心、牢记使命”作为有效履职的出发点、落脚点，把群众需求作为第一选择、把群众呼声作为第一信号、把群众满意作为第一标准，努力做到群众有所感、政协有所解，群众有所忧、政协有所应，群众有所困、政协有所帮。围绕“全域旅游助推深度脱贫”主题，全力以赴办好“湘鄂黔渝边区政协第36次联系会”，凝聚成员单位政协委员智慧，博采武陵山片区各区县全域旅游发展之长，推动武隆全域旅游持续快速健康发展；围绕贯彻落实总体国家安全观，着力防范重点领域风险，助力风险防治攻坚战，把武隆的风险化解在萌芽状态；围绕“深化脱贫攻坚三年行动计划”“七大深化提升工程”和“四个认识、三个统筹、一个目标”的要求，贯彻精准方略，实施扶贫对象跟踪管理，对照“两不愁、三保障、一达标”目标，下足“绣花”功夫，建立完善扶贫长效机制，助力深度脱贫攻坚战，让贫困群众高一格脱贫、快一步致富；围绕“美丽乡村建设”和乡村振兴战略，组织广大委员进乡村、进社区、进企业，真诚倾听群众呼声，真实反映群众意愿，真情关心群众疾苦，助力污染防治攻坚战，让蓝天白云、新鲜空气、清洁水源、绿色食品、宜居环境更好地滋润武隆大地；围绕“稳定居住、稳定致富”的要求，加快建设城市副中心、乌江文化展示基地、休闲旅游驿站，助力羊角搬迁安置攻坚战，让古老的羊角镇焕发新的活力；积极做好协调关系、理顺情绪、化解矛盾的工作，使各党派团体、各族各界对区委区政府的重大决策形成共识、增进理解，为武隆经济社会发展传递正能量、汇聚同行者。

四、精准把握政协协商民主实质，不断创新协商实践形式

认真贯彻落实中共重庆市委《关于加强和改进新形势下人民政协协商民主的实施意见》、区委《关于加强和改进人民政协工作的意见》，站在推进社会主义协商民主的高度，认真贯彻落实协商在决策之前和决策之中的重要原则，进一步完善协商机制、搭建协商平台、制定协商计划，扎实推进政协协商民主广泛、多层、制度化发展。通过提案、视察、评议等途径，对打造全域旅游新图景等十项重点工作和实施交通三年行动计划等30件民生实事开展协商式监督；充分发挥包容性强、联系广泛的优势，坚持主席会成员定期走访联系民主党派、界别委员制度，及时了解党派的议政呼声和界别群众的思想动态。进一步完善民主评议制度，坚持质量和实效统一，组织委员在调研基础上，对部门开展民主评议；加大提案协商办理力度，创新办理方式，提升办理实效；坚持创新驱动，探索远程协商、微信议政等具有时代特征、武隆特色的“互联网+协商议政”工作新方法、新载体、新机制；精选群众关切、小中见大的议题，进农村、进社区、进学校、进机关、进企业，现场协商。

五、精准把握新时代政协新要求，不断推动履职能力建设

落实党的十九大对人民政协工作的新要求，坚持以改革创新的精神进一步抓好自身建设。政协党组和机关党组要牢牢把握新时代党的建设总要求，把习近平新时代中国特色社会主义思想落实到区政协党的建设全过程；切实担负起全面从严治党主体责任，坚持党要管党、全面从严治党，始终把党的政治建设摆在首位，严肃党内政治生活；依照宪法法律和政协章程的准确定位，充分发挥政协是各党派团体和各族各界人士发扬民主、参与国是、团结合作的重要平台作用；不断筑牢共同思想政治基础，扎扎实实做好争取人心、汇聚力量的工作；有效发挥专委会的基础作用，努力提高议政建言能力和水平。建言建在需要时、议政议到点子上、监督监在关键处，使政协的调查研究和协商议政真正成为区委区政府科学决策、民主决策的重要环节。进一步探索委员履职新途径，将互联网思维引入政协工作，推动现代信息技术在政协履职中广泛应用，不断丰富履职联动模式，常委会协商、主席会协商与驻武市政协委员联动、协商活动与重点工作涉及的部门、乡镇联动，有效激发政协工作活力。进一步抓好作风建设。有序推进“两学一做”学习教育常态化、制度化，扎实开展“不忘初心、牢记使命”主题教育，聚焦服务群众意识、提升群众工作能力抓好作风建设，把好干部标准落到实处，增强干事创业本领，用新思想武装头脑，用新精神激励干部，用新使命锻造队伍，打造一支政治过硬、作风优良、纪律严明、热心政协的高素质专业化政协干部队伍。

各位委员，新思想凝聚奋进力量，新作为开启崭新征程。行进在决胜全面建成小康社会、开启建设中国特色社会主义现代化国家的伟大征程中，更需要我们团结合作、群策群力，勇担重任、积极作为。让我们紧密团结在以习近平同志为核心的党中央周围，高举中国特色社会主义伟大旗帜，以习近平新时代中国特色社会主义思想为行动指南，以永不懈怠的精神状态和一往无前的奋斗姿态，为决胜全面建成小康社会，实现中华民族伟大复兴中国梦，谱写武隆新篇章作出新的更大贡献！

谢谢大家！

（区政协办）

2017年国民经济和社会发展计划执行情况

2017 年，全区上下一心，立足撤县设区新机遇新要求带来的新使命，以更高的士气、更大的力度、更实的举措开拓进取、攻坚克难，全面落实新发展理念，以推进全区“十三五”规划落实为核心，以推进供给侧结构性改革为主线，坚持问题导向部署经济发展战略，全力抓好投资拉动和重大项目支撑，积极加强经济运行调度和风险防控，全区经济社会发展保持稳中有进、稳中向好势头。

根据区十八届人大常委会第五次会议对《关于 2017 年 1—6 月国民经济和社会发展计划执行情况的报告》审议意见，区人民政府在下半年重点强化了年度目标任务的检查落实、供给侧结构性改革、重点项目建设、“放管服”改革措施落地等方面工作，保障全区经济持续、健康发展。

表一：2017 年国民经济和社会发展预期目标完成情况

指标		单位	预期目标		预计完成情况		
			绝对值	增速	绝对值	增速	占计划 %
经济增长	1. 地区生产总值	亿元	162	11% 左右	159.2	9% 左右	98.3
	2. 固定资产投资	亿元	147	12% 左右	144.3	10% 左右	98.2
	3. 社会消费品零售总额	亿元	59	12% 左右	59	12% 左右	100
	4. 进出口总值	万美元	1300	18.2%	700	-46.2%	53.8
	5. 一般公共预算收入	亿元	14.8	——	15	1.9%	101.1
结构质量	6. 城镇化率	%	43.1	+2 个百分点	42.3	+1.2 个百分点	——
	7. 工业总产值	亿元	158	17% 左右	151⍰	11.8%	95.6
	8. 接待游客	万人次	2800	14.3%	2800	14% 左右	100
	9. 电子商务交易额	亿元	15	43% 左右	15	43% 左右	100
生态文明	10. 乌江干流水质	类	Ⅲ—Ⅱ	——	Ⅲ—Ⅱ	——	100
	11. 城区空气质量优良天数	天	300	——	331	——	100
	12. 万元 GDP 综合能耗降低	%	0.9	——	3.5	——	100
	13. 森林覆盖率	%	62.6	——	62.6	——	100
社会民生	14. 贫困发生率	%	1.7	——	1.64	——	100
	15. 城乡居民收入比例	——	2.73 ∶ 1	——	2.77 ∶ 1	——	
	16. 居民人均可支配收入	元	20240	11% 左右	20240	11% 左右	100
	17. 城乡居民养老、医疗保险参保率	%	95/95	——	95/95	——	100
	18. 城镇登记失业率	%	控制在 3% 以内	——	1.96	——	100

2017年2月，为规范固定资产投资数据发布，使之与国家统计口径保持一致，市统计局明确全市发布区县固定资产投资统计数据均不含跨区投资和农户投资，并对2016年各月区县固定资产投资数据进行点对点反馈。经反馈，武隆区2016年固定资产投资基数调整为131.2亿元。根据《2017年政府工作报告》和《武隆县2016年国民经济和社会发展计划执行情况与重庆市武隆区2017年国民经济和社会发展计划草案的报告》确定2017年12%左右的增速套算，故将2017年武隆区固定资产投资任务调整为147亿元。

目前，市统计局正对各区县规上工业总产值统计口径进行调整，暂未反馈相关数据。工业总产值151亿元为老口径测算。

市环保局从2017年前起调整了区县城区空气质量优良天数监测标准，明确按《环境空气质量标准》（GB3095—2012）新标准对空气质量进行监测和评价，新增PM2.5浓度值等监测指标，2017年市级考核武隆区空气质量优良天数为300天。

（一）强化发展宏观调控，经济运行保持合理区间

面对经济下行压力持续不减、增长动能转换压力较大的宏观形势，全区上下沉着应对，积极适应新常态，立足发展要务、问题导向和短板需求，加大经济预判、预调、预控力度，完

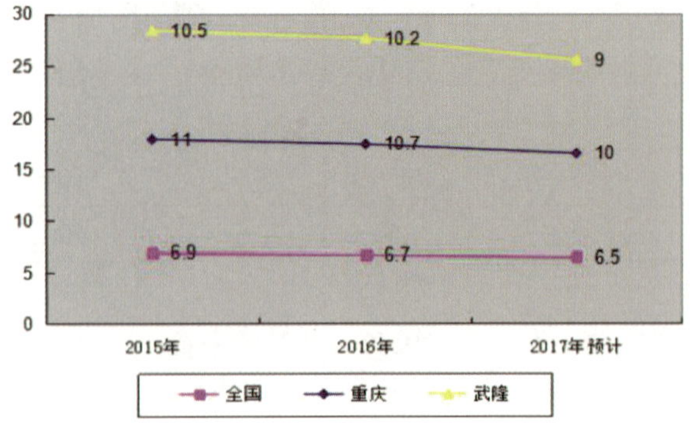

图一：近三年GDP增速对比趋势图（单位：%）

善月度监测、双月分析、季度调度的运行机制，落实系列稳增长综合举措，确保经济平稳运行。初步预计，实现地区生产总值159.2亿元、增长9%左右；按现价计算，实现人均地区生产总值46010元、增长9.3%左右。三次产业增加值分别增长4.8%、11.7%、7.8%，产业结构比调整为14 ∶ 40 ∶ 46。

（二）加快产业体系构建，发展质量效益同步提升

生态旅游提档升级。全面攻坚“仙女山提档升级、白马山开发、乡村旅游建设”三大战场，累计完成旅游投资22.01亿元。成功创建国家级旅游业改革创新先行区、国家体育旅游示范基地，预计游客接待量连续5年保持14%左右的增长，实现旅游产业增加值38亿元。加快拓展东南亚、日韩、欧美、港澳台市场，境外游客占比4.8%。集团营销组客105万人，增长13%。旅游综合满意度保持全市前列、渝东南领先。

专栏1：国际知名旅游胜地建设重点项目推进情况

景区景点：归原艺术农业旅游项目（一期）投入试运营。望仙崖景区主体工程基本完工；星际未来城项目完成星际乐园酒店及娱乐馆基础施工，推进星际大楼主体工程建设；懒坝·净心寺主体工程封顶，大地花海艺术公园基本成型；阳光童年项目进场施工；天生三桥观光电梯完成钢结构设计调整等工程；芙蓉江提档升级项目完成芙蓉洞灯光改造、芙蓉洞步道改造。城区接待中心项目完成征地拆迁等前期工作；影视创意文化产业城项目完成地形图测绘等前期工作。有序推进赵家白院子、大洞河穆杨沟、和顺打蕨村等乡村旅游示范村（点）建设。

基础设施：仙女山度假区动步公园和石匣子环线道路完工，室内体育馆及天衢、嫦娥、鸾珮

三个公园建成投用；完成农贸市政综合体基础设施、瓦厂湾安置点二期场平建设；完成金鼎山公园及仙女山雕塑等项目方案设计。天生三桥出入口改造、全民健身中心、后槽沟底道路、和尚岩污水管网工程等项目加快推进前期工作。白马山接待中心、生态停车场等加快建设，污水垃圾处理、饮水、片区内路网等项目前期工作加快推进。

生态工业提质增效。预计完成工业投资17.9亿元，其中，完成技改项目23个、投资1.5亿元。预计实现工业总产值151亿元(老口径)、增长11.8%。其中，规模以上工业总产值77.5亿元(老口径)、占比51.3%；新培育规模以上工业企业4户，规模以上工业企业利润增长28%左右。材料产业、装备制造业、新能源汽车三大产业发展迅猛，实现产值46.5亿元、增长24%。

专栏2：生态工业经济强区建设重点项目推进情况

企业建设：久味凤、润成动力（一期）项目建成投产。新金联（一期）完成主体工程建设。完工港升机械、冉望铝业、攀创科技等企业办公主体工程；环保设备加工（一期）正在进行设备安装。灵烽纸业等项目前期工作有序推进。

清洁能源：芙蓉江浩口水电站三台机组、江口罗洲坝水电站实现并网发电；大梁子风电项目完成升压站、风机平台建设；武陵山天然气“县县通”工程完工通气；页岩气勘探开发开钻12口评价井，完成投资2.4亿元。白马电航枢纽项目核准报告正式上报国家发改委，预计2018年1月底实现项目核准。

基础设施：白马货运码头完成进港道路和217平台建设，推进滑坡治理和道路工程建设；长坝组团场平完成滑坡治理抗滑桩工程量的85%；工业园区白马组团污水处理厂完成主体工程。开工黄荆坝中央商城（一期）项目。白马组团沙台片区、物流通道等项目前期工作有序推进。

农业经济稳步发展。高山蔬菜、草食牲畜、特色林果、乡村旅游、有机茶叶、电子商务“六大十亿级”产业链持续落地，预计实现农业总产值34.5亿元，增长4.8%。稳定粮食种植（复种）49333.33公顷，蔬菜常年在地25866.67公顷，茶叶在地面积3680公顷，养殖水面突破666..67公顷，预计特色效益农业产值增长12%左右。农产品“三品一标”认证33个，专业化统防统治覆盖率27.5%。培育市级示范合作社3户、示范家庭农场2户，适度规模经营面积20133.33公顷。

专栏3：特色效益农业发展重点项目推进情况

双河农村产业融合发展试点示范区实施果园13.33公顷，新建蓄水池6个6200立方米，流转土地3.33公顷开展蔬菜品种试验示范；白马天尺坪茶叶示范园启动高山茶研所建设；桐梓—后坪茶叶扶贫示范带启动113.33公顷；火炉梦冲塘现代渔业示范园新建流水养殖槽3条及鱼菜共生面积1.33公顷。2016年第一批农业综合开发项目全面竣工，2016年第二批项目完成工程量的98%，2017年项目完成工程量的80%。完工2016年度农业综合开发（第一批、第二批土地治理项目及产业化项目）工程。完工凤来、和顺、沧沟等3个养殖场大中型沼气工程，完成大溪河流域农业面源污染综合治理项目。百万头优质生猪产业化工程完成猪场新建48个、改扩建121个，完成投资7131万元；土鸡繁育中心、山羊深加工项目建成投产，完成投资1741万元；新开工草食牲畜产业链项目，新建和改扩建养殖场55个，完成投资5935万元。

（三）投资消费双轮驱动，经济增长后劲持续增强

投资总量持续增长。争取到位各类资金35

亿元，完成全社会固定资产投资144.3亿元（老口径）、增长10%左右，继续担纲经济增长的主力军。基础设施投资、产业投资和房地产开发投资占比分别为46.3%、37.7%、16%，社会投资44.83亿元、占比31.1%。100个重点项目累计完成投资65.5亿元，对固定资产投资的支撑率达45.4%。新增各类储备项目300个，估算总投资800亿元。

消费需求平稳释放。服务业提质增效，预计实现社会消费品零售总额59亿元、增长12%左右。其中，批零销售额、住餐营业额分别增长15.5%、16.5%左右。仙女天街成功创建成为市级特色商业街，创建江口镇为市级商贸强镇，火炉镇被命名为市级商贸综合服务中心。电商交易额预计突破15亿元，增长43%左右，电商市场主体突破1000家，从业人员超过3000人。

专栏4：重点基础设施项目推进情况

交通：武仙路复线、土坎乌江大桥建成投用；仙女山机场完成试验段建设。完成龙溪至沧沟段路基、龙溪乌江大桥工程量的70%、G65土坎互通工程量的40%；渝怀铁路二线工程完成隧道开挖31216米，大桥承台86个、墩身1780米；城区北环西段、S429白马至鸭江段、天尺坪至豹岩、土坎至白马山、鸭江至庙垭、赵家至豹岩、S204桐梓至丰都都督公路等项目进行路面施工；完成农村公路约270公里。机场连接路工程纳入PPP模式推进。S204中嘴至火炉、G353白果坪至竹坝段、S428青杠堡至涪陵大木段、S421龙溪至鱼子升级改造工程完成施工图设计等前期工作。垫丰武道高速完成方案设计、可行性研究文本；渝湘高铁正在推进施工图设计等前期工作；城区至仙女山轨道交通项目完成四种制式对比预可研编制。

水利：接龙水库成功蓄水。大河沟、核桃水库完成大坝主体工程；仙女山、河心水库加快建设。新开工花园、木根、沙坝、沙河4座水库。完工2017年山坪塘整治工程及公益性水利工程维修养护项目。姜家溪、万峰、铜鼓、西山、车盘5座水库完成项目前期工作。

信息：新建4G基站258个，升级改造2G基站54个，实现全区186个行政村4G网络全覆盖。

政法：完工检察院办案和技术用房主体工程，人民法院审判法庭推进前期工作。

（四）致力改革开放创新，新兴发展动能加快成长

重点改革取得初步成效。全面推进供给侧结构性改革，完成煤炭企业关闭退出，开展2户僵尸企业处置。供需两端推进房地产库存消化，销售商品房4573套、面积32.4万平方米，棚户区改造货币化安置362户。推动“涉企35条”“营改增”等政策落地，通过“助保贷”、转贷应急周转金等降低融资成本，累计为企业减负2.5亿元以上。推进10个村农村集体资源量化确权改革和扶持发展农村集体经济试点。银行业不良率控制在1%以内，风险总体可控。深化“多证合一”等为重点的商事制度改革，新增市场主体3255户，总量29698户，年增长率保持在15%以上。稳步推进户籍制度、要素价格等领域改革。

开放经济水平不断提升。大力推进精准招商、专业招商、点对点招商，新引进各类产业项目30个，正式签约80亿元，到位投资40亿元。实际利用外资738万美元，实际利用内资41亿元。依托新型材料、装备制造等优势产品，扩大贸易规模，全年完成出口总额700万美元，企业服务外包执行额205万美元。

创新驱动战略加快实施。高山蔬菜市级农业科技园区申报通过市上评审。凤来谷市级众创空间运行良好，签约众创空间企业123家，入驻企业49家。预计R&D经费支出2600万元，增长20%左右。获国家高新技术企业认定2家、市级

高新技术产品认定5个。新增入库科技型企业40家，总量52家。专利授权126件，增长85.3%，有效发明专利累计21件，万人发明专利拥有量0.61件/万人。

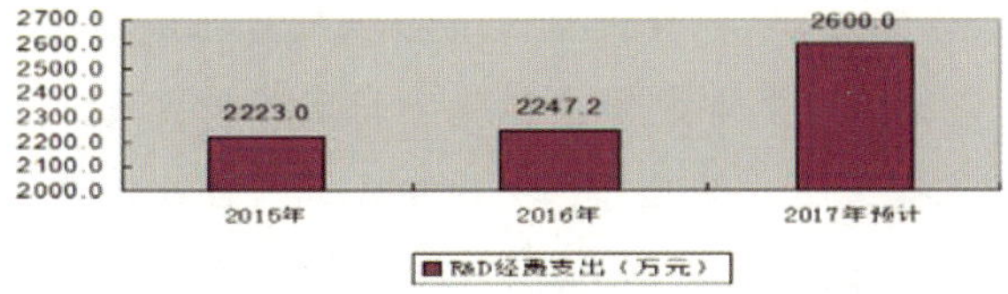

图二：近三年R&D经费支出比较图

（五）统筹区域协调发展，城乡村镇面貌切实改善

预计完成城乡建设投资46.5亿元，带动建筑业增加值增长11.8%。城市提质拓展加快推进，城乡总体规划修编报市政府审批；完成“老街记忆”综合打造、建设东路环境综合整治方案，启动南溪街和桂园路综合整治；启动梓桐公园建设；新增城区停车位2590个，城区新增绿化面积12.55公顷，实施棚户区改造3.6万平方米。村镇面貌焕发新颜，推进仙女山镇、江口镇2个特色小镇和3个美丽宜居村庄建设，完成武仙路沿线、白马山片区、后坪场镇等农房风貌改造418户。羊角新址形象初显，484栋1936套搬迁安置房全面完工，燃气、供水等附属工程加快完善；土坎征地拆迁和狮子危岩搬迁安置区加快建设；机关事业单位全部安置入驻。

专栏5：山水园林旅游新城重点项目推进情况

中心城区：北滨广场项目即将建成投用；左岸城区（大木桥段）防洪、南滨路加高工程、中堆坝广场等项目推进主体工程建设。北滨路、梓桐公园等项目加快推进；龙山公园入口公路即将开工建设。瓦厂坝体育公园、梓桐广场及停车场正在开展方案设计等前期工作。完成1个社区公园建设及公园文化提升工程。

村镇建设：加快推进江口特色小城镇及石桥、浩口、文复、后坪等民族风情集镇建设。完成农村建卡贫困户D级危房改造616户。完成易地扶贫搬迁建房992户3995人，其中建卡贫困人口搬迁753户3014人。

房地产开发：完工鸿泰新居、巷口廉租房、土坎廉租房等项目；锦江竹苑、利丰望江苑3号楼完成房建施工。

（六）扎实推进生态建设，绿色发展成效持续显现

深入实施环保“五大行动”，市上下达武隆区的134项污染防治项目完成率92%，预计化学需氧量、氨氮、二氧化硫、氮氧化物排放量分别下降2.7%、3.3%、5%和13.4%。完成各类营造林9666.67公顷，森林覆盖率62.6%。城区空气质量优良天数331天，地表水满足水域功能要求，集中式饮用水源地水质达标率100%。4座镇级污水处理厂建成投运，实施15个乡镇50个行政村农村环境连片综合整治，1000人以上居民聚居点污水处理设施实现全覆盖。政府采购节能环保产品比例43.4%。

专栏6：生态文明示范名区重点项目推进情况

垃圾污水处理：城区建筑弃渣填埋场建成投入使用；城区污水处理厂迁建项目试运行，扩建项目加快推进。垃圾焚烧发电厂项目正在开展选址和焚烧方案论证等前期工作。平桥、火炉、桐梓、江口等4座污水处理厂建成投用。乡镇场镇二、三级污水管网建设正在开展初设等前期工作。

生态环境保护：完工2016年大灌区、抗旱应急、水保项目等重点生态项目；完成2017年水土保持项目工程量的90%；开工建设2017年移民后扶项目。

森林工程建设：完成欧投贷款造林3333.33公顷、石漠化综合治理和退耕还林3533.33公顷、封山育林666.67公顷、森林抚育1533.33公顷、白马山杜鹃花海466.67公顷、羊角险区植被恢复133.33公顷。

（七）如期顺利脱贫摘帽，社会民生福祉全面增进

脱贫攻坚取得阶段性胜利。累计整合资金45.6亿元强力实施脱贫攻坚“十大攻坚行动”，全面补齐“安全住房、教育医疗、人饮保障”等多方面短板，贫困发生率下降到1.64%，脱贫人口人均可支配收入增长到6842元，顺利通过国家贫困县退出评估检查，成为全市首批正式退出国家贫困县的五个区县之一，群众认可度列全市5个区县第一位。制定出台“1+3+N”深化脱贫攻坚工作方案，规划后续扶持项目776个，确保到2020年实现高质量稳定脱贫，实现同步进入小康社会。

人民生活水平持续提升。全年民生领域支出37亿元，占一般公共预算支出的70%左右。30件市级、区级民生实事涉及的37个项目基本完成。累计完成投资9.38亿元，武隆中学、实验小学凤溪校区及凤溪幼儿园等9所学校建成投用；发放贫困家庭学生资助金3135万余元，惠及学生39378人次；顺利通过义务教育发展基本均衡区国家督导认定。国家基本公共卫生服务项目服务人群覆盖率达到95%以上，城乡居民签约家庭医生服务分别达2.9万人、17.2万人。新增城镇就业4944人，城镇登记失业率1.96%。城乡居民医疗保险、养老保险参保率稳定在95%以上。发放城乡低保金8995万元，惠及11679户、21534人。建成社区养老服务站2个。新建农家书屋86个，流动文化服务进村1240场。居民人均可支配收入实现20240元、增长11%左右，农村居民收入增幅持续高于城镇居民收入增幅。

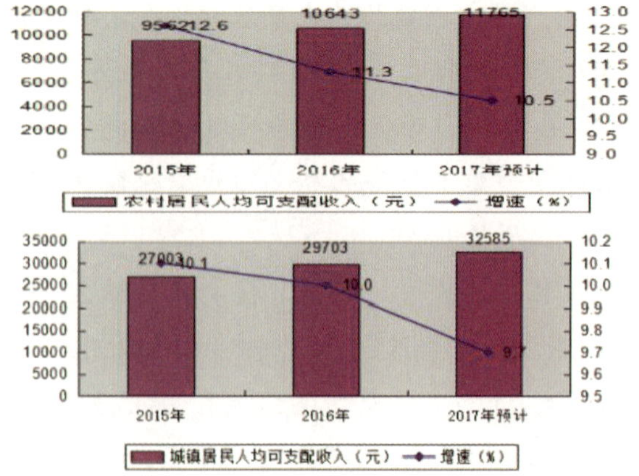

图三：近三年城乡居民人均可支配收入变化图

专栏7：社会民生改善重点项目推进情况

教育：武隆中学、实验小学凤溪校区及凤溪幼儿园、江北幼儿园、土坎中小学、仙女山希望学校、白马镇第二小学及幼儿园、白马中学（一期）等9所学校新建和改扩建项目建成投入使用。完成江口镇中心校改扩建主体工程、鸭江小学扩建项目场平基础工程及架空层主体、火炉小学扩建（含幼儿园）场平工程。开工建设4个农村教师周转宿舍项目。完成15所寄宿制学校沐浴系统建设改造，4所高完中、5所城区学校直饮水设备配置。

卫生：区妇幼保健院产科大楼建成投用；完工城区殡仪馆、人民医院精神科业务楼等项目；完成中医院门诊住院综合楼主体工程。残疾人康复训练中心完成招商洽谈和装修运营承包协议拟定。福康医院迁建、博爱精神病医院迁建、妇幼保健院儿科大楼选址等前期工作加快推进。完成50个村卫生室标准化设备配置。

文体：龙山公园和凤山公园文化元素植入建成投入使用。乌江博物馆正实施主体工程建设。二级标准化电视台功能用房、城区滨江雕塑、观音洞文物保护工程等项目前期工作有序推进。完工10个农民体育健身工程和4个乡镇健身广场、农村登山步道和健身路径37条。新建文化中心66户；完成26个“百县万村”示范点建设。

各位代表，在宏观经济形势复杂严峻、各种困难和风险挑战不断涌现、整体经济下行压力持续加大的情况下，取得这样的成绩实属不易。同时，大家也清醒地认识到，全区经济社会发展中仍面临不少突出矛盾和问题。主要表现在：一是经济增长压力依然较大，地区生产总值、全

社会固定资产投资、一般公共预算收入等主要经济指标增速较 2016 年均有所放缓，企业融资困难、建设用地趋紧、环境约束增强等因素制约，追赶跨越难度大。二是产业支撑能力不足，工业经济拉动乏力，企业盈利方式单一、产出强度低，新增长点培育成效不显；消费结构性矛盾突出，消费供给较为单一，未形成区域性品牌，商业综合体、电子商务等领域仍是发展短板，市场消费潜力及后劲明显不足；服务业行业结构不合理，储备增量不足，发展不可持续。三是结构调整进展缓慢，传统产业占比较高，战略性新兴产业培育壮大尚需时日，创新能力有待提升，研发投入和成果转化水平不高，新旧动能转换压力较大。四是投资增长后劲不足。“双百”项目推进缓慢，新开工项目量少质弱；投资结构不尽合理，社会投资、产业投资占比不大。交通、水利、环保等乡村基础设施投入不足。投资拉动强、助推产业结构调整的重大项目储备严重不足。五是民生保障任务依然繁重，基本公共服务均等化水平仍需提升，城乡居民增收渠道有待进一步拓宽等。对此，我们将认真研究和深入分析，用超常规的手段，用改革和发展的办法积极加以解决。

（区发改委）

芙蓉洞

统计资料

TONGJI
ZILIAO

武隆年鉴

统计资料

2017 年重庆市武隆区国民经济和社会发展公报

2017年重庆市武隆区国民经济和社会发展统计公报

2017 年，是武隆撤县设区的开局之年。一年来，区委、区政府带领全区人民以党的十九大精神、习近平新时代中国特色社会主义思想和视察重庆重要讲话精神为指引，全力以赴稳增长、积极稳妥促改革、坚定不移调结构、真心实意惠民生、未雨绸缪防风险，经济增长质量与均衡发展取得积极成效，谱写出了决胜全面小康社会实现中国梦的精彩篇章。

一、综合

全年实现地区生产总值（GDP）1604925 万元，按可比价计算，较上年增长 7.7%。其中第一产业实现增加值 226998 万元，较上年增长 5.0%；第二产业实现增加值 653085 万元，较上年增长 9.9%；第三产业实现增加值 724842 万元，较上年增长 6.5%。三次产业结构比为 14.1 ∶ 40.7 ∶ 45.2，三次产业对经济增长的贡献率分别为 9.4%、52.7%、37.9%，分别拉动经济增长 0.7、4.1、2.9 个百分点。按常住人口计算，人均生产总值 [1] 达到 46305 元，较上年增长 7.7%。

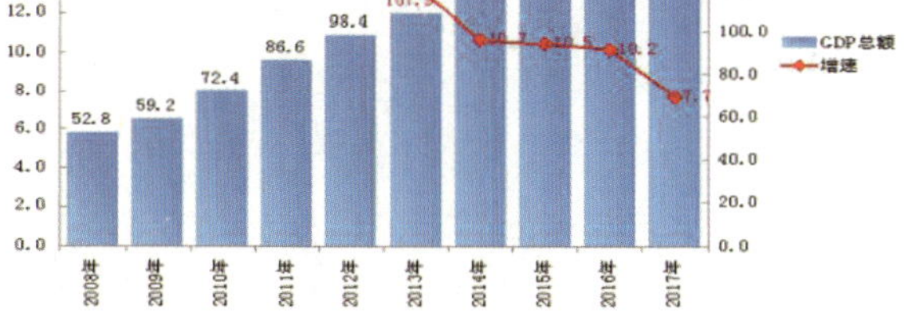

按公安户籍统计：全区年末户籍总户数 [2] 为 141195 户，总人口 412680 人，男女性别比为 109.7 ∶ 100。其中，城镇人口 116261 人，乡村人口 296419 人。出生人口 4126 人，死亡人口 4872 人，人口自然增长率 -1.8‰，出生男女性别比为 109.8 ∶ 100。全区迁入人口 1435 人，迁出人口 2424 人，净迁出人口 989 人，人口机械变化率 -2.4‰。

全区常住人口 [3]34.72 万人，其中城镇人口 14.82 万人，城镇化率 42.68%。按常住人口计算（含往年补报），政策内人口计划生育率 97.3%，较上年提高 0.4 个百分点。按户籍人口计算（含往年补报），政策内人口计划生育率 97.4%，较上年提高 0.4 个百分点。

初步测算，年末全区劳动力资源 27.08 万人，其中经济活动人员23.45万人。全区从业人员23.35万人，其中城镇从业人员7.96万人，乡村从业人员15.39万人。一产业从业人员11.69人，二产业从业人员4.80万人，三产业从业人员6.86万人。城镇新增就业人员4944人，城镇失业人员、就业困难人员就业4455人，城镇登记失业率1.96%。农村劳动力转移10.95万人，其中常年外出务工劳动力8.71万人。在农村劳动力转移中，乡外区内2.95万人，区外市内2.75万人，市外3.01万人。

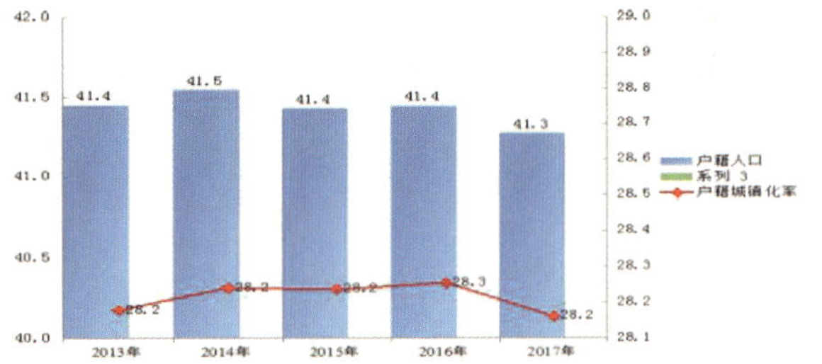

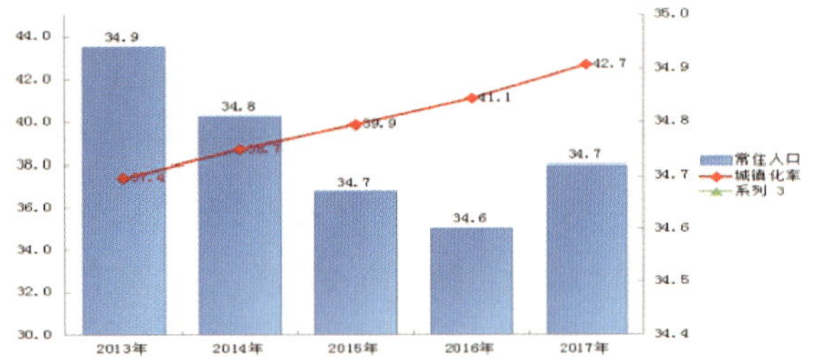

二、农业

全年完成农林牧渔业总产值343571万元，较上年增长1.3%（按可比价计算增长4.5%）。农业商品产值194215万元，商品化率为56.8%。实现农林牧渔业增加值228078万元，按可比价计算，较上年增长5.0%。其中，农业157202万元，增长5.7%；林业11980万元，增长22.0%；牧业48333万元，增长2.3%；渔业9483万元，增长9.0%；农林牧渔服务业1080万元，增长21.5%。农林牧渔业增加值结构由2016年的66.3∶4.4∶24.9∶3.9∶0.4调整为68.9∶5.2∶21.2∶4.2∶0.5。

全年粮食播种面积49812公顷，较上年下降0.3%。粮食综合亩产245千克，较上年增长0.4%。油料作物播种面积5874公顷，增长2.95%。烤烟播种面积3322公顷，较上年下降4.8%。中草药材种植面积3977公顷，较上年增长3.84%。蔬菜播种面积25824公顷，较上年增长2.0%。

表34：2017年全区主要农产品产量表

农产品名称	单位	产量	比上年增长（±%）
粮食	吨	183324	0.4
油料	吨	10927	5.0
苎麻	吨	540	-16.3
烤烟	吨	7424	-9.3
蔬菜	吨	590989	5.8
水果	吨	34070	10.7
生猪（出栏）	头	466078	-1.2
牛（出栏）	头		
羊（出栏）	只	196785	12.9
家禽（出栏）	只	1208431	2.8
肉类总产量（猪牛羊禽）	吨		
其中：猪肉	吨		
禽蛋产量	吨		
水产品	吨	3633	9.6

说明：水果中含瓜果

全区城乡集中式供水工程4664处，总供水量1448.64万立方米，年末农村供水工程2644处，年末农村自来水供水人口33.82万人，其中涉及建档立卡贫困人口4.22万人。机耕面积69553.33公顷，机耕水平89%；机播面积753.33公顷，机播水平1%；机收面积6600公顷，机收水平8.12%。农业耕种收综合机械化率41%，较上年提高2.5个百分点。农业机械总动力达到31.20万千瓦，较上年增长2.0%。其中，汽油发动机动力13.15万千瓦，较上年增长1.4%。新发展农民专业合作社63户，总数达1009户；新发展家庭农场8户，总数达到80户。全区农业产业化龙头企业51户，其中市级龙头企业14户。家庭承包耕地流转20713.33公顷，其中转包（出租）14633.33公顷，耕地流转率30.3%。

三、工业、建筑业

全区实现工业增加值287733万元，按可比价计算，较上年增长10.6%，对经济增长的贡献率为24.4%，拉动经济增长1.9个百分点。其中，规模以上工业增加值增长11.0%，规模以下工业（含个体）增加值增长9.1%。

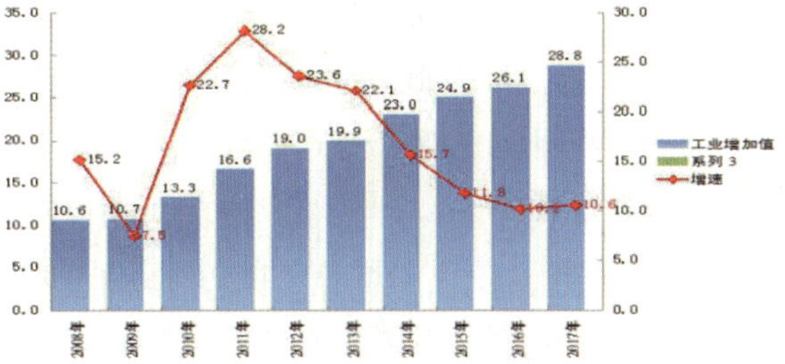

全区规模工业企业[4]完成工业总产值473917万元，较上年增长2.5%。其中，国有控股企业完成产值169699万元，增长0.4%；大中型工业企业完成产值142799万元，较上年下降6.7%。按轻重工业分：轻工业总产值89242万元，较上年下降22.3%；重工业产值384676万元，较上年增长10.7%。规模以上工业企业利润总额37534万元，较上年下降33.4%；利税总额61618万元，较上年下降24.2%。规模以上工业企业经济效益综合指数86.8%，较上年下降16.9个百分点；总资产贡献率为7.7%，较上年下降0.9个百分点；资产负债率72.7%，较上年提高1.9个百分点；成本费用利润率12.5%，较上年下降2.8个百分点。

表35：2017年规模以上工业总产值情况表

指标名称	工业总产值（万元）	比上年增长（±%）
工业总产值总计(当年价格)	473917	2.5
#国有控股企业	142799	-6.7
#大中型工业企业	82283	-13.4
#私营企业	331118	7.1
按轻重工业分		
轻工业	84346	-26.5
重工业	389572	12.1
按登记注册类型分		
国有企业	—	—
集体企业	—	—
股份制企业	473917	2.5
外商及港澳台商投资企业	—	—
其他经济类型企业	—	—

全区规模以上工业企业主要行业中，农副食品加工业完成总产值54379万元，较上年下降7.2%；金属制品业23970万元，较上年下降13.1%；专用设备制造业完成总产值5532万元，较上年下降12.8%；汽车制造业41561万元，较上年下降0.5%；电力、热力生产和供应业142799万元，较上年增长7.0%，占规模以上工业总产值的比重分别为11.5%、5.2%、1.2%、8.8%、30.1%。

全年完成建筑业产值609726万元，较上年增长4.3%。实现建筑业增加值365352万元，按可比价算，较上年增长9.3%，占全区地区生产总值的比重为22.8%。对全区经济增长的贡献率为28.3%，拉动经济增长2.2个百分点。全区具有资质等级的总承包和专业承包建筑业企业实现营业利润2473万元，较上年下降44.8%。

四、固定资产投资和房地产开发

全年完成固定资产投资[5]1443202万元，较

表36：2017年全区规模以上工业主要产品产量

产品名称	单位	产量	比上年增长±%
原煤	吨	0	-100
饲料	吨	24620	1.3
罐头	吨	5535	245.9
机制纸及纸板	吨	14897	-2.9
硅酸盐水泥熟料	吨	281581	71.5
水泥	吨	629943	49.7
钢绞线	吨	39509	-35.6
滚动轴承	万套	233.53	-73.2
商品混凝土	立方米	643616	2.4
发电量	万千瓦时	392022	-8.9
#风力发电量	万千瓦时	9016	18.7

表37：2008——2017年全区全社会固定资产投资情况

年份	全社会固定资产投资额（万元）	全社固定资产投资增速（%）	房地产开发投资额（万元）	房地产开发投资增速（%）
2008年	580028	37.7	49546	79.2
2009年	787964	35.8	82583	66.7
2010年	904687	14.8	133812	62.0
2011年*	1058882	47.1	205027	61.0
2012年*	1259071	18.9	219062	6.8
2013年*	1416029	12.5	222847	1.7
2014年*	1454595	2.7	282671	26.8
2015年*	1508757	3.7	281927	-0.3
2016年*	1725867	14.4	226085	-19.8
2017年*	1443202	10.0	197989	-12.4

说明：2010年以前的全社会投资为老口径，2011年及以后的全社会投资按新口径计算。2017年因统计基数修正，不可与上年公布数据直接比较。上年数据以上年公布为准

上年增长 10.0%。其中，500 万元以上地方项目完成投资 1245213 万元，较上年增长 14.7%。

从经济类型看：国有及国有经济投资 1073389 万元，较上年增长 2.6%；私营经济投资 369813 万元，较上年增长 39.3%。从产业看：一产业投资 87391 万元，较上年增长 13.65%；二产业完成投资 190385 万元，较上年增长 10.0%；三产业完成投资 1165426 万元，较上年增长 9.8%。

全区资质内房地产开发企业施工面积 199.81 万平方米，较上年增长 4.9%；竣工面积 37.67 万平方米，较上年增长 62.9%；新开工面积 35.67 万平方米，较上年下降 18.2%。实现商品房销售面积 33.73 万平方米，较上年增长 22.8%；实现商品房销售额 178929 万元，较上年增长 32.5%；销售住宅 3854 套，较上年增长 17.3%。

表 38：2017 年全区按产业分固定资产投资情况表

指标名称	绝对量（万元）	比上年增长（%）	比重（%）
全区固定资产投资总额	1443202	10.0	100.0
第一产业	87391	13.6	6.1
第二产业	190385	10.0	13.2
#工业	190385	10.0	13.2
#采矿业	30410	–7.8	2.1
制造业	66449	53.9	4.6
电力、热力、燃气及的生产和供应业	93526	–3.5	6.5
第三产业	1165426	9.9	80.8
#房地产业	197989	–12.4	13.7

表 39：2017 年商品房销售与建设情况表

指标名称	绝对值	比上年增长（%）
施工面积（万平方米）	1998052	4.9
#住宅	1255510	0.0
办公用房	13114	4.9
商业营业用房	520862	12.4
新开工面积	356748	–18.2
#住宅	219537	–12.4
办公用房	607	–94.2
商业营业用房	62465	26.5
竣工面积	376748	62.9
#住宅	238239	27.0
办公用房		
商业营业用房	86443	147.2
销售面积	337311	22.8
#住宅	276248	9.5
办公用房	2	–96.9
商业营业用房	41772	111.7
销售额	178929	32.5
#住宅	140716	18.9
办公用房	1	–93.3
商业营业用房	34925	118.3

五、城市建设

全区建成区道路面积52.86万平方米，其中，车行道35.76万平方米，人行道17.10万平方米。全区公共停车场停车位数919个，路内停车位523个。安装路灯道路长度39.31公里，道路照明灯盏数3660盏。道路清扫保洁面积114.10万平方米，生活垃圾清运量5.60万吨，垃圾处理率100%。全区环卫直管厕所38座。全年新增环卫车2辆，总数达到38辆，其中生活垃圾运输专用车辆25辆。全区城区绿化覆盖面积398.82公顷，其中绿地面积276.89公顷；公园3个，面积139.04公顷，其中建成区内公园面积111.10公顷。

成功创建国家园林区城，建成投用棉花坝至大木桥污水管网，完成黄金水岸、职教中心等支路整治，打造白杨路、芙蓉中路2条交通秩序示范道路。全年争取特色小镇建设项目1个、市级美丽宜居村庄3个、改善农村人居环境市级示范片1个、全市首个智慧村镇试点项目1个，申报绿色示范村庄5个，历史文化名村3个。仙女山镇被评为全国特色景观旅游名镇。

六、商贸、对外开放

全年批发和零售业实现增加值152596万元，按可比价算，较上年增长7.5%，占全区地区生产总值的比重为9.5%；住宿和餐饮业实现增加值77932万元，按可比价算，较上年增长8.0%，占全区地区生产总值的比重为4.9%。

全年实现社会消费品零售总额587720万元，较上年增长11.9%。按经营地统计：城镇实现社会消费品零售额517194万元，较上年增长12.5%；乡村实现社会消费品零售总额70526万元，增长7.9%。按消费类型统计：批发和零售业实现零售额438344万元，较上年增长11.0%；住宿和餐饮业实现零售额149387万元，较上年增长14.5%。

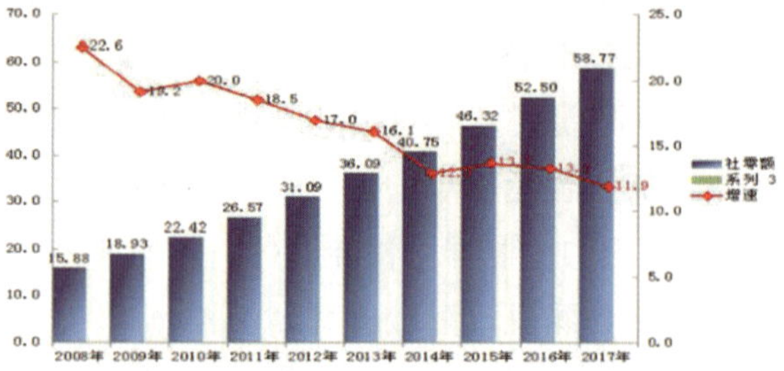

全年外贸进出口总额4684.79万元，较上年下降44.7%。其中，出口总额4636.84万元，较上年下降45.3%；进口总额47.95万元，同比增长了14.8倍。全年实际利用内资407062万元，较上年增长32.7%；实际利用外资738万美元，较上年增长了16倍。

七、交通运输、邮电和旅游

全年交通运输、仓储和邮政业实现增加值47866万元，按可比价算，较上年增长5.8%，占全区地区生产总值的比重为3.0%。内河港口完成货物吞吐量88.19万吨，较上年增长70.7%。其中，出港61.41万吨，较上年增长78.7%；进港17.32万吨，较上年增长54.6%。

全区境内现有铁路76公里，其中渝怀铁路武隆段55公里，南涪铁路武隆段21公里。境内有高速公路88.50公里，其中渝湘高速公路武隆段67公里，南涪高速公路武隆段21.50公里。公路通车里程5072.35公里，其中等级公路3737.39公里。

全区26个乡镇、186个行政村已实现100%通畅。1296个村民小组中，788个已实现通畅，通畅里程2429.5公里；313个已实现通达，通达里程1127.3公里。在农村通客道路危险路段新实施钢护栏安装60公里，新开通农村客运线路100公里，186个行政村中已通客181个，通客率达97.3%。全区道路运输企业（客运）8户，其中班线客运4户。全区客运车618辆，其中客运班车367辆、公交汽车66辆、出租车146辆、旅游客运车 39 辆。全区二级客运站 1 个，乡镇五级客运站 1 个，建成农村客运招呼站 335 个。全区年末登记注册客运货运船舶 16 艘，总载重量 6474 吨；客运船舶 6 艘，总载客量 218 客位；非运输船舶 15 艘，总载重量 1106 吨。

年末全区机动车保有量 83951 辆，较上年增长 10.4%。其中，汽车保有量 39129 辆，较上年增长 17.9%；摩托车保有量 44800 辆，较上年增长 4.6%。全年新注册机动车 9914 辆，其中汽车 6581 辆，摩托车 3326 辆。全年机动车报废 523 辆，其中汽车 484 辆，摩托车 39 辆。

全年实现邮电业务收入 26464 万元，较上年增长 10.1%。其中，邮政业务收入 3590 万元，较上年增长 28.80%；电信业务收入 22834 万元，较上年增长 7.6%。年末全区拥有固定电话 4.62 万户，较上年下降 7.4%；年末移动电话 36.17 万户，较上年增长 9.5%。

全年共接待游客 2802 万人次，较上年增长 14.4%。实现旅游总收入 872713 万元，较上年增长 14.4%。全年接待境外游客 1502 万人次，较上年增长了 1.9 倍。主要景点接待游客 725 万人次，较上年增长 48.1%；实现门票收入 50501 万元，较上年增长 32.7%。

八、财政、金融、保险

全年实现辖区内财政收 282767 万元，较上年增长 5.1%。完成地方财政收入 223005 万元，较上年增长 5.3%。其中，公共财政预算收入 149691 万元，较上年增长 1.3%；基金预算收入 68314 万元，较上年下降 12.0%；国有资本经营预算收入 5000 万元，较上年增长 66.4%。公共财政预算收入中，税收收入 79611 万元，较上年增长 9.2%；非税收入 70080 万元，较上年下降 6.4%。在主要税种中，增值税 29885 万元，较上年增长 47.5%；企业所得税 8063 万元，较上年增长 13.6%；个人所得税 3218 万元，较上年增长 60.6%。

全年完成地方财政支出 576476 万元，较上年下降 0.9%。其中，公共财政预算支出 510778 万元，较上年增长 14.2%；政府性基金预算支出 61837 万元，较上年下降 53.3%；国有资本经营预算支出 3861 万元，较上年增长 83.9%。在公共财政预算支出中，一般公共服务支出 41517 万元，较上年增长 6.0%；教育支出 81997 万元，较上年增长 17.1%；医疗卫生支出 45256 万元，较上年增长 12.0%；社会保障和就业支出 58779 万元，较上年增长 26.3%；农林水事务支出 99228 万元，较上年增长 5.3%；交通运输支出 32479 万元。较上年增长 41.5%。

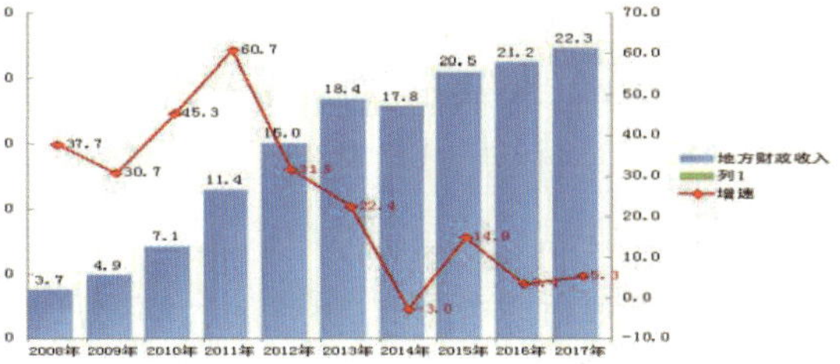

全年金融业实现增加值 73689 万元，按可比价计算，较上年增长 7.8%，占全区地区生产总值的比重为 4.6%。年末，全区金融机构存贷款余额 4057745 万元，较上年增长 9.5%。其中，存款余额 2152303 万元，较上年增长 8.9%；贷款余额 1905442 万元，较上年增长 10.2%。

全区全年实现保费收入 39368 万元，其中，财产保险收入 9238 万元；人身意外险 1161 万元；人寿保险 19363 万元。全年赔付各类保险金 15855 万元。其中，财产保险赔付 4221 万元；人寿保险赔付 2333 万元。

九、人民生活和社会保障

全区全年居民人均可支配收入[6]20278 元，按可比价计算，较上年增长 11.2%。城镇常住居民人

表 42：2015-2017 年主要社会保险的参保人数

单位：万人

指标名称	2015 年	2016 年	2017 年
失业保险	2.06	2.07	2.10
工伤保险	2.93	3.51	3.74
生育保险	2.39	2.42	2.54
城乡养老保险	15.48	15.77	15.53
城乡医疗保险	35.41	35.24	34.48

均可支配收入 32495 元，按可比价计算，较上年增长 9.4%。其中，人均工资性收入 18165 元，增长 9.8%；人均经营净收入 5686 元，增长 9.9%；人均财产净收入 2339 元，增长 10.6%；人均转移净收入 6304 元，增长 7.5%。城镇居民人均生活消费性支出 21671 元，增长 9.7%。其中食品烟酒消费支出 7497 元，增长 8.7%。城镇常住居民恩格尔系数 [7] 为 34.5%，人均住房面积 37.61 平方米。

农村常住居民人均可支配收入 11744 元，按可比价计算，较上年增长 10.4%。其中，人均经营净收入 4779 元，增长 10.6%；人均财产净收入 282 元，增长 15.2%；人均转移净收入 2959 元，增长 10.4%。农村常住居民人均生活消费支出 10099 元，增长 6.8%。其中食品烟酒消费支出 3727 元，增长 4.5%。农村常住居民恩格尔系数为 36.9%，人均住房面积 45.17 平方米。

全区参加失业保险 20965 人，失业保险费收入 620.33 万元，领取失业金 455 人，失业保险金支出 582.99 万元。全区参加工伤保险 39394 人，工伤保险费收入 1433.41 万元；享受工伤保险待遇 543 人，工伤保险待遇支出 1729.29 万元。全区参加城乡合作医疗保险 344809 人，享受待遇 783303 人次；大病保险覆盖 344809 人，享受待遇 17375 人次。生育保险参保 25440 人，参加城乡居民基本养老保险 155305 人。

全年有 4716 人享受城市居民最低生活保障，16417 人享受农村居民最低生活保障，其中涉及建档立卡贫困户 5844 人。农村特困人员救助供养人数 1323 人。全年资助 33086 名困难群众参加基本医疗保险。全年登记结婚人数 2826 人，登记离婚人数 1291 对。

初步统计，2017 年全区非私营经济单位从业人员 [8] 平均人数 8257 人，较上年下降 5.39%；平均劳动报酬 50789 元，较上年增长 5.07%。其中，在岗职工平均人数 7822 人，较上年下降 4.21%；平均劳动报酬 50917 元，较上年增长 4.89%。

十、教育与科学技术

全区高考报名 2873 人，参考 2591 人。专科以上上线 2548 人，上线率 98.3%。录取 2571 人，其中本科录取 1290 人，专科录取 1281 人。

全区共有基础教育校（园）数 121 所。其中，幼儿园 52 所，义务教育学校 64 所，高中 4 所。在义务教育学校中，小学 57 所，初中 7 所（含九年一贯制学校 1 所）。全区基础教育招生 14421 人，在校生 56239 人，毕业生 15152 人。其中：学前教育招生 4162 人，在校生 10587 人，毕业生 4539 人；小学招生 3715 人（含九年一贯制学校 70 人），在校生 26740 人（含九年一贯制学校 467 人），毕业生 4602 人；初中招生 4503 人，在校生 12718 人（含九年一贯制学校 19 人），毕业生 3840 人；高中招生 2030 人，在校生 5760 人，毕业 2086 人。全区小学校内外学龄人口 24271 人，入学率 100%；初中校内外学龄人口 9960 人，入学率 99.9%。全区基础教育学校教职工数 4131

人，其中幼儿园511人，小学2120人，初级中学684人，九年一贯制学校55人，完全中学729人，特殊教育学校32人。职业教育方面，全区中等职业教育学校[9]1所，招生1252人，在校生3523人，毕业生1313人。有教职工295人，其中专任教师274人。

全年研究与实验发展（R&D）经费支出4556万元，占全区地区生产总值的比重为0.3%。全年专利申请量233件，专利授权145件，其中发明专利授权4件，有效发明专利21件，全区专利密度达到0.60（件/万人）。全区科技型企业39户。

十一、文化体育、广电和卫生事业

全区拥有乡镇文体中心27个；博物馆（纪念馆）1个，藏品3285件；区级文化馆1个；公共图书馆1个，总藏量160077册、件，其中图书112812册。非物质文化遗产名录110个，其中市级名录14个，区级名录96个。全区有体育馆1个，体育场1个，标准游泳池1个，标准篮球场310个，网球场23个。全区教练员人数29人，三级运动员人数45人，各类项目体育后备人才506人。全年组织文艺活动、群众体育活动160次，活动总人数13.50万人次。

全年公共电视节目播出时间6205小时，其中自制节目播出时间608小时，占9.8%。全区调频、电视转播发射台3座，广播综合覆盖率95.1%，电视综合覆盖率96.0%，无线广播综合覆盖率95.0%。有线广播电视户数77526户，其中数字电视户数67066户。数字微波传送线路长度84.19公里，广播电视网络互联网用户数7731户。

全区各级卫生机构数341个，床位2248张；共有卫生技术人员1126人，其中执业医师（含助理）535人，注册护士858人。全区有医院9所，乡镇卫生院26所，村卫生室195所。全区孕产妇死亡率0.25‰，婴儿死亡率4.58‰。

十二、移民与扶贫

全年争取三峡后续项目19个，到位专项补助资金22172万元，“两省一市”[10]330万元资金援助到位。兑现移民后期扶持直补资金74.09亿元，项目直补资金29.91万元。

全年完成减贫人口1013户2996人，完成脱贫任务的120%。至年末全区贫困人口1510户4617人，贫困发生率1.2%，脱贫人口人均可支配收入增长到7663元，增长12.0%。

十三、资源、环境、安全、治安

全区蓄水工程8845座，其中：水库32座；塘坝、窖池8813座(处)。全区水库总库容95631万立方米，其中大型水库库容90600万立方米；中型水库库容3436万立方米。全年有效灌溉面积达到15860公顷；节水灌溉面积9473.33公顷，新增53.33公顷。全区集中式供水量1448万平方米，其中农村集中供水量964万平方米。

全区林业用地面积221960公顷，森林面积176186.67公顷，森林覆盖率[11]62.6%。全年完成造林面积6800公顷，其中人工造林面积1473.33公顷。全区自然保护区3个，面积15980公顷。

全年城区空气质量优良天数331天，区域环境噪声53.8分贝，交通干线噪声67.9分贝。全年平均气温17.7摄氏度，比历年平均17.4摄氏度高0.3摄氏度。年总降水量885.5mm，比历年平均1024.9mm少139.4mm。年日照数1081.2小时，比历年平均少34.5小时。

全年用电户数175558户，用电量62950万千瓦时，较上年增长17.5%。规模以上工业企业综合能源消费量66671吨标准煤，较上年增长6.2%。规模以上工业企业取水总量138万立方米，较上年下降2.0%。

全年登记群众信访总量2481件次、3661人次。全年查处治安管理案件1169起，处罚821人。全年立刑事案件1056件，其中立年内刑事案件912件。破获刑事案件476件，其中破年内刑事案件258件。化解矛盾纠纷3209件，办理公证2247件，开展法律援助591件。全年各类安全事故8起、死亡8人。其中：建设施工事故2起、死亡2人；道路交通事故5起、死亡5人。

（区统计局）

注释：

【1】人均生产总值：按2017年年平均常住人口计算，增速按2015年可比价计算。

【2】户籍人口：是指公民依照《中华人民共和国户口登记条例》，已在其经常居住地的

公安户籍管理机关登记了常住户口的人。这类人口不管其是否外出，也不管外出时间长短，只要在某地注册有常住户口，则为该地区的户籍人口。户籍人口数一般是通过公安部门的经常性统计月报或年报取得的。

【3】常住人口：是指在本乡镇（街道）居住半年以上的人口，或虽居住不满半年但离开

户口登记地半年以上人口以及户口待定人口。

【4】规模以上工业企业：按统计制度新规定，2011年起，规模以上工业企业的统计口径由以前"年主营业务收入500万元的工业企业"调整为"年主营业务收入2000万元的工业企业"。

【5】全社会固定资产投资：按统计制度规定，从2011年起，固定资产投资中的地方项目投资口径由原"50万元以上"调整为"500万元以上"，相应地对同期数也作了同口径调整。

【6】可支配收入：可支配收入是指在一定时期内（一般为一年）城镇居民家庭成员得到的可用于最终消费支出和其他非义务性支出以及储蓄的总和，即城镇居民家庭或以用来自由支配的收入。它是全面反映城镇居民收入水平和结构变化的最主要指标。城镇居民人均可支配收入是指按住户常住人口人均当年的可支配收入。重庆市城镇居民人均可支配收入从2007年开始调查统计，覆盖全市城镇居民。

【7】恩格尔系数：是指居民食品消费支出占全部消费支出的比重。

【8】非私营经济单位从业人员：是国有经济、城镇集体经济、联营经济、股份制经济、外商和港、澳、台投资经济、其他经济单位及其附属机构工作的在岗职工的平均从业人员水平。私营单位从业人员、城镇个体劳动者及离退休、退职人员、再就业的离、退休人员等按规定目前暂未列入其统计范围。

【9】中等职业教育学校：包括普通中专、成人中专、职业高中和技工学校。

【10】两省一市：指对口支援城市，为云南省、江西省和云南省昆明市。

【11】森林覆盖率：在计算森林覆盖率时，包含了特殊灌木林的面积。

【12】资料来源：本公报中部分数据来自区统计局、国家统计局武隆调查队，其余数据来自区信访办、区发改委、区教委、区科委、区经信委、区公安局、区民政局、区司法局、区财政局、区人力社保局、区社会保险局、区就业和人才服务局、区国土房管局、区环保局、区城乡建委、区交委、区烟办、区水务局、区农委、区商务局、区市政园林局、区文化委、区旅游局、区卫计委、区安监局、区林业局、区招商中心、区扶贫办、区电视台、区金融管理中心、区海事处、区国税局、区地税局、区工商局、区气象局、邮政集团武隆分公司、人行武隆支行、广电网络武隆分公司、区供电公司、电信武隆分公司、移动武隆分公司、联通武隆分公司。

【13】本公报中部分数据为初步统计数，最终数据以《武隆统计年鉴–2017》及部门或行业公报为准。

附录

FULU

武隆年鉴

附　录

重庆市武隆区人民政府2017年主要文件目录

表43

发布文号	文件名称
武隆府发〔2017〕1号	关于印发政府工作报告的通知
武隆府发〔2017〕2号	关于加强城区春节期间燃放烟花爆竹管理的通知
武隆府发〔2017〕3号	关于废止和宣布失效一批规范性文件的决定
武隆府发〔2017〕4号	关于印发重庆市武隆区人民政府工作规则的通知
武隆府发〔2017〕5号	关于印发武隆区“四上”企业培育扶持办法（暂行）的通知
武隆府发〔2017〕6号	关于表彰2016年度安全生产工作优秀单位和先进个人的通报
武隆府发〔2017〕7号	关于表彰2015年度优秀公务员的通报
武隆府发〔2017〕8号	关于印发2017年武隆区安全生产工作要点的通知
武隆府发〔2017〕9号	关于印发武隆区加快剥离国有企业办社会职能和解决历史遗留问题工作方案的通知
武隆府发〔2017〕10号	关于对319国道黄家沟桥东桥头南侧滑坡实施应急处置的通知
武隆府发〔2017〕11号	关于对319国道黄家沟桥东桥头南侧滑坡险情实施应急处置的决定
武隆府发〔2017〕12号	关于做好2017年全国普通高校招生统一考试有关工作的通告
武隆府发〔2017〕13号	关于全面深入开展国务院第四次大督查自查工作的通知
武隆府发〔2017〕14号	关于清理规范59项区级行政审批中介服务事项的决定
武隆府发〔2017〕15号	森林防火禁止令
武隆府发〔2017〕16号	关于表彰2016年全区现代烟草农业建设工作先进集体和先进个人的通报
武隆府发〔2017〕17号	关于公布武隆区第五届学术技术带头人的通知
武隆府发〔2017〕18号	关于印发武隆区2017年深化简政放权放管结合优化服务改革工作方案的通知
武隆府发〔2017〕19号	关于表彰第四届武隆区青少年科技创新区长奖的决定
武隆府发〔2017〕20号	关于开展西山水库工程建设征地实物调查工作的通告
武隆府发〔2017〕21号	关于划定禁止使用高排放非道路移动机械区域的通告
武隆府发〔2017〕22号	关于严厉查禁取缔摩托车非法营运行为的通告
武隆府发〔2017〕23号	关于印发武隆区贯彻落实土壤污染防治行动工作方案的通知
武隆府发〔2017〕24号	关于印发武隆区突发事件总体应急预案的通知

重庆市武隆区人民政府办公室2017年主要文件目录

表 44

发布文号	文件名称
武隆府办发（2017）1号	关于印发重庆市武隆区人民政府“三重一大”议事决策规则和重庆市武隆区人民政府常务会议规则的通知
武隆府办发（2017）2号	关于印发武隆县“十三五”农业发展规划的通知
武隆府办发（2017）3号	关于印发武隆县2016—2017年新开工水库水源工程建设任务分解的通知
武隆府办发（2017）4号	关于印发武隆区扶贫济困医疗基金实施方案的通知
武隆府办发（2017）5号	关于进一步加强饮用水水源地环境保护工作的通知
武隆府办发（2017）6号	关于印发2017年春节期间放烟花爆竹安全管理工作方案的通知
武隆府办发（2017）7号	关于做好2017年春运工作的通知
武隆府办发（2017）8号	关于印发武隆区进一步深化统筹城乡综合配套改革工作方案的通知
武隆府办发（2017）9号	关于印发武隆区安全生产“黑名单”管理制度的通知
武隆府办发（2017）10号	关于区政府领导同志工作分工的通知
武隆府办发（2017）11号	关于印发大溪河流域（武隆段）水体达标综合整治工作方案（2016—2019年）的通知
武隆府办发（2017）12号	关于印发武隆区粮食应急预案的通知
武隆府办发（2017）13号	关于用好农业农村发展用地政策促进农民增收的实施意见（试行）
武隆府办发（2017）14号	关于印发武隆区进一步深化农村土地承包经营权确权登记颁证工作实施方案的通知
武隆府办发（2017）15号	关于印发武隆区2016—2020年度水资源管理“三条红线”控制指标的通知
武隆府办发（2017）16号	关于印发武隆区生产安全事故责任追究办法的通知
武隆府办发（2017）17号	关于印发2017年财政收入任务分解的通知
武隆府办发（2017）18号	关于印发2017年武隆区金融工作要点的通知
武隆府办发（2017）19号	关于印发武隆区工业园区建设“十三五”发展规划的通知
武隆府办发（2017）20号	关于印发武隆区社会治理“十三五”规划的通知
武隆府办发（2017）21号	关于转发区安监局2017年安全监管工作执法检查计划的通知
武隆府办发（2017）22号	关于加强2017年全区政务信息工作的通知
武隆府办发（2017）23号	关于印发武隆区“十三五”市场监管体系建设规划的通知
武隆府办发（2017）24号	关于印发武隆区2016年度土地矿产卫片执法监督检查工作实施方案的通知
武隆府办发（2017）25号	关于印发武隆区青少年科技创新区长奖评选办法的通知
武隆府办发（2017）26号	关于印发武隆区全民健身实施计划（2016—2020年）的通知
武隆府办发（2017）27号	关于印发2017年春季蓝天行动百日攻坚工作方案的通知
武隆府办发（2017）28号	关于印发武隆区健康扶贫工程实施方案的通知
武隆府办发（2017）29号	关于印发武隆区健康扶贫工作考核办法的通知

续表一

发布文号	文件名称
武隆府办发（2017）30号	关于贯彻落实降低实体经济企业成本工作方案任务分工的通知
武隆府办发（2017）31号	关于印发武隆区脱贫攻坚后续产业扶持政策（试行）的通知
武隆府办发（2017）32号	关于刘高永同志外出学习期间分管工作安排的通知
武隆府办发（2017）33号	关于印发武隆区深入推进“互联网+政务服务”工作方案的通知
武隆府办发（2017）34号	关于印发武隆区进一步加快高山生态扶贫搬迁工作实施方案的通知
武隆府办发（2017）35号	关于印发武隆区激发重大群体活力带动城乡居民增收工作重点任务分工方案的通知
武隆府办发（2017）36号	关于廉租房和公共租赁住房并轨运行管理的通知
武隆府办发（2017）37号	关于印发武隆区市级健康扶贫工程示范区建设实施方案的通知
武隆府办发（2017）38号	关于印发2017年全区应急管理工作要点的通知
武隆府办发（2017）39号	关于印发武隆区加快农村基础设施和公共设施后续建设与管护工程实施方案的通知
武隆府办发（2017）40号	关于印发武隆区科技扶贫工作方案的通知
武隆府办发（2017）41号	关于印发武隆区脱贫人口素质提升实施方案通知
武隆府办发（2017）42号	关于印发武隆区行政许可标准化工作实施方案的通知
武隆府办发（2017）43号	关于印发重庆市创建国家食品安全示范城市武隆区实施方案的通知
武隆府办发（2017）44号	关于印发武隆区食品药品安全“十三五”规划的通知
武隆府办发（2017）45号	关于进一步明确土地房屋征收工作有关职能职责的通知
武隆府办发（2017）46号	关于印发武隆区水利发展“十三五”规划的通知
武隆府办发（2017）47号	关于印发武隆区水资源控制及水利设施布局规划（2015—2020年）的通知
武隆府办发（2017）48号	关于开展2017年全区政府系统落实全面从严治党主体责任约谈工作的通知
武隆府办发（2017）49号	关于印发武隆区国家专项建设基金反担保物管理暂行办法的通知
武隆府办发（2017）50号	关于印发武隆区“民企联村”精准扶贫行动实施方案的通知
武隆府办发（2017）51号	关于印发武隆区大病医疗救助工程实施方案（试行）的通知
武隆府办发（2017）52号	关于印发武隆区城市防洪规划（2016—2030年）的通知
武隆府办发（2017）53号	关于武隆区金融精准扶贫的实施意见
武隆府办发（2017）54号	关于印发武隆区进一步健全特困人员救助供养制度实施方案的通知
武隆府办发（2017）55号	关于印发武隆区统筹整合使用财政涉农资金工作任务分解和农业项目财政补助资金股权化改革资金任务分解的通知
武隆府办发（2017）56号	关于切实抓好2017年烤烟生产和卷烟销售工作的通知
武隆府办发（2017）57号	关于印发武隆区2017年政府法制工作要点的通知
武隆府办发（2017）58号	关于印发武隆区“十三五”文化发展规划的通知

续表二

发布文号	文件名称
武隆府办发（2017）59号	关于印发武隆区旅游市场秩序综合整治行动实施方案的通知
武隆府办发（2017）60号	关于印发武隆区全民科学素质行动规划纲要实施方案（2016–2020年）的通知
武隆府办发（2017）61号	关于印发2017年大气污染防治重点工作目标分解的通知
武隆府办发（2017）62号	关于2017年一季度《政府工作报告》重点目标任务推进情况的通知
武隆府办发（2017）63号	关于印发2017年工业园区建设工作要点的通知
武隆府办发（2017）64号	关于印发武隆区2017年度地质灾害防治方案的通知
武隆府办发（2017）65号	关于印发武隆区2016年度土地矿产卫片执法监督检查整改工作方案的通知
武隆府办发（2017）66号	关于印发武隆区优化建设工程防雷许可实施方案的通知
武隆府办发（2017）67号	关于印发2017年区级领导联系重点项目资金保障任务分解的通知
武隆府办发（2017）68号	关于印发武隆区安全生产风险隐患管理办法的通知
武隆府办发（2017）69号	关于印发2017年区领导重点项目用地保障方案的通知
武隆府办发（2017）70号	关于印发武隆区消防事业发展"十三五"规划的通知
武隆府办发（2017）71号	关于印发武隆区财政扶贫资金专项检查反馈问题整改方案的通知
武隆府办发（2017）72号	关于印发武隆区贯彻落实中央环境保护督察反馈意见整改实施方案的通知
武隆府办发（2017）73号	关于印发武隆区城市棚户区改造工作实施方案的通知
武隆府办发（2017）74号	关于印发武隆区金融业发展"十三五"规划的通知
武隆府办发（2017）75号	关于印发2017年水污染防治重点工作目标任务分解的通知
武隆府办发（2017）76号	关于印发武隆区金融精准扶贫贷款风险补偿金管理暂行办法的通知
武隆府办发（2017）77号	关于印发水利部定点帮扶武隆区2017年工作方案的通知
武隆府办发（2017）78号	关于切实做好端午节期间安全稳定工作的通知
武隆府办发（2017）79号	关于印发武隆区创建国家园林县城验收线路整改方案的通知
武隆府办发（2017）80号	关于印发武隆区贯彻落实中央环保督察反馈意见整改实施方案的通知
武隆府办发（2017）81号	关于印发武隆区"十三五"加快残疾人小康进程规划的通知
武隆府办发（2017）83号	关于开展旅游市场秩序集中整治工作的通知
武隆府办发（2017）84号	关于认真开展风险隐患动态排查防控工作的通知
武隆府办发（2017）85号	关于印发武隆区对接落实2017年五大功能区域建设重点专项任务分解方案的通知
武隆府办发（2017）86号	关于印发武隆区进一步加强困境儿童保障工作实施方案的通知
武隆府办发（2017）87号	关于抓紧做好清理偿还政府欠款专项工作的通知
武隆府办发（2017）88号	关于印发武隆区高山生态扶贫搬迁工作中存在问题的整改方案的通知
武隆府办发（2017）89号	关于印发武隆区整顿规范房地产开发销售中介行为专项工作方案的通知

续表三

发布文号	文件名称
武隆府办发（2017）90号	关于进一步做好健康扶贫工作的通知
武隆府办发（2017）91号	关于印发武隆区机动车非法营运专项整治行动方案的通知
武隆府办发（2017）92号	关于印发武隆区国有投资工程建设项目竞争性比选暂行办法的通知
武隆府办发（2017）93号	关于印发武隆区区政府安委会工作制度的通知
武隆府办发（2017）94号	关于做好安全生产巡查反馈问题整改工作的通知
武隆府办发（2017）95号	关于进一步规范国有资金投资项目招标投标活动的通知
武隆府办发（2017）96号	关于印发武隆区人民政府法律顾问团工作规则（试行）的通知
武隆府办发（2017）97号	关于区政府办公室领导分工调整的通知
武隆府办发（2017）98号	关于印发武隆区“十三五”能源发展规划的通知
武隆府办发（2017）99号	关于于印发武隆区“十三五”脱贫攻坚规划(2016—2020年)的通知
武隆府办发（2017）104号	关于印发乡村旅游创客示范基地建设方案的通知
武隆府办发（2017）105号	关于印发武隆区职业健康分类分级监管实施办法的通知
武隆府办发（2017）106号	关于进一步做好防灾减灾救灾工作的通知
武隆府办发（2017）107号	关于2017年上半年《政府工作报告》重点目标任务推进情况的通报
武隆府办发（2017）108号	关于印发武降区农村信用体系建设实施方案的通知
武隆府办发（2017）109号	关于区政府部分领导分工的通知
武隆府办发（2017）110号	关于调整全区农村土地承包经营权确权登记颁证工作有关事项的通知
武隆府办发（2017）111号	关于2017年全区消防工作的意见
武隆府办发（2017）112号	关于进一步规范举债融资行为的通知
武隆府办发（2017）113号	关于印发武隆区三级行政服务中心场地标准化建设实施方案的通知
武隆府办发（2017）114号	关于印发武隆区工业和总部经济社会力量招商引资服务费兑现办法（试行）的通知
武隆府办发（2017）115号	关于印发武隆区全面推开公立医院综合改革实施方案的通知
武隆府办发（2017）116号	关于印发武隆区全南推开公立医院综合改革重点任务分工实施方案的通知
武隆府办发（2017）117号	关于印发武隆区高层建筑消防安全综合治理工作方案的通知
武隆府办发（2017）118号	关于印发武隆区融资平台公司清理整合实施方案的通知
武隆府办发（2017）119号	关于印发武隆区自然灾害救助应急预案的通知
武隆府办发（2017）120号	关于开展政府应急管理和政务值班工作跟班轮训的通知
武隆府办发（2017）121号	关于印发武隆区政府性债务风险应急处置预案的通知
武隆府办发（2017）122号	关于进一步严肃会议纪律切实改进会风推动工作落实的通知
武隆府办发（2017）123号	关于印发武隆区地方志工作管理办法的通知

续表四

发布文号	文件名称
武隆府办发（2017）124号	关于印发武隆区村民一事一议筹资筹劳管理办法的通知
武隆府办发（2017）125号	关于印发武隆区2017年生态文明建设和环保工作目标任务分解的通知
武隆府办发（2017）126号	关于印发武隆区农民工工资支付保证金管理办法的通知
武隆府办发（2017）127号	关于印发武隆区工程建设领域农民工工资支付管理暂行办法的通知
武隆府办发（2017）128号	关于印发武隆区非法码头非法采砂专项整治工作方案的通知
武隆府办发（2017）129号	关于印发武隆工业园区入园企业享受优惠政策兑现办法的通知
武隆府办发（2017）130号	关印发武隆区深化脱贫攻坚2017—2020年饮水安全巩固提升工程实施为案的通知
武隆府办发（2017）131号	关于印发武隆区深化脱贫攻坚农村住房安全整治工作方案的通知
武隆府办发（2017）132号	关于印发武隆区深化脱贫攻坚道路交通保障实施方案的通知
武隆府办发（2017）133号	关印发2017年蓝天行动目标任务分解的通知
武隆府办发（2017）134号	关于优化行政审批流程促进行政审批提质增效的通知
武隆府办发（2017）135号	关于印发武隆区“十三五”工业与信悬化发展规划的通知
武隆府办发（2017）136号	关于印发武隆区残疾预防行动实施方案的通知
武隆府办发（2017）137号	关于于印发武隆区环境监管执法“零容忍、出重拳”专项行动工作方案的通知
武隆府办发（2017）138号	关于印发武隆区2017年退役士兵安置工作实施方案的通知
武隆府办发（2017）139号	关于印发武隆区深化脱贫攻坚全面开展贫困动态监测工作实施方案的通知
武隆府办发（2017）140号	关于印发武隆区区级预算公开评审办法等3个办法的通知
武隆府办发（2017）141号	关于印发武隆区后坪乡深度脱贫攻坚规划的通知
武隆府办发（2017）142号	关于印发武隆区2017年秋冬季大气污染防治攻坚行动方案的通知
武隆府办发（2017）143号	关于印发武隆区2017年全面解决农村饮水安全工作方案的通知
武隆府办发（2017）144号	关于印发武隆区危险化学品布局“十三五”规划的通知
武隆府办发（2017）145号	关于组织开展武隆区治理淘汰黄标车集中攻坚行动的通知
武隆府办发（2017）146号	关于2017年全区促进微型企业提质发展工作的通知
武隆府办发（2017）147号	关于印发武隆区品牌培育和质量提升奖励扶持办法的通知
武隆府办发（2017）148号	关于印发武隆区区长质量管理奖评选办法的通知
武隆府办发（2017）149号	关于印发武隆区地下管线数据动态更新管理办法的通知
武隆府办发（2017）150号	关于印发武隆区社会信用体系建设第十三个五年规划纲要(2016—2020年)的通知
武隆府办发（2017）151号	关于命名武隆区微型企业特色村的通知
武隆府办发（2017）152号	关于进一步加强疫苗流通和预防接种管理工作的通知
武隆府办发（2017）153号	关于印发武隆区发挥标准引领作用促进质量提升实施方案的通知

续表五

发布文号	文件名称
武隆府办发（2017）154号	关于印发武隆区发挥品牌作用提升竞争力实施方案的通知
武隆府办发（2017）155号	关于印发武隆区自然灾害专项应急预案等四个预案的通知
武隆府办发（2017）156号	关于印发武隆区城乡特图儿救助实施办的通知
武隆府办发（2017）157号	关印发武隆区农村饮水安全巩固提升工程建设贷款资金管理办法的通知
武隆府办发（2017）158号	关于印发武隆区名医评选暂行办法的通知
武隆府办发（2017）159号	关于印发武隆区先进医务工作者评选暂行办法的通知
武隆府办发（2017）160号	关于加快推进公共场所母婴设施建设的通知
武隆府办发（2017）161号	关于印发2018年黄莺乡深化脱贫攻坚工作要点的通知
武隆府办发（2017）162号	关于进一步加强政府规范性文件合法性审查和备案工作的通知
武隆府办发（2017）163号	关于印发《重庆市武隆区交通建设工程事故应急预案》等46个预案的通知

（源自《重庆市武隆区政府公报》）

重庆市武隆区组织机构负责人名录（2017年）

区级领导人名录

中共区委

书　记：何　平

副书记：卢　红　王　频

常　委：石强桢　陈　劲　金　鸿　胡珍强　周　光　马奇柯　张小宁

区人大

主　任：杨国权

副主任：蒋承谷　吴成武　何太余　涂华林　辛　莉

区政府

区　长：卢　红

常务副区长：胡珍强

副区长：刘高永　何　林　罗建国　陈清松　刘朝煜　黄　昕　雷落军　李广华

区政协

主　席：潘晓成（2017年4月–12月）

副主席：徐正菊　黄崇义　雷云峰　杨兴禄　罗　斌　蔡　敏

区级机构负责人名录

中共区纪委

书　记：张小宁

副书记：姜　陵　张津虹　陈同海

常　委：李红松　侯国亮　陈壮元　唐　涛　王　军

区纪委驻区委办纪检组组长：徐亚玲

区委办

主　任：刘　印

副主任：李永泰　曾庆东　窦　琳　覃　涛（挂职）

区委机要局

局　长：李永泰

副局长：曾小兰

区委保密办（区保密局）
局　长：李永泰
副局长：曾小兰

区委区政府督查室
主　任：朱晓琴
副主任：周　华　杨　斌

区委改革办
主　任：刘　印
副主任：刘　鹏（挂职）

区委政策研究中心
主　任：王晓成

区党政信息化中心
主　任：罗海鸥

区委组织部
部　长：金　鸿
常务副部长：代林海
副部长：冯志权　刘万权　谭明源
区纪委驻组织部纪检组组长：张　斌

区委党员教育中心
主　任：田幂

区委人才办
主　任：冯志权
副主任：刘伟清

区委非公工委
书　记：刘万权
副书记：陈晓梅　邓天相　叶仲云　黄　平
　　　　黄　伟
委　员：冉义斌　周大平　倪　谦　吴政权

区委宣传部
部　长：石强桢
常务副部长：杨永雄
副部长：陈吉生　邱小丘
区纪委驻宣传部纪检组组长：王先兰

区精神文明办
主　任：邱小丘
副主任：李盛波

区委网信办
主　任：陈吉生
副主任：黄　鹏

区委外宣办
主　任：杨永雄
副主任：陈　平

区武隆报社
社　长：石强桢
总　编：彭　平
副总编：潘学超　徐明书

区委统战部
部　长：陈　劲
常务副部长：叶仲云
副部长：蔡　胜　韩　科
区纪委驻统战部纪检组组长：张津卫

区委政法委
书　记：马奇柯
常务副书记：毛光佑
副书记：罗建国　王嘉强　柯小江

郭小康（挂职）
委　员：段理华　程晋意　林易乾　殷加强
安朝树
政治处主任：李春雷

区综治办
主　任：王嘉强
副主任：张　峰　蓬　伟

区防邪教办
主　任：柯小江
副主任：张　兵

区直属机关工委
书　记：袁　江
副书记：刘玉明　王　艳

区编办
主　任：谢　逵
副主任：张小鹿　邹　飞

区委区政府信访办
主　任：安朝树
副主任：刘　明　谢世琼　陈　群
信访督查专员：黄　涛　黄　迅

区委老干部局
局　长：谭明源
副局长：王小军　聂美斌

区委党校
校　长：王　频
常务副校长：唐春光
副校长：张小平　吕建明
校务委员：李　娅

区行政学校
校　长：胡珍强
常务副校长：唐春光
副校长：张小平　吕建明

区社会主义学院
院　长：陈　劲
常务副院长：唐春光
副院长：张小平　吕建明　叶仲云

区遗管委
主　任：代沿江
副主任：刘　强

区工商联（总商会）
主　席：刘　培
党组书记：蔡　胜
党组成员、副主席：杨小波
副主席：易　红
党组成员、秘书长：陈云嘉

区总工会
党组副书记、常务副主席：黄　平
副主席：牟元辉
挂职副主席（2年）：颜　杰　周俊宏
兼职副主席（2年）：傅　咏　刘　波

团区委
党组书记、团区委书记：陈正炉
党组成员、团区委副书记：陈　敏
挂职副书记（2年）：刘　胜　李　军
兼职副书记（2年）：王　雪　张　利

区妇联
党组书记、主席：冉忠萍
党组成员、副主席：栾丹丹　王小一

挂职副主席（2年）：苏浩鹏
兼职副主席（2年）：周小英　冉　露

区科协

党组书记、主席：景　刚
党组成员、副主席：谭中华　张　川　甘立志

区残联

党组书记、理事长：黄　猛
党组成员、副理事长：王小平　梁川江

区文联

党组副书记、常务副主席：刘　民
党组成员、副主席：邵秋林

区红十字会

会　长：黄　昕
党组书记、常务副会长：刘　玉
党组成员、副会长：陈建林

区社科联

主　席：吴　沛
副主席：杨　雨　皮秀琴

区人大办

党组书记、主任：田仁明
副主任：代文礼　传海波

区人大法制委办公室

主　任：邵　楼
副主任：贺玲娜

区财经委办公室

主　任：李金荣
副主任：熊　中（挂职）

区人大农业农村委办公室

主　任：蒋朝普
副主任：王承学

区人大教科文卫工委

主　任：罗　维
副主任：牟其林

区人大预算工委

主　任：邹寿田
副主任：王小林（挂职）

区人大人事代表工委

主　任：冉武佺
副主任：李雪梅（挂职）

区人大信访办

主　任：董迎红
副主任：杨剑龙

区政协办

秘书长、党组书记：杨国兴
主　任：王晓明
副主任：刘　华　王成虎

区政协提案办

主　任：胡建军
副主任：胡　兵

区政协经济科技办

主　任：向高文
副主任：汪泉龙

区政协社会事业办

主　任：陆　建
副主任：王晓林

区政协委员联络办

主　任：杨光明

副主任：冉美容

区政协法制办

主　任：刘长友

副主任：王明淑

区法院

党组书记、院长：段理华

党组成员、副院长：代　军　宗　云

党组成员、纪检组长：代志彬

党组成员、政治处主任：刘庆林

党组成员：林兴文

专职审委会委员：陈冰红　代其智

法院执行局

局　长：林兴文

区检察院

党组书记、检察长：程晋意

党组副书记、副检察长：刘　云

党组成员、副检察长：李　群　张世勇

党组成员、纪检组长：程　琼

党组成员、政治处主任：陈先伦

党组成员：孙　涛

专职检委会委员：唐海峰　代成国

职侦局

局　长：孙　涛

区政府办（法制办、外事办）

党组书记、主任：谢俐俐

党组成员、副主任：廖　予　田　刚　彭春凝

副主任：徐华林

党组成员：袁　杰　张富伦　吴　勇

党组成员、区纪委驻政府办纪检组组长：曾文建

区应急办（政府值班室、救灾办）

主　任：袁　杰

副主任：邹习琴

区金融管理中心

主　任：张富伦

区人民防空指挥中心

主　任：安朝茂

区经济发展研究中心

主　任：冉　洪

区机关事务管理中心

党组书记、主任：杨　芳

党组成员、副主任：沈华平　吴小琴

区仙女山旅游度假区管委会

党工委书记、主任：马奇柯

党工委副书记、副主任：雷云峰

党工委副书记、常务副主任：周大平

党工委专职副书记：周云龙

党工委委员、副主任：冉友胜　郑德良

党工委委员：卫中华

区仙女山旅游度假区行政执法支队

支队长：黄　斌

区工业园区管委会

党工委书记、主任：周　光

副主任：黄崇义

党工委副书记、副主任：杨兴禄

党工委副书记、常务副主任：倪　谦

党工委委员、副主任：崔道华　王淑林

党工委副书记：罗小波
党工委委员：王加红　张永封　印克文

区园区企业发展服务中心
局　长：黄道华

区白马山旅游度假区管委会
党工委书记、主任：路长江
党工委委员、副主任：李邦伦　陈　勇　蒋朝华　盛　涛

区发改委
党组书记、主任：蔡　琪
党组成员：罗永生
党组成员、副主任：张文强　彭国华
副主任：王　翼
党组成员、区纪委驻发改委纪检组组长：傅海涛

区财政局
党组书记、局长：任良生
党组成员、副局长：张树伦　张绍斌
党组成员：孔正波
副局长：冉　琼（挂职）
党组成员、区纪委驻财政局纪检组组长：张四新

区国有资产管理中心
主　任：孔正波
副主任：陈朝均　张晓东　冯建华

区经信委
党组书记、主任：王加红
党组成员、副主任：杨万良　蔡昌茂
副主任：湛　杨
党组成员、区纪委驻经信委纪检组组长：刘志权

区教委（区委教育党工委）
党工委书记、主任：余长江
党工委专职副书记：吴政权
党工委委员、副主任：刘一波　周大林　李雪林
党工委委员、区纪委驻教委纪检组组长：陈　雄

区科委（知识产权局）
党组书记、主任：肖　力
党组成员、副主任：曾　伟　冉应兰

区城乡建委
党组书记、主任：王廷均
党组成员、副主任：冉东国　吕庆丰
副主任：张　伟
党组成员、区纪委驻城乡建委纪检组组长：罗全华
党组成员：周小伟

城乡规划管理中心
主　任：吴　勇
副主任：周小伟　张新川　曾　诚

区交委
党组书记、主任：李志勇
党组成员、副主任：陈　华　谢　锋　徐　勇
党组成员：杨胜文　郑宪禄
党组成员、区纪委驻交委纪检组组长：张建国

公路局
局　长：郑宪禄

区农委（区委农村工作委，区农综办）
党工委书记、主任：蒋　斌
党工委委员、副主任：樊国昌　李　均
党工委委员：陈廷才
党工委委员、区纪委驻农委纪检组组长：覃兴立

烟办

主　任：陈廷才

区商务局

党组书记、局长：张　宏

党组成员、副局长：黄时明　路长山　杨廷明　孟伟

区公安局

党委书记、局长、督察长：罗建国

党委副书记、政委：林易乾

党委委员、副局长：胡昌勇　倪登江

党委委员、政治处主任：吕　刚

党委委员、区纪委驻公安局纪检组组长：黄　梦

区监察局

局　长：姜　陵

副局长：李红松　侯国亮　任奇志

区民政局

党组书记、局长：郑世荣

党组成员、副局长：徐　宏　邓天相　王东义

区司法局

党组书记、局长：殷加强

党组成员、副局长：冉义斌　何　涛

区人力社保局

党组书记、局长：肖朝旭

党组成员、副局长：田　径　黄　旭

党组成员、区纪委驻人力社保局纪检组组长：陈洪权

区社会保险局

局　长：杨先贵

副局长：罗蜀英　熊　杰　黄康国

就业和人才服务局

局　长：张　敏

区国土房管局

党组书记、局长：杨　华

党组成员、副局长：王其铭　黄明鱼　李　伟

党组成员、区纪委驻国土房管局纪检组组长：冉亘霞

土地储备中心（土地和房屋征收中心）

副主任：张小军　彭　勇

　　　　王仁闻（挂职）　谭　璐（挂职）

区环保局

党组书记、局长：邓　涛

党组成员、副局长：陈　斌　王友乾

党组成员、区纪委驻环保局纪检组组长：张林权

党组成员：何　彪

环境行政执法支队

支队长：何　彪

区市政园林局

党组书记、局长：柯晓东

党组成员、副局长：代亨龙　冯志财

区城市管理综合行政执法支队

支队长：黄小平

区水务局

党组书记、局长：程建平

党组成员、副局长：冉义隆　刘忠宁　孙晓英　罗　松

党组成员、区纪委驻水务局纪检组组长：陈朝兵

区文化委（区体育局）

党组书记、主任（局长）：陈远川

党组成员、副主任（副局长）：张　波　任永生　王长余

区卫计委

党组书记、主任：罗重阳

党组成员、副主任：廖树云　黄长蓉

党组成员：余　洪

副主任：曾凡凌

党组成员、区纪委驻卫计委纪检组组长：王建波

卫生计生监督执法局

局　长：余　洪

区审计局

党组书记、局长：龚　文

党组成员、副局长：刘太友　谢成甫

副局长：谭建梅

党组成员、纪检组长：苏永国

党组成员、经济责任审计联席办主任：蔡　洁

区移民局

党组书记、局长：黄　锋

党组成员、副局长：陈晓容　姜　霞　杨　曌

区安监局

党组书记、局长：张远华

党组成员、副局长：谭　平　蒋洪阳

副局长：冯拥军

党组成员：张朝德

区统计局

党组书记、局长：徐　梅

党组成员、副局长：杨晓锋　代德祥　刘维华

区林业局

党组书记、局长：黄廷明

党组成员、副局长：李发扬　邵群朴　王德强

党组成员：黄　海

区旅游局

党组书记、局长：贺　俊

党组成员、副局长：邱国权　任咏梅　李鹏程

党组成员、区纪委驻旅游局纪检组组长：张　平

区扶贫办

党组书记、主任：沈江涛

党组成员、副主任：陈德权　张元春　彭著波　陈　翮（挂职1年）

区档案局（区档案修志馆、党史研究室）

党组书记、局长（馆长、主任）：邓文光

党组成员、副局长（副馆长、副主任）：孔　琼　熊　波　杨尚志

区供销社

党组书记、主任：刘丹国

党组成员、副主任：周绿林　魏小强　陈昌勇

区畜牧兽医局

党组书记、局长：汪宏阳

党组成员、副局长：冉　勇

党组成员：任家旺

副局长：刘　勇

区电视台

党组书记、台长：冉锵凤

党组成员、副台长：曹德会　巫　岚

区招商中心

党组书记、主任：杨　强

党组成员、副主任：罗　雪　李小军　冉质斌

区喀斯特旅游（集团）公司

党委书记、董事长：吕劲松

党委副书记、总经理：黄道生

党委委员、董事、副总经理：张德兵　李建国

党委委员、纪委书记：陈大业

党委委员、总经理助理：杨秀勇

印象武隆文化公司

董事长、总经理：张德兵

区城乡发展（集团）有限公司

党委书记、董事长：刘念军

董事、总经理：张春玉

党委委员、董事、副总经理：陈　灿

区水务（集团）有限公司

党委书记、董事长：李世科

党委副书记、董事、总经理：何祖权

专职副书记：郑丁源

区工业发展（集团）有限公司

董事长：禹太华

区旅游公司

董事长：徐正怀

董事、总经理：黄世才

区仙女山新区开发公司

董事长：黄亚军

董事、总经理：李志强

巷口镇

党委书记：蔡　禹

党委副书记、镇长：雷　波

党委委员、人大主席：杨　忠

党委副书记：李春霞（挂职）

党委副书记：李小军（挂职2年）

党委委员、纪委书记：蔡国华

党委委员、政法书记：陈　胜

党委委员、武装部长、副镇长：陈　川

党委委员、副镇长：肖　桦　喻可树

副镇长：谢　卫　代　奎

党委组织委员：冉　静

党委宣传统战委员：陈　念

白马镇

党委书记：刘华松

党委副书记、镇长：刘　源

党委委员、人大主席：窦兴果

党委副书记：高长民

党委副书记：蒋俊杰（挂职2年）

党委委员、纪委书记：夏清明

党委委员、政法书记：向　瑜

党委委员、武装部长、副镇长：李俊弘

党委委员、副镇长：彭顺洪　李宁化

副镇长：刘上菱

党委组织委员：陈小芹

党委宣传统战委员：高　鹏

人大副主席：李永强

仙女山镇

党委书记：卫中华

党委副书记、镇长：王　霞

党委委员、人大主席：郑太春

党委副书记：冉云权

党委委员、纪委书记：阳春艳

党委委员、政法书记：林　伟

党委委员、武装部长、副镇长：陈　林

党委委员、副镇长：江　洋　李友平　刘　川

党委组织委员：杨　勇

党委宣传统战委员：冉小明
人大副主席：田　熙

江口镇
党委书记：任本涤
党委副书记、镇长：张继红
党委委员、人大主席：王学文
党委副书记：冯晓飞
党委副书记（挂职两年）：李　胜
党委委员、纪委书记：王晓林
党委委员、政法书记：李　兵（大）
党委委员、武装部长、副镇长：李　兵（小）
党委委员、副镇长：杨　雪　陈　宏
副镇长：王春迎
党委组织委员：王小琼
党委宣传统战委员：徐培清

火炉镇
党委书记：谢宇翔
党委副书记、镇长：甘元胜
党委委员、人大主席：冯　乐
党委副书记：张　毅
党委委员、纪委书记：魏　琼
党委委员、政法书记：陈孝松
党委委员、武装部长、副镇长：刘晋思
党委委员、副镇长：覃　涛　王　华
副镇长：谢成毅
党委组织委员：汪培根
党委宣传统战委员：杨　军

鸭江镇
党委书记：蔡　斌
党委副书记、镇长：雷　晋
党委委员、人大主席：陈茂华
党委副书记：潘　勇
党委委员、纪委书记：李　正
党委委员、政法书记、副镇长：卢　荣
党委委员、武装部长、副镇长：陈小华
党委委员、副镇长：罗　丹
党委组织委员：计　勇
党委宣传统战委员：黄　静

羊角镇
党委书记：杨　涌
党委副书记、镇长：史安伦
党委委员、人大主席：黄长权
党委副书记：陈小伟
党委委员、纪委书记：张林武
党委委员、政法书记、副镇长：王官明
党委委员、武装部长、副镇长：何静波
党委委员、副镇长：湛　斌　高建新
副镇长：朱友伦
党委组织委员：袁春姣
党委宣传统战委员：黄河江

长坝镇
党委书记：张永封
党委副书记、镇长：代春雷
党委委员、人大主席：李　锋
党委副书记：彭世华
党委委员、纪委书记：肖书会
党委委员、政法书记、副镇长：张明志
党委委员、武装部长、副镇长：张树清
党委委员、副镇长：刘　娟
党委组织委员：刘小桥
党委宣传统战委员：谭　勇

平桥镇
党委书记：印克文
党委副书记、镇长：王蔚蔚
党委委员、人大主席：梁　伟
党委副书记：钱　臣

党委委员、纪委书记：刘　正
党委委员、政法书记、副镇长：崔照文
党委委员、武装部长、副镇长：郑　锋
党委委员、副镇长：李云开
党委组织委员：陈鸿玲
党委宣传统战委员：王小平

桐梓镇

党委书记：江国华
党委副书记、镇长：马　俊
党委委员、人大主席：王永兵
党委副书记：刘明江
党委委员、纪委书记：陈云峰
党委副书记：余　冰（挂职2年）
党委委员、政法书记、副镇长：梁天福
党委委员、武装部长、副镇长：解　勇
党委组织委员：罗　杰
党委宣传统战委员：徐小波

土坎镇

党委书记：邓　伟
党委副书记、镇长：史禄科
党委委员、人大主席：蒋坤胜
党委副书记：潘　攀
党委委员、纪委书记：江家胜
党委委员、政法书记、副镇长：袁　勇
党委委员、武装部长、副镇长：黄　垒
党委委员、副镇长：冯　涛　王　川
党委组织委员：李　丹
党委宣传统战委员：传关平

和顺镇

党委书记：王　刚
党委副书记、镇长：徐　军
党委委员、人大主席：蔡　洪
党委副书记：郑传国
党委委员、纪委书记：蔡清培
党委副书记（挂职两年）：陈书云
党委委员、政法书记、副镇长：郑继东
党委委员、武装部长、副镇长：张　宁
党委委员、副镇长：左昌坤
党委组织委员：汤　勇
党委宣传统战委员：何　曦

双河镇

党委书记：杨　康
党委副书记、镇长：湛　鸿
党委委员、人大主席：陈廷龙
党委副书记：刘　用
党委委员、纪委书记：周俊峰
党委委员、政法书记、副镇长：雷振宇
党委委员、武装部长、副镇长：傅清明
党委委员、副镇长：冉剑洪
党委组织委员：王　希
党委宣传统战委员：傅江愉

凤来乡

党委书记：石玉玺
党委副书记、镇长：张泽恒
党委委员、人大主席：张华锋
党委副书记：李　鱼
党委委员、纪委书记：李雪梅
党委委员、政法书记、副镇长：陈　敏
党委委员、武装部长、副镇长：曹　波
党委组织委员：杨　佳
党委宣传统战委员：彭小龙

庙垭乡

党委书记：吴国富
党委副书记、乡长：饶明川
党委委员、人大主席：郎雪健
党委副书记：曾　敬

党委委员、纪委书记：罗　军
党委副书记：徐　波（挂职2年）
党委委员、政法书记、副乡长：李晓明
党委委员、武装部长、副乡长：李学友
党委组织委员：李　克
党委宣传统战委员：罗　敏

石桥苗族土家族乡
党委书记：孙晋东
党委副书记、乡长：李宗季
党委委员、人大主席：黄传绪
党委副书记：温丽萍
党委委员、纪委书记：王中元
党委委员、政法书记、副乡长：舒德奎
党委委员、武装部长、副乡长：冉义明
党委组织委员：杨世兰
党委宣传统战委员：范玉伟
副乡长：王　勇

黄莺乡
党委书记：任　荣
党委副书记、乡长：倪　兵
党委委员、人大主席：曾庆华
党委副书记：古　云
党委委员、纪委书记：谭　琼
党委委员、政法书记、副乡长：王常有
党委委员、武装部长、副乡长：唐　波
党委组织委员：吴显斌
党委宣传统战委员：刘遵彬

沧沟乡
党委书记：黄　庆
党委副书记、乡长：王　华
党委委员、人大主席：黄世军
党委副书记：陈　波
党委委员、纪委书记：刘顺权
党委委员、政法书记、副乡长：何申林
党委委员、武装部长、副乡长：董　理
党委组织委员：余将军
党委宣传统战委员：刘天航

文复苗族土家族乡
党委书记：覃　琳
党委副书记、乡长：邓国胜
党委委员、人大主席：苟　力
党委副书记：卫世兵
党委委员、纪委书记：丁晓兵
党委副书记：柯希胜（挂职2年）
党委委员、政法书记、副乡长：张传江
党委组织委员：封金蕾
党委宣传统战委员：李维丰
副乡长：谢春林

土地乡
党委书记：吕　胜
党委副书记、乡长：梁　健
党委委员、人大主席：杨孝敬
党委副书记：钱　鹏
党委委员、纪委书记：应　东
党委副书记：谭　军（挂职2年）
党委委员、政法书记、副乡长：罗仕奎
党委宣传统战委员、副乡长：饶茂林
党委组织委员：何小洪

白云乡
党委书记：黄元超
党委副书记、乡长：梁永胜
党委委员、人大主席：朱晓琼
党委副书记：匡玉洪
党委委员、纪委书记：李飞飞
党委委员、政法书记、武装部长、副乡长：张　炜
党委宣传统战委员、副乡长：许　磊

党委组织委员：李　军

后坪苗族土家族乡

党委书记：宗小华
党委副书记、乡长：刘加海
党委委员、人大主席：张文峰
党委副书记：蒋兴兵（挂职）
党委委员、纪委书记：陈绍荣
党委副书记：田　幂（挂职2年）
党委委员、政法书记、副乡长：谢　雷
党委委员、武装部长、副乡长：黄河清
党委组织委员：冉建勇
党委宣传统战委员：李　斌

浩口苗族仡佬族乡

党委书记：文　静
党委副书记、乡长：黄　琴
党委委员、人大主席：易仕勇
党委副书记：赵　勇
党委委员、纪委书记：黄尚平
党委副书记：瞿雪松（挂职2年）
党委委员、政法书记、副乡长：刘永成
党委委员、武装部长、副乡长：陈大志
党委组织委员：曾　彦
党委宣传统战委员：徐永平
副乡长：杨龙举

接龙乡

党委书记：蔡江平
党委副书记、乡长：邓安全
党委委员、人大主席：王常贵
党委副书记：黄　伟
党委委员、纪委书记：陈　芳
党委副书记：张　军（挂职2年）
党委委员、政法书记、武装部长、副乡长:王　宏
组织委员：史明强
党委宣传统战委员：朱淑静

赵家乡

党委书记：邓维敏
党委副书记、乡长：申　健
党委委员、人大主席：黄春华
党委副书记：任中文
党委委员、纪委书记：王长江
党委委员、政法书记、武装部长、副乡长:梁　全
党委宣传统战委员、副乡长：冉光锐
党委组织委员：张　利

大洞河乡

党委书记：马　玄
党委副书记、乡长：彭胜平
党委委员、人大主席：徐光文
党委副书记：吴启文
党委委员、纪委书记：杨忠华
党委委员、政法书记、武装部长、副乡长:肖怀吉
党委宣传统战委员、副乡长：陈先文
党委组织委员：田　彬

（区委组织部）

索引

SUOYIN

武隆年鉴

索 引

说 明

本年鉴采取主题分析索引法编制。标引的主题词以现代汉语拼音(同音字按声调)顺序排列,每个主题词的第一个音节作为排序的依据。索引主题词后数字表示所在页码,主题词后标有两个以上页码的为同一主题词的"参见"页码,字母"a""b"分别表示位于栏目左边、右边。为节省版面,年鉴中的编辑说明、部目、插图、附表、附录及综述、概况、机构、会议等重复条目未纳入索引。

A

B

C

D

E

F

G

X

H

J

K

L

M

N

P

Q

R

S

T

W

X

Y

Z